Über dieses Buch

Werner Steins Kulturfahrplan, seit nunmehr 30 Jahren ein bewährtes Nachschlagewerk, enthält die wichtigsten Daten und Ereignisse der Kultur- und Weltgeschichte in einer sehr klar gegliederten synchronoptischen Übersicht.
Alle Bereiche des Lebens, Politik, Dichtung, Schauspielkunst, Religion, Philosophie, Erziehung, Bildende Kunst, Architektur, Musik, Oper, Tanz, Film, Wissenschaft, Technik, Wirtschaft, Sport und Ereignisse des täglichen Lebens sind durch zuverlässig überprüfte Daten dargestellt. Für die Taschenbuchausgabe ist das umfangreiche Werk in sechs handliche Bände aufgeteilt worden, deren letzter das ausführliche und überarbeitete Personen- und Sachregister enthält.

Der Autor

Professor Dr. Werner Stein, geboren am 14. Dezember 1913 in Berlin, studierte von 1933 bis 1939 in Berlin, München und Frankfurt am Main. Nach dem Krieg wurde er 1946 Assistent und Volkshochschuldozent in Berlin, habilitierte sich 1956 und übernahm 1960 eine Professur für Physik und Biophysik. Von 1964 bis 1975 war er Senator für Wissenschaft und Kunst in Berlin.

WERNER STEIN

KULTURFAHRPLAN

Die wichtigsten Daten der Kultur- und Weltgeschichte
von Anbeginn bis heute

in 6 Bänden

BAND 1
Frühgeschichte bis zum Beginn des Mittelalters
BAND 2
Vom Beginn bis zum späten Mittelalter
BAND 3
Frühneuzeit bis zum Wiener Kongreß
BAND 4
Vom Wiener Kongreß bis zum Ende des Zweiten Weltkriegs
BAND 5
Von 1945 bis heute
BAND 6
Register

FISCHER TASCHENBUCH VERLAG

WERNER STEIN

KULTURFAHRPLAN

BAND 4

VOM WIENER KONGRESS
BIS ZUM ENDE DES ZWEITEN WELTKRIEGS

FISCHER TASCHENBUCH VERLAG

Fischer Taschenbuch Verlag
Februar 1978
Ungekürzte Ausgabe
Umschlagentwurf: Jan Buchholz/Reni Hinsch
Fischer Taschenbuch Verlag GmbH, Frankfurt am Main
Lizenzausgabe mit freundlicher Genehmigung
der F. A. Herbig Verlagsbuchhandlung, München

Druck und Einband: Clausen & Bosse, Leck
Printed in Germany
580-ISBN-3-596-26384-0

ZEICHENERKLÄRUNG

 POLITIK

 DICHTUNG · SCHAUSPIELKUNST

 RELIGION · PHILOSOPHIE · ERZIEHUNG
GEISTESWISSENSCHAFTEN · ALLGEMEINES
GEISTIGES LEBEN

 BILDENDE KUNST · ARCHITEKTUR · FILM

 MUSIK · OPER · TANZ

 WISSENSCHAFT · TECHNIK

WIRTSCHAFT · TÄGLICHES LEBEN

~ UM · ETWA (für zeitliche Unbestimmtheiten bis zu etwa 10 Jahren)

≈ UM · ETWA (für zeitliche Unbestimmtheiten, die darüber hinausgehen und für zeitlich sehr ausgedehnte Ereignisse)

Kurzbezeichnungen der Spalten vgl. Registerüberschrift

Alle Jahresangaben vor Chr. Geb. sind mit dem Minus-Zeichen (z. B. — 1000) versehen

	Antiliberale Reaktion	Scott E. T. A. Hoffmann	Hegel Schopenhauer
1817	Wartburgfest der dt. Burschenschaften; fordern unter d. Farben Schwarz-Rot-Gold d. Einheit Deutschl. (1818 w. Allg. Deutsche Burschenschaft gegrdt.) *James Monroe* (* 1758, † 1831) Präsident der USA (bis 1825)	*A. v. Arnim:* „Die Kronenwächter" (histor. Roman), Bd. I, 1854: Bd. II (posthum) *Byron:* „Manfred" (engl. dr. Ged.) *Grillparzer:* „Die Ahnfrau" (Trauerspiel) *E. T. A. Hoffmann:* „Nachtstücke" (Erzählungen) * *Theodor Storm*, dt. Dichter († 1888)	*Friedrich Wilhelm III.* verkündigt die „Union" der Lutheraner u. Reformierten in Preußen *Hegel:* „Enzykl. d. philos. Wissensch. im Grundriß" * *Hermann Lotze*, dt. Physiolog des „teleologischen Idealismus († 1881) * *Theodor Mommsen*, dt. Historiker († 1903)
1818	Bayern und Baden erhalten Verfassungen *Karl XIV.* (*Johann Bernadotte*, Sohn ein. frz. Jurist.) Kg. v. Schwed. (b. 1844 [†]) *J. Mill:* Geschichte Indiens (kritis. brit. Verwalt.) * *Karl Marx*, dt. Sozialist, Begründer d. „Historischen Materialismus" († 1883) Chile unabhängig v. Spanien	*Brentano:* „Gesch. v. brav. Kasperl u. d. schön. Annerl" *Grillparzer:* „Sappho" (Schauspiel) *J. Mohr:* „Stille Nacht" (vertont von *Fr. Gruber*) *Scott:* „Rob Roy" (engl. Roman) * *Iwan Turgenjew*, russischer Dichter († 1883) *Uhland:* „Ernst, Hzg. von Schwaben" (Drama)	*E. M. Arndt:* „Geist der Zeit" (4 Bde s. 1806) * *Jakob Burckhardt*, schweiz. Kulturhistor. († 1897) † *Joachim Heinrich Campe*, dt. Pädag. u. Sprachf. (* 1746) *Hegel* von Heidelberg nach Berlin (großer Zulauf) *A. W. Schlegel* Professor für indische Sprache in Bonn Universität Bonn
1819	„Karlsbader Beschlüsse" geg. polit. u. geistige Freiheit in Deutschl. (bis 1848) † *Gebh. Leber.* Fürst *v. Blücher*, preuß. Heerf. in den Kriegen gegen *Napoleon* (* 1742) * *Victoria*, König. v. Großbrit. von 1837 bis 1901 (†) Singapur an Großbritannien USA kauft Florida v. Spanien *Simon Bolivar* (*1783, †1830) beg. Befreiung Südamerikas v. d. span. Herrschaft (vereinigt b. 1827 Venezuela u. Peru z. Republ. Kolumbien)	*Byron:* „Don Juan" (b. 1824) · *Theodor Fontane*, dt. Dichter (+ 1898) * *Klaus Groth* († 1899) *E. T. A. Hoffmann:* „Klein Zaches" (Märchen) * *Gottfried Keller*, Schweizer Dichter († 1890) † *Aug. v. Kotzebue*, dt. Dicht., v. *K. L. Sand* ermord. (* 1761) *Scott:* „Die Braut von Lammermoor" (engl. Roman) * *Walt Whitman*, nordam. Dichter († 1892)	*E. M. Arndt:* „Fragmente über Menschenbildung" (3 Bde. s. 1805) *J. Grimm:* „Deutsche Grammatik" (4 Bde. bis 1834; gilt als Grundlage d. modernen dt. Sprachlehre) * *Luise Otto-Peters*, dt. Frauenrechtlerin († 1895) *Schopenhauer:* „Die Welt als Wille u. Vorstellung" (pessimistische Philosophie des „Willens" als grund- u. zielloser, leidschaffender Drang zum Leben)
1820	Wien widerruft Versprechen einer Verfassung * *Friedrich Engels*, dt. Sozialist, Mitbegr. d. „Dialekt. Materialismus" († 1895) † *Joseph Fouché*, frz. Polizeiminister unter *Napoleon* u. *Bourbonen* (* 1759) † *Georg III.*, König von Gr.-Brit. (s. 1760) u. Hannover (s. 1814) (* 1738) *Georg IV.* (* 1762) Kg. v. Großbritannien u. Hannov. bis 1830 (†)	*A. v. Arnim:* „Die Majoratsherren" (Erzählung) *E. T. A. Hoffmann:* „Lebensansicht. d. Katers Murr nebst fragmentarischer Biographie des Kapellmeisters Johannes Kreisler" (unvoll., 2. Bd. 1822) *Puschkin:* „Ruslan und Ludmila" (russ. Verserzählung) *Scott:* „Ivanhoe" (engl. Roman) *Shelley:* „Der entfesselt. Prometheus" (engl. Schauspiel)	*E. M. Arndt* als Prof. der Geschichte in Bonn wegen liberaler Gesinnung amtsenthoben (1840 rehabilitiert) *Malthus:* „Grundsätze d. Politischen Ökonomie" (engl.) *Owen:* „Das Buch von der Neuen Welt" (engl. Sozialismus) * *Herbert Spencer*, engl. Philosoph d. biolog. Entwicklungsgedankens († 1903) Jesuitenorden aus Rußland ausgewiesen

Turner Klassizismus	Beethoven Schubert	Elektromagnetismus Geographie	
Constable: „Flatford Mill" (engl. Gem.) * *Charles Daubigny*, frz. Maler († 1878) *K. Phil. Fohr* (* 1795, † 1818): „Landschaft b. Tivoli" (Gem.) *Schinkel:* „Ital. Landschaft" (Gem.) *v. Carolsfeld:* „Familie d. Johannes" (Gem.)		*G. B. Belloni* entd. Grab *Sethos' I.* im „Tal der Könige" (Ägypten) *Berzelius* entd. Selen und Lithium *Cuvier:* „Das Tierreich" (frz., 4 Bde.) *Karl Friedr. v. Drais* (* 1785, † 1851); Laufrad (*Drais*ine) Handatlas von *Ad. Stieler* (* 1775, † 1836) erscheint (50 Bl. b. 1823)	*Brewster:* Kaleidoskop *Owen* ford. d. Grdg. kleiner, nach kommunist. Idealen lebender Gemeinden *David Ricardo* (* 1772, † 1823): „Politische Ökonomie" (engl. Theorie des Lohnes u. Wertes)
~ *C. D. Friedrich;* „Zwei Männer d. Mond betrachtend", „Frau am Fenster" (Gem.) · ~ *Goya:* „Schrecken d. Krieges", „Stiergefechte" (Radier.) *Schinkel:* Neue Wache *Thorwaldsen:* „Sterbender Löwe", Luzern Prado, Madrid	* *Charles Gounod*, frz. Komponist († 1893) *K. Loewe:* „Erlkönig" (Ballade) *Schubert:* Symphonie Nr. 6 in C-dur *Weber:* „Jubel-Ouvertüre"	*Coindet:* Jod in der Kropftherapie *Eilhard Mitscherlich* (* 1794, † 1863) entd. Isomorphie der Kristalle *Karl Ritter* (* 1779, † 1859): „Die Erdkunde im Verhältnis zur Natur und zur Geschichte d. Menschen" * *Max Pettenkofer*, süddt. Arzt († 1901)	* *Friedrich Wilhelm Raiffeisen*, dt. Wirtschaftler, Grd. landwirtsch. Kreditgenossenschaften († 1888) Stearinkerzen (1837: Paraffinkerzen; s. 10. Jh. Talglichter, Wachskerzen nur als Luxus)
* *Gustave Courbet*, frz. realistischer Maler († 1877) *Géricault:* „Das Floß d. Medusa" (frz. romant.-natural. Gem.) *Schinkel:* Schloß-Brücke Berlin *Turner:* „Einfahrt in Venedig" (engl. Gem. i. ein. atmosphär.-„impressionist." Stil)	*Beethoven* verliert s. Gehör (zunehm. s. 1800) * *Jacques Offenbach*, dt.-frz. Kompon. († 1880) *Schubert:* Klavierquintett A-dur („Forellenquintett") * *Clara Schumann* geb. *Wieck*, dt. Pianistin, Frau *Robert Schumanns* († 1896) * *Franz v. Suppé*, österr. Operettenkomp. († 1895)	Erforschung der amerikanischen arktischen Inselwelt durch *W. E. Parry* *R. T. H. Laënnec* (* 1781, † 1826): Auskultation mit Stethoskop *Pelletier* u. *Caventou* entd. Chinin † *J. Watt*, engl. Erf. (* 1736) Raddampfer „Savannah" 1. Dampfschiff in 26 Tagen v. d. USA n. Europa Erste planm. chemische Schulversuche (in Berlin)	Pressezensur in Dtl. Verfolgung der deutschen studentischen Burschenschaften als „Demagogische Bewegung" *Jahns* Turnplatz geschlossen, er verhaftet u. unter Polizeiaufsicht gestellt weg. Ermord. *Kotzebues* Zwölfstdg. Arbeitstag in England und Arbeitsverbot für Kinder unt. 9 Jahren (prakt. unwirksam)
W. Blake: „Jerusalem" (eines seiner „Prophetischen Bücher", engl. Mystik, mit eig. Illustrat. s. 1804) *Charles Heath* erfindet Stahlstich (1824 v. *K. F. Frommel* i. Dtl. eingef.) *Schnorr v. Carolsfeld:* „Die Verkündigung" (romant.-relig. Gem.) † *Benjam. West*, nordamerik. Maler in England (* 1738)		*André Marie Ampère* (* 1775, † 1836): Kraftwirkung zw. elektr. Strömen *Karl E. v. Baer* (* 1792, † 1876) entd. Entstehung und Entwickl. der Keimblätter von Tieren *Hans Ch. Oerstedt* (* 1777, † 1851) entdeckt Magnetfeld elektrischer Ströme; *Biot* u. *Savart* finden dafür mathem. Gesetz *Schweigger:* Empfindliches Meßgerät für elektr. Ströme („Multiplikator")	≈ Frauenmode: langer Rock mit kurzer Taille, bauschige Ärmel, Falbelreihen, Schutenhüte Turnen in Preußen verboten Ersteigung d. Monte Rosa-Zumsteinspitze (4573 m) und der Zugspitze (2963 m) Opiumverbot in China (beeinträchtigt engl. Handel)

	Monroe-Doktrin *Griech. Aufstand*	*Goethe* *Grillparzer*	*Hegel* *Schleiermacher*
1821	Erfolgr. griechischer Aufstand gegen die Türken (bis 1829) Fürst *Metternich* antiliberaler österr. Innenminister (bis 1848) Österr. Truppen beseitigen Verfassung in Neapel und Piemont † *Napoleon Bonaparte*, Kaiser d. Franzosen b. 1815 (* 1769) Mexiko unabh. v. Spanien Uruguay zu Brasilien Venezuela kommt zu Columbien (bis 1831)	* *Charles Baudelaire*, franz. Dichter († 1867) * *Feodor M. Dostojewskij*, russ. Dichter († 1881) * *Gustave Flaubert*, frz. Dichter († 1880) *E. T. A. Hoffmann:* „Die Serapionsbrüder“ (4 Bde. s. 1819) *Kleist:* „Die Hermannsschlacht“ u. „Prinz Friedr. v. Homburg“ (Schausp.) posthum von *L. Tieck* veröffentl. *F. A. Herbig*-Verlag gegr.	*Hegel:* „Grundlinien der Philosophie des Rechts“ (*H.* hält d. preuß. Monarchie für die vollendetste Staatsform) *Schleiermacher:* „Der christliche Glaube n. d. Grunds. der evangelischen Kirche“ *Henrik Steffens* (* 1773, † 1845): „Karikaturen des Heiligsten“ (dän.-dt. Staatsphilosophie seit 1819) *Thomas de Quincey:* „Bekenntn. eines engl. Opiumessers“
1822	Griechenland, unterstützt durch westeuropäische Freischaren, erklärt sich unabhängig von der Türkei † *Karl August* Fürst *von Hardenberg*, preußischer liberaler Staatsmann (* 1750) Liberia von freigelassenen USA-Negern gegründet (Verfassung 1847) Brasilien unabhängig von Portugal. *Pedro I.* Kaiser (bis 1831) *Bolivar* befr. Ecuador von span. Herrschaft	*Byron:* „Cain“ (dramatisches engl. Gedicht) * *Edmond de Goncourt*, franz. Dichter, († 1896) *Goethes* Freundsch. m. *Ulrike v. Levetzow* (* 1804, † 1899) *Grillparzer:* „Das goldene Vlies“ (Trauersp.-Tril.) *E. T. A. Hoffmann:* „Meister Floh“ (Märchen) † *Ernst Theod. Amad. Hoffmann*, dt. romant. Dichter, Komp. u. Zeichner (* 1776) *Immermann:* „Gedichte“ *Rückert* beg. Übersetzg. orient. Dichtg. m. „Östl. Rosen“ *Stendhal:* „Über die Liebe“ (frz. Abhandlung) † *Percy Bysshe Shelley*, engl. romant. Dichter, u. a. 1813 „Die Feenkönigin“ (* 1792) *Uhland:* „Walther v. d. Vogelweide“ (lit.-hist. Abhdlg.)	*F. M. Charles Fourier* (* 1772, † 1835) begr. frz. sozialist. Richtung kleiner Genossenschaften *W. v. Humboldt:* „Über d. vergleich. Sprachstudium“ *Edward Irving* (* 1792, † 1834) wird Prediger a. d. schott. Kirche in London (aus s. Anhäng. wird ~1832 d. „Apostolisch-katholische Kirche“ der Irvingianer) * *Albrecht Ritschl*, dt. ev. Theologe, gegen Mystik, Pietismus, Dogma († 1889) Beginn des modernen Realschulwesens durch *Aug. Gottlieb Spilleke* (* 1778, † 1841) in Berlin * *Heinrich Schliemann*, dt. Archäologe († 1890) Kath. Kirche hebt Verbot kopernikan. Schriften auf
1823	Revolution in Spanien (seit 1820) gegen König *Ferdinand VII.* mit franz. Hilfe niedergeschlagen * Graf *Gyula Andrassy*, 1867 ung. Min.-Präs., 1871–79 österr.-ung. Außenminister († 1890) Mexiko wird Republik USA-Präsident *Monroe* verkündigt: „Amerika den Amerikanern“ (isolationistische „*Monroe*-Doktrin“)	*Byron* kämpft aktiv für die griech. Unabhängigkeit *J. F. Cooper* beg. „Lederstrumpf“ *Goethe:* „Marienbad. Eleg.“ * *Alexander Ostrowski*, russ. Bühnendichter († 1886) * *Alexander Petöfi*, ungar. Freiheitsdichter († 1849) *Rückert:* „Liebesfrühling“ (Gedichte) † *Zacharias Werner*, dt. Dichter, s. 1810 kathol. (* 1768)	Papst *Leo XII.* bis 1829, bekämpft Bibelgesellschaften und Freimaurerei, Förderer der Jesuiten *Pertz* beg. „Monumenta Germaniae historica“ (umf. histor. Quellensammlung) * *Wilhelm Heinrich Riehl*, dt. Kulturhistoriker u. Erzähler († 1897) *Saint-Simon:* „Katechismus f. Industrielle“ (frz. Sozialismus)

Klassizismus *C. D. Friedrich*	*Beethoven* *C. M. v. Weber*	*Ampère* *Entz. d. Hieroglyphen*	
Rauch: „Goethe" (Marmorbüste) *G. Schadow: Luther*denkmal (Wittenberg), „Friedrich d. Gr. und seine Windspiele" (Sanssouci), „Goethe" (Plast.) *Schinkel* baut Schauspielhaus in Berlin (s. 1818) *Thorwaldsen:* „Segnender Christus" (dän. Bildwerk)	*Joseph Xaver Elsner* (* 1766, † 1854), „Vater d. poln. Musik", Lehrer *Chopins*, wird Direktor d. Konservatoriums i. Warschau *Weber:* „Der Freischütz" (Urauff. im Schauspielhaus Berlin)	~ *Arago* u. *Gay-Lussac:* Elektromagnet *Faraday* findet Grundlage des Elektromotors * *Herm. v. Helmholtz*, dt. Physiologe und Physiker († 1894) ~ *J. V. Poncelet* begr. Projektive Geometrie (als Franz. i. Rußland) *Seebeck* entd. Thermoelektrizität * *Rudolf Virchow*, dt. Mediziner und liberaler Politiker († 1902)	*E. W. Arnoldi* grdt. Gothaer Feuerversicherungsanstalt (vgl. 1827) *J. E. Taylor* grdt. Manchester Guardian (liberal, zunächst Wochenblatt, 1855 tägl.) ~ In Berlin nur eine öff. Bedürfnisanstalt (erst 1875 in größ. Zahl erbaut)
† *Antonio Canova*, ital. Bildhauer (* 1757) ~ *C. D. Friedrich:* „Mondaufgang am Meer" (Gem.) ~ *Pierre Narcisse Guérin* (* 1774, † 1833): „Aurora u. Cephalus" (frz. Gem.) *Overbeck:* „Einzug Christi i. Jerusalem" (Gem.)	* *César Franck*, belg. Komponist († 1890) *Mendelssohn-Bartholdy:* Sinfonie in D-dur (Uraufführung 1959) *Schubert:* 8. Symphonie h-moll in 2 Sätzen („Die Unvollendete")	*Ampère:* Magnetismus d. Stoffe beruht auf elektr. Molekularströmen *Jean François Champollion* (* 1790, † 1832) entziff. auf „Stein v. Rosette" (gefund. 1799) Hieroglyphen *Fourier:* „Analyt. Theor. d. Wärme" † *Friedrich Wilhelm Herschel*, dt. Astron. (* 1738) * *Gregor Mendel*, Begr. d. Vererbungslehre († 1884) *J. N. Niepce* (* 1765, † 1833): Heliographie (Herstellg. v. Druckplatten mittels lichtempfindl. Asphaltschichten) Erste Versamml. dt. Naturforscher u. Ärzte, in Leipzig (durch *L. Oken*) * *Louis Pasteur*, frz. Chemik. u. Bakteriol. († 1895)	≈ Engl. Maschinenzwirn beg. indisches Handwerk zu ruinieren (d. Zerstörung d. Handwerks steht i. d. Kolonialgeb. kein entspr. industrieller Aufbau gegenüber) Spiralbohrer f. Metall 1. Berliner Gewerbe-Ausstellung Frühe anonyme Limericks i. England (vgl. 1846 D)
C. D. Friedrich: „Einsamer Baum", „Mondaufgang am Meer" (Gem.) † *Pierre Paul Prud'hon*, frz. Maler (* 1758) † *Henry Raeburn*, schott. Bildnismaler (* 1756) *Rauch:* „Fr. Wilhelm III." (Büste) *Waldmüller:* „Beethoven" (Porträtgem.)	*Beethoven:* 9. Symphonie d-moll mit Schlußchor „An die Freude" *Schubert:* Musik zu „Rosamunde", „Die schöne Müllerin" (Liederzyklus) *Weber:* „Euryanthe" (Oper) *Erard:* Mod. Pianoforte mit Repetitionsmechanik	*Döbereiner:* Wasserstoff-Platin-Feuerzeug *Faraday* verflüssigt Chlor u. a. Gase *Gauß:* Ausgleichrechnung (Methode d. kleinsten Quadrate) *E. A. Geitner:* Neusilber (Nickelleg.) *F. P. von Wrangel* entdeckt die *Wrangel*-Insel vor Nordsibirien	Erster Rosenmontagszug in Köln *Ch. Macintosh:* wasserdichte Gewebe durch Kleben zweier Stoffe mit Gummilösung

	Südamerika selbständig	Romantik Hauff · Puschkin	Ranke Pestalozzi
1824	*Karl X.* König von Frankreich (bis 1830): Reaktion in Frankr. Vereinigung Jülich-Cleve-Berg und Niederrhein zur preußischen Rheinprovinz Aufheb. der Anti-Gewerkschaftsgesetze in England *S. Bolivar* befr. Peru v. span Herrschaft Literar. „Mittwochsgesellschaft" in Berlin	† Lord *George Byron*, an Malaria in Griechenl., engl. Dicht. d. „Weltschmerzes" (* 1788) * *Alexandre Dumas* (Sohn), frz. Dichter († 1895) *Heine:* „Harzreise" (1. Teil; vgl. 1831) Graf *Giacomo Leopardi* (ital. Dicht. d. „Weltschmerzes" * 1798, † 1837): „Canzoni"	*Herbart:* „Psychologie als Wissenschaft" (2 Bde. bis 1825) *Ranke:* „Zur Kritik neuerer Geschichtsschreiber" (Anfänge seiner objektiv-krit. Geschichtsschreibung, zu zeigen, „wie es gewesen ist") Gründung der Berliner Missionsgesellschaft (ev.) National Gallery, London gegr.
1825	*John Quincy Adams* (* 1767, † 1848) Präsident der USA bis 1829. Bildung der demokratischen u. d. republikan. Partei Bolivien unter Präsident *Bolivar* unabhäng. Republik: Ende des span. Kolonialreiches in Südamerika * *Ferdinand Lassalle*, dt. Sozialist († 1864) † *Maximilian I. Joseph*, s. 1795 Hzg., s. 1806 König von Bayern (* 1756) *Ludwig I.* König von Bayern (dankt 1848 ab) † *Alexander I.*, Zar von Rußland seit 1801 (* 1777) *Nikolaus I.* Zar von Rußland (bis 1855 [†]) Dekabristen Aufstand um eine Verfassung in Rußland wird niedergeworfen	*Goethe* wie ein Fürst gefeiert *Grillparzer:* „König Ottokar" (Schauspiel) *Manzoni:* „Die Verlobten" (ital. Roman) * *Conrad Ferdinand Meyer*, schweiz. Dichter († 1898) *Wilhelm Müller* (* 1794, † 1827): „Neugriechische Volkslieder" † *Jean Paul (Friedrich Richter)*, dt. Dichter (* 1763) *Platen:* „Sonette aus Venedig", „Das Theater als ein Nationalinstitut betrachtet" *Puschkin:* „Boris Godunow" (gilt als erste russ. Tragödie) Gebrüder Grafen *zu Stolberg (Christian* * 1748, † 1821; *Friedrich Leopold* * 1750, † 1819): Gesammelte Werke *Esaias Tegnér* (* 1782, † 1846): „Frithjofs-Sage" (schwed. Romanzen-Epos)	*August Böckh* (* 1785, † 1867): „Corpus inscriptionum Graecarum" (Begrdg. d. wiss. griech. Inschriftenkunde; *B.* gilt als Begrdr. einer umfassenden Altertumswissenschaft, die über die reine Textphilologie hinausgeht) *Louis Braille* (* 1809, † 1852): Blindenpunktschrift (ausführlicher 1829) *R. Owen* kauft New Harmony (USA) u. gründet kommunistische Gemeinde (scheitert nach kurzer Zeit) *Saint-Simon:* „Neues Christentum" (frz. Sozialismus) † *Claude Henry de Saint-Simon*, frz. religiös. Sozialist (* 1760); seine Schüler begründen „Erste sozialistische Schule" (best. bis 1832)
1826	*S. Bolivar* beruft panamerikan. Kongreß n. Panama (ohne Erfolg) Engl. anerkennt d. v. Spanien abgefallenen mittelamerikan. Staaten (auch aus wirtschaftl. Gründen) * *Wilhelm Liebknecht*, dt. Sozialdemokrat († 1900) † *Thomas Jefferson*, Staatsmann d. USA; 1801–09 Präsident; Grd. d. Demokratischen Partei geg. *Alex. Hamilton* (* 1743)	*Eichendorff:* „Aus dem Leben ein. Taugenichts" (Nov.) *Hauff:* „Mitteilungen aus den Memoiren des Satans" und „Lichtenstein" (Rom.), „Märchen-Almanach" † *Johann Peter Hebel*, alemannischer Dichter (* 1760) * *Josef Viktor von Scheffel*, dt. Dichter († 1886) *Uhland* und *Schwab* geben *Hölderlins* Gedichte heraus † *Johann Heinrich Voß*, dt. Dicht. u. Übersetzer (* 1751)	*Fröbel:* „Die Menschenerziehung" *Ngüan Ngüan* (* 1764, † 1849) besorgt kritische chinesische Ausgabe der konfuzianischen Schriften (chin. Kanon) *Pestalozzi:* „Lebensschicksale" (Autobiographie) Bayr. Landesunivers. wird v. Landshut (dort s. 1800) nach München verl. (gegr. 1472 i. Ingolstadt)

Constable *Klassizismus*	*Beethoven* *Weber*	*Nichteuklidische* *Geometrie*	
C. D. Friedrich: „Vor Sonnenaufgang im Gebirge“ (Gem.) *F. Gérard:* „Daphnis u. Chloe“ (frz. Gem.) † *Théodore Géricault,* frz. Maler (* 1791) * *Joseph Israels,* holl. Maler († 1911) *Jeffry Wyattville* beg. Schloß Windsor (i. engl.-neogot. Stil) Kunstverein i. München	*Beethoven:* „Missa Solemnis“; letzte, stark polyphone Streichquartette op. 127, 130, 131, 135 (b. 1826) * *Anton Bruckner,* österr. Komp. († 1896) * *Peter v. Cornelius,* dt. Komp. († 1874) *Schubert:* Quart. a-moll * *Bedřich Smetana,* tschech. Kp. († 1884)	*Aspdin:* Portland-Zement *Sadi Carnot* (* 1796, † 1832): Nutzeffekt von Wärmekraftmaschinen *Goethes* Wirbeltheorie des Schädelbaus *Liebig* Prof. in Gießen Erste Atomtheorie der Kristalle von *L. A. Seeber* * *W. Thomson,* engl. Physiker († 1907)	„Brabanter“ („Hohenheimer“) Pflug begr. seine mod. Form Erst. Tierschutzverein in London 1. dt. Einwanderung in (Süd-)Brasilien Kunstleder von *Hancock* 1. Karnevalsumzug in Köln
† *Jacques Louis David,* frz. Maler des Klassizismus (* 1748) *Lawrence:* „Kg. Karl X.“ (engl. Gem.) ~ *K. Hokusai:* „Die Woge“ (Farbholzschnitt) Nationaltheater in München neueröffnet (erstmals 1818)	*Beethoven:* Große Fuge B-dur (urspr. zum Streichquartett op. 130 wegen s. schweren Verständlichkeit abgetrennt) *François Adrien Boieldieu* (* 1775, † 1834): „Die weiße Dame“ (frz. Oper) † *Antonio Salieri,* ital. Opernkomp. im Stile *Glucks* in Wien, Gegner *Mozarts* (* 1750) * *Johann Strauß* (Sohn), österr. Komponist († 1899)	Schwefelzündholz von *Cooper* *Faraday* entdeckt Benzol im Leuchtgas *Laplace:* „Himmelsmechanik“ (frz., s. 1799) *Adrien-Marie Legendre* (* 1752, † 1832): „Elliptische Funktionen“ (3 Bde. bis 1832) *Liebig* u. *Wöhler:* Isomerie (gleiche Atome können versch. Moleküle bilden) *J. E. Purkinje* (* 1787, † 1869), Begr. d. exper. Sinnesphysiologie, entd. Keimbläschen i. Hühnerei Eisenbahn Stockton — Darlington (Engl.) mit *Stephenson*-Lokomotive Verbess. Elektromagnet von *Sturgeon* Erste dt. Technische Hochschule i. Karlsruhe	Pferdeomnibus (*Kremser*) in Berlin Wirtschaftskrise in England (1826 Aufstände unter den Baumwollarbeitern) Teerose kommt aus China n. Europa ~ Unter d. Einfl. v. *Ling* entst. schwed. Heilgymnastik Börsenverein der dt. Buchhändler i. Leipzig gegrdt. Erie-Kanal zwischen Buffalo und Albany (USA) mit 544 km Länge fertiggestellt (seit 1817 im Bau) Schwere Nordsee-Sturmflut
Constable: „Das Kornfeld“ (engl. Gem.) *J. G. Schadow:* „Die Ruhende“ (Bronzeakt) *Schinkel:* Schlösser Charlottenhof und Klein-Glienicke (Potsdam) † *Friedrich Weinbrenner,* süddt. Baumeister, bes. in Karlsruhe (* 1766)	*Mendelssohn-Bartholdy:* Ouvertüre zum „Sommernachtstraum“ *Schubert:* Streichquartett d-moll („Der Tod und das Mädchen“) *Weber:* „Oberon“ (Oper) † *Carl Maria von Weber,* dt. Komponist (* 1786)	*Niels Henrik Abel* (* 1802, † 1829): Gleichungen von höherem als 4. Grad lassen sich allgem. nicht auflösen *N. I. Lobatschewskij* begründ. in Kasan die widerspruchsfreie nichteuklidische Geometrie, in der es zu einer Geraden mehrere Parallelen gibt (vgl. 1816, 32) Kaltwasser-Heilanstalt von *Prießnitz*	Gasbeleuchtung „Unter d. Linden“, Berlin *Joseph Meyer* (* 1796, † 1856) grdt. Verlag „Bibliographisches Institut“ „Blaue Grotte“ Capris wiederentdeckt * *Bernhard Riemann,* dt. Mathem. († 1866) Anilin aus Indigo durch *Otto Unverdorben* (* 1806, † 1873)

	Griechenland unabh. *Zollvereine*	*Balzac* *Goethe*	*Schlegel* *Herbart*
1827	Engl.-frz.-russische Flotte besiegt im griech. Unabhängigkeitskrieg in d. Schlacht b. Navarino türk.-ägyptische ~ Entst. panslawistischer Ideen in d. Slowakei (unter d. Einfl. d. dt. Romantik) Peru wählt *S. Bolivar* zum Präsidenten auf Lebenszeit	* *Charles de Coster*, belg.-fläm. Dichter († 1879) *Goethe* prägt den Begriff „Weltliteratur" *Grabbe:* „Scherz, Satire, Ironie und tiefere Bedeutung" (Lustspiel) *Hauff:* „Phantasien im Bremer Ratskeller", „Jud Süß" † *Wilhelm Hauff*, dt. Dichter (* 1802) *Heine:* „Buch der Lieder" *Scott:* „Das Leben Napoleons" (engl. Rom.)	*P. J. A. Feuerbach:* „Merkwürdige Verbrechen" * *Paul Anton de Lagarde*, dt. Orientalist u. Philosoph († 1891) † *Johann Heinrich Pestalozzi*, Schweiz. Pädagoge; stellte Entfaltung d. Anlagen über Erwerb v. Wissen (* 1746) *Joseph Smith* (* 1805, † 1844, ermordet) grdt. „Kirche Jesu Christi der Heiligen d. letzten Tage" in USA („Mormonen") Universität Helsinki gegrdt.
1828	† *Karl August*, Großherzog von Sachs.-Weimar (s. 1815, Hzg. s. 1758); Freund *Goethes* (* 1757) Mitteldeutscher Handelsverein zw. Hannover, Kurhessen, Sachsen, Braunschweig, Nassau, Frankfurt (Main), Bremen, thüring. Kleinstaaten, geg. Preußen gerichtet; Zollverein zwischen Preußen u. Hessen-Darmstadt (preuß. Binnenzölle s. 1818 aufgehoben); Süddt. Zollverein zwischen Bayern u. Württemberg Uruguay selbst. Republik mit argent. Hilfe (seit 1821 bei Brasilien)	Briefwechsel *Goethe-Schiller* erschienen * *Henrik Ibsen*, norw. naturalistischer Bühnendichter († 1906) * *Leo Nikolajewitsch Tolstoi*, russ. Dichter († 1910) * *Jules Verne*, franz. utopischer Schriftsteller († 1905) *Ferd. Raimund* (* 1790, † 1836): „Der Alpenkönig u. der Menschenfeind" (österr. Schauspiel) *Anton Philipp Reclam* (* 1807, † 1896) grdt. Reclam-Verlag (gibt ab 1867 „Universal-Bibliothek" heraus)	* *Henri Dunant*, schweiz. Philanthrop, veranl. „Genfer Konvention" u. „Rotes Kreuz" († 1910) *J. Grimm:* „Deutsche Rechtsaltertümer" * *Friedrich Albert Lange*, dt. Philosoph (Kantianer) und Kathedersozialist († 1875) *K. Ottfr. Müller* (* 1797, † 1840): „Die Etrusker" (grundl. f. mod. Etruskologie) *Fr. Schlegel:* „Philosophie des Lebens" „Rheinische Missionsgesellschaft" (ev.) gegründet Universität London gegrdt.
1829	Russisch-türk. Friede zu Adrianopel: Griechenland von der Türkei unabhängiges Kgr. unter König *Otto* von Bayern (1832 bis 1862) *Andrew Jackson* (* 1767, † 1845) Präsident der USA (bis 1837); begr. den Wechsel der Verwaltungsbeamten n. d. Wahlsieg einer Partei	*Balzac* beg. „Die menschliche Komödie" (Zyklus frz. Sittenromane, 40 Bde. unvoll.) *Goethe:* „Wilhelm Meisters Wanderjahre" (Roman mit sozial. Betrachtungen) *Grabbe:* „Don Juan und Faust", „Kaiser Friedrich Barbarossa" (Schauspiele) *W. Grimm:* „Die deutsche Heldensage" *Hugo:* „Der letzte Tag eines Verurteilten" (frz., geg. d. Todesstrafe) *Uhland* Literaturprofessor in Tübingen (bis 1833)	*Herbart:* „Allgemeine Metaphysik" *Justinus Kerner* (* 1786, † 1862): „Die Seherin von Prevorst" (Theorien des Übersinnlichen) Papst *Pius VIII.* bis 1830 *Fr. Schlegel:* „Philosophie d. Geschichte" † *Friedrich Schlegel*, dt. Dichter und Gelehrter, s. 1808 kathol. (* 1772) *A. W. Schlegel:* „Ramayana" (b. 1846, bahnbr. f. dt. Indologie) Katholiken erhalten in England Recht auf öffentliche Gottesdienste

Turner *Delacroix*	† *Beethoven* *Schubert*	*Erste Synthese organischer Stoffe*	
† *William Blake*, engl. Zeichner (* 1757) * *Arnold Böcklin*, schweiz. neu-romantischer Maler († 1901) *Ludwig I.* v. Bayern kauft altdt. Gemäldesl. d. Gebr. *Boisserée* f. d. Alte Pinakothek *Ingres:* „Apotheose Homers" (frz. Gem.) *A. v. Humboldt:* Allgemeinverständliche „Kosmos"-Vorträge i. Berlin	† *Ludwig van Beethoven*, dt. Komponist, letzter d. „Wiener Klassiker" (* 1770) *Lorenzo Daponte* (* 1749, † 1838), ital. Operndichter (u. a. z. d. *Mozart*opern „Figaro", „Don Giovanni"): „Memoiren" (4 Bände s. 1823) *Schubert:* „Die Winterreise" (Liederzykl. n. Ged. v. *Wilh. Müller*)	Entdeckung des Säugetiereies durch *Carl Ernst v. Baer* (* 1792, † 1876) *Brown:* Wärmebewegung mikroskopischer Teilchen † *Pierre Simon Laplace*, frz. Math. u. Astron. (* 1749) *Georg Simon Ohm* (* 1787, † 1854) find. sein Gesetz für elektr. Ströme Schiffsschraube von *Ressel* Aluminium aus Tonerde durch *Wöhler* Ges. f. Erdkunde, Berlin	Friedensrichter in Preußen *Ernst Wilh. Arnoldi* (* 1778, † 1841) grdt. (1. dt.) Lebensversicherungsbank a. G. in Gotha (vgl. 1821) *John Walker:* Schwefelreibzündhölzer *Anton Löhner:* Rollschuhe *Karl Baedeker* grdt. Verlag für Reisehandbücher
Delacroix: frz. Lithographien zu „Faust" † *Francisco Goya*, span. realist. Maler (* 1746) † *Jean Antoine Houdon*, frz. Bildhauer (* 1741) *Klenze* baut Odeon in München * *Dante Gabriel Rossetti*, engl. Maler und Dichter († 1882) *Schinkel* baut Altes Museum in Berlin (s. 1822) * *Alfred Stevens*, belg. Maler († 1906) *J. Stieler:* „Goethe" (Gem.) Kunstverein i. Dresden	*Auber:* „Die Stumme von Portici" (frz. Oper) *Schubert:* 7. Symphonie C-Dur („Die Große"); Klaviersonaten in c, A und B † *Franz Schubert*, österr. Komponist; schrieb über 600 Lieder (* 1797)	*Berzelius* entd. Element Thorium (spät. als radioaktiv erk.) Stickmaschine von *Heilmann* Erste Synthese eines organischen Stoffes (Harnstoff) aus anorganischen Stoffen durch *Friedrich Wöhler* (* 1800, † 1882). (Seitdem kein grundsätzlicher Unterschied zwischen organischer und anorganischer Chemie) Techn. Hochschule Dresden gegr.	Der rätselhafte Findling *Kaspar Hauser* (* ~ 1812, † 1833 a. d. Folgen ein. Mordanschlages) taucht auf
Blechen entw. i. Ital. Freilichtmalerei * *Anselm Feuerbach*, dt. klassizistischer Maler († 1880) * *Viktor Müller*, süddt. Maler († 1871) † *Johann Heinrich Wilhelm Tischbein*, dt. Historien- und Bildnismaler (z. B. Königin *Luise*, *Goethe* in der Campagna), aus dem *Goethe*kreis (* 1751) *Turner:* „Odysseus verhöhnt Polyphem" (engl. Gem.)	Wiederaufführung der Matthäuspassion von *J. S. Bach* durch die Berliner Singakademie unter *Mendelssohn-Bartholdy*. (Erstaufführung Karfreitag 1729 in der Thomaskirche zu Leipzig) *Rossini:* „Wilhelm Tell", „Graf Ory" (ital. Opern) * *Anton Rubinstein*, russ. Komponist und Klaviervirtuose († 1894)	*Döbereiner* erk. i. s. Triadenlehre Ähnlichk. chem. Elemente (Vorläufer des „Periodischen Systems") *A. v. Humboldt* untern. auf Veranl. des Zaren Forschungsreise n. Sibirien *J. Ressel* erprobt Schraubenschiff *Stephensons* Lokomotive „The Rockett" gew. Preisfahrt Dt. Archäologisches Institut in Rom gegründet	Erster Ruderwettkampf Oxford-Cambridge ~ Erste Gewerkschaften (Trade Union) in England Briten verbieten Witwenverbrennung in Indien

	Juli-Revolution *Frhr. v. Stein*	*Romantik* *Hugo*	† *Hegel* *Indologie*
1830	Juli-Revolution in Paris wegen Verletzung politischer Rechte durch König *Karl X.*, der abdankt; *Louis Philipp* „Bürgerkönig“ v. Frankr. b. 1848: „Goldene Tage d. Bourgeoisie“ *Talleyrand* frz. Botsch. in London (b. 1834) Frankreich erobert Algerien Belg. Erheb. geg. Niederlande; Belg. Kgr. unter *Leopold* v. Sachsen-Coburg Unruhen in Braunschweig, Göttingen, Sachs., Kurhess. Einf. demokratischer Verfassungen in den reformierten Schweizer Kantonen *Wilhelm IV* König von Großbritannien (b. 1837 [†]) Unruhen in Irland Vergeblicher polnischer Aufstand gegen Rußland Ecuador selbst. Freistaat * *Franz Joseph I.*, Neffe *Ferdinands I.*, von 1848 bis 1916 (†) österreich. Kaiser † *Ludwig Yorck v. Wartenburg*, preuß. Heerf. in d. Freiheitskriegen (* 1759)	*Balzac:* „Tolldreiste Geschichten“ (frz. erot. Erzählungen im Barock-Stil) *Eichendorff:* „Der letzte Held von Marienburg“ (Trauerspiel) * *Marie von Ebner-Eschenbach*, geb. Gräfin *Dubsky*, mährisch-österr. Dichterin († 1916) * *Jules de Goncourt*, frz. Dichter († 1870) * *Paul Heyse*, dt. Dichter, *Nobel*preis 1910 († 1914) *Hugo:* „Hernani“ (frz. Versdrama) *Immermann:* „Tulifäntchen“ (Märchen) *Lamartine:* „Poetische und religiöse Harmonien“ (frz. Dichtung) * *Frédéric Mistral*, frz. Dichter, *Nobel*preis 1904 († 1914) *Juliusz Slowacki* (* 1809, † 1849): „Maria Stuart“ (poln. Drama) *Stendhal:* „Rot u. Schwarz“ (frz. Roman)	*F. C. Dahlmann* (* 1785, † 1860): „Quellenkunde der dt. Geschichte“ (gilt als Standardwerk) *L. Feuerbach:* „Gedanken über Tod und Unsterblichkeit“ *A. W. Schlegel:* „Indische Bibliothek“ (3 Bde. s. 1823; zus. m. „Bhagavad-Gita“ [1823] bahnbr. f. wiss. dt. Indologie) *Friedrich Julius Stahl* (* 1802, † 1861): „Die Philosophie des Rechts“ (betont göttl. Ursprung, 2 Bde. bis 1837) *Karl Aug. Varnhagen v. Ense* „Biographische Denkmale“ (5 Bde. s. 1824) *Henrik Wergeland* (* 1808, † 1845): „Die Schöpfung, der Mensch u. d. Messias“ (norweg. dramat. Gedicht; *W.* gilt als Begrdr. d. neunorweg. Literatur geg. *Joh. S. C. Welhaven* [* 1807, † 1873])
1831	† *Neidhardt von Gneisenau* (an d. Cholera), nationaler und liberaler preuß. Heerführer (* 1760) † *Karl* Frhr. *vom und zum Stein*, liberaler dt. Staatsmann i. Preußen (* 1757) *P. A. Pfitzer* (* 1801, † 1867) wirbt als Süddt. f. d. Anschluß an Preußen Sachsen erhält Verfassung Arbeiteraufstand in Lyon Gründung einer französischen Fremdenlegion für Nordafrika Türkei verliert Syrien an Ägypten	† *Achim von Arnim*, dt. Dichter (* 1781) *Balzac:* „Die Frau von 30 Jahren“ (frz. Roman) *A. v. Chamisso:* „Frauenliebe u. -leben“ *Goethe:* Ges. Werke (letzter Hand, 40 Bde. s. 1827) *Anastasius Grün* (* 1806, † 1876): „Spaziergänge eines Wiener Poeten“ (österr. Gedichte gegen *Metternich*) *Grabbe:* „Napoleon od. d. 100 Tage“ (Schauspiel) *Heine* in Paris: „Reisebilder“ *Hugo:* „Notre Dame de Paris“ (frz. histor. Roman) * *Nikolai Leskow*, russ. Dichter († 1895) * *Wilhelm Raabe*, dt. Dichter († 1910)	* *Friedrich v. Bodelschwingh* dt. innerer Missionar († 1910) *Carus:* „Vorlesungen über die Psychologie“ Papst *Gregor XVI.* bis 1846, Förderer der Jesuiten, stärkt das Papsttum † *Georg Wilhelm Friedrich Hegel* (an d. Cholera), dt. Philosoph, Begr. des dialektischen Idealismus, preuß. Staatsphilosoph (* 1770) Baptistenprediger *W. Miller* (* 1782, † 1849) grdt. in USA Adventisten-Sekte (seit Christi Tod entstanden mehr als 175 Sekten, die seine unmittelbare Wiederkehr erwarten)

Daumier *Delacroix*	*Romantik* *Schumann*	*Eisenbahn* *Induktionsgesetz*	
~ *Blechen:* „Tivoli" (Gem.) *C. D. Friedrich:* „Wiesen bei Greifswald" (Gem.) † *Thomas Lawrence*, engl. Maler (* 1769) Auflösung der „Nazarener-Schule" in Rom (gegr. 1810) * *Camille Pissarro*, frz. Maler des Impressionismus († 1903) *Ch. D. Rauch:* Dürerdenkm. i. Nürnberg (eingew. 1840, erstes Denkm. ein. Künstlers) *Philipp Veit* (* 1793, † 1877) Dir. d. *Staedel*-Inst., Frankf./M. (gegr. 1816); malt hier „Einführung des Christentums u. der Künste i. Dtl.", Fresko) ~ *Hiroshige:* „Acht Ansichten vom Biwa-See" (japan. farbige Holzschnitte)	*Auber:* „Fra Diavolo" (frz. Oper) *Fanny Elßler* (* 1810, † 1884) beg. ihre Erfolge als Balettänzerin in Berlin *Chopin* kommt n. Paris *Mendelssohn-Bartholdy:* „Reformations - Symphonie", „Die Hebriden" (Konzert-Ouvertüre) Ausged. Konzertreise d. Pianistin *Klara Wieck* (* 1819, † 1896; verh. sich 1840 mit *R. Schumann*)	*R. Brown* entd. Zellkern *Cuvier* setzt i. ein. Diskussion geg. *Geoffroy-Saint Hilaire* i. d. frz. Akad. d. (irrige) Lehre v. d. Konstanz d. biol. Arten durch † *Jean Baptiste Fourier*, frz. Mathematiker und Physiker (* 1768) *Hessel* leitet d. 32 Kristallklass. verschiedener Symmetrie ab *Fr. J. Hugi* begr. exakte Gletscherforschung *Charles Lyell* begr. geolog. Aktualismus (leitet entg. Katastrophentheorie Veränd. aus gegenwärtig bekannten Kräften ab) *J. Madersperger:* Nähmaschine (vgl. 1846) *v. Reichenbach:* Paraffin *Perry* und *Wise:* Stahlfeder Eisenbahn Liverpool—Manchester m. ca. 45 km/st Geschw. (gilt als Beg. d. mod. Eisenbahnwesens) Chem. Zentralblatt gegr. (Berichtsorgan d. rasch wachs. Chemie)	Aufhebung der Pressezensur in Frankreich † *August von Goethe* in Rom (* 1789), vorehelicher Sohn von *J. W. v. Goethe* und *Christiane Vulpius* ~ Vatermörder in der Männermode ~ Typ und Bezeichnung „Dandy" kommen auf St. Gotthardtstraße f. Wagenverkehr geöffnet (1. Kutsche fuhr schon 1775) 26 Straßen-Dampfwagen in London Optische Telegraphenlinie Berlin-Koblenz Salpeterausfuhr aus Chile: 800 t (1900: 1,48 Mill. t, 1917: 2,8 Mill. t Max.) Beginn amtl. Wetteraufzeichnungen in Berlin
* *Reinhold Begas*, norddt. Bildhauer († 1911) *Carus:* „Briefe über Landschaftsmalerei" *H. Daumier:* Mitarb. d. satir. Blätter „Caricature" (verboten 1835) und „Charivari" *Delacroix:* „Die Freiheit führt das Volk" (frz. Gem.) * *Constantin Meunier* belgischer Bildhauer u. Maler († 1905) *Thorwaldsen:* „Adonis" (dän. Plastik)	*Vincenzo Bellini* (* 1801, † 1835): „Norma" (ital. Oper) *Meyerbeer:* „Robert d. Teufel" (*M.* beherrscht d. Große Oper in Paris) *R. Schumann:* „Papillons" (Klavierstücke)	*Belli:* Influenz-Elektrisiermaschine Weltreise *Darwins* (bis 1836) (erf. u.a. Koralleninseln) *Faraday:* Magnetfeldänderung erzeugt elektr. Spannung: Induktionsgesetz (Grundl. d. Dynamos) *Goethe* vermut. Abstamm. des Menschen vom Tier *Liebig:* Apparat zur Elementaranalyse organischer Verbindungen; entd. mit *Subeiran* Chloroform * *James Clerk Maxwell*, engl. Physiker († 1879) Entdeckung des magnetischen Südpols im Nordpolargebiet durch *John Ross* (* 1777, † 1856)	* *Heinrich Stephan*, dtsch. Generalpostmeister († 1897) Erste europ. Cholera-Pandemie († u. a. *Clausewitz*, *Gneisenau*, *Hegel*) Letzte öff. Hinrichtung durch d. Schwert i. Bremen (der Giftmischerin *Gesche Gottfried*, geb. *Timm* [*1785], vor ca. 30 000 Zuschauern) Pressegesetz in Baden Wiederaufleben des Fußballspiels i. Eton u. a. engl. Schulen (urkundl. im 12. Jh. in England erwähnt)

	Engl. Parlamentsreform *Dt. Zollverein*	*† Goethe* *Lenau*	*Diesterweg* *Wichern*
1832	Parlamentsreform in Engl. dehnt d. Wahlrecht auf das wohlhabende Bürgertum aus (1 statt bisher ½ Million Wahlberechtigte) „Hambacher Fest" d. süddt. Demokraten (führt zur Aufheb. v. Presse- u. Versammlungsfreiheit) † Hzg. v. *Reichstadt, Napoleon* (II.) (* 1811) *Giuseppe Mazzini* (* 1805, † 1872) grdt. republ. Geheimbund „Junges Italien" (1834 z. „Jungen Europa" erweitert) Erster Parteikonvent der Demokrat. Part. d. USA nominiert Jackson z. Präsidenten	* *Björnstjerne Björnson,* norw. Dichter, *Nobel*preisträger 1903 († 1910) * *Wilhelm Busch,* dt. Zeichner und Dichter († 1908) † *Ludwig Devrient,* dt. Charakterschausp. am Berliner Hoftheater (* 1784) *Goethe:* „Faust II" (s. 1773) † *Johann Wolfgang von Goethe* am 22. 3. in Weimar, dt. Dichter u. Denker (* 1749) *Immermann:* „Merlin" (dramatische Dichtung) *Lenau:* Gedichte *Mörike:* „Maler Nolten" *Puschkin:* „Mozart und Salieri" (russ. Schauspiel) † *Walter Scott,* schott. Dichter (* 1771)	† *Jeremy Bentham,* engl. Philosoph des Utilitarismus: „Größtmögliches Glück der größtmögl. Zahl" (* 1748) *Diesterweg* Direktor d. Seminars für Stadtschulen in Berlin (bis 1850); fördert Lehrerbildung u. Volksschulwesen *Pierre Leroux* prägt d. Begr. „Sozialismus" *Barth. Georg Niebuhr* (* 1776, † 1831): „Röm. Geschichte" (3 Bde. s. 1811, bahnbr. Methodik) * *Wilhelm Wundt,* dt. Philosoph und Psychologe († 1920) „*Gustav-Adolf*-Verein" zur Förderung verstreuter ev. Gemeinden gegründet
1833	Preußen gründet deutschen Zollverein unter Vereinigung des Süddt. Zoll- u. d. Mitteldt. Handels-Vereins (beide seit 1828); Österreich bleibt außerhalb *F. List:* „Über ein sächsisches Eisenbahnsystem als Grundlage eines allgemeinen deutschen Eisenbahnsystems" ~ Anhaltender Bürgerkrieg in der Republik Mexiko (bis 1858)	*Brentano:* „Das bittere Leiden unseres Herrn Jesu Christi" (nach d. stigmat. Nonne *A. K. Emmerich*) *Eichendorff:* „Die Freier" (Lustspiel) *Puschkin:* „Eugen Onegin" (russ. Versroman), „Der eherne Reiter" (Epos auf *Peter d. Gr.*) *Ludw.* u. *Dorothea Tieck, W. Baudissin: Shakespeares* Werke (9 Bde. s. 1825; Erg. d. Übers. *A. W. Schlegels* 1797–1810)	* *Wilhelm Dilthey,* dt. Philosoph († 1911) *E. B. Pusey:* Katholisier. „Oxforder Bewegung" † *P. J. Anselm Feuerbach,* dt. Strafrechtl. (* 1775) *Lafayette* grdt. „Verein d. Menschenrechte" * *Auguste Schmidt,* deutsche Frauenrechtlerin († 1902) *Johann Hinrich Wichern* gründet das „Rauhe Haus" in Hamburg, erstes ev. Waisenhaus und Internat; Begr. d. dt. ev. Inn. Mission
1834	Liberale Verfassung in Spanien Erster Karlistenkrieg um Thronfolge in Spanien (bis 1840) † *Joseph de Lafayette,* frz. Kämpfer f. d. Menschenrechte in USA u. Frankr. (* 1757)	*Balzac:* „Vater Goriot" (frz. Roman) *Edw. Lytton Bulwer* (* 1803, † 1873): „Die letzten Tage von Pompeji" (engl. Roman) * *Felix Dahn,* dt. Dichter und Historiker († 1912) *Grillparzer:* „Der Traum ein Leben" (Märchendrama) *Th. Moore:* „Irische Melodien" (ir. Lyrik, s. 1807) *Puschkin:* „Pique Dame" (russ. Novelle) *Wienbarg:* „Ästhetische Feldzüge" (Programm des jungdt. Realismus)	* *Ernst Haeckel,* dt. Naturforscher und monistischer Philosoph († 1919) * *Ramakrischna,* ind. Hindu und Ordensstifter († 1886) *Ranke:* „Die römischen Päpste" (3 Bde. bis 1836) † *Friedrich Schleiermacher,* dt. ev. Theologe (* 1768) * *Heinrich von Treitschke,* dt. Geschichtsschreiber († 1896) „Altlutheraner" bilden sich in Preußen gegen die staatlich geförderte „Union" Aufhebung der Inquisition in Spanien

Romantik *Delacroix*	*Romantik* *Marschner*	*Elektromotor*	
S. Boisserée: „Geschichte u. Beschreibung des Doms von Köln" (s. 1823, trägt z. s. Vollendung bei) † *Louis Philibert Debucourt*, frz. Maler und Kupferstecher Pariser Sittenbilder; stellte Achtfarbendrucke her (* 1755) * *Gustave Doré*, frz. Illustrator und Maler († 1883) *Goethe:* Kunst u. Altertum (s. 1816) * *Edouard Manet*, frz. Maler, Begr. d. Impressionismus († 1883)	*Berlioz:* „Symphonie fantastique" (frz. Be. grdg. der Programmmusik) *Donizetti:* „Der Liebestrank" (ital. Oper) † *Karl Friedrich Zelter*, dt. Liederkomp., Grd. d. ersten „Liedertafel" (1809), Freund *Goethes* (* 1758)	*Johann Bolyai* (* 1802, † 1860) veröff. die 1823 von ihm weitgeh. unabh. v. *Gauß* u. *Lobatschewskij* gef. Nichteuklidische Geometrie † *Georges Cuvier*, frz. Naturforscher; begr. d. Paläontologie d. Wirbeltiere; hemmte durch s. „Katastrophentheorie" d. biolog. Entwicklungsged. (* 1769) *Faraday* führt das anschauliche Bild d. elektr. und magnet. „Kraftlinien" ein *Jenks:* Ringspinnmaschine *Liebig* „Annal. d. Chemie" *Pixii:* Elektr. Dynamo (vor d. Erf. *Siemens'* ohne techn. Bedeutg., vgl. 1866)	*Hermann* Fürst *von Pückler-Muskau* (* 1785, † 1871): „Briefe eines Verstorbenen" (Reiseschilderungen) *Joh. Friedr. Kammerer* erf. Phosphorstreichhölzer *Jakob Steiner* (* 1796, † 1863): „System. Entwicklung d. Abhängigkeiten geometrischer Gestalten voneinander (Neubegrdg. d. synthet. Geometrie)
C. Corot; „Bildnis d. Octavie Sennegon" (frz. Gem.) *Eduard Gärtner* (* 1801 † 1877): „Die neue Wache in Berlin" (Gem.) *Menzel:* Illustration zu *Goethes* „Künstlers Erdenwallen" * *Félicien Rops*, belg. Maler († 1898) *Friedrich Preller* (* 1804, † 1878): „Odyssee" (7 heroische Landschaftsfresken bis 1836)	* *Johannes Brahms*, dt. Komponist, Neuklassiker († 1897) *Chopin:* 12 Etüden op. 10 (beend.), Klavierkonz. e-moll, op. 11 *K. Kreutzer:* „Melusine" (Oper) *Marschner:* „Hans Heiling" (Oper) *Mendelssohn-Bartholdy:* „Italienische" Symphonie (Nr. 4)	*A. Burnes* überquert Hindukusch *Gauß* und *Wilhelm Weber* (* 1804, † 1891): Magnetischer Nadeltelegraph; Absolutes Maßsystem der Physik (auf cm, g, sek. gegrdt.) *Joh. Müller* (* 1801, † 1858): „Hdb. d. Physiologie" (bis 1840) * *Alfred Nobel*, schwed. Chemiker († 1896) *Wheatstone:* Spiegel-Stereoskop (1843 das Linsen-St. v. *Brewster*)	*Simon Stampfer:* „Lebensrad" (kinematograph. Effekte) Engl. Ges. begrenzt Arbeitszeit f. Jugendl. u. Kinder, setzt Fabrikinspektoren ein Aufhebung d. Sklaverei i. brit. Reich Erster Gewerkverein in New York Studenten stürmen d. Hauptwache in Frankf./M.
* *Edgar Degas*, frz. Maler des Impressionismus († 1917) *Delacroix:* „Algerischer Harem", „Das Gemetzel v. Chios" (frz. Gem. v. s. Reise nach Nordafrika); beg. Fresken i. d. Deputiertenkammer, Rathaus, Louvre (Paris) *Koch:* „Apoll unter Hirten" (Gem.) *Wassilij Perow*, russ. Maler († 1882) * *James Whistler*, nordam. Maler († 1903)	† *François Adrien Boieldieu*, frz. Opernkomponist (* 1775) *Konradin Kreutzer* (* 1780, † 1849): „Das Nachtlager von Granada" (Oper)	*Leop. v. Buch* (* 1774, † 1853): Vulkanische Entstehungstheor. d. Gebirge („Vulkanismus") *Faraday:* Gesetze der Elektrolyse (s. 1833) *M. H. Jacobi:* Elektromotor *McCormick:* Erntemasch. Erste Messungen m. ultraroten Strahlen von *Melloni* * *D. I. Mendelejew*, russ. Chemiker († 1907) *F. F. Runge* entd. Phenol u. Anilin i. Steinkohlenteer *F. H. Weber* entd. *Weber-Fechner*sches Gesetz der Psychophysik	† *Thomas Robert Malthus*, englisch. Wirtschaftswissenschaftler u. Bevölkerungspolitiker (* 1766) Stenographie von *Gabelsberger* *J. A. L. Werner:* „Gymnastik der weiblichen Jugend"

	Beginn des Victorianischen Zeitalters	Büchner Dickens	W. v. Humboldt Schopenhauer
1835	† *Franz I.*, bis 1806 letzter röm.-dt. Kaiser, s. 1804 Kaiser v. Österr. (* 1768); *Ferdinand I.* Kaiser von Österr. (bis 1848) Städtereform in England mit d. Prinzip d. Selbstverwaltg. Verbot der liberalen Bücher des „Jungen Deutschland" (*Börne, Gutzkow, Heine, Laube* u. a.) bis 1842 *F. C. Dahlmann:* „Politik auf das Maß der gegeb. Zustände zurückgeführt"	*Andersen:* „Märchen und Geschichten" (dän., b. 1872) *Bettina v. Arnim:* „Goethes Briefw. mit einem Kinde" (selbstbiographischer Rom.) *Büchner:* „Dantons Tod" (Trag.), flieht in d. Schweiz * *Giosuè Carducci*, it. Dicht., *Nobel*preis 1906 († 1907) ~ *Gogol:* „Mirgorod" *Gutzkow:* „Wally, die Zweiflerin" (Frauenroman) † *August* Graf *von Platen*, dt. Dichter (* 1796) * *Mark Twain (Samuel Langhorne Clemens)* † 1910	*J. Grimm:* „Deutsche Mythologie" ~ *Victor Cousin* (*1792, †1867) prägt den Ausdruck „L'art pour l'art" (= „Die Kunst um d. Kunst willen") *David Friedrich Strauß* (* 1808, † 1874): „Das Leben Jesu, kritisch bearbeitet" (scharfe Bibelkritik) † *Wilhelm von Humboldt*, dt. Staatsmann und Gelehrter; (u. a.: „Ideen zu einem Versuch, d. Grenz. d. Wirksamkeit d. Staates zu bestimmen", ersch. 1851) (* 1767)
1836	*Karl Ludwig Napoleon* (III.), Neffe *Napoleons I.*, versucht vergeblich in Straßburg sich zum Kaiser von Frankreich zu machen; wird nach Amerika verbannt (kehrt 1837 zurück u. geht nach London) Todesurteil geg. *Fr. Reuter* als Burschenschafter, umgewandelt in Festungshaft (bis 1840) Texas von Mexiko unabh.	*Dickens:* „Die Pickwickier" (engl. Roman b. 1837) *Joh. Pet. Eckermann* (* 1792, † 1854): „Gespräche mit Goethe 1823—32" *Gogol:* „Aufzeichnungen eines Verrückten", „Der Revisor" (russ. Komöd.) † *Christian Dietrich Grabbe*, dt. Dichter (* 1801) *Heine:* „Die Romant. Schule" *Immermann:* „Die Epigonen" (zeitkritischer Roman) *Lenau:* „Faust" (dram. Ged.) *de Musset:* „Beichte ein. Kindes dies. Zeit" (selbstbiogr. Schilder. des Liebesverh. mit d. frz. Dichterin *George Sand*) *L. Tieck:* „Der junge Tischlermeister" (Nov.)	*Emerson:* „Die Natur" (mystische nordamer. Philosophie) *G. Th. Fechner:* „Vom Leben nach dem Tode" *Theodor Fliedner* (* 1800, † 1864) gründet erstes ev. Diakonissen-Mutterhaus in Kaiserswerth *W. v. Humboldt:* „Über d. Verschiedenheit d. menschlichen Sprachbaus u. ihr Einfluß auf d. geistige Entwicklung des Menschengeschlechts" (vergleichende Sprachforschung, posthum) † *James Mill*, engl. Nationalökonom, Geschichtsschreiber u. Psychologe (* 1773) *Schopenhauer:* „Über den Willen in der Natur"
1837	† *Wilhelm IV.*, s. 1830 Kg. v. Großbrit. u. Hannover (* 1765); *Victoria* Königin von Großbritannien bis 1901 [†]: „Victorianisches Zeitalter" des Bürgertums *Ernst August*, Herzog von Cumberland, König von Hannover b. 1851 (†, * 1771); hebt Staatsgrundges. v. 1833 auf; entläßt die „Göttinger Sieben" (d. Prof. *Albrecht, Dahlmann, Ewald, Gervinus, Jak.* und *Wilh. Grimm, Wilh. Weber*), weil sie Einspruch erheben	† *Ludwig Börne*, s. 1822 liberal. Journ. in Paris (* 1786) † *Georg Büchner*, dt. Dichter; hinterl. „Woyzek" (Trag.) (* 1813) *Dickens:* „Oliver Twist" (engl. Roman b. 1839) *Eichendorff:* „Das Schloß Durande", „Gedichte" *Gotthelf:* „Der Bauernspiegel" (schweiz. Erzählung) *Lenau:* „Savonarola" (Epos) † *Alex. Sergejewitsch Puschkin* (i. Duell), gilt als bedeutendster russ. Dichter (* 1799)	*B. Bolzano:* „Wissenschaftslehre" (4 Bde., Philosophie der Logik) *Carlyle:* „Die französische Revolution" (engl.) *G. Th. Fechner:* „Das Büchlein v. Leben n. dem Tode" „Kölner Kirchenstreit" zw. Erzbischof *Droste zu Vischering* v. Köln (abges. 1838) u. preuß. Regierung über gemischte Ehen (b. 1842) Lehrplan f. 9 Jahre u. Bezeichn. „Sexta" bis „Prima" in d. preuß. Gymnasien (vorh. 10 Jahre)

Klassizismus Romantik	*Meyerbeer Lortzing*	*1. dt. Eisenbahn Telegraph*	
Constable: „Die Farm im Tal" (engl. Gem.) * *Franz Defregger*, süddt. Maler († 1921) *C. D. Friedrich:* „Rast bei der Ernte" (Gem.) *Richter:* „Überfahrt am Schreckenstein" (Gemälde)	*Donizetti:* „Lucia von Lammermoor" (ital. Oper) *Jacques Fromental Halévy* (* 1799, † 1862): „Die Jüdin" (frz. Oper) *Mendelssohn-Bartholdy:* „Paulus" (Oratorium) * *Camille Saint-Saëns*, frz. Komp. († 1921) Erste deutsche Eisenbahn zwischen Nürnberg und Fürth (1837 folgt Leipzig-Dresden)	*Berzelius* weist auf Katalyse (Reaktionslenkung) i. d. organischen Chemie hin Revolver von *Colt* *Darwin* beob. auf d. Galapagos-Ins. Artenbild. durch Isolation Wind-Ablenkungsgesetz von *Dove* *Faraday* find. Selbstinduktion v. Drahtspulen *Adolphe Quételet* (* 1796, † 1874): „Sozialphysik" (grdl. belg. Sozialstatistik m. d. Begriff d. „mittleren Menschen")	Engl. Wirtschaftsblüte (1840 neue Krise, 1845 neue Prosperität) *James Gordon Bennett* gründet „New York Herald" als 1-Cent-Massenblatt *Halley*-Komet kehrt (wie vorausber.) wieder *V. A. Huber* greift i. Preuß. d. Problem d. Arbeiterwohnung auf
* *Winslow Homer*, nordam. Maler († 1910) *Klenze:* Alte Pinakothek in München (s. 1826) *Fr. Krüger:* „Ausritt m. Prinz Wilhelm" (Gem.; 1839: „Parade auf d. Opernplatz Berlin") * *Franz v. Lenbach*, süddt. Bildnismaler († 1904) ∼ *Chr. Morgenstern:* „Sturm auf d. Starnberger See", „Mondnacht i. Partenkirchen" (Gem.) *Overbeck:* „Vermählung Mariä" (Gem.)	*Adolphe Adam* (* 1803, † 1856): „Postillon von Lonjumeau" (frz. Oper) * *Léo Delibes*, frz. Komponist († 1891) *Glinka:* „Das Leben für den Zaren" (erste russ. Oper) *Meyerbeer:* „Die Hugenotten" (Oper), n. ein. Novelle v. *Prosper Mérimée* (* 1803, † 1870) *R. Wagner* heiratet d. Schauspielerin *Minna Planer* (* 1809, † 1866; 1861 geschieden)	* *Ernst v. Bergmann*, dt. Chirurg († 1907) *Daniell:* Elektr. Element *Dreyse:* Hinterlader-Zündnadelgewehr *Gauß* u. *A. v. Humboldt* förd. Erforsch. d. Erdmagnetism.: „Magn. Verein" Zentrifuge von *Pentzoldt* *K. F. Schimper* begrdt. mod. Eiszeitforschung Entd. des eiweißverdauenden Pepsins d. *Theodor Schwann* (* 1810, † 1882) Dän. u. dt. Forscher begründen wiss. Vorgeschichtsforsch. mit Untersch. v. „Stein-, Bronze- u. Eisenzeit"	Preuß. Medizinalgesetz mit Anerkennung der Zahnheilkunde Frauenmode: Fußfreier Glockenrock, enge Taille, Ärmel oben stark gebauscht, unten sehr eng; Kapotthut Erster deutscher Ruderklub in Hamburg Etrusk. Fürstinnengrab b. Cerveteri gef. (−7. Jh.) T. H. Darmstadt gegr.
† *John Constable*, engl. Maler (* 1776) † *François Gérard*, frz. Maler (* 1770) *Klenze:* Allerheiligen-Hofkirche in München * *Hans von Marées*, dt. Maler († 1887) *Fr. Wilhelm Schadow* (* 1789, † 1862): „Die klugen u. d. törichten Jungfrauen" (Gem.) *Schinkel:* Sammlg. architekton. Entwürfe (28 Hefte, s. 1820)	*J. X. Elsner:* „Passio Domini Nostri Jesus Christi" (poln. Passions-Oratorium) † *John Field*, engl. Komponist; u. a. „Nocturnes" f. Klavier (* 1782) *Lortzing:* „Zar und Zimmermann" (Oper) * *Emile Waldteufel*, frz. Walzerkomponist († 1915)	*Dove:* Polare u. äquatoriale Luftströmungen bestimmen europ. Wetter Schreibtelegraph von *Sam. Morse* (* 1791, † 1872) *Siméon Denis Poisson* (* 1781, † 1840) veröff. Wahrscheinlichkeitslehre i. einer f. statistische Anwendungen pass. Form * *Johannes Diderik van der Waals*, niederld. Physiker, *Nobel*pr. 1910 († 1923) Eisenbahn Leipzig-Dresden	*August Borsig* (* 1804, † 1854) gründet Eisengießerei und Maschinenbauanstalt in Berlin * *John Pierpont Morgan*, USA-Finanzmann, Organisator von Trusten auf verschied. Wirtschaftsgebieten († 1913) *Owen* hat s. 1826 in 1000 Reden u. 2000 Artikeln f. d. Genossenschaftsgedanken geworben

	Opiumkrieg	*Grillparzer* *Lermontow*	*Feuerbach* *Sozialismus*
1838	Chinesen vernichten illegale brit. Opiumlager Gr.Brit. beg. „Opiumkrieg“ gegen China, um die Interessen seines chin. Opium- u. sonstigen Handels zu schützen (siegt 1842) „Chartismus“ in England; ford. Wahlrecht f. d. Arbeiter (Aufst. 1839 unterdr.) † *Charles Maurice Talleyrand*, frz. Staatsmann unt. *Napoleon* und den *Bourbonen* (* 1754) * *Eugen Richter*, dt. linksliberaler Gegner *Bismarcks* und d. Sozialdemokratie († 1906)	*Brentano:* „Gockel, Hinkel und Gackeleia“ (Märchen) † *Adelbert von Chamisso*, dt. Dichter frz. Herk. (* 1781) *Droste-Hülshoff:* Gedichte *Immermann:* „Münchhaus.“ (Roman mit „Der Oberhof“) *Lamartine:* „Der Fall eines Engels“ (franz. Epos) *Mörike:* „Gedichte“ *Schwab:* „Die schönsten Sagen des klass. Altertums“	*Feuerbach:* „Gesch. d. neueren Philosophie v. Baco bis Spinoza“ (3 Bde. s. 1833, gegen Theologie) *J. Görres:* „Athanasius“ (geg. Preußen i. Kölner Kirchenstreit) * *Ernst Mach*, österr. Physiker und Erkenntnisphilosoph des empirischen Positivismus († 1916) *Comte* prägt Wissenschaftsnamen „Soziologie“ *Wilhelm Weitling* (religiöser Kommunist, * 1808, † 1871): „Die Menschheit wie sie ist und wie sie sein sollte“
1839	* *Marianne Hainisch*, Leiterin der österr. Frauenbewegung, Mutter des Präsidenten *Michael H.* († 1936) Nord-Luxemburg kommt an Belgien Bürgerkrieg in Uruguay zw. Liberalen u. Großgrundbes. (b. ~ 1886)	* *Ludwig Anzengruber*, österr. Dichter († 1889) *Freiligrath:* „Gedichte“ *Lermontow:* „Der Dämon“ (russ. Roman) *Rückert:* „Die Weisheit des Brahmanen“ (Lehrged., s. 1836), „Leben Jesu“ (Evangelienharmonie) *Stendhal:* „Die Kartause von Parma“ (frz. Roman) * *R. F. Armand Sully-Prudhomme*, frz. Dichter, *Nobel*preis 1901 († 1907)	*Louis Blanc* (* 1813, † 1882): „Organisation der Arbeit“ (frz., erstr. Produktivgenossenschaften m. Staatshilfe) *Bopp* erk. Keltisch als indoeuropäische Sprache *Aug. Pauly* (* 1796, † 1845) begr. „Realenzyklopädie d. klassisch. Altertumswissenschaften“ „Société d'Ethnologie“ in Paris gegr. (damit trennt sich die Völkerkunde von der Anthropologie)
1840	Europ. Großmächte (außer Frankr.) unterst. Türkei gegen Ägypten Gr. Brit. erob. Hongkong Kanada erhält parlamentarische Selbstregierung Königin *Victoria* von Großbritannien heiratet Prinz *Albert* von Sachsen-Coburg-Gotha (* 1819, † 1861) † *Friedrich Wilhelm III.*, pr. Kg. s. 1797 (* 1770). *Friedrich Wilhelm IV.* König von Preußen (bis 1858) * *August Bebel*, Mitbegr. d. Sozialdemokratischen Partei Deutschlands († 1913) *Karl Ludwig Napoleon (III.)* versucht, sich in Boulogne zum frz. Kaiser zu machen, und flieht nach England	*Bettina v. Arnim:* „Die Günderode“ (biogr.) *Andersen:* „Bilderbuch ohne Bilder“ (dänisch) * *Alphonse Daudet*, frz. realistischer Dichter († 1897) *Gogol:* „Der Mantel“ (Erz.) *Grillparzer:* „Des Meeres u. d. Liebe Wellen“ (Trauersp.) u. „Weh' d., d. lügt“ (Lustsp.) *Hebbel:* „Judith“ (Schausp.) *Hoffmann von Fallersleben:* „Unpolitische Lieder“ (verl. dad. 1842 Prof. i. Breslau) † *Karl Immermann*, dt. Dichter (* 1796) *Lermontow:* „Ein Held unserer Zeit“ (gilt als 1. psychol. russ. Roman) * *Emile Zola*, franz. natural. Dichter († 1902)	Allgemeiner Deutscher Kindergarten von *Fröbel* nach Keilhau verlegt (1837 in Blankenburg/Thür. gegrdt.) *Lorenz Kellner* (* 1811, † 1892): „Prakt. Lehrgang f. d. gesamten dt. Sprachunterricht“ (3 Bde. seit 1837, gilt als wichtige Reform) *Proudhon:* „Was ist Eigentum“ (frz. anarchist. Streitschrift; enthält die Sentenz: „Eigentum ist Diebstahl“) *Friedr. Wilhelm IV.* läßt die verhafteten Erzbischöfe von Köln u. Gnesen-Posen frei (vgl. 1837) ~ Erste Arbeiterbildungsvereine in Deutschland

Romantik *L. Richter*	*Berlioz* *Schumann*	*Photographie* *Agrikulturchemie*	
P. Cornelius: „Jüngstes Gericht" (Fresko in d. Ludwigskirche, München, s. 1836) *Delacroix:* „Einnahme Konstantinopels" (frz. Gem.) † *Charles Percier*, frz. Baumeister (* 1764) *Ed. Steinle* (* 1810, † 1886): Fresken im Kölner Domchor *Turner:* „Der Téméraire" (engl. Gemälde) *Waldmüller:* „Blick auf Ischl" (Gem.)	*Berlioz:* „Benvenuto Cellini" (frz. sinfon. Dicht. m. Ouvertüre „Römisch. Karneval") * *Georges Bizet*, frz. Komponist († 1875) * *Max Bruch*, dtsch. Komponist († 1920) *R. Schumann:* „Kinderszenen" (Klavierstükke)	*Bessel* mißt erste Fixsternentfernung *Louis J. M. Daguerre* (* 1787, † 1851): Photographie (mit lichtempf. Silbersalzen auf Metallplatten; gegenüb. d. Vers. v. *Niepce* ~ 1826 entd. *D.* den Entwicklungsprozeß; wird 1839 bekannt) *J. M. Schleiden:* Alle Pflanzen bestehen vollst. aus wesensgleich. Zellen Finn. wissenschaftl. Ges. in Helsinki gegründet Erster brit. Dampfer nach New York	*Anton Augustin Cournot* (* 1801, † 1877): „Unters. üb. d. mathematischen Prinzipien einer Theorie d. Reichtums" (frz. Begrdg. ein. mathemat. Volkswirtschaftslehre) * *Gustav Schmoller*, dtsch. Volkswirtschaftler († 1917) Erste dtsche. Lokomotive von *Johann Andr. Schubert* Erste preuß. Eisenbahn Berlin-Potsdam
* *Paul Cézanne*, frz. Maler des Überganges vom Im- zum Expressionismus († 1906) † *Joseph Anton Koch*, dt. Maler (* 1768) *Richter:* „Bergsee im Riesengebirg." (Gem.) * *Alfred Sisley*, frz. Maler († 1899) *Spitzweg:* „Der arme Poet" (Gem.) * *Hans Thoma*, dt. Maler († 1924)	*Berlioz:* „Romeo und Julia" (frz. dram. Symphonie) *Chopin:* „Préludes" op. 28 für Klavier * *Modest P. Mussorgskij*, russ. Komponist († 1881) *R. Schumann:* „Nachtstücke" op. 23 für Klavier	Gasfeuerung von *Bischof* *Goodyear* (* 1800, † 1860): Kautschuk-Vulkanisation *Schwann:* Zellen sind Elemente f. Tier u. Pflanze; entd. Kern der Tierzelle Elektr. Uhr von *C. A. Steinheil* *J. L. Stephens* entdeckt Maya-Kultur *William Henry Fox Talbot* (* 1800, † 1877): Lichtbild. a. Papier (fordert Priorität gegenüber *Daguerre*)	† *Johann Christoph Friedrich Guts Muths*, dt. Turnlehrer (* 1759) Kinderarbeit i. Preußen eingeschränkt (u. a. um Militärtauglichk. zu heben) 1. dt. Eisenbahnfernstrecke Dresden-Leipzig ~ Zunehmender Reiseverkehr des Bürgertums
† *Karl Blechen*, dt. frühimpress. Landschaftsmaler (* 1798) † *Caspar David Friedrich*, dt. romant. Landschaftsmaler (* 1774) * *Hans Makart*, österr. Maler eines Prunkstiles († 1884) *Menzel:* Zeichnungen zu *Kuglers* „Geschichte Friedrichs d. Großen" * *Claude Monet*, frz. impr. Maler († 1926) *Overbeck:* „Triumph der Religion in den Künsten" (Gemälde) * *Auguste Rodin*, frz. Bildhauer († 1917) * *Johann Sperl*, dt. Landschaftsmaler († 1914)	*Chopin:* „Valse" op. 42, 2 Nocturnes, 2 Polonaisen (Klaviermusik) Harmonium von *A. Debain* *Donizetti:* „Die Regimentstochter" (ital. Oper) † *Niccolo Paganini*, ital. Violin-Virtuose und Komponist (* 1782) *Rob. Schumann* heiratet *Klara Wieck*, die als Pianistin s. Werk verbreitet * *Peter Tschaikowskij*, russ. Komponist († 1893)	*Louis Agassiz* (* 1807, † 1873): „Gletscher-Studien" (frz. Eiszeitforsch.) *Karl Basedow* (* 1799, † 1854) beschr. die nach ihm benannte Krankheit *Gauß:* „Atlas des Erdmagnetismus" *Jakob Henle* (* 1809, † 1885): „Pathologische Untersuchungen" (klärt Begriff d. „Ansteckung") *Jacobi:* „Die Galvanoplastik" (erfand sie 1837) *Liebig:* „Die organische Chemie in ihrer Anwend. auf Agrikultur u. Physiologie" (begr. Anwendung der künstlichen Düngung *Jos. Petzval* (* 1807, † 1891): Erstes speziell. Photoobjektiv	*F. List:* „Der internationale Handel, die Handelspolitik u. der dt. Zollverein" (ford. Schutzzölle f. dt. Industrie) Grdg. d. brit. „Cunard Steamship Company" „Britannia" erwirbt erstmalig (mit 18 km/Std. das „Blaue Band" Hinterlader-Zündnadelgewehr in der preuß. Armee Erste Briefmarken in England Telegraphenalphabet von *Morse* Lupine in Dtschl.

	Öffnung Chinas	*Romantik*	*Kierkegaard* *Positivismus*
1841	Dardanellen-Vertrag verbietet allen nichttürkischen Kriegsschiffen die Durchfahrt * *Eduard VII.*, König von England (1901—1910 [†]) Britisch-afghanischer Krieg * *Hirobumi Ito*, japan. Ministerpräsident von 1886 bis 1888, 1892 bis 1896, 1898, 1900 bis 1901, entwirft japan. Verfassung von 1889 († 1909)	*James Cooper*, nordamerik. Schriftst. (* 1789, † 1851): „Lederstrumpf" (Indianererzählungen seit 1823) *Eichendorff:* „Die Glücksritter" (Novelle) *Gotthelf:* „Uli der Knecht" (Schweiz. Erziehungsrom.) † *Michail Lermontow* (im Duell), russ. Dichter (*1814) *Marryat:* „Sigismund Rüstig" (engl. Roman) *Poe:* „Der Mord in der Rue Morgue" (u. a. nordam. Kriminalgeschichten) *Charles Sealsfield:* „Das Kajütenbuch" (nordam. Erz.)	*Carlyle:* „Über Helden und Heldenverehrung" (engl.) *L. Feuerbach:* „Das Wesen des Christentums" (kritisch, naturalist. Pantheismus) † *Johann Friedrich Herbart*, dt. Pädagoge und Philosoph (* 1776) *Schopenhauer:* „Die beiden Grundprobleme der Ethik" (Zus. „Über die Freiheit des menschl. Willens" [1839], „Über die Grundlagen der Moral" [1840]) *Samuel Smiles* (*1812, †1904): Rede über die Bedeutung d. politischen Erziehung i. d. Mechanics Instituts (Berufsschulen) in Leeds (Engl.)
1842	Buren gründen Oranje-Freistaat (1848 Transvaal) China tritt im Frieden von Nanking Hongkong an England ab und öffnet seine Häfen den westeuropäischen Mächten und dem brit. Opiumhandel (1880 20mal größerer Umsatz als 1800)	† *Clemens Brentano*, dt. romantisch. Dichter (* 1778) *A. v. Droste-Hülshoff:* „Die Judenbuche" (Erzählung) *Gogol:* „Die toten Seelen" *Lenau:* „Die Albigenser" * *Karl May*, dt. Volksschriftsteller († 1912) *Nestroy:* „Einen Jux will er sich machen" (österr. Posse) *Scribe:* „Ein Glas Wasser" (frz. pol.-sat. Lustspiel) * *Heinrich Seidel*, dt. Dichter u. Ing., u. a. Anhalter Bahnhof, Berlin († 1906) † *Stendhal (Marie Henry Beyle)*, frz. Dichter (* 1783)	*Comte:* „Lehrgang d. positiven Philosophie" (frz. Begründg. d. „Positivismus") *Emerson:* „Vertreter der Menschheit" (USA) *J. Görres:* „Die christliche Mystik" (4 Bde. s. 1836, kathol.) * *Eduard von Hartmann*, dt. Philosoph († 1906) * *William James*, nordam. Psychologe und Philosoph des Pragmatismus († 1910) *Th. B. Macaulay:* „Essays" (engl.) *Schelling:* „Philosophie der Mythologie und Offenbarung"
1843	„1000 Jahre Dt. Reich" wird festlich begangen * *Bertha von Suttner*, geb. Gräfin *Kinsky*, österr. Pazifistin, Friedens*nobel*preis 1905 († 1914)	*Gotthelf:* „Geld und Geist" (Schweiz. Erzählung) *Hebbel:* „Genoveva" (Trauerspiel) † *Friedrich Hölderlin* in geistig. Umnachtung, dt. Dichter (* 1770) *Lenau:* „Don Juan" (unvoll. dramatisches Gedicht) † *Friedr. de la Motte-Fouqué*, dt. romant. Dichter (* 1777) * *Peter Rosegger*, volkstüml. österr. Dichter († 1918)	* *Richard Avenarius*, dt. Philosoph des „Empirokritizismus" († 1896) *Sören Kierkegaard:* „Entweder-Oder" (dän. religiös. Existenzphilosophie, unter d. Eindruck s. Entlobung) *Karl Marx:* „Religion ist das Opium des Volkes"; heiratet *Jenny v. Westphalen* (* 1814, † 1881) *J. St. Mill:* „System d. deduktiven u. induktiven Logik" (engl. konsequenter Empirismus)
	Claude Tillien (* 1801, † 1844): „Mein Onkel Benjamin" (frz. humorist. gesellschaftskritischer Roman)		

Daumier *Richter*	*Mendelssohn-Bartholdy* *Wagner*	*Energieerhaltungssatz*	
† *Johann Heinrich Dannecker*, dt. Bildhauer (* 1758) *H. Daumier:* „Histoire ancienne“ (frz. karikaturist. Lithogr.) * *Pierre Auguste Renoir*, frz. Maler († 1919) *L. Richter:* „Genoveva“ (Gem.) † *Karl Friedrich Schinkel*, dt. Baumeister u. Maler (* 1781) * *Paul Wallot*, dt. Baumeister († 1912) Verein Berli. Künstler gegrdt. (1856 Allg. Dt. Kunstgenossenschaft)	* *Anton Dvořák*, tschech. Komponist († 1904) * *Filippe Pedrell*, span. Komponist († 1922) *A. Sax* erfindet Saxophon (findet zunächst Eingang i. d. frz. u. engl. Militärmusik) *Rossini:* „Stabat Mater“ *Schumann:* 1. Symphonie B-dur („Frühlingssymphonie“)	*Bessel* bestimmt genaue Erdgestalt *Braid* entd. die Hypnose * *Theodor Kocher*, Schweiz. Mediziner († 1917) *Kölliker:* Samenfäden befruchten Ei *L. Oken:* „Naturgeschichte für alle Stände“ (Anfang des populärwissenschaftl. Schrifttums) * *Henry Morton Stanley*, englischer Afrikaforscher († 1904) *Fr. Voigtländer* (* 1812, † 1878): kinematograph. „Lebensrad“ („Zauberscheibe“) und photograph. Metallkamera mit Petzval-Objektiv	*Borsig* liefert erste Lokomotive *Thomas Cook* arrangiert erste verbilligte Gesellschaftsreise f. s. Mäßigkeitsverein Engl. führt genormtes Schraubengewinde n. *J. Witworth* ein Engl. satir. Witzblatt „Punch“ gegründet Eröffng. d. Zoolog. Gartens in Berlin Beg. d. Maindampfschiffahrt
A. Achenbach: „Untergang d. Dampfers „Präsident“ (Gem.) *Klenze:* Walhalla bei Regensburg (s. 1830) *L. Richter:* „Rübezahl“ (Holzschnitt zu *Musäus*) † *Elisabeth Louise Vigée-Lebrun*, frz. Malerin (* 1755) *A. Wiertz:* „Die Empörung der abtrünnigen Engel“ (belg. Monumentalgem.) Kölner Dombaufest (Dom wird von 1842 – 1880 vollend.)	† *Luigi Cherubini*, ital. Komponist (* 1760) *Glinka:* „Ruszlan und Ludmilla“ (russ. Oper) *Lortzing:* „Der Wildschütz“ (Oper) *Meyerbeer* wird Generalmusikdirektor der Berliner Oper * *Karl Millöcker*, österreich. Operettenkomponist († 1899) * *Arthur Sullivan*, engl. Komponist († 1900) *R. Wagner:* „Rienzi“ (Oper) New Yorker Philharmon. Orchest. gegr.	Untersuchung der periodischen Eireifung durch *Bischoff* (fand 1833 Eifurchung) *Darwin:* Abstammungslehre (veröff. 1859) *Christian Doppler* (* 1803, † 1853): Farbänderung bewegter Lichtquellen („Doppler-Prinzip“) *Julius Robert Mayer:* „Bemerkungen üb. d. Kräfte d. unbelebt. Natur“ (begr. Energieerhaltungssatz) * *John William Rayleigh*, engl. Physiker, († 1919) *Schönbein* entdeckt Ozon	*K. Baedeker:* „Handbuch für Reisende durch Deutschland u. d. österreichische Kaiserreich“ *Friedrich Wilhelm IV.* v. Preußen stiftet Friedensklasse d. „Pour le mérite“-Ordens ~ Polka als Gesellschaftstanz
Schnorr von Carolsfeld: „Der Nibelungen Not“ (Illustrationen) *John Ruskin* (* 1819, † 1900): „Moderne Maler“ (engl., 5 Bde. bis 1860) * *Anton Werner*, dt. Maler des vaterländischen Zeitgeschehens († 1915)	*Donizetti:* „Don Pasquale“ (ital. Oper) *Robert Franz* (* 1815, † 1892) beg. Liedkompositionen * *Edvard Grieg*, norw. Komponist († 1907) *Mendelssohn-Bartholdy:* Schauspielmusik zu *Shakespeares* „Sommernachtstraum“ *R. Wagner:* „Der fliegende Holländer“ (Oper)	*Faraday:* Erhaltungssatz der Elektrizitätsmengen *A. von Humboldt:* „Asie centrale“ (2 Bde. b. 1844) *James Joule* (*1818, †1889) bestimmt unabhäng. von *J. R. Mayer* d. Wärmeäquivalent mech. Arbeit * *Robert Koch*, dt. Mediziner und Bakteriologe, *Nobel*preis 1905 († 1910) *Ross* erforscht Antarktis (seit 1839) *Wheatstone:* Meßbrücke f. elektr. Widerstände	„The Economist“ gegründet (englische liberale Wirtschaftszeitschrift) Erster mit Schrauben versehener Ozeandampfer „Great Britain“ (aus Eisen, 98 m lang, 2000 PS)

	Weberaufstand *Marx · Engels*	*Stifter* *Dumas*	*„Dialektischer* *Materialismus"*
1844	Aufstand der Weber in Schlesien *Marx* lernt *Engels* in Paris kennen *Robert v. Mohl* (* 1799, † 1875): „Zeitschrift für die gesamte Staatswissenschaft" (1859: „Enzyklopädie der Staatswissenschaften", tragen zu ihrer Neubegründung bei) China schließt Handelsverträge mit Frankreich und USA	*Dumas* (Vater): „Die drei Musketiere" (französischer Roman in 8 Bänden) * *Anatole France*, franz. Dichter, *Nobel*pr. 1921 († 1924) *Hebbel*: „Maria Magdalena" (bürgerliches Trauerspiel) *Heine*: „Deutschland, ein Wintermärchen" (politisch-satirische Dichtung) und „Neue Gedichte" * *Timm Kröger*, dt. Dichter († 1918) *Lenau* geisteskrank * *Detlev* Freiherr *von Liliencron*, dt. Dichter († 1909) *Rückert*: „Kaiser Heinrich IV." (Schauspiel) *Stifter*: „Studien" (Novellen, 6 Bde. bis 1850) *Uhland*: „Alte hoch- und niederdeutsche Volkslieder" * *Paul Verlaine*, franz. lyrischer Dichter († 1896) Kunstgeschichte als Lehrgebiet an dt. Univ.	*Victor Considérant* (* 1808, † 1893): „Doctrine sociale" (s. 1834; sozialist. Lehre n. *Fourier*; scheitert beim Versuch ihrer Verwirklichung) *Fröbel*: „Mutter- und Koselieder" *Grundtwig* gründet erste Volkshochschule (für die Landbevölkerung in Dän.) *Kierkegaard*: „Furcht u. Zittern", „Der Begriff der Angst", „Philosophische Brocken oder ein Bröckchen Philosophie" (dän. relig. Existenzphilosophie) *Marx* verwandelt *Hegels* „Dialektischen Idealismus" in einen „Dialektischen Materialismus" („Das Sein bestimmt das Bewußtsein") * *Friedrich Wilhelm Nietzsche*, dt. Philosoph († 1900) * *Alois Riehl*, deutscher Philosoph, Neu-Kantianer († 1924) *George Williams* gründet in London YMCA (1855 Weltbund d. Christl. Vereine Junger Männer)
1845	* *Ludwig II.*, König von Bayern 1864—1886 (†), Freund *Wagners* *Engels*: „Die Lage der arbeitenden Klasse in England" (Analyse der engl. sozialen Situation; entsch. Anregung zum „Kapital" von *Marx*) *Marx*, aus Frankreich ausgewiesen, geht n. Brüssel (1848 nach Paris und Köln, 1849 nach Paris und endgültig nach London)	*Dumas* (Vater): „Zwanzig Jahre später" (franz. Roman in 10 Bänden) und „Der Graf von Monte Christo" (franz. Roman in 12 Bänd.) *Prosper Mérimée* (* 1803, † 1870): „Carmen" (frz. Novelle; danach *Bizets* Oper) † *August Wilhelm Schlegel*, deutscher Gelehrter und Dichter (* 1767) * *Carl Spitteler*, Schweizer Dichter, *Nobel*preis 1919 († 1924) † *Henrik Wergeland*, norw. Dichter (* 1808)	*Max Stirner* (eig. *Kaspar Schmidt*, * 1806, † 1856): „Der Einzige und sein Eigentum" (radikal-egozentrisch-anarchistische Philosophie) ~ Latein verschwindet als Vorlesungs- und Prüfungssprache an der Berliner Universität

Daumier *Turner*	*Lortzing* *Wagner*	*A. v. Humboldts* *„Kosmos"*	
H. Daumier: „Die Blaustrümpfe" (frz. karikaturist. Lithographien) * *Wilhelm Leibl*, süddt. realistischer Maler († 1900) * *Ilja Repin*, russ. natural. Maler († 1930) *L. Richter:* „Studentenlieder" (Holzschn.) *Schwind:* „Sängerkrieg auf der Wartburg" (Gemälde) * *Henri Rousseau*, franz. Maler, Autodidakt († 1910) *Spitzweg* Mitarbeiter d. „Fliegenden Blätter" † *Bertel Thorwaldsen*, dänischer Bildhauer (* 1768) *Turner:* „Regen, Dampf u. Schnelligkeit" (engl. Gem.)	*Berlioz:* „Abhandlung üb. mod. Instrumentation u. Orchestration" (frz.) *Flotow:* „Alessandro Stradella" (Oper) * *Nikolai Rimskij-Korssakow*, russ. Komponist († 1908) *Verdi:* „Ernani" (ital. Oper)	* *Ludwig Boltzmann*, österr. Physiker († 1906) † *John Dalton*, englischer Chemiker, Begründer der chemischen Atomtheorie (* 1766) *M. Faraday:* „Experimental Researches in Electricity" bis 1847, experim. Grundl. d. Elektromagnetismus) Vier- u. mehrdimensionale Geometrie von *H. Graßmann* Durchquerung Tibets durch *Huc* und *Gabet* *Friedr. G. Keller:* Holzschliff-Papier *Kölliker:* Tierkeim wächst durch fortges. Teilung der ursprünglichen Eizelle *Liebig:* „Chemische Briefe" (allgemeinverständl.) *Alex. Th. v. Middendorf* (* 1815, † 1894) erf. Nord- u. Ostsibirien (1843–45) Erste Telegraphenlinie zw. Baltimore u. Washington	„Fliegende Blätter" i. München gegr. (Witzblatt, bis 1848 auch politische Satiren) Turnen in den höheren Schulen Preußens eingeführt Regattaverein „Allgemeiner Alster-Klub" gegründet Beg. d. mod. Konsumgenossenschafts-Bewegung in Rochdale (England)
* *Wilhelm von Bode*, dt. Kunsthistoriker und Museumsleit. († 1929) *Menzel:* „Das Balkonzimmer" (Gemälde) * *Adolf Oberländer*, dt. Karikaturist († 1923) *Horace Vernet* (* 1789, † 1863) malt 21 m langes realist. Schlachtenbild aus d. Kämpfen um Algerien (frz.) ~ Künstlerische photographische Porträts v. *David Octavius Hill* (* 1802, † 1870) n. d. *Talbot*-Verfahren (vgl. 1839)	*Lortzing:* „Undine" (Oper) *Mendelssohn-Bartholdy:* Violinkonzert e-moll *R. Wagner:* „Tannhäuser" (Oper)	* *Georg Cantor*, deutscher Mathematiker († 1918) *Faraday:* Magnetfeld beeinflußt Schwingungsrichtung des Lichtes i. Materie *A. v. Humboldt:* „Kosmos" (5 Bde. b. 1862; umfass. beschreibend. Weltbild) * *Charles Laveran*, franz. Arzt, *Nobel*pr. 1907 († 1922) *Austen Henry Layard* (* 1817, † 1894) entdeckt Ninive u. gräbt es aus * *Ilja Metschnikow*, russ. Physiologe, *Nobel*pr. 1908 († 1916) * *Wilhelm Röntgen*, deutscher Physiker, *Nobel*pr. 1901 († 1923) Physikal. Ges. zu Berlin gegrdt. (1899 Dt. Physikalische Gesellschaft)	England besitzt größte Kohlenförderung mit 34 Mill. t (dagegen Frankreich 1847: 5 Mill. t) Taschenuhrindustrie in Glashütte gegr. ~ Ca. 2500 Gartenrosenarten bekannt

	Vormärz *Engl. Freihandel*	*Romantik* *Dostojewskij · Heine*	*Kolping* *Ranke*
1846	Aufhebung der Kornzölle im Interesse des Freihandels in England † *Friedrich List* (Freitod), dt. Volkswirtschaftler, Förderer d. wirtschaftlichen nationalen Einheit besonders durch Eisenbahnverbindungen (* 1789) * *Nicola Paschitsch*, serbischer Staatsmann, Führer der Radikalen Partei, Freund Rußlands u. Gegner Österreich-Ungarns († 1926) Krieg zwischen USA und Mexiko (bis 1848) *G. Sand:* „Der Teufelssumpf" (frz. Dorfroman) * *Henryk Sienkiewicz*, poln. Dichter, *Nobel*pr. 1905 († 1916)	*Alexis:* „Die Hosen des Herrn von Bredow" (Roman) *Andersen:* „Das Märchen meines Lebens" (Selbstbiographie in dt. Sprache, dän. erst 1855) *Dostojewskij:* „Der Doppelgänger" (russ. Roman) *Eichendorff* übersetzt geistliche Schauspiele des Spaniers *Calderon* (bis 1853) *Freiligrath:* „Mein Glaubensbekenntnis" (Ged. im Geist des Liberalismus) *Edward Lear* (* 1812, † 1888): „The book of nonsens" (mit frühen „Limericks") *Petöfi:* „Der Strick des Henkers" (ungar. Roman)	*C. G. Carus:* „Psyche, Zur Entwicklungsgeschichte d. Seele" * *Rudolf Eucken*, deutscher Philosoph, *Nobel*preis für Literatur 1908 († 1926) Gründung des ersten kath. Gesellenvereins durch *Adolf Kolping* (* 1813, † 1865) in Elberfeld Papst *Pius IX.* bis 1878, streng antiliberal *Proudhon:* „Philosophie des Elends" (frz. anarchist. Sozialismus; dagegen *Marx:* „Das Elend d. Philosophie" 1847) „Evang. Allianz", Vereinigung evang. Christen aller Länder in London gegründ. In Königsberg u. Halle entst. erste dt. Freireligiöse Gem.
1847	Einberufung der pr. Provinzialstände als „Vereinigter Landtag" * *Paul von Beneckendorff und Hindenburg*, dt. Heerführer im 1. Weltkrieg, Reichspräsident 1925–34 († 1934) Katholischer Sonderbund der Schweizer Urkantone bekämpft Ausweisung der Jesuiten; Bundesexekutive besiegt „Sonderbund" trotz diplomatischer Intervention europ. Großmächte ≈ Ital. Einigungsbewegg. „Risorgimento" 1815—71 (Anfänge im 18. Jh., vgl. 1749 D) Liberia selbständiger Freistaat (1862 v. USA anerk.) Algerien endg. v. Frankr. unterworfen (s. 1830)	*Brentano:* „Märchen" (posthum) *Emily Brontë* (* 1818, † 1848): „Wuthering Heights" (engl. Erzählung) *Dickens:* „Weihnachtsgeschichten" (s. 1843) *Eichendorff:* „Über die ethische u. religiöse Bedeutung der neueren romantischen Poesie in Deutschland" *Gontscharow:* „Eine alltägl. Geschichte" (russ. Roman) *Heine:* „Atta Troll" (politisch-satirische Dichtung) *Tennyson:* „Die Prinzessin" (engl. Dichtung)	„Struwwelpeter" des Irrenarztes *Heinrich Hoffmann* (* 1809, † 1894) erscheint *Brigham Young* (* 1801, † 1877) grdt. Mormonensiedlung Salt Lake City in Utah (USA); bis 1890 ist Vielweiberei erlaubt *Ranke:* „Dtsch. Gesch. im Zeitalter der Reformation" (6 Bde., s. 1839): „Preußische Geschichte" (5 Bde.)

Menzel *Schwind*	*Berlioz* *Flotow*	*Semmelweis* *Neptun-Entdeckung*	
A. Menzel: „Palaisgarten des Prinzen Albrecht", „Bauplatz mit Weiden", „Hinterhaus und Hof" (Gem.) *L. Richter:* „Volkslieder" (Holzschnitte) * *Carl Schuch*, dt. Maler († 1903)	*César Franck:* „Ruth" (belg. bibl. Szene, f. Soli, Chor u. Orchester) *Lortzing:* „Der Waffenschmied" (Oper) *Mendelssohn-Bartholdy:* „Elias" (Oratorium) *Schumann:* 4 Symphonien (s. 1841) Beginn der Freilegung des Hallstätter Gräberfeldes im Salzkammergut (etwa 1000 Gräber aus der Früheisenzeit ≈ —750 bis ≈ —500, kennzeichnend für die dan. benannte „Hallstatt-Kultur")	*W. G. Armstrong:* Hydraulischer Kran † *Friedrich Wilhelm Bessel*, dt. Astronom (* 1784) Entdeckung d. v. *Leverrier* vorausberechn. Planeten Neptun d. *Galle* in Berlin *E. Howe:* Doppelstich-Nähmaschine (1851 von *J. M. Singer* verbessert u. produziert) *Rich. Lepsius* (* 1810, † 1884): Ägypt. Forschungsreise (s. 1842) Erst. Äthernark. unabhängig d. *W. T. G. Morton* u. *Ch. Jackson* *Schönbein:* Schießbaumwolle *Carl Zeiss* (* 1816, † 1888) gründet optische *Zeiss*werke in Jena	Daily News gegrdt. (liberale engl. Tageszeitung, Hrsg. *Charles Dickens*) *Adolph Spieß:* „Turnbuch für Schulen" „Concessionirte Berliner Omnibus Compagnie" eröffnet ihren Betrieb *John C. Horsely* entwirft erste illustr. Weihnachtskarte 1. Pferde-Omnibus-Betrieb in Berlin
† *Friedrich Gärtner*, deutscher Baumeister, bes. in München: Ludwigskirche, Teile der Ludwigsstr., Univers. Feldherrnhalle (* 1792) * *Adolf Hildebrand*, dt. Bildhauer († 1921) * *Max Liebermann*, deutscher Maler und Graphiker († 1935) *Menzel:* „Das Schlafzimmer", „Berlin–Potsdamer Bahn" (Gemälde) † *Johann Christian Reinhart*, deutsch-römischer Maler heroischer Landschaften; 1799 72 Radierungen aus Italien (* 1761) *Schwind:* „Der Hochzeitsmorgen" (Gemälde); wird Professor a. d. Münchner Akademie	*Berlioz:* „Fausts Verdammnis" (frz. Oratorium) *Flotow:* „Martha" (Oper) † *Felix Mendelssohn-Bartholdy*, deutscher Komponist (* 1809) *Verdi:* „Macbeth" (ital. Oper)	* *Thomas Alva Edison*, nordamerik. Erfinder († 1931) † *John Franklin* auf der Suche nach der Nordwest-Durchfahrt ins Nördliche Eismeer s. 1845 (* 1786) Verallgemeinerung u. Verschärfg. d. Energieerhaltungssatzes d. *Hermann von Helmholtz* (* 1821, † 1894) *Kirchhoff:* Gesetze d. elektr. Stromverzweigung *Will. Lassell* (* 1799, † 1880) entdeckt Neptunmond *Liebig:* Fleischextrakt *Niepce de St. Victor:* Glasphotoplatten *Ignaz Philipp Semmelweis* (* 1818, † 1865) entdeckt d. Leichengift als eine Ursache des Kindbettfiebers und bekämpft dies durch Chlorwaschungen d. Ärzte *Siemens:* Guttapercha-Isolierung für Kabel Erste Chloroform-Narkose in England durch *Simpson*	Gründung der Elektrofirma *Siemens & Halske* Dampfschiffahrtslinie Bremen-New York (ab 1857 Norddt. Lloyd) Hamburg-Amerika-Linie (HAPAG) gegr. *Krupp* fertigt Achsen, Räder u. Federn aus Gußstahl *William George Armstrong* (* 1810, † 1900) grdt. Maschinen- (später Waffen-) Fabrik Gesetzl. 10-Stundentag in England Ausgabe d. wenigen (später sehr wertvollen) Briefmarken von Brit.-Mauritius Sprengstoff Nitroglyzerin v. *A. Sobrero* (* 1812, † 1886) Aneroid- (Dosen-) Barometer von *Vidi*

	Revolutionen *„Kommunist. Manifest"*	*Freiligrath* *Grimm*	*Beginnende Frauenbewegung* *1. Katholikentag*
1848	„Kommunistisches Manifest" von *Marx* und *Engels*, Grundlage d. „wissenschaftlichen Sozialismus" („Marxismus") Februarrevolution in Paris; König *Ludwig Philipp* dankt ab; Frankreich (2.) Republik mit Prinz *(Karl) Ludwig Napoleon* (Neffe *Napoleons I.*) als Präsidenten Märzrevolution in Deutschland u. Österreich mit dem Ziel demokratischer Verfassung. Aufhebung der „Karlsbader Beschlüsse" v. 1819. *Metternich* flieht nach Großbritannien Deutsche Nationalversammlung in der Paulskirche, Frankfurt a. M. (*Arndt*, *Blum*, *J. Grimm*, *v. Ketteler*, *Vischer* u. a.) arbeitet Verfassung aus Erzherzog *Johann* v. Österreich wird Reichsverweser *Maximilian II. Joseph*, König von Bayern (bis 1864 [†]) Sozialist. Juniaufstand i. Paris blutig niedergeschlagen Oktoberrevolution in Österreich. *Ferdinand I.* dankt ab. *Franz Joseph I.* wird Kaiser von Österreich, bis 1916 (†) Reichstag in Wien beschl. Aufhebung jeder bäuerl. Untertänigkeit † *Robert Blum*, dt. linksstehd. Demokrat, in Wien erschossen (* 1807) Niederlage d. engl. Chartistenbewegung (1850 aufgelöst) *Joseph* Graf *v. Radetzky* (* 1766, † 1858) stellt österr. Herrschaft in Oberitalien wieder her Ungarische u. tschechische Erhebungen gegen d. *Habsburger* Schweiz Bundesstaat Arizona, Neu-Mexiko u. Kalifornien v. Mexiko an USA	† *Annette von Droste-Hülshoff*, (gilt als größte) dt. Dichterin (* 1797) † *François René Chateaubriand*, frz. frühromantischer Dichter (* 1768) *Dumas* (Sohn): „Die Kameliendame" (franz. Roman, als Schauspiel 1852) *Freiligrath:* „Die Revolution", „Februarklänge" (revolutionäre Gedichte) *Geibel:* „Juniuslieder" (geg. jungdt. Radikalismus) *Friedrich Gerstäcker* (* 1816, † 1872): „Die Flußpiraten des Mississippi" (Roman) *Grillparzer:* „Der arme Spielmann" (Novelle) *J. Grimm:* „Geschichte der deutschen Sprache" * *Huang Tsun-Hien*, chines. Dichter, verarb. auch westl. Stoffe († 1905) † *Frederick Marryat*, engl. Dichter, schrieb besonders Seeromane (* 1792) *William Thackeray* (engl. Schriftsteller, * 1811, † 1863): „Vanity Fair" („Jahrmarkt der Eitelkeiten", Roman)	† *Bernhard Bolzano*, böhm. kath. Mathematiker u. Philosoph; u. a. „Die Paradoxien d. Unendlichen" (mathemat. Logik) (* 1781) * *Hans Delbrück*, dt. Geschichtsforsch. u. Politiker († 1929) *G. Th. Fechner:* „Nanna oder über das Seelenleben der Pflanzen" † *Joseph Görres*, deutscher kath. politischer Publizist u. Wissenschaftler (* 1776) * *Helene Lange*, leitende Persönl. der deutschen Frauenbewegung († 1930) *Macaulay:* „Englische Geschichte seit Jacob II." (4 Bde. bis 1855) *J. St. Mill:* „Prinzipien d. Polit. Ökonomie" (Volkswirtschaftslehre in Anlehnung an *Ricardo* mit sozialist. Zügen) Erste deutsche „Frauenzeitung" von *Luise Otto-Peters* * *Carl Stumpf*, deutscher Philosoph und Psychologe († 1936) „Central-Ausschuß für die Innere Mission der deutsch. evangel. Kirche" durch *Wichern* gegründet * *Wilhelm Windelband*, deutscher Philosoph; Wert- und Kulturphilosophie († 1915) Frz. Gesetz zur Einrichtung öff. Büchereien Erster dt. Katholikentag in Mainz Spiritistische Zirkel in New York (ab 1849 auch in Frankreich): Klopflaute, Tischrücken

Daumier
Menzel

~ *H. Daumier* beg. „Représentants représentés" u. „Actualités" (über 1000 graph. Blätter zur Zeitsatire)

* *Paul Gauguin*, franz. expressionist. Maler auf Tahiti († 1903)

Menzel: „Aufbahrung d. Märzgefallenen in Berlin" (Gem.)

Rethel: „Auch ein Totentanz" (antirevolutionäre Holzschnitte)

† *Ludwig von Schwanthaler*, süddt. Bildhauer, Giebelgruppen für Walhalla u. Münchner Propyläen; Erzbild d. Bavaria, 1850 i. München aufg. (* 1802)

* *Gabriel Seidl*, Münchener Baumeister († 1913)

* *Fritz v. Uhde*, dtsch. Maler († 1911)

Antoine Wiertz (*1806, † 1865): „Der Triumph Christi" (belg. Monumentalgem.)

Schumann
Wagner

† *Gaetano Donizetti*, ital. Komponist (* 1797)

Schumann: „Genoveva" (Oper)

Elektr. Heilmethoden

† *Jakob Berzelius*, schwed. Chemiker; entd. zahlr. Elemente, best. genaue Atomgewichte; führte chem. Bindung auf elektr. Kräfte u. organ. Prozesse auf Katalyse zurück; schuf d. chem. Zeichensprache (* 1779)

Entdeckung des achten Saturnmondes durch *Bond* und *Lassell*

Sicherheits-Zündhölzer v. *R. Böttger*

Auguste Bravais (* 1811, † 1863) unterscheidet 14 Kristallgitter (veröff. 1850; d. Atomtheorie *Seebers* v. 1824 wird erst ab 1879 allgemein bekannt)

~ *Duchenne de Boulogne* benutzt elektr. Ströme für Heilzwecke (gilt als Begr. der Elektrotherapie)

E. Du Bois-Reymond (*1818, †1896): „Untersuchungen über tierische Elektrizität" (physikalische Richtung d. Physiologie)

Foucault: Regulierter Kohlelichtbogen

Hancock: 1. Blinddarmoperation (vgl. 1887)

Sebastian Kneipp (* 1821, † 1897), kathol. Priester, führt sein Wasserheilverfahren in Wörishofen ein

* *Otto Lilienthal*, gilt als Begr. des Menschenfluges († 1896)

Photograph. Glasnegative mit frisch anzusetzenden feuchten Schichten von *Claude Niepce de St.-Victor* (* 1805, † 1870). Das Photographieren erf. umfangr. u. schwere Ausrüstungen

* *Hugo de Vries*, holländ. Botaniker u. Mitbegrd. d. mod. Vererbungsforsch. († 1935)

Erste telegraphische Wettermeldung in England

~ Vernichtung d. irländ. Kartoffelernten durch Meltau (1845, 46 u. 48) ruft große Hungersnot u. Auswanderung hervor

Hale u. *Bernett* grd. Nachrichtenagentur (spät. Associated Press, New York)

Bismarck grdt. konservative „Neue Preußische Zeitung" („Kreuzzeitung")

Marx grdt. „Neue Rheinische Zeitung"

„Dt. Nationalbuchdruckverein" (Vorläufer d. Gewerkvereine)

Kongreß v. Arbeitervereinen i. Berlin unter *Stephan Born:* Zusammenschl. zur „Arbeiterverbrüderung" mit Sitz in Leipzig

Goldfunde in Kalifornien lösen Massenwanderung aus

Politisch-satirisches Witzblatt „Kladderadatsch" erscheint

Cholera-Pandemie in Europa

1. Gesundheitsges. i. Engl. (geg. Cholera)

~ Bei etwa gleichgebliebenen Reallöhnen hat sich die dt. Industrieproduktion seit 1800 ca. versechsfacht (i. d. 2. Hälfte d. Jhdts. verdoppeln sich etwa d. Reallöhne bei Verzehnfachung d. Produktion)

In Deutschland wird d. 12-stündige Arbeitstag gefordert (14–16 Std., auch f. Jugendl., s. üblich)

	Gegenrevolution	*Hebbel* *Heine*	*Kierkegaard* *Völkerpsychologie*
1849	König *Friedrich Wilhelm IV.* von Preußen lehnt deutsche Kaiserkrone ab Demokratischer Mai-Aufstand in Dresden Österreich unterwirft mit Hilfe Rußlands Ungarn (wegen seiner antirevolutionären Rolle wünschen liberale u. sozialist. Kreise d. Krieg geg. Rußland, so auch *Marx*) *Radetzky* schlägt *Karl Albrecht* v. Sardinien, der zug. s. Sohnes *Viktor Emanuel II.* abdankt Frankr. stellt päpstl. Herrschaft in Rom geg. *Garibaldi* wieder her Gemeindewahlrecht der Frauen in Österreich	*Dickens:* „David Copperfield" (engl. Roman b. 1850) *Dostojewskij* aus pol. Gründen zum Tode verurteilt und z. Verbann. begnadigt *Dumas:* „Halsband d. Königin" (frz. Rom.) *Freiligrath:* „Neuere polit. u. soziale Zeitgedanken" (verläßt 1851 Dtl.) *Gotthelf:* „Uli der Pächter" (Schweizer Erzählung) † *Alexander Petöfi*, ungar. Dichter, fällt im ungarischen Unabhängigkeitskampf (* 1823) † *Edgar Allan Poe*, nord.-amerik. Dichter (* 1809) * *August Strindberg*, schwed. Dichter († 1912)	* *Ellen Key*, schwedische Pädagogin († 1926) *Kierkegaard:* „Die Krankheit zum Tode" (dän. protest. Existenzphilosophie) † *Julie Récamier*, führte geistreichen frz. Salon, Gegnerin *Napoleons* (* 1777) *Richard Wagner:* „Die Kunst und die Revolution" (Kunstphilosophie) *Wichern* beruft 1. dt. evang. Kirchentag n. Wittenberg Schulreform in Österreich, schafft lateinlose Oberrealschule
1850	Preußen erhält Verfassung (1848 oktroyiert: Herren-, Abgeordnetenhaus n. Dreiklassenwahlrecht) Dänemark behaup. i. Krieg geg. Deutsch. Bund (s. 1848) d. Besitz Schlesw.-Holsteins Preußen und Österreich ringen um die deutsche Vorherrschaft im Erfurter Parlament und Bundestag in Frankfurt a. M. Österreich behauptet sich m. Hilfe Rußl. im Vertrag zu Olmütz durch Wiederherstellung d. Deutschen Bundes (gegr. 1815) Ungarn w. Kronld. Österr. * *Tomáš Masaryk*, Philosoph und Soziologe, tschechoslowakischer Staatspräsid. 1918—1935 († 1937) Parlament. Selbstregierung in Australien	† *Honoré de Balzac*, franz. Dichter (* 1799) *Nathan Hawthorne:* „Der scharlachrote Buchstabe" (nordam. purit. Rom.) *Hebbel:* „Herodes und Mariamne" (Schauspiel) † *Nikolaus Lenau (von Strehlenau)*, dt. Dichter (* 1802) *O. Ludwig:* „Der Erbförster" (Trag.) † *Adam Gottlieb Öhlenschläger*, dän. romantischer Dichter (* 1779) † *Gustav Schwab*, dt. Dichter (*1792) * *Robert L. Stevenson*, engl. Romanschriftsteller († 1894) † *William Wordsworth*, engl. Dichter (* 1770)	*Johann Karl Rodbertus* (* 1805, † 1875): „Soziale Briefe" (tritt im linken Zentrum für gesetzl. Lösung d. sozialen Frage ein) *Schopenhauer:* „Parerga und Paralipomena" (2 Bde bis 1851) *Lorenz von Stein* (* 1815, † 1890): „Geschichte des Sozialismus u. Kommunismus in Frankreich" Erste 4 Volksbüchereien in Berlin Gesetz über Volksbüchereien in England Akad. Volksbildungskurse in New York (University Extension)
1851	Staatsstreich des franz. Präsidenten *Karl Ludwig Napoleon* *Bismarck* preuß. Gesandter beim Deutschen Bundestag	*Heine:* „Romanzero" *Herman Melville* (* 1819, † 1891): „Moby Dick" (nordamerikanisch. autobiograph. Walfänger-Roman) *Henri Murger* (* 1822, † 1861): „Bohème" (frz. Erzählung)	* *Adolf Harnack*, luther. Theologe († 1930) *Moritz Lazarus* (* 1824, † 1903): „Über d. Begrdg. u. d. Möglichkeit einer Völkerpsychologie" Preußen verbietet Begrdg. von Kindergärten

Courbet *Menzel*	*Wagner* *Meyerbeer*	*Wasserturbine* *Nähmaschine*	
† *Katsushika Hokusai*, japan. Maler (* 1760) ~ *W. v. Kaulbach* (* 1805, † 1874): „Zeitalter der Kreuzzüge u. Reformation" (u. a. Fresken i. Neuem Museum, Berlin, 1847–65) * *Christian Rohlfs*, dt. Maler des Im- u. Expressionismus († 1938)	† *Frédéric Chopin*, poln. Komponist u. Klaviervirtuose in Frankreich (* 1810) *Meyerbeer:* „Der Prophet" (Oper) *Nicolai:* „Die lustigen Weiber von Windsor" (Oper) † *Otto Nicolai*, deutscher Komponist (* 1810) † *Johann Strauß* (Vater), österreichischer Musiker und Komponist (* 1804) *Wagner* beteiligt sich am Dresdner Maiaufstand und muß n. Zürich fliehen (dort bis 1858)	Erste Keimdrüsen-Hormon-Vers. d. *Berthold* *Fizeau* mißt Lichtgeschwindigkeit auf kurzer Strecke von 8,3 km *Francis:* Radial-Wasserturbine *W. Hofmeister* entd. Generationswechs. d. Pflanz. * *Felix Klein*, deutscher Mathematiker († 1925) *David Livingstone* (* 1813, † 1873) erforscht Sambesigebiet in Südafr. b. 1871 * *Iwan Pawlow*, russ. Physiologe († 1936) *Pollender* entdeckt Milzbrand-Erreger *R. Wolf:* Lauf. Überwach. d. Sonnenflecke	Telegraph Berlin–Frankfurt/M. *P. J. v. Reuter* verwendet Brieftauben zur Schließung von Lücken des Telegraphennetzes für Pressezwecke Gründung d. *Wolff*schen Telegraphenbüros (W.T.B.) Starker Aufschwung des Zeitungswesens "Who's who?" („Wer ist's?") erscheint in den angelsächsischen Ländern Auflös. d. „Deutsch. Turnerbundes" 1. dt. Briefmarken in Bayern
* *Georg Dehio*, dt. Kunsthistoriker bes. der Baukunst des Mittelalters († 1932) *Delacroix:* „Löwenjagd" (franz. Gemälde) *Menzel:* „Tafelrunde in Sanssouci" (Gemälde) *Rossetti:* „Verkündigung" (engl. Gem.) † *Karl Rottmann*, dt. Landschaftsmaler des Klassizismus (* 1798) † *Johann Gottfried Schadow*, dtscher Bildhauer (* 1764) *Waldmüller:* „Praterlandschaft" (Gem.) ~ Zeitalter der Stilwiederholungen (Neugotik)	*Bach*-Gesellschaft gegründet (1900: Neue *Bach*-Gesellschaft) *Schumann:* Cellokonz. *Julius Stern* (* 1820, † 1883) gründet Konservatorium in Berlin *R. Wagner:* „Lohengrin" (Oper), „Das Kunstwerk der Zukunft" (Theorie des „Gesamtkunstwerkes") *Albr. Graefe* (* 1828, † 1870) eröffn. Augenklinik i. Berlin (grdt. 1854 1. augenärztl. Spezialzeitschr.) Nordwest-Passage von W nach O durch *Mac Clure*	Sahara- und Sudan-Expedition durch *Heinrich Barth* (bis 1855) ~ Tauchbootversuche von *Wilhelm Bauer* (* 1822, † 1875) i. Kiel (1856/57 weitere in Kronstadt/Rußl.) *Rob. Wilh. Bunsen* (* 1811, † 1899): Gasbrenner Zweiter Hauptsatz der Wärmelehre (nur ein Teil der Wärme kann in mechanische Arbeit verwandelt werden) durch *Rudolf Clausius* (* 1822, † 1888) u. *William Thomson* (Lord *Kelvin*, * 1824, † 1907) *L. Foucault:* Lichtgeschwindigkeit im Wasser geringer als in Luft und Pendelversuch z. Nachw. der Erdumdrehung Augenspiegel von *Helmholtz*	Gründung d. ersten kleingewerbl. Kreditgenossenschaften d. *Franz Hermann Schulze-Delitzsch* (* 1808, † 1883) ≈ Aufkommende industrielle Massenerzeugung, dt. Industrie-Produktion gegenüber 1800 etwa versechsfacht Erstes Unterseekabel Dover–Calais Goldfunde in Australien 3,2 Mill. Negersklaven in den USA bei 23 Mill. Einw.
Courbet: „Die Steinklopfer" (franz. Gem.) *Rauch:* „Friedrich der Gr." (Reiterdenkmal) * *Wilhelm Trübner*, dt. Maler († 1917) † *William Turner*, engl. Maler (* 1775)	† *Albert Lortzing*, dt. Komponist (* 1801) *Verdi:* „Rigoletto" (ital. Oper) *Rich. Wagners* Freundschaft mit *Mathilde Wesendonk* (* 1828, † 1902) in Zürich	*I. M. Singer* verbessert u. prod. Nähmaschine Entdeckung des dritten u. vierten Uranusmondes durch *Lassell* Funkeninduktor f. hohe Spannung von *Rühmkorff* Eisenschiffbau in Dtl.	Erste Weltausstellung in London „New York Times" gegründet Eisenb. bringt erste Weihnachtsb. n. Bln. Berlin bekommt Berufsfeuerwehr

	Kaiser Napoleon III. *Krimkrieg*	*Stifter* *„Dt. Wörterbuch"*	*Comte* *Ranke*
1852	*Karl Ludwig Napoleon* als *Napoleon III.* zum erblichen Kaiser Frankreichs gewählt. Beginn des zweiten Kaiserreiches (bis 1870) „Katholische Fraktion" im Preuß. Abgeordnetenhaus gegründet Südafrikanische Buren-Republik Transvaal gegrdt. ~ Starke europäische Einwanderung i. d. USA aus politischen Gründen (s. 1849)	*Harriet Beecher-Stowe* (* 1812, † 1896): „Onkel Toms Hütte" (nordamerikanischer Roman gegen Negersklaverei) *Cl. Brentano:* „Romanzen vom Rosenkranz" (unvoll. geblieben, posthum) *Eduard Devrient* Leiter des Hoftheaters Karlsruhe (bis 1870) *Droste-Hülshoff:* „Das geistliche Jahr" (kathol.-relig. Jugendgedichte, posthum) † *Nikolai Gogol*, russischer Dichter (* 1809) *J.* u. *W. Grimm* beginnen „Deutsches Wörterbuch" (1. Bd. ersch. 1854; der 16. u. letzte Bd. ersch. 1960) *J. Grimm:* „Über den Ursprung der Sprache" *Groth:* „Quickborn" (plattdeutsche Gedichtsammlung) *Hebbel:* „Agnes Bernauer" (Trauerspiel) *O. Ludwig:* „Die Makkabäer" (Trauerspiel) † *Thomas Moore*, irischer Dichter (* 1779) *Storm:* „Immensee" (Novelle) *Turgenjew:* „Tagebuch eines Jägers" (russ. Novellen) Landestheater Hannover eröffnet	*Fr. Bopp:* „Vergleichende Grammatik" (d. indoeuropäischen Sprachen; s. 1833) *Comte:* „Positivistischer Katechismus" (frz. Vers. einer positivist. Religion mit der Menschheit als „Großes Wesen") *Kuno Fischer:* Gesch. der neuer. Philosophie (10 Bde.) † *Friedrich Fröbel*, dt. Pädagoge, Schöpfer d. Kindergärten (* 1782) „Großes Konversations-Lexikon" von *Joseph Meyer* (52 Bde. seit 1840) *Ranke:* „Französische Geschichte" (5 Bde. bis 1861) * *Charles Taze Russell*, Begründer der pazifistischen „Ernsten Bibelforscher" in den USA († 1916) * *Hans Vaihinger*, dt. Philosoph des „Als-Ob" († 1933) Erste Eisenacher Konferenz der evangelischen Kirchenregierungen Deutschlands Römisch-germanisches Zentralmuseum in Mainz Erste engl. Volksbücherei in Manchester Germanisches Museum in Nürnberg gegrdt. (z. Kenntnis der dt. Vorzeit u. Entwicklung der dt. Kultur)
1853	Beginn des Krieges Rußlands gegen Türkei, Frankreich und Großbritannien („Krimkrieg" bis 1856) Christl. beeinfl. chines. Taiping-Sekte erobert Nanking (dieser verwüstende Aufstand dauert v. 1850–1865 u. schwächt China zugunst. der europäischen Mächte)	* *Isolde Kurz*, dt. Dichterin († 1944) *Ostrowski:* „Schuster bleib bei deinem Leisten" (russ. Schauspiel) *Stifter:* „Bunte Steine" (Novellen) † *Ludwig Tieck*, dt. Dichter (* 1773) *R. Wagner:* „Der Ring des Nibelungen" (Textdicht.)	*F. Chr. Baur:* „Das Christentum u. d. christl. Kirche d. ersten drei Jahrhunderte" (ev. Kirchengeschichte) *Austen Henry Layard* (* 1817, † 1894): „Niniveh and Babylon" (engl. Archäologie) *Kaspar Zeuß* (* 1806, † 1856): „Grammatica celtica" (Grundl. d. dt. Keltologie, 2 Bde.)

Naturalismus *Menzel*	*Verdi* *Schumann*	*Vergl. Geographie* *Tretkurbel-Fahrrad*	
Ch. Barry: Parlamentsgebäude in London (in engl. Neogotik s. 1840, von seinem Sohn vollendet) *Menzel:* „Flötenkonzert in Sanssouci“ (Gem.) * *Friedrich Thiersch*, süddtsch. Baumeister († 1921)	*Ludwig Erk* (* 1807, † 1883) grdt. in Berlin Chor zur Pflege des Volksliedes * *Charles Stanford*, irisch-engl. Komponist, besonders von Chormusik († 1924)	* *Henri Becquerel*, franz. Physiker, *Nobel*pr. 1903 für Entdeckung der radioaktiven Strahlg. († 1908) Versuche mit halbstarrem Luftschiff mit 3 PS Dampfmaschine von *Giffard* * *E. Fischer*, dt. Chem. († 1919) *Sam Fox:* Stahlgestell für Regenschirm * *Jacobus Hendricus van't Hoff*, holl. Physiko-Chemiker, Begr. d. Stereo-Chemie, *Nobel*pr. 1901 († 1911) *W. Lassel* baut Riesenreflektor a. Malta (1,20 m Durchm.), womit er über 600 Nebelflecke entdeckt * *Albert Michelson*, nordamer. Physiker († 1931) * *Henri Moissan*, frz. Chemik., *Nobel*pr. 1906 († 1907) * *William Ramsay*, engl. Chemiker († 1916) *Karl Ritter:* „Einl. zur allg. vergl. Geographie“ (*R.* begrdte. Vergleichende Geographie) *Wolff* best. Periodizität d. Sonnenfleckenhäufigk. zu 11,1 Jahre Seewasseraquar. i. London	Welthandel (in Mill. Pfund Sterling in Preisen 1929): 1852: 1 000 1900: 6 600 1913: 10 700 1950: 15 500 ≈ Männermode: Zylinder, Gehrock, lg. Beinkleid; Frack bei Feiern ≈ Frauenmode: Hellfarbig. Reifröcke aus leichten Stoffen; Dékolleté; große flache Hüte mit Samtbändern und Pleureusen ≈ England dominiert wirtschaftlich und in der Mode Victoria regia im Botan. Garten, Berlin (blühte 1851 im Herrenhausener Park b. Hannover erstmalig in Europa) Gelber Fluß (Hoangho) verlegt zum 10. Mal s. 602 v. Chr. s. Mündg., nunmehr an die heutige Stelle USA führt Spatzen aus England gegen Raupenplage ein
Johan Chr. Dahl (*1788, † 1857): „Winterlandschaft“ (norw. Gem.) † *Pierre Fontaine*, franz. Baumeister (* 1762) * *Vincent van Gogh*, niederl. expressionistischer Maler († 1890) * *Ferdinand Hodler*, Schweiz. Monumentalmaler († 1918) * *Carl Larsson*, schwed. Maler († 1919) *Adolf Menzel* Prof. u. Akademiemitglied in Berlin	*Brahms:* Klaviersonate C-dur, op. 1 *R. Schumann:* Phantasie für Violine und Orchester *Verdi:* „La Traviata“ und „Der Troubadour“ (ital. Opern) *Heinr. Steinweg* (*1797, † 1871) grd. Klavierfabr. Steinway and Sons in New York	*Ph. M. Fischer:* Tretkurbel-Fahrrad *Krupp:* Nahtlose Eisenbahnräder * *Hendrik Antoon Lorentz*, niederl. Physiker († 1928) * *Wilhelm Ostwald*, dt. Chemiker und Philosoph, erforscht bes. Elektrolyse, Katalyse u. Farbenlehre; Philosophie der Energetik († 1932) Injektionsspritze v. *Pravaz* *W. Thomson* g. einwandfr. Definition der „Energie“; findet Frequenzformel für Schwingungskreise	1. internat. statistischer Kongreß in Brüssel Internationale Seefahrtskonferenz in Brüssel im Zeichen der Umstellung auf Dampf und verbesserter Seekarten „Die Gartenlaube“ in Leipzig gegründet Erste Rohrpostanlage (London) = 50% d. engl. Bev. wohnt in Städten Preuß. Gesetz über Gewerbeaufsicht

	Zar Alexander II. *Koalitionsverbot*	*Keller* *Freytag*	*Mommsen* *L. Büchner*
1854	Dt. Bundestag erl. allgem. Koalitionsverbot, d. h. Verbot aller Arbeitervereine (Preußen, Sachsen, Bayern schon 1849; aufgeh. 1868, Sachsen 1861, Preußen 1867) Großbritannien erkennt den 1842 gegründeten Oranje-Freistaat an Gründung der Republikanischen Partei in den USA mit Programm gegen Sklaverei und für Hochschutzzölle Sprengung der japanischen Abgeschlossenheit durch u. für die weißen Mächte	*Freytag:* „Die Journalisten" (Lustspiel) † *Jeremias Gotthelf (Albert Bitzius)*, schweiz. Dichter (* 1797) *G. Keller:* „Der grüne Heinrich" (autobiographischer Schweizer Roman) *O. Ludwig:* „Die Heiterethei" (humor. Dorfgeschichte) *Ostrowski:* „Armut schändet nicht" (Schauspiel) *Scheffel:* „Der Trompeter von Säckingen" (lyrisches Epos) Uraufführung v. „Faust II" in Hamburg	* *Georg Kerschensteiner*, dt. Pädagoge; fördert Arbeits- u. Berufsschule († 1932) *Mommsen:* „Römische Geschichte" (3 Bde. b. 1855; 5 Bde. b. 1885) * *Paul Natorp*, dt. Philosoph, Neu-Kantianer († 1924) † *Friedrich Wilhelm Schelling*, dt. Philosoph des transzendentalen Idealismus (* 1775) *Rudolf Wagner* (* 1805, † 1864; Physiologe): „Über Wissen u. Glauben" (spiritualist. Auffass. d. Nerventätigkeit; dagegen polemisiert *Karl Vogt* [* 1817, † 1895] vom mehr materialist. Standpkt.) Katholisches Dogma der unbefleckten Empfängnis Mariä (d. h. Maria wurde ohne Erbsünde geboren)
1855	† *Nikolaus I.*, Zar von Rußland seit 1825 (* 1796) *Alexander II.* Zar v. Rußland (bis 1881 [†]). Unter seiner Herrschaft Aufhebung der Leibeigenschaft u. andere innere Reformen; Amurland, Kaukasien, Turkestan an Rußland Sewastopol von den Briten und Franzosen erobert; Russen siegen über die Türken	*Dumas* (Sohn): „Die Halbwelt" (franz. Schauspiel) *Freytag:* „Soll und Haben" (Roman) * *Ludwig Ganghofer*, dtsch. Schriftsteller († 1920) *Groth:* „Vertelln" (plattdeutsche Dorfgeschichten) *Hebbel:* „Agnes Bernauer" (Trauerspiel) *Longfellow:* „Hiawatha" (nordamer. Lyrik, wendet sich gegen jede Konvention) † *Adam B. Mickiewicz*, poln. Dichter; Hauptwerk „Dziady" („Ahnenfeier" 1832, * 1798) *Scheffel:* „Ekkehard" (Roman) *Turgenjew:* „Rudin" (russ. Roman) *Whitman:* „Grashalme" (nordamerikan. Lyrik, gegen jede Konvention)	*Arndt:* „Schriften für und an seine lieben Deutschen" (4 Bde. seit 1845) *Ludwig Büchner* (* 1824, † 1899, Bruder v. *Georg B.*): „Kraft u. Stoff" (materialist. Naturphilosophie in populärer Form; kostet ihn die akad. Stellung als Mediziner) *Gobineau:* „Versuch über die Ungleichheit der Rassen" (franz. Geschichtsphilosophie) † *Sören Kierkegaard*, dänisch. relig. Existenz-Philosoph; Gegner *Hegels*, bekämpfte Kirche zugunsten eines persönlichen Verhältnisses zu Gott (Vorläufer d. Existentialphilosophie des 20. Jh.) (* 1813) Konkordat mit Österreich beseitigt Reformen *Josephs II.* Techn. Hochschule Zürich gegr.

Courbet *Daumier*	*Wagner* *Liszt*	*Bessemer-Stahl* *Drucktelegraph*	
† *Karl Begas*, Berliner Maler (* 1794) † *Sulpiz Boisserée*, dt. Kunsthistoriker, betrieb mit seinem Bruder *Melchior Boisserée* (* 1786, † 1851) die Vollendung des Kölner Domes (* 1783) *Schwind:* „Aschenbrödel“ (Märchenbilder) ~ *Waldmüller:* „Wienerwaldlandschaft“ (Gem.) Glaspalast in München erbaut (brennt 1931 ab)	*Berlioz:* „Te Deum“ (seit 1849) * *Engelbert Humperdinck*, dt. Komponist († 1921) *Liszt:* „Les Préludes“ (Orchesterstück) *A. Rubinstein:* 2. Sinfonie (russ., Auff. in Leipzig) Selbstmordvers. *Rob. Schumanns* in geistiger Umnachtung *R. Wagner* beg. „Der Ring des Nibelungen“ zu komp. („Das Rheingold“, „Die Walküre“, „Siegfried“, „Götterdämmerung“; vollend. 1874)	* *Emil von Behring*, dt. Mediziner († 1917) *George Boole* (* 1815, † 1864) veröff. mathem. Logik („*B*'sche Algebra“) * *Paul Ehrlich*, dt. Mediziner († 1915) *Geissler* u. *Plücker:* Elektrisches Entladungsrohr Vorläufer der elektrischen Glühlampe von *Goebel* *Joule* u. *W. Thomson:* Abkühlungseffekt realer Gase * *Henri Poincaré*, frz. Mathem., Physiker u. Philosoph († 1912) *Bernhard Riemann* begr. nichteuklidische Geometrie, in der es zu einer Geraden keine Parallele gibt Gebrüder *Schlagintweit* von Indien über Karakorumpaß nach Innerasien *W. v. Siemens:* Doppel-T-Anker *Sinsteden:* Blei-Akkumulator (1859 verbess.)	*Roger Benton:* 1. Kriegsfotos (i. Krimkrieg) *H. Brehmer:* Heilstätte f. Tuberkulose in Göbersdorf Anschlagsäulen von *Ernst Litfaß* i. Berlin Ital. Nachrichtenbüro Agenzia *Stefani* gegründet *H. Sainte-Claire Deville* findet Grundl. für industrielle Aluminium-Gewinnung Welterzeugung von Aluminium 20 kg je RM 2400 (1896: 1,8 Mill. kg je RM 2,60 1937: 490 Mill. kg je RM 1,33) Sturmkatastrophe i. Schwarz. Meer während d. Krimkrieges (führt 1863 zum 1. staatl. Wetterdienst in Frankreich)
J. Burckhardt: „Cicerone“ (Kunstführer f. Italien) *Courbet:* „Blumen“, „Das Atelier des Malers“ (frz. Gem.) *Daubigny:* „Schleuse i. Tal“ (frz. Landschaftsgemälde) *H. Daumier:* „Erinnerungen“ (frz. Litographien); „Jesus und seine Jünger“ (frz. Gem.) † *Jean Baptiste Isabey*, franz. Maler (* 1767) *Ludwig Knaus* (* 1829, † 1910): „G. F. Waagen“ (Porträtgem. d. Dir. d. Berl. Gem.-Galerie) *Th. Rousseau:* „Am Waldrand von Fontainebleau“ (frz. Gem.) *Eduard Schleich* (* 1812, † 1874): „Abendlandschaft“ (Gem.)	*Liszt:* Klavierkonzert Es-dur, „Graner Festmesse“, „Faust-Sinfonie“ *Verdi:* „Sizilianische Vesper“ (ital. Oper)	*Th. Addison* beschreibt die nach ihm ben. Krankheit *Henry Bessemer* (* 1813, † 1898) erf. Stahl-Massenerzeugung m. d. *B.*-Birne * *David Bruce*, engl. Tropenarzt, († 1931) *Fowler* u. *Eyth:* Dampfpflug *Garcia:* Kehlkopfspiegel † *Karl Friedrich Gauß*, dt. Wissenschaftl. (* 1777) Drucktelegraph von *Dav. Edw. Hughes* (* 1831, † 1900) *Kane* erreicht 80° n. Br. *Livingstone* entd. Victoriafälle b. s. Afrikadurchquerung 1853–56 * *Percival Lowell*, nordam. Astronom, († 1916) * *Oskar v. Miller*, dt. Ingenieur, († 1934) *A. R. Wallace:* „Gesetz, welches die Entstehung d. Arten reguliert hat“ (unabh. v. *Darwin*)	Weltausstellung in Paris ~ Aufblühen des Klublebens in England *Edouard Ducpétiaux* (* 1804, † 1868): „Haushaltsrechnungen d. Arbeiterklassen in Belgien“ (belg. sozialpolit. Statistik) ~ Erste Revolver-Drehbänke *C. A. Steinheil* (* 1801, † 1870) übernimmt die von *Fraunhofer* begr. Opt.-astron. Werkstätten, München 1. Warenhaus in Paris 1. Dampfschiff der HAPAG Sturmflut zerstört Alt-Wangerooge

	Internationales Seerecht	*Hebbel Flaubert*	*Judenemanzipation*
1856	Ende des Krimkrieges im Frieden von Paris: Teil Bessarabiens an die Türkei, Schwarzes Meer neutral; Rußl. verliert Vorherrschaft an Frankr., Balkan wird Spannungsfeld zw. Rußl. und Österreich Grundsätze des internationalen Seerechts werden aufgestellt * *Frank Kellog*, USA Staatsmann, bewirkt 1928 Kriegsächtungspakt, Friedens*nobel*preis 1929 († 1937) * *Woodrow Wilson*, 1913 bis 1921 Präsident der USA erhält Friedens*nobel*pr. 1919 († 1924)	*Ludwig Bechstein* (* 1801, † 1860): „Neues deutsches Märchenbuch" *Hebbel:* „Gyges und sein Ring" (Tragödie) † *Heinrich Heine*, dt. Dichter, s. 1831 als Journalist i. Paris (* 1797) *Ibsen:* „Das Fest auf Solhaug" (norweg. Schausp.) *G. Keller:* „Die Leute von Seldwyla" (Schweizer Novellen) *O. Ludwig:* „Zwischen Himmel und Erde" (Erzählung) *Mörike:* „Mozart auf der Reise nach Prag" (Novelle) *Raabe:* „Chronik der Sperlingsgasse" (Roman) * *George Bernard Shaw*, irisch-engl. Dichter, *Nobel*preis 1926 († 1950) * *Oscar Wilde*, engl. Dichter († 1900)	* *Sigmund Freud*, österr. Nervenarzt, Begründer der Psychoanalyse († 1939) *Franz Theodor Kugler* (* 1808, † 1858): „Geschichte der Baukunst" (5 Bde. b. 1873) *Lotze:* „Mikrokosmos" (3 Bde. b. 1864, vers. Idealismus mit Naturwiss. zu vereinigen) *Lorenz v. Stein* (* 1815, † 1890): „System der Staatswissenschaft" (2 Bde. seit 1852, gilt als maßgeb. Beitrag zur Gesellschaftslehre)
1857	Kg. *Friedrich Wilhelm IV.* v. Preußen übergibt wegen geistiger Erkrankung seinem Bruder *Wilhelm (I.)* s. Vertretung (bed. liberalere „Neue Aera") Großbritannien wirft Aufstand in Indien nieder (vgl. 1858); besetzt mit Frankreich Kanton *Alexander Iwanowitsch Herzen* (* 1812, † 1870) gibt in London russ. Wochenblatt „Die Glocke" heraus (gesellschaftskritisch, bis 1867)	*Baudelaire:* „Die Blumen des Bösen" (franz. Gedichte) * *Joseph Conrad* (eigentlich *Korczeniowski*), poln.-engl. Dichter u. Seemann († 1924) *Dickens:* „Klein Dorrit" (engl. Roman) *Eichendorff:* „Geschichte der poetischen Literatur Dtls." † *Joseph von Eichendorff*, dt. Dichter (* 1788) *Flaubert:* „Madame Bovary" (frz. Roman) † *Alfred de Musset*, frz. romantischer Dichter (* 1810) * *Hendrik von Pontoppidan*, dänischer Dichter, *Nobel*preis 1917 († 1943) *Stifter:* „Nachsommer" (Roman) * *Hermann Sudermann*, dt. Dichter († 1928) *Turgenjew:* „Assja" (russ. Erzählung)	*Henry Thomas Buckle* (* 1821, † 1862): „Geschichte der Zivilisation in England" (engl. Kulturgesch., b. 1861) † *Auguste Comte*, frz. Philosoph, Begr. d. Positivismus und der wiss. Soziologie (* 1798) *Karl von Gerok* (* 1815, † 1890): „Palmblätter" (religiöse Gedichte) *Friedr. Christoph Schlosser* (* 1776, † 1861): „Weltgeschichte für das deutsche Volk" (19 Bände) *F. Th. Vischer:* „Ästhetik oder die Wissenschaft des Schönen" (6 Bde. seit 1846) Judenemanzipation in England Universitäten Kalkutta, Bombay und Madras in Indien gegründet

Menzel *Richter*	*Romantik* *Liszt*	*Pasteur* *Wetterkunde*	
* *Hendrik Petrus Berlage*, niederländ. Baumeister († 1934) *Menzel:* „Théâtre du Gymnase" (Gemälde) *L. Richter:* „Vater unser" (Holzschnitte) * *Michail Wrubel*, russ.-ukrain. Maler († 1910)	*Liszt:* „Ungarische Rhapsodien" *Aimé Maillart* (* 1817, † 1871): „Das Glöckchen des Eremiten" (franz. Oper) † *Robert Schumann*, dt. Komponist, u. a. Liederzyklen wie „Frauenliebe u. -leben" (* 1810) * *Christian Sinding*, norweg. Komponist († 1941) Patholog.-anatom. Inst. d. Univ. Berlin Erster Neandertal-Schädel b. Düsseldorf gefunden (üb. 100 000 Jahre alt)	*Brown-Séquard* weist Wichtigkeit der Nebenniere nach *Helmholtz:* „Hdb. d. physiolog. Optik" (b. 1866) *Helmholtz:* „Hdb. d. physiolog. Optik" (bis 1867, mit Dreifarbentheorie des Sehens) *A. Krönig* u. *Clausius* (1857): Molekulare Theorie der Gase † *N. Iwanowitsch Lobatschewskij*, russ. Mathematiker, u. a. nichteuklidische Geometrie (* 1793) Photograph. Nachweis d. ultraviolett. Strahlen durch *Johann Heinrich Jacob Müller* * *Robert E. Peary*, Nordpolarforscher der USA, erreicht 1909 den Nordpol († 1920) Erster künstlicher Teerfarbstoff Mauvein v. *Perkin* Regenerativfeuerung von *F. Siemens*	Schwarzwaldbahn mit 40 Tunneln Ingenieur - Taschenbuch „Hütte" ersch. „Großes Konversations-Lexikon" von *Joseph Meyer* (52 Bde. s. 1840) * *Frederick Winslow Taylor*, nordam. Erfinder des nach ihm benannten, auf Zeitstudien beruhenden Arbeitssystems († 1915) *Leopold Sonnemann* (* 1831, * 1909) grdt. „Frankfurter Zeitung" (verbot. 1943) *E. A. Rossmässler:* „Der See im Glase" (1. dt. Aquarienkunde) Dt. „Zollpfund" zu 500 g eingeführt VDI in Berlin gegr.
* *Max Klinger*, dt. Maler, Bildhauer u. Graphiker († 1920) *Millet:* „Die Ährenleserinnen" (frz. Gemälde) † *Christian Daniel Rauch*, dt. Bildhauer (* 1777) *L. Richter:* „Das Lied v. d. Glocke" (Holzschnitte) *Schwind;* „Die sieben Raben" (Aquarell-Zyklus)	*Hans von Bülow* (* 1830, † 1894), dt. Dirigent, heiratet *Cosima* (* 1837, † 1930), d. Tochter *Franz Liszts*, die spätere Gattin *Rich. Wagners* (ab 1870) * *Edward Elgar*, engl. Komponist († 1934) † *Michail Glinka*, russ. Komponist, „Vater d. russischen Musik" (* 1804) * *Wilhelm Kienzl*, dt. Komponist († 1941) *Liszt:* Klavierkonzert A-dur	*Chr. H. Buys-Ballot:* Ges. üb. Luftdruckverteilung u. Bodenwinde † *Louis Augustin Cauchy*, frz. Mathematiker, schuf d. Theorie komplexer Funktionen (* 1789) *H. W. Dove:* „Gesetz der Stürme" (mit Winddrehungsgesetz) * *Heinr. Hertz*, dt. Physiker († 1894) *Pasteur* veröff. s. Arbeiten üb. Milchsäure- u. Alkoholgärung (frz. Anf. d. Bakteriologie) * *Ronald Ross*, engl. Tropenarzt, 1902 *Nobel*preis für Malariaforschung († 1932) * *Julius Wagner von Jauregg*, österr. Nervenarzt, findet Malaria-Behandlung der Paralyse, *Nobel*preis 1927 († 1940)	Erste Weltwirtschaftskrise (v. USA ausgehend) *v. Reuter* gründet sein engl. Pressebüro Ältester Alpenverein (Alpine Club in London) ~ Krinoline in der Frauenmode Intensive Versuche beginnen, das Matterhorn zu besteigen (erst nach 18 Vers. 1865 erfolgreich)

	Brit. Vizekg. i. Indien *Garibaldi*	*Gontscharow* *Freytag*	*Ranke* *Dunant*
1858	Aufhebung d. Ostindischen Kompanie und Übernahme der Herrschaft durch einen brit. Vizekönig Rivalität zw. Großbritann. und Rußland in Persien *Friedr. Wilhelm IV.*, König v. Preußen seit 1840, dankt wegen Krankheit ab. Prinz *Wilhelm* v. Pr. übern. Regentschaft, 1861 Kg. v. Pr. * *Michael Hainisch*, erster österreich. Bundespräsident 1920—1928 († 1940) * *Ludwig Quidde*, dt. Historiker und Politiker, Gegner *Wilhelms II.*, Friedens*nobel*preis 1927 († 1941) * *Theodore Roosevelt*, 1901 bis 1909 USA-Präsid., Friedens*nobel*preis 1906 († 1919)	*Arndt:* „Meine Wanderungen und Wandlungen mit dem Reichsfreiherrn *vom Stein*" (bringt Gefängnisstrafe) * *Carl Hauptmann*, dt. Dichter, Bruder von *Gerhart H.* († 1921) * *Josef Kainz*, Schauspieler in Meiningen, München, am Dt. Theater Berlin u. Wiener Burgtheater († 1910) * *Selma Lagerlöf*, schwed. Dichterin, *Nobel*preis 1909 († 1940) *Turgenjew:* „Das Adelsnest" (russ. Roman) Ständig. Marionettentheater in München von „Papa" *Joseph Schmid*	*Bernadette* (*Maria B. Soubirous* [* 1844, † 1879]) hat Marien-Visionen in einer Höhle bei Lourdes (Frkr.) (1933 heilig gesprochen) *Carlyle:* „Friedrich d. Große" (engl.) ~ *Rudolf Jhering* (* 1818, † 1892): „Der Geist des römischen Rechts auf d. verschiedenen Stufen seiner Entwicklung" (4 Bde. 1852 bis 1864) † *Robert Owen*, engl. Industrieller, führte soz. Reformen i. sein. Betrieben durch, legte Grund für Genossenschaftswesen (* 1771)
1859	† *Clemens* Fürst *Metternich*, österr. antiliberaler Staatsmann (* 1775) Italienisch. Befreiungskrieg mit führ. Rolle v. *Giuseppe Garibaldi* (* 1807, † 1882): Österreich verliert Lombardei im Kriege gegen Italien und Frankreich. Sardinien überläßt Frankreich Nizza und Savoyen Dt. Nationalverein gegrdt. (erstrebt liber. dt. Bundesstaat unt. preuß. Führung) *Bismarck* preuß. Gesandter in Petersburg * *Wilhelm II.*, Sohn *Friedrichs III.*, von 1888 bis 1918 dt. Kaiser († 1941) * *Jean Jaurès*, frz. Sozialist und Pazifist († 1914, erm.) Rußl. unterwirft Kaukasus	† *Bettina von Arnim*, dt. Dichterin, Schwester *Brentanos* (* 1785) *Dickens:* „Die Geschichte zweier Städte" (englischer Roman) * *Eleonora Duse*, ital. Schauspielerin († 1924) *Freytag:* „Bilder aus der deutschen Vergangenheit" (bis 1862) *Gontscharow:* „Oblomow" (russ. Roman des trägen Bürgers) † *Wilhelm Grimm*, deutscher Philologe (* 1786) * *Knut Hamsun*, norwegischer Dichter, *Nobel*preis 1920 († 1952) * *Verner von Heidenstam*, schwed. Dichter, *Nobel*pr. 1916 († 1940) * *Jerome K. Jerome*, engl. humorist. Dichter († 1927) *Fr. Reuter:* „Ut de Franzosentid" (Roman)	* *Henri Bergson*, franz. Philosoph und Psychologe („Elan vital") († 1941) * *John Dewey*, pragmatischer Philosoph und Pädagoge der USA († 1952) *H. Dunant* gew. auf dem Schlachtfeld von Solferino entsch. Eindrücke für seine Bemühungen um Verwundete u. Gefangene (vgl. 1864) * *Edmund Husserl*, dt. Philos. d. Phänomenologie († 1938) † *Th. Babington Macaulay*, engl. Politiker u. Historiker (* 1800) *Mill:* „Über d. Freiheit" *R. v. Mohl:* „Enzyklopädie der Staatswiss." (trennt Gesellschafts- u. Staatslehre) *Ranke:* „Englische Geschichte" (7 Bde. bis 1868) *Georg Voigt:* „Die Wiederbelebung d. klass. Altertums oder das erste Jahrh. des Humanismus" Endgültige Beseitigung der Inquisition in Italien Realgymnasium in Preußen erh. Hochschulberechtigung Dt. Juristentag gegründet

Menzel *Böcklin*	*Gounod* *Offenbach*	*Darwin* *Virchow*	
W. Busch: „Max u. Moritz" (humorist. Bilder mit Versen) * *Lovis Corinth*, dt. Maler d. Impress. († 1925) † *Ando Hiroshige*, jap. Maler (* 1797) *Menzel:* „Friedrich d. Gr. in Lissa" („Bonsoir Messieurs", Gem.) *L. Richter:* „Fürs Haus" (Holzschnitte) *Schwind:* „Morgenstunde" (Gem.) * *Giovanni Segantini*, ital. Maler († 1899) † *Joseph Stieler*, dtsch. Bildnismaler, unter a. *Goethe* (* 1781) * *Heinrich Zille*, dtsch. Zeichner des Großstadtmilieus († 1929)	*Cornelius:* „Der Barbier von Bagdad" (Oper) *C. Franck:* „Messe solennelle" (frz. Messe) * *Ruggiero Leoncavallo*, ital. Komponist († 1919) *Offenbach:* „Orpheus in der Unterwelt" (Pariser Operette) * *Giacomo Puccini*, ital. Komponist († 1924)	Entdeckg. d. Tanganjika- und Victoriasees (als Nilquelle) d. *Barton* und *Speke* Festlegung der Atomgewichte relativ zum Wasserstoff durch *Cannizzaro* * *Rudolf Diesel*, dt. Erf. († 1913) *Feddersen* weist elektrische Schwingungen i. Schwingungskreis durch oszillierende Funken nach † *J. Müller*, dt. Vorbereiter einer naturwiss. Physiologie (* 1801) * *Max Planck*, dt. Physiker († 1948) *Plücker* entdeckt Kathodenstrahlen (Elektronen) *Virchow* begründet Zellular-Pathologie (krank sind bestimmte Zellen)	*Cyrus Field:* Erstes transatlant. Kabel Nationaler Metallarbeiter-Gewerkverein in USA (nordam. Buchdrucker-GV 1850) Einführung der Bestimmungsmensur in den deutschen Studentenkorps China muß s. Häfen europ. Handel öffnen ~ Durch Sohlennähmaschine wird Schuhherstellung mechanisiert *Pullman:* Luxus-Eisenbahnwagen
Böcklin: „Pan im Schilf" (Gemälde) *Menzel:* „Studenten-Fackelzug" (Gem.) † *Alfred Rethel*, dtsch. antirevolut. Maler und Graphiker der Romantik (* 1816) * *Georges Seurat*, frz. Maler des Neo-Impressionismus († 1891) *Waldmüller:* „Die Nachbarn" (Gem.) *Whistler:* „Am Piano" (nordam. Gem.)	*Brahms:* Klavierkonzert d-moll *Gounod:* „Margarethe" (franz. „Faust"-Oper) † *Louis Spohr*, dtsch. Komponist, u. a. 15 Violinkonzerte (* 1784) *Verdi:* „Maskenball" (ital. Oper) *R. Wagner:* „Tristan und Isolde" (Musikdrama, aufgef. 1865)	* *Svante Arrhenius*, schwed. Naturforscher, 1903 *Nobel*preis für Theorie der elektrolytischen Dissoziation († 1927) ~ *M. Berthelot* (* 1827, † 1907): Synthese v. Alkohol, Benzol u. a. organ. Verbindungen. Spektralanalyse von *Bunsen* und *Kirchhoff* * *Pierre Curie*, frz. Physiker († 1906) *Darwin:* „Über die Entstehung d. Arten durch natürliche Zuchtwahl" (engl.) † *Alexander v. Humboldt*, dt. Naturforscher, begründete u. förderte zahlreiche Wissenschaften, gilt als einmalig in seinem umfass. Wissen (* 1769) *Niemann* entdeckt Kokain (Rauschgift) *G. Planté:* Blei-Akkumulator (vgl. 1854) Ges. f. Anthropologie in Paris gegrdt. (1869: Berl. Anthr. Ges.)	*Marx:* „Zur Kritik d. politischen Ökonomie" (sozialist. Nationalökonomie) Erdölgewinnung in Pennsylvanien (USA) u. Kaukasus beg. (ermögl. Petroleum-Beleuchtung) Grundstein f. neues Berliner Börsengebäude Gewerbefreiheit i. Österreich (1867 i. Staatsgrundges.)

	Italien geeint *Kg. Wilhelm I. v. Pr.*	*Turgenjew* *Dostojewskij*	*Burckhardt* *Psychophysik*
1860	Kirchenstaat verliert Emilia, Marken u. Umbrien an Kgr. Sardinien, den Vorkämpfer für die ital. nation. Einheit Engl. und Frankr. besetzen Peking. Sonderrechte der weißen Mächte in China *Abraham Lincoln* Präsident der USA (bis 1865 [†, ermordet]), als Republikaner Gegner der Sklaverei * *Friedrich Naumann*, dt. christl.-sozial. Pol. († 1919) * *Ignazy Paderewski*, poln. Ministerpräs. 1919-1921 u. Klaviervirtuose († 1941) * *Raymond Poincaré*, französ. Staatsmann († 1934) Rußl. grdt. Wladiwostok Bauernaufst. i. Rußl.	† *Ernst Moritz Arndt*, dt. Dichter (* 1769) *Multatuli* (eig. *E. D. Bekker*, * 1820, † 1887): „Max Havelaar" (ndl. Roman, klagt Kolonialpolitik an) * *Mori Ogai*, japan. Dichter u. Faust-Übersetzer († 1922) *Ostrowski*: „Das Gewitter" (russ. Schauspiel) *Johan Ludw. Runeberg* (* 1804, † 1877): „Fähnrich Stals Erzählungen" (finn.) * *Anton Tschechow*, russ. Dichter († 1904) *Turgenjew*: „Am Vorabend" (russ. Roman) und „Erste Liebe" (russ. Erzählung) * *Clara Viebig*, dt. Romanschriftstellerin († 1952)	† *Ferdinand Christian Baur*, dt. evangel. Kirchenhistoriker (* 1792) *Jakob Burckhardt*, (* 1818, † 1897): „Die Kultur der Renaissance in Italien" (schweiz. kulturhistor. Werk) *Fechner*: „Elemente der Psychophysik" ~ Belebung der Pädagogik *Herbarts* durch *F. W. Dörpfeld* (* 1824, † 1873) u. a. *J. Scherr*: „Kulturgeschichte der deutschen Frau" † *Arthur Schopenhauer*, dt. Philosoph eines „pessimistischen Voluntarismus" (* 1788)
1861	† Graf *Camillo Cavour*, Minister des Kgr. Sardinien, Vorkämpfer für die nationale Einheit Italiens (* 1810) *Viktor Emanuel II.* König d. verein. Italien (außer Rom und Venedig) mit Hauptstadt Florenz (bis 1878 [†]) † König *Friedr. Wilhelm IV.*, König v. Preußen 1840–58 (* 1795), s. Bruder *Wilhelm I.* Kg. v. Preußen bis 1888 (†) *Virchow* gründet „Dt. Fortschrittspartei" i. Preuß. (lib.) * *Maximilian Harden*, Gegner *Wilhelms II.* († 1927) Neue Verfass. in Österreich † Prinz *Albert* von Sachsen-Coburg-Gotha, Gemahl u. Vetter der engl. Königin *Victoria* (* 1819) Ausbruch des nordamerik. Bürgerkrieges (bis 1865) Aufheb. d. Leibeigenschaft i. Rußl. (betr. 45 Mill. Bauern) Zentralregierg. i. Columbien Bürgerkrieg in Japan ersetzt Feudalordnung durch zentrale Kaisergewalt Türken vereinigen Moldau und Walachei zu Rumänien	*Dostojewskij*: „Aufzeichnungen aus einem Totenhaus" (russ. Erzählung aus sibir. Verbannung) *Fr. Reuter*: „Ut mine Festungstid", „Schurr-Murr" (plattdt. Erzählungen) † *Augustin Eugène Scribe*, frz. Bühnendichter; aus seiner literar. Werkstatt m. vielen Mitarbeitern gingen über 400 Schauspiele und 60 Operntexte hervor (* 1791) * *Rabindranath Tagore*, indischer Dichter u. Philosoph, *Nobel*preis 1913 († 1941)	*Bachofen*: „Das Mutterrecht" (B. gilt als Entdeck. dieser Rechtsform) † *Friedr. Karl v. Savigny*, dt. Jurist u. Staatsmann, Haupt der histor. Rechtsschule (* 1779) *Spencer*: „Education intellectual, moral, and physical" (engl. Pädagogik) * *Rudolf Steiner*, gründet Anthroposophische Gesellschaft 1912 († 1925) * *Alfred North Whitehead*, engl. Philosoph u. Mathematiker († 1947) Völkerkunde findet auf der Anthropologen-Versammlung in Göttingen erste Gruppenvertretung (1839: Gesellschaft für Ethnologie in Paris gegründet)

Thoma *Waldmüller*	*Romantik* *Wagner*	*Kolloidchemie* *Urvogel entdeckt*	
† *Charles Barry*, engl. Baumeister (* 1795) * *J. Ensor*, belgischer Maler († 1949) † *Alexander Gabriel Decamps*, frz. Maler (* 1803) *HermanGrimm* (*1828, † 1901): „Das Leben Michelangelos" (Biographie) *Ingres:* „Türkisches Frauenbad" (franz. Gem.) *H. Thoma:* „Schwarzwaldbach" (Gem.) *Waldmüller:* „Heimkehr v. d. Kirchweih" (Gem.)	* *Gustav Mahler*, dt. Komponist († 1911) † *Friedrich Silcher*, dt. Komponist; u. and. Sammlung dt. Volkslieder mit eig. volkstüml. Komp. (* 1789) *Suppé:* „Das Pensionat" (gilt als Beg. d. Wiener Operette) * *Hugo Wolf*, dt. Komponist († 1903)	*Bullock:*Rotations-Schnellpresse (ermögl. hohe Zeitungsauflagen) *Fiorelli:* Umfangr. Ausgrab. i. Pompeji u. Herkulaneum *Graham* begr. Kolloidchemie Gasmotor von *Lenoir* Gesetz der Geschwindigkeitsverteilung bei Gasmolekülen von *Maxwell* Linoleum von *Walton* *Burke* u. *Wills* durchqueren Australien v. Süden n. Norden (verhungern 1861 auf dem Rückweg) Erste Hinw. auf Tiefseeleben 1. Intern. Chemiker-Kongreß in Karlsruhe	Erstes deutsches Turnfest in Coburg (1861 in Berlin) Volksschulturnen f. Knaben in Preußen „Barren-Streit" zwi schen deutschem u. schwedisch. Turnen ≈ Filzhut als Männerkopfbedeckung Erste Box-Weltmeisterschaft i. England (noch oh. Handsch.) USA-Erdölgewinnung 66 000 t (1900: 8,4 Mill. t, 1938: 165 Mill. t) *Krupp:* Geschützrohre aus Gußstahl ~ Martini-Cocktail in Kalifornien
Feuerbach: „NanaRisi" (bis 1865 20 Bildn. von dieser Römerin) *Knaus:* „Kartenspielende Schusterjungen" (Berlin. Gem.) * *Aristide Maillol*, frz. Bildhauer u. Graphiker († 1944) *Waldmüller:* „Die Gratulanten" (Gem.)	*Brahms:* Klavierquartett g-moll, op. 25 † *Heinrich Marschner*, deutscher Komponist (* 1795) *R. Wagners* Oper „Tannhäuser" fällt in Paris durch	*Fr. Wilh. Aug. Argelander* (* 1799, † 1875): Bonner Durchmusterung d. nördl. Sternhimmels (324192 Sterne s. 1852) Abessinien-Expedition v. *Th. v. Heuglin* (bis 1864) * *Frederick Gowland Hopkins*, engl. Chemiker, *Nobel*preis 1929 († 1947) *Philipp Reis* (* 1834, † 1874): Telephon f. elektr. Tonübertrag. (vgl. 1876) *Semmelweis* veröffentlicht seine Hauptschrift über das Kindbettfieber (vgl. 1847) Herstellung v. Soda nach dem *Solvay*-Verfahren *Karl Weierstraß* (* 1815, † 1897): „Allg. Theorie d. analytischen Funktionen" (mathemat. Vertiefung d. Theor. komplexer Funktionen) Tägliche Sturmwarnungen und Wettervorhersagen auf Grund von Wetterkarten in England Entdeckung des fossilen Urvogels „Archäopteryx" in Solnhofen als Zwischenglied zw. Reptil u. Vogel	Weltindustrieprod. 14 % gegenüber d. v 1913; Reihenfolge d. Industriestaaten: Engl., Frkr., USA, Dtl. (1913: USA, Dtl., Engl., Frkr.) Kalifabrikation in Staßfurt beg. (Kalidüngung ab 1863) Pferdebahn i. London (die sich daraus entw. elektr. Straßenbahn 1952 eingezogen) Drahtseilbergbahn f. Lasten ~ Nur noch 300 000 Indianer in den USA (das 1837 zugewies. Reservat wird weg. s. Bodenschätze laufend verkleinert) 1. öff. dt. Aquarium in Hamburg Weißhorn (Wallis, 4512 m) erstiegen Ersterstelgung der Ötztaler Wildspitze (3744 m)

	Bismarck *Lasalle*	*Hebbel* *Hugo*	*„Rotes Kreuz“* *Entwicklungsphilosophie*
1862	* *Aristide Briand*, franz. Staatsmann, Friedens*nobel*preis 1926 († 1932) Vergebl. Versuch *Giuseppe Garibaldis* (* 1807, † 1882), Rom von den Franzosen zu befreien Vergeblicher polnischer Aufstand gegen Rußland (bis 1864) *von Bismarck* preuß. Ministerpräsident und Außenminister (bis 1890); führt gegen liberale Mehrheit d. preuß. Abgeordnetenhauses Heeresverstärkung durch (Verfassungsstreit 1866 beigelegt) Absetzung Prinz *Ottos* von Bayern als König von Griechenland; Nachfolger *Georg* von Dänemark bis 1913 (ermordet)	Debüt der *Sarah Bernhardt* (* 1844, † 1923) * *Otto Ernst (Schmidt)*, dt. Schriftsteller († 1926) *Flaubert:* „Salambo“ (franz. Roman aus Karthago) *Fontane:* „Wanderungen d. die Mark Brandenburg“ * *Gerhart Hauptmann*, dt. Dichter († 1946) *Hebbel:* „Die Nibelungen“ (Trauerspiel) *V. Hugo:* „Die Elenden“ (frz. sozial. Rom. i. 10 Bden) * *Maurice Maeterlinck*, belg. Dicht., *Nobel*pr. 1911 († 1949) † *Johann Nestroy*, österr. Possendichter (* 1801) * *Johannes Schlaf*, dt. Dichter, Freund v. *Holz* († 1941) * *Arthur Schnitzler*, österr. Dichter († 1931) *Turgenjew:* „Väter u. Söhne“ (russ. Roman m. d. Begriff d. „Nihilismus“) † *Ludwig Uhland*, deutscher Dichter (* 1787)	*Edmond* und *Jules de Goncourt:* „Die Frau im 18. Jahrhundert“ (franz.) *L. Kellner* veröff. 1. dt. kathol. Geschichte der Pädagogik *Lassalle:* „Vom Wesen der Verfassung“ (Rede) * *Friedrich Meinecke*, dt. liberal. Historiker († 1954) *Spencer:* „Ein System der synthetischen Philosophie“ (engl. Evolutionsphilosophie, 10 Bde. b. 1893) Preuß. Akad. d. Wissensch. i. Berlin beg. Herausgabe d. „Corpus inscriptionum latinarum“ (lat. Inschriftensamml., b. 1930 42 Bde.)
1863	* *Austen Chamberlain*, engl. Staatsmann, Friedens*nobel*preis 1925 († 1937) * *Arthur Henderson*, engl. Staatsmann, Friedens*nobel*preis 1934 († 1935) * *David Lloyd George*, engl. liber. Ministerpräs. († 1945) *Lasalle* gründet den „Allgemeinen deutschen Arbeiterverein“ in Leipzig mit dem Ziel des allgemeinen gleichen direkten Wahlrechts u. Produktivgenossenschaften Baden regelt als 1. dt. Staat Verwaltungsgerichtsbarkeit (Hessen 1874, Württembg. 1876, Preußen 1872, Bayern 1878) Großbritannien, Frankreich und Spanien setzen den österreichischen Erzherzog *Maximilian* als Kaiser von Mexiko ein (bis 1867 [†])	* *Gabriele d'Annunzio*, ital. Dichter u. Politiker († 1938) * *Hermann Bahr*, österr. Dichter († 1934) * *Richard Dehmel*, dt. Dichter († 1920) * *Gustav Frenssen*, dt. Dichter und Pfarrer († 1945) † *Jacob Grimm*, dt. Sprachforscher (* 1785) † *Friedrich Hebbel*, dt. Dichter (* 1813) * *Arno Holz*, dt. Dichter († 1929) * *Konstantin Stanislavskij*, russ. Schauspieler u. Regisseur, begründet das „Moskauer Künstlerische Akademische Theater“ († 1938) † *Alfred* Graf *de Vigny*, frz. Dichter; schrieb „Cinq-Mars“ (1826), „Chatterton“ (1835) u. a. (* 1797)	*J. St. Mill:* „Utilitarismus“ (engl. Philos. d. Nützlichkeit) *Ernest Renan* (* 1823, † 1892): „Das Leben Jesu“ (franz. histor. Bibelkritik) * *Heinrich Rickert*, dt. Philosoph, Neukantianer († 1936) * *Werner Sombart*, dt. Soziologe († 1941) 25 schweiz. Bürger grden. Internationales Komitee v. Roten Kreuz (1917 Friedens*nobel*preis) Erster dt. „Roter Kreuz“-Verein gegründet Gründung des liberalen „Protestantenvereins“

Schwind *Manet*	*Liszt* *Verdi*	*Abstammungslehre* *Metallographie*	
A. Feuerbach: „Iphigenie" (1. Fass., Gemälde) *Charles Garnier* (*1825, † 1898) baut Große Oper in Paris (bis 1874) *Klenze* vollendet Propyläen in München (im Bau seit 1846) *Millet*: „Mann mit Hacke" (frz. realist. Gem.) *Schnorr v. Carolsfeld*: „Bibel in Bildern" (240 Zeichnungen, s. 1852) *Schwind*: „Die Hochzeitsreise" (Gemälde) Japan. Holzschnitte auf d. Londoner Weltausstellung *Disdéri*: „Die Photographie als bildende Kunst"	*Aristide Cavaillé-Coll* (* 1811, † 1899): Orgel i. St. Sulpice, Paris (gilt als Höhepunkt frz. Orgelbaus) * *Claude Debussy*, frz. impress. Komponist († 1918) *César Franck*: Sechs Stücke f. gr. Orgel (s. 1860, belg.) *Ludwig v. Köchel* (*1800, †1877): „Chronologisch-thematisch. Verzeichnis sämtlicher Tonwerke *W. A. Mozarts*" *Liszt*: „Legende v. der hl. Elisabeth" (Oratorium) *A. Rubinstein* grdt. Petersburger Konservatorium *Verdi*: „Die Macht des Schicksals" (ital. Oper)	* *William Henry Bragg*, engl. Physiker, *Nobel*pr. 1915 († 1942) Messung der Lichtgeschwindigkeit mit Drehspiegel im Labor durch *Lion Foucault* (* 1819, † 1868) *Haeckel*: „Die Radiolarien" (4 Tle. b. 1888) * *David Hilbert*, dt. Mathematiker (bes. Grundlagenforschung, theoretische Logik) († 1943) * *Philipp Lenard*, dt. Physiker, *Nobel*preis 1905 für Elektronenforschung († 1947) *Julius Sachs* (*1832, †1897) entd. Photosynthese organischer Substanz aus Kohlensäure und Wasser mit Hilfe des Chlorophylls (Blattgrün) *Wöhler*: Azetylen aus Kalziumkarbid (wird ab 1906 z. Schweißen verw.)	*Adam Opel* (* 1837, † 1895) grdt. Nähmaschinenfabrik (prod. ab 1898 Kraftfahrzeuge) „Fortbildungsverein f. Buchdrucker" in Leipzig (gilt als 1. eig. dt. Gewerkverein) Weltausstellung in London Gründung der engl. Fußball-Association 1984 deutsche Turnvereine (6000 im Jahre 1900) Brit. Dampfer „Scotia" gew. „Blaues Band" des Ozeans mit 8 Tagen 2 Stunden Kempinski Weinstube i. Berlin, Friedrichstr.
Courbet: „Pferd im Walde" (frz. Gem.) † *Eugène Delacroix*, frz. realistisch. Maler (* 1798) *G. Doré*: Illustrationen zu „Don Quichotte" † *Heinrich Heß*, dt. Kirchenmaler (* 1798) *Manet*: „Das Frühstück im Grünen" (frz. Gemälde) * *Edvard Munch*, norwegischer frühexpressionistischer Maler († 1944) *Rossetti*: „Beata Beatrix" (engl. Gemälde) *H. Thoma*: „Wasserfall bei St. Blasien" (Gem.)	*Bizet*: „Die Perlenfischer" (frz. Oper) * *Frederick Delius*, engl. Komponist († 1934) * *Pietro Mascagni*, ital. Komponist († 1945) *Suppé*: „Flotte Bursche" (Wiener Operette) * *Felix Weingartner*, österr. Dirigent und Komponist († 1942)	*Theod. Billroth* (* 1829, † 1894): „Die allg. chirurg. Pathologie u. Therapie" *Fitz-Roy*: Wettervorhersage aus d. Beweg. von Luftmassenfronten *Peter Grieß* entd. d. ersten Azofarbstoff Anilingelb *Haeckel*: Mensch stammt v. affenähnl. Säugern ab *Helmholtz*: „Die Lehre v. d. Tonempfindungen" *Th. H. Huxley* (* 1825, † 1895): Mensch hat affenartige Vorfahren *Lyell*: „Das Alter d. Menschen" (wertet fossile Menschenreste aus) *Nobel*: Nitroglyzerin-Herstellung im großen *H. C. Sorby*: Mikroskopische Unters. d. Eisengefüges (Begr. d. Metallographie, vgl. 1878)	* *Henry Ford*, USA-Industrieller (†1947) * *William Randolph Hearst*, Zeitungsverleg. i. USA, errichtet größten Zeitungskonzern der Welt († 1951) *Lassalle*: „Ehernes Lohngesetz" (der durchschnittliche Lohn übersteige nie das Existenzminim.) Eröffnung der Londoner U-Bahn mit Druckluftbetrieb Farbenfabrik „Friedrich Bayer & Co.", „Meister, Lucius & Co." (Hoechst), „Kalle & Co." gegrdt. (mit and. zus. 1925: I. G. Farbenind. A.G.; vgl. 1865) 1. dt. Gesellschaftsreise von Breslau aus

	Sieg der Nordstaaten in den USA	*Whitman Stifter*	*Genfer Konvention Dt. Frauenverein*
1864	*von Bismarck* veranlaßt Krieg Preußens und Österreichs gegen Dänemark um Schleswig-Holstein, das Dänemark verliert; Schlacht bei den Düppeler Schanzen Gründung d. „Ersten Internationale“ in London durch *Karl Marx* (Leiter bis 1872) † (im Duell) *Ferdinand Lassalle*, dt. Sozialistenf. (* 1825) *Ludwig II.* Kg. v. Bayern (bis 1886) * *Eleutherios Venizelos*, griechisch. Republik., Ministerpräsid. 1910—15, 1917—20, 1928—32, 1933 († 1936) *Yakub Beg* (* 1820, † 1877, Mohammed.) reißt Turkestan v. China los (1878 zurückerob.)	*Georg Büchmann* (* 1822, † 1884): „Geflügelte Worte“ (Zitatensammlung) *Freytag:* „Die verlorene Handschrift“ (Roman) Gebr. *Goncourt:* „Germinie Lacerteux“ (frz. Rom. eines Dienstmädchens) * *Ricarda Huch*, dt. Dichterin, bes. geschichtliche Darstellungen († 1947) * *Erik Axel Karlfeldt*, schwed. Dichter, *Nobel*pr. 1931 († 1931) *Raabe:* „Der Hungerpastor“ (Roman) *Fr. Reuter:* „Ut mine Stromtid“ (Roman s. 1862) * *Hermann Stehr*, dt. Dichter († 1940) *J. Verne:* „Reise zum Mittelpunkt der Erde“ (frz. utop. Roman) * *Frank Wedekind*, dt. Dichter († 1918) Dt. *Shakespeare*-Ges. in Weimar gegründet	*Wilhelm Emanuel* Freiherr *von Ketteler*, Bischof von Mainz (* 1811, † 1877): „Die Arbeiterfr. u. d. Christentum“ *Lassalle:* „Kapital u. Arbeit“ (sozialist. Kritik am liberalist. Manchestertum) *Cesare Lombroso* (* 1836, † 1909): „Genie u. Irrsinn“ (ital. Psychiatrie) *H. Taine:* „Engl. Literaturgeschichte“ (frz. positivistisch-soziolog. Werk in 4 Bden. seit 1863) * *Max Weber*, dt. Soziologe: Soziologie als werturteilsfreie idealisierende Naturwissensch. († 1920) Päpstliche Enzyklika gegen Pantheismus, Naturalismus, Rationalismus, Liberalismus als „hauptsächlichste Irrtümer der Zeit“ Genf. Konvention über humane Behandl. verwund. u. kranker Kriegsgefangener (veranl. v. *Dunant)*
1865	Erfolgreicher Krieg Argentiniens, Brasiliens, Uruguays geg. Paraguay (bis 1870) *Gladstone* Führer der engl. Liberalen Nihilist. Ström. in Rußland Ende des Bürgerkrieges in USA m. Sieg d. industriellen Nordstaaten. Abschaff. der Sklaverei. Ermord. d. Präs. *Lincoln* (* 1809); *Andrew Johnson* (* 1808, † 1875) Präsident (bis 1869) Bildung d. Ku-Klux-Klan-Geheimbundes i. d. USA (negerfeindl., 1871 verbot.) * *Georg V.*, König v. Großbrit. (1910—36 [†]) * *Charles Gates Dawes*, Staatsmann der USA, Friedens*nobel*preis 1925 († 1951) * *Erich Ludendorff*, deutscher General und rechtsradikaler Politiker († 1937) * *Alfr. Hugenberg*, dtsch. rechtssteh. Polit. († 1951)	*Lewis Carroll* (eig. *Ch. L. Dodgson*, * 1832, † 1898): „Alice im Wunderland“ (engl. Kinderbuch) * *Max Halbe*, dt. Dichter († 1944) * *Rudyard Kipling*, engl. Dichter, *Nobel*preis 1907 († 1936) *Leskow:* „Ohne Ausweg“ (russ. Roman) † *Otto Ludwig*, dt. Dichter (* 1813) * *Dimitrij Mereschkowskij*, russ. Dichter († 1942) *Raabe:* „Die schwarze Galeere“ (Novelle) *Stifter:* „Witiko“ (Roman b. 1867) *Whitman:* „Drum Taps“ (nordam. Ged. aus d. Bürgerkrieg) * *William Butler Yeats*, irischer Dichter, *Nobel*preis 1924 († 1939)	* *John Mott* (USA), Vorsitzender des internationalen Missionsrates. Friedens*nobel*preis 1946 († 1955) *Nietzsches* Bordellerlebnis i. Bonn † *Pierre Joseph Proudhon*, frz. gesellschaftskrit. Schriftsteller, Mitbegründer des Anarchismus (* 1809) *Tuiskon Ziller* (* 1817, † 1882): „Grundlegung zur Lehre vom erziehenden Unterricht“ (untersch. n. *Herbart* d. 5 Formalstufen: Vorbereitung, Darbietung, Verknüpfung, Zusammenfass., Anwendung) „Allgemeiner dt. Frauenverein“ in Leipzig durch *Luise Otto-Peters* u. *Auguste Schmidt* gegründet Aufhebung d. Sklaverei i. d. USA

Manet *Corot*	*Wagner* *Bruckner*	*Maxwell* *Mendel*	
Corot: „Erinnerungen an Mortefontaine" (frz. Landschaftsgem.) * *A. v. Jawlensky*, russ. Maler († 1941) † *Leo Klenze*, süddt. Baumeister (* 1784) * *Henri de Toulouse-Lautrec*, franz. Maler; Schöpfer des künstlerischen Plakats († 1901) *Waldmüller:* „Vorfrühling im Wiener Wald" (Gem.) *Lartet* findet in La Madeleine Knochengravierung eines Mammuts (noch 1874 verwirft ein anthropologischer Kongreß alle Eiszeitkunst als Fälschung)	* *Eugen d'Albert*, dt. Pianist und Komponist franz. Herkunft († 1932) *Bruckner:* 1. Symphonie c-moll (aufg. 1868), Messe Nr. 1 in d-moll † *Giacomo Meyerbeer*, deutscher Komponist (* 1791) *J. Offenbach:* „Die schöne Helena" (Pariser Operette) * *Richard Strauss*, dt. Komponist († 1949)	*Svend Foyn:* Harpunenkanone f. Walfang *Holtz* u. *Töpler* (unabh.): Influenz-Elektrisiermaschine *Fr. Wilh. Junghuhn* (* 1809, † 1864) erforscht Java u. Teile Sumatras (s. 1839) *Fritz Mueller* (* 1821, † 1897): Individualentwicklung wiederholt Stammesentw. (vgl. 1872) * *Walther Nernst*, dt. Physiko-Chemiker; *Nobel*pr. 1920 († 1941) *Schweinfurth* erf. Ägypt. u. Ostsudan b. 1866 *Siemens-Martin*-Stahl unter Schrott-Verwertung * *Wilhelm Wien*, dt. Physiker, *Nobel*preis 1911 für Korpuskularstrahl-Versuche († 1928)	*Friedr. Wilh. Raiffeisen* (* 1818, † 1888) gr. erst. dt. ländl. Darlehenskassenverein Gründung d. *Schreber*-Gärten-Vereine durch *E. J. Hauschild* in Leipzig „Der Sozialdemokrat" (dt. Arbeiterzeitung) Öffentliche Anerkennung d. Arbeiter-Gewerkschaften in Frankreich Jährliche Soda-Weltproduktion 375 000 t (1900: 1 500 000 t, 1935: 4 800 000 t) *Pullman:* Schlafwagen
Corot: „Liegendes algerisches Mädchen" (frz. Gem.) *Courbet:* „Frauenakt" (frz. Gem.) ~ *Daumier:* „Die Lektüre", „Don Quichote und Sancho Pansa" (frz. Gem.) *G. Doré:* Illustrationen zur Bibel *Manet:* „Olympia" (franz. Gemälde) *Menzel:* „Krönung Wilhelms I. in Königsberg" (Gem.) † *Ferdinand Waldmüller*, österreichischer Landschafts- u. Genremaler (* 1793)	* *Paul Dukas*, franz. Komponist († 1935) *Liszt* läßt sich in Rom zum Abbé weihen *Meyerbeer:* „Die Afrikanerin" (Oper, posthum) *Rimsky-Korssakow:* Sinfonie es-moll (später i. e-moll umgearb., gilt als erste russ. Sinf. großen Stils) * *Jean Sibelius*, finn. Komponist († 1957) *Suppé:* „Die schöne Galathee" (Wiener Operette) *R. Wagner:* „Tristan u. Isolde" (Musikdrama; vgl. 1859); steht mit seiner chromatischen Auflockerung der Tonalität am Anfang ein. neuen musikal. Tonsprache	Durchquerung Nordafrikas (bis 1867) durch *Gerhard Rohlfs* (* 1831, † 1896) Einführung der „Entropie" als Maß der Umkehrbarkeit eines physikalisch. Vorganges d. *R. Clausius* *Fr. Galton:* „Vererbung v. Begabung u. Charakter" (engl. Genetik) † *William Rowan Hamilton*, engl. math. Phys. (* 1805) *August Kekulé* (* 1829, † 1896): Benzolmolekül hat Ringform Ermittl. der wahren Molekülgröße durch *Loschmidt* *Maxwell* folg. aus s. elektromagnetischen Theorie d. Existenz elektr. Wellen, einschl. d. Lichtwellen *Mendel:* „Versuche über Pflanzenhybriden" (mit d. Mendelsch. Vererbungsreg.; erst ab 1900 beachtet) * *Heinr. Rubens*, dt. Physik. u. Ultrarotforsch. († 1922)	„Dt. Tabakarbeiterverein" gegr. (Gewerkverein) Lohnstreik d. Leipz. Buchdrucker Dt. Gesellsch. z. Rettung Schiffbrüchiger gegr. Matterhorn-Ersteigung durch *Edward Whymper* (* 1840, † 1911), 4 Gefährten stürz. b. Abstieg tödlich ab Erste Rohrpostanlage in Berlin Pferdestraßenbahn i. Berlin (erste dt.) Grdg. d. Badischen Anilin- u. Soda-Fabr. i. Ludwigshafen (später zu I. G. Farben) Jhrl. Roheisen-Welterzeugung 10 Mill. t (1937: 104 Mill. t, 1950: 132 Mill. t)

	Bismarck USA kauft Alaska	Dostojewskij Ibsen	Frauenbewegung „Christl. Wissenschaft"
1866	*v. Bismarck* veranlaßt erfolgr. Krieg Preußens (verb. mit Ital.) geg. Österr. u. Dtsch. Bund. Schlacht b. Königgr. Friede zu Prag: Schlesw.-Holst., Hannov., Kurhess., Nassau u. Frankfurt./M. z. Preuß. Venedig z. Ital. Ende d. Dtsch. Bundes (seit 1815). Trenn. Österr. v. Deutschl. Abspaltung der bismarckfreundl. „Nationalliberalen" v. d. Fortschritts-Partei (schwächt liberal. Bürgertum) Prinz *Karl von Hohenzollern* Fürst von Rumänien * *James Ramsay Mac Donald*, engl. Premier († 1937) * *Sun Yat-sen*, Gründer der chines. republ.-demokr. Kumintang-Partei († 1925)	* *Jacinto Benavente*, span. Dramatiker, *Nobel*preis 1922 *Dostojewskij:* „Schuld und Sühne" (russ. Roman) *Ibsen:* „Brand" (norweg. Schauspiel) * *Hermann Löns*, dt. Dichter († 1914) * *Romain Rolland*, franz. Dichter, *Nobel*preis 1915 († 1944) † *Friedr. Rückert*, dt. Dicht. u. Orientalist (* 1788) *Verne:* „Von der Erde zum Mond" (franz. utopische Erzählung) * *Herbert George Wells*, engl. gesellschaftskrit. Dichter u. Historiker († 1946)	*Mary Baker-Eddy* (* 1821, † 1910), gründet in Boston die „Christian Science" („Christl. Wissenschaft") * *B. Croce*, ital. Philosoph († 1952) † *Friedrich Adolf Wilhelm Diesterweg*, dt. Volksschulpädagoge (* 1790) *F. A. Lange:* „Gesch. des Materialismus u. Kritik s. Bedtg. in der Gegenwart" *Wilh. Adolf Lette* (* 1799, † 1868) grdt. „Verein zur Förderung der Erwerbsfähigkeit für d. weibliche Geschlecht" („Lette-Verein") *Luise Otto-Peters:* „Das Recht der Frau auf Erwerb" * *Nathan Söderblom*, ab 1914 schwedischer evang. Erzbischof v. Uppsala († 1931)
1867	*von Bismarck* erster Bundeskanzl. i. Norddtsch. Bund m. 22 Staaten nördl. d. Mains „Freikonservative Partei" spaltet sich in Preuß. v. d. Konservativen P. ab * *Walter Rathenau*, dt. Industr. u. Staatsm. († 1922, ermord.) Kaiser *Franz Joseph I.* Kön. v. Ungarn: Österr.-Ung. Doppel-Monarchie bis 1916 (†) Graf *G. J. Andrassy (d. Ä.)* ung. Ministerpräsident 2. vergebl. Versuch *Garibaldis*, Rom v. d. Franz. zu befr. Neutralitätserkl. Luxembgs. * *Jos. Pilsudski*, poln. Staatsmann († 1935) Wahlrechts- u. Parlam.-Ref. d. *Disraeli* i. Großbritannien Kanada britisch. Dominion USA kauft Alaska v. Rußld. f. 7,2 Mill. Dollar Mexiko wieder Republ. Erschieß. Kaiser *Maximilians* Ende d. Bürgerkrieg. i. Jap.	† *Charles Baudelaire*, franz. Dichter (* 1821) * *Rudolf G. Binding*, deutscher Dichter († 1938) * *Hedwig Courths-Mahler*, schreibt verbreitete Unterhaltungsromane († 1950) * *Max Dauthendey*, deutsch. Dichter († 1918) * *John Galsworthy*, engl. Dichter, *Nobel*preis 1932 († 1933) *Ibsen:* „Peer Gynt" (norw. Schauspiel) * *Luigi Pirandello*, ital. Dichter, *Nobel*preis 1934 († 1936) *Reclams* Universal-Bibliothek mit *Goethes* Faust I eröffnet (b. 1940 üb. 7500 Nummern) * *Natsume Soseki*, japanisch. Romandichter († 1916) * *Ludwig Thoma*, süddt. humoristisch. Dichter († 1921) *Zola:* „Thérèse Raquin" (frz. naturalist. Roman)	*A. I. Herzen:* „Erlebtes und Gedachtes" (russ. Biographie eines Sozialisten) „Nachhilfeschule" in Dresden von *H. E. Stötzner*, dem „Vater der Hilfsschule" Bayrisches Nationalmus., München, gegründet

Beginn des Impressionismus	*Smetana* *Liszt*	*Dynamoelektrisches Prinzip*	
Courbet: „Rehe im Walde" (frz. Gem.) *Feuerbach:* „Hafis am Brunnen", „Medea" (Gem.) * *Wassily Kandinsky*, russ. Maler des „absoluten" Stils († 1944) *Manet:* „Der Pfeifer" (frz. Gem.) * *Georg Minne*, belg. Bildhauer († 1941) *Monet:* „St. Germain l'Auxerrois in Paris" (frz. Gem.) *J. Polaert:* Justizpalast, Brüssel (beend. 1883) *L. Richter:* „Unser täglich Brot" (Holzschnitte)	*Bruckner:* Messe Nr. 2 in e-moll (aufgef. 1869) * *Ferruccio Busoni*, dt.-ital. Komp. u. Klaviervirtuose († 1924) *Suppé:* „Leichte Kavallerie" (Wiener Operette) *Ambr. Thomas* (*1811, † 1896): „Mignon" (franz. Oper) * *Alfred Werner*, schweiz. Chemiker, erforscht bes. Komplexverbindungen, *Nobel*preis 1913 († 1919),	*Ernst Abbe* (* 1840, † 1905) tritt i. d. *Zeiss*werke ein, wo er bes. Mikroskope entscheidend verbessert *E. Haeckel:* „Generelle Morphologie der Organismen" (Entwicklungsgeschichte) *Helmholtz:* „Hdb. d. physiol. Optik" (mit Dreifarbentheorie des Sehens) * *Thomas Hunt Morgan*, Vererbungsforscher der USA, *Nobel*preis 1933 († 1945) † *Bernhard Riemann*, dt. Mathematiker (* 1826) *Steinheil:* Aplanat (Photo-Objektiv) ~ Torpedo von *Whitehead*	Mit d. „National Labour Union" Anf. einer polit. Arbeiterbeweg. i. USA (best. b. 1874; in USA kommt es nicht zur Bildung ein. Arbeiterpartei) Inbetriebnahme des Nordatlantik-Kabels (vgl. 1858) ≈ Indianer-Reservation in den USA mit ungünstigen Lebensverhältnissen
† *Peter von Cornelius*, dt. Maler (* 1783) *Corot:* „Bei Reims" (frz. Landsch.-Gem.) *Fantin-Latour:* Porträt *Manets* † *Jean Auguste Ingres*, frz. Maler (* 1780) * *Käthe Kollwitz*, dt. sozialist. Malerin und Graphikerin († 1945) Pariser Ausstellung mit *Courbet* und *Manet*. Frz. Impressionismus beginnt sich zu entwickeln † *Christian Morgenstern*, dt. Maler, Großvater d. *Dichters Chr. M.* (* 1805) * *Emil Nolde*, dt. Maler († 1956) † *Théodore Rousseau*, frz. Maler (* 1812) *Whistler:* „4 Symphonien in Weiß" (Bilder weißgekleid. Mädch., seit 1863) Pariser Japanmode	*Liszt:* „Ungar. Krönungsmesse" *Johann Strauß* (Sohn): „An der schönen blauen Donau" (Walzer) * *Arturo Toscanini*, ital. Kapellmeister, 1898 bis 1907 u. 1921 bis 1931 u. n. d. 2. Weltkrieg an der Mailänder Scala († 1957) *Tschaikowskij:* Symphonie Nr. 1 *Verdi:* „Don Carlos" (ital. Oper) *W. v. Siemens* u. *Wheatstone* (unabh.): Dynamoelektrisches Prinzip (gilt als Beg. der Elektrotechnik) Dt. Chem. Ges. in Berlin gegründet	*Richard Buchheim* (* 1820, † 1879) kommt v. Dorpat n. Gießen; entw. m. s. Schüler *Schmiedeberg* Heilmittellehre (Pharmakol.) * *Marie Curie*, geb. *Sklodowska*, polnisch-französ. Physikerin, *Nobel*preise 1903 u. 1911 († 1934) † *Michael Faraday*, engl. Physiker (* 1791) Massenwirkungsgesetz zur Berechnung chem. Prozesse v. *Guldberg* u. *Waage* Karbol-Antisepsis durch *Jos. Lister* (* 1827, † 1912) *Livingstone* erforscht Kongo-Gebiet (bis 1873) *J. Monier:* Eisenbetonbau *Nikolaus Otto* (* 1832, † 1891) u. *Eugen Langen* (* 1833, † 1895): Atmosphär. Gaskraftmaschine Dynamit von *Nobel* *A. Pokorny:* Jahresringe d. Bäume sind Klimaspiegel Schreibmaschine v. *Sholes*, *Soulé*, *Glidden* (ab 1873 von *Remington* produziert)	*K. Marx:* „Das Kapital. Buch I. Der Produktionsprozeß des Kapitals" (betont Ausbeutung d. Arbeiter durch den „Mehrwert" u. Konzentration d. Kapitals) Gründung eines dt. Zollparlaments Weltausstellung in Paris Brennerbahn eröffn. Erste Zahnradbahn (b. Philadelphia, USA) Rohrpost in Paris Entd. d. südafrikan. Diamantenfelder

	A. Bebel *W. Liebknecht*	*Dostojewskij* *Verlaine*	*Frauenbewegung* *Haeckel*
1868	† *Ludwig I.*, Kg. v. Bayern 1825–48; förd. Künste u. Wissenschaft; erst liberal, s. 1837 reaktionär (* 1786) *Gladstone* (liberal) brit. Premier b. 1874 (wieder 1881—84 u. 1886) Stürzung der Königin *Isabella II.* von Spanien durch liberale Generale * *Nikolaus v. Horthy*, ungar. Reichsverweser von 1920 bis 1944 († 1957) Usbekien kommt an Rußland Kubanischer Aufstand geg. Spanien (bis 1878) Negerstimmrecht in den USA (i. Süden oft unwirks.) Unterdrückung d. Sekte d. Niënfeï in NO-China (s. 1860)	* *Paul Claudel*, frz. Dichter († 1955) *Ch. de Coster:* „Tyll Ulenspiegel" (flämischer Roman) *Dostojewskij:* „Der Idiot" (russ. Roman, „Der Spieler" (Novelle) * *Stefan George*, dt. Dichter († 1933) * *Maxim Gorki* (eigentlich *Peschkow*), russ. sozialist. Dichter († 1936) *Raabe:* „Abu Telfan" (Roman) * *Wladislaw Reymont*, poln. Dichter; *Nobel*preis 1924 († 1925) *Scheffel:* „Gaudeamus" (Studentenlieder) † *Adalbert Stifter* (Freitod) österr. Dichter (* 1805)	*Haeckel:* „Natürliche Schöpfungsgeschichte" (allgemeinverst.) * *Alfred Weber*, dt. Soziologe und Volkswirtschaftler († 1958) Zusammenschluß der strengen Lutheraner in der „Allgemeinen lutherischen Konferenz"
1869	* *Neville Chamberlain*, engl. Ministerpräsident 1937 bis 1940 (†) *Ulysses Simpson Grant* (*1822, †1885) Präsident der USA (bis 1877); unter ihm rücksichtslose republ. Parteiherrschaft Gründung der „Sozialdemokratischen Arbeiterpartei" in Eisenach durch *A. Bebel* und *W. Liebknecht* mit Anschluß an die „Erste Internationale", nimmt marxistisches „Eisenacher Programm" an *Rudolf Gneist* (* 1816, † 1895), liberaler preuß. Politiker, vergl. engl. und dt. Verwaltung. Fördert Einf. d. Verwaltungsgerichtsbarkeit * *Mahatma Gandhi*, Führer der indischen Selbständigkeitsbewegung († 1948) ~ *Meiji-Tenno Mutsuhito* (*1852, †1912) beseit. als absol. japan. Kaiser d. Einfluß der Kronfeldherren und europäisiert das Land	*Rob. Browning* (* 1812, † 1889): „Der Ring u. das Buch" (engl. Dichtung) *Flaubert:* „Die Erziehung des Herzens" (franz. Rom.) * *André Gide*, frz. Dichter († 1951) *Jules* und *Edmond de Goncourt:* „Madame Gervaisais" (frz. Roman) * *Rudolf Herzog*, schreibt Unterhaltungsromane († 1943) † *Alphonse de Lamartine*, frz. Dichter (* 1790) *Tolstoi:* „Krieg u. Frieden" (russ. historischer Roman, s. 1864) *Verlaine:* „Galante Feste" (franz. Dichtung) *Verne:* „20000 Meilen unter dem Meere" (franz. utop. Erzählung)	20. Allg. Konzil im Vatikan bis 1870 *Ed. von Hartmann:* „Philosophie des Unbewußten" *J. St. Mill:* „Die Hörigkeit der Frau" (für d. Frauenstimmrecht) *W. H. Riehl:* „Naturgeschichte des Volkes" *Hippolyte Taine:* „Philosophie der Kunst" (frz.) Physik wird Lehrfach in Eton (Mathematik s. 1851)

Manet *Monet*	*Wagner* *Brahms*	*Periodisches System* *Stern-Spektroskopie*	
* *Peter Behrens*, dt. Baumeister († 1940) *H. Daumier:* „Das Drama“ (frz. Gem.) *Degas:* „Das Orchester“ (frz. Gem.) *R. Henneberg:* „Die Jagd nach d. Glück“ (gilt als kennz. f. eine kitschige Malweise) *Manet:* „Emile Zola“ (franz. Gemälde) *H. Makart:* „Die Pest v. Venedig“ (Gem.) *Cl. Monet:* „Das Frühstück i. Zimmer“ (frz. Gem.) *Renoir:* „Das Ehepaar Sisley“ (franz. Gem.) * *Max Slevogt*, dt. Maler und Graphiker († 1932)	* *Granville Bantock*, engl. Komponist († 1946) *Brahms:* „Ein deutsches Requiem“ (Chorwerk) *Bruckner:* Messe Nr. 3 in e-moll (aufgef. 1869) † *Gioacchino Rossini*, ital. Opernkomponist (* 1792) * *Max von Schillings*, dt. Komponist († 1933) *R. Wagner:* „Die Meistersinger von Nürnberg“ (Oper) *Rohlfs* beg. Erforschg. d. Libyschen Wüste (b. 1879) Fund d. prähistor. Cro-Magnon-Menschen	* *Fritz Haber*, dt. Chemiker, *Nobel*pr. 1918 († 1934) *Louis D. de Hauron* (* 1837, † 1920) entd. Prinzip der 3-Farben-Photographie *W. Huggins* bestimmt Sterngeschwindigkeiten aus dem *Doppler*-Effekt *Janssen* entdeckt Helium-Linien im Sonnenspektrum (1895 als Edelgas auf der Erde festgestellt) * *Robert Andrews Millikan*, nordam. Physiker; *Nobel*preis 1923 († 1953) * *Theodore William Richards*, nordam. Chemiker, *Nobel*preis 1914 († 1928) *F. v. Richthofens* Forsch.-Reis. in China (b. 1872) Elektr. Element v. *Lechlanché* (Grundl. d. Trockenbatterien)	Beg. d. dt. Gewerkschaftsbewegung: „Allgemeiner Deutscher Arbeiterschaftsverband“ (Grundl. d. „freien“ Gewerkschaften); dagegen sozialdemokratisch-marxistische „Gewerkvereine“; außerdem „Verband d. Dt. Gewerkvereine“ v. *Hirsch-Duncker* als „wirtschaftsfriedliche“ Verbände Gründung des Jockey-Klubs in Wien Schulturnen in Österreich Erstbesteigung des Elbrus i. Kaukasus (5692 m)
† *Carl Gustav Carus*, dt. Maler, Arzt und Psychologe (* 1789) *Feuerbach:* „Orpheus u. Eurydike“ (Gem.) * *August Gaul*, dt. Tierbildhauer († 1921) *Manet:* „Erschießung Kaiser Maximilians“, „Das Frühstück“ (franz. Gemälde) * *Henri Matisse*, frz. express. Maler († 1954) † *Friedrich Overbeck*, dt. Maler (* 1789) * *Hans Poelzig*, dt. Baumeister († 1936) *Renoir:* „Im Sommer“ (frz. Gem.) * *Fritz Schumacher*, dt. Baumeister, besond. in Hamburg tätig († 1947) * *Frank Lloyd Wright*, nordamer. Baumeister († 1959)	† *Hector Berlioz*, frz. Komponist (* 1803) * *Sidney Jones*, engl. Komponist († 1914) † *Karl Loewe*, deutsch. Komp., schrieb etwa 400 Balladen (* 1796) * *Hans Pfitzner*, dt. Komponist († 1949) *R. Wagner:* „Rheingold“ (Oper) * *Siegfried Wagner*, vorehelicher Sohn *Richard Wagners*, deutsch. Komponist († 1930) *Georg Schweinfurth* (* 1836, † 1923): Reisen zwischen Nil und Kongo (b. 1872) * *Hans Spemann*, dt. Entwicklungsphysiol († 1941) * *Charles Thompson Wilson*, engl. Physiker († 1959)	*Alfred E. Brehm* (* 1829, † 1884): „Tierleben“ (6 Bde. s. 1864); gründet Aquarium Berlin *Francis Galton* (* 1822, † 1911): Galtonsche Regel der Streuung vererbter Merkmale *Gramme:* Ringanker für elektr. Maschinen *Hittorf* entdeckt magnet. Ablenkbarkeit der Kathoden-(Elektronen-)Strahlen *P. Langhans* erk. Bedtg. d. Bauchspeicheldrüsen (Anfänge d. Hormonforschg.) *O. Liebreich:* Schlafmittel Chloralhydrat (1. künstl.) Period. System der chem. Elemente von *Dim. Iwan. Mendelejew* (* 1834, † 1907) u. *Lothar Meyer* (* 1830, † 1895) *F. Miescher* entd. Nukleinsäuren Sahara- und Sudan-Reisen von *Gustav Nachtigal* (* 1834, † 1885) bis 1874 Fließband im Schlachthof Chikago (gilt als 1. Fließb.)	Gewerbeordnung f. d. Norddt. Bund (süddt. Länder schließen sich an) Vollend. des 1859 begonn. Suezkanals durch *Ferd. de Lesseps* (* 1805, † 1894) Eisenbahnbau durch USA v. Ost n. West Zelluloidfabrikation v. *Hyatt* nach *Parkes* *Emil Ritter v. Skoda* (* 1839, † 1900) grdt. Industriewerke in Böhmen *Napoleon III.* regt d. Herstellung v. Margarine (aus Rindertalg) an (erste Fabrik 1871 in Paris) Dt.-österr. Alpenverein gegründet Gr. Zinne/Dolomit. erstiegen Postkarte in Österr. (1870 in Norddtl.) Fahrrad mit Hinterrad-(Ketten-) Antrb.

	Dt.-frz. Krieg	*Dostojewskij* *Zola*	*Unfehlbarkeits-Dogma*
1870	Streit Frankr.-Preuß. um span. Thronflg.: *Bismarck* löst d. Kürzung d. „Emser Depesche" frz. Kriegserklärung aus Schlacht bei Sedan: *Napoleon III.* gefang. Anschl. d. süddt. Länd. a. Norddt. Bund Kathol. Zentrumspartei in Deutschl. gebildet (bis 1933) * *Rosa Luxemburg*, poln.-dt. Marxistin († 1919) * *Wladimir Iljitsch Lenin*, russ. Bolschewist u. Staatsmann d. UdSSR († 1924) Kirchenstaat zu Italien † *Robert Lee*, nordamerik. General der Südstaaten im Sezessionskrieg (* 1807)	*Anzengruber:* „Der Pfarrer von Kirchfeld" (Schauspiel) * *Iwan Bunin*, russ. Dichter, *Nobel*preis 1933 † *Charles Dickens*, englisch. Dichter (* 1812) † *Alexandre Dumas* (Vater), franz. Dichter (* 1802) † *Jules de Goncourt*, franz. Dichter (* 1830) *Gontscharow*. „Der Absturz" (russ. Rom.) *Aleksis Kivi* (* 1834, † 1872): „Die sieben Brüder" (finn. Roman) *Wilhelm v. Kügelgen*, dt. Maler (* 1802, † 1867): „Jugenderinner. eines alten Mannes" *Raabe*: „Der Schüdderump" (Roman)	* *Alfred Adler*, österreichischer Arzt und Begründer der „Individualpsychologie" († 1937) Ende des Kirchenstaates Dogma von der Unfehlbarkeit des Papstes „ex cathedra" auf dem Vatikanischen Konzil. Gegner: Altkatholiken Neue Form d. Realschule i. Preuß. (ab 1882 Oberrealschule) Schulges. i. Engl., fördert die staatl. subventionierte interkonfessionelle Gemeindeschule; Schulpflicht In Cambridge beg. engl. akadem.-volksbildnerische „University Extension"
1871	Zeitweilige prolet. Regierung („Kommune") in Paris Dt. Armeen nehmen Paris Friede zu Frankfurt/Main: Els.-Lothr. als Reichsland zu Dtschl., Frankr. muß 5 Mlrd. Fr. Kriegsentschäd. zahlen *Thiers* Präsident der (3.) Republik Frankreich (bis 1873) Durch Initiative *v. Bismarcks* läßt sich *Wilh. I.* i. Versailles z. Dt. Kais. ausruf. (18. Jan.) Deutscher Reichstag nimmt Verfassung an. *v. Bismarck* 1. Reichskanzler (bis 1890) * *Friedr. Ebert*, dt. Sozialdemokr. u. Reichspräsident († 1925) * *Karl Liebknecht*, dt. Marxist († 1919) *Andrassy* österr.-ungar. Außenminister b. 1879 Rom nach Räum. durch d. Franz. Hauptstadt v. Italien * *Grigori Rasputin*, russ. Mönch und Zarengünstling (ermordet 1916) „Wacht auf, Verdammte dieser Erde" (die „Internationale", sozialist. Kampflied)	† *Willibald Alexis* (eigentlich *Häring*), norddt. Dichter (* 1798) *Anzengruber:* „Der Meineidbauer" (Schauspiel) *Dostojewskij:* „Die Dämonen" (russ. Roman) * *Theodore Dreiser*, nordam. Romanschriftst. († 1945) *Geibel:* „Heroldsrufe" (tritt i. polit. Gedicht f. preuß. Kaisertum ein) *O. Ludwig:* „Shakespeare-Studien" (posthum) * *Heinrich Mann*, dt. Dichter, Bruder *Th. Manns* († 1950) *C. F. Meyer:* „Huttens letzte Tage" (Schweizer Dichtung) * *Christian Morgenstern*, dt. Dichter († 1914) *Ostrowski:* „Der Wald" (russ. Schauspiel) *Turgenjew:* „Frühlingswogen" (russ. Erzählungen) * *Paul Valéry*, frz. Dichter († 1945) *Zola:* „Rougon-Macquart" (franz. Romanfolge in 20 Bänden bis 1893)	*Emerson:* „Essays" (USA) *Mommsen:* „Römisches Staatsrecht" *Nietzsche:* „Die Geburt d. Tragödie aus d. Geist d. Musik" (spiegelt d. junge Freundschaft mit *R. Wagner*) „Gesellschaft f. Verbreitung v. Volksbildung" i. Dtl. (v. *Fr. Leibing* u. *Fr. Kalle*) Dt. Reichsstrafgesetzbuch (bis heute [1970] häufig verändert, aber nicht grundlegend erneuert) Erste Medizin-Studentinnen (Universität Zürich) Aufhebung der Negersklaverei in Brasilien

Courbet Cézanne	Verdi Wagner	Darwin Schliemann	
* *Hans Baluschek*, dt. Großst.-Maler († 1935) * *Ernst Barlach*, dt. Bildhauer, Graphiker und Dichter († 1938) *W. Busch:* „Der hl. Antonius" *Courbet:* „Die Welle" (frz. Gem.) * *Fritz Klimsch*, dt. Bildhauer *Manet:* „Landungsbrücke in Boulogne" (frz. Gem.) *Marées:* „Bad d. Diana" (Gem.) *Gust. Wappers* (* 1803, † 1874): „Karl I. auf d. Weg z. Schafott" (belg. Gem.)	*Delibes:* „Coppelia" (frz. Ballett) *Tschaikowskij:* Ouvertüre zu „Romeo und Julia" *R. Wagner:* „Die Walküre" (Oper), Pariser Fassung v. „Tannhäuser" (mit Ballettszene) *Richard Wagner* heiratet *Cosima von Bülow*, die Tochter *Franz Liszts*	*Billroth:* Kehlkopf-Exstirpation *A. Dohrn* grdt. Zool. Station Neapel Kaiser-*Franz-Joseph*-Fjord in Ostgrönland durch *Koldewey* entdeckt * *Arthur Korn*, dt. Physiker *Monier:* Eisenbetonbau *Prschewalskij* erforscht auf vier Reisen Innerasien (bis 1888) *Schliemann* gräbt 9 Schichten d. antiken Trojas aus; findet 1873 m. s. griech. Frau d. „Schatz d. Priamos" (irrt sich i. d. Identif. d. Trojas *Homers*)	*John D. Rockefeller* grdt. in USA Standard Oil Company (1882 entst. d. Standard Oil Trust) Dt. Bank gegr. Notenuml. in Dtschl. ca. 80fach; Außenhandel pro Kopf ca. 4fach gegenüb. 1850 Energieaufwand in England 4 Mill. PS; in Deutschland 2,5 Mill. PS *Heinrich Stephan* führt Postkarte ein Telegraphenverbdg. London—Kalkutta ~ Krinoline verschwindet aus der Frauenmode
~ *Cézanne:* „Stilleben" (frz. Gem.) ~ *Corot:* „Die Dame mit d. Perle" (frz. Gem.) ~ *Courbet:* „Uhu ein Reh anschneidend" (frz. Gem.) * *Lyonel Feininger*, am. Maler († 1956) *Feuerbach:* „Iphigenie" (2. Fass., klassizist. Gem.) * *Hugo Lederer*, dtsch. Bildhauer; u. a. *Bismarck*-Denkmal in Hamburg († 1940) ~ *Manet:* „Platzende Granate" (frz. Gem.) *Menzel:* „Abreise König Wilhelms I. zur Armee" (Gem.) † *Viktor Müller*, süddt. Maler (* 1829) *Rossetti:* „Dantes Traum" (engl. Gemälde) * *Georges Rouault*, frz. express. Maler († 1958) † *Moritz von Schwind*, dt. Maler (* 1804)	† *Daniel Auber*, frz. Komponist (* 1782) *Bruckner:* 2. Symphonie c-moll (aufgeführt 1873) *Verdi:* „Aida" (ital. Oper, Urauff. in Kairo anläßl. d. Eröffnung des Suezkanals 1869)	*Ch. Darwin:* „Die Abstammung d. Menschen" (folgert Herkunft aus d. Tierreiche; ruft heftige weltanschauliche Kämpfe hervor, die in d. Sache zugunsten d. Darwinismus verlaufen) *A. Hansen* entd. Leprabazillus Photographische Trockenplatte von *R. L. Maddox* (* 1816, † 1920) (Bromsilber-Gelatine) *Maxwell:* Licht ist elektromagnetischer Wellenvorgang *Mendelejew* sagt auf Grund d. Period. Systems 3 noch unbek. chem. Elemente voraus, die als Gallium (1875), Scandium (1879) u. Germanium (1886) gefunden werden * *Ernest Rutherford*, engl. Physiker, *Nobel*preis 1908 († 1937) *Stanley* findet *Livingstone* in Ostafrika Vollendung des Mont-Cenis-Tunnels (12 km), seit 1860 im Bau Rigi-Zahnradbahn	Einwohnerzahl in Deutschland 41 Mill. (1841 : 33 „ 1933 : 66 „) In Deutschland auf 1000 Einwohner: Eheschließungen 8,2 (1841 : 8,2 1933 : 9,7) Lebendgeborene 34,5 (1841 : 36,4 1933 : 24,7) Totgeborene 1,4 (1841 : 1,5 1933 : 0,4) Sterbefälle 29,4 (1841 : 26,2 1933 : 11,2) Anerkenn. d. Trade-Unions (engl. Gewerksch.) bei d. Abfassung v. Arbeitsverträgen Staatl. Wetterdienst in USA Großbrand vernichtet Stadtkern v. Chikago

	Kulturkampf *Drei-Kaiser-Bündnis*	*Tolstoi* *Freytag*	*Nietzsche* *Bakunin*
1872	Allg. Wehrpflicht i. Frankr. *Bismarck* beginnt „Kulturkampf" gegen katholische Kirche mit Ausweisung der Jesuiten „Verein für Sozialpolitik" gegründet (reformistischer „Katheder-Sozialismus") * *Karl Helfferich*, dt. Finanzmann und deutschnationaler Politiker († 1924) * *Wilhelm Miklas*, österr. Bundespräsident 1928 bis 1938 Brasilien erhält Nord-Paraguay Mohammedaneraufstand i. Turkestan (s. 1864) v China unterworfen	*Samuel Butler* (* 1835, † 1902): „Der Weg allen Fleisches" (engl. autobiogr. Roman, veröff. 1903) Debüt der *Eleonora Duse* *Freytag:* „Die Ahnen" (Romanfolge in 6 Bänden bis 1880) † *Franz Grillparzer*, österr. Bühnendichter (* 1791) *Leskow:* Die „Domherren" (russ. Rom.) *Longfellow:* „Christus" (nordam. Epos) *Ostrowski:* „Wald" (russ. Schauspiel)	*von Bodelschwingh* übernimmt Anstalt für Epileptiker in Bethel (gegründet 1867) *Du Bois Reymond:* „Die Grenzen des Naturerkennens" („Ignoramus et ignorabimus" = Wir wissen es nicht u. werden es nicht wissen) † *Ludwig Feuerbach*, dt. Philosoph (* 1804) * *Ludwig Klages*, dt. Philosoph und Psychologe († 1956) * *Bertrand Russell*, engl. Philosoph und Mathematiker († 1970) *D. Fr. Strauß:* „Der alte u. der neue Glaube" (evolutionist. Fortschrittsphilos.) Verbot des Jesuitenordens in Deutschland (1904 teilweise, 1917 ganz aufgehoben) Staatliche Schulaufsicht in Preußen
1873	*Mac-Mahon*, Präsident von Frankreich (bis 1879) † *Napoleon III.*, ehem. Kaiser von Frankreich, in England (* 1808) Ausrufung einer spanischen Republik (bis 1874) Drei-Kaiser-Bündnis (Deutschland, Österreich u. Rußland) in Berlin geschlossen (bis 1886)	* *Henry Barbusse*, frz. soz. Dichter u. Pazifist († 1935) † *Alessandro Manzoni*, ital. Dichter; strebte d. Toskanische als ital. Einheitssprache an (* 1785) *C. F. Meyer:* „Das Amulett" (schweiz. Nov.) *Ostrowski:* „Schneeflöckchen" (russ. Märchen) * *Max Reinhardt*, dt. Theater-Regisseur († 1943) *Storm:* „Viola tricolor" (Novelle) *Tolstoi:* „Anna Karenina" (russ. Roman b. 1876) *Verne:* „Die Reise um die Erde in 80 Tagen" (franz. utopische Erzählung) Freundschaft *Verlaines* m. *Jean Arthur Rimbaud* (* 1854, † 1891) s. 1871; *V.* verwund. *R.* i. Streit (veröff. 1886 *R.s* Gedichte „Illuminations")	* *Gertrud Bäumer*, dt. Frauenrechtlerin u. Schriftstellerin († 1954) *Michael Alexandrowitsch Bakunin* (* 1814, † 1876): „Staat und Anarchie" (russ. Philosophie des Anarchismus, Trennung von *Marx*) *Bismarcks* „Maigesetze" in Preußen regeln Ausbildung, Anstellung und Rechte der Geistlichen (starker kathol. Widerst.; vgl. 1886 u. 1887) † *John Stuart Mill*, engl. Philosoph und Volkswirtschaftler (* 1806) *Nietzsche:* „Unzeitgemäße Betrachtungen" (bis 1876, m. Verherrlichung *Wagners*); „Die Philosophie im tragischen Zeitalter d. Griechen" *Alban Stolz* (* 1808, † 1883): „Erziehungskunst" (katholischer Standpunkt) Institut für internationales Recht in Brüssel gegründet Letzte Hexenverbrennung i. Mexiko

Marées *Böcklin*	*Bizet* *Bruckner*	*Abbe* *Speisewagen*	
Böcklin: „Selbstbildnis mit Tod", „Euterpe" (Gemälde) *W. Busch:* „Die fromme Helene", „Hans Huckebein der Unglücksrabe" (Bildgeschichten) *Courbet:* „Stilleben m. Äpfeln" (frz. Gem.) * *P. Mondrian,* niederl. Maler († 1944) * *William Nicholson,* engl. Begründer des modernen Holzschnittes (u.a. Holzschnittfolge m. Versen v. *Waugh*) † *Julius Schnorr v. Carolsfeld,* dt. Maler der Romantik, Nazarener (* 1794) *H. Thoma:* „Sommer" (Gemälde) *Trübner:* „Kloster im Chiemsee" (Gem.)	~ *Bizet:* „L'Arlésienne-Suite" (franz. Ballettmus.) *Bruckner:* Messe Nr. 3 f-moll * *Sergej Diaghilew,* russ. Ballettmeister († 1929) *César Franck:* „Erlösung" (belg. sinfon. Dichtung f. Sopran, Chor u. Orchester, s. 1871) * *Paul Graener,* dt. Komponist († 1944) *Tschaikowskij:* Symphonie Nr. 2 c-moll Erster Stahlskelettbau (Fabrik in Frankr.) Speisewagen von *Pullman* Luftdruckbremse von *Westinghouse*	*Abbe* verbess. Mikroskop durch Kondensor (1878 d. Ölimmersion, 1886 d. Apochromat-Objektiv) * *Roald Amundsen,* norw. Polarforscher; erreicht 1911 den Südpol; seit 1928 vermißt *Richard Dedekind* (* 1831, † 1916): Theorie d. Irrational-Zahlen *E. Haeckel:* „Biogenetisches Grundgesetz" (nach *F. Mueller,* vgl. 1864) *Felix Klein:* „Erlanger Programm" (wegweisende systemat. Einteilung d. Geometrie) *Bernh. v. Langenbeck* (* 1810, † 1887): grdt. Dt. Ges. f. Chirurgie *J. Murray* u. *W. Thomson:* „Challenger"-Tiefsee-exped. b. 1876 (mit grundl. meereskundl. Ergebn.)	*Rudolf Mosse* (* 1843, † 1920) grdt. „Berliner Tageblatt" ~ Weltkohlenproduktion: 220 Mill. t (1900: 800 Mill. t, 1937: 1500 Mill. t) 4,8% der deutschen Bevölkerung in Großstädten über 100000 Einwohner (1900: 16,2% 1933: 30,4%) ≈ Überladene und düstere Wohnräume ~ Krebspest vernichtet Flußkrebsbestand i. Deutschl.
Böcklin: „Der Kentaurenkampf" (Gem.) *A. Feuerbach:* „Das Gastmahl des Plato" (Gem.) * *Olaf Gulbransson,* norwegischer Zeichner in Deutschland * *Wilhelm Kreis,* dt. Baumeister *Liebermann* in Paris (b. 1878) *Manet:* „Die Croquetpartie" (frz. impress. Gem.) *Semper:* Burg-Theater in Wien (vollendet von *Hasenauer* 1888) *Marées:* Fresken in d. zool. Station Neapel (dar. d. „4 Ruderer"; *M.s* einzige Fresken; gilt als ähnlich epochal wie *Cézannes* Werk) *H. Thoma:* „Der Rhein b. Säckingen" (Gem.)	*Bruckner:* 3. Symphonie d-moll (*Wagner* gewidm., Auff. 1877) * *Enrico Caruso,* ital. Operntenor († 1921) *Delibes:* „Le roi l'a dit" (frz. Oper) * *Sergej Rachmaninow,* russisch. Komponist († 1943) * *Max Reger,* dt. Komponist († 1916) * *Fedor Schaljapin,* russ. Sänger (Baß) († 1938) *H. W. Vogel* (* 1834, † 1896) entw. gelb- u. rotempfindl. Platten (Realisierung d. 3-Farben-Photogr.) *J. Wise* unternimmt mißglückenden Versuch, den Atlantik von West nach Ost im Ballon zu überqueren.	Theorie der mikroskop. Abbildung von *Abbe* *Jean-Martin Charcot* (*1825, † 1893): „Lehrbuch über die Krankheiten d. Nervensystems" (franz.) * *Hans von Euler-Chelpin,* schwed. Chemiker, *Nobel*preis 1929 († 1964) *Forster* zeigt im Tierversuch die Schädlichkeit „salz-(in Wahrheit vitamin-)freier Nahrung * *Leo Frobenius,* dt. Ethnologe, begründet Lehre von den „Kulturkreisen" († 1938) † *Justus von Liebig,* dt. Chemiker (* 1803) *O. H. F. Obermeier:* Mikroorganismen können Krankheiten erregen *Franz-Joseph*-Land (s. 1930 *Fridtjof-Nansen*-Land) entdeckt durch *Payer* und *Weyprecht*	Weltausstellung in Wien Weltwirtschaftskrise beendet die „Gründerjahre"-Konjunktur i. Dtl. (s. 1871) Einheitl. Reichsgoldwährung (Reichsbanknoten erst ab 1909 gesetzl. Zahlungsmittel)

	Dt. Arbeiterpartei *Internat. Krise*	*Ostrowski* *C. F. Meyer*	*Graphologie* *„Christl. Wissenschaft“*
1874	Attentat eines Katholiken auf *Bismarck* * *Winston Churchill*, brit. Staatsmann Großbritannien besetzt Fidschi-Inseln im Stillen Ozean *Alfons XII.*, König von Spanien (bis 1885 [†]) * *Herbert Hoover*, 1929–1933 Präsident der USA	*Anzengruber:* „Der G'wissenswurm“ (Schauspiel) *Busch:* „Kritik des Herzens“ * *Gilbert Chesterton*, engl. Dichter († 1936) *Eduard Devrient* (* 1801, †1877), dt. Schausp., Bühnenleiter, Operndichter: „Geschichte der deutsch. Schauspielkunst“ (5 Bde. s. 1848) † *Aug. Heinrich Hoffmann von Fallersleben*, dtsch. Dichter (* 1798) *Flaubert:* „Die Versuch. des heil. Antonius“ (frz. Erzähl.) * *Hugo von Hofmannsthal*, österr. Dichter († 1929) † *Fritz Reuter*, plattdt. Dichter (* 1810) *Johannes Scherr* (dt. Kultur- u. Literarhistoriker, * 1817, † 1886): „Menschliche Tragikomödie“ (geschichtl. u. literaturgesch. Stud., 3 Bde.) *Storm:* „Pole Poppenspäler“ (Novelle) *Zola:* „Der Bauch v. Paris“ (frz. Roman) Hoftheater Meiningen gastiert erfolgreich in Berlin	* *Ernst Cassirer*, dt. Philosoph, Neu-Kantianer († 1945) *Fr. Max Müller*, seit 1854 in Oxford, begrdte. vergleichende Religionswissenschaft, führte vergl. Sprachwiss. u. vergl. Mythologie in England ein (vgl. 1897) *Julius Rodenberg* (* 1831, † 1914): „Dt. Rundschau“ (wissensch.-literar. Monatsschrift, besteht bis 1942 und 1949–63) *Wundt:* „Grundzüge der physiologischen Psychologie“ (Grundl. d. experimentellen Psychologie)
1875	Internationale Spannung: *Bismarck* warnt Frankr. weg. s. Rüstungen („Krieg in Sicht“-Krise) Vereinigung d. *Lassalleaner* u. *Marx*isten zur „Sozialistischen Arbeiterpartei Deutschlands“ in Gotha * *Matthias Erzberger*, dt. demokratischer Sozialpolitiker († 1921, ermordet) Legalisierung von Streiks in England England erwirbt Suezkanal-Aktien *Kuangsü* (* 1872, † 1908) 9. Mandschu-Kaiser i. China b. 1898; bis 1889 unter Vormundschaft d. Kaiserwitwe *Tse-Hi*	† *Hans Christian Andersen*, dän. Dichter (* 1805) * *Grazia Deledda*, ital. Dichterin, *Nobel*preis 1927 († 1936) * *Thomas Mann*, dt. Dichter; *Nobel*preis 1929 († 1955) *C. F. Meyer:* „Der Schuß von der Kanzel“ (Schweiz. Novelle) † *Eduard Mörike*, dt. Dichter (* 1804) *Ostrowski:* „Wölfe u. Schafe“ (russ. Schauspiel) * *Alfred Polgar*, österr. Kritiker u. Schriftsteller († 1955) * *Rainer Maria Rilke*, dt. Lyriker († 1926) *Rosegger:* „Die Schriften des Waldschulmeisters“	*Baker-Eddy:* „Science and Health“ (Grundl. d. „Christlichen Wissenschaft“, USA) Gründung der Theosophischen Gesellschaft in New York durch die Russin *Helene Blavatsky* (* 1831, † 1891) * *Carl Gustav Jung*, schweiz. Nervenarzt u. Psychoanalytiker † *Friedrich Albert Lange*, dt. Philosoph (* 1828) *J. H. Michon:* „System d. Graphologie“ (frz. Begrdg. d. Graphologie) * *Albert Schweitzer*, elsäss. Philosoph, evangel. Missionsarzt und Organist; Friedens*nobel*preis 1952 († 1965) „Positive Union“ als äußere Vereinigung der Reformierten u. Lutheraner Preußens

Menzel *Liebermann*	*„Carmen“* *Verdi*	*Erforschung Afrikas* *Eiszeitforschung*	
* *German Bestelmeyer*, süddt. Baumeister besonders in München (Universität) u. Nürnberg († 1942) *Böcklin:* „Triton und Nereide“ (Gemälde) *Gauguin:* „Die Seine am Pont d'Iéna“ (frz. Gem.) *M. Liebermann:* „Die Gänserupferinnen“ (Gemälde) *Manet:* „Die Barke“ (frz. impress. Gem.) *Monet:* „Sommertag b. Argenteuil“ (frz. impress. Gem.) Frz. „Impressionisten“ stellen erstmalig gemeinsam aus; dar. *Monet:* „Impression, soleil levant“ Opernhaus in Paris (Baubeginn 1863)	*Bruckner:* 4. Symphonie Es-dur (aufgef. 1883) † *Peter v. Cornelius*, dt Komponist (* 1824) *Hermann Götz* (* 1840, † 1876): „Der Widerspenstigen Zähmung“ (Oper) *Mussorgskij:* „Boris Godunow“ (russ. Oper), „Bilder einer Ausstellung“ * *Arnold Schönberg*, dt. Komponist, Begr. d. 12-Ton-Technik († 1951) *Johann Strauß* (Sohn): „Die Fledermaus“ (Operette) *Verdi:* „Requiem“ (ital.; dem Gedenken *A. Manzonis*) *Wagner:* „Götterdämmerung“ (letzte Oper aus d. „Ring des Nibelungen“ vollend., Auff. 1876; vgl. 1854)	* *Karl Bosch*, dt. Chemiker und Industrieller, *Nobel*preis 1931 († 1940) *Haeckel:* „Anthropogenie oder Entwicklungsgeschichte des Menschen“ Stereochemie durch *van 't Hoff* und *Le Bel* Erforschung des oberen Nilgebietes durch *Junker* (bis 1887) *Gustav Robert Kirchhoff* (* 1824, † 1887): „Mechanik ist vollständige und einfachste Beschreibung der Bewegungen“ (physikal. Positivismus) * *Guglielmo Marconi*, ital. Physiker, *Nobel*preis 1909 für drahtlose Telegraphie († 1937) *Stanley* reist im Kongogebiet (bis 1877)	∼ In d. Industrieprod. wird Engl. v. d. USA, Frankr. v. Dtl. überholt Obligatorische Zivilehe vor dem Standesamt durch *Bismarck* Berlin erhält s. erstes städt. Krankenhaus Impfges. f. d. Dt. Reich (Pockentodesfälle nehmen sprunghaft ab) *Heinrich Stephan:* „Weltpost u. Luftschiffahrt“ „Allgemeiner Postverein“ in Bern gegründet Trockenschwimmübungen als Lehrmethode anerkannt
† *Camille Corot*, frz. Maler zarter Luft- u. Lichtwirkungen (* 1796) *Liebermann:* „Arbeit i. Rübenfeld“ (Gem.) *H. Makart:* „Die fünf Sinne“ (Gem., fünf Frauenakte) *Menzel:* „Das Eisenwalzwerk“ (Gemälde) † *Jean François Millet*, frz. Maler (* 1814)	*Bizet:* „Carmen“ (frz. Oper, Uraufführung fällt in Paris durch, kurz darauf in Wien erfolgreich) † *Georges Bizet*, franz. Komponist (* 1838) *Dvořák:* 3. Symphonie F-dur * *Maurice Ravel*, frz. Komponist († 1937) *Smetana:* „Mein Vaterland“ (6 tschech. sinf. Dichtungen, dar. „Die Moldau“; bis 1879) *Tschaikowskij:* Symphonie Nr. 3, Klavierkonzert Nr. 1, b-moll Große Oper in Paris eröffnet	*Cameron* durchquert Zentralafrika von Ost nach West (s. 1873) *J. Willard Gibbs* (USA, * 1839, † 1903): „Über das Gleichgewicht heterogener Substanzen“ (u. a. „Phasenregel“). *Oskar Hertwig* (* 1849, † 1922): Befruchtg. ist Geschlechtszellen-Vereinig. (beobachtet am Seeigelei) *O. M. Torell* erhärtet auf Grund v. Gletscherschrammen b. Rüdersdorf (Berlin) Inlandeistheorie d. Eiszeit gegenüb. Flutwellen-Eisbergtheor. *Iwan Mitschurin* (* 1855, † 1935) beg. s. erfolgr. Pflanzenzüchtungen *Siegfried Marcus:* Automobil mit Explosionsmotor	Fahrrad mit Freilauf u. Rücktritt, Beg. d. modern. Fabrikation in England ≈ Turnüre, hohe Schnürung u. Polsterung in d. Frauenmode Turnen in den Berliner Mädchenschulen Erstes Sechstage-Radrennen in Birmingham *Karl Hagenbeck:* (* 1844, † 1913) beg. mit seinen Völkerschauen (begr. 1890 Dressurzirkus mit „zahmer“ Dressur)

	Kgin. *Victoria* *Russ.-türk. Krieg*	*Flaubert* *Twain*	*„Katheder-Sozialismus“* *Lombroso*
1876	* *Konrad Adenauer*, dt. christlich-demokrat. Politiker, Bundeskanzler ab 1949 „Dt. konservative Partei“ gegrdt. (Zusammenschl. d. konservativen Kräfte) Königin *Victoria* v. Großbrit. nimmt d. Titel „Kaiserin von Indien“ an England entführt Brasilien Kautschukpflanzen und beseitigt dadurch dessen Monopolstellung Ende des zweiten Karlistenkrieges um Thronfolge in Spanien (seit 1873) Neue spanische Verfassung unter König *Alfons XII.* (bis 1885 [†]) Rußl. erobert in Westturkestan d. Stadt Kokand (1863 Taschkent, 1867 Samarkand, 1873 Chiwa)	*Dahn:* „Ein Kampf um Rom“ (Roman) † *Ferdinand Freiligrath*, dt. liberaler Dichter (* 1810) * *E. Lasker-Schüler*, Lyrikerin († 1945) * *Jack London*, USA-Dichter († 1916) *C.F.Meyer:* „Jürg Jenatsch“ (schweiz. Roman) * *Arthur Moeller van den Bruck*, dt. konserv. Schriftst. († 1925) † *George Sand* (eigentlich *Amantine Dudevant*, geb. *Dupin*), frz. Dichterin, Geliebte *de Mussets* und *Chopins* (* 1804) *Storm:* „Aquis submersus“ (Novelle) *Turgenjew:* „Rauch“ und „Neuland“ (russ. Romane) *Twain:* „Tom Sawyer“ (humorist. Kinderroman, USA) Erste kritische *Schiller*ausg.	„*Görres*-Gesellschaft“ zur Pflege kathol. Wissenschaft in Bonn gegründet *Lombroso:* „Der Verbrecher in anthropologischer, ärztlicher u. juristischer Beziehung“ (ital.) * *Eugenio Pacelli*, ital. kath. Würdenträger, seit 1939 Papst *Pius XII.* († 1958) *P. F. Palmgren* grdt. höhere Privatschule mit Koedukation i. Stockholm (erste europ. Gesamtschule) *G. Sand* (†) trat f. Ehescheidung u. Sozialismus ein *Hippolyte Taine* (frz. Geschichtsphilosoph, * 1828, † 1893): „Die Ursprünge des heutigen Frankreich“ (mit positivistisch. Milieutheorie, beendet 1893) *Adolph Wagner* (* 1835, † 1917): „Grundlegung d. politischen Ökonomie“ (dt. sozialreform. „Kathedersozialismus“)
1877	Großbrit. erklärt Transvaal zur Kolonie † *Adolphe Thiers*, franz. Staatsmann, Präsident d. Republik 1871–73 (* 1797) Sozialdemokraten erhalten i. d. dt. Reichstagswahlen ca. ½ Mill. Stimmen † *Friedr. Heinrich Ernst* Graf *von Wrangel*, preuß. General, bekämpfte 1848 d. revolutionäre Berlin (* 1784) Erfolgreicher Krieg Rußlands und Rumäniens gegen die Türkei um die Befreiung der Balkanstaaten (bis 1878) Fremdenfeindlicher Satsuma-Aufstand in Japan niedergeschlagen	*Flaubert:* „Drei Erzählungen“ (französisch) *Karl Emil Franzos* (* 1848, † 1904): „Die Juden von Barnow“ (Novellen) *Gobineau:* „Renaissance. Historische Szenen“ (französ.) **Hermann Hesse* († 1962), dt. Dichter, *Nobel*preis 1946 *Ibsen:* „Die Stützen d. Gesellschaft“ (norweg. gesellschaftskrit. Schauspiel) *Keller:* „Romeo u. Julia auf d. Dorfe“ (schweiz. Novelle) *Rosegger:* „Waldheimat“ (autobiographisch) *L. N. Tolstoi:* „Anna Karenina“ (russ. Roman, ersch. seit 1875 in Forts.) *R. Wagner:* „Parsifal“ (Text des Weihespiels) *Whitman:* „Two Rivulets“ (nordam. Ged.) *Zola:* „Die Spelunke“ (frz. naturalist. Roman)	~ *Ernst Curtius* (* 1814, † 1896) leitet die Ausgrabung von Olympia (1875 bis 1881) *Louis Lucien Rochat*, Schweiz. Theologe, gründet „Blaues Kreuz“ zur Bekämpfung d. Alkoholgenusses *J. C. F. Zöllner:* „Abhandl. üb. Spiritismus“ (b. 1881; Spiritism. auch in Deutschland relativ stark verbreitet)

Leibl Manet	Bayreuther Festspiele Bruckner	Edison Telephon	
* *Const. Brancusi*, rumän.-frz. Bildhauer († 1957) *Leibl:* „Der Jäger" (Gemälde) *Liebermann:* „Holländische Nähstube" (Gem.) * *Paula Modersohn-Becker*, dt. Malerin des Expressionismus († 1907)	*Brahms:* 1. Symphonie c-moll (aufgef. 1894) *Bruckner:* 5. Symphonie in B-dur * *Manuel de Falla*, span. Komponist († 1946) *Delibes:* „Sylvia" (frz. Ballett) *E. Grieg:* Schauspielmusik zu „Peer Gynt" v. *Ibsen* *Amilcare Ponchielli* (* 1834, † 1886): „La Gioconda" (ital. Oper) *Tschaikowskij:* „Schwanensee" (russ. Ballett) Eröffnung des Bayreuther Festspielhauses m. d. ersten Gesamtaufführung von „Der Ring d. Nibelungen" v. *R. Wagner* (vgl. 1854 u. 1874) * *Bruno Walter*, dt. Dirigent († 1962) * *Ermanno Wolf-Ferrari*, dt.-ital. Komponist v. Lustspielopern († 1948)	Telephon i. techn. brauchbarer Form von *Alex. Graham Bell* (* 1847, † 1922) *Otto Bütschli:* „Studien über d. Zellteilung" (grdl.) *R. Koch* erk. Milzbrandbakterium als Krankheitserreger; entw. bakteriolog. Züchtungsmethoden *Linde:* Ammoniak-Kältemaschine * *John James Rickard Macleod*, kanadisch. Mediziner, 1923 *Nobel*preis *N. Otto:* Viertakt-Benzinmotor (hat Vorläufer) *Emin Pascha* erforscht Ostafrika (bis 1892) *Schliemann* beg. Ausgrab. v. Mykenä u. find. Königsgräber m. reich. Ausstatt. *Stanley* befährt ganzen Kongolauf *A. R. Wallace:* „Geograph. Verteil. d. Tiere" (Hauptw. d. Tiergeogr.)	*Franziska Tiburtius* erste Ärztin i. Berlin (Promotion i. Zürich) Weltausstellung in Philadelphia Öffentl. Rohrpostverkehr i. Berlin Dt. Seewarte i. Hamburg gegründet Kapitän *Webb* durchschwimmt erstmalig Ärmelkanal Große Hungersnot i. Nordchina (b. 1878) Internationale Meterkonvention zw. 17 Staaten tritt in Kraft (1875 abgeschl.)
* *Paul Bonatz*, dt. Baumeister († 1956) † *Gustave Courbet*, frz. Maler (* 1819) * *Raoul Dufy*, frz. express. Maler († 1953) * *Fritz Höger*, dt. Baumeister; u.a. Chilehaus in Hamburg 1922 bis 1923 († 1949) * *Georg Kolbe*, dt. Bildhauer († 1947) * *Alfred Kubin*, böhm. Maler und Zeichner († 1959) *Leibl:* „Das ungleiche Paar" (Gemälde) *Manet:* „Nana" (frz. impressionist. Gem.) *Rodin:* „Das eherne Zeitalter" (frz. Plastik) *Sisley:* „Seine bei Suresnes"	*Brahms:* Symphonie Nr. 2, D-dur *Bruckner:* 3. Symphonie d-moll * *Karl Erb*, dt. Tenor; bekannt als Evangelist in der „Matthäuspassion" († 1958) Gesamtausgabe von *Mozarts* Werken (bis 1904) Quartett der Gebrüder *Schrammel* in Wien *Charles Camille Saint-Saëns* (* 1835, † 1921): „Samson und Dalila" (frz. Oper) *Tschaikowskij:* Symphonie Nr. 4, f-moll	* *Francis William Aston*, engl. Physik., *Nobel*preis 1922 († 1945) * *Charles Barkla*, engl. Physiker, *Nobel*preis 1917 († 1944) *Ludwig Boltzmann* (* 1844, † 1906): Entropie ist ein Maß für die Wahrscheinlichkeit (vgl. 1865) *Cailletet* u. *Picter* (unabh.) verflüss. Luft u. and. Gase Walzen-Phonograph von *Edison* *As. Hall* entd. Marsmonde *Pfeffer:* Quantitative Messung d. Osmose *E. Porro:* Kaiserschnitt mit Gebärmutteramputat. *Schiaparelli* entdeckt die Mars-„Kanäle" (sind keine Kunstbauten) * *Heinrich Wieland*, dt. Chemiker († 1957)	*Hermann Blohm* und *Ernst Voß* gründen Werft in Hamburg Reichspatentamt in Berlin (1878: 5949 Anmeld. 1909: 45000 Anmeld.; bis Jan. 1945: 700610 Patente auf 2170000 einger. Erfind.) Bindemäher i. USA Gesetzl. Fleischbeschau i. Dtl. International. Richtlinien für den Wetterdienst Berliner Ringbahn erbaut (seit 1867) ～Kartoffel-(Kolorado-)Käfer kommt v. Nordamerika nach Europa

	Sozialistengesetz *Nihilisten-Terror*	*Dostojewskij* *Ibsen*	*Frauenstudium* *Pragmatismus*
1878	2 Attentate auf dt. Kaiser Sozialistengesetz *Bismarcks* geg. dt. Sozialdem. (bis 1890) Hofprediger *Ad. Stoecker* (* 1835, † 1909): grdt. antimarx. „Christl.-soziale Arbeiterpartei“ in Deutschl. * *Gust. Stresemann,* dt. Staatsmann († 1929) Friede v. San Stefano zwisch. Rußl. u. Türkei. Großmächte erkennen auf d. Berl. Kongr. Bulgar., Montenegr., Rumän. u. Serb. als unabh. Staaten an. Schaffg. d. „Europ. Gleichgewichts“. Abwend. Rußlands vom Dreikaiserbund Österreich besetzt Bosnien und die Herzegowina Großbrit. führt geg. Afghanistan Krieg (bis 1880) *Umberto I.*, König v. Italien bis 1900 (†) Türkei gibt Cypern an Engl. 1. zionist. Siedlg. i. Paläst.	* *Hans Carossa*, dt. Dichter und Arzt *Fontane:* „Vor dem Sturm“ (Roman) *Edmond de Goncourt:* „Die Dirne Elisa“ (frz. Roman) † *Karl Gutzkow*, dt. Dichter (* 1811) * *Georg Kaiser*, dt. expressionist. Bühnenschriftsteller († 1945) *G. Keller:* „Züricher Nov.“ **Kolbenheyer* dt. nationalist. Dichter († 1962) * *Carl Sandburg*, nordam. Dichter * *Upton Sinclair*, nordam. sozialkrit. Dichter *Storm:* „Carsten Curator“ (Novelle) *Charles Swinburne* (* 1837, † 1909): „Poems and ballads“ (engl. erot. Ged.)	*William Booth* (* 1829, † 1912) org. in London die Heilsarmee (gegrdt. 1861) * *Martin Buber,* österr.-jüd. Philos. u. Dichter († 1965) *Engels:* „Anti-Dühring“ (dialekt. Materialismus) *Eucken:* „Geistige Strömungen d. Gegenwart“ *Haeckel:* „Freie Wissenschaft und freie Lehre“ Papst *Leo XIII.* bis 1903 *Nietzsche:* „Menschliches — Allzumenschliches. Ein Buch für freie Geister“ *Charles Peirce* (USA, * 1839, † 1914) begr. d. Philosophie des Pragmatismus :„How to make our Ideas clear“ *Treitschke:* „Der Sozialismus und d. Meuchelmord“ Univ. Stockholm gegründet Humboldt-Akademie Berlin (Volkshochschule)
1879	*Bismarck* geht zur antiliberalen Schutzzollpolitik über *Grévy*, Präsident von Frankreich (bis 1887) Französisch-Äquatorialafrika entsteht Landesregierung in Elsaß-Lothringen unter kaiserlichem Statthalter Defensivbündnis Deutschland-Österreich Errichtung des Reichsgerichts in Leipzig. 1. Präsid. (b. 1891) d. liberale *Eduard Simson* (* 1810, † 1899) † Graf *Albrecht von Roon*, preuß. Kriegsminister von 1859 bis 1873 (* 1803) * *Jossif Wissarionowitsch Stalin*, russ. Bolschewist u. Staatsmann d. UdSSR († 1953) 3 fehlschlagende Attentate d. russ. Nihilisten auf d. Zaren (b. 1880) Span. sozialist. Arbeiterpartei gegrdt.	† *Charles de Coster*, flämisch. Dichter (* 1827) *Dostojewskij:* „Die Brüder Karamasow“ (russ. Roman b. 1880, mit „Der Großinquisitor“) *Ibsen:* „Nora oder ein Puppenheim“ (norw. Schausp.) *G. Keller:* „Der grüne Heinrich“ (schweizer. autobiographischer Roman in zweiter Fassung, b. 1880) *George Meredith* (* 1829, † 1909): „Der Egoist“ (engl. Roman) *Raabe:* „Krähenfelder Geschichten“ *Strindberg:* „Das rote Zimmer“ (schwed. Roman) *Tolstoi:* „Beichte“ (Bekehrung zu einem religiösen Sozialismus) *Vischer:* „Auch Einer“ (Roman) *Julius* u. *Heinr. Hart:* Dt. Literatur-Kalender (ab 1883 von *Kürschner* herausgeg.)	* *Karl Bühler*, österr. Psychologe (Gestalt-Psychologie) *Ch. Taze-Russel* grdt. „Der Wachtturm“ (Zeitschr. d. „Ernsten Bibelforscher“) *Spencer:* „Prinzipien der Ethik“ (engl., bis 1893) *Treitschke:* „Dt. Geschichte im 19. Jahrhundert“ (antiliberal. b. 1894) Schulunterricht über Alkoholenthaltsamkeit i. Hyde Park (USA) (1891 i. Schwed., 1897 i. Frankr., 1905 i. Dtl.) Studentinnen-College i. Oxford. Erstes Realreformgymnasium (i. Altona, beg. m. lebend. Fremdspr.)

Liebermann *Marées*	*Bruckner* *Tschaikowskij*	*Glühlampe* *Telephon*	
Böcklin: „Die Gefilde der Seligen" (Gem.) † *Charles Daubigny*, frz. Maler (* 1817) * *Karl Hofer*, dt. Maler († 1955) *Leibl:* „Drei Frauen in der Dorfkirche" (realist. Gem.; begonnen) *Liebermann:* „Kartoffelernte" (Gemälde) *Marées:* „Die Lebensalter" (Gemälde) *Menzel:* „Das Ballsouper" (Gemälde) *William Morris* (*1834, † 1896), „Vater des modernen Kunstgewerbes": „Die dekorativen Künste" (engl.)	*A. W. Ambros* (*1816, † 1876): „Geschichte der Musik" (4 Bände seit 1862) *Tschaikowskij:* Violinkonzert D-dur	*A. v. Baeyer:* Indigosynthese Kohle-Mikroph. v. *Hughes* * *Rob. Lieben,* österr. Phys. († 1913) Mehrlader-Gewehr von *Mannlicher* † *Julius Robert Mayer*, dt. Arzt u. Naturforsch. (* 1814) *Nordenskiöld* gelingt die Nordost-Pass. längs Sibir. *Rohlfs* bereist Tripolitanien; err. 1879 als erster Weißer Kufra-Oasen i. d. Libyschen Wüste * *John B. Watson*, USA-Psychol. d. Behaviorismus (Psycholog. d. Verhaltens) * *George Whipple*, USA-Mediz., 1934 *Nobel*preis *Pasteur:* „Die Mikroben" (frz. Bakteriologie)	Weltausstellung in Paris Gründung d. Weltpostvereins i. Paris Erstes europ. Krematorium i. Gotha (1907 0,3% Feuerbest. i. Dtl.; 1925 50% i. Berlin) Erster deutscher Fußballverein in Hannover Rollschuhhallenbahn in Berlin Deutsches Patent auf ein Perpetuum mobile
Böcklin: „Ruggiero befreit Angelica" (Gemälde) *W. Busch:* „Fips der Affe" (Bildergesch.) † *Honoré Daumier*, frz. Maler und Graphiker (* 1808) * *Paul Klee*, deutscher Maler und Grafiker († 1940) *M. Liebermann:* „Jesus unter den Schriftgelehrten" (Gemälde) *Manet:* „Bei Vater Lathuille", „Im Wintergarten" (frz. impress. Gem.) *Renoir:* „Am Frühstückstisch" (franz. impress. Gemälde) † *Gottfried Semper*, dt. Baumeister (* 1803) *Spitzweg:* „Venezianische Bänkelsänger" (impress. Gem.)	*Bruckner:* 6. Symphonie A-dur (aufg. 1899), Streichquartett F-dur *C. Franck:* Klavierquintett f-moll (s. 1878), „Die Seligpreisungen" (belg. Oratorium, s. 1869) *Grieg:* Klavierkonzert a-moll, op. 16 *Franz v. Suppé* (* 1819, † 1895): „Boccaccio" (Wiener Operette) *Millöcker:* „Gräfin Dubarry" (Operette) *Tschaikowskij:* „Eugen Onegin" (russ. Oper)	Kohlenfadenlampe mit Schraubsockel von *Edison* * *Albert Einstein,* Physiker, *Nobel*preis 1921 († 1955) Herstellung von Saccharin durch *Fahlberg* und *Remsen* * *Otto Hahn,* dt. Chem., entd. Urankernspaltung († 1968) * *Max von Laue*, dt. Physiker († 1960) † *James Clerk Maxwell*, engl. Physiker (* 1831) *Albert Neisser* (* 1855, † 1916) entd. Gonokokken als Tripper-Erreger * *Owen Richardson*, engl. Physiker († 1959) Elektrische Lokomotive von *Werner von Siemens* *Stefan:* Gesamtstrahlg. ein. schwarzen Körpers; wird v. *Boltzmann* theoret. begr. *Thomas*-Stahl aus phosphorhaltigem Eisen Schwefelsäureherst. n. d. Kontaktverf. v. *Winkler*	*Henry George* (USA, * 1839, † 1897): „Fortschritt und Armut" (Grundlage der Bodenreform-Bestrebungen) Weltausstellung in Sydney Erste dt. Markthalle i. Frankf./M. Elektr. Bogenlicht i. d. Leipziger Straße Berlin *Georg Ploner* ersteigt mit Führer *Michel Innerkofler* erstmals Mittl. (westl.) Zinne i. d. Dolomiten (Ersteigung der Großen Zinne 1869 durch *Paul Grohmann* und *Franz Innerkofler*)

	Zar Alexander III. *Sozialismus*	*Storm* *Zola*	*Ranke* *Judenpogrome*
1880	England setzt gegenüber Rußland seine Interessen in Afghanistan durch ~ Agrarsozialist. „Narodniki“ (Volkstümler-) Bewegung i. Rußl. Konflikte mit d. Marxisten * *Wilhelmina*, Königin der Niederlande 1890 bis 1948 (abgedankt) Gründung der Sozialistischen Partei in Frankreich „Auf, Sozialisten, schließt die Reihen“ (Sozialistenmarsch) Bürgerkrieg in Argentinien	*Herm. Bang* (* 1857, † 1912): „Hoffnungslose Geschlechter“ (dän. Roman, dt. 1900) † *Gustave Flaubert*, französ. Dichter (* 1821) * *Friedrich Gundolf*, dt. Philologe des Kreises um *Stefan George* († 1931) *Jens Peter Jacobsen* (* 1847, † 1885): „Niels Lyhne“ (dän. Rom.) * *Alexander Moissi*, dt. Schauspieler ital. Abkunft († 1935) * *Walter v. Molo*, dt. Dichter *Storm:* „Die Söhne des Senators“ (Novelle) *Twain:* „Bummel durch Europa“ (nordamerik. humoristische Reisebeschreib.) *Lewis Wallace* (* 1827, † 1905): „Ben Hur“ (nordam. histor. Roman) *Zola:* „Der experimentelle Roman“; „Nana“ (frz. Rom.)	*Konr. Duden* (* 1829, † 1911): „Orthographisches Wörterbuch der deutschen Sprache“ * *Helen Keller* i. USA, mit 1½ Jahren blind u. taubstumm; überwindet ihr Schicksal, schreibt zahlr. vorw. autobiogr. Bücher († 1968) * *Hermann* Graf *Keyserling*, dt. Philos. d. „Sinn“-Erkenntnis († 1946) * *Oswald Spengler*, dt. Kulturphilosoph († 1936) *Windelband:* „Die Geschichte der neueren Philosophie“ Universität Manchester
1881	† *Benjamin Disraeli* (Lord *Beaconsfield*), Führer der engl. konservativen Tories, Ministerpräsident 1868 und 1874—1880 (* 1804) Gründung der Sozialdemokratischen Vereinigung in Großbritannien Tunis unter franz. Schutzherrschaft Italien erobert Eritrea und Somaliland Neutralitätsvertrag Deutschland, Österreich, Rußland † *Alexander II.* (ermord.), Zar v. Rußl. s. 1855 (* 1818); *Alexander III.* Zar von Rußland b. 1894 (†); gibt Verfassungspläne s. Vaters auf Russ. Geheimpolizei Ochrana gegrdt.	† *Thomas Carlyle*, engl. Historiker (* 1795) † *Fedor M. Dostojewskij*, russ. Dichter (* 1821) *Karl Goedeke* (* 1814, † 1887): „Grundriß z. Geschichte d. dt. Dichtung“ (3 Bde. s. 1857) *Ibsen:* „Gespenster“ (norw. Schauspiel) * *Siegfried Jacobsohn*, dt. politischer Journalist († 1926) * *Asta Nielsen*, dän. Schauspielerin Der Maler *Rud. Salis* grdt. erstes Kabarett „Chat noir“ (Paris) *Johanna Spyri* (* 1827, † 1901): „Heidis Lehr- und Wanderjahre“ u. a. schweiz. Kindergeschichten *Turgenjew:* „Das Lied v. der triumphierenden Liebe“ * *Anton Wildgans*, österr. Dichter († 1932) * *Stefan Zweig*, österr. Dichter († 1942)	† *Hermann Lotze*, dt. Philosoph (* 1817) *Nietzsche:* „Morgenröte. Gedanken über moralische Vorurteile“ *Ranke:* „Weltgeschichte“ (16 Bde. b. 1888) † *Johann Hinrich Wichern*, dt. evangelischer innerer Missionar (* 1808) Judenpogrome in Rußl. (z. T. v. d. Geheimpolizei organ.; 1882 scharfe Ausnahmebestimmungen geg. Juden)

Cézanne *Liebermann*	*Bruckner* *C. Franck*	*„Welträtsel"* *Pasteur*	
* *Dominikus Böhm*, dt. Erbauer kathol. Kirchen mit Eisenbeton *Cézanne:* „Herbstblumen" (frz. Gem.) *Degas:* „Tänzerin mit Blumenstrauß" (frz.) * *André Derain*, franz. Maler († 1954) *Feuerbach:* „Konzert" † *Anselm Feuerbach*, dt. Maler d. Klassizismus (* 1829) *M. Liebermann:* „Altmännerhaus in Amsterdam" (Gemälde) *Manet:* „Landhaus i. Bellevue" (frz. Gem.) * *Franz Marc*, dt. express. Maler († 1916) *Rodin:* „Der Denker" (frz. Bronze) Kölner Dom vollend. (Grundstein 1248)	*Brahms:* „Ungarische Tänze" (Klavierstücke f. 4 Hände, 1. T. 1865) † *Jacques Offenbach*, dt.-frz. Komponist (* 1819) *Phil. Spitta* (* 1841, † 1894): „Joh. Seb. Bach" (2 Bde. s. 1874; Ausdruck d. Bachrenaissance) *Tschaikowskij:* „Capriccio italien", „Ouvertüre 1812" (russ. symphonische Dichtungen), Streichquartett Nr. 3 fis-moll, Klavierkonzert Nr. 2 G-dur Opernhaus in Frankfurt/Main eröffnet.	*Emil Du Bois-Reymond* (dt. Physiologe u. Philosoph, * 1818, † 1896): „Die sieben Welträtsel" (1. Wesen v. Kraft u. Materie, 2. Ursprung d. Beweg., 3. Entst. d. Empfindungen, 4. Willensfreiheit, 5. Entst. d. Lebens, 6. Zweckmäßigkeit d. Natur, 7. Urspr. v. Denken u. Sprache; s. Meinung nach unlösbar) *Eberth, Koch, Gaffky:* Typhus-Erreger *Möbius* erweist *Basedow*-Krankheit als Schilddrüsen-Überfunktion *Pasteur* entd. Strepto-, Staphylo- u. Pneumokokken ~ *J. P. Pawlow* beg. Arbeit. über Physiologie d. Verdauungsdrüsen u. bedingte Reflexe an Hunden *William Siemens:* Elektrostahl	Fernsprecher bei der dt. Post durch *Stephan* Welteisenbahnnetz: 371000 km (1850: 38000; 1910: 1 Mill.; 1938: 1,33 Mill. km) Weltausstellung in Melbourne *Whymper* besteigt den Chimborasso (6310 m) in Ecuador ~ In d. Männermode kommt Smoking auf Wildwestschau *Buffalo Bills* i. Europa
~ *Böcklin:* „Die Toteninsel" (Gem., mehrere Fassungen; wird sehr populär) * *Alexander Kanoldt*, dt. Maler († 1939) *Eduard v. Gebhardt* (* 1838, † 1925): „Himmelfahrt Christi" (Gem.) * *Wilhelm Lehmbruck*, dt. expressionist. Bildhauer († 1919, Freitod) *M. Liebermann:* „Waisenhaus in Amsterdam", „Schuhmacherwerkstatt" (Gemälde) *Marées:* „Parisurteil" ~ *Cl. Monet:* „Haus in Vétheuil" (frz. Gem.) * *Max Pechstein*, dt. expressionist. Maler und Graphiker († 1955) * *Pablo Picasso*, span.-frz. Maler, Mitschöpfer des Kubismus, wird zum berühmtesten Maler des 20. Jhs. († 1973)	*Brahms:* Akademische Festouvertüre *Bruckner:* 7. Symphonie E-dur (aufgeführt 1884) *C. Franck:* „Rebecca" (belg., bibl. Szene f. Soli, Chor und Orchester) † *Modest P. Mussorgskij*, russ. Komponist (* 1839) *Offenbach:* „Hoffmanns Erzählungen" (Oper, Uraufführ. posthum)	*Emil Brugsch-Bey* find. ein Grab mit 40 ägypt. Königsmumien i. „Tal d. Könige" *G. A. Hansen* entd. Leprabazillus Erste Berechnungen der elektr. Elementarladung (*Helmholtz, Stoney*) stützen die Vorstellg. vom atomaren Charakter d. Elektriz. Fütterungsversuche von *Lunin* (Vorläufer der Vitaminforschung) Bilddruck d. Rasterätzung (Autotypie) v. *Meisenbach* *Pasteur:* Tollwut-Schutzimpfung *Wilhelm Roux* (* 1850, † 1924): „Der Kampf der Teile im Organismus" (Begründ. d. Entwicklungsmechanik i. Organismus) West-Ost-Durchquerung v. Afrika (Loanda—Sansibar) d. *Wißmann* (bis 1882) Vollend. d. Gotthard-Tunnels (15 km, s. 1872 i. Bau)	American Federation of Labor (AFL) gegrdt. (nordam. Fachgewerkschaftsverband) 1. elektr. Straßenbahn (i. Berlin, v. *Siemens*) Erste Ortsfernsprechnetze in Deutschland Bau d. Ozeandampfers „City of Rome" mit 8150 BRT, 11900 PS, 32 km pro Std. (zum Vergl.: 1935 „Normandie" mit 83400 BRT, 170000 PS, 54 km pro Std.) Erstersteigung der Kleinen Zinne in d. Dolomiten durch *Michel* und *Johann Innerkofler* (gilt als Beginn einer neuen Ära des Alpinismus)

	Sozialismus *Dreibund*	*Keller* *Zola*	*Nietzsche* † *Marx*
1882	Dreibund zw. Deutschland, Italien, Österreich Großbritannien besetzt Ägypten Fürst *MilanObrenović* (* 1854, † 1901) wird erster König von Serbien (bis 1889) * *Franklin Delano Roosevelt*, Präsident der USA 1933 bis 1945 († 12. 4. 1945) Leopoldville in Belgisch-Kongo gegründet	*Daudet:* „Tartarin de Tarascon" (frz. Erzählung) * *Jean Giraudoux*, frz. Dichter († 1944) † *Joseph Arthur* Graf *Gobineau*, franz. Dichter u. Geschichtsphilosoph (* 1816) *Ibsen:* „Ein Volksfeind" (norweg. Schauspiel) * *James Joyce*, irischer Dichter († 1941) *Longfellow:* „Im Hafen" (nordamer. Ged.) † *Henry Wadsworth Longfellow*, Dicht. d. USA (* 1807) *C. F. Meyer:* „Gustav Adolfs Page" (Novelle) *H. Seidel:* „Leberecht Hühnchen", „Jorinde u. a. Geschichten" (Erzählungen) *Turgenjew:* „Gedichte in Prosa" (russisch) * *Sigrid Undset*, norweg. Dichterin († 1949) *O. Wilde:* „Gedichte" (engl.)	*J. Dewey:* „Die metaphysischen Annahmen d. Materialismus" (nordam.) † *Ralph Waldo Emerson*, Philosoph der USA (* 1803) *Haeckel:* „Die Naturanschauung von Darwin, Goethe und Lamarck" * *Nicolai Hartmann*, dt. Philosoph (Neukantianer) († 1950) *Nietzsche:* „Die fröhliche Wissenschaft" (bezeichnet Religion als „Illusion") *J. Ratzel:* „Anthropogeographie" (Mensch u. Landschaft) * *Eduard Spranger*, dt. Philosoph und Psychologe *Otto Willmann* (* 1839, † 1920): „Didaktik als Bildungslehre" (2 Bde. b. 1889) Entstehung der Oberrealschule (mit Hochschulreife ab 1900)
1883	Aufstand gegen Großbritannien im Sudan unter *Mohammed Achmed* * *Benito Mussolini*, ital. Sozialist, dann Faschist u. Diktator († 1945) „Zivildienstreform" v. *Carl Schurz* (* 1829, † 1906) in den USA gegen einseitige Parteiherrschaft in den Ämtern „Fabian-Society", englische evolutionär - sozialistische Gesellschaft gegründet; *G. B. Shaw* Mitglied ab 1884 *G. W. Plechanow* (* 1857, † 1918) u. a. grden. i. d. Emigration russ.-marxistische Gruppe „Befreiung d. Arbeit" (*P.* trennt sich 1903 von *Lenin*)	*Björnson:* „Über unsere Kraft" (norw. Drama, 2. Teil 1895) * *Franz Kafka* (in Prag), Dichter († 1924) *G. Keller:* Ges. Gedichte *Fr. Kluge* (* 1865, † 1926): „Etymologisches Wörterbuch d. dt. Sprache" *Liliencron:* „Adjutantenritte" (Gedichte) * *Joachim Ringelnatz* (eigentlich *Bötticher*), dt. Dichter und Kabarettist († 1934) *Rosegger:* „Der Gottsucher" (Roman) * *Ernst Stadler*, dt. expressionist. Dichter († 1914) *Stevenson:* „Die Schatzinsel" (engl. Abenteuerroman) † *Iwan Turgenjew*, russ. Dichter (* 1818) *Zola:* „Zum Paradies der Damen" (frz. Roman)	*Aug. Bebel:* „Die Frau u. d. Sozialismus" *Dilthey:* „Einleitung in die Geisteswissenschaften" *Rudolf v. Ihering* (* 1818, † 1892): „Der Zweck im Recht" * *Karl Jaspers*, dt. Philosoph (Existential-Philos., † 1969) † *Karl Marx*, dt. Sozialist, begrdte. m. *Engels* „historischen Materialismus" u. „wissenschaftl. Sozialismus" (* 1818) *Nietzsche:* „Also sprach Zarathustra" (Teil 1–3; m. d. Begriff d. „Übermenschen") *Rudolf Sohm* (* 1841, † 1917): „Institutionen d. römischen Rechts" (wirkt ab 1891 am BGB mit) Oxforder Bewegung fordert katholische Orientierung d. anglikanischen Kirche („Ritualismus")

Manet *Leibl*	† *Wagner*	*Elektrizitätswerk* *Maschinengewehr*	
Böcklin: „Heiliger Hain" (Gem.) * *Georges Braque*, frz. Maler, Mitbegr. d. Kubismus *W. Busch:* „Plisch u. Plum" (Bildergesch.) * *Eric Gill*, engl. Graphiker und Bildhauer *v. Gogh:* „Strandansicht" (niederl. Gem.) *Fr. Aug. v. Kaulbach* (* 1850, † 1920): „Lautenschlägerin in antik. Tracht" (Gem.) *Leibl:* „Drei Frauen in der Dorfkirche" (realist. Gem.; beendet) *Manet:* „Pfirsiche" (frz. Gem.) † *Wassilij Perow*, russ. Maler d. Volkslebens (* 1834) † *Dante Gabriel Rossetti*, engl. Maler und Dichter (* 1828)	*Millöcker:* „Der Bettelstudent" (Operette) * *Igor Strawinsky*, maßgebl. Komponist d. 20. Jhs. russ. Herkunft (+ 1971) *Rimskij-Korssakow:* „Schneeflöckchen" (russ. Oper) *R. Wagner:* „Parsifal)" (Bühnenweihefestsp.) Berliner Philharmonisches Orchester unter *Hans v. Bülow* gegr.	*A. Bertillon:* Anthropometrische Messungen (zeitw. i. d. Kriminalistik) + *Charles Darwin*, engl. Naturforscher (* 1809) * *Peter Debye*, niederländ. Physiker, *Nobel*pr. 1936 (+ 1966) *Edison:* 1. Elektrizitätswerk (New York) *Helmholtz:* Quantitative Fassung der chem. „Affinität" (Verwandtschaft) *Koch* entd. Tuberkelbazill. *Ferdinand Lindemann* beweist Unmöglichkeit, einer Kreisfläche gleiches Quadrat zu konstruieren („Quadratur des Kreises") *Pettenkofer:* „Hdb. d. Hygiene" (mit *Ziemssen*, 3 Bde. b. 1883, gilt als Begrdg. d. Hyg.) *Renard* u. *Krebs:* Flüge eines unstarren Luftschiffes mit Elektromotor	*Abbe* grdt. mit *Schott* in Jena Glaswerke f. opt. Spezialgläser Weltausstellung in Moskau Berufsverteilung in Deutschland (zum Vergleich 1933): Landwirtschaft 40% (21) Industrie 37% (39) Handel, Verkehr 9,6% (17) Öffentl. Dienst und freie Berufe 5,1% (7,7) Sonstige 8,4% (16) Sport-„Spielerlaß" von *Goßler* in Preußen
* *Otto Bartning*, Erbauer protestantischer Kirchen *W. Busch:* „Maler Klecksel" (Bildergesch.) ~ *Cézanne:* „Landschaft mit Brücke" (frz. Gem.) † *Gustave Doré*, franz. Illustrator (* 1832) *v. Gogh:* „Auf dem Acker" (niederl. Gem.) * *Erich Heckel*, dt. expressionist. Maler († 1970) *Liebermann:* „Münchner Biergarten" (Gem.) † *Edouard Manet*, franz. Maler, Begr. d. Impressionismus (* 1832) *Marées:* „Pferdeführer u. Nymphe" (Gem.) * *Maurice Utrillo*, frz. Maler († 1955)	*Brahms:* Symphonie Nr. 3, F-dur *Dvořák:* „Stabat Mater" (tschech. Kirchenmusik) † *Friedrich von Flotow*, dt. Opernkomponist (* 1812) † *Richard Wagner*, dt. Opernkomponist, erstrebte d. „Gesamtkunstwerk" (* 1813) * *Anton von Webern*, österr. Komp., Schül. Schönbergs († 1945) Metropolitan Opera i. New York eröffnet	*Cantor:* „Grundlagen einer allgemeinen Mannigfaltigkeitslehre" (Begründer der mathemat. Mengenlehre) *Pierre Curie* entdeckt elektrische Ladungen bei Kristallverformung. (Grundlage d. späteren Schwingquarzes) *Daimler:* Patent auf Automotor *F. Galton* verwdt. Begriff „Eugenik" (vgl. 1865) *de Laval:* Dampfturbine *Mach:* „Die Mechanik in ihrer Entwicklung" *Maxim:* Maschinengewehr Wasserstoffverflüssigung durch *Olzewsky* *Osw. Schmiedeberg* begr. wissensch. Pharmakologie (Arzneimittellehre) * *Otto Warburg*, dt. Zellphysiologe, *Nobel*pr. 1931 (+ 1970)	Großbetriebe i. Dtl. 1882: 10000 mit 1,6 Mill. Besch.; 1895: 19000 mit 3 Mill. Besch.; 1907: 32000 mit 5,4 Mill. Besch. Gesetzliche Einführung der Krankenversicherungspflicht in Deutschland *August Scherl* (* 1849, † 1921) grdt. „Berliner Lokalanzeiger" (1898: „Die Woche" [illustr.]) Weltausstellung in Amsterdam Wolkenkratzer in Chikago Explosion d. Vulkaninsel Krakatau zw. Java u. Sumatra (schwere Schäden bes. durch Flutwelle, langwährende Lufttrübungen)

	Dt. Kolonien	*Storm* *Ibsen*	*Engels* *Nietzsche*
1884	Franz.-Westafrika entsteht Beginn der deutschen Kolonial-Politik: *Carl Peters* (* 1856, † 1908) erwirbt Deutsch-Ostafrika; Deutschland übernimmt die von *Franz Ad. Ed. Lüderitz* (* 1834, † 1886) erworb. Gebiete in Deutsch-Südwest *Peters* grdt. „Dt. Kolonialgesellschaft“ * *Theodor Heuß,* dt. Bundespräsident († 1963) „Deutschfreisinnige Partei“ gegr. (linksliberal) Unfall-Pflichtversicherung in Deutschland Deutschl., Österr. u. Rußl. erneuern Neutralitätsvertr. Russifizierung von Kurland, Livland, Estland Parlamentsreform i. Gr.Brit. gibt Landarbeitern Wahlrecht (1885 liberal. Wahlsieg i. d. Grafschaften) * *Eduard Benesch,* tschechoslowak. Staatsmann († 1948)	† *Emanuel Geibel,* dt. Dichter (* 1815) *Ibsen:* „Die Wildente“ (norwegisches Schauspiel) † *Heinrich Laube,* dt. Dichter und Bühnenleiter (* 1806) * *Joseph Nadler,* österreich. Literaturhistoriker *Ostrowski:* „Schuldlos schuldig“ (russ. Schauspiel) *Leopold v. Sacher-Masoch* (* 1835, † 1895): „Die Messalinen Wiens“ (3 Bde. seit 1874; danach „Masochismus“) *Sienkiewicz:* „Mit Feuer und Schwert“ (polnischer Roman) *Storm:* „Zur Chronik von Grieshuus“ (Novelle) *Twain:* „Huckleberry Finns Abenteuer u. Fahrt.“ (nordamerik. humor. Kinderrom.)	*Engels:* „Der Ursprung der Familie, des Privateigentums und des Staates“ *Wilh. Roscher* (* 1845, † 1923) begr. „Ausführliches Lexikon d. griechischen u. römischen Mythologie“ *Arnold Toynbee* prägt i. Engl. d. Begr. d. „Industriellen Revolution“ f. d. Zeit seit d. ausgehenden 18. Jh. (vgl. 1770)
1885	*Alfons XIII.* König von Spanien (bis 1931) *Grover Cleveland* (* 1837, † 1908) Präsident (Demokrat) der USA (bis 1889 u. 1893–97); kämpft gegen Korruption Betschuanaland britisches Schutzgebiet Portugal erschließt die Kolonie Angola in Afrika Unabhängiger Kongostaat unter dem belgischen König *Leopold II.* Belg. Arbeiterpartei gegr. Annam und Tongking in Hinterindien an Frankreich Krieg zwischen Serbien und Bulgarien um Ost-Rumelien, das bei Bulgarien bleibt	*Anzengruber:* „Der Sternsteinhof“ (Roman) † *Walther Wolfg. v. Goethe* (* 1818, *Goethes* Enkel) vermacht dessen Nachlaß an Weimar Dt. *Goethe*-Gesellschaft gegr. *Gorki:* „Erzählung.“ (russ.) † *Victor Hugo,* franz. Dichter (* 1802) * *Sinclair Lewis,* nordam. Dichter, *Nobel*preis 1930 († 1951) *Guy de Maupassant:* „Bel ami“ (frz. erot. Roman) * *Ina Seidel,* Nichte von *Heinr. S.,* dt. Dichterin *Tennyson:* „Königsidyllen“ (engl. Romanzykl. s. 1859) *Zola:* „Germinal“ (frz. Rom.)	Papst verleiht *Bismarck* d. Christusorden f. Anerkenn. d. päpstl. Schiedsspruches, d. Karolinen Spanien zuspricht Europ. Großmächte u. d. USA verpfl. sich i. d. Kongoakte zur Unterdrück. d. Negersklavenhandels 2. Band d. „Kapital“ v. *Marx* (herausgeg. v. *Engels*)

Marées *Uhde*	*Bruckner* *Joh. Strauß*	*Bakteriologie* *Turbinen*
~ *Antonio Gaudi y Cornet* (* 1852, † 1926) baut seit 1882 Kathedrale „Sagrada familia" in Barcelona (neukatalanischer Stil, jugendstilartig; bis heute unvollendet) *v. Gogh:* „Spinnerin" (ndl. Gem.) *Liebermann* kommt endgültig n. Berlin † *Hans Makart*, österr. Maler eines schwülstig überlad. Stils (* 1840) * *Amedeo Modigliani*, ital. Maler († 1920) *Monet:* „Die Küste v. Monaco" (frz. impress. Gem.) *Renoir:* „Der Nachmittag der Kinder" (frz. impress. Gem.) † *Ludwig Richter*, dt. romant. Maler (*1803) *Uhde:* „Lasset die Kindlein zu mir kommen" (Gemälde)	*Bruckner:* 8. Symphonie c-moll (aufgef. 1892) *Mahler:* Lieder eines fahrenden Gesellen (veröff. 1897) *Jules Emile Frédéric Massenet* (* 1842, † 1912): „Manon" (frz. Oper) *Viktor Neßler* (* 1841, † 1890): „Der Trompeter von Säckingen" (Oper) † *Bedřich* (*Friedrich*) *Smetana*, tschech. Komponist (* 1824)	* *Friedrich Bergius*, dtsch. Chemiker und Industrieller, *Nobel*preis 1931 († 1949) *Daimler* u. *Maybach:* Benzinmotor mit Glührohrzündung und hoher Drehzahl Photographischer Film v. *Goodwin* und *Eastman* *Ch. M. Hall* u. *P. T. Héroult:* Elektrolytische Gewinnung v. Aluminium (bgr. Al-Technik) *O. Hertwig*, *W. Roux*, *E. Straßburger*, *Th. Boveri:* Chromosomen sind Träger d. Vererbung (s. 1883 Aufschw. d. Chromosomen-Forschung) *L. Knorr:* Antipyrin (Antifiebermittel) † *Gregor Mendel*, böhmischer Vererbungsforscher (* 1822) Setzmaschine von *Ottmar Mergenthaler* (*1854, †1899) *J. J. Metschnikow:* Weiße Blutkörperchen „fressen" Bakterien (Phagozyten-Theorie) * *Otto Meyerhof*, dt. Physiologe, *Nobel*pr. 1922 († 1951) * *Charles Nicolle*, franz. Mediziner, *Nobel*pr. 1928 († 1936) *Parsons:* Schnellaufende Überdruck-Dampfturbine (~ 1900 techn. brauchb.) *Pelton:* Freistrahl-Wasserturbine * *Auguste Piccard*, schweizer. Physiker, Stratosphären- und Tiefseeforscher († 1962) Entdeckung der Erreger von Wundstarrkrampf (d. *Nicolaier*), Diphtherie (d. *Löffler*), Cholera (d. *R. Koch*), Typhus (d. *G. Gaffky*) 1. dt. Univ.-Zahnklinik in Berlin unter *Fr. Busch* (* 1844, † 1916) Vollendung des Arlbergtunnels (10 km), im Bau seit 1880
* *R. Delaunay*, frz. Maler († 1941) *v. Gogh:* „Stilleben m. Kartoffeln" (niederl. Gem., kennz. f. seine frühe dunkle Farbgeb.) *Marées:* „Das goldene Zeitalter" (Gemälde) † *Carl Spitzweg*, dt. Maler (* 1808) *Uhde:* „Komm, Herr Jesu, sei unser Gast" (Gemälde) * *Max Unold*, dt. Maler Schloß Herrenchiemsee f. König *Ludwig II.* v. Bayern (überladener Prunkbau, beg. 1878)	*Brahms:* Symphonie Nr. 4, e-moll *Bruckner:* „Tedeum" (Kirchenmusik) *Mahler* Opernkapellmeister in Leipzig * *Anna Pawlowa*, russ. Tänzerin († 1931) *Johann Strauß* (Sohn): „Der Zigeunerbaron" (Operette) *Sullivan:* „Der Mikado" (engl. Operette) *G. B. Shaw* Musik- u. Theaterkritiker (bis 1892)	*Auer v. Welsbach:* Gasglühlicht *Balmer:* Formel f. d. Wasserstoff-Spektrallinien *H. Bauer* erf. Druckknopf *Benz:* 3rädr. Kraftwagen m. Benzinmotor *E. v. Bergmann:* Keimfreie Chirurgie (Asepsis) * *Niels Bohr*, dän. Physik., erkl. d. Formel v. *Balmer*; († 1962) Kunstseide durch *Hilaire de Chardonnet* (* 1839, † 1924) *Daimler:* Kraftrad m. Benzinmotor Rauchloses Schießpulver von *Duttenhofer* u. *Vieille* ~ Zellforschg. entwickelt sich rasch; kennz. z. B. *W. Flemming:* „Zellsubstanz, Kern und Zellteilung" (v. 1882) Erstes aseptisches Krankenhaus durch *Neuber* *Nipkow:* Lochscheibe f. Bild-Abtastung u. -Übertragung *Nordenfeldt:* Erfolgreiches U-Boot (frühere Versuche: *Drebbel* 1624, *Day* 1774, *Fulton* 1801, *Bauer* ~1850) *A. Weismann:* Keimplasma ist unsterblich Brooklyn-Hängebrücke i. New York (s. 1874) Internat. Statistisches Institut gegrdt. Autogenes Schweißen (1905 verbess.) Erste Leipziger Mustermesse *Emil Zsigmondy* (* 1861, † 1885 abgestürzt): „Die Gefahren der Alpen"
J. M. Whistler betont Bedeutg. japan. Kunst Gebäude d. Rijksmuseums, Amsterdam	~ Im „Perserschutt" v. −480 auf d. Akropolis werd. bis 1889 etwa 100000 Vasenscherben gefunden	

	Brit. Imperialismus *Friedenskonferenz*	*Maupassant* *Gorki*	*Ranke* *Bachofen*
1886	Ganz Burma an Brit.-Indien Freist. Columbien erh. Verf. Nigeria w. britische Kolonie Entmündigung und Selbstmord des geisteskranken *Ludwig II.*, Kg. von Bayern seit 1864 (* 1845); Prinz *Luitpold* wird Regent *Hiroburni Ito*, japan. Min.-Präs. (m. Unterbr. b. 1900) Ende des Drei-Kaiser-Bündnisses (seit 1872) *Samuel Fischer* (* 1859, + 1934) grdt. eig. Verlag i. Berlin (wird zu ein. Zentrum zeitgen. Lit. mit *Th. Mann*, *G. Hauptmann*, *H. Ibsen* u. a.)	* *Gottfr. Benn*, dt. individualist. Lyriker († 1956) Gründung der Englischen *Goethe*-Gesellschaft *Ibsen*: „Rosmersholm" (norweg. Schauspiel) † *Alexander Ostrowski*, russ. Bühnendichter (* 1823) † *Josef Viktor v. Scheffel*, dt. Dichter (* 1826) *Sienkiewicz*: „Sintflut" (polnischer Roman) *R. L. Stevenson*: „Der seltsame Fall Dr. Jekyll u. Mr. Hyde" (engl. Roman) *Strindberg*: „Der Sohn der Magd" (schwed. selbstbiographischer Roman b. 1906) *Tolstoi*: „Kreutzersonate" (russ. Erzählg.), „Die Macht der Finsternis" (Drama)	Ende d. „Kulturkampfes"; schrittweise Aufh. d. „Maigesetze" (v. 1873) * *Karl Barth*, schweizer. Theologe (+ 1968) *A. Harnack*: „Lehrb. der Dogmengeschichte" (3 Bde. bis 1889) (Dogma als Hellenisierung d. Christentums) *Nietzsche*: „Jenseits v. Gut u. Böse". † *Leopold von Ranke*, dt. Historik., forderte strenge Quellenkritik (* 1795), 1867 bis 90 sämtl. Werke i. 54 Bdn. † *Ramakrischna*, indischer Hindu und Ordensstifter; lehrte Gleichheit u. Wahrheit aller Religionen (*1834) *W. v. Siemens*: „Das naturwissenschaftliche Zeitalter" (mit optimist. Prognosen) *Wundt*: „Ethik" (3 Bde.)
1887	Britisch-Ostafrika entsteht *Carnot* Präsident von Frankreich (bis 1894 [†, ermordet]) Geheimer Rückversicherungsvertrag Deutschlands mit Rußland; vereinbart gegenseitige wohlwollende Neutralität (bis 1890) Deutsch-französische Krise wird beigelegt *Randal Cremer* grdt. Interparlamentar. Friedenskonferenz Johannesburg in Südafrika gegründet	*André Antoine* eröffn. „Théatre libre" i. Paris f. mod. Schauspielkunst * *Walter Flex*, dt. Dichter, Hauslehrer im Hause *Bismarck* († 1917) *Ebner-Eschenbach*: „Das Gemeindekind" (Rom.) *Goethes* „Urfaust" entdeckt Tagebuch der Brüder *Goncourt* (9 Bände bis 1896, frz.) *Henry Rider Haggard* (*1856, † 1925): „She" (engl. Abenteuer-Rom.) *Amanda Lindner* (* 1868, †1951) spielt d. „Jungfrau v. Orleans" b. Gastsp. d. Meininger Hoftheaters i. Berlin *Sienkiewicz*: „Herr Wolodyjowski" (poln. Roman) *Strindberg*: „Der Vater" (schwed. Schauspiel) *Sudermann*: „Frau Sorge" (Roman) †*Friedr. Theodor Vischer*, dt. Dichter u. Philos. (* 1807) * *Ernst Wiechert*, dt. Dicht. († 1950) * *Arnold Zweig*, dt. sozialkrit. Dichter († 1968)	† *Johann Jakob Bachofen*, schweiz. Geschichtsphilos. und Jurist: „Mutterrecht u. Urreligion" (* 1815) † *Gust. Theodor Fechner*, dt. Philos. u. Psychol. (* 1801) Papst *Leo XIII.* erklärt den Kulturkampf für beendet *Nietzsche*: „Zur Genealogie der Moral" *A. Riehl*: „Der philosophische Kritizismus" Gründung des „Evangelischen Bundes" gegen Katholizismus

Cézanne *Klinger*	*Debussy* *Verdi*	*Kraftwagen* *Grammophon*	
* *Rudolf Belling*, dt. Bildhauer des „absoluten" Stils († 1972) *Cézanne:* „Gardanne" *v. Gogh:* „Vase mit Gladiole", „Mont Martre" (ndl. Gem. in Paris, beeinfl. v. Impressionismus) *M. Klinger:* „Beethoven" (mehrfarb. Denkmal, vollendet 1902) * *Oskar Kokoschka*, dt. Maler und Dichter *Meunier:* „Der Hammerschmied" (belgisches Bildwerk) *Rodin:* „Der Kuß", „Der Gedanke" (frz. Marmorplastiken) *A. Lichtwark*, Direktor d. Kunsthalle, Hamburg (b. 1914)	* *Wilhelm Furtwängler*, dt. Dirigent u. Komponist († 1954) † *Franz v. Liszt*, Komponist u. Pianist aus Ungarn (* 1811) *Saint-Saëns:* Symphonie c-moll mit Orgel (frz.) ~ In New Orleans entsteht aus d. geistl. Gesängen u. d. Musizierfreudigkeit der Neger der improvisierende „Jazz" *Vieille:* Rauchschwaches Schießpulver	*Abbe:* Hochfarbfehlerfreie Mikroskopobjektive („Apochromate") auf Grund neuer Glasschmelzen von *Schott* Entdeckung der Coli-Bakterien durch *Escherich* *Goldstein* entdeckt Kanalstrahlen (positiv geladene Atome) *Hermann Hollerith* (* 1860, † 1929): Elektrische Lochkartenapparatur f. schnelle Datenauswertung (1890 bei der Volkszählung in den USA angewandt) *Richard v. Krafft-Ebing* (*1840, † 1902): „Psychopathia sexualis" „Pilgerschritt" – Walzverfahren für nahtlose Rohre durch d. Gebr. *Mannesmann*	*John S. Pemberton*, Apotheker in den USA, gibt Ursprungsrezept für Coca-Cola an (stärkere Verbreitung erst nach dem 1. und 2. Weltkrieg) Freiheitsstatue im Hafen v. New York errichtet (Geschenk Frankreichs) Deutsch. Schwimmverband gegründet (1885: Deutsch. Keglerbund)
* *Aleksandr Archipenko* (†1964), russ. Bildhauer der „absoluten" Plastik * *Marc Chagall*, russ.-frz. Maler *Busch:* Humor. Hausschatz (gesam. bebild. Verserzähl.) *Gauguin:* „Landschaft auf Martinique" (frz. Gem.) ~ *v. Gogh:* Japanbilder nach *Hiroshige* und Studien nach Gipsmodellen *M. Klinger:* „Parisurteil" (Gemälde) *Liebermann:* „Flachsscheuer" (Gem.) *Marées:* „Hesperiden" (Gem.) † *Hans v. Marées*, dt. Maler; wird unabh. v. *Cézanne* als Überwind. d. Impressionismus betrachtet (* 1837) *Monet:* „Sommertag" (franz. Gemälde)	*Alex. Borodin* (* 1833, † 1887): „Fürst Igor" (russ. Oper s. 1869, vollend. v. *Rimskij-Korssakow* u. *Glasunow* 1889) *Debussy:* „Le Printemps" („Der Frühling", frz. Orchestersuite) *Verdi:* „Othello" (ital. Oper) *A. D. Waller* (*1856 i. Gr. Brit., † 1922) entd. Herzaktionsströme (deren Registrierung zum diagnostisch wichtigen Elektrokardiogramm [EKG] führen)	Dissoziationstheorie der Elektrolyse (Ionentheorie) von *Arrhenius* Platten-Grammophon von *Berliner* *Daimler:* 4rädr. Kraftwagen mit Benzinmotor *Richard Dedekind* (* 1831, † 1916): „Was sind und was sollen die Zahlen?" Eröffn. d. Physikal.-Tech. Reichsanstalt als oberster Maß- u. Gewichtsbehörde; 1. Präsid. *Helmholtz*; gestiftet von *W. v. Siemens* Elektroschmelzofen von *Héroult* *Thomas G. Morton:* regelmäßige Blinddarm-Operationen (i. Philadelphia) * *Erwin Schrödinger*, österr. Phys., *Nobel*pr. 1933 († 1961) *Stanley* befreit *Emin Pascha* in Ostafrika Drehstrommot. v. *Tesla*	Japanische Pressebüros entstehen 21000 Beschäftigte i. d. Krupp-Werken Berliner Varietébühne „Wintergarten" eröffnet

	Kaiser Wilhelm II. *2. Internationale*	*Strindberg* *„Freie Bühne“*	*Nietzsche* *Empirio-Kritizismus*
1888	† *Wilhelm I.* am 9. 3., dt. Kaiser seit 1871, König von Preußen seit 1861 (Regentschaft seit 1858; * 1797); † sein liberal denkend. Sohn u. Nachfolg. *Friedrich III.* am 15. 6. (* 1831); dessen Sohn *Wilhelm II.* dt. Kaiser (bis 1918) Araberaufstand in Deutsch-Ostafrika wird durch *Herm. von Wissmann* (* 1853, † 1905) unterdrückt * *Tschiang Kai-schek*, chinesischer Politiker d. Kuomintang, Marschall u. Staatschef Intern. Konvention über Suezkanal *Strindberg*: „Die Inselbauern“ (schwed. Roman) *Verlaine*: „Liebe“ (frz.)	*Fontane*: „Irrungen, Wirrungen“ (Roman) * *Thomas Stearns Eliot*, engl. Dichter aus USA; *Nobel*pr. 1948 († 1965) *Hamsun*: Amerikasatire (spiegelt eig. Erlebn.) *G. Hauptmann*: „Bahnwärter Thiel“ (naturalist. Erz.) *Ibsen*: „Die Frau vom Meere“ (norweg. Schauspiel) *Wladimir G. Korolenko* (* 1853, † 1921): „Sibir. Geschichten“ (aus seiner Verbannung 1879—85, dt. Übers. aus d. Russ.) * *Eugene Gladstone O'Neill*, nordamerikan. Dramatiker († 1953) *Storm*: „Der Schimmelreiter“ (Novelle) † *Theodor Storm*, dt. Dichter (* 1817)	*R. Avenarius*: „Kritik der reinen Erfahrung“ (Begr. d. Empirio-Kritizismus, 2 Bde. b. 1890) *Engels*: „Ludwig Feuerbach u. d. Ausgang d. dt. Philosophie“ *Eucken*: „Die Einheit d. Geisteslebens in Bewußtsein und Tat der Menschheit“ *Nietzsche*: „Der Wille zur Macht“ (s. 1884, unvoll.), „Die Umwertung aller Werte. Der Antichrist“, „Nietzsche contra Wagner“ *H. Wölfflin*: „Renaissance und Barock“ (gilt als Grundl. d. Barockforschg.) „Oxford English Dictionary“ (maßgeb. engl. Wörterbuch) beginnt zu erscheinen Gesellsch. f. Lit. u. Kunst, Moskau
1889	* *Adolf Hitler*, Begr. d. dt. Nationalsozialismus (NSDAP), Diktator („Führer“) 1933–1945 (†, Selbstmord) * *Ernst Reuter*, sozialdemokrat. Politiker († 1953) Gründung der sozialdemokratischen Parteien in Österreich und der Schweiz Gründung der sozialdemokrat. „Zweiten Internationale“ in Paris Erste Maifeier (in Paris) Brasilien Republik nach Aufstand gegen Beseitigung der Sklaverei Vertrag des Negus von Abessinien *Menelik* († 1913) mit Italien; von Italien 1896 gebrochen Rhodesien britischer Besitz Japan konstitutionelle Monarchie Erzherzog *Rudolf v. Österreich-Ung.* (* 1858) erschießt seine Geliebte und sich	† *Ludwig Anzengruber*, österr. Dichter (* 1839) *Carducci*: „Odi Barbare III“ (I 1877, II 1882) *G. Hauptmann*: „Vor Sonnenaufgang“ (Schauspiel) *A. Holz* u. *J. Schlaf*: „Papa Hamlet“ (naturalist. Erz.) *Jerome*: „Drei Mann in einem Boot“ (engl. humor. Erzählung) *I. Kurz*: „Gedichte“ *Guy de Maupassant* (* 1850, † 1893): „Stark wie der Tod“ (frz. Roman) *Sudermann*: „Ehre“ (Schauspiel), „Der Katzensteg“ (Roman) Theaterverein „Freie Bühne“ von *Maximilian Harden*, den Brüdern *Hart* und *Theodor Wolff* gegründet; Leiter (bis 1893) *Otto Brahm* (* 1856, † 1912); beg. m. „Gespenster“ von *Ibsen* u. „Vor Sonnenaufgang“ von *G. Hauptmann*	*Mohammed Abduh* (* 1849, † 1905) kehrt aus d. Verbannung zurück u. reformiert Azha-Moschee i. Kairo i. Sinne ein. modernen Islams *Bergson*: „Zeit und Freiheit“ (franz.) *August Fournier* (* 1850, † 1920): „Napoleon I.“ (3 Bde. s. 1886; maßg. histor. Biographie) * *Martin Heidegger*, dt. Philosoph (Existential-Philosophie) *Nietzsche*: „Götzendämmerung“, „Ecce homo“; fällt in geistige Umnachtung † *Albrecht Ritschl*, dt. evangelisch. Theologe (* 1822) *Bertha von Suttner*: „Die Waffen nieder“ (österr. pazifistischer Roman) „Fabian-Essays“ (britischer evolutionärer Sozialismus, mit Vorwort *Shaws*) Arbeiter-Samariter-Bund gegrdt.

Rodin *Renoir*	*H. Wolf* *Rimskij-Korssakow*	*Nansen* *Radiowellen*	
Cézanne: „Jung. Mann mit roter Weste“ (frz. Gem.; *C.* arbeitet im Gegens. z. d. Impress. m. geschloss. Farbfläch., die schon auf d. Kubismus weisen) *James Ensor* (* 1860, † 1949): „L'entrée du Christ à Bruxelles“ (belg. Gem. zw. Im- und Expressionismus) *Gauguin:* Bildnis *van Goghs* (frz. Gem.) *van Gogh:* „Garten in Arles“, „Landschaft m. Zypresse“, „Selbstbildnis ,v. Staffelei“, „Fischerboote am Strand“, „Sonnenblumen“ (ndl. Gem.) *M. Liebermann:* „Netzflickerinnen“ (Gem.)	*Josef Bayer* (* 1852, † 1913): „Die Puppenfee“ (österr. Ballett) *C. Franck:* „Seele“ (belg. sinf. Dichtung f. Orchester u. Chor), Symphonie d-Moll *Grieg:* Peer-Gynt-Suite Nr. 1 (vgl. 1876) *Rimskij-Korssakow:* „Scheherazade“ (russ. Tondichtung) *Tschaikowskij:* 5. Symphonie e-moll, op. 64 *H. Wolf:* *Mörike-* u. *Eichendorff*-Lieder * *Renée Sintenis*, dt. Bildhauerin († 1965) *Rodin:* „Die Bürger v. Calais“ (frz. Denkmal s. 1884, z. Erinnerung an d. Belagerung 1347)	*Doehring:* Spannbeton Elektronenauslösung durch Licht von *Hallwachs* Erzeugung und Nachweis elektromagnetischer Wellen durch *Heinrich Hertz* (* 1857, † 1894); beweist damit *Maxwells* theoretische Vorstellungen *Sophus Lie* (* 1842, † 1899): „Theorie der Transformationsgruppen“ (bis 1893) *William Marshall.* „Die Tiefsee u. ihr Leben“ Ostwestdurchquerung Südgrönlands durch *Nansen* auf Skiern *Pasteur*-Institut, Paris Versuche mit Einschienen-Sattelbahn in Irland (i. Dtl. 1952 wiederaufgenommen)	Weltausstellungen in Barcelona, Melbourne, Moskau, Sydney Europ. Bahnverbindung n. Konstantinopel † *Friedrich Wilhelm Raiffeisen*, Gründer der landwirtschaftlichen Kreditgenossenschaften (* 1818)
† *Jules Dupré*, frz. Maler (* 1811) *van Gogh:* „An der Schwelle d. Ewigkeit“, „Die Schlafkammer“, „Kornfeld m. Mäher i. der Sonne“, „Pietà“ (nach *Delacroix*), „Grabende Bauern“ (nach *Millet*) (ndl. Gem.) Geht nach d. Bruch mit *Gauguin* in eine Anstalt für Geisteskr. i. St. Rémy *Munch:* „Mädchen am Brückengeländer“ (norweg. Gemälde) * *G. Marcks*, dt. Bildhauer * *Paul Nash*, engl. Maler *Renoir:* „Badende“ *Uhde:* „Heilige Nacht“ (Triptychon) —— * *Charlie Chaplin*, engl. Filmschauspieler in USA	*R. Strauss:* „Don Juan“ (Tondichtung) *Tschaikowskij:* „Dornröschen“ (russ. Ballett) *H. Wolf:* „*Goethe*-lieder“	*Behring* entd. Antitoxine *Brown-Séquard* leitet durch Selbstversuche mit Sexualhormonen Hormonforschung ein *Dolivo-Dobrowolski:* Drehstrommotor *F. Galton:* „Natürliche Vererbung“ (Grundl. d. statistischen Vererbungsforschung) * *Edwin Powell Hubble*, nordam. Astronom († 1953) *Lenard* läßt Elektronen aus ein. Entladungsrohr i. Luft austreten *O. Lilienthal:* „Der Vogelflug als Grundlage d Fliegekunst“ (grundleg.) *v. Mehring* und *Minkowski* erweisen durch Tierversuche Zuckerkrankheit als Ausfallerscheinungen der Bauchspeicheldrüse Fa. *Kathreiners* (gegr. 1829) beg. Herst. des *Kneipp*-Malzkaffees	Invalidenpflichtversich. für Arbeiter in Deutschland Großer Ruhrstreik. Audienz d. Arbeiter b. Kaiser; err. Lohnerhöhung u. Arbeitszeitverkürz. Zeitschrift „Die Bodenreform“ von *Damaschke* gegründ. *Gustave Eiffel* (* 1832, † 1923): Turm f. d. Pariser Weltausstellung (Höhe 300 m; längere Zeit d. höchste Bauwerk d. Erde), s. 1885 Pariser Weltausstellung mit 28 Mill. Besuchern 1. Autoausstellung (i. Paris) *Hans Meyer* u. *Purtscheller:* Erstbesteigung des Kilimandscharo in Afrika (5968 m)

	Bismarcks Entlassung *Sozialdemokratie*	*Wedekind* *Volksbühne*	*Windthorst* *Engels*
1890	*Wilh. II.* entl. *Bismarck* mit d. Titel ein. Herzgs. v. Lauenbg. Gen. Graf *Leo von Caprivi* dt. Reichskanzler (bis 1894) Ende des deutschen Rückversicherungsvertrages mit Rußland (seit 1887) Deutsch-Ostafrika wird dt. Schutzgebiet Ende des Sozialistengesetzes (seit 1878). Umbildung der „Sozialist. Arbeiterpartei" zur „Sozialdemokrat. Partei Deutschl." unter *Aug. Bebel* Großbrit. gibt Helgoland a. Deutschl. gegen Witu und Sansibar *Cecil Rhodes*, Diamantfeldbesitzer (* 1853, † 1902), wird südafr. Ministerpräs. b. 1896) *Wilhelmina* Königin der Niederlande bis 1948 (* 1880) † Graf *Gyula Andrassy*, ungar. Staatsmann (* 1823)	* *Kasimir Edschmid*, dt. express. Dichter († 1966) *St. George*: „Hymnen" (Ged.) *Hamsun*: „Hunger" (norweg. Roman) * *Walter Hasenclever*, dt. express. Dichter († 1940) *G. Hauptmann*: „Das Friedensfest" (Schauspiel) *Ibsen*: „Hedda Gabler" (norweg. Schauspiel) † *Gottfried Keller*, schweiz. Dichter (* 1819) *Kurz*: „Florentinische Novellen" *Liliencron*: „Der Haidegänger" (Gedichte) *Strindberg*: „Am offenen Meer" (schwed. Roman) * *Frank Thieß*, dt. Dichter * *Franz Werfel*, österr. Dichter († 1945) „Freie Volksbühne" in Berlin gegrdt.; beg. mit *Ibsen*: „Stützen d. Gesellsch."	*W. James*: „Prinzipien d. Psychologie" (nordamer.) *Julius Langbehn* (* 1851, † 1907): „Rembrandt als Erzieher. Von einem Deutschen" („lebensvoller" Typ gegen „Verstandesmenschen") † *Heinr. Schliemann*, dt. Archäologe (* 1822) *Stumpf*: „Tonpsychologie" *Gabriel Tarde* (* 1843, † 1904): „Die Gesetze der Nachahmung" (frz. Soziologie d. Verbrechens) *A. Stoecker*, *Alfred Weber*, *A. Harnack*, *A. Wagner* u. a. gründen Evangelisch-sozialen Kongreß zur Bekämpfung sozialer Mißstände Gründung des „Deutschen Gymnasialvereins" zur Erhaltung des humanistischen Gymnasiums
1891	*Bismarcks* Entlassung wird teilw. heftig kritisiert Gründung des „Internationalen Friedensbüros" in der Schweiz (erhält 1910 Friedens*nobel*preis) „Alldeutscher Verband" gegr. (Vorkämpfer f. eine imperialistische Politik) Erfurter Programm (gilt als Höhepunkt d. strengen Marxismus i. d. SPD) † *Helmuth v. Moltke*, preuß. Feldherr 1866 u. 1870/71, „Der große Schweiger" (* 1800) † *Ludwig Windthorst*, Leiter der deutschen Zentrumspartei, *Bismarck*gegner (* 1812)	† *Iwan Alexandrowitsch Gontscharow*, russ. Dichter (* 1812) *G. Hauptmann*: „Einsame Menschen" (Schauspiel) * *Klabund* (*Alfred Henschke*), dt. Dichter († 1928) *Lagerlöf*: „Gösta Berling" (schwed. Roman) *Maupassant* schrieb i. 10 Jahren 300 Nov.; wird geisteskrank *C. F. Meyer*: „Angela Borgia" (Schweiz. Novelle) *Sudermann*: „Sodoms Ende" (Schauspiel) *Wedekind*: „Frühlings Erwachen" (Schauspiel) *Whitman*: „Good Bye, My Fancy" (nordam. Ged.) *Wilde*: „Das Bildnis des Dorian Gray" (engl. Roman) *Zola*: „Das Geld" (franz. Roman) Schlierseer Bauerntheater gegrdt.	*Engels*: „Die Entwicklung des Sozialismus von der Utopie zur Wissenschaft" † *Paul Anton de Lagarde*, dt. nationalistischer u. antisemitischer Sprachforscher (* 1827) *Fr. Ratzel*: „Politische Geographie" (begrdt. diese als selbst. Disziplin) *Gust. Wustmann*: „Allerhand Sprachdummheiten" (Sprachlehre) Päpstl. Enzyklika „Rerum novarum" zur Arbeiterfrage im Sinne sozialer Reformen Gründung der neubuddhistischen Mahabodhi-Society in Colombo

Cézanne *Monet*	*R. Strauß* *Mahler*	*Lilienthal* *Fernstrom*	
Cézanne: „Landschaft bei Aix" (frz. Gem.) *van Gogh:* „Der Pflug", „Kornfeld m. Krähen" † *Vincent van Gogh* (Freitod i. geistig. Umnachtung), ndl. Maler zwischen Im- u. Expressionismus (* 1853) *Liebermann:* „Frau mit Ziegen" (Gem.) *Monet:* „Heuschober" (frz. Gem., 15 Bilder zu versch. Tageszeiten u. Beleucht. b. 1895; konsequent. „Impressionismus") *Rodin:* „Danaide" (frz Plastik) *Segantini:* „Pflügen" (ital. Gemälde) *H. Thoma:* „Taunuslandschaft" (Gemälde) ~ Japaner beeinflußen Stil d. schlichten Sachlichkeit in England	*Debussy:* „Suite bergamasque" (frz.) *C. Franck:* 3 gr. Orgelchoräle † *César Franck*, belg. Komponist (* 1822) *Mascagni:* „Cavalleria rusticana" (ital. Oper) *Tschaikowskij:* „Pique Dame" (russ. Oper, Text n. *Puschkin*) 1. Kunstsezession i. Paris	* *William Lawrence Bragg*, engl. Physiker, *Nobel*pr. 1915 m. s. Vater († 1971) Fritter (Kohärer) zum Nachweis elektrischer Wellen von *Branly* *J. B. Dunlop* produz. Luftreifen Synthetischer Zucker von *Emil Fischer* *F. Hofmeister:* 1. Kristallisation eines Proteins *R. Koch* erzeugt Tuberkulin *Stoney* führt den Begriff „Elektron" für die kleinste elektrische Ladung ein Dreifarbendruck von *Ulrich* und *Vogel* *P. Rudolph:* Anastigmat (Photo-Objektiv) Firth of Forth-Brücke (521 m Spannw., s. 1883)	1. intern. Maifeiern. Aussperrung i. Hamburg; Arbeitgeberverbände gegrdt. 130000 Mitgl. der Freien Gewerksch. (1900 680000) Nordam. Gewerkschaft (AFL) propag. 8-Std.-Tag USA: Schutzzollpolitik Systematische Anwendung künstlichen Düngers. Ernteertrag 1880: 0,8 t/ha Roggen, 7 t/ha Kartoffeln (1900: 1,4 bzw. 13 t 1937: 1,7 bzw. 19 t) Erdweite Grippeepidemie *Sepp Innerkofler* bezwingt Nordwand d. Kleinen Zinne
~ *Degas:* „Zwei Tänzerinnen im blauen Rock" (frz. impress. Gemälde) * *Otto Dix*, dt. Maler eines realistischen Stils († 1969) *Gauguin* auf Tahiti (bis 93 und ab 95) *M. Liebermann:* „Bürgermeister Petersen" (Gemälde) * *Jacques Lipchitz*, kubist. Plastiker litauischer Herkunft (1909 nach Paris) † *Georges Seurat*, frz. Maler (* 1859) *Toulouse-Lautrec:* „La Goulue" (frz. kolorierte Kreidezeichn.; Studie zum Plakat für „Moulin Rouge" in Paris)	† *Léo Delibes*, franz. Komponist (* 1836) * *Sergej Prokowjew*, russ. Komponist († 1953) *R. Strauss:* „Tod und Verklärung" (Tondichtung) *Tschaikowskij:* „Nußknacker-Suite" (russ. Ballett-Musik) *Karl Zeller* (* 1842, † 1898): „Der Vogelhändler" (Operette)	* *Frederik Banting*, kanad. Mediziner, 1923 *Nobel*pr. Elektr.-Leitg. über 175 km durch *Dolivo-Dobrowolski* Rotations-Kupfertiefdrck. von *Klietsch* *Samuel P. Langley* (* 1834, † 1906): „Experimente in Aerodynamik" (Grundlegung der Flugzeuge schwerer a. Luft i. d. USA) *Lilienthal:* 1. Segelflüge Erste erfolgreiche Mixödem-Behandl. m. Schilddrüsenextrakt d. *Murray* Hochspannungstransformator von *Tesla* (über 1 Mill. Volt) 500 000 t Schwefelsäure-Erzeug. i. Deutschl. (1901: 850000 t, 1937: 2,03 Mill. t) 0,6 PS-Jahre pro Einwohner in Deutschland (1912: 1,6; 1937: 3,0 PS-Jahre). Rußl.: 0,02 (1912: 0,11; 1937: 0,59) PS-Jahre	*Abbe* begrdt. Carl-Zeiss-Stiftung mit Gewinnbeteilig. d. Arbeiter Erster Kongr. d. freien Gewerksch., beschl. Frauen aufzunehmen Reichsges. regelt Sonntagsruhe Maximale Arbeitszeit f. Fabrikarbeiterinnen über 16 Jahre in Dtl. 11 Stunden Fernsprechdienst Gr. Brit.—Kontinent Hungerjahr i. Rußl. (vertieft soziale u. polit. Spannungen) Erdbeben in Japan (Mino-Owan): 7500 Tote, 130 000 zerstörte Gebäude ~ Schnürschuh in der Männermode vorherrschend

	Zar Nikolaus II. *Dreyfus-Affäre*	*G. Hauptmann* *Hamsun*	*Haeckel* *Frauenbewegung*
1892	„Deutsche Friedensgesellschaft“ in Berlin gegründet *Maximilian Harden* (* 1861, † 1927) grdt. Wochenschrift „Die Zukunft“ (best. b. 1922); schreibt f. *Bismarck*, gegen *Caprivi*, *Sudermann*, die „Hofkamarilla“ um *Wilhelm II.*, bes. Fürst *Eulenburg* (Prozesse 1906)	* *Pearl S. Buck*, Dichterin der USA, *Nobel*preis 1938 *Hamsun:* „Mysterien“ (norweg. Roman) *G. Hauptmann:* „Die Weber“ (Schausp.), „Kollege Crampton“ (Lustsp.) *Heidenstam:* „Hans Alienus“ (schwed. Rom.) *Ibsen:* „Baumeister Solneß“ (norweg. Schauspiel) *Kipling:* „Baracken-Balladen“ (engl.) *Shaw:* „Frau Warrens Gewerbe“ (engl. Schauspiel) † *Alfred Tennyson*, engl. Dichter (* 1809) † *Walt Whitman*, nordam. Dichter (* 1819)	*Bebel:* „Christentum u. Sozialismus“ *Haeckel:* „Der Monismus. Glaubensbekenntnis eines Naturforschers“ *Karl Krumbacher* (* 1856, † 1909): „Byzantinische Zeitschr.“ (begrdt. byzant. Philologie) *Friedrich Paulsen* (* 1846, † 1908): Einleitung i. d. Philosophie“ (s. eig. Phil. ist von *Fechner*, *Wundt*, *Kant* u. *Spinoza* beeinfl.)
1893	*Cleveland* zum zweitenmal Präsident der USA (bis 1897) „Bund d. Landwirte“ (konservativ) i. Dtl. gegrdt. Gründung der „Unabhängigen Arbeiterpartei“ in Großbritannien (vgl. 1900) Vorstufe der republikanischen Kuomintang-Partei in China gegründet	*Halbe:* „Jugend“ (Trauersp.) *Hamsun:* „Redakteur Lynge“ (norweg. Roman) *G. Hauptmann:* „Der Biberpelz“ (Lustspiel) *Schnitzler:* „Anatol“ (Schauspiel) *Verlaine:* „Meine Gefängnisse“ (frz. Dicht.) *Wilde:* „Lady Windermeres Fächer“ (engl. Lustspiel) und „Salome“ (in franz. Sprache; Oper v. *R. Strauß*)	* *Charlotte Bühler*, österr. Jugendpsychologin *G. Frege* begründet math. Logik (Logistik) *Reinhold Koser* (* 1852, † 1914): „Kg. Friedrich d. Gr.“ (gilt als maßg. histor. Biogr.) *Helene Lange* grdt. Zeitschr. „Die Frau“; setzt sich für Mädchenschulwesen ein (u. a. Gymnasialkurse)
1894	Der jüd.-frz. Offiz. *Alfred Dreyfus* weg. angebl. Landesverr. verurt. u. deport. (1906 rehab.) *Casimir-Périer* Präsid. von Frankreich (bis 1895). Frankreich erobert Dahome in Westafrika Fürst *Hohenlohe* dt. Reichskanzler (bis 1900) † *Alexander III.*, Zar v. Rußl. s. 1881 (* 1845); *Nikolaus II.* Zar von Rußland bis 1917 (erschossen 1918, * 1868) † *Lajos v. Kossuth*, ungarischer Politiker (* 1802) Japan.-chines. Krieg (bis 1895): Korea v. China unabhängig (1910 zu Japan); Formosa u. Fischerins. an Japan	*Hamsun:* „Pan“ (norweg. Roman) *G. Hauptmann:* „Hanneles Himmelfahrt“ (Schausp.) *Ibsen:* „Klein Eyolf“ (Schsp.) *Kipling:* „Das Dschungelbuch“ (engl.) † *Robert L. Stevenson*, engl. Romanschriftsteller (* 1850) *Wilde:* „Eine Frau ohne Bedeutung“ (engl. Komöd.) *Zola:* „Die drei Städte“ („Lourdes“, „Rom“, „Paris“, frz. Romanfolge b. 1898) Dt. Theat.: „Weber“-Auff. unt. *Brahm* (Hofloge wird gekündigt) Verlag v. *Alb. Langen* (* 1869, † 1909) i. Lpz. u. München (1893 i. Paris gegr., pflegt nord. Lit.)	*Lou Andreas-Salomé* (* 1861, † 1935): „Friedr. Nietzsche i. s. Werken“ (Freundin *N.s* russ. Abkunft) *Dilthey:* „Ideen über eine beschreibende und zergliedernde Psychologie“ *R. Garbes:* „Die Sankhya-Philosophie“ (betont ind. Rationalismus gegenüb. d. Mystik) *R. Steiner:* „Die Philosophie der Freiheit. Grundzüge einer modernen Weltanschauung“ (vortheosophische, radikal-individualist. Philosophie) Gründung des „Bundes dt. Frauenvereine“ m. d. Ziel d. Gleichberechtigung d. Frau

Toulouse-Lautrec *Liebermann*	*Tschaikowskij* *Debussy*	*Diphtherie-Heilserum* *Örtl. Betäubung*	
† *Constantin Guys*, frz. Maler (* 1805) *M. Liebermann*: „Gattin d. Künstlers" *Toulouse-Lautrec:* „In Moulin rouge" (Gem.) *Meunier:* „Der verlorene Sohn" (belg. Plastik) *Segantini:* „Trübe Stunde" (it. Gemälde) *Henri van de Velde* wend. sich als Autodidakt d. Kunstgewerbe zu; wird führend i. „Jugendstil" Münchner Sezession gegrdt. (*Uhde*, *Stuck* u. a.)	*Bruckner:* „150. Psalm" *Leoncavallo:* „Der Bajazzo" (ital. Oper, Urauff. unter *Toscanini* m. *Caruso*) *Tschaikowskij:* 3. Klavierkonzert, Es-dur, op. 79 (unvoll.) *Verdi:* „Falstaff" („Lyrische Komödie" i. einem sinfon. Spätstil; Urauff. 1893)	* *Louis de Broglie*, belg.-frz. Phys., *Nobel*pr. 1929 * *Arth. Holly Compton*, USA-Physiker († 1962) *Dubois* findet Überreste d. Affenmenschen (Pithecanthropus) a. Java (seit 1891) *Alph. Forel:* „D. Genfer See" (Begr. d. Limnologie = Seenkunde) † *Werner v. Siemens*, dt. Ing. u. Unternehmer (* 1816) Biolog. Anst. Helgoland gegrdt. „Versamml. dt. Naturforscher u. Ärzte" fest organ.	Wirtschaftskrise in d. USA (bis 1896) General Electric Company in USA gegründet Berliner Bau- und Wohnungsgenossenschaft gegründet Arbeiter-Turn- und Sportbund in Dtl. gegründet Frauen - Sechstage Radrennen in New York Cholera in Hamburg (letzte Ch.-Epidemie in Deutschland) 1. Berliner Reisebüro *Hugo Stangen*
* *George Grosz*, dt. sozialkritischer Maler u. Graphiker († 1959) *Liebermann:* „Reiter u. Reiterin" (Gem.) *Meunier:* „Lastträger" (belg. Plastik) † *Peter Tschaikowskij*, russ. Komponist (a. d. Cholera) (* 1840)	*Debussy:* Streichquart. *Dvořák:* 5. Symphonie („Aus der Neuen Welt"), Violinkonzert † *Charles Gounod*, frz. Komponist (* 1818) *Humperdinck:* „Hänsel und Gretel" (Oper) *Puccini:* „Manon Lescaut" (Oper) *Sibelius:* „Karelia" *Tschaikowskij:* 6. Symphonie („Pathétique")	*Behring:* Diphtherie-Heilserum *Rudolf Diesel* baut seinen Motor (b. 1897) *J. Elster* u. *H. Geitel:* Photozelle *Nansens* Nordpol-Expedition a. d. „Fram" bis 86° 4' nördl. Breite (bis 1896) *Nernst:* „Theoret. Chemie" Heißdampf-Lokomotive durch *W. Schmidt*	1. intern. Photoausstellung i. Hamburg Weltausstellung in Chicago auf 278 ha Freiwill. Arbeitslosenversicherung in Bern Erst. dt. Skiclub im Schwarzwald
Aubrey Beardsley (* 1872, † 1898): Zeichnungen zu *Wildes* „Salome" *Rosa Bonheur* (* 1822, † 1899), frz. Tiermalerin, erhält als erste Frau Kreuz d. Ehrenlegion *Gauguin:* „Paris im Schnee" (frz. Gem.) *A. v. Hildebrand* (* 1847, † 1921): Wittelsbacherbrunnen in München *Liebermann:* „Schreitender Bauer" (Gem.) *Franz Stuck* (* 1863, † 1928) „Der Krieg" (symbol. Gem.) *Wallot:* Reichstag in Berlin (seit 1884)	*Bruckner:* 9. Symphonie d-moll (unvollendet) *Debussy:* „L'Après-midi d'un Faune" („Der Nachmittag ein. Fauns", frz. Tondichtung, gilt als Begrdg. des musikalischen Impressionismus) *G. Mahler:* 1. Symphonie G-Dur † *Anton Rubinstein*, russischer Komponist (* 1829)	*Haeckel:* „Systematische Phylogenie" *Sven Hedin* i. Tibet (- 1897) † *Hermann v. Helmholtz*, dt. Naturforscher (* 1821) *Louis Lumière* (* 1864, † 1948) erfindet Kinematographen *Oliver* und *Schäfer* beweisen Wirksamkeit des Nebennierenmarkextraktes Isolierung des Edelgases Argon d. *Rayleigh* u. *Ramsay* *M. Rubner:* Energieerhaltungsges. f. Lebewesen Örtl. Betäubung (Lokalanästhesie) v. *Karl Ludwig Schleich* (* 1859, † 1922) *Yersin* und *Kitasato* entd. Pestbazillus (unabh.)	*A. Lichtwark* (* 1852, † 1914): „Die Bedeutung der Amateurphotographie" Beg. d. christl. Gewerkschaftsbewegung i. Dtl. (Eisenbahngew. i. Trier) „Leipziger Volkszeitung" (soziald.) Weltausstellung in Antwerpen *Baron de Coubertin* gründet Komitee für Olympische Spiele Erstes internationales Autorennen Paris—Rouen (Daimlerwagen siegt) Tower-Brücke in London fertiggest.

	Italien.-abess. Krieg	*Fontane* *Verlaine*	*S. Freud* *R. Eucken*
1895	* *Georg VI.*, König v. Großbritannien 1937–1952 (†) *F. Faure* Präsident von Frankreich b. 1899 (†, * 1841) Frankreich erobert Madagaskar * *Kurt Schumacher*, dt. sozialdemokrat. Politiker († 1952) *Th. Masaryk:* „Die tschechische Frage" Kubanischer Aufstand gegen Spanien Formosa wird japan. Besitz (1945 wieder an China)	† *Alexandre Dumas* (Sohn) franz. Dichter (* 1824) *Fontane:* „Effi Briest" (Rom.) † *Gustav Freytag*, dt. Dichter (* 1816) *Ganghofer:* „Schloß Hubertus" (Roman) * *Hsü Tschi Mo*, chinesischer Lyriker († 1931) * *Kuo Mo Yo*, chin. Dichter (u. a. Faust-Übersetzung) † *Nikolai Leskow*, russischer Dichter (* 1831) *Shaw:* „Candida" (engl. Schauspiel) *Tolstoi:* „Herr und Knecht" (russ. Erzählung) *Verlaine:* „Beichte" (frz.) *Wedekind:* „Erdgeist" (Schauspiel) *Wells:* „Die Zeitmaschine" (engl. Zukunftsroman)	*A. Bebel:* „Die Sozialdemokratie u. d. allgemeine Wahlrecht" † *Friedrich Engels*, dt. Sozialist, Begr. d. „Dialektischen Materialismus", Freund v. *Karl Marx* (* 1820) *S. Freud* u. *Breuer:* „Studien über Hysterie" (Begrdg. d. „Psychoanalyse" oder „Tiefenpsychologie" † *Luise Otto-Peters*, Gründerin des „Allgemeinen dt. Frauenvereins" (* 1819) *J. A. Sickinger* begrdt. Mannheimer Syst. d. Volksschule mit Förderklassen London School of Economics and Political Science gegrdt. (wird z. Mittelpunkt d. Sozialwissenschaften) Kathol. Abstinenzliga gegrdt. (geg. Alkoholmißbrauch) „Revised Version" als offizielle engl. Bibelübers. (seit 1881)
1896	Krieg Italiens gegen Abessinien Schlacht bei Adua: Abessinien besiegt Italien und erlangt Unabhängigkeit *Theodor Herzl* (* 1860, † 1904): „Der Judenstaat" (Jüdisch-zionistische Forderung nach palästinensischer Heimstätte) *Friedrich Naumann* gründet „Nationalsozialen Verein" Sachsen erhält Drei-Klassen-Wahlrecht unter König *Albert* † *Paul Verlaine*, frz. Dichter, Bohémientyp (* 1844) *Alfred Jarry* (* 1873, † 1907): „König Ubu" (frz. satir. Schauspiel)	*J. Conrad:* „Der Verdammte d. Inseln" (engl. Roman) *Frenssen:* „Die Sandgräfin" (Roman) † *Edmond de Goncourt*, franz. Dichter (* 1822) *G. Hauptmann:* „Die versunkene Glocke", „Florian Geyer" (Schauspiel) *Ibsen:* „John Gabriel Borkman" (norweg. Schauspiel) *Eugen Diederichs* (* 1867, † 1930) grdt. Verlag i. Florenz (1904 n. Jena) Drehbühne v. *Lautenschläger* *Raabe:* „Die Akten des Vogelsangs" (Novelle) *Rilke:* „Larenopfer" (Ged.) *Rosegger:* „Das ewige Licht" (Roman) *Schnitzler:* „Liebelei" (Schsp.) *Sienkiewicz:* „Quo Vadis" (poln. Roman) *Tschechow:* „Die Möwe" (russ. Schauspiel)	† *Richard Avenarius*, dt. Philosoph des „Empiriokritizismus" (* 1843) *Bergson:* „Materie und Gedächtnis" (frz. Philosophie) *H. H. Busse* grdt. m. *L. Klages* u. *G. Meyer* die „Dt. grapholog. Gesellschaft" *R. Eucken:* „Der Kampf um einen geistig. Lebensinhalt" *Ed. v. Hartmann:* „Kategorienlehre" *Rickert:* „Die Grenzen der naturwissenschaftlichen Begriffsbildung" † *Heinrich von Treitschke*, dt. antilib. Geschichtsschreiber (* 1834) *H. Wolgast* (* 1816, † 1920): „Das Elend unserer Jugendliteratur" (ford. d. künstler. wertvolle Jugendbuch) ~ Anfänge der Jugendbewegung als Emanzipation von der älteren Generation des Bürgertums (vgl. 1901)

Munch *Kollwitz*	*Brahms* *Puccini*	*Röntgenstrahlen*	
~ *Corinth:* „Mädchenakt i. Bett" (dt. impress. Gem.) *Käthe Kollwitz:* „Weberaufstand" (6 Radierungen b. 1898) ~ *Munch:* „Geschrei", „Die tote Mutter" (norw. frühexpress. Gem.) *Segantini:* „Werden, Sein und Vergehen" (ital. Gemälde) *Toulouse-Lautrec:* „Die Clownin Chak-U-Kao" (frz. Gem. aus dem Milieu der „Moulin Rouge") Japan. Holzschnitte i. Dresden ausg. — Erste Filmvorführung durch die Gebrüder *Skladanowsky* im „Wintergarten", Berlin	* *Johann Nepomuk David*, dt. Komponist, besonders von Kirchenmusik * *Paul Hindemith*, dt. Komponist († 1963) *Kienzl:* „Der Evangelimann" (Oper) *G. Mahler:* 2. Symphonie c-Moll *Arthur Nikisch* Dirig. d. Berliner Philharm. Orchesters *Pfitzner:* „Der arme Heinrich" (Oper, war 1893 vollend.) *R. Strauss:* „Till Eulenspiegels lustige Streiche" (sinf. Dichtung) *Hugo Wolf:* „Corregidor" (Oper)	*Borchgrevink* betritt als erst. antarkt. Kontinent *Eijkman* und *Vordermann:* Reishäutchen enthält Beri-Beri-Schutzstoff (Vitam. B) *N. R. Finsen:* Anwend. ultravioletter Strahlen i. d. Medizin Luftverflüssig. bei −191°C durch *Carl v. Linde* Elektronentheor. v. *H. A. Lorentz* (erkl. z. B. Lichtbrechung) *W. Ostwald* def. „Katalysator" als „Reaktionsbeschleuniger" † *Louis Pasteur*, franz. Bakteriol. u. Chem. (* 1822) Hochantenne von *Popow* *Ramsay* u. *Cleve* entd. Edelgas Helium auf d. Erde (vgl. 1868) *Röntgen* entd. d. n. ihm ben. Strahlen (auch „X-Str.")	~ Dtl. überholt Gr. Brit. i. d. Industrieproduktion Letzter (3.) Band „Das Kapital" von *Karl Marx* erscheint, herausgeg. v. *Engels* Zusammenschl. d. syndikalistischen Gewerkschaften in Frkr. (C.G.D.T.) Kaiser-*Wilhelm*-Kanal zw. Nord- und Ostsee fertiggestellt (im Bau seit 1887) ~ Frauenmode: Glatte weite Röcke, halblange Puffärmel, Schärpen Frauenturnen in der Deutschen Turnerschaft
M. Liebermann: „Mann i. d. Dünen" (Gem.; *L.* geht mehr u. mehr z. frz. beeinfl. impressionist. Freilichtmalerei über) *Rodin:* „Die Hand Gottes" (frz. Marmorplastik) *Segantini:* „Frühlingsweide" (ital. Gemälde) „Jugend", Wochenschrift f. Kunst, Literatur, Politik, ersch. in München „Simplizissimus", pol.-satir. Wochenschrift von *Alb. Langen* u. *Th. Th. Heine* in München gegründ. (b. 1944) ~ „Jugendstil" aus München — Filmvorführungen durch *Pathé* in Paris *Oskar Meßter* zeigt 1. dt. Wochenschau	*Brahms:* „Vier ernste Gesänge" (*Clara Schumann* gewidmet) † *Anton Bruckner*, österr. Komponist, u. a. 3 „Große Messen" (* 1824) *Umberto Giordano* (* 1867, † 1948): „Andrea Chénier" (ital. Oper) *Jones:* „Die Geisha" (engl. Operette) *G. Mahler:* 3. Symphonie d-Moll *Puccini:* „Die Bohème" (ital. Oper) *R. Strauss:* „Also sprach Zarathustra" (Tondichtung) † *Clara Schumann*, geb. *Wieck*, dt. Pianistin (* 1819)	Entdeckung der radioaktiven Strahlung d. Urans durch *Becquerel* (Uran 1786 von *Klaproth* entdeckt) *Richard Hertwig* gelingt künstliche Befruchtung d. Seeigeleis mit Strychnin Staubsaugerpatent f. *Howard* und *Taite* † *Otto Lilienthal*, b. s. Gleitflügen (* 1848) † *Alfred Nobel*, schwedischer Chemiker und Unternehmer; stiftet *Nobel*pr. (ab 1901 vert.) (* 1833) *Ludw. Rehn:* 1. erfolgr. Herznaht *Joh. Thienemann* beg. Erforsch. d. Vogelzuges Aufspaltung (Vervielfachung) von Spektrallinien im Magnetfeld durch *Zeeman* (erkl. v. *Lorentz*) Astron. Linsen-Fernrohr (102 cm Durchm.), i. d. USA	Daily Mail, engl. Massenzeitung erscheint „Stadtkölnische Versicherungskasse geg. Arbeitslosigkeit im Winter" (kommunale Anf. ein. dt. Arbeitslosenvers.) Baubeg. d. Berliner Hoch- und U-Bahn (1. Strecke 1902 eröffnet) Erste neuzeitliche Olympische Spiele in Athen Erste alpine Skischule i. Lilienfeld (Österr.) Beginn der Gartenstadtbewegung

	† *Bismarck* *USA wird Weltmacht*	*Th. Mann* *Wilde*	*Frauenstudium* *Caritasverband*
1897	*William MacKinley* (* 1843, † 1901) Präsident der USA (bis 1901, ermordet) Hottentottenaufstand i. Dt.-SW-Afrika; vorläufig niedergeschlagen Erster Zionistenkongreß in Basel; russ. Geheimpolizei veranlaßt die Fälschung „Protokolle der Weisen von Zion" (antisemitische Behauptung einer jüdischen Tendenz z. Weltherrschaft) Krieg Griechenlands mit der Türkei um Kreta, das bei Griechenland bleibt „Christlich-soziale Partei" gewinnt Wiener Bürgermeisterwahl	*Conrad:* „Der Nigger vom ‚Narzissus'" (engl. Roman) † *Alphonse Daudet*, franz. Dichter (* 1840) *St. George:* „Das Jahr der Seele" (Dicht.) *Halbe:* „Mutter Erde" (Schauspiel) *Lagerlöf:* „Die Wunder des Antichrist" (schwed. Roman) *Edmond Rostand* (* 1868, † 1918): „Cyrano de Bergerac" (frz. volkstümliche Komödie) *Strindberg:* „Inferno" (schwed. Schauspiel aus myst. Zeit) *Meiji Tenno* errichtet in seinem Hausministerium Hof für oberste Poesie *Rilke:* „Traumgekrönt" (Gedichte) *Tschechow:* „Onkel Wanja" (russ. Schauspiel)	† *Jacob Burckhardt*, schweiz. Kultur- u. Kunsthistoriker (* 1818); s. „Griechische Kulturgeschichte" ersch. i. 4 Bden. 1898–1902 *James:* „Der Wille zum Glauben" (nordam. Pragmatismus) *Friedr. Max Müller* * 1823, † 1900): „Beiträge zur vergleichenden Mythologie" (engl., gilt als grundleg. f. England) † *Wilhelm Heinrich von Riehl*, südd. Sozialphilosoph (* 1823 *Hermann Schell* (* 1850, † 1906): „Der Katholizismus als Prinzip d. Fortschritts" (1898 als „modernistisch" auf d. Index gesetzt) „Dt. Caritasverband" gegrdt. (kathol. Wohlfahrtsverband) *Tolstoi:* „Was ist Kunst?"
1898	† Fürst *Otto von Bismarck*, dt. konservat. Staatsmann, Reichsgründer, Reichskanzler 1871 bis 90 (* 1815) *Zola:* „J'accuse" (off. Brief a. d. frz. Staatspräsidenten zugunsten v. *Dreyfus*; vgl. 1894) China muß Kiautschou an Deutschland verpachten Chin. Kaiserinwitwe *Tse-Hi* vereitelt Reform Kaisers *Kuang-sü* Herrschaft Gr.-Brit. i. Ägypten durch Einnahme v. Omdurman (Sudan) gefestigt † *William Ewart Gladstone*, brit. liberal. Premier (* 1809) Gründung der Sozialdemokratischen Partei in Rußland Spanien verliert Kuba u. die Philippinen im Kriege geg. die neue Weltmacht USA USA besetzen Hawai-Inseln	* *Bert(olt) Brecht*, dt. Dramatiker († 1956) † *Theodor Fontane*, dt. Dichter (* 1819) *Steph. Crane* (* 1871, † 1900): „Im Rettungsboot" (nordamerik. Novelle) *Hamsun:* „Victoria. Die Geschichte e. Liebe" (norw.) *G. Hauptmann:* „Fuhrmann Henschel" (Schauspiel) * *Ernest Hemingway*, nordam. Dichter († 1961) *Th. Mann:* „Der kleine Herr Friedemann" (Novellen) † *Conrad Ferdinand Meyer*, schweizer. Dichter (* 1825) *Rilke:* „Advent" (Gedichte) *Stanislavskij* gr. „Moskauer Künstlertheater" *Strindberg:* „Nach Damaskus" (schwedisches Schauspiel) *Tolstoi:* „Auferstehung" (russ. Roman) *Wilde:* „Ballade vom Zuchthaus zu Reading" (engl.)	*Bismarck:* „Gedanken und Erinnerungen" (posthum) Erstes Landerziehungsheim durch *Hermann Lietz* (* 1868, † 1919) in Ilsenburg a. H. gegründet *Hildegard Wegscheider* (* 1871 † 1953) erlangt als erste preuß. Abiturientin Doktorgrad (i. Halle) Frauenstudium setzt sich langsam durch (vgl. 1871)

Matisse *Toulouse-Lautrec*	*Pfitzner* *Toscanini*	*Radio · Radium*	
Rudolph Dirks: „The Katzenjammer Kids" (USA; gilt als erster Comic strip) *H. Matisse:* „La Desserte" (frz. Gemälde) *Pissaro:* „Boulevard Montmartre im Frühling" (frz. impress. Gem.) *Rodin:* „Victor Hugo", „Balzac" (frz. Bildnisbüsten) *Sisley:* „Canal du Loing" (frz. Gem.) *Thiersch:* Justizpalast in München *Toulouse-Lautrec:* „Die Schauspielerin Berthe Bady" (frz. Gemälde) *Anders Zorn* (* 1860, † 1920): „Auf der Treppe" (schwed. impressionist. Gemälde) Tate Gallery, London, eröffnet Sezession i. Wien	† *Johannes Brahms*, dt. Komponist ein. neoklass. Stils (* 1833) *P. Dukas:* „Der Zauberlehrling" (frz. sinf. Dichtung) * *Erich Wolfgang Korngold*, österr. Komponist († 1957) *Mahler* Opernkapellmeister in Wien *Leoncavallo:* „La Bohème" (ital. Oper) *Pfitzner:* „Die Rose v. Liebesgarten" (romantische Oper) Messung d. spez. Ladung (Ladung/Masse) d. Elektrons d. *W. Wien, J. J. Thomson, Emil Wiechert*	*J. J. Abel* extrahiert erstes Hormon aus Schafnebennieren † *Andrée, Strindberg* und *Fränkel* bei Versuch, den Nordpol im Freiballon zu erreichen *E. Buchner:* Zellfrei wirk. Hefeferment (Zymase) Kunststoff Galalith von *Krische* und *Spitteler* Funkentelegraphie durch *Marconi* (14 km) *Ross* entd. Malariaübertrag. d. Anopheles-Mücke *Adolf Slaby* u. *Graf Arco:* 1. drahtlose Verbindung in Dtl. zwischen Sakrow und Pfaueninsel b. Berlin *Stolz:* Pyramidon † *Karl Weierstraß*, dt. Mathematik.; u. a. strenge Grundlagen der Differential- und Integralrechnung (* 1815)	Weltausstellung in Brüssel † *Heinrich Stephan*, dt. Generalpostmeister (* 1831) *Zeiß* fertigt Prismenfernrohre 1. dt. Schiff erringt d. „Blaue Band" Flugzeugmodell m. Dampfmasch. Beg. d. Herstellung künstlich. Indigos (5mal billiger als natürl.)
Der Zeichner *Th. Th. Heine* wird wegen Majestätsbeleidigung im „Simplicissimus" zu 6 Mon. Gefängnis verurteilt (zu Festung begnadigt) *M. Klinger:* „Vom Tode" (Radierungen s. 1889) *M. Liebermann:* „Badende Knaben" (Gem.); grdt. Berliner Sezession m. *Leistikow*, *Slevogt* u. a. (erste Ausst. 1899) *Minne:* „Knabe mit Wasserschlauch" (belg. Plastik) † *Félicien Rops*, belg. Maler (* 1833) *Toulouse-Lautrec:* „Elle" (aus d. Leben einer Dirne, Lithographien)	*Alexander Glasunow* (* 1865, † 1936): „Raymonda" (russ. Ballett) *A. Toscanini:* Dirigent a. d. Mailänder Scala (wird 1921 ihr Direkt.)	Kathoden-Strahl-Leuchtschirm-Röhre von *Braun* Entdeckung des Radiums und Poloniums durch *Marie* und *Pierre Curie* Verflüssigung des Wasserstoffgases bei — 240° C durch *Dewar* Herstellung von Kalkstickstoff (Düngemittel) durch *Frank* und *Caro* *Rob. Koldewey* (* 1855, † 1925) gräbt Babylon aus (bis 1917) Erste Vers. ein. Gewebezüchtung i. Reagenzglas d. *Leo Loeb* Entdeckung des 9. Saturnmondes durch *Pickering* (m. photograph. Platte) Fernsprechdrehwähler von *Strowger* *Sverdrup* im arktischen Amerika (bis 1902)	*Leopold Ullstein* (* 1826, † 1899) grdt. „Berliner Morgenpost" (1891: „Berl. Illustrirte Zeitung") „Deutsche Sportbehörde für Leichtathletik" errichtet „Heilbronner Höhenweg" i. d. Allgäuer Alpen angelegt

	Haager Friedenskonferenz	*A. Holz* *Rilke*	*„Sozialpädagogik“* *Haeckel*
1899	Haager Friedenskonferenz über friedliche Beilegung internationaler Konflikte u. Landkriegsordnung Krieg Großbritanniens gegen die Buren in Südafrika (bis 1902) Dtl. lehnt Bündnisverhandl. m. Gr.-Brit. ab *Loubet* Präsident von Frankreich (bis 1906) *Eduard Bernstein:* „Voraussetzungen d. Sozialismus u. d. Aufgaben d. Sozialdemokratie“ (kennzeichn. „revisionistische“ Bewegung auf Grund v. Wahlerfolgen) Russifizierung Finnlands Karolinen und Marianen deutsche Kolonien Kuba selbständige Republik (ab 1901 Schutzstaat der USA)	*Albert Bassermann* (* 1867, † 1952) am Dt. Theater, Berlin (b. 1915) *Max Eyth* (* 1836, † 1906): „Hinter Pflug und Schraubstock“ (selbstbiographisch. Ingenieur-Roman) * *Federico Garcia Lorca* span. Dichter († 1936) *Ganghofer:* „Das Schweigen im Walde“ (Roman) *St. George:* „Der Teppich des Lebens“ *Gorki:* „Foma Gordejew“ (russ. Roman) † *Klaus Groth*, plattdt. Dichter (* 1819) *Hofmannsthal:* „Der Tor u. der Tod“ (Schauspiel) *Arno Holz* (* 1863, † 1929): „Phantasus“ (Lyrik i. „inner. Rhythmus“) *Josef Kainz* (* 1858, † 1910) am Wiener Burgtheater *Karl Kraus* (* 1874, † 1936) grdt. u. schreibt „Die Fakkel“ (Wiener kulturkrit. Zeitschr.) *Lagerlöf:* „Eine Herrenhofsage“ (schwed. Roman) *Ch. Morgenstern:* „Ich und die Welt“ (Lyrik) *Rilke:* „Die Weise von Liebe u. Tod d. Cornets Christoph Rilke“ *Stehr:* „Der Schindelmacher“ (Roman) *Strindberg:* „Advent“, „Rausch“, „Gustav Wasa“ (schwed. Schauspiele) *Sudermann:* „Die drei Reiherfedern“ (Schauspiel) *A. Symons:* „Die Bewegung d. Symbolismus i. d. Literatur“ (engl.) *L. Thoma* Schriftleiter des „Simplicissimus“	*Houston Stewart Chamberlain* (* 1855, † 1927): „Die Grundlagen des 19. Jahrhunderts“ (engl. Kulturphilosophie) *Haeckel:* „Die Welträtsel“ (monistisch-materialistisch. Lösungsversuch der von *Du Bois-Reymond* 1880 aufgestellten Probleme) und „Die Kunstformen der Natur“ (Prachtwerk b. 1904) *P. Natorp:* „Sozialpädagogik“ (gilt als Begrdg.) Dt. Verband v. Hochschullehrern f. volkstümliche Kurse Ruskin-College (Internat f. Arbeiterbildung) i. Oxford gegrdt. Studentenunruhen in Petersburg ~ Wiederherstellung des reinen Shintoismus in Japan gegen buddhistische Einflüsse

Kollwitz *Liebermann*	*Sibelius*	*Sven Hedin* *Hirnchirurgie*	
Käthe Kollwitz: „Aufruhr“ (Radierung) *Liebermann:* „Degas“ (Würdigung) *Adolf Loos* (* 1870, † 1933): Café Museum in Wien (sachlich moderner antiornamentaler Stil) *Monet:* „Kathedrale zu Rouen“ (12 Gem. zu versch. Tagesstunden u. b. untersch. Beleuchtungen b. 1899; vgl. 1890) † *Giovanni Segantini*, ital. Maler (* 1858) † *Alfred Sisley*, franz. impress. Maler (* 1839)	*Sibelius:* 1. Symphonie in e-moll (finn.) † *Johann Strauß* (Sohn), österr. Komponist (* 1825) *R. Strauss:* „Ein Heldenleben“ (sinfon. Dichtung) † *Karl Millöcker*, österr. Komponist (* 1842)	*Bergmann:* „Die chirurgische Behandlung der Hirnkrankheiten“ (grundleg.) *Dreser* führt Aspirin ein (Beg. d. Verw. synthetischer Heilmittel) *Elster* und *Geitel:* Radioaktivität beruht auf Atomzerfall. Beginn der Atomkernphysik *Sven Hedin* wieder in Tibet (bis 1902) *D. Hilbert:* „Grundlagen d. Geometrie“ („Hilberträume“ mit unendlich vielen Dimensionen, richtungweis. für theor. Physik) Reisen von *Koslow* durch Nordtibet und Ostzentralasien Messung der Ausstrahlung eines erhitzten schwarzen Körpers durch *Otto Lummer* (* 1860, † 1920) und *Ernst Pringsheim* (* 1859, † 1917); bildet die experimentelle Grundlage für die Quantentheorie *Plancks* *Rutherford* entd. Alpha- u. Beta-Strahlen radioaktiver Atome (seit 1898) Drachenversuche der Brüder *Wright*, die 1903 zum ersten bemannten Motorflugzeug führen ≈ Die mathemat. Disziplinen gewinnen im 19. u. 20. Jahrhundert rasch an Exaktheit und Abstraktheit, vorzugsweise mit axiomatischen Methoden	*Karl Legien:* „Das Koalitionsrecht der deutschen Arbeiter in Theorie und Praxis“ (gewerkschaftl.) Reichstag lehnt Zuchthausstrafen f. Streikführer ab In Dtl. s. 1890 3750 Streiks mit 405000 Beteiligten Unternehmerhörige („Gelbe“) Werkvereine i. Frankreich Internationaler Gewinnbeteiligungskongreß (solche Bestrebungen bleiben zunächst vereinzelt) Erstes Mannschafts-Sechstage-Rennen in New York Erstes registriertes Autoopfer in USA (1974 2 000 000 Autotote)

1900	† *Wilhelm Liebknecht*, Vater *Karl Liebknechts*, Führer der dt. Sozialdemokratie (* 1826) Fürst *Bernhard von Bülow* dt. Reichskanzler bis 1909 Zweites dt. Flottengesetz sieht starke Erweiterung der Seestreitkräfte bis 1917 vor Vorstufe der Labour-Party (ab 1906) in Großbritannien gegründet † *Humbert I.* (durch anarchist. Attentat), König von Italien seit 1878 (* 1844) *Viktor Emanuel III.* König von Italien bis 1946 (Abdankung) Europäische Großmächte werfen in China blutigen anti-europ. Aufstand des „Boxer“-Geheimbundes nieder; Kaiserin-Witwe *Tse-Hi* auf Seiten der „Boxer“ Europäische Großmächte, USA und Japan vereinbaren „Politik der offenen Tür“ in China Australien wird Bundesstaat	*Conrad:* „Lord Jim“ (engl. Roman) *Th. Dreiser:* „Schwester Carrie“ (nordamerikan. Roman) *A. France:* „Geschichte der Gegenwart“ (frz. Romanzyklus in 4 Bänden seit 1897) *Gorki:* „Drei Menschen“ (russ. Roman) *Otto Erich Hartleben* (* 1864, † 1905): „Rosenmontag“ (Trauersp.) *G. Hauptmann:* „Michael Kramer“ (Schauspiel) und „Schluck und Jau“ (Rüpelspiel) *Jakob Christoph Heer* (* 1859, † 1925): „Der König der Bernina“ (Schweiz. Alpenroman) *Ibsen:* „Wenn wir Toten erwachen“ (norweg. Schauspiel) *Jerome:* „Drei Männer auf dem Bummel“ (engl. humorist. Roman) *J. London:* „Wolfsblut“ (nordamerikan. Roman) *H. Mann:* „Im Schlaraffenland“ (satir. Roman) *Rilke:* „Geschichten vom lieben Gott“ * *Antoine de Saint-Exupéry*, frz. Dichter und Flieger († 1944, abgeschossen) * *Ignazio Silone* (eigentlich *Secondo Tranquilli*), ital. Dichter *Strindberg:* „Gust. Adolf“ (schwed. Schauspiel) *L. Tolstoi:* „Der lebende Leichnam“ u. „Das Licht leuchtet in der Finsternis“ (russ. Dramen) *Jakob Wassermann:* „Die Geschichte der jungen Renate Fuchs“ (Roman) *Wedekind:* „Der Kammersänger“ (Bühnenst.) † *Oscar Wilde*, engl. Dichter (* 1856) * *Thomas Wolfe*, nordamerik. Dichter († 1938)	*Bergson:* „Das Lachen“ (frz.) *Paul Claudel* (* 1868, † 1955): „Das Bewußtsein des Ostens“ (frz. Essays zur fernöstlich. Kultur) *Freud:* „Traumdeutung“ (österr. psychoanalyt. Theorie) *Hans Groß:* „Enzyklopädie der Kriminalistik“ *Harnack:* „Das Wesen des Christentums“ *Ed. v. Hartmann:* „Die Geschichte der Metaphysik“ Preußische Akademie d. Wissenschaften beginnt kritische Ausgabe der Werke *Immanuel Kants* *Ellen Key:* „Das Jahrhundert des Kindes“ (schwed. Studien) *Mach:* „Analyse der Empfindungen und das Verhältnis des Physischen zum Psychischen“ (österr.) *T. Marinetti:* „Verbrennt die Musen“ (ital. antikünstl. Manifest) † *Friedrich Wilhelm Nietzsche*, dt. Philosoph (* 1844) *Erwin Preuschen* (* 1867, † 1920): „Zeitschrift für die neutestamentliche Wissenschaft u. Kunde des Urchristentums“ (ab 1921 von *Hans Lietzmann*, * 1875, † 1942) *Georg Simmel* (* 1858, † 1918): „Philosophie des Geldes“ † *Wladimir Sergejewitsch Solowjew*, russ. Philosoph eines mystischen Rationalismus; schrieb 1874 „Die Krise der westlich. Philosophie“, 1897 „Die Rechtfertigung des Guten“ (* 1853) Dt. Verein für Volkshygiene
	Schnitzler: „Reigen“ (erotische Dialoge; ersch. als Privatdruck, Buchausg. 1903, entst. 1896/97)		

Walter Crane (* 1845, † 1915): „Linie und Form" (engl. Kunstgewerbe)

Degas: „Der Violinist" (frz. impress. Doppelbildnis)

Gauguin: „Noa-Noa" (Reisebericht von Tahiti)

A. von Hildebrand: „Pettenkofer" (Bildnisbüste)

Hodler: „Rückzug der Schweizer bei Marignano" (Schwz. Wandmalerei, Landesmuseum Zürich)

Adolf Hölzel (* 1853, † 1934): „Nacht" (Landschaftsgemälde)

Carl Justi (* 1832, † 1912): „Michelangelo" (Kunstgeschichte)

Kollwitz: „Mutterhände" (Lithogr.)

† *Wilhelm Leibl*, süddt. Maler (* 1844)

Ed. Munch: „Fjordinsel" (norweg. frühexpress. Gemälde)

Sargent: „Lord Ribblesdale" (nordamerikan. Bildnis)

Paul Schultze-Naumburg (* 1869): „Häusliche Kunstpflege" (Kunsterziehung)

Zorn: „Maja" (schwed. Gemälde)

„Jeanne d'Arc" (frz. Film von *Georges Méliès*, * 1861, † 1938)

„Überfall auf eine Mission in China" (engl. Film v. *James Williamson*, * 1855, † 1933)

Enrico Caruso (* 1873, † 1921) beg. Schallplattenaufnahmen (mit ca. 265 Aufn. b. 1920 fördert er entscheidend d. junge Technik)

Elgar: „Traum des Gerontius" (engl. Oratorium)

* *Ernst Křenek*, dt. Komponist

Puccini: „Tosca" (ital. Oper)

Sibelius: „Finlandia" (finn. symph. Dichtung)

Beg. d. Briefwechsels zw. *R. Strauss* u. *H. v. Hofmannsthal*

† *Arthur Sullivan*, engl. Komponist (* 1842)

* *Kurt Weill*, dt. Komponist († 1950)

Wiederaufnahme des Cembalobaus zur stilechten Wiedergabe der Barockmusik

„Cake-walk"-Tanz kommt aus USA nach Europa

Erstes europ. Phonogrammarchiv i. Wien

Osmium-Glühlampe durch *Auer von Welsbach*

Karl Brugmann (* 1849, † 1919) und *Berthold Delbrück* (* 1842, † 1922): „Grundriß der vergleichenden Grammatik der indogerman. Sprachen" (5 Bde. seit 1886)

Karl Erich Correns (* 1864, † 1933), *Erich v. Tschermak* (* 1871) u. *Hugo de Vries* erkennen die Bedeutung der Erbgesetze von *Mendel* (gef. 1865)

Edelmann: Galtonpfeife für Ultraschallerzeugung (einer der ersten Versuche für Ultraschall)

Adolf Engler (* 1844, † 1930): „Das Pflanzenreich" (Leitung eines umfass. Werkes d. Preuß. Akademie)

Karl Escherich (* 1871, † 1951) erkennt die Lebensgemeinschaft (Symbiose) von Insekten mit Bakterien

Arthur Evans (* 1851, † 1941) beginnt Ausgrabung der minoischen Kultur auf Kreta

Karl von Hahn (* 1848, † 1925): „Bilder aus d. Kaukasus" (Ergebn. intensiver Kaukasusforschung)

Knorr: Luftdruckbremse

Karl Landsteiner (* 1868) findet Zusammenballung der roten Blutkörperchen verschiedener Blutsorten (Vorbereitung zur Entdeckung der vier Blutgruppen)

Messung d. Strahlungsdruckes des Lichtes durch *P. N. Lebedew* (* 1866, † 1912)

M. Planck begründet mit der Formel für die Strahlung schwarzer Körper die Quantentheorie und damit einen entscheidenden Wandel in d. Physik und der allgem. Naturanschauung

Michael Pupin (* 1858, † 1935) findet geeignete Spulen zur Verbesserung der Kabeltelegraphie

Friedrich Ratzel (* 1844, † 1904): „Das Meer als Quelle der Völkergröße"

Ruhmer: Anf. der Tonphotographie

Wolfram-Stähle v. *F. W. Taylor* auf d. Paris. Weltausstellg. (darauf rasche Entwicklung der Werkzeugstähle)

W. Wien gelingt magnetische Ablenkung der Kanalstrahlen

Erste *Zeppelin*fahrt

Borsig-Dampfmasch. m. 100000 PS

Eröffnung der Wetterstationen auf Schneekoppe und Zugspitze

Weltausstellung und Olympiade in Paris

Erste Rolltreppe (Paris. Weltausst.)

American Federation of Labor (AFL) vereinigt 216 Gewerkschaften und 550000 Einzelmitglieder

Krisenjahr der dt. Wirtschaft

300 dt. Kartelle geschätzt (1890: 117; 1879: 14; 1865: 4)

Errichtung der Handwerkskammer in Berlin

Russ. Grundproduktion seit 1890 verdoppelt

Seit 1. 1. Bürgerliches Gesetzbuch (BGB) in Deutschland in Kraft

Dt. Reichsseuchengesetz

U-Bahn i. Paris

Erste Autodroschke in Berlin

Davis-Pokal für den Tennissport gestiftet

† *Ludwig Purtscheller*, österr. Alpinist; schrieb 1894 „Der Hochtourist in den Ostalpen"; bestieg rd. 1500 Bergspitzen, davon mehr als 40 über 4000 m (* 1849)

Frauenmode: Schwere, dunkelfarbige Stoffe; Quasten, Stickereien; Schleppen; Cul; Spitzen und Perlen

Elektr. Spielzeugeisenbahn i. Dtl.

Dt. Fußballbund gegründet

1901

Friedens*nobel*preis an *H. Dunant* (Schweiz) und *Frédéric Passy* (Frankr., * 1822, † 1912)

Dt.-brit. Bündnisverhandlungen scheitern

Zar *Nikolaus II.* bei dt. Flottenmanöver

† *Victoria*, Königin von Großbritannien seit 1837 (* 1819)

† *Viktoria*, seit 1858 mit dem späteren dt. Kaiser *Friedrich III.* vermählt, *bismarck*feindlich (* 1840, Tochter der Königin *Victoria* von Großbritannien)

Eduard VII. König von Großbritannien bis 1910 (†)

Ende der britischen „Splendid isolation"

Milner brit. Generalgouverneur für Südafrika (Transvaal) bis 1905

Durch Verschmelzung entsteht frz. „Radikale und Radikalsozialistische Partei" (liberal-sozial)

Frankreich erobert Araberreich um den Tschadsee

Kirchliches Koalitionsministerium in den Niederlanden bis 1905

Durch Wahlen setzt sich in Dänemark eine demokratisch-sozialreformerische Regierung durch

† *MacKinley*, Präsident der USA seit 1896 (ermordet von einem Anarchisten, * 1843)

Theodore Roosevelt (Republ.) Präsident der USA bis 1909

5. Zionistenkongreß gründet „Jüdischen Nationalfonds"

Nihilistische Terrorwelle i. Rußl. *Lenin* u. *Plechanow* grden. Zeitsch. „Iskra" („Der Funke") i. Exil

„Die Protokolle der Weisen von Zion" (antijüd. Fälschung der russ. Geheimpolizei, beeinflußt auch den Antisemitismus in Deutschland)

Ibn Saud (* ~ 1880, † 1953) beg. sein arab. Reich zu erobern

Literatur-*Nobel*preis an *R. A. Sully-Prudhomme* (Frkr.)

Hermann Bang (* 1858, † 1912): „Das graue Haus", „Das weiße Haus" (dänische Erzählungen)

Otto Julius Bierbaum (* 1865, † 1910): „Irrgarten der Liebe" (Gedichte)

Louis Couperus (* 1863, † 1923): „Babel" (niederländischer Roman)

Otto Ernst: „Flachsmann als Erzieher" (pädagogische Komödie)

Frenssen: „Jörn Uhl" (Bauernroman)

Benito Pérez Galdós (* 1843, † 1920): „Electra" (span. Schauspiel)

André Gide (* 1869, † 1951): „Der König von Kandaules" (frz. Drama)

† *Herman Grimm*, dt. Kunst- und Literaturforscher; schrieb „Leben Michel Angelos", „Goethe", „Homers Ilias" u. a. (* 1828)

Hans von Gumppenberg (*1866, † 1928): „Das teutsche Dichterroß" (Parodien aus dem literarischen Kabarett „Die elf Scharfrichter")

G. Hauptmann: „Der arme Heinrich" (historisches Schauspiel)

Hofmannsthal: Briefe (seit 1890)

Arno Holz: „Die Blechschmiede" (soziale und literarische Satire; erweitert 1924)

Ric. Huch: „Aus der Triumphgasse" (Lebensskizzen)

Francis Jammes (* 1868, † 1938): „Almaide" (französischer Roman)

Emile Coué (* 1857, † 1926) studiert bei *A. A. Liébeault* (* 1823, † 1904) in Nancy Hypnose und Suggestion („Alte Schule von Nancy")

Berthold Delbrück: „Grundfragen der Sprachforschung mit Rücksicht auf W. Wundts Sprachpsychologie erörtert"

R. Eucken: „Vom Wahrheitsgehalt der Religion" (idealist. Liberalismus)

Karl Fischer gründet „Wandervogel"-Jugendbewegung

Husserl: „Logische Untersuchungen" (antipsychologist. Logik)

Kerschensteiner: „Staatsbürgerliche Erziehung der deutschen Jugend"

Kries: „Über die materiellen Grundlagen der Bewußtseinserscheinungen"

Theodor Lipps (* 1851, † 1914): „Komik und Humor"

Enno Littmann: „Arabische Schattenspiele" (Völkerkunde)

M. Maeterlinck: „Das Leben der Bienen" (belg. biolog. Philosophie)

Wilh. Ostwald: „Vorlesungen über Naturphilosophie" (System der „Energetik")

Berthold Otto (* 1859, † 1933) gründet „Hauslehrerschule" (Reform-Versuchsschule) in Berlin-Lichterfelde

Menyhért Palagyi (* 1859, † 1924): „Neue Theorie des Raumes und der Zeit" (ungar. Naturphilosophie)

Scheler: „Die transzendentale und die psychologische Methode"

Begas: *Bismarck*-denkmal vor dem Reichstagsgebäude in Berlin

P. Behrens: *Behrens*-Schrift (Drucktypen)

† *Arnold Böcklin*, schweiz. Maler (* 1827)

Eugen Bracht (* 1842, † 1921): „Taunus u. Main" (impress. Gemälde)

Dehio u. *v. Bezold:* „Die kirchliche Baukunst des Abendlandes" (7 Bände seit 1884)

Gaul: „Ruhende Schafe" (Plastik)

Hodler: „Der Frühling" (Gemälde)

Klimsch: „Der Kuß" (Plastik)

Kirchner: Erste Holzschnitte

M. Liebermann: „Selbstbildnis"

* *Marino Marini*, ital. Bildh. u. Graphiker

Henri Matisse: zeigt im „Salon des Indépendantes" in Paris neuen dekorativen Malstil

Oberländer: „*Oberländer*-Album" (12 Bände Zeichnungen aus „Fliegende Blätter" seit 1879)

Josef Olbrich (* 1867, † 1908, Mitbegründer d. Wiener Sezession und Mitglied der Darmstädter Künstlerkolonie): „Architektur" (3 Bände bis 1914)

Sogenannte „Blaue Periode" *Pablo Picassos* mit Szenen aus dem Pariser Leben und dem der Gaukler (bis 1905)

Slevogt: „Die Feierstunde" (Gemälde

Busoni: Violinsonate (Op. 36a)

Dvořak: „Russalka" (tschech. Op.)

* *Werner Egk*, dt. Komponist

Edmund Eysler (* 1874): „Bruder Straubinger" (Wiener Operette)

G. Mahler: 4. Symphonie G-Dur

Carl Muck (* 1859, † 1940) Dirigent der Bayreuther Festspiele bis 1930 (1892—1912 Kgl. Oper Berlin, 1912 Boston, 1922–1933 Hamburg)

Pfitzner: „Die Rose vom Liebesgarten" (Oper)

Ravel: „Wasserspiele" (frz. impress. Klavierkomposition)

Leo Slezak (* 1873, † 1946) Tenor an der Wiener Oper bis 1926, daneben ständiger Gast in New York und London

Stanford: „Viel Getue um Nichts" (irische Oper)

R. Strauß: „Feuersnot" (Oper)

† *Giuseppe Verdi*, ital. Opernkomponist (* 1813)

Europäische Musik findet in Japan immer stärkeren Anklang

~ „Ragtime" dominiert i. anfängl. Jazz

Physik-*Nobel*preis an *W. Röntgen* (Dt.) für Entdeckung der *Röntgen*-strahlen („X-Strahlen")

Chemie-*Nobel*preis an *J. H. van't Hoff* (Niederl.) für Reaktionskinetik und osmotischen Druck

Medizin-*Nobel*preis an *E. von Behring* (Dt.) für Diphtherie-Serum

Arrhenius: „Lehrbuch der Elektrochemie" (Zusammenfass. u. Einordnung seiner 1887 aufgestellten elektrolytischen Dissoziationstheorie)

Berson und *R. Süring* erreichen im offenen Freiballon 10 800 m Höhe (langlebiger Höhenrekord)

K. Birkeland: Theorie der Nordlichter: Elektronenstrahlen der Sonne werden im Magnetfeld der Erde abgelenkt

Verwendung des Kristalldetektors von *Karl Ferd. Braun* (* 1850, † 1918) i. d. Funktechnik

Capitan, Breuil u. *Peyrony* erforschen in Südfrankreich (Dordogne) die Les-Combarelles-Höhle und entdecken über 300 eiszeitliche Bilder des mittleren Magdaléniens (damit beginnt die eigentliche Forschung der Eiszeit-Kunst; bis 1953 werden 109 Höhlen mit Eiszeitmalerei bekannt)

Hans Driesch (* 1867, † 1941): „Die organischen Regulationen" (ausgehend von seinen Versuchen mit Seeigeleiern)

Dutton entdeckt Erreger der Schlafkrankheit

Eisen-Nickel-Akkumulator von *Jungner* wird von *Edison* verbessert

* *Enrico Fermi*, ital. Physiker, *Nobel*preis 1938 († 1954)

Flesch: „Der Tierversuch in der Medizin und seine Gegner"

François Alphonse Forel (* 1841, † 1912): „Handbuch der Seenkunde" (Begründ. der Limnologie)

Gillen und *Spencer* durchqueren Westaustralien v. Süden n. Norden

Grisson verbessert Elektrolytgleichrichter von *Pollack* und *Grätz* (1895/97)

Tobias Michael Carel Asser (* 1838, † 1913): „Die Kodifikation des internation. Privatrechts" (niederld.)

Adolph Wagner (* 1835, † 1917): „Finanzwissenschaften" (4 Bände seit 1877), „Allgemeine und theoret. Volkswirtschaftslehre"

Internationale Vereinigung für gesetzlichen Arbeitsschutz gründet Internationales Arbeitsamt (bis 1920)

„Internat. Gewerkschaftsbund" in Amsterdam

Gesamtverband d. christl. Gewerkschaften Deutschlands

J. P. Morgan gründet United States Steel Corp. (USA-Stahltrust; 1937: 1,7 Milliarden Dollar)

C. King Gilette beginnt Herstellung seiner Rasierapparate (Wochenproduktion 1950 ca. 100 Mill. Klingen)

Beginn der Erbohrung d. persischen Ölfelder

Stammhaus der *Rothschild*-Bank in Frankfurt/Main erlischt

König *Eduard VII.* von Großbrit. gilt als Vorbild in Sport und Mode

„Kraft und Schönheit. Monatsschrift für Körperkultur"

Außenhafen Emden

Skiclub Arlberg

(1901)

Kipling: „Kim" (engl. Roman aus Indien)

Löns: „Mein grünes Buch" (Jagd- u. Tiergeschichten), „Mein goldenes Buch" (Gedichte)

Th. Mann: „Buddenbrooks" (Roman einer Lübecker Familie)

Wilhelm Meyer-Förster (* 1862, † 1934): „Alt-Heidelberg" (Dramatisierung der Erzählung „Karl Heinrich" v. 1899)

George Moore (*1853, † 1933): „Irdische und himmlische Liebe" (anglo-irischer Roman, 2 Teile seit 1898)

Frank Norris (* 1870, † 1902): „Octopus" (nordamerikan. natural. Romantrilogie)

Georg v. Ompteda (* 1863, † 1931): „Deutscher Adel um 1900" (Romantrilogie seit 1897)

Charles-Louis Philippe (* 1874, † 1909): „Bubu vom Montparnasse" (französischer Roman)

Schnitzler: „Der Schleier der Berenice" (Schauspiel), „Leutnant Gustl" (Novelle)

Shaw: „Cäsar und Cleopatra" (engl. Schauspiel)

† *Johanna Spyri*, schweiz. Jugendschriftstellerin (* 1827)

Tolstois Werke ins Dt. übers. (b. 1911)

Strindberg: „Ostern" (schwed. Passionsschauspiel), „Totentanz" (schwed. Ehedrama)

Tagore: „Schiffbruch" (ind. Roman)

Tschechow „Drei Schwestern" (russisch. Schauspiel; aufgeführt vom „Moskauer Künstlerischen Theater")

Viebig: „Das tägliche Brot" (Roman)

Wedekind: „Der Marquis von Keith" (Schauspiel)

Wells: „Der erste Mensch auf dem Mond" (engl. Zukunftsroman)

Gustav Wied (* 1858, † 1914): „Erotik", „Das schwache Geschlecht" (dän. Schauspiele)

Ernst Zahn (* 1867, † 1949): „Herrgottsfäden" (Schweiz. Roman)

St. Zweig: „Silberne Saiten" (Gedichte)

Kabarett „Überbrettl" von *Ernst von Wolzogen* (* 1855, † 1934) in Berlin; „Elf Scharfrichter" in München (u. a. mit *Frank Wedekind*)

„Internationale Gutenberg-Gesellschaft" in Mainz

*Gutenberg*museum in Mainz eröffnet (1900 gegründet)

Internationaler Verlegerkongreß in Leipzig (1896 in Paris, 1897 in Brüssel, 1899 in London, 1906 in Mailand, 1908 in Madrid, 1910 in Amsterdam, 1913 in Budapest)

A. Schweitzer: „Das Messianitäts- u. Leidensgeheimnis. Eine Skizze d. Lebens Jesu" (betont die enttäuschte messianische Erwartung Jesu)

R. Steiner tritt mit eigener Theosophie („Anthroposophie") hervor (bisher ihr Gegner; wird 1902 Generalsekretär d. dt. Theosophischen Gesellschaft).

Rabindranath Tagore gründet seine Schule Santiniketan in Bengalen, wohin er ausländische Gelehrte u. Künstler beruft

Leo N. Tolstoi wegen antikirchl. religiösen Sozialismus aus der russ. Kirche ausgeschlossen

Max Weber: „Die protestantische Ethik und der Geist des Kapitalismus" (Religionssoziologie)

W. Wundt: „Einleitung in die Philosophie"

„Concilium tridentinum" (Aktensammlung in 3 Bänden bis 1932)

„Zentralblatt für Volksbildungswesen"

Arbeiterfortbildungskurse der freistudentischen Bewegung in Berlin und Karlsruhe

Volkshochschule Wien (Volksheim)

Baden gestattet Schülerinnen den Besuch von höheren Knabenschulen

Frauenstudium in Baden zugelassen (1903/4 in Bayern, 1904/5 in Württemberg, 1906/7 in Sachsen u. Thüringen, 1908/9 in Preußen)

Kunsterziehungstag in Dresden (1903 in Weimar, 1905 in Hamburg)

Weltliche Schulen in Spanien

aus der Arbeiterwelt). Seine Übersiedlung nach Berlin führt ihn zum impress. Stil

† *Henri de Toulouse-Lautrec*, frz. Maler; gilt als Begründer der Plakatkunst, die sich jetzt von Frankreich aus verbreitet (* 1864)

Henry van de Velde: (* 1863, † 1957, Belg.) gründ. Kunstgewerbeschule in Weimar; schreibt: „Die Renaissance im Kunstgewerbe"

Siegesallee im Berliner Tiergarten mit 32 Marmorstandbildern brandenburgisch-preußischer Herrscher (seit 1898)

Prinzregententheater in München

„Die Kunst und das schöne Heim" (Zeitschrift)

„Moderne Bauformen" (Zeitschrift)

„Quo vadis" (franz. Film von *Ferdinand Zecca*, *1864, †1947)

„Der kleine Doktor" (engl. Film v. *George Albert Smith*)

Haeckel: „Briefe aus Insulinde" (Reisebericht. eines Naturforschers)

Julius Hann (* 1839, † 1921): „Lehrbuch der Meteorologie" (Standardwerk der Wetterkunde)

Hemser: Rohrrücklauf für Geschütze

Héroult: Elektrostahl-Gewinnung im Lichtbogenofen

O. Lummer und *E. Gehrke:* Interferenz-Spektroskop (nach einer anderen Methode als *A. Pérot* und *Ch. Fabry* 1897)

Marconi überbrückt drahtlos den Atlantik

Wilhelm Maybach (* 1846, † 1929) konstruiert „Mercedes"-Wagen der *Daimler*-Werke

Menna: Autogenes Schneiden

Metschnikow: „Die Immunität bei den Infektionskrankheiten"

Erstes Handelsschiff mit Dampfturbine von *Charles A. Parsons*

I. Pawlow beginnt seine tierpsychologischen Experimente nach der Methode der bedingten Reflexe

† *Max Pettenkofer* (Selbstmord) dt. Mediziner; Begründer der experiment. Hygiene (* 1818)

Edward Charles Pickering (* 1846, † 1919) und Miss *Cannon* verfeinern die Einteilung der Sterne nach ihrem Spektrum: „Harvard-Klassifikation" (Anfänge von *Secchi* ~ 1864 und *H. K. Vogel* 1874)

O. Richardson: Formel für Glühelektronen-Emission

Rotch: Drachenaufstieg mit meteorologischen Registrierinstrumenten z. Erforschg. höherer Luftschichten

Abstimmspule von *Slaby* und *Arco* in der Funktechnik

H. Spemann: „Entwicklungsphysiologische Untersuchung. am Tritonei" (Teilungs- und Verpflanzungsexperimente)

Takamine isoliert aus 8000 Ochsennebennieren 4 Gramm des Hormons Adrenalin (chemische Formel und Synthese durch *Stolz* 1904)

Paul Uhlenhuth (* 1870, † 1957): Biol. Nachweismethode f. Menschenblut

Wildiers: Wachstumshormon Biotin der Hefe

Max Wolf (* 1863, † 1932): „Die Entdeckung und Katalogisierung von kleineren Nebelflecken durch Photogr." (astron. Nebelforschg.)

Gustav Zander (* 1835, † 1920): „Die Grundzüge der Zanderschen Gymnastikmethode und ihre Anwendung" (schwed. mechanische Heilgymnastik)

Astronomische Meßgenauigkeit: 0,27 Winkelsekunden (~ —150: 240 Winkelsekunden, ~ 1600: 25 Winkelsek., ~ 1750: 2 Winkelsek.)

Erstes europ. Fernheizwerk in Dresden

Indanthrenfarbstoffe (besonders lichtecht)

Okapi (aus der Giraffen-Familie) im afrik. Kongo-Urwald entdeckt

Dampfer „Deutschland" empfängt Telegramme aus 150 km Entfernung

~ Nach dem „Jahrhundert des Dampfes" beginnt das „Jahrhundert der Elektrizität"

Zwickmaschine für mechanische Schuhherstellung

Im gefrorenen Boden Sibiriens wird d. erste vollständige Mammut gefunden (erste, nicht erhaltene Funde 1799)

	Politik	Literatur	Philosophie
1902	Friedens*nobel*preis an *Elie Ducommun* (Schweiz, * 1833, † 1906) und *Albert Gobat* (Schweiz, * 1843, † 1914) Italien erneuert Dreibund, schließt aber mit Frankreich Rückversicherungsvertrag Ministerium *Combes* (Radikalsoz.) in Frankreich bis 1905 *J. Jaurès* **grdt. frz. sozialist. Ztg. „L'Humanité"** † *Cecil Rhodes*, brit. Kolonialpolitiker; gewann Betschuanaland und Rhodesien in Südafrika (*1853) Oranjefreistaat (Südafrika) wird nach dem Burenkrieg brit. Kronkolonie (erhält 1907 volle Selbstregierung) Brit.-japan. Bündnis gegen Rußland (wird 1905 und 1911 erneuert) Russ.-persischer Handelsvertrag *Miguel Primo de Rivera* unterdrückt Aufstand in Barcelona *Lenin:* „Was tun?" (russ., revolutionäre Schrift) ***Leo Trotzki,*** **russ. Sozialist, flüchtet aus der ostsibir. Verbannung nach London (wird 1905 Führer der Sowjets in Petersburg, 1906 verbannt, 1907 Flucht ins Ausland)** Ungar. Unabhängigkeitspartei opponiert im Parlament gegen dt. Kommandosprache im ungar. Heer (lähmt dadurch bis 1912 parlamentar. Arbeit) Venezuelas Häfen durch ausländ. Kriegsschiffe blockiert, bis 1908 Kuba Freistaat unter USA-Protektorat (bis 1934) Allg. Frauenwahlrecht i. Australien (i. Finnland 1906, Rußl. 1917, Dtl. 1918, USA 1920; 1952 stehen 60 Ländern mit FW noch 16 ohne gegenüber)	Literatur-*Nobel*preis an *Theodor Mommsen* (Dt.) *d'Annunzio:* „Francesca da Rimini" (ital. Trag.) *Arnold Bennett* (* 1867, † 1931): „Anna of the five towns" (engl. Roman) *Max Eyth:* „Der Kampf um die Cheopspyramide" (Roman, 2 Bände) *Gide:* „Der Immoralist" (frz. Roman) *H. Hesse:* Gedichte *Ric. Huch:* „Ausbreitung und Verfall der Romantik" (1899: „Blütezeit der Romantik"), „Vita somnium breve" (Roman) *Ibsen:* Ges. Werke *Paul Keller* (* 1873, † 1932): „Waldwinter" (Roman) *Lagerlöf:* „Jerusalem" (schwed. Roman, 2 Teile seit 1901) *Else Lasker-Schüler:* „Styx" (Gedicht) ***John Masefield*** **(* 1875, † 1967): „Salzwasserballaden" (engl. Dichtung)** *M. Maeterlinck:* „Monna Vanna" (belg. Drama) *Mereschkowskij:* „Leonardo da Vinci" (russ. biogr. Roman) *Carolina Michaelis de Vasconcellos* (* 1851, † 1925): „Randglossen zum altportugiesischen Liederbuch" (dt.-portg. Romanistik seit 1896; 1911 bis 1925 Prof. in Coimbra) *Ludvig Mylius-Erichsen* (* 1872, † 1907) leitet dän. „Literarische Grönland-Expedition" zum Studium von Sprache, Sagen und Sitten der Eskimos (bis 1904) *Rilke:* „Buch der Bilder" (Gedichte)	***Hermann Cohen*** **(* 1842, † 1918), Grd. d. Marburger Schule des Neukantianismus: „Logik d. reinen Erkenntnis" (Bd. 1 von „System der Philosophie", Bd. 2 „Ethik d. reinen Willens" 1904, Bd. 3 „Ästhetik d. reinen Gefühls" 1920)** *Benedetto Croce* (* 1866, † 1952): „Philosophie des Geistes" (bis 1913 4 Teile: Ästhetik, Logik, Ökonomie und Ethik, Historiographie; stärker auf die Erfahrung gerichtete ital. Entwickl. des *Hegel*schen Systems) *Friedrich Delitzsch* (* 1850, † 1922): „Babel und Bibel" (veröffentl. Vorträge, welche die Beziehungen zwischen dem Alten Testament u. dem altbabylonischen Sagengut aufdecken) *Albert Ehrhard* (* 1862, † 1940): „Der Katholizismus u. das 20. Jahrhdt." (vom kathol. Standp.) *Paul Hoensbroech* (* 1852, † 1923): „Das Papsttum in seiner sozial-kulturellen Wirksamkeit" (krit. Darstellg. i. 2 Bänden des ehemal. Jesuiten) *William James:* „Die religiösen Erfahrungen in ihrer Mannigfaltigkeit" (nordam. Psychologie) *Gustave Le Bon:* „Psychologie d. Erziehung" (frz.) *Ribot:* „Die Schöpferkraft der Phantasie" (frz. Kunstpsychologie) *Rickert:* „Die Grenzen der naturwissenschaftlichen Begriffsbildung" (seit 1896) + *Auguste Schmidt*, Gründerin u. Vors. d. „Allg. Dt. Frauenvereins" 1865 (* 1833); Nachfolgerin *Helene Lange* *R. Seeberg:* „Die Grundwahrheiten der christl. Relig." (protest.)

Ferdinand Avenarius (* 1856, † 1923) gründet *Dürer*bund zur Verbreitung guter Kunst

Cézanne: „Mädchen mit Puppe" (franz. nachimpr. Gemälde)

Theodor Fischer (* 1862): „Stadterweiterungsfragen" (Verfasser entwirft später Generalbaulinienplan für München und Stadtkernumgestaltung für Stuttgart)

Gauguin: „Aus Tahiti", „Contes Barbares", „Reiter am Strand" (express. Gemälde mit Südseemotiven)

Gulbransson wird Karikaturist bei der politisch-satir. Zeitschrift „Der Simplizissimus"

Hodler: „Die Wahrheit" (Schweiz. Gemälde)

Ebenezer Howard: „Gartenstädte von Morgen" (engl., begründet Gartenstadtbewegung)

Rudolf Kautzsch: „Die neue Buchkunst" (bibliophiler Druck in *Behrens*-Schrift)

Heinrich Kayser (* 1842, † 1917) und *Karl von Großheim* (* 1841, † 1911): Hochschule für bildende Künste und Hochschule f. Musik (Berlin - Charlottenburg, Baubeginn 1898)

M. Klinger: „Beethoven" (Plastik aus mehrfarbigem Material, seit 1886)

d'Albert: „Der Improvisator" (Oper)

Leo Blech (* 1871): „Das war ich" (heitere Oper)

Debussy: „Pelleas u. Melisande" (frz. Oper, Text nach *Maeterlinck*)

Humperdinck: „Dornröschen" (Märchenoper)

* *Eugen Jochum*, dt. Dirigent

Bruno Kittel (* 1870) gründet und leitet *Bruno Kittel*schen Chor (Berlin)

Lehár: „Der Rastelbinder" (Operette)

Massenet: „Der Gaukler unserer lieben Frau" (frz. Oper)

Emil Nikolaus von Reznicek (* 1860, † 1945): „Till Eulenspiegel" (Oper)

M. von Schillings: „Das Hexenlied" (Melodrama nach *Wildenbruch*)

Sibelius: 2. Symphonie in D-dur (finn.)

Gesetz betr. das Urheberrecht an Werken der Literatur und der Tonkunst (von 1901) tritt in Kraft

Physik-*Nobel*preis an *H. A. Lorentz* (Niederl.) und *Pieter Zeeman* (Niederl., * 1865, † 1943) für Entdeckung und Erklärung der Aufspaltung von Spektrallinien im Magnetfeld („Zeeman-Effekt")

Chemie-*Nobel*preis an *Emil Fischer* (Dt.) f. Zucker- u. Eiweißforschung

Medizin-*Nobel*preis an *Ronald Ross* (Gr.-Brit., * 1857, † 1932) f. Malariaforschung

Bernt und *Cerwenka:* Gasglühlicht mit hängendem Strumpf

Hochspannungs-Magnetzündung f. Kraftfahrzeugmotoren von *Robert Bosch* (* 1861, † 1942)

Connstein, *Hoyer* und *Wartenberg:* Fettspaltung durch Fermente (Verdauungsstoffe)

Cooper und *Hewitt:* Quecksilberdampfgleichrichter

Cushing: Erste Nervennaht

Wilhelm Dörpfeld (* 1853, † 1940): „Troja und Ilion" (Bericht über eigene Ausgrabungen, 2 Bände)

E. v. Drygalski entdeckt auf der Antarktis-Expedition mit der „Gauß" (1901—1903) das Kaiser-*Wilhelm-II.*-Land

Preisfahrt des Brasilianers *Santos Dumont* mit einem Prall-Luftschiff um den Eiffelturm mit 26 km/st. Höchstgeschwindigkeit

Emil Fischer: Nachweis des Aufb. d. Eiweißstoffe aus Aminosäuren

Albert Grünwedel (* 1856, † 1935) reist nach Ostturkestan (2 Reisen bis 1907), begründet mit die Erforschung der ausgestorbenen indoeuropäischen tocharischen Sprache aus dortigen Handschriftenfunden

O. Heaviside nimmt leitende Luftschichten in großer Höhe an (entscheidend für Rundfunkwellen-Ausbreitung)

Guido Holzknecht (* 1872, † 1931 an *Röntgen*krebs) u. *Kienböck: Röntgen*dosismessung (schafft Voraussetzg. für wissenschaftl. Strahlentherapie)

Hugo Junkers (* 1859, † 1935) entwickelt Gasbadeofen (seit 1895)

Köpsel: Drehkondensator zur Abstimmung von elektrischen Schwingungskreisen

A. Scobel: „Handelsatlas zur Verkehrs- und Wirtschaftsgeographie"

2.—4. Haager Abkommen (regeln internat. Privatrecht bezüglich Eheschließung und -scheidung und Vormundschaft)

Neuer dt. Zolltarif (Schutzzölle für Landwirtschaft)

Erster allgem. dt. Bankiertag in Frankfurt/M.

Krupp kauft Germaniawerft in Kiel (1879 aus Norddt. Werft und Märkisch-Schlesischer Maschinenbau- und Hüttengesellschaft hervorgegangen)

Rhenania-Ossag Mineralölwerke AG in Hamburg (Ölraffinerien)

„Sohnreys Bauernkalender" von *Heinrich Sohnrey* (* 1859, † 1948; der Kalender erscheint bis 1932; für soziale Hebung des Dorfes)

Verband der Handelsschutz- und Rabattsparvereine Deutschlands (zur Regelung der Konkurrenz und zum Schutz gegen Warenhäuser und Konsumvereine)

Bund dt. Verkehrsvereine (erster in Dresden 1875)

Beginn dt. Heimat- und Denkmalschutz-Gesetz-

(1902)

Rosegger: „Als ich noch ein Waldbauernbub war“ (Erzählung)

Emil Rosenow (* 1871, † 1904): „Kater Lampe“ (satir. Komödie), „Die Schatten leben“ (sozial. Drama, veröffentl. 1912)

Schnitzler: „Lebendige Stunden“ (Einakter-Zyklus)

Wilhelm von Scholz (* 1874, † 1969): „Der Spiegel“ (Gedichte)

Emil Strauß (* 1866, † 1960): „Freund Hein“ (Roman, Schülertrag.)

Stijn Streuvels (*Frank Lateur*, *1871): „Knecht Jan“ (fläm. Roman)

Strindberg: „Karl XII.“ (schwed. Drama), „Die Kronbraut“ (schwed. Bauerntragödie), „Ein Traumspiel“ u. „Schwanenweiß“ (schwedische Märchenspiele)

Eduard Stucken (* 1865, † 1936): „Gawan“ (erstes Drama des neuromant. Zyklus „Der Gral“, bis 1924)

Sudermann: „Verrohung in der Theaterkritik“

Maila Talvio (* 1871): „Das Ende von Pimeänpirtti“ (finn. Roman)

L. Thoma: „Die Lokalbahn“ (satir. Komödie)

Viebig: „Die Wacht am Rhein“ (Roman)

Wedekind: „König Nicolo oder So ist das Leben“ (Schauspiel)

† *Emile Zola*, frz. naturalist. Dichter (* 1840)

„Jahrbuch der dt. Bibliotheken“ erscheint

„Shakespeare-Liga“ in London gegründet

Anstalt f. modern. Strafvollzug an Jugendl. i. Borstal (Gr.-Brit.) (gesetzl. anerk. 1908)

Carl Stange (* 1870): „Der Gedankengang d. Kritik d. rein. Vernunft“

Rudolf Stammler (* 1846, † 1940): „Lehre vom richtigen Recht“ (neukantianisch)

Ludwig Sütterlin (* 1865, † 1917): „Das Wesen der sprachlichen Gebilde. Kritische Bemerkungen zu W. Wundts Sprachpsychologie“

E. Troeltsch: „Die Absolutheit des Christentums und die Religionsgeschichte“ (evang.)

A. Warburg gründet Bibliothek zur Geschichte der europäischen Kultur (90000 Bände nebst Photoarchiv; 1933 Übersiedlung von Hamburg nach London)

Bruno Wille gründ. Freie Hochschule in Berlin (Volkshochschule)

Ägyptisches Museum kommt nach Kairo (1858 in Bulak gegründet)

Gleichberechtigung der Vollanstalten (realen u. gymnasialen) in Preußen

„Regeln für die deutsche Rechtschreibung nebst Wörterverzeichnis“ (Ergebnis der 2. Berliner orthographischen Konferenz v. 1901; 1. Konferenz 1876)

Reifeprüfg. f. Veterinärstudium vorgeschrieben

Erneuerung d. Univers. Münster (gestiftet 1773)

„Dt. Burschenschaft“ (geht aus dem 1874/81 gegründeten Gesamtverband hervor)

Gesetzliche Schulspeisung in Dänemark (1906 in England)

Norwegen schafft Todesstrafe ab

In USA entstehen Kinderlesehallen

G. Kolbe: „Frauenbildnis" (Plastik)

W. Kreis: Burschenschaftsdenkmal bei Eisenach

Kubin wird durch eine Ausstellung seiner Zeichnungen bei *P. Cassirer* (Berlin) bekannt

Larsson: „Larssons" (schwed. Aquarellfolge)

Melchior Lechter (* 1865, † 1937): „Weihe am mystischen Quell" (Altargemälde)

Fritz Mackensen (* 1866, Gründer d. Worpsweder Künstlerkolonie 1895): „Dämmerung" (Gemälde)

Monet: „Waterloobrücke in London" (frz. impress. Gem.)

Ed. Munch: „Kinder des Dr. Linde" und „Bewachsenes Haus" (norwegisch. frühexpress. Gemälde)

Nolde: „Mein Vater" (Gemälde)

Fritz Overbeck (* 1869, † 1909): „Ein stürmischer Tag" (Gemälde aus der Worpsweder Malerschule)

Albert Reimann gründet Schule für angewandte Kunst in Berlin

Slevogt: „Der Sänger d'Andrade als Don Juan" (impress. Gemälde)

H. Thoma: „Christus auf dem Meere", „Christus mit Magdalena" (Wandgemälde in der Peterskirche Heidelberg)

Louis Tuaillon (* 1862, † 1919, Schüler von *R. Begas*): „Rosselenker" (Bronzeplastik vor dem Stadttheater Bremen)

Zorn: „Die Mutter" (schwed. Gemälde)

„Deutscher Künstlerbund" (für unabhängiges modernes Kunstschaffen; Sezession der Allgem. deutschen Kunstgenossenschaft v. 1856)

Karl Ernst Osthaus gründet in Hagen Folkwangmuseum mit besonders gepflegter Abteilung moderner Kunst (wird 1922 von der Stadt Essen übernommen)

Internationale Ausstellung des modernen Kunstgewerbes in Turin

„Zeitschrift f. Wohnungswesen"

—

„Das Leben eines amerikanisch. Feuerwehrmanns" (nordamerikanisch. Dokumentarfilm v. *Edwin S. Porter*, * 1875, † 1945)

„Die Passion unseres Herrn Jesus Christus" (französ. Film von *F. Zecca*)

„Die Reise zum Mond", „Die Krönung Eduards VII." (frz. Filme v. *Méliès*)

„Salome" (Film von *Oskar Messter*)

Ph. Lenard entd. d. Erscheinungen am lichtelektr. Effekt, d. *Einstein* (1905) durch Einführung der korpuskelähnl. Lichtquanten deutet

Eduard Meyer (* 1855, † 1930): „Geschichte des Altertums" (5 Bände seit 1885)

Adolf Miethe (* 1862, † 1927): Panchromatische Platte

Normann: Fetthärtung (Überführung flüssiger in feste Fette)

Wilh. Ostwald: Salpetersäure-Gewinnung durch Ammoniakverbrenng. (verdrängt Luftverbrenng.)

Karl Pauli (* 1839, † 1901), *Danielsson*, *Gustav Herbig* (* 1868, † 1925): „Corpus inscriptionum etruscarum" (Samml. etrusk. Inschriften seit 1893, wird fortgesetzt)

Pelton-Turbine für 472 m Gefälle und 7500 PS (5000 kW)

Valdemar Poulsen (* 1869) erfindet Lichtbogensender (bis 1903)

Charles Richet (* 1850, † 1935) entdeckt Anaphylaxie (Empfindlichkeit gegen artfremdes Eiweiß)

Augusto Righi (* 1850, † 1920, Lehrer von *Marconi*): „Drahtlose Telegraphie"

Ernst Rolffs: Rotations-Rastertiefdruck

Sparverfahren zur Holzkonservierung mit Teeröl (*Rüping*-Verfahren, Teerölkonservierung seit 1838)

Schenk: „Die Bedeutung der Neuronenlehre für die allgemeine Nervenphysiologie" (Neuronen als Elemente der Nervensubstanz)

R. F. Scott entdeckt auf „Discovery"-Expedition 1900 bis 1904 König-*Eduard-VII.*-Land in der Antarktis

† *Rudolf Virchow*, dt. Mediziner; begrdte. Zellularpathologie; Grd. der liber. Fortschrittspartei (* 1821)

August Weismann (* 1834, † 1918): „Vorträge über Deszendenztheorie" (Darwinismus)

Nordeuropäische Internationale Kommission für Meeresforschung

Institut für Meereskunde der Universität Berlin (gegr. 1900) beginnt seine „Veröffentlichungen"

Sonnenbestrahlung als Heilmethode in Davos

gebung. (Dt. Heimatschutzbewegung ab 1904)

„Photographische Industrie" (Zeitschrift)

„Dt. Gesellschaft zur Bekämpfung der Geschlechtskrankheiten"

Jessen grdt. i. Straßburg 1. Schulzahnklinik

„Dt. Gartenstadt-Gesellschaft" (erstrebt gemeinnützige und gesunde Siedlungsform)

Otto Hanisch (* 1854, † 1936) grdt. Mazdaznan-Lehre

Gebr. *Lindauer:* Büstenhalter (anstelle d. Korsetts, kommt ca. ab 1920 stärker in Gebrauch)

Erste Strecke der Berliner U-Bahn (Baubeginn 1896)

„Dt. Tennisbund"

Fünfmastvollschiff „Preußen" (größtes Segelschiff, strandet 1911)

Helgoland-Leuchtturm (35 km Reichweite)

Ausbruch des Vulkans Montagne Pelée auf Martinique zerstört Saint-Pierre (26000 Tote)

1903

Friedens*nobel*preis an *William Randal Cremer* (Großbrit., * 1838, † 1908)

Dt. Reichstag: Zentrum 100 Sitze, Sozialdemokraten 81, Konservative 52, Nationalliberale 50, Dt. freisinn. Volkspartei 21, Dt. Reichspartei 20, Polen 16, übrige 60

Parteitag der dt. Sozialdemokraten verurteilt den evolutionären „Revisionismus“ von *Eduard Bernstein* (* 1850, † 1932)

„National-soziale Partei“ (von *Friedrich Naumann* 1896 gegründet) vereinigt sich mit der „Freisinnigen Vereinigung“

Großbrit. hebt Verfassung für Malta von 1887 auf

Vizekönig *George Curzon* (* 1859, † 1925) von Indien dehnt brit. Einfluß auf Tibet aus zur Begegnung des russ. Einflusses in Mittelasien

Schwere Kämpfe der Engländer in Brit.-Somaliland gegen aufständische Derwische unter *Hadschi Mohammed ben-Abdullah* († 1910)

Brit.-pers. Handelsvertrag

Giovanni Giolitti (* 1842, † 1928) ital. liberaler Ministerpräsident bis 1905, dann 1906 bis 1909, 1911 bis 1914, 1920 bis 1921 (außerdem bereits von 1892 bis 1893)

Niederländer unterwarfen (seit 1873) das Reich der Atschinesen auf Java

Schweden verzichtet endgültig auf das Einlöserecht für das 1803 an Mecklenburg-Schwerin verpfändete Wismar

Auf d. zweiten Parteitag i. Brüssel u. London spalten sich d. russ. Sozialisten wegen d. v. Lenin betrieb. zentralist. Organisation in „Bolschewiki“ („Mehrheit“) u. „Menschewiki“ („Minderheit“)

Grdg. d. russ. Partei d. Sozialrevolutionäre (agrarsozialistisch)

† *Alexander* (mit seiner Gattin ermordet), König von Serbien seit 1889 (letzter *Obrenowitsch*) (* 1876)

Peter I. Karageorgewitsch König von Serbien bzw. Jugoslawien (ab 1918) bis 1921 (†, * 1844); russenfreundl.

„Mazedonisches Komitee“ aufgelöst (erstrebte seit 1899 unter *Boris Sarafov* [† 1907, ermordet] bulgarische Herrschaft über Mazedonien)

Literatur-*Nobel*preis an *B. Björnson* (Norw.)

Franz Adam Beyerlein (* 1871, † 1949): „Jena oder Sedan?“ (Roman)

Albert Bielschowsky (* 1847, † 1902): „Goethe“ (2 Bände seit 1896; Bd. 2 posthum)

W. E. Burghardt Du Bois: „Die Seelen des schwarz. Volkes“ (nordamerikan. Negerroman)

Conrad: „Taifun“ (engl. Roman)

Dehmel: „Zwei Menschen“ (Roman in Romanzen)

Paul Ernst (* 1866, † 1933): „Der schmale Weg z. Glück“ (Roman)

St. George: „Tage und Taten“ (Essays)

Gorkis „Nachtasyl“ von *Reinhardt* in Berlin inszeniert (russ. Urauff. 1902 i. Moskauer Künstlertheater)

G. Hauptmann: „Rose Bernd“ (Schauspiel)

Sven Hedin (* 1865, † 1952): „Im Herz. v. Asien“ (schwed. populärer Reisebericht)

Theodor Herzl „Altneuland“ (zionist. Roman)

R. Herzog: „Die vom Niederrhein“ (Roman)

Elisabeth von Heyking (*1861, †1925): „Briefe, die ihn nicht erreichten“ (Roman aus Diplomatenkreisen, zunächst anonym)

Hofmannsthal: „Ausgewählte Gedichte“, „Das kleine Welttheater“ und „Elektra“ (Schauspiele)

Rudolf Huch (* 1862, † 1943, Bruder von *Ricarda H.*): „Hans der Träumer“ (Entwicklungsroman)

Fr. Jammes: „Der Hasenroman“ (frz. symb. Rom.)

Konrad Agahd (* 1867, † 1928) veranlaßt dt. Kinderschutzgesetz betreffend Kinderarbeit

Albert I. von Monaco gründet Internationales Friedensinstitut

Wilhelm Bölsche (* 1861, † 1939): „Das Liebesleben in der Natur“ (3 Bände seit 1898)

Johannes Haller (* 1865, † 1947): „Papsttum und Kirchenreform“

Willy Hellpach (* 1877): „Nervosität u. Kultur“

A. v. Harnack Präsident d. evang. sozialen Kongresses (b. 1912)

Ernst Meumann: „Die Sprache des Kindes“

Johannes Müller (* 1864, † 1949) gründet auf Schloß Mainberg/Unterfranken eine „Freistatt persönlichen Lebens“ für Suchende jeder Richtung und Herkunft (evang. Lebensphilosophie)

Natorp: „Platos Ideenlehre“

Karl Kautsky (* 1854, † 1938): „Karl Marx' ökonomische Lehren gemeinverständlich dargestellt“

† *Leo XIII.*, Papst seit 1878; zahlreiche Enzykliken üb. soziale, kirchl. u. wissenschaftl. Fragen; verfaßt auch Dichtungen (* 1810); *Pius X.* Papst bis 1914 (†, * 1835; heiliggesprochen 1954)

† *Theodor Mommsen*, dt. Historiker; *Nobel*preis für Literatur 1902 (* 1817)

G. E. Moore (* 1873): „Ablehnung des Idealismus“ (gilt als Begründung des engl. Neurealismus)

Berlage: Börse in Amsterdam (niederl. Bauwerk)

Corinth: „Selbstbildnis mit Modell" (Gemälde)

† *Paul Gauguin*, frz. Maler, zuletzt besonders von Südseemotiven in ausdrucksvollen Farben (* 1848)

Israels: „Judenhochzeit" (niederl. Gemälde)

Gustav Klimt (* 1862, † 1918): „Philosophie, Medizin und Jurisprudenz" (Deckengemälde in der Aula der Wiener Universität)

A. Kubin: 1. Mappe phantast. Zeichngn.

Leistikow: „Havelkähne in Mondbeleuchtung" (Gemälde)

Lenbach: „Selbstbildnis"

M. Liebermann: „Polospiel" (impress. Gemälde)

Matisse: „Die Lebensfreude" (Gem.)

Modersohn-Becker: „Selbstbildnis" (farbige Kreide), „Bauernmädchen auf einem Stuhl" und „Alte Bäuerin" (Gemälde)

Monet: Frz. impress. Studien über ein Motiv von der Themse in verschiedener Beleuchtung (seit 1901)

d'Albert: „Tiefland" (Oper)

* *Boris Blacher* (in China), baltisch-dt. Komp.; schreibt u. a. „Concertante Musik" (Kammeroper), „Der Großinquisitor" (Op.-Oratorium)

Leo Blech: „Alpenkönig u. Menschenfeind" (Oper)

Friedrich Klose (* 1862, † 1942, *Bruckner*schüler): „Ilsebill" (symph. Märchendrama)

Joan de Manén (* 1883): „Acté" (span. Oper)

Hugo Riemann (* 1849, † 1919): „System der musikalischen Rhythmik und Metrik"

A. Schönberg: „Gurrelieder" (nach *J. P. Jacobsen*, für Sprecher, 5 Solisten, 3 vierstimm. Männerchöre, achtstimm. gemischten Chor und gr. Orchester, seit 1902)

Sibelius: Violinkonzert in d-moll

† *Hugo Wolf*, dt. Komponist; besonders von Liedern (* 1860)

Wolf-Ferrari: „Die neugierigen Frauen" (Oper), „Das Neue Leben" (Chorw. n. *Dante*)

Päpstlicher Erlaß bevorzugt A-cappella-Chor vor Orchestermusik

„Intern. musikpädagogischer Verband" gegr., gibt „Musikpädagog. Blätter" heraus

Physik-*Nobel*preis an *H. Becquerel* (Frankr.), *M. Sklodowska-Curie* (Polen) und *P. Curie* (Frankr.) für Erforschung der Radioaktivität

Chemie-*Nobel*preis an *S. Arrhenius* (Schwed.) für Erforschung der elektrolytischen Dissoziation

Medizin-*Nobel*preis an *Niels Rybert Finsen* (Dänem., * 1860, † 1904) für Lichttherapie

Birkeland und *Eyde:* Herstellung von Salpetersäure durch Verbrennung von Luft im magnetisch beeinflußten Wechselstromlichtbogen

Th. Boveri verbind. Zellforschung u. Vererbungslehre

* *Adolf Friedrich Butenandt*, dt. Chemiker; *Nobel*preis 1939

Wilhelm Einthoven (* 1860, † 1927) ermöglicht durch das Saitengalvanometer die Registrierung der Aktionsströme des Herzmuskels: Elektrokardiographie

E. G. Hopkins entdeckt Tryptophan (Eiweißstoff)

Th. Koch-Grünberg erforscht Nebenflüsse des Amazonas (bis 1905)

Hans Meyer besteigt und erforscht den Vulkan Chimborasso u. a. in den Kordilleren von Ekuador (schreibt 1907: „In den Hochanden von Ekuador")

Gründung des „Dt. Museums von Meisterwerken der Naturwissenschaft und Technik" in München durch *Oskar von Miller* (Neubau 1925 eröffnet)

W. Ramsay u. *Frederik Soddy* (* 1877, † 1956): Aus dem radioaktiven Gas der Radium-Emanation entsteht das Edelgas Helium (deutliches Zeichen einer Elementumwandlung)

Fritz und *Paul S. Sarasin* erforschen als Zoologen und Völkerkundler Celebes (seit 1901 und 1893 bis 1896)

Schiffskreisel von *O. Schlick* zur Schlingerdämpfung

Seiner (bis 1912) und *L. Schultze* (bis 1905) erforschen Kalahari-Trockenbecken in Südafrika

Siedentopf und *Richard Zsigmondy* (* 1865, † 1929): Ultramikroskop (optische Dunkelfeldmethode)

Sombart: „Die deutsche Volkswirtschaft im 19. Jahrhundert"

Kommission für Strafprozeßreform (bis 1905; bleibt ohne Erfolg)

Karl Legien (* 1861, † 1920) wird Vorsitzender d. Internationalen Vereinigung d. Gewerkschaften (bis 1919)

Adam Stegerwald (* 1874) wird Leiter d. Gesamtverbandes d. christl. Gewerkschaften in Deutschland

Gr. Streik der Krimmitschauer Textilarbeiter um den 10-Std.-Tag scheitert

Maschinenunfallversicherung in Deutschland

Henry Ford gründet mit 100000 Dollar *Ford*-Automobil-Gesellschaft

J. P. Morgan gründet großen Schiffahrtstrust in den USA (International Mercantile Marine Company)

Siemens Schuckert-Werke (Starkstromtechnik)

Gesellschaft für drahtlose Telegraphie Telefunken

Zentralverb. d. dt. Konsumgenossenschaften e. V. gegründet

Verband dt. Waren- und Kaufhäuser (in Kampfstellung gegen mittelständischen Einzelhandel)

(1903)	Panama erklärt sich von Kolumbien unabhängig, da dieses dem Kanalbau nicht zustimmt USA erhalten vom neugegründeten Freistaat Panama Kanalzone mit Hoheitsrechten (1901 Vertrag mit Großbrit. auf Alleinrecht, Kanal zu bauen, 1902 Erwerbung der frz. Rechte) Schwere Judenpogrome in Rußland (weitere 1906) 6. Zionistenkongreß beschließt praktische Palästinaarbeit (autonomes Siedlungsgebiet in Brit.-Ostafrika abgelehnt)	*Kolbenheyer:* „Giordano Bruno" (Versdrama) *Liliencron:* „Bunte Beute" (Gedichtsammlung) *J. London:* „Ruf der Wildnis" (nordamerikan. Roman) *H. Mann:* „Die Göttinnen oder die drei Romane der Herzogin von Assy" (Romantrilogie) *Th. Mann:* „Tristan" (Novelle) *Stanislaw Przybyszewski* (* 1868, † 1927): „Schnee" (poln. Drama) *Rilke:* „Worpswede" (Künstlermonographie) *Schnitzler:* „Reigen" (zehn erotische Dialoge) *Shaw:* „Mensch und Übermensch" (engl. Schauspiel) *Strindberg:* „Königin Christine" und „Die Nachtigall von Wittenberg" (schwed. Schauspiele) *André Theuriet* (* 1833, † 1907): „Galante und melancholische Geschichten" (frz.) *Georg Witkowski* (* 1863, † 1939): „Das deutsche Drama des 19. Jahrhunderts" (Literaturgesch.) *Zola:* „Die vier Evangelien" („Fruchtbarkeit", „Arbeit", „Wahrheit" seit 1899, unvoll. frz. Romanzyklus, posthum) *Tilla Durrieux* (* 1880, † 1971) spielt bei *Max Reinhardt* i. Berlin (beg. damit ihre eig. Theaterlaufbahn) Harzer Bergtheater (setzt Entwicklung des dt. Freilichttheaters fort: 1890 Naturtheater in Wunsiedel, 1909 Zoppoter Waldoper) *Victor-Hugo*-Museum in Paris *Schiller*-Nationalmuseum in Marbach	*Franz Oppenheimer* (* 1864, † 1943): „Das Grundgesetz der Marx'schen Gesellschaftslehre" *Henri Poincaré:* „Wissenschaft und Hypothese" (frz. Erkenntnistheorie des Konventionalismus) *Otto Schmeil* (* 1860, † 1944): „Lehrbuch der Botanik" (reformiert wie das „Lehrbuch der Zoologie" von 1899 den naturkundlichen Unterricht) † *Herbert Spencer*, engl. Philosoph einer allgemeinen Entwicklungslehre; schrieb 1862 bis 1893 „Ein System synthetischer Philosophie" (10 Bände) (* 1820) *Thorndike:* „Erziehungs-Psychologie" (engl. experimentelle Pädagogik) *Otto Weininger* (* 1880, † 1903, Selbstmord): „Geschlecht und Charakter" (behauptet Minderwertigkeit der Frau) *Carl Muth* grdt. „Hochland" (kathol. Monatsschrift) „Gesellschaft zur Förderung der Wissenschaft des Judentums" in Berlin Akademische Ferienkurse für sächs. Volksschullehrer Englische Arbeiterbildungs-Vereinigung (WEA)

Ed. Munch: „Kuß am Meer“ (norweg. frühexpress. Gemälde aus dem *Linde*-Fries) und „Auf der Brücke“ (norweg. express. Gemälde)

Martin Nyrop (*1849, † 1921): Neues Rathaus in Kopenhagen (Baubeginn 1892)

Emil Orlik (*1870, †1934): „Aus Japan“ (Graphik-Mappe)

Picasso: „Die Büglerin“ und „Guitarrist“ (span.-frz. Gemälde)

† *Camille Pissaro*, frz. impress. Maler; malte auch pointillist. (* 1830)

Sargent: „Major H.L. Higginson“ (nordamerikan. Bildnis)

† *Carl Schuch*, dt. Maler, bes. von Stillleben (* 1846)

Stephan Sinding (*1846, †1922): „Anbetung“ (norweg. Plastik)

Slevogt: Illustrationen zu „Ali Baba und die 40 Räuber“

* *Graham Sutherland*, brit. Maler

† *James Whistler*, nordamerikan. Maler (* 1834)

Gründung des „Salon d'Automne“ in Paris für Bilder, die von der offiziellen Jury zurückgewiesen wurden

Hans Poelzig wird Direktor d. Kunstschule Breslau (ab 1911 Kgl. Akad. f. Kunst und Kunsthandwerk)

Reklamekunst wird Unterrichtsfach an den Kunstgewerbeschulen

Porträt-Katalog (seit 1859, ursprünglich von *Drugulin*)

„Bund Dt. Architekten“

---

* *Greta Garbo (Gustafson)*, schwed. Filmschauspielerin

„Die Ermordung d. Herzogs von Guise“ (frz. Film mit Schauspielern der Comédie Française)

„Großer Eisenbahnüberfall“ (begründet erfolgreichen nordamerikan. Spielfilm; Dauer 12 Minuten)

O. Vogt, *Brodmann* und *Campbell:* Erste Hirnkarten (Lokalisierung der Hirnfunktionen)

de Vries: „Die Mutationstheorie“ (über die spontane Entstehung neuer Pflanzenarten, 2 Bände seit 1901)

Erster Motorflug (12 Sek., 50 m weit) der Brüder *Orville* (* 1871, † 1948) und *Wilbur Wright* (* 1867, † 1912)

E. Zschimmer erfindet ultraviolettdurchlässiges Uviolglas

Unterscheidung der radioaktiven Alpha-, Beta- und Gammastrahlen

Fernrohr mit 800-mm-*Steinheil*-Objektiv für die Sternwarte Potsdam

„Zeitschrift für wissenschaftliche Photographie, Photophysik und Photochemie“

Elektrische Schnellbahn auf der Versuchsstrecke bei Zossen erreicht 210 km/st.

Schwebebahn zwischen Elberfeld und Barmen eröffnet (Baubeginn 1898)

Kraftwagen durchquert die USA in 65 Tagen

Irische Kleinpächter erhalten durch Gesetz die Stellung von freien Bauern

Einf. d. Daktyloskopie i. d. engl. u. dt. Kriminalistik

W. Fischer: „Die Prostitution und ihre Beziehungen zum Verbrechen“

Internationale Konvention über Maßregeln gegen Pest, Cholera und Gelbfieber

Zdarski: „Alpine (Lilienfelder) Skilauftechnik“ (Erfahrungen der ersten alpinen Skischule von 1896)

Skibindung des Norwegers *Fritz Huitfeld*

„Dt. Tennisbund“

„Deutsche Skatordnung“ (beruht auf den Regeln von 1886)

VfB Leipzig erstmals dt. Fußballmeister (wieder 1906, 1913)

„Teddy“-Bär als Spielzeug von *Margarethe Steiff* auf d. Leipz. Messe (erhält s. Namen angebl. von „*Teddy*“ [*Theodore*] *Roosevelt* i. USA)

Erste „Tour de France“ (Straßenradrennen)

1904	Friedens*nobel*preis an das Institut für internationales Recht in Gent *L. Quidde:* „Internationale Verständigung über Beschränkung der Rüstungen" Herero-Aufstand in Dt.-SW-Afrika (Hereros kommen in der Wüste um) Hottentottenaufstand in Deutsch-Südwestafrika unter *Hendrik Witboi* (* ~ 1825, † 1905; erst 1908 niedergeschlagen) Frz.-brit. „Entente cordiale". Großbritannien bestätigt frz. Schutzherrschaft über Marokko. Frankreich verzichtet auf Einfluß in Ägypten und anerkennt span. Machtbereich in Nordafrika Großbrit. anerkennt chin. Einfluß in Tibet Beginn des russ.-jap. Krieges um Mandschurei und Korea *Nikola Paschitsch* serb. Ministerpräsident bis 1926 mit kurzen Unterbrechungen; Anhänger eines großserb. Zentralismus Australische Arbeiterpartei gewinnt Einfluß auf Sozialpolitik Weltbund für Frauenstimmrecht in London *Lenin:* „Ein Schritt vorwärts, zwei Schritt zurück" (russ. revolutionäre Schrift gegen Menschewiki) *Rosa Luxemburg* wendet sich gegen die von *Lenin* vertretene zentralistische Parteiorganisation Tagung der 2. (sozialdemokr.) Internationale in Amsterdam. Gründung einer interparlamentarischen sozialdemokratischen Kommission (weitere Tagungen 1907 in Stuttgart, 1910 in Kopenhagen, 1912 in Basel) General *von Liebert* gründet „Reichsverband gegen die Sozialdemokratie" (löst sich 1914 auf)	Literatur-*Nobel*preis an *Fr. Mistral* (Frankr.) und *J. Echegaray* (Span.) *Bang:* „Michael" (dän. Roman) *A. Bartels:* „Heimatkunst" (antisemitische Literaturbetrachtung) *W. Busch:* „Zu guter Letzt" (Gedichtsammlung) *Ganghofer:* „Der hohe Schein" (Roman) *Max Halbe:* „Der Strom" (Schauspiel) *Andreas Haukland* (* 1873, † 1933): „Ol Jörgen" (norweg. Romantrilogie seit 1902) *H. Hesse:* „Peter Camenzind" (Erziehungsroman) *Arno Holz:* „Daphnis" („Freß- und Sauflieder" im Stil der Barocklyrik), „Traumulus" (Tragikomödie) *Ric. Huch:* „Von den Königen u. der Krone" (Roman) *Lagerlöf:* „Christuslegenden" (schwed. Erzählungen) *Liliencron:* „Poggfred" (Erweiterung des „Kunterbunten Epos" von 1896) *J. London:* „Der Seewolf" (nordamerikan. Roman) *William Vaughan Moody* (* 1869, † 1910): „Der Feuerbringer" (nordamerk. Prometheustrilogie als Versdrama) *Ada Negri* (* 1870, † 1945): „Muttertum" (ital. Gedichte über die sozial Schwachen) *Kostis Palamas* (* 1859, † 1943): „Unwandelbares Leben" (neugriech. Lyrik)	*Heinrich Seuse Denifle* (* 1844, † 1905): „Luther und Luthertum in der ersten Entwicklung" (kathol. Kirchengeschichte) *Elisabeth Förster-Nietzsche* (* 1846, † 1935): „Das Leben Friedrich Nietzsches" (2 Bände seit 1895) *Freud:* „Zur Psychopathologie des Alltagslebens" (psychoanalytische Deutung von Fehlleistungen) *Frobenius* beginnt seine Forschungsreisen nach Afrika (bis 1935, begründen seine Kulturmorphologie u. Kulturkreislehre) *Hugo Gaudig* (* 1860, † 1923): „Didaktische Ketzereien" (schulreformerisch) *Haeckel:* „Kunstformen der Natur" (seit 1899) und „Die Lebenswunder" (monistisch) *Harnack:* „Geschichte d. altchristlichen Literatur" (2 Teile seit 1893) *Lafcadio Hearn* (* 1850, † 1904): „Japan. Versuch einer Deutung" (engl. Japankunde) *L. T. Hobhouse* (* 1864, † 1929): „Demokratie und Reaktion" (engl. liberale Gesellschaftsphilosophie) *Adolf Jülicher* (* 1857, † 1938): „Paulus und Jesus" (evang. Theologie) *Albert Kalthoff* (* 1850, † 1906): „Die Entstehung des Christentums" (radikale Darstellung des Urchristentums; Verfasser wird Vorstand des Dt. Monistenbundes ab 1905)

Frank Brangwyn (* 1867): Monumentalgemälde für das Zunfthaus der Londoner Kürschner (engl.)

Corinth: „Frauenraub" (Gemälde)

* *Salvador Dali*, span. Initiator d. Surrealismus; schreibt 1951 „Manifeste Mystique"

Max Dvorak (* 1874, † 1921): „Das Rätsel der Kunst der Brüder van Eyck" (kunstgeschichtliche Studie)

† *Henri Fantin-Latour*, frz. naturalist. Maler (* 1836)

Charles Wellington Furse (* 1868, † 1904): „Diana of the uplands" (engl. Bildnis)

Ernst v. Ihne (* 1848, † 1917): *Kaiser-Friedrich*-Museum, Berlin (Baubeginn 1897)

M. Klinger: „Nietzsche" (Bildnisbüste für *Nietzsche*-Archiv) und „Drama" (Marmorgruppe für das Albertinum, Dresden)

Eugène Laermans (* 1864, † 1918): „Der Tote" (belg. Gemälde)

Leistikow: „Griebnitzsee bei Erkner" (Landschaftsgemälde)

† *Franz von Lenbach*, süddt. Bildnismaler (* 1836)

M. Liebermann: „Wilhelm Bode" (Bildnis) und „Spitalgarten in Edam" (Gemälde)

Caruso geht i. d. USA

* *Luigi Dallapiccola*, ital. Kompon. d. Zwölftontechn.

A. Dvořak: „Armida" (tschech. Oper)

† *Anton Dvořak*, tschech. Komponist; schrieb Symphonien, Kammermusik, Opern, Lieder, Slawische Rhapsodien, Tänze u. a. (* 1841)

† *Eduard Hanslick*, maßgebender und gefürchteter Wiener Musikkritiker; Gegner *Wagners* (* 1825)

Leoš Janáček (* 1854, † 1928): „Jenufa" (tschech. Oper)

Lehár: „Der Göttergatte" (Operette)

Leoncavallo: „Der Roland von Berlin" (ital. Oper im Auftrag *Wilhelms II.*)

G. Mahler: 5. Symphonie cis-Moll (6. in a-Moll 1906, 7. in e-Moll 1908)

Fritzi Massary (* 1882, † 1969) kommt als Operettensängerin an das Metropoltheater Berlin

Puccini: „Madame Butterfly" (ital. Oper)

Hugo Riemann: „Handbuch der Musikgeschichte" (5 Bände)

M. von Schillings: „Kassandra" (Melodrama)

S. Wagner: „Der Kobold" (Oper)

Physik-*Nobel*preis an *J. W. Rayleigh* (Großbrit.) für Entdeckung des Edelgases Argon

Chemie-*Nobel*preis an *W. Ramsay* (Großbrit.) für Erforschung der Edelgase

Medizin-*Nobel*preis an *I. Pawlow* (Rußl.) für Erforschung der Nerven- und Hirntätigkeit

Anschütz-Kaempfe: Kreisel-Kompaß

Theodor Boveri (* 1862, † 1915) erkennt in den Chromosomen die stofflichen Träger der Erbanlagen

Marie Curie: „Forschungen über radioaktive Substanzen"

Elster und *Geitel:* Lichtelektrische Photozelle

J. A. Flemming: Elektronenröhre für drahtlosen Nachrichtenempfang

G. Th. August Gaffky (* 1850, † 1918) Leiter des Instituts für Infektionskrankheiten in Berlin

Joh. Hartmann (* 1865, † 1936) entdeckt „ruhende Kalziumlinien" als einen Hinweis, daß zw. den Sternen dunkle Materie vorhanden ist

Hedin: „Wissenschaftliche Ergebnisse einer Reise in Zentralasien" (Forschungsbericht, 6 Text-, 2 Atlas-Bände)

Arthur Korn (* 1870, † 1945): Bildtelegraphie München-Nürnberg

Richard Küch: Quarzlampe als Ultraviolett-Lichtquelle, z. B. Höhensonne, ab 1906 von *Heraeus* gebaut

Gebr. Lumière: Autochrom-Platten zur Farbenphotographie

G. Merzbacher erforscht den zentralen Teil des innerasiatischen Tienschan-Gebirges (seit 1902; 1907—1908 den östlichen Teil)

MacFarlane Moore: Beleuchtung durch Hochspannungs-Glimmentladung (Leuchtröhre)

Nieger: Karte der Sahara-Oasen (9 Blätter)

Hermann Oncken (* 1869, † 1946): „Lassalle" (histor. Biographie)

Ludwig Prandtl (* 1875, † 1953) gibt Theorie der Grenzschichten an den Begrenzungen strömender Flüssigkeiten und Gase (wird wichtig für Tragflächentheorie)

Weltausstellung und Olympiade in St. Louis/USA

„Berliner Zeitung" (seit 1877 erste Zeitung *Ullsteins*) wird zur „B. Z. am Mittag"

Josef Kohler (* 1849, † 1919): „Handbuch des deutschen Patentrechts" (in rechtsvergleichender Darstellung, seit 1900)

Gustav Schmoller: „Grundriß der allgemeinen Volkswirtschaftslehre" (2 Bände seit 1900; betont historische Einzeltatsachen vor generalisierender Theorie)

Kaufmannsgerichte in Deutschland (zus. mit Gewerbegericht 1927 durch Arbeitsgericht abgelöst)

Carl Duisberg (* 1861, † 1935) vereinigt die chemischen Werke *Bayer*, Agfa, Badische Anilin zu einer Interessengemeinschaft (Beginn des I. G. Farben-Konzerns)

Gründung des Stahlwerksverbandes in Düsseldorf (1905: 31 Werke der Kohlen-, Eisenerz- und Roheisengewinnung)

Daimler-Werk in Untertürkheim (1890 in Cannstatt gegründet)

Carl Lindström AG für Grammophone und Schallplatten, Berlin

(1904)		*Pirandello:* „Die Wandlungen des Matta Pascal" (ital. Roman) *Rudolf Alex. Schröder* (* 1878, † 1962): „Sonette an eine Verstorbene" *Strindberg:* „Die gotischen Zimmer" (schwedischer Roman), „Till Damaskus III." (schwed. Schauspiel) *Tschechow:* „Der Kirschgarten" (russ. Schauspiel) † *Anton Tschechow*, russ. Dichter (* 1860) *Rafael Verhulst* (* 1866, † 1941): „Jesus der Nazarener" (fläm. Versdrama) *Wilhelm Vershofen* (* 1878), *Jakob Kneip* (* 1881) und *Josef Winckler* (* 1881): „Wir drei" (symbol. Gedichte der neugebildeten Dichtergruppe „Werkleute auf Haus Nyland") *Viebig:* „Das schlafende Heer" (Roman) *Wedekind:* „Die Büchse der Pandora", „Hidalla" (Schauspiele) *St. Zweig:* „Die Liebe der Erika Ewald" (Roman) *Otto Brahm* übernimmt Leitung des Lessing-Theaters in Berlin (leitete seit 1892 das Dt. Theater) *Louise Dumont* (* 1862, † 1932) gründet und leitet Düsseldorfer Schauspielhaus zusammen mit ihrem Gatten *Gustav Lindemann* (* 1872) *Henry Bradley* (* 1845, † 1923): „The Making of English" (engl. Sprachgeschichte) Sprachlicher Atlas von Frankreich (frz. Mundartforschung, seit 1902)	Die taubblinde *Helen Keller* promoviert zum Doktor der Philosophie *Ellen Key:* „Über Liebe und Ehe" (schwed.) *Kowalewski:* „Studien zur Psychologie des Pessimismus" *Alexius Meinong* (* 1853, † 1920): „Untersuchungen zur Gegenstandstheorie u. Psychologie" (Philosophie d. „reinen" Gegenstandes) *G. E. Müller:* „Die Gesichtspunkte und Tatsachen der psychophysischen Methodik" *Anton Sickinger* (* 1858, † 1930) schafft „Mannheimer System" der Volksschule *Erich Wasmann* (* 1859, † 1931): „Menschen- und Tierseele" (christl.-biologische Weltanschauung) *Windelband:* „Über Willensfreiheit" *Ernst Friedrich Wyneken* (* 1840, † 1905): „Wie ist die fortgesetzte Demokratisierung der Gesellschaft vom christlichen Standpunkt zu beurteilen?" (für soziale Aufgaben der Kirche) Frankreich bricht diplomatische Beziehungen zum Vatikan ab (1920 wieder aufgenommen) Jesuiten in Deutschland als Privatpersonen zugelassen (1917 auch der Orden) „Geistliche Übungen" (dt. Übersetzung der „Exercitia spiritualia" des *Ignatius von Loyola* von *Handmann*) „Verband d. dt. Juden" „Vereinsverband akademisch gebildeter Lehrer in Deutschland" (später „Dt. Philologenverband")

Große *Matisse*-Sammelausstellung in Paris (weitere 1912, 1919)

Julius Meier-Graefe (* 1867, † 1935): „Entwicklungsgeschichte der modernen Kunst" (Kunsthistorik, betont frz. Impressionismus)

Alfred Messel (* 1853 † 1909): Warenhaus *Wertheim*, Berlin, Leipziger Straße (Baubeginn 1896). Am Eingang Bärenbrunnen von *Gaul*

Julius Raschdorff (* 1823, † 1914): Berliner Dom (Baubeginn 1894, mit seinem Sohn *Otto R.*)

Henri Rousseau: „Die Hochzeit" (frz. Gemälde)

Slevogt: „Die Sängerin Marietta de Rigardo" (Gemälde)

Otto Wagner (* 1841, † 1918): Landesheilanstalt am Steinhof, Wien (bis 1907)

Das von *W. Bode* gegrdte. Kaiser-Friedrich-Museum i. Berlin eröffnet

Erste Ausstellung d. „Dt. Künstlerbundes" in Weimar

Armeemuseum in München (Baubeginn 1902)

„Die Verdammung Doktor Faust's", „Der Barbier von Sevilla", „Reise durch das Unmögliche" (frz. Filme von *Méliès*)

Isadora Duncan (USA, * 1887, † 1927) gründet *Duncan*schule in Berlin für Mädchenerziehung (reformiert den Kunsttanz im Sinn des altgriech. Chortanzes)

Gustav Roethe (* 1859, † 1926) beg. i. Rahmen der Preuß. Akademie d. Wissenschaften „Deutsche Texte des Mittelalters" herauszugeben (1953 ersch. 44. Bd.)

Rubel erfindet Offsetdruck vom Gummituch

E. Rutherford und *F. Soddy* deuten die Radioaktivität als Zerfall von Atomkernen

K. Schwarzschild: Zenit-Kamera für geographische Ortsbestimmungen

† *Henry Morton Stanley*, engl. Afrikaforscher (* 1841)

Stolz synthetisiert Adrenalin als erstes Hormon (war 1901 von *Takamine* rein dargestellt worden)

A. Wehnelt findet die Oxyd-Glühkathode (wird wichtige Stromquelle in Rundfunkröhren usw.)

Erster Kurven-Motorflug der Brüder *Wright*

„Archiv für Rassen- und Gesellschaftsbiologie, einschl. Rassen- und Gesellschaftshygiene"

Erste drahtlose Übertragung von Musik (in Graz)

Erste dt. Gasfernleitung: Lübeck—Travemünde

Urft-Talsperre (Eifel, 58 m hohe Sperrmauer)

Deutsche Truppen verwenden erstmals drahtlose Telegraphie im Herero-Aufstand in Dt.-SW-Afrika

Shantung-Bahn von Deutschland erbaut (seit 1899)

Transbaikalbahn Irkutsk-Ruchlowo (Baubeginn 1900)

In den USA vereinigen 318 Monopole 5300 Einzelgesellschaften

Wirtschaftskrise in den USA (weitere 1907, 1921, 1929)

Erste Gartenstadt in England (Letchworth)

B. Schidlof: „Der Mädchenhandel, seine Geschichte und sein Wesen"

J. Schrank: „Der Mädchenhandel und seine Bekämpfung"

„Internationale Vereinigung für gesetzlichen Arbeiterschutz" erreicht Verbot des Verhandelns ital. Kinder an frz. Glashütten

Prügelstrafe für Gewaltverbrecher in Dänemark

Erste Schützengräben, im russ.-japan. Krieg

Nach Verbot des Phosphors für Zündhölzer (1903) wird in Deutschland das Sicherheitszündholz („Schweden") als „Reichszündholz" eingeführt

Jörgen Peter Müller: „Mein System" (täglich 15 Min. Turnen: „Müllern")

Engl. Autofabrik Rolls-Royce gegr.

U-Bahn in New York

1905	Friedens*nobel*preis an *B. von Suttner* (Österr.) Kaiser *Wilhelm II.* landet in Tanger, um dt. Einfluß zu sichern (führt 1906 zur ersten „Marokkokrise") Gründung des „Deutschen Städtetages" anläßl. der Dt. Städteausstellung in Dresden (gilt als Beginn einer modernen Kommunalpolitik) Liberale Regierungen in Großbrit. bis 1922 (seit 1874 konservativ) *Edward Grey* (* 1862, † 1933) brit. Außenminister bis 1916 *Henry Campbell-Bannerman* brit. Premierminister bis 1908 (†, * 1836) Irische nationalist. „Sinn Fein" („Wir für uns")-Bewegung Die letzten brit. Truppen verlassen Kanada (darf ab 1907 selbständig Handelsverträge abschließen) Lord *Curzon* teilt Bengalen (Teilung stößt auf indischen Widerstand und wird später aufgehoben) Liberales Ministerium in den Niederlanden bis 1908 Sieg Japans im Krieg mit Rußland (seit 1904). Japan erhält Port Arthur, Südsachalin, Vorherrschaft in Korea, Anteil an der Verwaltung der mandschurischen Bahn *Nikolaus II.* und *Wilhelm II.* treffen sich vor Finnland; versprechen sich notfalls Waffenhilfe Revolution in Rußland; hat nur Teilerfolge: Zar erläßt „Manifest über die Freiheiten" und gibt Rußland konstitutionelle Verfassung *Sergej Witte* (* 1849, † 1915) russ. Ministerpräsident eines konstitutionellen Kabinetts bis 1906 Gemäßigt konserv. Oktobristenpartei in Rußland (für Verwirklich. der konstitutionellen Monarchie) *Lenin:* „Zwei Taktiken in der demokratischen Revolution" (Begründung der bolschewist. Taktik) Norwegen hebt Union mit Schweden auf (bestand seit 1814) Prinz *Karl* von Dänemark als *Haakon VII.* (* 1872) zum norweg. König gewählt (herrscht ab 1907) *Julius Pflugk-Harttung* (* 1848, † 1919): „Die Heere und Flotten der Gegenwart" (5 Bände seit 1896)	Literatur-*Nobel*preis an *H. Sienkiewicz* (Pol.) *Richard Beer-Hofmann* (* 1866, † nach 1938): „Der Graf von Charolais" (Trauerspiel) ***Edward Gordon Craig*** **(* 1872, † 1966): „Die Kunst des Theaters" (engl. Darstellung eines antiillusionist. Theaters: „Craigism")** Volks-*Schiller*preis an *C.* und *G. Hauptmann* und *R. Beer-Hofmann* (offizieller *Schiller*preis war *G. Hauptmann* 1896 von *Wilhelm II.* vorenthalten worden) *Hamsun:* „Kämpfende Kräfte" (norw. Roman) *Heer:* „Der Wetterwart" (Roman) *R. Herzog:* „Die Wiskottens" (Roman) *H. Hesse:* „Unterm Rad", „Peter Camenzind" (Romane) *Siegfried Jacobsohn* gründet linkspolitische theaterkritische Zeitschrift „Die Schaubühne" (ab 1919 „Die Weltbühne") *Anton Kippenberg* (* 1849, † 1950) übern. Insel-Verlag (1902 i. Lpz. gegrdt.) *H. Mann:* „Professor Unrat" (Roman), „Flöten und Dolche" (Novellen) *Mereschkowskij:* „Christ und Antichrist" (russ. Romantrilogie seit 1895: I. „Julian Apostata", II. „Leonardo da Vinci", III. „Peter d. Gr. u. s. Sohn Alexei") *Chr. Morgenstern:* „Galgenlieder" (1910 „Palmström", 1916 „Palma Kunkel") *Pontoppidan:* „Hans im Glück" (dän. krit. Romantrilogie seit 1898)	*Alfred Binet* (* 1875, † 1911) entwickelt eine Methode der Intelligenzprüfung *Kurt Breysig* (* 1866, † 1940): „Der Stufenbau und die Gesetze der Weltgeschichte" (Geschichtsphilosophie) *Jakob Burckhardt:* „Weltgeschichtliche Betrachtungen" (Schweiz. Kulturgeschichte, posthum) *Dilthey:* „Das Erlebnis und die Dichtung" *Hans Driesch:* „Geschichte des Vitalismus" *Paul Ehrenreich* (* 1855, † 1914): „Mythen und Legenden der südamerikanischen Urvölker" (ethnologische Mythologie) *Hans Groß:* „Kriminalpsychologie" *Konstantin Gutberlet* (* 1837, † 1928): „Vernunft und Wunder" (kathol.) *Haeckel:* „Der Kampf um den Entwicklungsgedanken" (Verteidigung der darwinistischen Entwicklungslehre) *Oswald Külpe* (* 1862, † 1915) entwickelt in der „Würzburger Schule" experimentelle Denkpsychologie (1899 bis 1909) *A. Lang:* „Das Geheimnis des Totem" (engl. Völkerkunde) *Mach:* „Erkenntnis und Irrtum. Skizzen zur Psychologie der Forschung" (österr. positivistische Erkenntnistheorie) *A. Pauly:* „Darwinismus und Lamarckismus" (Versuch einer Wiederbelebung des Lamarckismus)

W. Bode Generaldir. d. staatl. Kunstsammlungen i. Berlin

Corinth: „Im Schlächterladen" (impress. Gemälde)

Dehio: „Handbuch der dt. Kunstdenkmäler" (5 Bände bis 1912)

Jacob Epstein (* 1880, † 1959) nordamer. Bildhauer poln. Abstammung, kommt von Paris n. London

Gulbransson: „Berühmte Zeitgenossen" (norweg. karikaturist. Bildnisse)

A. von Hildebrand: Bildnisgruppe seiner Töchter (Marmor)

Adolf Hölzel Professor an der Stuttgarter Akademie bis 1919; gewinnt bedeutenden Einfluß auf die abstrakte Malerei (u. a. auf *Kandinsky*)

Alfred Lichtwark: „Meister Bertram 1367—1415"

M. Liebermann: „Judengasse in Amsterdam" (Gemälde)

Matisse und *Derain* begrd. expressionist. Malerei des „Fauvismus"

† *Adolph von Menzel*, dt. realist. Maler und Graphiker (* 1815)

Meunier: Vier Steinreliefs zu einem Denkmal der Arbeit (belg. Plastik)

† *Constantin Meunier*, belg. Bildhauer (* 1831)

Ed. Munch: „Selbstbildnis" (norweg.)

Josef Olbrich: „Neue Gärten" (für neuen Gartenstil)

d'Albert: „Flauto solo" (Oper)

Wilhelm Backhaus (* 1884, † 1969) erhält den *Rubinstein*preis für Pianisten

Delius: „Messe des Lebens" (engl. Komposition nach *Nietzsche*)

Felix Draeseke (* 1835, † 1913): „Christus" (Oratorien-Trilogie)

de Falla: „Ein kurzes Leben" (span. Nationaloper)

Klingler-Streichquartett gegründet (bis 1935)

Lehár: „Die lustige Witwe" (Operette)

Pfitzner: Musik zu *Kleists* „Käthchen von Heilbronn" und „Kolumbus" (Chorwerk mit Orchester)

Sibelius: Schauspielmusik zu „Pelleas und Melisande"

A. Schweitzer: „J. S. Bach, der Musiker-Poet" (frz.)

R. Strauss: „Salome" (Oper)

* *Michael Tippett*, engl. Komponist; u. a. die Oratorien „Ein Kind unserer Zeit" und „Belsazar"

S. Wagner: „Bruder Lustig" (Oper)

Städt. Singschule Augsburg (wird richtunggebend f. Deutschland)

Physik-*Nobel*preis an *Ph. Lenard* (Dt.) für Erforschung des Durchganges von Kathodenstrahlen durch Materie (seit 1893)

Chemie-*Nobel*preis an *Adolf von Baeyer* (Dt., * 1835, † 1917) für Indigosynthese

Medizin-*Nobel*preis an *Robert Koch* (Dt.) für Tuberkuloseforschung

† *Ernst Abbe*, dt. Optiker und Sozialreformer, Leiter der *Zeiß*-Werke; verbesserte u. a. Mikroskop (* 1840)

Bruce und *Lavard* durchqueren Tibet und Wüste Gobi bis Peking

Gustav Dalén (* 1869, † 1937): Sonnenscheinventil (Gasselbstzünder für Leuchtfeuer)

Einstein: Theorie der *Brown*schen Molekularbewegung (vgl. 1827)

Einstein erweitert *Plancks* Entdeckung des Wirkungsquantums durch Einführung korpuskularer Lichtquanten und erklärt lichtelektrischen Effekt

Einstein: Spezielle Relativitätstheorie (Folgerungen aus dem Prinzip von der Konstanz der Lichtgeschwindigkeit)

Fichera stellt bei Tieren Wachstumshemmung durch Beseitigung der Hypophyse fest (Ausfall eines Hypophysen-Hormons)

W. Filchner und *A. Tafel* in Osttibet (seit 1903)

Autogenes Schweißen von *Fouché* und *E. Wiss*

Franck und *Latzko* führen den geburtshilflichen Kaiserschnitt unter Schonung des Bauchfells ein

Wolfgang Gaede (* 1878): Rotierende Quecksilberpumpe zur Erzeugung von Hochvakuum (vgl. 1915)

Holzwarth: Gasturbine (Explosions-Verbrennungs-Kraftmaschine; erbaut 1908)

Owens: Flaschenglasmaschine (60000 Bierflaschen pro Schicht)

Jean Perrin (* 1870, † 1942): Fermentwirkung beruht auf Kombination eines großen Träger-Eiweißmoleküls und einer spezifischen Wirkgruppe

Internat. Landwirtschafts-Institut in Rom

Georg Friedrich Knapp (* 1842, † 1926): „Staatliche Theorie des Geldes" (Hauptwerk der nominalistischen Geldtheorie)

Robert Liefmann (* 1874, † 1941): „Kartelle u. Trusts" (Volkswirtschaft)

Schweiz. Nationalbank (Zentralnotenbank in Bern)

Gesellschaft zur Förderung der inneren Kolonisation (fördert Kleinsiedlg. i. Deutschl.)

Bau des Mittellandkanal-Systems zwischen Rhein und Elbe begonnen (Endstrecke 1926—1938)

Mitteleuropäische Schlaf- und Speisewagen AG (Mitropa)

Öffentlicher Autobusverkehr in Berlin

„Petroleum" (Zeitschrift)

Ruhrbergarbeiterstreik führt zur Rekordzahl von 15 Millionen gestreikten Arbeitstagen in Deutschland (1899 bis 1918 jährlich durchschnittlich 4 Millionen Arbeitstage)

Kinder von Neger-Haussklaven in Deutsch-Ostafrika werden frei

(1905)

Rudolf Presber (* 1868, † 1935): „Von Leutchen, die ich lieb gewann"

Rilke: „Stundenbuch" (Gedichte)

Jakob Schaffner (* 1875, † 1944): „Irrfahrten" (Roman)

R. A. Schroeder: „Elysium" (Gedichte)

Shaw: „Major Barbara" (engl. Schauspiel)

Feodor Sologub (Teternikow, * 1863, † 1927): „Der kleine Dämon" (russ. pessimist. Roman)

Stehr: „Der begrabene Gott" (Roman)

Strindberg: „Historische Miniaturen" (schwed. Novellen)

Sudermann: „Stein unter Steinen" (Schauspiel)

L. Thoma: „Lausbubengeschichten" (humorist. Erzählung, Fortsetzung „Tante Frieda" 1907)

† *Huang Tsun-Hien*, chines. Dichter (* 1848)

Emile Verhaeren (* 1855, † 1916): „Die Nachmittagsstunden" (belg. Gedichte)

† *Jules Verne*, frz. Erzähler; schrieb bes. utopische Romane (* 1828)

† *Lewis Wallace*, nordamerikan. Schriftsteller (* 1827)

Wells: „Eine moderne Utopie" (engl. Roman)

O. Wilde: „De profundis" (apologet. Schrift, posthum)

Vikt. Barnowsky (* 1875) übernimmt Kleines Theater Unter den Linden, Berlin

Alexander Moissi kommt von Prag an das Dt. Theater, Berlin

Max Reinhardt übernimmt das Deutsche Theater, Berlin; eröffnet es mit *Kleists* „Käthchen von Heilbronn" (leitet es bis 1920 und 1924 bis 1932) und inszeniert mit naturalist. Bühnenbildern den „Sommernachtstraum"

Oskar Sauer (* 1856, † 1918) a. Lessingtheater, Berlin, bis 1913, bedeutend als *Ibsen*darsteller

Paul Wegener (* 1874, † 1948) Schauspieler am Deutschen Theater, Berlin, bis 1921

Joseph Viktor Widmann (* 1842, † 1911): „Der Heilige und die Tiere" (schweiz. pantheist. Dialogdichtung; *W.* gilt als kritischer „Literaturpapst" der Schweiz)

Deutsche Zentralstelle zur Förderung der Volks- und Jugendlektüre in Hamburg

F. Brunot: „Geschichte d. französ. Sprache" (frz., 10 Bände bis 1928)

Eduard Norden (* 1868, † 1941): „Die lateinische Literatur in ihrem Übergang vom Altertum zum Mittelalter"

„Dialect Dictionary" (engl. Wörterbuch, seit 1898)

Henri Poincaré: „Der Wert der Wissenschaft" (französ. Wissenschaftstheorie)

Johannes Reinke (* 1849, † 1931): „Philosophie der Botanik" (Neovitalismus)

Rickert: „Die Probleme der Geschichtsphilosophie"

Hermann Schell (* 1850, † 1906): „Apologie des Christentums" (2 Bände seit 1901, kathol. Standpunkt)

A. W. Small (* 1854, † 1926): „Allgemeine Soziologie" (nordamerik., mit Interessengruppe als Einheit des „sozialen Prozesses")

Söderblom: „Die Religionen der Erde" (schwed. evangel. Religionsforschung)

L. Stein: „Der soziale Optimismus"

de Unamuno: „Leben Don Quijotes und Sancho Pansas" (span. philosoph. Deutung)

Austauschprofessuren an dt. Universitäten zur Förderung des geistigen Kontaktes m. d. Ausland

„Bibliographie der Sozialwissenschaften"

„Museumskunde" (Zeitschrift)

„Die Volksschule" (Zeitschrift)

Gründung des ersten Volkshochschulheims in Tingleff/Schleswig

Bremer Lehrerschaft fordert weltliche Schule

Unterrichtsreform in China (erst ab 1912 stärker wirksam: Schulzwang, Schriftvereinfachung)

Medizinschule in Singapur

Picasso: „Die Gauklerfamilie mit dem Affen" (span.-frz. Gemälde); kommt n. Paris; „rosa Periode" b. 1906

August Schmarsow (* 1853, † 1936): „Grundbegriffe der Kunstwissenschaft"

Slevogt: „Senator O'Swald" (Bildnis)

Hugo von Tschudi (* 1851, † 1911): „Menzel" (Biographie)

Ausstellung im Salon d'Automne macht *Cézanne* und *Matisse* bekannt

Erich Heckel, Ernst Ludwig Kirchner u. *Karl Schmidt-Rottluff* grd. expressionist. Künstlervereinigung „Brücke" (dazu später *E. Nolde, M. Pechstein* u. *O. Müller;* aufgel. 1913)

Internationale Buchkunstausstellung in Leipzig

Armfragment der Laokoongruppe gefunden (führt 1960 zu einer Korrektur neuzeitl. Ergänzungen)

Erster (frz.) Film mit *Max Linder* (* 1883, † 1925)

„Potemkin", „Die Unruhen in St. Petersburg" (frz. Filme von *Nonguet)*

„Die wahre Seeschlange" (engl. Film von *J. Williamson)*

W. M. F. Petrie: „Geschichte Ägyptens" (3 Bände)

Puschmann-Pagel-Neuburger: „Handbuch der Geschichte der Medizin" (3 Bände seit 1901)

Wilh. Roux: „Die Entwicklungsmechanik, ein neuer Zweig der biologischen Wissenschaft"

Schaudinn entdeckt den Syphiliserreger (Spirochäta pallida)

Schönherr: Herstellung von Salpetersäure durch Luftverbrennung in langen Lichtbögen (I. G. Farben-Verfahren)

P. Uhlenhuth: „Das biologische Verfahren zur Erkennung und Unterscheidung von Menschen- und Tierblut" („Präzipitation")

Elektrische Glühlampe mit Wolframdraht (Osram-Lampen)

Erstes dt. Turbinen-Schiff

Erster internationaler *Röntgen*kongreß, Berlin (erster *Röntgen*kongreß 1900 in Paris)

Seit 1901 je eine engl., dt., schwed., schott. und frz. Südpolar-Expedition

Erdmagnetische Forschungen auf den Ozeanen durch USA-Spezialschiffe („Galilei" 1905—1908, „Carnegie" 1909—1918)

Unbemannter Registrierballon erreicht 25 800 m Höhe

Steinerne Straßenbrücke über das Syratal bei Plauen (90 m Stützweite)

Zehn-Stunden-Tag und gesetzliche Altersversorgung der Arbeiter in Frankreich

Neufassung des 1. Haager Abkommens von 1896 (betr. internationales Zivilprozeßrecht)

5. und 6. Haager Abkommen (betr. internationales Privatrecht bezgl. Wirkungen der Ehe und Entmündigung)

Reichsarzneitaxe eingeführt

H. Rost: „Der Selbstmord als sozialstatist. Erscheinung"

„Geschlecht u. Gesellschaft" (sexualreform. Zeitschrift)

Korsettlose Hemdkleider leiten allmählich schnürleibfreie Mode ein

Dunkle, überladene Wohnräume mit zahlreichen „Staubfängern"

1. Mütterberatungsstelle i. Berlin (1892 i. Paris)

H. A. L. Degener: „Wer ist's?" (Zeitgenossenlexikon; angelsächs. „Who is who?" seit 1849)

„Photographie für Alle" (Zeitschrift)

„Dt. Skiverband" (1928 90000 Mitglieder)

Boxweltmeister *James Jeffries* (USA) tritt ungeschlagen zurück (wird später vom Weltmeister *Jack Johnson* [Neger] geschlagen)

Pestseuche in Indien, viele hunderttausend Opfer

In Südafrika seit 1900 1694 Pestfälle mit 147 Todesfällen (1944 bis 1949: 210 Erkrankungen mit 124 Todesfällen; hochorganisierter Pestdienst mit Ratten- und Flohbekämpfung)

~ Chines. Wollhandkrabbe gelangt n. Deutschland u. entwickelt sich zur Plage

~ Cocktail kommt aus den USA nach Europa (allgemeinere Verbreitung nach 1918)

1906

Friedens*nobel*preis an *Th. Roosevelt* (USA) für Vermittlung des russ.-japan. Friedens 1905

Nach Festsetzung der dt. Dienstpflicht auf zwei Jahre (1905) beschleunigte Vermehrung d. Kriegsflotte und Steuererhöhung (Brau-, Frachturkunden-, Zigaretten-, Erbschafts-, Fahrkart.-, Autosteuer u.a.)

Auflösung des Dt. Reichstages wegen der Opposition Zentrum-Sozialdemokratie (neuer Reichstag hat konservativ-liberale Mehrheit)

Schuhmacher *Wilhelm Voigt* beschlagnahmt als „Hauptmann von Köpenick" die dortige Stadtkasse

Beileg. d. 1. Marokko-Kr.: Deutschland erhält auf der Algeciras-Konferenz „Offene Tür" in Marokko, ohne frz. Einfluß zu vermindern

Erwerbung der Gebiete Dt.-Neuguinea und Dt.-Samoa abgeschlossen (seit 1884; 1920 unter japan. und brit. Mandat)

Carl Peters: „Die Gründung von Deutsch-Ostafrika" (Bericht über seine Erwerbungen 1884)

Maximilian Harden greift den Freund Kaiser *Wilhelms II.*, Graf *Eulenburg* (* 1847, † 1921), und die „Hofkamarilla" scharf an (u. a. wegen Homosexualität; Graf *E.* muß 1907 den Hof verlassen; Meineidsverfahren gegen ihn 1908 ohne Urteil vertagt)

† *Eugen Richter*, dt. linksliberaler Gegner *Bismarcks* (* 1838)

SPD diskutiert Massenstreik als pol. Kampfmittel; gründet Parteischule in Berlin (1907 wird *Rosa Luxemburg* Lehrerin)

Südafrika (Transvaal) erhält von Großbritannien Recht der Selbstverwaltung (Ministerpräsident zunächst 1907 bis 1910 *Louis Botha,* * 1864, † 1919)

Die 1900 entstandene brit. Arbeiterpartei gibt sich den Namen „Labour Party" (trat 1904 der 2. Internationale bei)

„Sinn Fein" („Wir für uns", nationalist.-republikan. irische Zeitung)

Clément Armand Fallières (* 1841, † 1931) Präs. v. Frankreich bis 1913

Literatur-*Nobel*preis an *G. Carducci* (Ital.)

Endre Ady (* 1877 † 1919): „Blut und Gold" (ungar. Gedichte)

* *Samuel Beckett*, irischer Dramatiker d. absurden Theaters

† *Paul Lawrence Dunbar*, nordamerikan. Negerdichter; erster Lyrikband 1896 (* 1872)

Ebner-Eschenbach: „Meine Kinderjahre"

Frederik van Eeden (*1860, † 1932): „Der kleine Johannes" (Romantrilogie seit 1886 eines niederl. Nervenarztes u. Sozialreform.)

Otto Ernst: „Appelschnut" (humorvolle Erzählg. a. d. Kinderleben)

Paul Ernst: „Der Weg zur Form" (neuklassizist. Bestrebung)

Ludwig Finckh (* 1876, † 1964): „Der Rosendoktor" (schwäb. Heimatroman)

Frenssen: „Hilligenlei" (Roman)

Karl Gjellerup (* 1857, † 1919): „Der Pilger Kamanita" (dän. Roman)

Hamsun: „Unter Herbststernen" (norw. Erz.)

G. Hauptmann: „Und Pippa tanzt" (romant. Schauspiel)

Ric. Huch: „Die Verteidigung Roms" (histor.)

† *Henrik Ibsen*, norweg. Dichter (* 1828)

Else Lasker-Schüler (* 1876, † 1945): „Das Peter-Hille-Buch" (Erinner. an den Lyriker *P. H.*, * 1854, † 1904)

Löns: „Mein braunes Buch" („Haidbilder")

Giovanni Pascoli (* 1855, † 1912): „Oden und Hymnen" (ital. Dicht.)

James Mark Baldwin (* 1861): „Genetic Logic" (nordamer. Philosophie des „ästhonomischen Idealismus")

M. Dessoir: „Zeitschrift für Ästhetik und allgem. Kunstwissenschaft"

Karl Diehl (* 1864, † 1943): „Üb. Sozialismus, Kommunismus u. Anarchismus" (pol. Ökonomie)

Arthur Drews (* 1865, † 1935): „Die Religion als Selbstbewußtsein Gottes" (Philos. e. „konkreten Monismus")

Albert Görland (* 1869, † 1952): „Rousseau als Klassik. d. Sozialpädag."

„Dt. Monistenbund" in Jena unter *Haeckel* gegründet (freidenkerisch)

† *Eduard von Hartmann*, dt. Philosoph (* 1842)

H. S. Jennings: „Das Verhalten der niederen Organismen"

Wilhelm Kahl (* 1849, † 1932): „Kirchenrecht" und „Die Religionsvergehen"

Hermann von Keyserling: „Das Gefüge der Welt" (pragmat. Philosophie)

Helene Lange u. *Gertrud Bäumer:* „Handbuch der Frauenbewegung" (5 Bände seit 1901)

Th. Lipps: „Ästhetik, Psychologie des Schönen und der Kunst" (2 Bände seit 1903)

Mereschkowskij: „D. Anmarsch d. Pöbels" (russ.)

Rudolf Pannwitz (* 1881): „Kultur, Kraft, Kunst" (pädagogisches Werk)

George Santayana (*1863, † 1952): „Vernunft und menschlich. Fortschritt" (nordamer.-span. Rationalismus, 5 Bde. s. 1905)

Wilhelm v. Bode wird bis 1920 Generaldirektor d. Berlin. Museen; „Rembrandt" (8 Bde. seit 1897 mit *Hofstede de Groot*)

† *Paul Cézanne*, frz. Maler; leitete vom Im- zum Expressionismus über (* 1839)

Hugo Lederer: Bismarck-Denkmal, Hamburg (15,6 m hoch)

M. Liebermann: „Professorenkonvent" (Bildnisgruppe)

G. Minne: Brunnen mit drei Jünglingen (belg. Bildhauerarb.)

Ed. Munch: „Tauwetter" (norweg. express. Gemälde)

Hermann Muthesius (* 1861, † 1927): Eigenheim, Berlin-Nikolassee

Max Osborn (* 1870, † 1946): „Die Kunst der neuesten Zeit" (in *Springers* „Handbuch der Kunstgeschichte")

Picasso: „Les Demoiselles d'Avignon" (span.-frz., zum Kubismus neigendes Gemälde)

Karl Scheffler (* 1869, † 1951) übernimmt Redaktion der Zeitschrift „Kunst und Künstler" (bis 1933)

Slevogt: „Selbstbildnis" (Gemälde), „Schwarze Szenen" (6 Radierungen)

Walter Sickert (* 1860, † 1942: „Die Dame i. der Gondel" (engl. imp. Gemälde)

† *Alfred Stevens*, belg. Maler (* 1828)

Deutsche Kunstgewerbeausstellung in Dresden

Béla Bartók (* 1881, † 1945) an d. Budapester Hochschule für Musik; Sammlung ungar. Volkslieder

Busoni: Klavierkonzert m. Schlußchor

E. Eysler: „Künstlerblut" (Operette)

M. von Schillings: „Der Moloch" (Oper nach *Hebbel*)

Albert Schweitzer: „Deutsche und französische Orgelbaukunst und Orgelkunst" (maßgebend für moderne Orgelbewegung)

Wolf-Ferrari: „Die vier Grobiane" (dt.-ital. Oper)

Heinrich Schenker (*1868, † 1935): „Neue musikalische Theorien und Phantasien" (3 Bde. bis 1934, mit den Begriffen „Ursatz" und „Urlinie")

Physik-*Nobel*preis an *Joseph John Thomson* (Großbrit., * 1856, † 1940) für Untersuchung der elektrischen Leitung in Gasen

Chemie-*Nobel*preis an *H. Moissan* (Frankr.) für Fluor-Isolierung und elektrischen Ofen

Medizin-*Nobel*preis an *Camillo Golgi* (Ital., * 1844, † 1926) und *Santiago Roman y Cajal* (Span., * 1852, †) für Forschung über Struktur des Nervensystems

Amundsen gelingt Nordwestliche Durchfahrt (seit 1903, erste Durchfahrt mit einem Schiff; 1904 am magnetischen Pol)

Bayliss und *Starling* nennen die Wirkstoffe der innersekretorischen Drüsen „Hormone"

† *Ludwig Boltzmann*, österr. Physiker; entdeckte Beziehung zwischen zweitem Hauptsatz der Wärmelehre und der Wahrscheinlichkeit (* 1844)

Brauer führt die Lungenflügelstillegung durch Pneumothorax ein (angegeben 1882 von *Forlanini*)

Burnham: Doppelsternkatalog mit 13665 Paaren

† *Pierre Curie* (Unfall), frz. Physiker; entdeckte 1883 die Druckelektrizität von Kristallen, 1898 mit seiner Gattin *Marie C.* d. Radium u. Polonium; *Nobel*preis 1903 (* 1859)

Einstein: Gesetz der Gleichwertigkeit von Masse und Energie (wird z. Schlüssel der Atomkernforschg.)

Ellehammer unternimmt ersten Motorflug in Europa

Emil Fischer: „Untersuchungen über Aminosäuren, Polypeptide und Proteïne" (wegweisende Eiweißforschung)

Fourcault: Ziehmaschine für Flachglas

Arthur Harden (* 1865, † 1940) und *Young:* Hefezellen erzeugen mehrere Gärungs-Fermente, die den Zucker in Alkohol und Kohlensäure überführen

Pirani: Elektr. Luftdruckmesser i. Vakuumbereich auf Grundl. d. Wärmeleitung

Scharfenberg: Automatische Eisenbahnkupplung

Theodor Wolff (* 1868, † 1943 im KZ) wird Chefredakteur des „Berliner Tageblatts"

Mercedes-Büromaschinen-Werke, Berlin

Otavibahn zum Minengebiet in Dt.-Südwestafrika (Baubeginn 1903, 1910 verstaatlicht)

Belg. Katanga-Bergbau-Union (Kupfer-, Radium-Bergbau in Belg.-Kongo)

Erster internationaler Handelskongreß in Lüttich (weitere 1908, 1910, 1912, 1914)

Konferenz des Mitteleuropäischen Wirtschaftsvereins in Wien führt zur Verstärkung des international. Giroverkehrs

Internat. Funkentelegraphen-Vertrag

„Rheinisch-Westf. Wirtschaftsarchiv" in Köln

„Zeitschrift für handelswissenschaftliche Forschung"

Sammlung höchstrichterlicher Entscheidungen des Reichsgerichts wird angelegt (Präjustizienbuch für Mitglieder des Reichsgerichts)

Mannschaftsversorgungs- u. Offizierspensions-Gesetz in Deutschland

Internat. Nachtarbeitsverbot für Frauen

(1906)

A. Briand frz. Unterrichtsminister bis 1909; führt Trennung von Staat und Kirche durch. Einziehung des Vermögens der kathol. Kirche (400 Mill. Frs.)

Alfred Dreyfus (* 1859, † 1935) freigesprochen (als frz. Offizier wegen angebl. Landesverrats 1894 auf die Teufelsinsel verschickt; die *Dreyfus*-Affäre war ein Erfolg der humanitären gegenüber den reaktionären Kräften)

Nach der Einigung der frz. Sozialisten (1905) spalten sich die „Radikalsozialisten" (sozial, nicht sozialistisch) von der republikan. Radikalen Partei ab

Sidney Sonnino (* 1847, † 1922) ital. Ministerpräsident (wieder 1909 bis 1910; 1914 bis 1919 ital. Außenmin.)

Friedrich VIII. König von Dänemark bis 1912 (†)

Verfassungsreform für Finnland, dadurch werden Sozialdemokraten stärkste Partei (in der Folgezeit weitere Auseinandersetzungen mit russ. Zentralismus)

Erste Duma (russ. Parlament) zusammengetreten und wegen radikaler Forderungen aufgelöst

Peter A. Stolypin russ. Ministerpräsident bis 1911 (†, durch Attentat, * 1862); versucht durch Agrarreform revolutionäre Bewegung zu bekämpfen

Gründung der religiösen Partei der Volkssozialisten in Rußland

Bombenattentat auf den Hochzeitswagen des Königs *Alfons* von Spanien und seiner Gattin *Ena* (Opfer unter der Begleitung)

† *Carl Schurz*, dt.-amerikan. Staatsmann; 1877 bis 1881 Innenminister der USA (* 1829)

Utah 45. Staat der USA

Upton Sinclair gründet kommunist. Kolonie Helicon Hall (USA)

Aufstände auf Kuba gegen USA-Protektorat

Schah gibt Persien Verfassung

Schnitzler: „Zwischenspiel" (Schauspiel)

W. von Scholz: „Meroë" (Schauspiel gegen Naturalismus)

† *Heinrich Seidel*, dt. Dichter u. Ingen. (* 1842)

Shaw: „Der Arzt am Scheideweg" (engl. Schauspiel)

Sinclair: „Der Sumpf" (nordam. Rom. üb. Chicagos Schlachthäuser)

Spitteler: „Imago" (Schweiz. Bekenntnisroman), „Olympischer Frühling" (Schweiz. philos.-mytholog. Epos, 4 Bände, seit 1900)

Verhaeren: „La multiple splendeur" (belg. Ged.)

„Die Ernte aus acht Jahrhund. dt. Lyrik" (herausgegeben von *Will Vesper*, * 1882)

Georg Sylvester Viereck: „Niniveh und andere Gedichte" (dt.-amerik. Dichtung)

Wedekind: „Totentanz" (Schauspiel)

André Antoine (* 1858, † 1943) übernimmt Odéon-Theater, Paris (gründete dort 1897 Théâtre *Antoine* f. naturalist. Theater)

Max Reinhardt gründet in Berlin erste Kammerspiele („Kleines Haus" des Dt. Theaters)

Ulrich von Wilamowitz-Moellendorff (* 1848, † 1931): „Die griechische Literatur des Altertums"

Hans Ostwald (* 1873): „Rinnsteinsprache, Lex. d. Gauner-, Dirnen- u. Landstreichersprache"

„Jewish Encyclopedia" (jüdische Literaturenzyklopädie, seit 1901)

Schweitzer: „Von Reimarus bis Wrede" (Geschichte der Leben-*Jesu*-Forschung)

William Stern (* 1871): „Person und Sache. System des kritischen Personalismus" (1. Bd. „Ableitung u. Grundlehre"; 2. Bd. 1918, 3. Bd. 1924)

Ferdinand Tönniës (* 1855, † 1936): „Philosophische Terminologie in psychologisch-soziologischer Ansicht"

Max Weber: „Kritische Studien auf dem Gebiete der kulturwissenschaftlichen Logik"

Franz Xaver Wernz (* 1842, † 1914) Jesuitengeneral; schafft Neuregelung des Studienwesens im Orden (seit 1884 Rektor des Collegium Romanum)

A. Wünsche: „Die Geschichte des Teufels" (zur Geschichte des Aberglaubens)

Gustav Wyneken (* 1875) gründet „Freie Schulgemeinde Wickersdorf"

„Die Kultur der Gegenwart" (umfass. Darst.)

Erneuerung der Genfer Konvention von 1864

Volksschulgesetz in Preußen (konfessionelle Volksschule)

Handelshochschule, Bln.

Jüdisches Museum, Prag, gegründet

„Anthropos" (kath. Zeitschrift für Völkerkunde)

Verbände dt. Studentinnen

Gesamtverband d. studentischen Sängerschaften (VAS)

Schulunterricht f. Eingeborene in Niederl.-Ostindien

F. G. Hopkins erkennt, daß für die Ernährung geringe Mengen noch unbekannter Stoffe nötig sind (erster klarer Hinweis auf die Vitamine)

W. Kaufmann: Elektronen zeigen die von der Speziellen Relativitätstheorie geforderte Massenzunahme mit der Geschwindigkeit

A. v. Kerpely: Drehrostgenerator zur Erzeugung von Generatorgas (Heizgas)

Robert Koch erkennt auf einer Afrika-Expedition zur Bekämpfung der Schlafkrankheit die Wirksamkeit von Arsenpräparaten (Atoxyl, Strukturaufklärung von *Ehrlich* und *Bertheim* 1907)

Robert Lieben erfindet Elektronen-Verstärkerröhre

Friedrich Meinecke: „Das Zeitalter der deutschen Erhebung" (Geschichte der Befreiungskriege)

Aloys Meister (* 1866, † 1925): „Grundriß der Geschichtswissenschaft" beginnt in Lieferungen zu erscheinen

Der letzte Teil der (Ost-)Küste Grönlands durch Danmark-Expedition unter *Ludvig Mylius-Erichsen* erforscht

Fridtjof Nansen (* 1861, † 1930): „Norwegische Nordpolar-Expedition 1893—1896" (6 Bände seit 1900)

Walther Nernst stellt den Satz von der Unerreichbarkeit des absoluten Nullpunktes (—273,2° C) auf

Parseval: Prall-Luftschiff (45 km/st. mit 90 PS)

Prinzing: „Handbuch der medizinischen Statistik"

Schmidtmann: „Handbuch der gerichtlichen Medizin"

M. U. Schoop: Metallspritzverfahren

F. W. Taylor: Vanadium-Edelstahl (fand mit *White* 1900 Schnelldrehstahl)

J. J. Thomson findet Zahl der Elektronen im Verhältnis z. Atomgew.

M. Tswett: Chromatographische Adsorptionsanalyse (Methode zur Trennung organ. Substanzen)

August von Wassermann (* 1866, † 1925): Serumdiagnose d. Syphilis (*W*'sche Reaktion)

Auf dem 3. Internationalen Kongress für Pflanzenzüchtung i. London wird für die moderne Vererbungsforschung der Name „Genetik" geprägt

Erste internationale Konferenz für Krebsforschung (in Heidelberg und Frankfurt/M.)

„Biochemische Zeitschrift"

„Zeitschrift für Sinnesphysiologie"

Ausgrabung hethitischer Keilschrifttafeln bei Boghasköi (östl. Türkei)

Knochenfunde von Riesen-Dinosauriern (Gigantosaurus) in Dt.-Ostafrika

Großfunkstelle Nauen

Simplon-Tunnel (19823 m, Baubeginn 1898)

Einführung d. Rohrrücklaufes bei Geschützen in Deutschland (in Frankreich 1897, Russl. 1900)

Dt. Marine verwendet Raumbild-Entfernungsmesser (erfunden 1899)

Mit dem brit. Linienschiff „Dreadnought" (22100 t) beginnt der Großkampfschiffbau

Hosenrock stößt in Paris auf heftige Ablehnung

Unfallversicherg. i. Großbritannien

Grubenunglück in Frankreich mit 1100 Toten

Hauptbahnhof Hamburg erbaut

Gründung der Gartenstädte Hellerau bei Dresden und Ratshof bei Königsberg/Pr.

Arbeiter-Athletenbund Deutschlands

Tsutsumi-Higashi: „Die Selbstverteidigung" (das japan. Jiu-Jitsu gewinnt in Europa Verbreitung)

Erster Skikurs in Zürs, Arlberg

Größerer Vesuvausbruch

Erdbeben und Großfeuer vernichten San Francisco

Erdbeben in Kolumbien ist das schwerste seit Gebrauch des Seismographen

1907	Friedens*nobel*preis an *Ernesto Teodoro Moneta* (Ital., * 1833, † 1918) und *Louis Renault* (Frankr., * 1843, † 1918) 2. Haager Friedenskonferenz (auf Veranlassung *Th. Roosevelts* und Einladung des Zaren; faßt Neutralitätsrecht zusammen) Sozialist. Internationale beschl., d. drohenden Krieg zum Sturz des Kapitalismus auszunutzen *Bülow*scher Block der Reichstagsrechtsparteien bis 1909, gegen Zentrum Niederwerfung des Herero-Aufstandes in Dt.-Südwestafrika (seit 1904) *Hans Delbrück:* „Geschichte der Kriegskunst im Rahmen der politisch. Geschichte" (3 Bd. seit 1901) *Carl Schurz:* „Lebenserinnerungen" (2 Bände seit 1906 [†], „Briefe" 1909; posthum) Christl.-soziale Partei wird durch Vereinigung mit den bäuerlichen Deutschklerikalen die stärkste österr. Partei Briten beginnen in Indien eine Politik der teilweisen Zugeständnisse an das Nationalgefühl der Inder (u. a. erhalten Inder höhere Beamtenstellungen) Allgem. Wahlrecht in Österreich Soziale Unruhen in Frankreich Siam muß Battambang und Angkor an Frz.-Indochina abtreten † *Oskar II.*, König von Schweden seit 1872 (* 1829) *Gustav V.* König von Schweden bis 1950 (†) Zweite russ. Duma mit demokratischer Mehrheit zusammengetreten und aufgelöst. Dritte Duma, nach neuem Wahlgesetz gewählt, hat Mehrheit der nationalen Oktobristen-Partei *Lenin* flieht ins Ausland u. gründet mit *Gregorij Sinowjew* (* 1883, † 1936, erschossen) und *Kamenew* die sozialistische Zeitung „Der Proletarier" *Stalin* überfällt zugunsten der bolschewist. Parteikasse einen Geldtransport der russ. Staatsbank in Tiflis	Literatur-*Nobel*preis an *R. Kipling* (Großbrit.) *Hans Bethge* (* 1876, † 1946): „Die chines. Flöte" (Übers. chin. Lyrik) † *Giosué Carducci* (alias *Enotrio Romano*), ital. Dichter (* 1835) *Conrad:* „Der Geheimagent" (engl. Roman) *Frenssen:* „Peter Moors Fahrt nach Südwest" *St. George:* „Der siebente Ring" (Gedichte) *Gorki:* „Die Mutter" (russ. Roman) *C. Hauptmann:* „Einhart, der Lächler" (Roman) *Streuvels:* „Der Flachsacker" (fläm. Roman) *Wilhelmine Heimburg* (*Berta Behrens*, * 1850, † 1912): „Wie auch wir vergeben" (Roman der „Erbin der Marlitt") *Heyse:* „Gegen den Strom" (Roman) *Johann Hinrich Fehrs* (* 1838, † 1916): „Maren" (Begründung des niederdt. Dorfromans) *Ric. Huch:* „Geschichten von Garibaldi" (Roman, 2 Bände seit 1906) *Oskar Kokoschka:* „Mörder, Hoffnung der Frauen" (express. Drama, v. *Hindemith* 1921 vertont) *Lagerlöf:* „Wunderbare Reise des kleinen Nils Holgersson mit den Wildgänsen" (schwed. Kinderb., 2 Bde. s. 1906) *J. London:* „Die eiserne Ferse" (nordamerikan. sozialist. Zukunftsrom.) *H. Mann:* „Zwischen d. Rassen" (sat. Roman) *Gustav Meyrink* (* 1868, † 1932): „Wachsfigurenkabinett" (Erzählungen) *Agnes Miegel* (* 1879, † 1964): „Balladen und Lieder"	*Alfred Adler:* „Studien üb. d. Minderwertigkeit von Organen" (österr. Individualpsychologie) *Bergson:* „Die Entwicklung des Lebens" (frz. Entwicklungsphilosophie des Organischen) *K. Bühler:* „Tatsachen u. Probl. zur Psychologie der Denkvorgänge" *M. Dessoir:* „Objektivismus in der Ästhetik" (Kunstwissenschaft) *Hans Freimark* (* 1881): „Das Geschlecht als Mittler des Übersinnlichen" (erotischer Okkultismus) *Willy Hellpach:* „Die geistigen Epidemien" (Sozialpsychologie) *William James:* „Pragmatismus, ein neuer Name für alte Denkmethoden" (nordamerikan. Erkenntnistheorie) *M. Maeterlinck:* „Die Intelligenz der Blumen" (belg. philosoph. Naturbetrachtung) *Ernst Meumann* (* 1862, † 1915): „Vorlesungen zur Einführung in die experimentelle Pädagogik" (begründet diesen Forschungszweig) *Maria Montessori* (* 1870, † 1952) (ital. Ärztin und Pädagogin) eröff. ihr erstes Kinderhaus (erstrebt frühe Selbständigkeit durch Spiel und Beschäftigung) *Elisabeth Förster-Nietzsche:* „Das Nietzsche-Archiv, seine Freunde und Feinde" (Rechtfertigungsschrift der Schwester *N.*s) *Alwin Pabst* (* 1854, † 1918): „Die Knabenhandarbeit in der heutigen Erziehung", „Der praktisch - technische Unterricht in amerikanischen Schulen"

Baluschek: „Der Bahnhof" (Gem.)

Chagall: „Die Bäuerin" (russ. Gemälde)

Arturo Dazzi: „Die Erbauer" (ital. Plastik)

Hodler: „Der Silvaplanersee" (Schweiz. expressionist. Gem.)

Ludwig Hoffmann (* 1852, † 1932): Märkisch. Museum, Berlin (im historisch. Stil, Baubeginn 1901)

Oskar Kaufmann (* 1873): Hebbel-Theater, Berlin

Michael Kurz (* 1876): Karmeliterinnenkloster Vilsbiburg (1905 begonn.) und Herz-Jesu-Kirche in Augsburg (1909 beend.)

Larsson: „Bei uns auf dem Lande" (schwed. Aquarelle)

Baukeramik von *Max Läuger* (* 1864, † 1952) auf der Mannheimer Gartenbauausstellung

Hugo Lederer: Bronzestandbild eines Ringers (Berlin)

Matisse: „Asphodelos-Stilleben", „Toilette" (frz. Gemälde); eröffnete 1905 seine Schule, genannt „Fauvismus" (d. h. Malerei der „Wilden")

Meier-Graefe: „Vincent van Gogh"

Mies van der Rohe (* 1886): Haus Riehl, Neubabelsberg

Modersohn-Becker: „Stilleben mit Porzellanhund" (Gem.)

† *Paula Modersohn-Becker*, dt. expressionistische Malerin (* 1876)

Delius: „Romeo und Julia auf dem Dorfe" (engl. Musikdrama)

Paul Dukas: „Ariadne und Blaubart" (frz. Oper)

Leo Fall: „Die Dollarprinzessin", „Der fidele Bauer" (Operetten)

* *Wolfgang Fortner*, dt. Komponist; schreibt: „An die Nachgeborenen" u. a.

† *Edvard Grieg*, norweg. Komponist; u. a. Peer-Gynt-Musik, Norwegische Tänze, Lieder (* 1843)

† *Joseph Hellmesberger*, österreich. Geiger, Komponist und Kapellmeister (* 1855)

Georg Jarno (* 1868, † 1920): „Die Försterchristel" (Operette)

† *Joseph Joachim*, dt. Violin-Virtuose und Komponist; schrieb u. a. Kadenzen zu klassischen Konzerten (* 1831)

Mahler geht an die Metropolitan Opera in New York (kehrt 1911 nach Wien zurück)

Ravel: „Spanische Rhapsodie" (frz.)

Reger: „Hiller-Variationen" (für Orchester)

Rimskij-Korssakow „Der goldene Hahn" (russ. Op.)

Oscar Straus (* 1870, † 1954) „Ein Walzertraum" (Operette)

Physik-*Nobel*preis an *A. Michelson* (USA) für spektroskopische Präzisionsmessungen (Interferometer)

Chemie-*Nobel*preis an *Eduard Buchner* (Dt., * 1860, † 1917) für zellfreie Gärung durch Zymase

Medizin-*Nobel*preis an *Ch. Laveran* (Frankr.) für Arbeiten über Protozoen als Krankheitserreger

Bechhold: Ultrafilter aus Kollodiumhäuten (lassen nur Teilchen unter 1/10000 mm durch)

† *Ernst von Bergmann*, dt. Chirurg; Begründer der Asepsis und Hirnchirurgie (* 1836)

Luitzen E. J. Brouwer (* 1881, † 1966): „Über die Grundlagen der Mathematik" (niederl. Dissertation, begrdt. den Intuitionismus)

K. E. Correns: „Die Bestimmung und Vererbung des Geschlechts nach neuen Versuchen mit höheren Pflanzen"

Carl Dorno (* 1865, † 1942) grdt. physikal.-meteorolog. Station in Davos (begr. Strahlungs- und Bioklimatologie)

Edison: Betongußverfahren

R. Emde: „Gaskugeln" (wird später bedeutend für Vorstellungen über den inneren Zustand der Sterne)

Henri Farman gelingt Motorflug über 770 m in 52 Sekunden

Lee de Forest: Audion-Empfängerschaltung

Robert Garbe: „Die Dampflokomotive der Gegenwart" (schuf mit *Wilhelm Schmidt* [* 1858, † 1924] die Heißdampflokomotive)

Karl Hagenbeck (* 1844, † 1913) grdt. Tierpark Hamburg-Stellingen (wird vorbildlich in der Nachahmung natürlicher Umwelten der Tiere)

O. Hahn entdeckt die radioaktiven Elemente Radiothor, Radioactinium, Mesothor I und II (seit 1904)

Kurt Hassert (* 1868, † 1947): „Die Städte, geographisch betrachtet"

Haynes erfindet Hartmetall-Legierungen „Stellite" (ermöglichen bei der Metallbearbeitung über doppelt so hohe Schnittgeschwindigkeiten wie Schnellstähle)

Krisenjahr der deutschen Wirtschaft

Japanische Wirtschaftskrise als Folge der Nachkriegskonjunktur von 1906

Wilhelm Kahl: „Das neue Strafgesetzbuch" (zur beabsichtigten Strafrechtsreform)

J. P. Morgan organisiert während der schweren Wirtschaftskrise in den USA im Auftrage des Schatzamtes einen Fonds zur Unterstützg. notleidender Firmen

Henry Deterding schließt niederl.-brit. Erdölkonzern, die Royal-Dutch-Shell-Gruppe, zusammen (1938: 300 Erzeugungs- u. Handelsgesellschaften, 1 Milliarde holl. Gulden, 43 Mill. Pfund, 2,3 Mill. Reg.-T. Tankflotte)

Hugo Stinnes (* 1870, † 1924) wird Vorsitzender der Dt.-Luxemburgischen Bergwerks- und Hütten-AG

Mannesmann-Röhrenwerke verlegen Sitz nach Düsseldorf (1890 in Berlin gegrdt.)

„Edeka" (Einkaufsgenossensch. dt. Kolonialwarenhändler)

Schwed. Kugellagerfabrik, Gotenburg

Deutsches Reichsbeamtengesetz

(1907)

Rasputin, der „heilige Teufel“, findet Zugang zum Zarenhof und gewinnt starken Einfluß (1917 von russ. Adligen getötet)

Bauernaufstand in Rumänien

Großbritannien und Rußland einigen sich über ihre Interessen in Persien, Afghanistan, Tibet. Dreiteilung Persiens in zwei Interessenzonen und eine neutrale (vollendet „Tripelentente“ zw. Großbritannien, Frankreich u. Rußland)

† *Muzaffer ed Din*, Schah von Persien seit 1896 (* 1853); sein Sohn *Mohammed Ali* Schah bis 1909

Wirtschaftskrise verschärft soziale Spannungen in USA, Streikbewegung

Oklahoma 46. Bundesstaat der USA (nach Vereinigung mit Indianerterritorium)

USA geben dem Dominikanischen Freistaat Anleihen und überwachen seine Finanzen (ab 1916 auch militärische Aufsicht)

Sun Yat-sen verkündet sein Programm einer chines. demokratischen Republik mit sozialer Gesetzgebung

R. Rolland: „Beethoven“, „Michelangelo“ (frz. Biographien)

Heidenstam: „Der Stamm der Folkunger“ (schwed. Roman, seit 1905)

Strindberg: „Schwarze Fahnen“ (schwed. Roman), „Gespenstersonate“ (schwed. Drama)

† *René François Armand Sully-Prudhomme*, franz. Dichter; *Nobel*preis 1901 (* 1839)

John M. Synge (* 1871, † 1909): „The playboy of the Western world“ (irische Komödie)

L. Thoma: „Kleinstadtgeschichten“

Jaroslav Vrchlicky (*Emil Frida*, * 1853, † 1912): „Epische Gedichte“ (tschech., 3 Teile s. 1879)

Wedekind: „Musik“ (Schauspiel)

Gustav Wied: „2 × 2 = 5“ (dän. Schauspiel)

Wildenbruch: „Die Rabensteinerin“ (Schauspiel)

E. Zahn: „Lukas Hochstrassers Haus“ (Schweiz. Roman)

Schiller-Theater, Berlin, als gemeinnützig. Volkstheater von *R. Löwenfeld* gegründet (1951 unter *Boleslaw Barlog* neu eröffnet)

Ernst Possart (* 1841, † 1921, Intendant und Schauspieler in München): „Die Kunst des Sprechens“

August Leskien (* 1840, † 1916; Begründer der junggrammatischen Schule): „Kritik der künstl. Weltsprachen“ (mit *Karl Brugmann*)

„Ido“ als reformiertes „Esperanto“ (dieses seit 1887)

Papst *Pius X.* wendet sich in der Enzyklika „Pascendi dominici gregis“ gegen den „Modernismus“ in der Kirche; verkündet allgemeine Geltung des tridentinischen Eheschließungsrechts, das die kirchliche Eheschließung vorschreibt

Ernst Schweninger (* 1850, † 1924): „Der Arzt“ (für Naturheilkde. u. „künstlerhaftes“ Arzttum)

Ferd. Tönniës: „Das Wesen der Soziologie“

„Kepler-Bund“ (gegen den Monismus)

Mathilde - Zimmer - Stiftung (evangelische Töchterheime)

„Vereinigung für das liberale Judentum“ (Sitz Berlin)

„Zentralblatt für Okkultismus“

Krise in der pietistenähnlichen ev. Gemeinschaftsbewegung durch Auftreten ekstatischer „Zungenredner“

„Archiv für Rechts- und Wirtschaftsphilosophie“ (ab 1933 „A. f. Rechts- und Sozialphilosophie“)

Gleichberechtigung der beiden norweg. Sprachen: Riksmaal (Reichssprache) und Landsmaal (Landessprache)

Ed. Munch: „Walter Rathenau“, „Amor und Psyche“, „Hafen von Lübeck“ u. „Haus mit rotem Dach“ (Gemälde)

Muthesius: „Landhaus und Garten“ und „Kunstgewerbe und Architektur“; gründet „Deutschen Werkbund“

Josef Olbrich: Ausstellungshaus und Hochzeitsturm der Stadt Darmstadt (Baubeginn 1906); Warenhaus *Tietz* in Düsseldorf (fertiggestellt 1908)

Bruno Paul (* 1874) Direktor der Unterrichtsanstalt des Kunstgewerbemuseums, Berlin, bis 1932; Innenarchitekt im Sinne der von ihm gegründeten „Dt. Werkstätten“

Picasso wendet sich dem Kubismus zu: „Kopf“ (span.-frz., maskenhaft stilisiert) u. „Adam und Eva“

Ernst Pöschel (Drukker, * 1841, † 1927) und *Walter Tiemann* (* 1876, † 1951) geben als ersten Privatdruck ihrer Januspresse *Goethes* „Römische Elegien“ in *Tiemann*-Mediäval heraus

Emil Preetorius (*1883, Bücherillustrator, Gebrauchsgraphiker, Bühnenbildner) illustr. *Chamissos* „Peter Schlemihl“

Henri Rousseau: „Frau mit Schlange“ (frz. Gemälde)

Slevogt: Illustrationen zur „Ilias“

Thiersch: Kurhaus in Wiesbaden (Baubeginn 1902), Festhalle in Frankfurt a. M. (fertiggestellt 1909)

Utrillo ändert s. impress. i. mehr realist. Malstil

Henry van de Velde: „Vom modernen Stil“ (üb. Architekt.)

Vlaminck: „Vorstadtlandschaft“ (frz. fauvist. Gem.)

Wallot: Landtagsgebäude in Dresden (Baubeginn 1901)

Emil Rudolf Weiß (* 1875, † 1942) Professor a. d. Vereinigten Staatsschulen f. bild. Künste, Berlin, bis 1933

Zorn: „Mädchenbildnis“ (schwed. impress. Gemälde)

Daniel Henry Kahnweiler (* 1884) eröffn. Galerie i. Paris (förd. Kubismus)

Gesetz betr. das Urheberrecht an Werken d. bild. Künste u. der Photographie

Meßter gründet erstes größeres Berliner Filmtheater

Pathé gründet in Paris Kultur- und Lehrfilm - Abteilung (erste mikroskopische Kulturfilme)

Filmzwischentitel lösen Erklärer ab

„Erste Versuche eines Schlittschuhläufers“ (frz. Film v. *M. Linder*)

„Der Tunnel unter dem Kanal“; „Shakespeare ‚Julius Cäsar‘ dichtend“ (frz. Filme von *Méliès*)

„Napoleon und die engl. Flotte“ (engl. Film)

Holst und *Fröhlich* erzeugen durch künstliche Mangelnahrung bei Meerschweinchen Skorbut

Doppelkolbenmotor von *Junkers*

Julius Kollmann (* 1834, † 1918): „Handatlas der Entwicklungsgeschichte“ (Entwicklungsbiologie)

Bildtelegraphie München-Berlin-Paris-London durch *Arthur Korn*

† *Dimitrij Iwanowitsch Mendelejew*, russ. Chemiker; fand 1869 d. Period. System der Elemente (* 1834)

† *Henri Moissan*, frz. Chemiker, *Nobel*preis 1906 (* 1852)

Zeitlupe von *August Musger*

Pickering: Katalog der Sternhelligkeiten (für über 9000 Sterne)

Cl. Pirquet: Tuberkulin für Tuberkulose-Diagnose

Erster brauchbarer Raupenschlepper von *Roberts* und *Hornsby* (daraus entwickelt sich der brit. Tank)

Heinrich Simroth (* 1851, † 1917): „Die Pendulationstheorie“ (tiergeographische Hinweise auf Pendelungen der Erdachse)

Robert Stook u. *Karl Gleiche:* Erster Motorpflug (Anfang d. Motorisierung; vgl. z. B. 1951)

† *William Thomson* (Lord *Kelvin*), engl. Physiker; begründete u. a. absolute Temperaturskala (* 1824)

Alfred Wilm: Duralumin als erste hochfeste Aluminium-Legierung

„Potsdamer PhotometrischeDurchmusterung“ mit Helligkeiten von 14200 Sternen

Essigsäure-Synthese aus Azetylen

Erste Untersuchungen von Wirkungen der radioaktiven und *Röntgen*-Strahlen auf biologische Objekte (begründen einen ausgedehnten Zweig der Biophysik)

Offsetdruck kommt aus USA nach Deutschland (wurde dort 1904 von *Rubel* erfunden)

Hochfrequenzmaschine für drahtlose Telegraphie

Fernleitungen für Ströme von 60000 Volt

„Lusitania“ und „Mauretania“ (brit Turbinen-Ozeandampfer mit je 44500 t Wasserverdrängung)

Planung eines Kanaltunnels n. England (scheitert an polit. Bedenken)

Hugo Conwentz (* 1855, † 1922) gibt „Beiträge zur Naturdenkmalpflege“ heraus (schlug diese Pflege 1904 vor)

Preußisches Gesetz gegen Verunstaltung von Ortschaften und Landschaften

Schweiz. Zivilgesetzbuch vereinheitlicht kantonal. Privatrecht (1912 in Kraft)

Eröffnung des Berliner Teltowkanals (Baubeginn 1900)

Gesundheitsbetreuung in engl. Schulen

Zentralstelle für Balneologie (Bäderkunde) in Berlin

Deutscher Bund für Mutterschutz

Preuß. Frauenverdienstkreuz gestiftet

Kronprinzessin *Luise* von Sachsen (1903 wegen Ehebruchs geschieden) heiratet den Pianisten *Enrico Toselli* (1912 geschieden)

Internation. Union für Schießsport (Paris)

Nordamerikan. Presseagentur United Press (UP)

Ausgrabung v. Samarra/Irak (bis 1913), Riesenmoschee, Paläste

Rhein-Straßenbrücke bei Ruhrort (Baubeginn 1904, 203 m Stützweite)

1908

Friedens*nobel*preis an *Fredrik Bajer* (Dänem., * 1837, † 1922) und *Klas Pontus Arnoldson* (Schwed., * 1844, † 1916)

Dt. Reichstag und Bundesrat tadeln den Kaiser wegen mangelhafter Zurückhaltung in außenpolitischen Fragen

Dt. Flottengesetz von *Alfred von Tirpitz* (* 1849, † 1930). Deutschland wird nach Großbritannien zur stärksten Seemacht

Die Anliegerstaaten von Nord- und Ostsee garantieren sich ihre an diese Meere grenzenden Territorien

Preuß. Enteignungsgesetz für poln. Güter

Reichsvereinsgesetz (hebt Einschränkungen politischer Vereine auf)

„Verein für das Deutschtum im Ausland" (VDA) (aus dem „Deutschen Schulverein" von 1881)

Mannesmann gewinnt Konzessionen auf Erzlager in Marokko (wird internationaler Streitfall)

Trotz Dreiklassenwahlrecht 7 Sozialdemokraten im Preuß. Abgeordnetenhaus; Wahlrechtsreform scheitert

Österreich-Ungarn annektiert Bosnien und Herzegowina (seit 1878 unter österr. Verwaltung); wird von Deutschland unterstützt; Protest von Großbrit., Serbien, Rußland (1909 anerkennt Türkei Annexion nach Entschädigung)

Herbert Asquith (* 1852, † 1928) brit. liberaler Ministerpräsident bis 1916

David Lloyd George brit. liberaler Finanzminister bis 1915; führt Sozialreformen durch

Die unter dem Eindruck des japan. Sieges 1905 entstandene indische englandfeindliche Partei unter *Bal Gangadhar Tilak* wird mit Gewalt unterdrückt und aufgelöst

*Weddell*meer und Westantarktis brit. Besitz

Staatsbesuche zwischen Großbritannien, Frankreich und Rußland

Kongostaat (seit 1885 unter belg. König *Leopold II.*) wird belg. Kolonie

Literatur-*Nobel*preis an *Rudolf Eucken* (Dt.)

* *Arthur Adamov*, russ.-frz. Dramatiker des absurden Theaters († 1970)

Leonid N. Andrejew (* 1871, † 1919): „Das rote Lachen", „Die Geschichte von den sieben Gehenkten" (russ. Dichtungen)

Bierbaum: „Prinz Kuckuck. Das Leben eines Wollüstlings" (Roman seit 1907)

Lily Braun (* 1865, † 1916): „Im Schatten der Titanen" (Biographie ihrer Großmutter)

Laurids Bruun (* 1864, † 1935): „Von Zantens glückliche Zeit" (dän. Südseeroman)

W. Busch (†): „Hernach" (Gedichte)

Chesterton: „Der Mann, der Donnerstag war" (engl. humorist. Roman)

† *Holger Drachmann*, dän. Dichter; schrieb u. a. Gedichte und das Märchendrama „Es war einmal" (1886) (* 1846)

Fontane: „Mathilde Möhring" (Erzähl., posthum)

Ganghofer: „Waldrausch" (Roman)

Ernst Hardt (* 1876, † 1947): „Tantris der Narr" (Schauspiel); erhält Volks-*Schiller*preis

Thomas Hardy (* 1840, † 1928): „Die Dynastien" (engl. *Napoleon*-Schauspieltril. seit 1904)

Moritz Heimann (* 1868, † 1925): „Joachim von Brandt" (Junkerkomöd.)

Georg Hermann (* 1871, † 1943, im KZ vergast): „Jettchen Gebert" (Roman, 2 Bde. seit 1906)

Arno Holz: „Sonnenfinsternis" (Zeitdrama)

Max Adler: „Marx als Denker"

Baden-Powell gründet brit. „Boyscouts" (danach 1911 „Pfadfinder" in Deutschland)

Emile Boutroux (* 1845, † 1921): „Wissenschaft und Religion in der zeitgenössischen Philosophie" (lehrt: Weltganzes beruht auf freier, schöpfer. geistiger Tat)

A. Deißmann: „Licht aus dem Osten" (protestant. Theologie)

R. Eucken: „Der Sinn und Wert des Lebens" (idealist. Lebensphilos.)

Freud: „Charakter und Analerotik" (Beginn der tiefenpsychologischen Charakterlehre)

K. Kautsky: „Der Ursprung des Christentums" (sozialdemokrat. Standpunkt)

Theodor Lessing (* 1872, † 1933, in der Emigration ermordet): „Schopenhauer — Wagner — Nietzsche"

Heinrich Lhotzky (* 1859, † 1930; bis 1901 Pfarrer in Südrußland): „Die Seele Deines Kindes")

Heinrich Maier (* 1867, † 1933): „Philosophie d. emotionalen Denkens" (voluntaristische Logik)

Fr. Meinecke: „Weltbürgertum und Nationalstaat" (geistesgeschichtliche Geschichtsschreibung)

Emile Meyerson (* 1859, † 1933): „Identität und Realität" (frz. rationalist. Naturphilosophie)

Franz Müller-Lyer (* 1857, † 1916): „Phasen der Kultur" (begründet empirische „Phaseologie")

Beckmann: „Unterhaltung" (Gemälde)

P. Behrens: Antiqua (Drucktypen)

† *Wilhelm Busch*, dt. humor. Zeichn. u. Dichter (* 1832)

Fritz Hellmuth Ehmcke (* 1878): Antiqua (Drucktyp.)

Aug. Endell (* 1871, † 1925): „Die Schönheit d. großen Stadt" (Architekt.)

Hodler: „Auszug der Jenenser Studenten 1813" (Schweiz. Wandmalerei in der Universität Jena)

Frances Hodgkins (* 1869, † 1947): „Auf dem Hügel" (engl. Gemälde)

Ludwig Justi (* 1876): „Giorgione" (Biogr.)

Kokoschka: „Trancespieler", „Dent du Midi", „Bildnis des Wiener Schneiders Ebenstein" (Gem.)

Kollwitz: „Bauernkrieg" (7 Radier.)

† *Walter Leistikow*, dt. Landschaftsmaler (* 1865)

Adolf Loos: „Ornament und Verbrechen"

Matisse prägt für ein Bild v. *Georges Braque* (* 1882, † 1963) das Wort „Kubismus"

Mondrian: „Der rote Baum" (expr. Gem.)

Monet: „Dogenpalast" (insges. 29 Venedigbilder)

Henri Rousseau: „Der Dicht. Apollinaire u. d. Muse" (frz. Gem.)

Slevogt: Illustrationen zu „Sindbad"

„Die letzten Tage von Pompeji" (ital. Film von *Arturo Ambrosio*)

Granville Bantock Prof. an der Univ. Birmingh. (komp. u. a. „Vanity of Vanities", „Sappho", „Hebriden-Symphonie")

Bartók: 1. Streichquartett, „Zwei Porträts" (ungar. Kompositionen)

Leo Blech: „Versiegelt" (Oper)

Marie von Bülow gibt s. 1895 „Briefe u. Schriften" ihres Gatt. *H. v. B.* heraus

* *Hugo Distler*, dt. Kompon. († 1942)

R. Heuberger: „Barfüßle" (Oper)

* *Herbert von Karajan*, österr. Dirig. in Berlin u. Wien

Korngold: „Der Schneemann" (Pantomimenmusik, Werk eines 11jähr.)

* *Olivier Messiaen*, frz. Komponist

Pfitzner Operndir. in Straßburg (bis 1918)

Ravel: „Ma Mère l'Oye" (frz. Klavierkomp.)

Hugo Riemann: „Grundriß d. Musikwissenschaft"

† *Nikolai Rimskij-Korssakow*, russ. Komp.; kompon. erste russ. Symphonie 1865 (* 1844)

† *Pablo Martin Sarasate*, span. Geiger u. Komp. (* 1844)

Gerhard Schjelderup (* 1859, † 1933): „Frühlingsnacht" (norweg. Oper)

Wolf-Ferrari: „Der Schmuck der Madonna" (Oper)

Physik-*Nobel*preis an *Gabriel Lippmann* (Lux., * 1845, † 1921) für Interferenz-Farbenphotographie

Chemie-*Nobel*preis an *E. Rutherford* (Großbrit.) für Forschung über Radioaktivität

Medizin-*Nobel*preis an *I. Metschnikow* (Rußl.) und *P. Ehrlich* (Dt.) für Immunitäts-Forschung

Adolf Friedrich Herzog zu Mecklenburg (* 1873, † 1969) durchquert Zentralafrika von Ost nach West (seit 1907; schreibt „Ins innerste Afrika")

† *Henri Becquerel*, frz. Physiker; Entdecker der Radioaktivität, *Nobel*preis 1903 (* 1852)

Albrecht Bethe (* 1872): „Allgemeine Anatomie und Physiologie des Nervensystems" (ein Ausgangspunkt der modernen Nervenphysiologie)

Weltrekorde im Höhenflug von *H. Farman* mit 25 m und *W. Wright* mit 110 m

Kapselluftpumpe von *Wolfgang Gaede* (wichtiger Schritt in der Vakuumtechnik)

Karl Eberhardt Göbel (* 1855): „Einleitung in die experimentelle Morphologie der Pflanzen" (pflanzliche Entwicklungsmechanik)

George Ellery Hale (* 1868, † 1938) entdeckt Magnetfelder der Sonnenflecken

Hedin erforscht Persien und Tibet (seit 1905), wobei er das Transhimalaja-Gebirge entdeckt

Hugo Ibscher: Papyrus-Ausstellung anläßl. des Internationalen Historiker-Kongresses in Berlin (entscheidende Förderung der Papyrus-Forschung durch wirkungsvolle Präpariermethoden)

Heike Kamerlingh Onnes (* 1853, † 1926) verflüssigt Edelgas Helium (err. 1909 — 271,8°)

Gebrüder Ljungström entwickeln erste Turbolokomotive (technisch brauchbar ~ 1921)

Rudolf Marcks: Automatisch sich aufblasendes Rettungsfloß

Antoine Meillet (* 1866, † 1936): „Die indoeuropäischen Dialekte" (frz. Sprachwissensch.)

Joseph Schumpeter (* 1883, † 1950): „Wesen u. Hauptinhalt der theoretischen Nationalökonomie" (mathemat.-funktionalist. Richtung)

v. Wiese: „Die Lehre von der Produktion und von der Produktivität" (in „Die Entwicklung der dt. Volkswirtschaftslehre")

Internationaler Bund der christlichen Gewerkschaften (Sitz in Köln bis 1920, dann in Utrecht)

General Motors Company (USA, Detroit; geht 1916 in die General Motors Corporation auf; führender Autokonzern: Chevrolet, Buick, Cadillac u. a., später *Opel*)

Maschinenfabrik Augsburg - Nürnberg (MAN) AG. durch Zusammenschluß

Schütte - Lanz - Gesellschaft für Luftschiffbau von *Johann Schütte* (* 1873) und *Karl Lanz* (* 1873, † 1921) gegründet

Zeppelin - Unglück bei Echterdingen

Luftschiffbau *Zeppelin* G. m. b. H. aus „Volksspende" errichtet

„Die Betriebswirtschaft" und „Zeitschrift für Handelswissenschaft und Handelspraxis" (Zeitschriften, welche

(1908)

Frauenstimmrecht in Dänemark

Ermordung König *Karls I.* von Portugal und des Kronprinzen

Ferdinand I. erklärt Bulgarien zum unabhängigen Königreich (durch russ. Vermittlung 1909 von den übrigen Mächten anerkannt)

Narodna Odbrana (Nationale Verteidigung; großserb. Organisation)

Erster Neoslawistenkongreß in Prag (1909 in Sofia; scheitert am russ.-poln. Gegensatz)

73 russ. Zeitungen und Zeitschriften verboten

Jungtürk. Revolution in der Türkei. *Said Pascha* Großwesir. Verfassung von 1876 wieder in Kraft. Türkei verliert Bosnien-Herzegowina an Österreich. Bulgarien erklärt sich selbständig

Kreta beschließt Vereinigung mit Griechenland (erst 1913 vollzogen)

Tel Aviv von Zionisten gegrdt. (1. zionist. Kolonie in Palästina 1878)

Schah hebt pers. Verfassung auf (Aufstände und russ.-brit. Intervention erzwingen 1909 Wiedereinführung)

In Venezuela erklärt *J. V. Gomez* den Diktator General *Castro* für abgesetzt (seit 1899); wird Präsident bis 1935 (†); verständigt sich mit dem Ausland

Provinzialvertretungen in China (zentrales Zweikammersystem erst ab 1912)

Eröffnung des „Münchener Künstlertheaters" (Stilbühne; 1909 an *Reinhardt* verpachtet)

Edward Gordon Craig, engl. Schauspieler, Regisseur, Bühnenbildner, Graphiker u. Schriftsteller (* 1872): „The Mask" (engl. Theaterzeitschrift, erschienen bis 1929)

Ric. Huch: „Menschen und Schicksale aus dem Risorgimento" (histor.)

Kolbenheyer: „Amor Dei" (*Spinoza*roman)

Timm Kröger: „Das Buch der guten Leute" und „Aus alter Truhe" (Erzählgn. a. Holstein)

Alfred Kubin: „Die andere Seite" (Roman)

E. Lasker-Schüler: „Die Wupper" (Schauspiel, Urauff. 1919)

Liliencron: „Leben und Lüge" (autobiogr. Rom.)

Börries Freiherr *von Münchhausen* (* 1874, † 1945): „Die Balladen u. Ritterlichen Lieder" (Zusammenfassung der Dichtg. v. 1900 u. 1904)

Rilke: „Neue Gedichte" (2 Bände seit 1907)

Jules Romains (eig. *Louis Farigoule*, * 1885): „La vie unanime" (frz. Gedichte; Ursprung des „Unanimismus")

Wilhelm Schmidtbonn (* 1876): „Der Graf von Gleichen" (Schauspiel)

Schnitzler: „Der Weg ins Freie" (Roman)

Karl Schönherr (* 1867, † 1943): „Erde" (Drama); erhält *Schiller*preis

Shaw: „Getting Married" („Heiraten", engl. Schauspiel mit Vorrede über Liebe und Ehe)

Strindberg: „Ein Blaubuch" (schwed. Bekenntnis)

Sudermann: „Das hohe Lied" (Roman)

Carmen Sylva (Königin *Elisabeth* von Rumänien, Prinzessin *von Wied-Neuwied*, * 1843, † 1916): „Mein Penatenwinkel" (Lebenserinnerungen)

Viebig: „Das Kreuz im Venn" (Eifelroman)

wachsendes Interesse für Betriebswirtschaftslehre kennzeichnen)

Hamburgisches Weltwirtschafts-Archiv

Dt. statistisches Zentralblatt

Dt. Börsengesetz

„Die Reklame" (Zeitschrift dt. Reklamefachleute)

Anwendung der Funktechnik wird in Deutschland Hoheitsrecht des Reiches

Dt. Veterinäroffizierskorps

Olympiade in London (21 Sportarten)

Jack Johnson (erster Neger-) Boxweltmeister

Messina durch Erdbeben zerstört (84000 Tote bei 150000 Einwohnern)

Fall eines Riesenmeteors (Kometenkern v. etwa 30 m Durchm.) in Sibirien (starke Waldverwüstung in 40 km Umkreis)

Alterspensionsgesetz in Großbritannien

Familien - Freibad Berlin-Wannsee eröffnet (erstes in Europa)

Tiller-Girls aus USA in Europa (neuer exakter Gruppentanzstil)

Alfredo Oriani (* 1852, † 1909): „Die Empörung des Ideals" (ital. Sozialphilosophie, wirbt für den Imperialismus)

Berthold Otto: „Kindesmundart" (für pädagogische Verwendung der Altersmundart)

Moritz Schlick (* 1882, † 1936, ermordet): „Lebensweisheit, Versuch einer Glückseligkeitslehre" (hedonist. Ethik)

W. von Scholz: „Die deutschen Mystiker"

G. Simmel: „Soziologie, Untersuchung über die Formen der Vergesellschaftung" (leitet über von einer allgem. philosoph. Soziologie zu einer mehr konkreten Beziehungslehre)

Georges Sorel (* 1847, † 1922): „Über die Gewalt", „Die Auflösung des Marxismus", „Die Illusion d. Fortschritts" (frz. Syndikal.)

Lester F. Wards (* 1841, † 1913): „Angewandte Soziologie" (nordamerikan. Gesellschaftslehre unter Verwendung psychologischer Entwicklungsfaktoren)

Graham Wallas (* 1858, † 1932): „Die Natur des Menschen in der Politik" (engl. Soziologie aus dem Kreis der Fabians; betont Bedeutung der Psychologie für die Gesellschaftslehre)

Julius Wellhausen (* 1844, † 1918): „Das Evangelium Marci, Matthäi, Lucä, Johannis übersetzt und erklärt" (4 Bände seit 1903, evang.)

H. G. Wells: „Erste und letzte Dinge"

Hans von Wolzogen: „Aus Richard Wagners Geisteswelt" (starke Betonung des „Germanischen")

Zurbonsen: „Das zweite Gesicht" (Parapsychol.)

Kardinalskongregation des Heiligen Offiziums zur Reinerhaltung des kathol. Glaubens gebildet

„Kirchliches Handbuch für das katholische Deutschland"

Erster Internationaler Moralkongreß in London (2. im Haag 1912, 3. in Genf 1922)

„Zwickauer Thesen" der sächsischen Lehrerschaft verlangen Liberalisierung des Religionsunterrichtes

Handelshochschule Mannheim

Mädchenschulreform in Deutschland; zunächst in Preußen; Schulreform in Preußen gibt den Frauen das Recht zum akadem. Studium

Engl. „University Extension" (Vorlesungen außerhalb der Universität, seit 1879) hat 51500 Teilnehmer

„Sozialistische Arbeiterjugend Deutschlands" (SAJ)

„Mazdaznan" (Zeitschrift für *Zarathustrische* Philosophie, Körperpflege und Diätetik)

Studentische „Deutsche Landsmannschaften" (aus dem 1868 gegründeten Coburger und 1898 gegründeten Arnstädter L. C.)

Fuad-Univers. i. Kairo gegrdt. (ab 1925 staatl.)

Adolf Miethe: „Dreifarbenphotographie nach der Natur" (grundlegend)

Hermann Minkowski (* 1864, † 1909): „Raum und Zeit" (vierdimensionale Raum-Zeit-Welt als Grundbegriff der Relativitätstheorie)

H. Piper bestimmt die Geschwindigkeit der Nervenerregung bei Menschen zu 120 m/Sekunden

Moritz Ritter (* 1840, † 1923): „Deutsche Geschichte im Zeitalter der Gegenreformation und des Dreißigjährigen Krieges" (3 Bände seit 1889)

Max Rubner (* 1854, † 1932): „Das Problem der Lebensdauer und seine Beziehungen zu Wachstum und Ernährung"

Johann Schütte konstruiert sein erstes Starrluftschiff

Jean Tilho erforscht und vermißt Tschadsee-Gebiet

Vass: Betonspritz- oder Torkret-Verfahren (Wandputz, Reparaturen)

Richard von Wettstein (* 1863, † 1931): „Handbuch der systematischen Botanik" (2 Bände seit 1902); gründet ferner „Zeitschrift für induktive Abstammungs- und Vererbungslehre"

M. Wien (* 1866, † 1938): Löschfunken-Sender in der Funkentelegraphie

Fund des Unterkiefers von Heidelberg (ca. 500000 Jahre alt)

Roosevelt-Talsperre in Nordamerika (Arizona; 87 m hoch, 2020 Mill. cbm Inhalt, Baubeginn 1906)

Erstes dt. Fernsprech-Selbstanschlußamt für Ortsgespräche in Hildesheim (Drehwähler 1892 von *Strowger* erfunden)

Erster Kolbenfüllhalter (erstes Füllerpatent 1884 in USA)

Versenkbarer Sicherheitsfüllfederhalter wird allgemeiner

Zereisen-Feuersteine (ermöglichen moderne Feueranzünder)

1909

Friedens*nobel*preis an *Auguste Beernaert* (Belg., * 1829, † 1912) und *Paul H. B. Estournelles de Constant* (Frankr., * 1852, † 1924)

Estournelles de Constant: „Die französisch-deutsche Annäherung“ (franz. Verständigungspolitik)

Theobald von Bethmann-Hollweg (* 1856, † 1921) dt. Reichskanzler bis 1917

† *Friedrich von Holstein*, Vortragender Rat im Auswärtigen Amt von 1878 bis 1906; beeinflußte als „Graue Eminenz“ maßgebend dt. Außenpolitik (* 1837)

Auseinandersetzungen in der Zentrumspartei u. a. um kathol. Arbeitervereine oder christliche Gewerkschaften (Berliner bzw. Kölner Richtung)

Zentrum einigt sich mit Konservativen über Branntweinmonopol; Erbschaftssteuer wird abgelehnt (Opposition der Sozialdemokratie)

Neue deutsche Verbrauchssteuern

Oldenburg verwandelt das indirekte Wahlrecht für den Landtag in unmittelbares

J. Stammhammer: „Bibliographie des Sozialismus und Kommunismus“ (3 Bände seit 1893)

König *Eduard VII.* von Großbritannien in Berlin

Staatsbesuche König *Eduards VII.* von Großbritannien und Zar *Nikolaus' II.* von Rußland in Italien

Brit. Steuergesetz unter Finanzminister *Lloyd George* belastet Großgrundbesitz

Entscheidende Stärkung der brit. Labour Party durch Beitritt der Bergarbeitergewerkschaft (1910: 41 Unterhaussitze; 1924: 151)

Großbritannien erwirbt malaiische Vasallenstaaten von Siam

Stärkung der antiliberalen Mehrheit in den Niederlanden

* Prinzessin *Juliana*, Königin der Niederlande ab 1948

Albert I. König der Belgier bis 1934 (†, * 1875)

Streikbewegung in Schweden

Demokratische Wahlrechtsreform in Schweden (erweitert 1921)

Literatur-*Nobel*preis an *S. Lagerlöf* (Schwed.)

Bahr: „Das Konzert“ (österr. Schauspiel)

Björnson: „Wenn der junge Wein blüht“ (norweg. Schauspiel)

W. Busch: „Schein und Sein“ (Gedichte, posthum)

Duse verläßt Bühne

Ebner-Eschenbach: „Altweibersommer“ (österr. Roman)

T. S. Eliot: „Gedichte“ (engl.)

A. France: „Die Insel der Pinguine“ (frz. Roman)

Gjellerup: „Die Weltwanderer“ (dän. Roman mit indisch-buddhist. Philosophie)

Hamsun: „Gedämpftes Saitenspiel“ (norweg. Erzählung)

G. Hauptmann: „Griselda“ (Schauspiel)

Heyse: „Die Geburt der Venus“ (Roman)

Friedrich Huch (* 1873, † 1913, Vetter von *Ricarda Huch*): „Pitt und Fox, die Liebeswege der Brüder Sintrup“ (satirischer Roman)

† *Detlev v. Liliencron*, dt. Dichter (* 1844)

Löns: „Mümmelmann“ (Tiergeschichten), „Aus Wald und Heide“ (Naturbeobachtungen), „Mein blaues Buch“ (Gedichte)

M. Maeterlinck: „Der blaue Vogel“ (belg. Schauspiel)

Th. Mann: „Königliche Hoheit“ (Roman)

H. Mann: „Die kleine Stadt“ (Roman)

Alfred Mombert (* 1872, † 1942): „Der himmlische Zecher“ (Gedichte)

Paul Deussen (* 1845, † 1919): „Die Geheimlehre des Veda“ (Darstellung der altindischen Philosophie)

Hans Driesch: „Philosophie des Organischen“ (vitalistische Philosophie)

Haeckel gründet „Phyletisches Museum“ in Jena (zur Erläuterung der Darwinschen Abstammungslehre)

Ed. von Hartmann: „System der Philosophie“ (8 Bde. s. 1906, posthum)

Nic. Hartmann: „Platons Logik des Seins“

E. R. Jaensch: „Zur Analyse der Gesichtswahrnehmungen“

William James: „Ein pluralistisches Universum“ (nordamerikan. religionspsychologischer Pluralismus)

Karl Lamprecht (* 1856, † 1915) gründet Institut für Kultur- und Universalgeschichte in Leipzig

Helene Lange: „Die Frauenbewegung in ihren modernen Problemen“

Lenin: „Materialismus und Empiriokritizismus“ (Kritik des Positivismus vom Standpunkt des dialektischen Materialismus aus)

Sebastian Merkle (* 1862, † 1945): „Die katholische Beurteilung des Aufklärungszeitalters“ (kathol. Kirchengesch.)

Natorp: „Philosophie und Pädagogik“

Emilio Filippo Tommaso Marinetti (* 1876, † 1944): „Futuristisch. Manifest“ (ital., f. neuen Literatur- und Kunststil mit nationalistischer Tendenz)

Barlach: „Sorgende Frau" (Holzplastik)

P. Behrens: AEG-Turbinenfabrik (Bln.)

Albin Egger-Lienz (* 1868, † 1926): „Haspinger" (frühexpressionist. Gemälde unter dem Einfluß *Hodlers*)

Ludwig von Hofmann (* 1861): „Nach der Schwemme" (Pastell)

Ludwig Justi Direktor d. Berliner Nationalgalerie bis 1933

Kandinsky: „Landschaft mit Häusern" (russ. express. Gem.)

Paul Kersten (* 1865, † 1943): „Die Buchbinderei und das Zeichnen des Buchbinders" (Leitfaden für Buchbinder) und „Der exakte Bucheinband" (gilt als Bahnbrecher f. modernen dt. Bucheinband)

Kokoschka: „Princesse de Montesquieu-Rohan", „Baumeister Adolf Loos" (Bildnisse)

Kollwitz: „Arbeitslosigkeit" (Radierg.)

† *Peter Severin Krøyer*, dän. impress. Maler (* 1851)

Larsson: „Das Haus in der Sonne" (schwed. Aquarelle)

Melch. Lechter: Glasgemälde im Landesmuseum Münster/W.

M. Liebermann: „Selbstbildnis" (Gemälde)

Marc: „Rehe in der Dämmerung" (noch gemäßigte Farben)

Ed. Munch: „Dr. Jakobsen" und „Jappe Nilssen" (norweg. express. Bildnisse)

H. Breuer: „Der Zupfgeigenhansl" (Sammlung volksliedhafter Musik der Wandervogelbewegung)

Sergej Diaghilew (* 1872, † 1929) grdt. sein russ. Ballett in Paris

Sergej Kussewitzky (* 1874, † 1951, russ. Kontrabaßvirtuose und Dirigent) gründet den Russischen Musikverlag

Lehár: „Der Graf von Luxemburg" (Operette)

Reger: 100. Psalm (Chor mit Orchester)

Arnold Schering: (* 1877) veröffentlicht das von ihm entdeckte Weihnachtsoratorium v. *Heinrich Schütz*

A. Schönberg: Drei Klavierstücke (kennzeichnen Entwicklung zum expressionist. Stil)

Sibelius: „Voces intimae" (finn. Streichquartett)

R. Strauss: „Elektra" (Oper, Text v. *Hofmannsthal*)

Wolf-Ferrari: „Susannens Geheimnis" (Oper)

Physik-*Nobel*preis an *G. Marconi* (Ital.) u. *K. F. Braun* (Dt.) für Entwicklung d. drahtlosen Telegraphie

Chemie-*Nobel*preis a. *Wilhelm Ostwald* (Dt.) für Erforschung chem. Reaktionsabläufe

Medizin-*Nobel*preis an *Th. Kocher* (Schweiz) für Schilddrüsenchirurgie

Baekeland: Bakelit (einer der ersten Kunststoffe, Edelkunstharz)

Blériot überfliegt den Ärmelkanal (27,5 Minuten)

Bollweg: Autogenes Schneiden unter Wasser

P. Ehrlich und *Hata:* Salvarsan als Syphilisheilmittel („Ehrlich-Hata-606")

Eichengrün: Zellon (zelluloidartiger, aber unbrennbarer Kunststoff, verwendet für Sicherheitsfilm, -glas usw.)

von Eötvös und *Landolt* (1908): Exakter Nachweis des Massenerhaltungssatzes (Genauigkeit 1 : 100 000 000)

H. Farman fliegt 234 km in 4½ Stunden

Fitting: Erster sicherer Nachweis eines Pflanzenhormons („Pollenhormon" der Orchideen)

Karl Hampe (* 1869, † 1936): „Deutsche Kaisergeschichte in der Zeit der Salier und Staufer"

v. Hovorka und *Kronfeld*: „Vergleichende Volksmedizin" (2 Bände seit 1908)

Felix Klein: „Elementarmathematik vom höheren Standpunkt aus" (beeinflußt mathemat. Unterricht)

Krupp entwickelt 42-cm-Geschütz

Karl Lamprecht: „Deutsche Geschichte" (19 Bände seit 1891)

Conwy Lloyd Morgan (* 1852): „Instinkt und Gewohnheit" (Tierpsychologie)

Charles Nicolle entdeckt Übertragung des Fleckfiebers durch Kleiderläuse

Wolfgang Ostwald (* 1883): „Grundriß der Kolloidchemie" (grundlegend für moderne Erforschung fein verteilter Stoffe)

R. E. Peary am Nordpol (vielleicht nur auf 3 km nahe gekommen)

Alfred Weber (* 1868): „Über den Standort der Industrien"

„Erhebungen von Wirtschaftsrechnungen minderbemittelter Familien im Deutschen Reich" (Sozialstatistik)

Ford spezialisiert sich auf das Serienmodell T mit einem Absatz von etwa 19000 (1920 rd. 1,25 Mill.)

Gustav Krupp von Bohlen und Halbach (* 1870) übernimmt Leitung der *Krupp*werke, Essen

Emil Kirdorf (* 1847, † 1938) erweitert seinen Montankonzern um *Adolph-Emil*-Hütte (Eisenerz) in Luxemburg

Maybach-Motorenbau GmbH gegründet von *Wilhelm Maybach* und Graf *Zeppelin*

Hansa-Bund gegen Schutzzollpolitik des Bundes der Landwirte (von 1892)

Reichsdeutscher Mittelstandsverband (Mittelstandstage 1911 in Dresden, 1912 in Braunschweig)

„Vergleichende Darstellung des dt. und ausländischen Strafrechts" (16 Bände seit 1905; als Material zur Strafrechtsreform)

Vorentwurf für ein neues dt. Strafgesetzbuch

(1909)

Tschechen kämpfen inner- und außerhalb des Reichsrates von Österreich-Ungarn um den Vorrang ihrer Sprache in Böhmen

Agramer Hochverratsprozeß gegen 53 Angehörige der Serbenpartei (nach Verkündung von Freiheitsstrafen 1911 niedergeschlagen)

Anarchistischer Aufstand in Barcelona

Mohammed V., nach Abdankung seines Bruders durch Militärrevolte, türk. Sultan bis 1918 (†)

Nach nationalist. Aufständen in Persien flieht der Schah in die russ. Gesandtschaft und geht in die Verbannung. Sein Sohn Sultan *Ahmed* Schah bis 1924 († 1925, Selbstmord)

William H. Taft (Republik. * 1857, † 1930) Präsident der USA bis 1913

† *Hirobumi Ito*, japan. Staatsmann (von einem Koreaner ermordet), zwischen 1886 und 1901 viermal Ministerpräsident, schuf Verfassung von 1889 nach preußischem Vorbild (* 1841)

Moody: „The Faith-healer" (nordamerikanisch. naturalist. Schauspiel)

Ompteda: „Exzelsior" (Bergroman)

Reymont: „Die Bauern" (poln. Roman, 4 Bände seit 1904)

Felicitas Rose (* 1862, † 1938): „Heideschulmeister Uwe Karsten" (Roman)

Rilke: „Requiem"

Sinclair: „Der Liebe Pilgerfahrt" (nordamerik. sozialist. Roman)

Strindberg: „Der Sohn der Magd" (schwed. autobiograph. Roman seit 1886), „Die große Landstraße" (schwed. Drama)

† *Algernon Charles Swinburne*, engl. Dichter; Anhänger der Präraffaeliten (* 1837)

Hans Thoma: „Im Herbste des Lebens"

L. Thoma: „Moral" (satir. Komödie)

Jakob Wassermann: „Caspar Hauser" (Roman)

† *Ernst von Wildenbruch*, dt. Dichter (* 1845)

Zoppoter Waldoper eröffnet

Ein Band *Virgil* kostet:

≈ 1400 (schlechte Handschr.) . 100,00 M
≈ 1500 (bester *Aldus*druck) ...... 80,00 M
~ 1525 ..... 40,00 M
1636 (*Elzevir*-Ausgabe) 12,00 M
1659 .... 8,50 M
1702 (Leipziger Druck) 3,60 M
1798 (*Didot* Stereotyp-Ausgabe) ..... 3,00 M
1909 (*Reclam*) . 0,40 M

Wilh. Ostwald: „Energetische Grundlagen der Kulturwissenschaft"

Friedrich Paulsen (* 1846, † 1908): „Pädagogik" (fordert Entwicklung aller menschlichen Anlagen; posthum)

Söderblom: „Vater, Sohn und Geist" (schwed. evang. Theologie)

Spranger: „Wilhelm von Humboldt und die Humanitätsidee"

R. Steiner: „Wie erlangt man Kenntnis der höheren Welten?" (Anthroposophie)

† *Adolf Stoecker*, evang. Hofprediger und Politiker; gründete 1878 antisemit. „Christlich-soziale Partei" (* 1835)

E. B. Titchener: „Lehrbuch der Psychologie" (nordamerikan. experimentelle Psychologie)

„Bibelwissenschaft" (in Band 1 von „Die Religion in Geschichte und Gegenwart")

Universität Bristol (England)

„Oxford und die Arbeiterbildung" (engl. Hochschuldenkschrift)

Handelshochschule Stockholm

Gründung des deutschen Volksbildungsarchivs

Bund für Freie Schulgemeinden (für demokratische Schulreform)

Evangel.-lutherischer Schulverein zur Bekämpfung der Verweltlichung der Schule

Dt. Zentralkomitee für Zahnpflege in der Schule

Nolde: „Abendmahl" und „Pfingsten" (religiös-express. Gemälde)

Hermann Joachim Pagels: „Krüderbrunnen" und „Klabautermann-Brunnen", Bremerhaven

Picasso: „Fabrik am Ebro" und „Harlequin" (span.-frz. Gemälde)

Henri Rousseau: „Urwaldstimmung" (frz. Gemälde)

~*Gino Severini:* „Der Boulevard" (ital.-frz. futurist. Gem.)

Slevogt: Illustrationen zu „Lederstrumpf"

Trübner: „Am Starnberger See" (Gemälde)

E. R. Weiß: Fraktur (für den Druck d. Tempel-Klassiker)

Franz Xaver Zettler (* 1841, † 1916): Marienfenster im Ulmer Münster (Wiederherstellung alter Glasmalerei)

„Die Gewebesammlungen des königlichen Kunstgewerbemuseums zu Berlin" (7 Bände seit 1900; größte Samml. von Reliquienhüllen)

Debüt von *Mary Pickford* unter dem Regisseur *D. W. Griffith* (* 1875, † 1948) (Beginn des amerik. Starwesens)

„Eine russ. Hochzeit im 14. Jhdt." (russ. Film)

„Carmen" (frz. Film)

Erste eig. Wochenschau (frz.)

Albrecht Penck (* 1858, † 1945): „Die Alpen im Eiszeitalter" (mit *Ed. Brückner*, 3 Bde. seit 1901)

John Rockefeller gründet Stiftung für wissenschaftliche Forschung (bis 1924 über 500 Mill. Dollar)

Die Südpolar-Expedition unter *E. H. Shakleton* erreicht den magnetischen (Nord-)Pol und kommt dem geographischen Südpol auf 178 km nahe

S. P. L. Sörensen (* 1868, † 1939): Messung der Wasserstoffionen-Konzentration (pH-Wert)

F. Soddy: Atome eines Elementes (Blei) können verschiedene Massen haben (Isotope)

Stepp erweist in Fütterungsversuchen an Mäusen, daß sich dem Brot durch Alkohol ein lebenswichtiger Stoff entziehen läßt (derartige Fütterungsversuche werden für die Vitaminforschung charakteristisch)

Eduard Sueß (* 1831, † 1914): „Das Antlitz der Erde" (3 Bände seit 1885, grundlegend für die Theorie der Gebirge)

Jakob von Üxküll (* 1864, † 1944): „Umwelt und Innenwelt der Tiere" (jedes Lebewesen hat seine artspezifische „Umwelt")

Wilsing und *Scheiner:* Zuverlässige Fixsterntemperaturen aus dem Spektrum und dem Strahlungsgesetz

Heidelberger Akademie der Wissenschaften

1,52-m-Spiegel-Teleskop für Mt.-Wilson-Sternwarte (wird zum Mittelpunkt astronomischer Forschung)

Pumpanlage mit direkter Ausnutzung der Sonnenwärme in Kalifornien (mit Mosaikspiegel von 11 m Durchmesser)

Erste dt. Motorflüge

„Mannus", „Prähistorische Zeitschrift" (vorgeschichtl. Zeitschriften)

Gesetz über Kraftfahrzeugverkehr in Deutschland

Deutsches Gesetz gegen den unlauteren Wettbewerb

Deutsches Reichsviehseuchengesetz

Deutscher Postscheckverkehr

Reichsbanknoten gesetzl. Zahlungsmittel

Deutsche Zündholzsteuer

1. Internat. Luftfahrt-Ausstellung (ILA) in Frankfurt/Main

Motorflug v. *Hans Grade* (1. dt. Motorflug)

Erste Flugwoche in Berlin-Johannisthal

Erste Dauerwelle (in London)

Erstes Berliner Sechstagerennen

Erster Skilift im Schwarzwald (Triberg)

1910

Friedens*nobel*preis an das Internationale Friedensbüro in Bern

Zar *Nikolaus II.* in Potsdam; Abkommen zwischen Deutschland und Rußland; beide Mächte wollen sich feindlicher Bündnispolitik enthalten

„Fortschrittliche Volkspartei“ unter *Friedrich Naumann* gegründet (vereinigt freisinnige Gruppen)

Reichsstädtebund der kleineren Städte im Gegensatz zum „Deutschen Städtetag“ der größeren

† *Eduard VII.*, König von Großbritannien seit 1901 (* 1841)

Georg V. König von Großbritannien bis 1936 (†, * 1865)

Konflikt zwischen brit. Unter- und Oberhaus führt zu zweimaliger Wahl und Stärkung der Liberalen und Labour-Party

Südafrikanische Union als brit. Dominion gegründet; *Louis Botha*, erster Ministerpräsid. bis 1919 (†)

Briand schreitet gegen frz. Eisenbahnerstreik ein

Frz.-Äquatorial-Afrika aus mehreren Einzelkolonien gebildet

E. Venizelos griech. Ministerpräsident bis 1915 (wieder 1917 bis 1920, 1928 bis 1932, 1933)

Japan.-russ. Abkommen wehrt versuchten USA-Einfluß auf mandschurische Bahn ab

Japan annektiert Korea (seit 1905 Fürst *Ito* japan. Vizeregent)

Anarchistische und sozialistische Organisationen in Japan

Portugal Republik nach Stürzung König *Emanuels II.* (*Karl I.* König seit 1889, 1908 von Republikanern ermordet)

Türk. Versuch, mazedonische Freischärler zu entwaffnen, scheitert

Pan-American-Union in Washington gegründet

13. Dalai Lama flieht vor d. Chinesen vorübergeh. n. Indien

Literatur-*Nobel*preis an *P. Heyse* (Dt.)

Martin Andersen-Nexö (*1869, †1954): „Pelle d. Eroberer“ (dän. sozial. Roman aus Bauern- u. Arbeitermilieu s. 1906)

Julius Bab (* 1881): „Der Mensch auf der Bühne, eine Dramaturgie für Schauspieler“ (3 Bände)

R. G. Binding: „Legenden der Zeit“

† *Björnstjerne Björnson*, norweg. Dichter; *Nobel*preis 1903 (* 1832)

Börner: „Die Schundliteratur und ihre Bekämpfung“

Jakob Bosshart (* 1862, † 1924): „Früh vollendet“ (Schweiz. Erz.)

Bunin: „Das Dorf“ (russ. Bauernroman)

Claudel: „Fünf große Oden“ (frz. Dichtung)

Th. Däubler: „Das Nordlicht“ (express. Epos über die Weltentstehg.)

Herbert Eulenberg (* 1876, † 1950): „Schattenbilder“

Freud: „Über Psychoanalyse“

Ganghofer: „Lebenslauf eines Optimisten“ (Autobiographie)

Hamsun: „Vom Teufel geholt“ (norw. Drama)

Enrica v. Handel-Mazzetti (* 1871): „Die arme Margaret“ (hist. Rom.)

G. Hauptmann: „Der Narr in Christo Emanuel Quint“ (Roman)

Hedin: „Zu Land nach Indien“ (schwed., 2 Bde.)

H. Hesse: „Gertrud“ (Roman)

Ric. Huch: „Das Leben des Grafen Federigo Confalonieri“ und „Der letzte Sommer“ (Rom.)

Gertrud Bäumer Vorsitzende des Bundes dt. Frauenvereine bis 1919

† *Friedrich von Bodelschwingh*, dt. innerer Missionar (* 1831)

Carnegie - Friedensstiftung errichtet

E. Cassirer: „Substanzbegriff u. Funktionsbegriff“ (neukant. Philos.)

Coué wendet sein psychotherapeutisches Heilverfahren der Autosuggestion an und gründ. in Nancy „Neue Schule“ der Autosuggestion

Dilthey: „Der Aufbau der geschichtlichen Methode in den Geisteswissenschaften“ (mit dem Grundbegriff des „Verstehens“)

† *Henri Dunant*, Schweiz. Philantrop; Friedens*nobel*preis gemeinsam mit *Passy* 1901 (* 1828)

James Frazer (* 1854, †1941): „Totemismus u. Fremdheirat“ (engl. Völkerkunde, 4 Bände)

William Reuben George: „Die Kinderrepublik“ (Bericht über sein 1890 gegründ. Kinderdorf)

Ludwig Ihmels (* 1858, † 1933): „Zentralfragen der Dogmatik in der Gegenwart“ (protest.)

† *William James*, nordamerikan. Philosoph u. Psychologe; Begründer des Pragmat. (* 1842)

Hermann von Keyserling: „Schopenhauer als Verbilder“

L. Klages: „Prinzipien der Charakterologie“

Franz Mehring (* 1846, † 1919): „Deutsche Geschichte v. Ausgange d. Mittelalters“ (sozialist.)

Alexander Mell (* 1850, † 1931): „Der Blindenunterricht“ (österr.)

† *Andreas Achenbach*, dt. Maler; u. a. „Der Untergang d. Dampfers ‚Präsident'" (1842) (* 1815)

G. Braque. „Sacre Coeur" (frz. kubist. Gemälde)

Guglielmo Calderini: Justizpalast in Rom (Baubeginn 1889)

Chagall kommt nach Paris (1914–23 in Rußland)

Corinth: „Die Gattin d. Künstlers", „Inntal" (impress. Gemälde)

Feininger beginnt mit seinem charakterist. kubist.-express. Stil hervorzutreten

Gaul: Löwendenkmal im Posener Zoo

Hermann Haller: „Schreitende Flora" (Plastik)

Jacoba van Heemskerk-van Beest: „Schiffe im Hafen" (niederl. kubist. Gemälde)

Hodler: „Der Holzfäller" (Schweiz. express. Gemälde)

† *Winslow Homer*, nordamerikan. Maler (* 1836)

† *William Holman Hunt*, engl. Maler; Mitbegründer d. Präraffaeliten-Brüderschaft 1848 (* 1827)

Kandinsky: 1. abstr. Gem.

Klimsch: *Virchow*-Denkmal. Berlin

† *Ludwig Knaus*, dt. Maler des Naturalismus, bes. Kinderbilder (* 1829)

Rudolf Koch (* 1876, † 1934): Deutsche Schrift (Drucktyp.)

Kokoschka: „Frau Loos" (Bildnis)

Bartók: „Allegro barbaro" (ungar. Komposition für Klavier)

Alban Berg (* 1885, † 1935, *Schönberg*-Schüler): Quartett op. 3

Busoni: „Fantasia contrappuntistica" (Orchesterwerk)

Jean Gilbert (*M. Winterfeld*, * 1879, † 1942): „Die keusche Susanne" und „Polnische Wirtschaft" (Operetten)

Humperdinck: „Die Königskinder" (Oper)

G. Mahler: 8. Symphonie Es-Dur („Symphonie der Tausend")

Massenet: „Don Quichote" (franz. Oper)

Puccini: „Das Mädchen aus dem goldenen Westen" (it. Oper)

Strawinsky: „Der Feuervogel" (russ. Ballett)

* *Heinrich Sutermeister*, schweiz. Komponist

R. Vaughan Williams (* 1872): „Eine Symphonie vom Meer" (engl. Tondichtung für Sopran, Bariton, Chor und Orchester nach Worten von *Walt Whitman*)

Sportpalast als „Eispalast" in Berlin eröffnet (wird nach wechselhafter Geschichte 1973 abgerissen)

Physik-*Nobel*preis an *J. D. van der Waals* (Niederl.) f. Zustandsgleich. von realen Gasen und Flüssigkeiten

Chemie-*Nobel*preis an *Otto Wallach* (Dt., * 1847, † 1931) für Erforschung der ätherischen Öle

Medizin-*Nobel*preis an *Albrecht Kossel* (Dt., * 1853, † 1927) für Erforschung des Zell-Eiweißes

Fürst *Albert I.* von Monaco (* 1848, † 1922) fördert Tiefseeforsch. d. Gründ. ein. Instit. f. Ozeanographie

E. F. W. Alexandersen: Erster Maschinensender für Telegraphie

Boysen-Jensen: Wuchsstoff (Auxin) für die Pflanzenneigung zum Licht (Heliotropismus)

L. Boß: Katalog der 6188 hellsten Sterne (von *B. Boß* 1937 erweitert)

Bruno H. Bürgel (* 1875, † 1948): „Aus fernen Welten" (volkstümliche Astronomie)

Claude: Neon-Glimmlicht

F. G. Cortrell und *E. Möser*: Elektrisches Entstaubungsverfahren (seit 1907 verbessert)

Carl Cranz (* 1858): „Lehrbuch der Ballistik" (4 Bände bis 1926, Ergänzungsband 1936)

~ Wachsende Produktion von Viskose-Kunstseide nach d. Verfahren von *Croß*, *Bevan*, *Beadle* (1891)

Beg. d. Chemotherapie mit Salvarsan z. Syphilisbekämpf. (vgl. 1909)

H. Farman fliegt 463 km i. 8¼ Std.

Auguste Forel (* 1848, † 1931): „Das Sinnesleben der Insekten"

Frahm: Schlingertank

Harms und *Eugen Steinach* erforschen die innere Sekretion der Geschlechtsdrüsen (Hormon-Sekr., Vorversuch von *Berthold* 1849)

Harnack erster Präsident der anläßl. d. 100-Jahr-Feier d. Univers. Berlin gegründ. Kaiser-*Wilhelm*-Gesellsch. zur Förderung der Wissenschaften

Joh. Hartmann: Photometer für Helligkeitsmessungen an flächenhaften astronom. Objekten (baute 1899 astronom. Mikrophotometer)

Hemser: Flüssigkeits-Rohrbremse für Geschütze

P. Herre, *A. Hofmeister*, *Rudolf Stübe*: „Quellenkunde zur Weltgeschichte"

Weltausstellung in Brüssel

Rudolf Hilferding (* 1877, † 1941): „Das Finanzkapital" (marxist. Untersuch. des Monopolkapitalismus)

Eduard Kohlrausch (* 1874, † 1948): „Sollen und Können als Grundlage d. strafrechtlichen Zurechnung"

Gustav Radbruch (* 1878): „Einführung in die Rechtswissenschaft" (sozialist. Standpkt.)

Othmar Spann (* 1878): „Haupttheorien d. Volkswirtschaftslehre"

Adolf Weber (* 1876): „Der Kampf zwischen Kapital u. Arbeit"

Martin Wolff (* 1872): „Sachenrecht" (Zivilrecht)

† *Karl Röchling*, dt. Unternehmer; gründete *Röchling*sche Eisen- und Stahlwerke 1881 (* 1827)

„Weltwirtschaft" (Zeitschrift)

Höchstziffer von 13 Mill. ausgefallenen Arbeitstagen durch Aussperrungen (Durchschnitt 1899 bis 1922: 2 Mill. Arbeitstage jährlich)

In Deutschland beginnen Körperschaften des öffentlichen Rechts Lebensversicherungen zu betreiben (1911 Verband öffentl. Lebensversicherungs-Anstalten gegründet)

(1910)

Friedrich Kayssler (* 1874, † 1945): „Schauspielernotizen"

Kolbenheyer: „Meister Joachim Pausewang" (Roman)

Heinrich Lilienfein (* 1879): „Der Stier von Olivera" (Schauspiel; von *d'Albert* als Oper vertont)

J. London: „Lockruf des Goldes" (nordamerikan. Roman)

Löns: „Der Werwolf" (Sittenbild aus dem 30-jährigen Krieg)

H. Mann: „Die kleine Stadt" (Roman)

Karl May: „Winnetou" (4 Bände seit 1893) und „Mein Leben und Streben" (Autobiographie)

Karin Michaelis (-Stangeland, * 1872, † 1950): „Das gefährliche Alter" (dän.-dt. Frauenroman)

Ferenc Molnar (* 1878): „Liliom" (Vorstadtlegende, Schauspiel)

† *Wilhelm Raabe*, dt. Dichter (* 1831)

Alexei M. Remisow (* 1877): „Die Schwestern im Kreuz" (russ. Erzählung)

Rilke: „Aufzeichnungen des Malte Laurids Brigge" (Roman)

Edmond Rostand (* 1868, † 1918): „Chantecler" (frz. neuromant. Versdrama)

Schönherr: „Glaube und Heimat" (Tragödie)

Jessie Willcox Smith: „The Bed-Time-Book" („Das Schlafenszeitbuch", nordamerik. Kinderbuch)

Tagore: „Gintajali" (ind. Dichtung seit 1907; übersetzt sie 1912 ins Englische)

L. Thoma: „Erster Klasse" (Komödie)

† *Leo Nikolajewitsch Tolstoi*, russ. Dichter (* 1828)

† *Mark Twain (Samuel Langborne Clemens)*, nordamerik. humorist. Dichter (* 1835)

Viebig: „Die vor den Toren" (Roman)

Herwarth Walden (* 1878, verschollen nach 1930 in der UdSSR) grdt. Zeitschr. „Der Sturm" zur Förderung des Expressionismus (ersch. bis 1932)

Wasow: „Legenden vom Zarewez" (bulg. Balladen und Epen) und „Borislaw" (bulg. Drama)

Wedekind: „Schloß Wetterstein" (Schausp., Urauff. 1917)

† *Josef Kainz*, dt. Schauspieler; ging 1899 vom Dt. Theater, Berlin, an das Burgtheater in Wien (* 1858)

Theatermuseum in München *(Clara-Ziegler-*Stiftung)

Lehrstuhl für niederdeutsche Sprache in Hamburg

H. Cohn: „Tiernamen als Schimpfwörter"

Klenz: „Schelten-Wörterbuch"

Karlheinz Martin bringt i. neugegrdten. Frankfurt. Komödienhaus v. *Andrejew:* „Das Leben d. Menschen" (surrealist. Auff., Bühnenbilder *O. Starke*)

Moeller van den Bruck: „Die Deutschen. Unsere Menschengeschichte" (8 Bände seit 1904)

Natorp: „Die logischen Grundlagen der exakten Wissenschaften" (neukantian. Erkenntnisth.)

Hans Ostwald: „Kultur- u. Sittengesch. Berlins"

Charles Pierre Péguy (* 1873, † 1914): „Das Mysterium der Jeanne d'Arc" (frz. Darstellung eines religiös. Sozialist.)

Johannes Rehmke (* 1848, † 1930): „Philosophie als Grundwissenschaft"

Adolf Schlatter (* 1852, † 1938): „Erläuterungen zum Neuen Testament" (3 Bde s. 1887; evang.)

Borromäusenzyklika des Papstes mit Angriffen gegen Protestantismus

Religionskongreß i. Berlin v. Vertretern d. verschied. Religion. (1893: Chicago, 1896: Stockh., 1900: Paris, 1904: Basel, 1908: Oxford, 1912: Leiden, 1928: Prag)

Weltmissionskonferenz in Edinburg gründet International. Missionsrat

„Männerapostolat" (lose Vereinig. zur Festigung kathol. Kirchentreue)

Span. Konkordat. Vatikan bricht Beziehungen wegen Ordensbeschränkungen ab

Techn. Hochsch. Breslau

Einrichtung dt. Jugendherbergen

1. dän. Arbeit.-Hochsch.

Lessinghochschule, Bln.

Volksbund z. Bekämp. d. Schmutzes i. Wort u. Bild eröffnet Kinderlesehalle

Dt. Tierärztl. Hochschulen verleihen eigenen Doktorgrad

Dt. Bund f. Schulreform

Käthe Kollwitz Mitarbeiterin am „Simplicissimus"

Lehmbruck: „Weiblicher Torso" (neogot. Plastik)

Maillol: „Sitzende" (frz. Plastik)

Marc: „Akt mit Katze", „Kühe unter Bäumen", „Streitende Pferde" und „Der Mandrill" (express. Gemälde)

Matisse: „Tanz und Musik" (Monumentalfresken in einem Moskauer Privathaus) und „Collioure" (frz. Landschaftsgemälde)

Julius Meier-Gräfe: „Hans Marées, sein Leben u. sein Werk"

Ed. Munch: „Straße in Kragerö" und „Schneearbeiter" (norweg. express. Gemälde)

Pechstein: „Am Seeufer" (express. Gem.)

Wilhelm Pinder (* 1878, † 1947): „Deutsche Dome d. Mittelalters" (Kunstgeschichte)

Rodin: „Höllentor" (frz. Plastiken, unvollendet, seit 1880)

† *Henri Rousseau*, frz. Maler, Autodidakt (* 1844)

Sintenis: „Gazelle" (Plastik)

F. L. Wright wird durch seine Wohnhausbauten in Europa bekannt und einflußreich

† *Michail Wrubel*, russ. Maler (* 1856)

Erste nachimpressionist. Kunstausstellung in England *(Cézanne, van Gogh, Matisse)*

Ende des „Jugendstils" (seit 1896; nach der Münchener Zeitschrift „Jugend")

~ In der Möbelkunst wird der ornamentenreiche „Jugendstil" durch eine neue Sachlichkeit abgelöst

~ *Käthe Kruse* (* 1883, † 1968): Individualist. Puppen

Die ital. Maler *G. Balla* (*1871, †1958), *U. Boccioni* (* 1882, † 1916), *C. Carrà* (* 1888, † 1966), *L. R. Russolo* (* 1885, † 1947) u. *G. Severini* (* 1883, † 1966) unterz. futuristisches Manifest

---

„Die Christen vor die Löwen", „Faust", „Messalina", „Macbeth", „Héliogabal" (frz. Filme)

„Lukrezia Borgia" (ital. Film von *Guazzoni)*

„Robinson Crusoe", „Hamlet" (dän. Filme v. *Auguste Blom*, * 1869, † 1942)

„Ramona", „Ein Kind aus d. Ghetto", „Boy Nr. 5" (nordamer. Filme von *D. W. Griffith*)

„Meissner Porzellan" (Film von *Fr. Porten*)

„Peter der Große" (russ. Film von *Veskow*)

Wanderkino verliert stark an Bedeutung

Junkers: Nur-Flügel-Flugzeug

† *Robert Koch*, dt. Mediziner; entdeckte 1882 Tuberkelbazillus; *Nobel*preis 1905 (* 1843)

Bone Leeds und *R. Schnabel:* Oberflächenverbrennung (flammenlose Verbrennung eines Gasgemisches in poröser Masse)

Eduard Mertens (* 1860, † 1919) verwendet Tiefdruck-Reproduktion (erstmalig 1897 *Ernst Rolffs*)

Th. H. Morgan führt Taufliege (Drosophila melanogaster) als besonders geeignetes Objekt in die experimentelle Vererbungsforsch. ein

L. Moß unterscheidet die vier menschlichen Blutgruppen

Norweg.-nordatlant. Expedition auf der „Michael Sars" unter *J. Murray* und *J. Hjort* (gilt als erste moderne Tiefsee-Expedition)

Julius Pflugk-Harttung: „Weltgeschichte" (6 Bände seit 1907)

Pierantoni und *Šulc* entdecken Organe der Blattläuse, die als Symbiontenwohnung dienen (gilt als Begründung der Symbioseforschung)

Ricketts entdeckt Fleckfiebererreger, durch Kleiderlaus übertragen (unabhängig von ihm *Prowazek* 1913)

Edmund Rumpler (* 1872) baut Flugzeug „Rumpler-Taube"

J. Stumpf: Gleichstromdampfmaschine

J. J. Thomson: Bestimmung der Atommassen durch Ablenkung der elektr. und magnet. Kräfte (Beginn der „Massenspektroskopie")

Dt. Chemische Gesellschaft beginnt Literaturregister der organischen Chemie zu veröffentlichen

Erster *Diesel*motor für Kraftwagen

Höchste Normalbahn Europas über den Bernina-Paß (Baubeginn 1907)

Manhattan-Brücke über den East-River, New York (Kabelbrücke. 448 m Stützweite, Baubeg. 1901)

Minenwerfer (Steilfeuerwaffe)

Amerikan. Versuch eines Ozeanfluges mit Luftschiff scheitert

Dt. Ausgrab. auf der Insel Samos

Neue Antilopenart in Abess. entd.

Wiederkehr des *Halley*schen Kometen zur vorausberechneten Zeit

Reichsbanknoten gesetzl. Zahlungsmittel. Einlösung in Goldmünzen

Dt. Stellenvermittlungsgesetz gegen Ausnutzung von Arbeitsuchenden

Eingehende Regelung des Irrenrechts in Baden

Bodenfräse kommt in der Landwirtschaft zur Anwendung (erfunden ~ 1850 von *Hoskyns*)

Reemtsma-Zigarettenfabrik, Hamburg-Bahrenfeld

Kolonialinstitut in Amsterdam zur Erschließung der niederl. Kolonien

Brüsseler Abkommen über Hilfeleistung in Seenot

Internationales Pariser Abkommen zur Bekämpfung unzüchtiger Bilder und Schriften

China schafft Sklaverei ab

Frauenmode: Sehr große Hüte, fußfreie Röcke (verkürzend bis zur kniefr. Mode 1925)

Michels Briefmarkenkatalog (seit 1892 *Senfs* Briefmarkenkatalog)

~ In d. USA wird Wochenend - Aufenthalt außerhalb der Stadt üblich

Italien beschließt Schaffung einer Luftschiff-Flotte

Erste Kleinepidemien an Kinderlähmung in England (1—4 Erkrankungen pro 100000 Einwohn.)

1911

Friedens*nobel*preis an *T.M.C. Asser* (Niederl., * 1838, † 1913) u. *Alfred Fried* (Österr., * 1864, † 1921)

Verfassung für Elsaß-Lothringen mit erster und zweiter Kammer (für letztere Reichstagswahlrecht), 3 Bundesratssitze. Mehrheit im Landtag elsäß.-lothr. Landespartei (Zentrum); weiterhin dt.-frz. Spannungen

Zweite „Marokkokrise" durch Entsendung des dt. Kanonenbootes „Panther" nach Agadir. Marokko-Kongo-Abkommen: Deutschland verzichtet auf Einfluß in Marokko und erhält einen Teil der frz. Kongokolonien

v. Tirpitz Großadmiral (muß 1916 wegen Konflikt mit Reichskanzler über uneingeschränkten U-Boot-krieg zurücktreten)

Gustav Landauer (* 1870, † 1919): „Aufruf zum Sozialismus"

Karl Liebknecht: „Militarismus und Antimilitarismus" (gegen dt. Imperialismus)

Die durch Konflikte mit den Minderheiten entstandene Arbeitsunfähigkeit des österr.-ung. Reichsrates führt zur Regierungskrise

Karl von Stürgkh österr. Ministerpräsident bis 1916 (†, * 1859)

Teuerungs-Unruhen in Wien werden blutig unterdrückt

Unter Finanzminister *Lloyd George* wird Einfluß des brit. Oberhauses auf nur aufschiebendes Veto eingeschränkt und Sozialversicherung eingeführt

Winston Churchill Erster Lord der Admiralität (Marineminister; tritt 1915 zurück)

James R. MacDonald wird Leiter der brit. Labour Party (trennt sich 1931 von dieser)

Kanada baut eigene Flotte. Konservative Regierung bis 1920 (liberale Regierung seit 1896)

Allgem. Wehrpflicht in Australien (es folgt der Bau einer eigenen Flotte)

Delhi wieder Hauptstadt von Ostindien (an Stelle von Kalkutta)

General *Joseph J. C. Joffre* (* 1852, † 1931) frz. Generalstabschef

Literatur-*Nobel*preis an *M. Maeterlinck* (Belg.)

J. Bab: „Neue Wege zum Drama" (kritische Abhandlungen, 2 Bände seit 1906)

R. G. Binding: „Die Geige" (Novellen)

W. Bloem: „Das eiserne Jahr" (Kriegsroman von 1870/71)

Dauthendey: „Spielereien einer Kaiserin" (Schauspiel), „Raubmenschen" (Roman), „Die acht Gesichter am Biwasee" (Liebes-Novellen)

Th. Dreiser: „Jennie Gerhardt" (nordamerikan. realist. Rom.)

Volks-*Schiller*preis für *H. Eulenberg*

Heinrich Federer (* 1866, † 1928): „Lachweiler Geschichten" (volkstümlich-humorvolle Züricher Erzählungen), „Berge und Menschen" (Schweizer Roman)

Gundolf: „Shakespeare und der deutsche Geist"

G. Hauptmann: „Die Ratten" (Berliner Tragikomödie, sozialkrit.)

G. Hermann: „Kubinke" (Roman)

*W. Herzog: Kleist*biographie

Georg Heym (* 1887, † 1912): „Der ewige Tag" (expr. Gedichte)

Hofmannsthal: „Der Rosenkavalier" (Operntext für *R. Strauss*), „Jedermann" (Mysterienspiel)

Löns: „Das zweite Gesicht" (Roman), „Der kleine Rosengarten" (Volkslieder)

A. Mombert: „Aeon" (lyrisch-dramat. Trilogie seit 1907)

Móricz: „Hinter Gottes Rücken" (ungar. Rom.)

Franz Boas: „Der Verstand des Urmenschen" (nordamerikan. Anthropologie)

Lily Braun: „Memoiren einer Sozialistin" (Autobiographie, seit 1909)

Franz Brentano (* 1838, † 1917, kathol. Philosoph): „Von der Klassifikation der psychischen Phänomene" (Teilung in Vorstellungen, Gemütsbewegungen, Urteile als Setzung von Existenz oder Nichtexistenz)

A. Deißmann: „Paulus" (protestant. Theologie)

Paul Deussen gründet *Schopenhauer*-Gesellschaft und beginnt Ausgabe *Sch.'s* Werke

† *Wilhelm Dilthey*, dt. Philosoph; betonte das „Verstehen" in den Geisteswissenschaften; gründ. eine Richtung d. geisteswissenschaftl. Psychologie (* 1833)

Arthur Drews: „Die Christusmythe" (2 Bde. seit 1909, leugnet Existenz *Jesu*)

R. Eucken: „Können wir noch Christen sein?" (fordert Trenn. v. Staat u. Kirche, trotz Anerkenn. d. Christentums als höchste Religionsform)

Frazer: „Tabu und die Gefahren der Seele" (engl. Völkerpsycholog.)

Frauenhochschule in Leipzig von *Henriette Goldschmidt* (ab 1921 städt. sozialpädagog. Frauenseminar)

A. Görland: „Die Hypothese" (Erkenntnistheorie d. Marb. Schule)

Fritz Graebner: „Methode der Ethnologie" (Kulturkreislehre)

Harnack: „Beiträge zur Einleitung in d. Neue Testament" (4 Teile s. 1906)

† *Reinhold Begas*, dt. Bildhauer (* 1831) *P. Behrens: Mannesmann*haus, Düsseldorf (Baubeginn 1910) *Braque:* „Die Geige", „Frauen" (französ. kubist. Gem.) *Chagall:* „Der Soldat trinkt", „Ich und das Dorf" (russ. Gem.) *Corinth* erleidet ein. Schlaganfall (beeinflußt seinen Malstil); malt „Beim Friseur" u. „Prof. Ed. Meyer" (impress. Gemälde) † *Joseph Israels*, niederl. Maler (* 1824) *Kandinsky:* „Komposition" (abstraktes Gemälde) *E. L. Kirchner:* „Gutshof" (express. Gemälde) *Klee:* „Selbstbildnis" (Federzeichnung) *Wilhelm Kuhnert* (* 1865, † 1926): „Farbige Tierbilder" (100 Tafeln) *Otto Kümmel:* „Das Kunstgewerbe in Japan" *Hugo Lederer:* „Rich. Strauss" (Büste) *Lehmbruck:* „Die Kniende" (Plastik im neogot. Stil) *M. Liebermann:* „Oberbürgermeister Adickes" (Bildnis) *Marc:* „Rote Pferde" „Affenfries" (express. Gemälde) *E. Munch:* „Quelle", „Sonne" (norweg. expressionist. Gemälde) und allegorische Wandmalereien in der Universitätsaula Oslo (seit 1909)	*Bartók:* „Herzog Blaubarts Burg" (ung. Musikdrama) *Paul Bekker* (* 1882, † 1937): „Beethoven" (Biographie); wird Musikreferent d. „Frankf. Zeitung" (bis 1922) *Leo Fall:* „Der liebe Augustin" (Operette) *Wilh. Furtwängler* beginnt seine Dirigentenlaufbahn an der Oper in Lübeck *Kienzl:* „Der Kuhreigen" (Oper) *Mahler:* „Das Lied von der Erde" (für Tenor, Alt u. Orch.) † *Gustav Mahler*, dt. Komponist; 1897—1907 Direktor der Hofoper in Wien (* 1860) *Ravel:* „Die span. Stunde" (frz. Oper) *Reznicek:* „Schlemihl" (sinfon. Dichtung) *A. Schönberg:* „Harmonielehre" (Musiktheorie) *R. Strauss:* „Der Rosenkavalier" (neuromant. Oper) *Strawinsky:* „Petruschka" (russ. Ballett) *Carl Stumpf:* „Anfänge der Musik" (Musik der Naturvölker) *R. Wagner:* „Mein Leben" (Autobiographie, posthum)	Physik-*Nobel*preis an *W. Wien* (Dt.) für Erforschung der Wärmestrahlung Chemie-*Nobel*preis a. *M. Sklodowska-Curie* (Polen) für Entdeckung des Radiums und Poloniums Medizin-*Nobel*preis an *Allvar Gullstrand* (Schwed., * 1862, † 1930) für Förderung d. Augenheilkunde *Amundsen* erreicht als erster den Südpol (15. 12.; am 18. 1. 1912 folgt *Scott*) und schreibt 1912 „Die Eroberung des Südpols" *v. Bronk:* Hochfrequenzverstärker *G. Burstyn:* Entwurf eines Kampfwagens (Tank) *F. Dahn:* „Die Könige der Germanen" (20 Bände seit 1861) *C. Dorno:* „Studie über Licht und Luft des Hochgebirges" (Bioklimatologie aus dem 1907 gegrdt. Institut in Davos) *Einstein:* „Über den Einfluß der Schwerkraft auf die Ausbreitung des Lichtes" (leitet aus d. Relativitätsprinzip ablenkende Wirkung ab) *C. Funk* findet mit *Teruuchi* das Anti-Beriberi-Vitamin (künstl. hergestellt 1936) und schlägt für derartige Wirkstoffe den Namen „Vitamin" vor Fernflug München-Berlin durch *Hirth* und *Garros* erreicht Rekordflughöhe 3900 m † *Jacobus Hendricus van't Hoff*, niederl. Physikochemiker; begründete Stereochemie und Lehre von den chemischen Umsetzungen; *Nobel*preis 1901 (* 1852) *Kamerlingh Onnes* entdeckt Verschwinden des elektrischen Widerstandes bei tiefen Temperaturen: „Supraleitung" *G. Kraus:* „Boden und Klima auf kleinstem Raum" (Anfänge einer Mikroklimatologie) Stereoautograph von *Pulfrich* zur Geländevermessung durch photographisches Raumbild *Calbraith Rodgers* gewinnt Luftrennen New York—Kalifornien: 6809 km i. 49 Tagen m. 69 Zwischenlandungen (reine Flugzeit 82 Stund.)	Standard Oil Trust d. Antitrustgesetz aufgelöst Hausarbeitsgesetz in Deutschland (bisher Stundenlohn für Heimarbeiter teilw. unter 10 Pfennig) Vereinigung künstlerischer Bühnenvorstände, Berlin (dt. Berufsverband) Reichsversicherungsordnung (Zusammenfassg. von Krankheits- [1883], Unfall- [1884] und Invaliditäts-Versicherg. [1889] in 1805 Paragraphen) Reichsversicherungsanstalt f. Angestellte (Pflichtversicherung geg. Invalidität) Pflichtversicherung geg. Krankh. u. Arbeitslosigk. in Großbritannien *Frank William Taussig* (* 1859, † 1940): „Principles of Economics" Institut für Weltwirtschaft u. Seeverkehr an der Universität Kiel *Erwin Stein* (* 1888, † 1966) grdt. Verein f. Kommunalwirtschaft u. Kommunalpolitik, Berlin (veröffentlicht „Zeitschrift für Kommunalwirtschaft", „Monographien deutscher Städte") Zweckverband Groß-Berlin Zusammenfassung d. deutschen Staatslotterien zur Preußisch-Süddeutsch.

(1911)

Island gibt den Frauen Wahlrecht und Zugang zu allen (auch geistlichen) Ämtern

Ital.-türk. Krieg bis 1912, wegen Annexion von Tripolis und Cyrenaika durch Italien

Russ. Ministerpräsident *Stolypin* in Gegenwart des Zaren ermordet. Nachfolger *Kokowzew* bis 1914

Venizelos erzwingt infolge einer Revolution der Offiziere (1909) griechische Verfassungsreform im Sinne einer Militärdiktatur

Jungtürk. Komitee verzichtet auf Beeinflussung der Regierung (1912 türk. Parlament aufgelöst)

Persien erhält schwed. militär. Berater und Finanzsachverständige aus USA. Letztere müssen aber auf brit.-russ. Protest Persien verlassen

Revolution in China unter Führung *Sun Yat-sens;* mehrere Provinz-Gouverneure schließen sich an. Abdankung der *Mandschu*-Dynastie (seit 1644)

Tschiang Kai-schek militär. Mitarbeiter *Sun Yat-sens*

Äußere Mongolei löst sich von China

Auflösung des Standard Oil Trusts durch Antitrustgesetz der USA (bildet sich im 1. Weltkrieg neu)

Sturz des mexikanischen Staatspräsidenten (seit 1884) *Porfirio Diaz* (* 1830, † 1915). (Unter ihm gewannen die USA starken Einfluß auf mexikanische Ölvorkommen; es folgt eine lange Zeit revolutionärer Unruhen bis ~ 1920)

Präsident *Estrada Cabrera* von Guatemala beginnt seine Politik im Sinne einer Annäherung an USA

Franz Pfempfert (* 1879) gibt die „Aktion" heraus („für die Idee der groß. dt. Linken")

Sigfrid Siwertz (* 1882): „Die Mälarpiraten" (schwedische Jungengeschichte)

Albert Soergel (* 1880): „Dichtung und Dichter der Zeit" (1. Band)

Carl Sternheim (* 1878, † 1942): „Die Hose" (satir. Komödie)

Streuvels: „Das Christkind" (fläm. Erzählung)

Fritz von Unruh (* 1885, † 1970): „Offiziere" (Drama)

Verhaeren: „Ganz Flandern" (belg. Gedichte; 5 Bände seit 1904)

Richard Voß (* 1851, † 1918): „Zwei Menschen" (Roman)

Wells: „Der neue Machiavelli" (engl. gesellschaftskrit. Roman)

Edith Wharton (* 1862, † 1937): „Die Schlittenfahrt" („Ethan Frome", nordamerikan. Roman)

Ernst von Wolzogen: „Der Erzketzer" (Roman um die moderne Erziehung)

St. Zweig: „Erstes Erlebnis" (Erzählung)

Goethes „Urmeister" gefunden

Kayser: „Vollständiges Bücherlexikon" (seit 1833, umfaßt die Jahre 1750 bis 1910)

„Dt. Bücherverzeichnis" vom Börsenverein dt. Buchhändler („Verzeichnis der im dt. Buchhandel erschienenen Bücher, Landkarten, Zeitschriften usw.")

Hebbel-Theater, Berlin, eröffnet

*Kleist*preis gestiftet

Willy Hellpach: „Die geopsychischen Erscheinungen" (Einfluß der Landschaft auf Charakter und Psyche)

Erich Mühsam: „Kain, Zeitschrift für Menschlichkeit" (bis 1914)

Papst *Pius X.* leitet Reform des Breviers ein

Johannes Reinke: „Die Kunst d. Weltanschauung" (christl., antimon.)

F. C. S. Schiller: „Humanismus" (nordamerikan. Pragmatismus)

Schweitzer: „Geschichte der paulinischen Forschung" (betont eschatolog. Kern d. Christent.)

W. Stern: „Die differentielle Psychologie in method. Grundlagen"

Vaihinger: „Die Philosophie des Als Ob" (betont praktischen Nutzen der Fiktion)

Karl Vorländer (* 1860, † 1928): „Kant u. Marx"

Sidney (* 1859, † 1947) u. *Beatrice Webb* (* 1858, † 1943): „Das Problem der Armut" (engl. Fabian-Sozialism.)

W. Wundt: „Einführung in die Psychologie"

Katholische Geistliche z. Ableg. d. Antimodernisteneides verpflichtet

Universität Lissabon

Preußen unterstützt finanz. Jugendpflege (weitere dt. Staaten folgen)

Staatliche Prüfung für Kindergärtnerinnen in Preußen (bedeutet staatl. Anerkennung u. Förderung des Kindergartens)

Schulpflicht für blinde und taubstumme Kinder in Preußen

56,4% der portug. Bevölker. über 6 Jahre Analphabet. (1924: 54,7%; 62,2% der Frauen)

Nash: „Pyramiden im Meer" (engl. surrealist. Federzeichn.)

† *Fritz von Uhde*, dt. Maler (* 1848)

Leonardo da Vincis „Mona Lisa" aus dem Pariser Louvre entwendet (1913 in Italien gefunden)

„Association of American Painters and Sculptors" (veranstaltet 1913 Armory-Ausstellung in New York, erstmalig m. Werk. v. *Cézanne, Gauguin, van Gogh*)

L. Wolde u. *W. Wiegand* gründen „Bremer Presse" f. künstlerisch hochwertige Privatdrucke

Wilhelm Worringer (* 1881): „Formprobleme der Gotik" (Kunsthistorik in „menschheitspsycholog. Betracht.")

Grdg. d. expressionist. Künstlervereinigung „Blauer Reiter" i. München (mit *Kandinsky, Klee, Macke, Marc* u. a.)

„Der Abgrund" (dän. Film von *Urban Gad*, * 1879, mit seiner Frau *Asta Nielsen*, * 1881)

„Zigomar", „Nick Carter" mit Forts. (franz. Filme mit *Victorin Jasset*, * 1862, † 1913)

„Das Leben wie es ist" (frz. Film von *Louis Feuillade*, * 1874, † 1925)

„Die Odyssee" (ital. Film von *Giuseppe de Liguro*); „Spartakus", „Pinocchio" (ital. Filme von *Pasquali*)

Hermann Wolfgang von Waltershausen (* 1882): „Oberst Chabert" (Oper nach *Balzac*)

Emile Jacques-Dalcroze (* 1865) gründet bei Dresden „Schule Hellerau für Rhythmus, Musik und Körperbildung" (pflegt die „rhythm. Gymnastik")

„Der Telegraphist v. Lonedale" (nordamer. Film von *D. W. Griffith*)

„Anna Karenina" (russischer Film von *Tschardinine*)

Rutherford: Atommodell mit kleinem massereichem Kern und Elektronenhülle (von *H. Geiger* und *E. Marsden* 1913 in *R's* Labor experimentell bestätigt)

Schütte-Lanz: Erstes stromlinienförmiges Luftschiff

4. Internationaler Kongreß für Vererbungsforschung behandelt neben Pflanze und Tier auch den Menschen

Erste australische Expedition im Südpolargebiet (bis 1913; entdeckt *Georg-V.-*, *Adélie-* und *Queen-Mary*-Land in der Ostantarktis)

„Olympic" und „Titanic" (brit. Turbinen-Ozeandampfer mit je 60000 t Wasserverdrängung)

Regelmäßige Dampferfahrten zwischen Wladiwostok und Lena-Mündung

Bereits 100 Fernheizwerke in den USA

Elbtunnel in Hamburg (450 m lang, Sohle 21 m unter Elbspiegel)

Schiffshebewerk im Dortmund-Ems-Kanal

Durch neue Grabungen in Weimar angeblich echter *Schiller*-Schädel gefunden (1950 wird zahnmedizinisch nachgewiesen, daß der schon *Goethe* bekannte Schädel der richtige ist; vgl. 1950)

Fund des Schädels von Piltdown-Sussex (Südengland; erweist sich 1953 teilw. als Fälschung)

Klassenlotterie vollendet (seit 1904)

Erstmalig Flugzeuge bei dt. Manövern

Erste deutsche Frau erlangt Flugpilotenzeugnis

Sehr enge Röcke („Humpelröcke")

Verband zur Klärung d. Wünschelrutenfrage (gibt bis 1930 13 Bände und Bibliographie heraus)

Erster dt. Leitfaden für Erste Hilfe

Alpines Museum in München

Internat. Ringverband, Berlin (Sportvereinigung)

Dt. Boxverband

Internationaler Boxverband, Paris

Sehr heißer Sommer in Mitteleuropa mit hoher Säuglingssterblichkeit (in Deutschl. 19,2 auf 100 Lebendgeborene; 1910: 16,2; 1912: 14,7)

Segelflüge i. d. Rhön beg.

1912

Friedens*nobel*preis an *Elihu Root* (USA, * 1845, † 1937)

Erneuerung des Dreibundes zwischen Deutschland, Österreich und Italien (von 1882)

Dt.-brit. Verhandlungen über Flottenpolitik scheitern. Neues erweitertes dt. Flottengesetz (bis 1920 41 Linienschiffe, 20 gr. und 40 kl. Kreuzer geplant)

Dt. Sozialdemokraten werden mit 110 Sitzen stärkste Fraktion im Reichstag

Zentrumspartei erlangt wieder entscheidende Stellung im Reichstag (seit 1907 vorübergehend verloren)

Heinrich Schnee (* 1871, † 1949) Gouverneur von Deutsch-Ostafrika bis 1918

Dt. Kolonialbesitz 3 Mill. qkm mit 12 Mill. Einwohnern

Dt. Ausfuhr nach den Kolonien 54,5 Mill. M; Einfuhr aus den Kolonien 58,6 Mill. M; Umsatz rund 0,2% des Volkseinkommens (1902: 22 bzw. 7,2 Mill. M)

Hermann Oncken: „Deutschland und England“

Internationaler Sozialisten-Kongreß in Basel erläßt Manifest gegen den Krieg

Engl. liberale Unionisten (seit 1886 mit den Konservativen für Aufrechterhaltung der vollen Union Großbrit.-Irland) verschmelzen mit den Konservativen

† *Friedrich VIII.*, König von Dänemark seit 1906 (* 1843)

Christian X. von Dänemark wird König (* 1870, † 1947)

Raymond Poincaré frz. Ministerpräsident und Außenminister bis 1913; besucht Petersburg; frz.-russ. Marineabkommen

Durch Vertrag zwischen Frankreich und dem Sultan von Marokko wird frz. Protektorat auch formal begründet (große Erfolge bei der wirtschaftl. und kulturellen Erschließung des Landes)

Tanger internationales Gebiet unter brit., frz., span. und (ab 1928) ital. Verwaltung (1940 von Spanien beseitigt)

Literatur-*Nobel*preis an *G. Hauptmann* (Dt.)

Alain-Fournier: „Der große Kamerad“ (frz. Roman)

Ernst Barlach: „Der tote Tag“ (Schauspiel)

R. G. Binding: „Der Opfergang“ (Novelle)

Waldemar Bonsels (* 1881, † 1952): „Die Biene Maja“ (Erz.)

*Kleist*preis an *H. Burte*

Claudel: „Verkündigung“ (frz. Schauspiel)

Courths-Mahler: „Ich laß dich nicht“ (Roman)

† *Felix Dahn*, dt. Dichter, Histor., Jurist (* 1834)

Dauthendey: „Der Geist meines Vaters“ (Mem.)

Albert Ehrenstein (* 1884, † 1950): „Der Selbstmord eines Katers“ (grotesk. Erzählung; 1919 als „Bericht aus einem Tollhaus“)

A. France: „Die Götter dürsten“ (frz. Roman)

Hamsun: „Der Wanderer“ (norweg. Romantrilogie seit 1906), „Die letzte Freude“ (norweg. Roman)

C. Hauptmann: „Die lange Jule“ (Schauspiel) u. „Ismael Friedmann“ (Roman)

G. Hauptmann: „Gabriel Schillings Flucht“ (Schauspiel), „Atlantis“ (Roman)

Hedin: „Von Pol zu Pol“ (schwed. Reiseerzählungen, 3 Bände)

Hofmannsthal: „Ariadne auf Naxos“ (Operntext für Richard Strauss)

* *Eugène Ionesco*, rumän.-frz. Dramatiker des absurden Theaters

Johannes Vilhelm Jensen (* 1873, † 1950): „Das Schiff“ (dän. Roman)

Manfred Kyber (* 1880, † 1933): „Unter Tieren“

Alfred Adler: „Über den nervösen Charakter“ (österr. individualpsycholog. Psychotherapie)

Bramwell Booth General der Heilsarmee bis 1929 (Sohn des Gründers)

Hans Driesch: „Ordnungslehre“ (solipsistische Denklehre)

Federigo Enriques (* 1871, † 1946): „Wissenschaft u. Rationalismus“ (ital. Philosophie vom mathemat. Standpunkt aus)

Eduard Fuchs: „Ill. Sittengeschichte v. Mittelalter bis zur Gegenwart“ (6 Bände seit 1909)

Giovanni Gentile (* 1875, † 1944): „Der aktuale Idealismus“ (ital., Wirklichkeit ist Bestimmung des freien tätig. Geistes)

Paul Häberlein (* 1878): „Wissenschaft und Philosophie“ (schweiz., 2 Bde. seit 1910)

„Der neue Realismus“ (nordamerik. Sammelwerk von *Holt*, *Montagne* u. a.)

C. G. Jung: „Wandlungen und Symbole der Libido“ (Schweiz. Psychoanalyse)

Kerschensteiner: „Begriff der Arbeitsschule“ (im Gegensatz zur reinen „Lernschule“) u. „Charakterbegriff und Charaktererziehung“

O. Külpe: „Die Realisierung“ (3 Bände bis 1923, Denkpsychologie d. „Würzburger Schule“)

François Mauriac (* 1885, † 1970), grdt. kathol. franz. Kulturzeitschrift „Les Cahiers“

F. Oppenheimer: „Die soziale Frage und der Sozialismus“ (liberaler Sozialismus)

Eugenio Pacelli Sekretär der Kommission für Kodifizierung des kanonischen Rechts

Alex. Archipenko: „Der Tanz" (russ.-frz. kubist. Bronze)
Umberto Boccioni (*1882, †1916): "Elastizität" (ital. futurist. Gemälde)
Paul Bonatz: Hauptbahnhof Stuttgart (Wettbewerb, Ausf. 1914—1928)
Constantin Brancusi (* 1876, † 1957): „Der rumänische Traumvogel" (rum.-frz. Bronzeplastik)
Chagall: „Der Viehhändler", „Kalvarienberg" (russ. Gem.)
Corinth: „Florian Geyer" (Gemälde)
Dehio: „Handbuch d. deutschen Kunstdenkmäler" (5 Bände seit 1905)
Marcel Duchamp (* 1887): „Akt, eine Treppe herabschreitend" (frz. Gem. i. neuartig. Bewegungsstil)
F. H. Ehmcke: Fraktur (Drucktyp.)
Th. Fischer: Kunstgebäude, Stuttgart
Duncan Grant (* 1885): „Stilleben" (engl. nachimpress. Gemälde)
Kandinsky beg. seine abstrakt. „Improvisationen" zu malen
M. Klinger: „Franz Abbe" und „Wilhelm Wundt" (Bildnisbüsten)
G. Kolbe: „Tänzerin" (Bronzeplastik)
Fernand Léger (* 1881, † 1955): „Frau in Blau" (frz. kubist. Gemälde)
Macke: „Zoologischer Garten" (express. Gemälde)

Dr. *Becce* beginnt zahlreiche Filmmusiken zu schreiben (sammelt sie in einer 12bändigen „Kinothek")
* *Siegfried Borries*, dt. Geiger
Busoni: „Die Brautwahl" (Oper)
† *Samuel Coleridge-Taylor*, engl. Komponist (Mulatte) von Orchester- u. Chorwerken; u. a. „Afrikanische Suite f. Klavier" (* 1875)
Hermann Kretzschmar (* 1848, † 1924): „Geschichte des neueren deutschen Liedes"
G. Mahler: 9. Symphonie D-Dur (rein polyphon. Urauff. postum)
† *Jules Massenet*, frz. Opernkomponist; u. a. „Manon" 1884 (*1842)
Ravel: „Daphnis und Chloe" (frz. Ballett)
A. Schönberg: „5 Orchesterstücke" (im express. Stil)
Franz Schreker (* 1878, † 1934): „Der ferne Klang" (erotisch-symbol. Oper)
Leopold Stokowski wird Leiter des Philadelphia Symphony Orchesters (bis 1936)
R. Strauss: „Ariadne auf Naxos" (erste Kammeroper, Text v. *Hofmannsthal:* Neubearbeitung 1916)
Städt. Oper Berlin-Charlottenburg eröffnet

Physik-*Nobel*preis an *G. Dalén* (Schwed.) für Sonnenscheinventil
Chemie-*Nobel*preis an *Victor Grignard* (Frankr., * 1871, † 1935) für metallorganische Reaktionen und *Paul Sabatier* (Frankr., * 1854, † 1941) f. katalysatorische Hydrierung
Medizin-*Nobel*preis an *Alexis Carrel* (USA, * 1873, † 1944) für Arbeiten über Organüberpflanzungen
Emil Abderhalden: „Schutzfermente des tierischen Organismus" (1922 als „Abderhaldensche Reaktion")
Othenio Abel (* 1875, † 1946): „Paläobiologie der Wirbeltiere" (grundlegend f. Vorzeitforschung)
Adolf Friedrich Herzog zu Mecklenburg: „Vom Kongo zum Niger und Nil" (Bericht über die Afrika-Expedition 1910 bis 1911)
P. Debye berechnet spezifische Wärme fester Körper mit Hilfe der Quantentheorie und bestimmt Verteilung elektrischer Ladungen in Molekülen (Dipolmomente)
Einstein: Jedes absorbierte Lichtquant löst einen physikochemischen Elementarvorgang aus (Begründung der modernen Photochemie)
Südpolar-Expedition unter *W. Filchner* ins *Weddell*meer (seit 1911, entd. Prinzregent-*Luitpold*-Land)
Hedin: „Transhimalaja" (3 Bände)
Victor F. Heß (* 1883, † 1964) entdeckt auf Ballonfahrten bis 5350 m die durchdringende kosmische Höhenstrahlung (1909 bis 1910 ähnliche Beobachtungen von *Wulf* und *Gockel*)
G. v. Hevesy und *F. Paneth:* Erste Anwendung der Methode radioaktiver Indikatoren (Löslichkeit von Bleisalzen)
Fritz Hofmann: Synthetischer Kautschuk (Versuche seit 1906)
Kaplan: Propeller-Turbine mit regelbaren Leit- und Laufschaufeln
Th. Koch-Grünberg erforscht das Quellgebiet des Orinoko
Nichtrostender *Krupp*stahl
William Küster: Strukturformel des Blutfarbstoffes Hämin (später v. *Hans Fischer* durch Synthese bestätigt)

Bernhard Harms (* 1876): „Volkswirtschaft u. Weltwirtschaft. Versuch der Begründung einer Weltwirtschaftslehre"
Heinrich Lammasch (* 1853, † 1920): Entwurf eines neuen österr. Strafgesetzes (seit 1906)
Louis Renault: „Neue Fortschritte im Völkerrecht" (frz.)
Adolph Wagner: „Die Strömungen in der Sozialpolitik und der Katheder- und Staatssozialismus" (sozialreformerisch)
Ca. 30000 Millionäre in Deutschland (als reichste *Wilhelm II.* und *Berta Krupp*)
F. W. Woolworth-Gesellschaft in New York (umfassendes Einzelhandelsunternehmen)
Erste dt. Luftpost (Frankfurt M. bis Worms)
Dt. Reichsversicherungsordng. (von 1911) tritt in Kraft
Frankreich zahlt für das 4. Kind der Mutter 500 Frs.
Erste seetüchtige Motorschiffe (Dänemark, Deutschland)
Passagierdampfer „Titanic" sinkt nach Zusammenstoß mit einem Eisberg. (Führt u. a. zu dem Vorschlag, Schiffahrtshinder-

(1912)

Italien gewinnt durch den Krieg gegen Türkei (seit 1911) Libyen. Allgemeines Wahlrecht in Italien

Russ. Flottengesetz mit Bauprogramm für Ostsee- und Schwarzmeerflotte

Rußland versucht in Persien zugunsten des Exschahs einzugreifen; Hinrichtungen in Täbris

Russ. Bolschewisten beteiligen sich nicht am Wiener internationalen Sozialisten-Kongreß, bilden eigene Parteileitung (endgült. Trennung von Menschewisten)

Lenin übernimmt Leitung der bolschewist. Zeitschrift „Prawda" („Wahrheit")

Erster engerer Kontakt *Lenins* mit *Stalin*

Beginn des Balkankrieges (bis 1913): Bulgarien, Serbien, Griechenland, Montenegro siegen gegen die Türkei (1913 wird Bulgarien von seinen bisherigen Verbündeten und Rumänien besiegt)

Neu-Mexiko 47. und Arizona 48. Bundesstaat der USA

Eduardo Schaerer Staatspräsident Paraguays bis 1916; stellt Zentralbahn Asuncion — Buenos Aires fertig

Jüan Schi-k'ai (* 1859, † 1916) chin. Staatspräsident (muß 1916 wegen monarchistischer Bestrebungen abdanken)

Sun Yat-sen gründet chin. Nationalpartei Kuomintang

Tibet trennt sich von China

† *Mutsuhito* (*Meiji Tenno*), japan. Kaiser seit 1867; stellte japan. Kaisergewalt wieder her (* 1852)

Yoshihito (* 1879) japan. Kaiser bis 1926 (ab 1921 ist sein Sohn *Hirohito* [* 1901] Regent)

Lagerlöf: „Der Fuhrmann des Todes" (schwed. Erzählung)

William Somerset Maugham (* 1874, † 1965): „Das Land der Versprechung" (engl. soziales Drama)

† *Karl May*, dt. Volksschriftsteller; schrieb ca. 65 Bände (* 1842)

Rolland: „Jean Christophe" (frz. Roman in 10 Bänden seit 1904)

Karl Röttger (* 1877): „Lieder von Gott und Tod" (relig. Dichtung)

Wilhelm Schäfer: „Karl Stauffers Lebensgang" (Roman)

Wilhelm Scharrelmann (* 1875): „Piddl Hundertmark" (Roman)

Schnitzler: „Professor Bernhardi" (Schauspiel)

Shaw: „Pygmalion" (engl. Komödie)

Heinrich Sohnrey: „Draußen im Grünen" (Dorfjugendgeschichten)

Reinhard Johannes Sorge (* 1892, † 1916): „Bettler" (Schweiz. express. Schauspiel, *Kleist*preis)

Sternheim: „Die Kassette" u. „Bürger Schippel" (satir. Komödien)

Sudermann: „Der Bettler von Syrakus" (Schausp.)

† *August Strindberg*, schwed. Dichter (* 1849)

L. Thoma: „Briefwechsel eines bayr. Landtagsabgeordneten" (polit. Sat., 2 Bde. seit 1909), „Magdalena" (Volksstück)

Tucholsky: „Rheinsberg. Ein Bilderbuch für Verliebte"

Albert Verwey (* 1865, † 1937): „Gesammelte Gedichte" (niederl.)

Wedekind: „Franziska" (Schauspiel)

Arnold Zweig (* 1887, † 1968): „Novellen um Claudia" (Erzählungen)
Die kleinen Bände der Inselbücherei beginnen zu erscheinen

† *Henri Poincaré*, frz. Mathematiker und Naturphilosoph (* 1854)

W. Rathenau: „Zur Kritik der Zeit"

B. Russell: „Die Probleme der Philosophie" (engl. Rationalismus)

Carl Ludwig Schleich: „Es läuten die Glocken" (Phantasien über den Sinn des Lebens)

R. Steiner gründet „Anthroposoph. Gesellsch."

W. Stern: „Die Intelligenz der Kinder und Jugendlichen"

F. W. Taylor: „The Principles of Scientific Management" („Taylorismus": Zeit- und Bewegungsstudien zur besseren Ausnutzung d. Arbeitskraft seit ~1900)

E. Troeltsch: „Die Soziallehren der christl. Kirchen und Gruppen"

Alfred Weber: „Religion und Kultur"

W. Wundt: „Elemente der Völkerpsychologie"

„Institut J. J. Rousseau" in Genf (erziehungswissenschaftl. Institut)

Lyzeum als höhere Mädchenschule in Preußen

Krematorium in Berlin

Durch die Revolution verbreiten sich in China Bildungs- und Zeitungswesen

Antonio Manzini (* 1852, † 1930): „Selbstbildnis“ (ital. impress. Gemälde)

„Blauer Reiter“ (Programmschrift d. Münchener Kreises von Expressionisten mit *Marc*, *Kandinsky*, *Feininger*, *Klee*, *Macke*, *Arnold Schönberg* als Komponist)

Matisse: „Der Tanz“ (frz. express. Gem.)

Piet Mondrian: „Blühender Apfelbaum“ (niederl. geometr. stilis. Gem.)

Ed. Munch: „Pferd in wildem Galopp“ (norw. expr. Gem.)

Nolde: „Maria Aigyptiaca“ (express. Triptychon)

Picasso: „Stilleben“ (span.-frz. abstraktes Gemälde)

Luigi Russolo (* 1885): „Erinnerungen einer Nacht“ (ital. futurist. Gemälde)

Gino Severini (* 1883): „Ruhelose Tänzerin“ (ital. fut. Gemälde)

Paul Signac (* 1863, † 1935): „Seine bei St. Cloud“ (frz. pointillist. Gem.)

Slevogt: „Francisco d'Andrade“ (Gem.)

† *Paul Wallot*, dt. Baumeister (* 1841)

Farbige Bildnisbüste der ägypt. Königin *Nofretete* aufgefunden (vgl. —1365; wird in zahlreichen Nachbildungen verbreitet. Original in Berlin)

Sonderbund-Kunstausstellung i. Köln (gilt als erste umfassende Schau d. europ. Moderne; mit *van Gogh, Munch, Cézanne, Picasso, Signac, Kirchner, Hekkel*) Mitgl. d. Neuen Sezession Berlin u. d. Verein „Blauer Reiter“, München)

„Quo vadis“ (ital. Großfilm, begründet die Vormachtstellung des italien. Films)

„Max als Verlobter“, „Max als Ehemann“, „O diese Frauen“, „Zärtliche Liebe“ (frz. Filme von und mit *M. Linder*)

„Totentanz“ (dän. Film von *U. Gad*)

„Die Entstehung d. Menschen“, „Der Hut aus New York“ (nordamerik. Filme von *D. W. Griffith*)

„Königin Elisabeth“ (nordamerikan. Film von *Louis Mercanton* mit *Sarah Bernhardt*)

„Fanatismus“ (poln. Film von *Alexander Hertz*)

„Krieg u. Frieden“ „Kreutzer-Sonate“ (russ. Filme von *Tschardinine*)

„Von der Krippe zum Kreuz“ (nordam. Passionsfilm)

90% aller Filme sind frz. Ursprungs (1928 sind 90% aus den USA)

Film-Adreß-Kalender erscheint erstmalig

M. v. Laue, *W. Friedrich* und *P. Knipping* beweisen Wellennatur der *Röntgen*strahlen u. Aufbau d. festen Körper in Form regelm. Atomgitter

Henrietta S. Leavitt: Beziehung zw. Helligkeit und Periodenlänge veränderlicher Sterne (als „δ-Cepheiden-Methode“ entscheid. f. astronom. Entfernungsbestimmungen)

Fritz Lenz (* 1887): „Die krankhaften Erbanlagen des Mannes und die Bestimmung des Geschlechts beim Menschen“

Hugo Münsterberg (* 1863, † 1916): „Psychologie u. Wirtschaftsleben“ (gilt als Begründung der modernen Psychotechnik)

Raczinsky schickt rachit. Kinder zur Heilung i. d. Höhenklima d. Karpaten

Fritz u. *Paul S. Sarasin* erforsch. (seit 1910) Südseeinsel Neukaledonien

Hans Schomburgk fängt in Liberia Zwergflußpferde (1849 entdeckt)

† *Robert Falcon Scott*, engl. Polarforscher, mit 4 Begleitern auf dem Rückmarsch vom Südpol, bei dessen Entdeckung ihm *Amundsen* einen Monat zuvorkam (* 1868)

Verwendung des *Siemens*-Schnelltelegr. (1000 Zeichen in d. Minute)

Slipher: Erste Spiralnebel-Spektren mit deutlicher Rotverschiebung der Linien (führt später zur Vorstellung der „Nebelflucht“)

V. Stefansson erforscht mit *R. Anderson* (seit 1909) das arktische Kanada, wobei er Eskimos mit hellerer Hautfarbe entdeckt

Jean Tilho erforscht mit einer frz. Militär-Expedit. d. Gebiet zwisch. Tschadsee und Sahara (bis 1917)

C. T. Wilson macht m. Nebelkammer die Bahnen atomarer Teilchen sichtbar (förd. Atomkernphysik)

Palimpsest-Institut i. Kloster Beuron

„Die Naturwissenschaften“ (Zeitschrift der „Gesellschaft dt. Naturforscher und Ärzte“)

Nach der Internationalen Hygiene-Ausstellung (1911) Gründung des Dt. Hygiene-Museums in Dresden (eröffnet im Neubau 1930)

Dt. Versuchsanstalt für Luftfahrt in Berlin-Adlershof

Jungfraubahn (Baubeginn 1898)

Assuanstaudamm in Ägypten erweitert (seit 1907, 4,6 Mrd. cbm Inh.)

nisse mit Ultraschall festzustellen)

Karwendelbahn Innsbruck-Mittenwald

U-Bahn i. Hamburg

Olympiade i. Stockholm

Carl Diem (* 1882): „Die olympischen Spiele“

Erster Fallschirmabsprung v. Flugzeug

H. Gutermuth mit Gleitflugzeug auf der Wasserkuppe/Rhön 1 Minute 52 Sekunden in der Luft

Parlapanoff: „Joghurt, dessen Wesen und Wert als tägliches Nahrungs- und Heilmittel“ (bulgar. Ernährungsreform)

In China verschwindet der Zopf als männliche Haartracht

Muttertag wird in den USA anerkannter Feiertag

Riesen-Waran auf d. kl. Sundainsel Komodo entd.

1913

Friedens*nobel*preis an *Henri La Fontaine* (Belg., * 1854, † 1943)

Engl. Königspaar und Zar in Berlin zur Vermählung von Prinzessin *Viktoria Luise* und Prinz *Ernst August von Cumberland*

Gottlieb von Jagow (* 1863, † 1935) Staatssekretär im dt. Auswärtigen Amt bis 1916 (war seit 1909 Botschafter in Rom)

Dt. Heeresvorlage vermehrt Landmacht um zwei Armeekorps

Alfred von Schlieffen (* 1833, † 1913): „Gesammelte Werke" (mit der Studie „Cannä" als Vorbild der doppelseitigen Umfassung; von ihm „Schlieffenplan" für Zweifrontenkrieg mit Angriff auf Frankreich durch Belgien mit starkem rechtem Flügel)

Paul von Lettow-Vorbeck (* 1870, † 1964) wird Kommandeur von Deutsch-Ostafrika

† *August Bebel*, Mitbegründer und Leiter der dt. Sozialdemokratie; schrieb: „Aus meinem Leben" (3 Bände seit 1910) (* 1840)

Friedrich Ebert Vorsitzender d. SPD

K. Kautsky: „Das Kapital" von *Marx* als Volksausgabe

R. Luxemburg: „Die Akkumulation des Kapitals. Ein Beitrag zur ökonomischen Erklärung des Imperialismus"

Kaiserliche Landesverwaltungskommission in Böhmen unter Ausschaltung des Landtages

Stephan Tisza (* 1861, † 1918, ermordet) ungar. Ministerpräsident bis 1917; befürwortet österr.-ung. Ausgleich, gegen demok. Wahlrecht

Gesetz für parlamentarische Selbstregierung Irlands: Homerule (tritt wegen Bürgerkriegsgefahr und Weltkrieg nicht in Kraft)

Die engl. Suffragette *Emily Davison* wirft sich beim Derby vor die Hufe eines Pferdes und erliegt den Verletzungen

Sylvia Pankhurst ist Führerin der engl. Suffragetten und wird wiederholt festgenommen (1929 Denkmal)

S. und *B. Webb* gründen „The New Statesman" (brit. sozialist. Wochenschrift)

Literatur-*Nobel*preis an *R. Tagore* (Indien)

Guillaume Apollinaire (* 1880, † 1918): „Alcools" (franz. Gedichte)

R. G. Binding: Gedichte

Wilhelm Bode (* 1862, † 1922): „Goethes Liebesleben"

* *A. Camus*, franz. Dichter († 1960)

Dehmel: „Schöne wilde Welt" (Gedichte)

Deledda: „Schilfrohr im Winde" (ital. Roman)

Hanns Heinz Ewers (* 1871, † 1943): „Alraune" (erot. Roman)

F. Kafka: „Der Heizer" und „Eine kleine Frau" (österr. Erzählungen)

Gorch Fock (Johann Kinau, * 1880, † 1916 in der Skagerrak-Schlacht): „Seefahrt ist not" (Rom.)

Gorki: „Meine Kindheit" (russ. Autobiogr.)

Agnes Günther (* 1863, † 1911): „Die Heilige und ihr Narr" (Roman, posthum)

Hamsun: „Kinder ihrer Zeit" (norweg. Roman)

Walter Hasenclever (* 1890, † 1940): „Der Jüngling" (Lyrik)

Arno Holz: „Ignorabimus" (Zeitdrama)

Bernhard Kellermann (* 1879, † 1951: „Der Tunnel" (techn. Zukunftsroman)

Eduard von Keyserling (* 1855, † 1918, 1907 erblindet): „Abendliche Häuser" (Roman)

Klabund: „Morgenrot . . ." (Gedichte)

Annette Kolb (* 1875): „Das Exemplar" (Rom.)

Else Lasker-Schüler: „Hebräische Balladen"

David Herbert Lawrence (* 1885, † 1930): „Söhne und Liebhaber" (engl. Roman)

K. Bühler: „Die Gestaltwahrnehmungen" (Gestaltpsychologie)

M. Dessoir ruft ersten Kongreß für Ästhetik nach Berlin (ein zweiter 1924)

Dilthey: „Weltanschauung und Analyse des Menschen seit Renaissance und Reformation" (histor. Aufeinanderfolge von Menschen und Weltanschauungstypen, posthum)

Freud: „Totem und Tabu" (psychoanalyt. Völkerkunde)

Alfred Fried: „Handbuch der Friedensbewegung" (österr., seit 1911)

Moritz Geiger (* 1880, † 1938): „Beiträge zur Phänomenologie des ästhetischen Genusses" (Anw. der *Husserl*schen Phänomenologie)

Th. Haecker: „S. Kierkegaard und die Philosophie der Sinnlichkeit"

Husserl: „Ideen zu einer reinen Phänomenologie u. phänomenologischen Philosophie" (Begründung der Phänomenologie im Sinne einer „Wesensschau")

Jaspers: „Allgemeine Psychopathologie" (systematisches Werk)

L. Klages: „Ausdrucksbewegung und Gestaltungskraft" (Ausdruckslehre)

Wolfgang Köhler (* 1887, † 1967): „Gestaltprobleme und Gestalttheorie" (Gestaltpsychologie)

M. Maeterlinck: „Vom Tode" (belg. Philos.)

Ch. P. Péguy: „Das Geld" (frz. Kritik der Parteien- und Geldwirtschaft)

Archipenko: „Frauenakt" (russ. kubist. Plastik)

P. Behrens: Mediäval-Schrift (Drucktypen)

Heckel: „Genesende" (Triptychon) u. „Das Gespräch" (express. Gemälde)

Hodler: „Die Einmütigkeit" (Schweiz. Fresko, Rathaus Hannover)

Karl Hofer (* 1878, † 1955): „Badende Inderin" (express. Gemälde)

O. Kaufmann: Theater am Nollendorfplatz, Berlin (Baubeg. 1912)

E. L. Kirchner löst Künstlervereinigung „Brücke" auf

Kokoschka: „Selbstbildnis" (express.)

Lehmbruck: „Emporsteigender Jüngling" (neogot. Plast.)

M. Liebermann: „Fürst Bülow" (Bildnis), „Frühling am Wannsee" (impress. Gemälde)

Macke: „Mädchen unter Bäumen" (express. Gemälde)

Kasimir Malewitsch (*1878, † 1935): „Weißes Quadrat auf weißem Grund" (russ. monochromat. Gem., Höhepunkt d. Suprematismus im Gegens. z. Futurismus)

Otto March: Dt. Stadion Berlin-Grunewald (Baubeg. 1912)

Albert Marquet (* 1875, † 1947): „Frachtdampfer im Hafen von Algier" (frz. Gemälde)

Frans Masereel (* 1889): „Die Erschießung" (belg. Holzschnitt)

* *Cesar Bresgen* (in Florenz), dt. Komponist, schreibt u. a. die Oper „Das Urteil des Paris"

* *Benjamin Britten*, engl. Komponist

Edward Joseph Dent (* 1876, † 1957): „Mozarts Opern" (engl. maßgeb. Musikgeschichte)

Manuel de Falla: „Ein kurzes Leben" (span. Oper)

Maria Ivogün (Ilse von Günther) als Koloratursopran an d. Oper München bis 1925

Walter Kollo: „Wie einst im Mai" (Berliner Operette)

Lilli Lehmann (Sopranistin, * 1848, † 1929): „Mein Weg" (Autobiographie)

Reger: „Böcklin-Suite" (für Orchester, zu 4 *Böcklin*bildern)

Hugo Riemann: „Große Kompositionslehre" (3 Bände seit 1902)

Curt Sachs (*1881): „Reallexikon der Musikinstrumente"

Alexander N. Skrjabin: „Prometheus" (russ. symphon. Dichtung m. Farblichtklavier)

Bühnenbilder mit bewegtem Licht zu *Gluck* „Orpheus" von *O. Starke*

Strawinsky: „Le sacre du printemps" (russ. Ballett; führt infolge neuer Ausdrucksmittel zum Uraufführungs-Skandal in Paris)

Physik-*Nobel*preis an *H. Kamerlingh Onnes* (Niederl.): tiefste Temperat.

Chemie-*Nobel*preis an *Alfred Werner* (Schweiz) für Erforschung chemischer Bindungskräfte

Medizin-*Nobel*preis an *Ch. Richet* (Frankr.) für Entd. d. Anaphylaxie

Alex. Behm: Echolot

Fr. Bergius entwickelt Hochdruckverfahren zur Kohlehydrierung

Max Bodenstein: Begriff der chemischen Kettenreaktion

Niels Bohr nimmt ein planetensystemähnliches Atommodell an und berechnet mit Hilfe des *Planck*schen Wirkungsquant. die Spektralfrequenzen d. Wasserstoffatoms

William H. (*1862, † 1942 Vater) u. *William L. Bragg* (*1890, † 1971 Sohn) beg. Kristalle mit Röntgenstrahlen zu untersuchen (grundl. Methode)

Hans Bredow: Musikübertragung durch Lautsprecher in USA

C. B. Bridges: Geschlechtsvererb. durch Geschlechtschromosomen

W. D. Coolidge: Vakuum*röntgen*röhre

† *Rudolf Diesel* (ertrunken, Selbstmord?), dt. Ingenieur; erfand 1893 Schwerölmotor (* 1858)

Alfons Dopsch (* 1868): „Die Wirtschaftsentwicklung der Karolingerzeit" (2 Bände)

Eugen Fischer (*1874, † 1967): „Die Rehobother Bastards und das Bastardisierungsproblem beim Menschen" (s. 1908, erweist *Mendel*gesetze auch für menschliche Erbmerkmale)

K. v. Frisch: Fische haben Farbenunterscheidungsvermögen sowie Tages- und Nachtsehapparat

Kompressorloser Doppelkolbenzweitakt-*Diesel*motor von *Junkers*

Garros fliegt Tunis—Rom. Weiterer Flug 800 km über dem Mittelmeer

H. Geiger u. *E. Marsden* bestimm. Größe und Ladung der Atomkerne

Geiger: Zähler f. energier. Strahlen

Rich. Goldschmidt (*1878, † 1958): „Einführung in d. Vererbungswissenschaft"

Guthnick und *Rosenberg:* Einführung der objektiv. lichtelektr. Methode in die astronom. Lichtmessung

Internat. Gewerkschaftsbund in Amsterdam

A. Fischer: „Grundrisse der sozialen Hygiene"

Zentralblatt für Gewerbehygiene und Unfallverhütung

Otto Gierke (* 1841, † 1921): „Das deutsche Genossenschaftsrecht" (4 Bände seit 1868, im Sinne eines spezifisch dt. Rechts)

K. Hassert: „Allgemeine Verkehrsgeographie"

W. C. Mitchell: „Business cycles" (führendes Werk d. modernen Konjunkturlehre)

P. Tafel: „Die nordamerikanischen Trusts und ihre Wirkung auf den Fortschritt der Technik"

Krisenjahr der dt. Wirtschaft

Ullstein erwirbt „Vossische Zeitung"

Einführung des Montagebandes („Fließband") bei *Ford* (in den Schlachthäusern Chicagos seit 1870)

† *John Pierpont Morgan*, nordam. Geschäftsmann; kontrollierte mit 341 Direktoren 112 Konzerne mit Kapital von 22 Milliarden Dollar (* 1837)

Bundeseinkommensteuer in den USA

(1913)	Liberal-sozialist. Koalitionsregierung in den Niederlanden bis 1918 *Raymond Poincaré* frz. Staatspräsident bis 1920 Der frz. Ministerpräsident *Louis Barthou* setzt 3jährige Dienstzeit in Frankreich wieder durch (war 1905 aufgehoben worden) † *Georg I.* (ermordet), König von Griechenland seit 1863 aus dem dän. Königshaus (* 1845) *Konstantin I.* König von Griechenland bis 1917 und 1920 bis 1922 († 1923, * 1868) Über die Aufteilung der ehemals türk. Gebiete kommt es zwischen den Mitgliedern des Balkanbundes zum Zweiten Balkankrieg. Bulgarien verliert Mazedonien an Serbien und Griechenland, Kreta und Epirus an Griechenland, Türkei behält Adrianopel Freischärlerbewegung zugunsten Bulgariens in Mazedonien *Stalin:* „Marxismus u. d. nationale Frage" (ford. nationale Selbstbestimmung) *Woodrow Wilson* (Demokrat) Präsident der USA bis 1921; verkündet innenpolitisches Programm der „Neuen Freiheit" † *Menelik,* Kaiser von Abessinien seit 1889; besiegte Italiener bei Adua 1896 (* 1844) Tibet erklärt sich unter brit. Einfluß als von China unabhängig	*Mechtilde Lichnowsky* (* 1879, † 1958): „Ein Spiel vom Tod" (Drama) *J. London:* „John Barleycorn" (nordamerik. autobiograph. Roman) *Emil Ludwig:* „Wagner oder die Entzauberten" (Monographie) *H. Mann:* „Madame Legros" (Drama) *Th. Mann:* „Der Tod in Venedig" (Novelle) *Meyrink:* „Des deutschen Spießers Wunderhorn" (Erzählungen) *Schnitzler:* „Frau Beate und ihr Sohn" (Novelle) *Shaw:* „Androklus und der Löwe" (engl. Schauspiel mit Vorrede über das Christentum) *Sternheim:* „Der Snob" (satir. Komödie) *Unruh:* „Louis Ferdinand Prinz von Preußen" (Schauspiel) *Cyriel Verschaewe* (* 1874, † 1948): „Die Artevelden" (fläm. geschichtliches Drama) *Hugh Walpole* (* 1884, † 1941): „Der Reiter auf dem Löwen" (engl. Roman) *Ernst Weiß* (* 1884, † 1940, Selbstmord in Paris): „Die Galeere" (Roman) *Gustav Wied:* „Die leibhaftige Bosheit" (dän. satir. Roman seit 1908) *Wildgans:* „Sonette an Ead" *V. Barnowsky* leitet Lessing-Theater, Berlin *Friedrich Kluge* (* 1856, † 1926): „Abriß der deutschen Wortbildungslehre" *Karl Voßler* (* 1871, † 1949): „Frankreichs Kultur und Sprache" (Romanistik) „Dt. Bücherei" in Leipzig eröffnet	*B. Russel* und *A. N. Whitehead:* „Principia mathematica" (engl., mathem. Logik: Logistik, seit 1910) *Scheler:* „Zur Phänomenologie der Sympathiegefühle" *Albert Schweitzer* evang. Missionsarzt in Lambarene (Frz.-Kongo) *Söderblom:* „Natürliche Theologie u. allgemeine Religionsgeschichte" (schwed. evang.) *Sombart:* „Der Bourgeois" (volkswirtschaftl. Kritik) *Tagore:* „Sadhana. Der Weg zur Vollendung" (ind. Philosophie) *de Unamuno:* „Das tragische Lebensgefühl" (span. Philosophie) *Eduard Wechszler* (* 1869, † 1949): „Kulturprobleme des Minnesanges" (2 Bände seit 1909; Bd. 1: „Minnesang und Christentum") *Hans von Wolzogen:* „Zum deutschen Glauben" (für ein Deutschchristentum) *Theodor Ziehen* (* 1862, † 1950): „Erkenntnistheorie auf psychophysiologisch. u. physikalisch. Grundlage" (positivistisch) „Internationale Zeitschrift für Psychoanalyse" (1912 Gründung von „Imago" für Anwendung der Psychoanalyse auf Natur- und Geisteswissenschaften) Jugendfest auf dem Hohen Meißner: Zusammenschluß von 13 Jugendverbänden zur „Freideutschen Jugend" („Wandervogel"-Bewegung) Anthroposophisches „Goetheanum" in Dornach b. Basel gegründet

Ed. Munch: „Schlächter“ und „Mädchen auf dem Sofa“ (norweg. express. Gem.)

H. J. Pagels: „Hühnerdiebbrunnen“, Aachen

Picasso: „Der Kamin“ (span.-frz. kubist. Gemälde)

Renoir: „Südfranzösische Landschaft“ (frz. Gemälde)

Slevogt: Illustrationen zu „B. Cellini“

† *Gabriel von Seidl*, dt. Baumeister; baute s. 1908 „Dt. Museum“, Mchn. (vollendet 1925) (* 1848)

Heinrich Tessenow (* 1876, † 1950): „Festspielhaus der Bildungsanstalt für rhythm. Gymnastik in Hellerau“ (klassizist., Baubeg. 1910)

Lesser Ury (* 1862, † 1931): „Amsterdamer Gracht“, „Windmühlen bei Rotterdam“ (Gem.)

Félix Valloton (* 1865, † 1925): „Strand bei Honfleur“ (schweiz. Gem., *V.* gilt als Vorläufer d. Neuen Sachlichkeit)

J. P. Morgan (†) vermacht seine wertvollen Kunstsammlungen der Stadt New York

„Armory Show“ in New York zeigt moderne europäische Kunst und löst Skandal aus (vgl. 1911)

Jahrhunderthalle in Breslau

Völkerschlachtdenkmal bei Leipzig (seit 1895)

Bruno Walter Dirigent a. d. Münchener Oper bis 1922

Hermann Zilcher (* 1881, † 1948): „Die Liebesmesse“ (Chorwerk, Text von *W. Vesper*)

Erster Internationaler musikpädagogischer Kongreß (Berlin)

Orgel in der Jahrhunderthalle in Breslau (mit 15133 Pfeifen die größte der Zeit)

„Student von Prag“ (Film von *Stellan Rye* mit *Paul Wegener* u. *Werner Krauss* (*1884, † 1959); gilt als Beginn des künstlerischen dt. Films)

Charlie Chaplin geht vom Varieté zum Film

„Der Vampir“ (nordamerik. Film mit *Alice Hollister* als „erstem Vamp“)

„The Squaw Man“ (nordam. Film v. *Cecil B. de Mille*, * 1881; erste Anf. der Paramount Pictures)

Fritz Haber und *Karl Bosch:* Hochdruck-Ammoniak-Synthese

Ordnung der Sterntypen im *Hertzsprung-Russell*-Diagramm nach Temperatur und Leuchtkraft

Irving Langmuir (* 1881, † 1957): Gasgefüllte elektrische Glühlampe

Lespinasse versucht Verjüng. d. Menschen durch Keimdrüsen-Einpflanz.

† *Robert Lieben*, österr. Phys. (* 1878)

Alex. Meißner (* 1883, † 1958) erfindet Rückkopplungsschaltung

Henry Moseley (* 1887, † 1915, gefallen): Beziehg. zw. Größe d. Atomkernladung u. *Röntgen*-Wellenlänge (wichtig z. Auffind. neuer Elemente)

Prowazek entdeckt Fleckfiebererreger (vgl. 1910)

Sikorskij baut erstes brauchbares Riesenflugzeug (28 m Spannweite, vier 100-PS-Motoren)

Johannes Stark (* 1874, † 1957) findet Aufspaltung der Spektrallinien im elektrischen Feld

Gustav Tammann (* 1861, † 1938): „Lehrb. d. Metallographie“ (thermische Analyse v. Legierung., s. 1903)

J. J. Thomson entdeckt massenspektrograph. die beiden Neon-Isotope

Fluggeschwindigkeitsrekord von *Vedrines* und *Prevost* mit 200 km pro Std. (160-PS-Umlaufmotoren)

† *Alfred Russel Wallace*, engl. Tiergeograph und Begründer der Selektionslehre (* 1823)

A. Wegener und *I. P. Koch* durchqueren Grönland von Ost nach West (nach erstmaliger Überwinterung auf dem Inlandeis)

B. A. Wilkitzki entdeckt die arktische Inselgruppe Sewernaja Semlja

„Imperator“ (dt. Turbinen-Ozeandampfer, 52100 BRT)

Lötschbergbahn Spiez – Brig (Baubeginn 1907, mit 14,5 km langem Lötschbergtunnel)

Zeiß-Fernrohr f. Bln.-Babelsbg. (650 mm Durchm. und 10 m Brennweite)

Fabrikmäßige Herstellung von Hochvakuum-Radioröhren

Berliner Aquarium eröffnet

Tierpark in München-Hellabrunn

Bundesreservebanken in d. USA (Notenbanken des Bundes neben den Nationalbanken d. Einzelstaaten)

Ivar Kreuger grdt. schwed. Zündholzkonzern

„Weltwirtschaftliches Archiv“ (Zeitschrift)

Titanic-Konferenz in London zur Sicherung der Schiffahrt

Dt. Lebensrettungsgesellschaft

Dt. Turn- u. Sportabzeichen eingeführt (1921 f. Frauen; später Reichssportabzeichen)

Pégouds Sturzflüge und Loopings leiten neue Flugtechnik ein

Internationale Kommission z. Erforschung d. Mittelmeeres in Monaco

Probe-Flutkraftwerk bei Husum

1914

1914, 1915, 1916 keine Friedens*nobel*preise

Dt.-brit. Verständigung über Bagdad-Bahn. Brit. Flottenbesuch in Kiel

K. Kautsky: „Der politische Massenstreik" (zur marxistischen Taktik)

R. Luxemburg: „Militarismus, Krieg und Arbeiterklasse" (Verteidigungsrede vor der Frankfurter Strafkammer)

Höhepunkt der engl. Suffragetten-Bewegung (seit 1906 943 verhaftet); durch Weltkrieg beendet

Die Gattin des frz. Finanzministers *Caillaux* erschießt den Direktor *Calmette* des rechtsradikalen „Figaro" (*Caillaux* wird nach Rücktritt wiedergewählt)

R. Poincaré besucht den Zaren

Konflikt zwischen USA und Mexiko. USA-Truppen besetzen zeitweilig mexikan. Gebiet (auch 1916/17)

† *Franz Ferdinand*, Erzherzog von Österreich (* 1863), und seine morganatische Gattin *Sophie* durch Attentat des serbischen Nationalisten *Princip* beim Besuch in Serajewo

Österreich-Ungarn erklärt Serbien d. Krieg. Mobilmachung Rußlands. Deutschland erklärt Rußland und Frankreich den Krieg. Deutschland verletzt belg. Neutralität. Belgien und Großbrit. erklären Deutschld. den Krieg. Kriegserkl. Österreich-Ungarns an Rußland u. Frankreichs und Großbritanniens an Österreich-Ungarn. Beginn des ersten Weltkrieges (bis 1918)

Kriegserklärung Japans a. Deutschl.

Türkei schließt sich nach Kriegsausbruch den Mittelmächten (Österreich-Ungarn, Deutschland, später Bulgarien) an

Einstimmige Annahme der dt. Kriegskredite im Reichstag. Die sozialist. Internationale versagt in der geschlossenen Bekämpfung des Krieges

Vereinigung der Deutschsozialen und der Deutschen Reformpartei zur Deutschvölkischen Partei (nationalist. und antisemitisch)

Johannes Robert Becher (* 1891): „Verfall und Triumph" (Gedichte)

Conrad: „Spiel des Zufalls" (engl. Roman)

Th. Dreiser: „Der Titan" (nordamerikan. Roman)

Svend Fleuron (* 1874): „Die rote Koppel" (dän. Tierroman)

Leonhard Frank (* 1882): „Die Räuberbande" (R.)

Alexander Moritz Frey (* 1881): „Solneman der Unsichtb." (satir. Rom.)

Gide: „Die Verliese des Vatikans" (frz. Roman)

Alexander von Gleichen-Rußwurm (* 1865, † 1947): „Schiller" (Biographie seines Urgroßvaters)

Gundolf: „Shakespeare in deutscher Sprache" (Übersetzung in 10 Bänden seit 1908)

Gunnar Gunnarsson (* 1889): „Die Leute auf Borg" (isländ. Bauernrom., 4 Teile s. 1912)

W. Hasenclever: „Der Sohn" (expr. Drama)

C. Hauptmann: „Krieg. Ein Tedeum" (vor d. Krieg vollend. Dichtg.)

Wilhelm Herzog (* 1884) gründet „Das Forum" (sozialkrit. Zschr.)

H. Hesse: „Roßhalde" (Roman)

† *Paul Heyse*, dt. Dichter, bes. Novellen; *Nobel*preis 1910 (* 1830)

Ric. Huch: „Der große Krieg in Deutschland" (Geschichte des 30jähr. Krieges, 3 Bde. s. 1912)

G. Kaiser: „Die Bürger v. Calais" (Schauspiel)

Lagerlöf: „Jans Heimweh" (schwed. Roman)

E. Lasker-Schüler: „Der Prinz v. Theben" (Prosa)

† *Hermann Löns* (gefall.) dt. Dichter (* 1866)

Alfred Adler gibt Internationale Zeitschrift für Individualpsychologie heraus (österr. Psychoanalyse)

Bernhard Bavink (* 1879, † 1947): „Ergebnisse u. Probleme der Naturwissenschaften" (zusammenfass. Darstellung u. philosoph. Diskussion)

Benedikt XV. Papst bis 1922 (versucht im Krieg zu vermitteln)

Elsa Brandström (* 1888, † 1948) wird Abgeordnete des schwed. Roten Kreuzes in Rußland und sorgt dort bis 1920 aufopfernd für die Kriegsgefangenen („Engel Sibiriens")

Hofprediger *Ernst von Dryander* (* 1843, † 1923): „Evangelische Reden in schwerer Zeit" (b. 1920)

Aloys Fischer (* 1880, † 1937): „Deskriptive Pädagogik" (Pädagogik als Erforschung wesentlicher Tatsachen)

A. Görland: „Ethik als Krit. d. Weltgeschichte"

Haeckel: „Gott-Natur" (monist. Naturphilosophie)

Magn. Hirschfeld (* 1868, † 1935): „Die Homosexualität des Mannes u. d. Weibes" (für Toleranz)

Herbert Hoover (USA) leitet Kriegsernährungshilfswerk für Europa (bis 1919)

Ricarda Huch: „Natur und Geist als Wunder des Lebens und der Kunst"

Elisabeth Förster-Nietzsche: „Der einsame Nietzsche"

A. Liebert: „Das Problem der Geltung" (Neukantianismus)

Bonnard: „Feldblumen“ (frz. express. Gemälde)

Braque: „Guitarrenspieler“ (frz. kubist. Gemälde)

Chagall: „Der grüne Jude“ (russ. express. Gemälde)

Chagall-Ausstellung b. *Herwarth Walden* i. Berlin (begr. *Ch.s* intern. Geltung)

Corinth: „Kalla-Stillleben“ (naturalist. Gemälde) u. „Selbstbildnis“

Marcel Duchamp (*1887) stellt handelsübl. Gegenstände („ready mades“) als Kunst aus (frz. Anti-Kunst)

Raymond Duchamp-Villon (*1876, † 1918): „Pferd“ (frz. abstrakte Plastik)

Walter Gropius (* 1883, † 1969): Faguswerk in Alfeld (moderner Fabrikbau)

Heckel: „Kniende am Stein“, „Schneetreiben“, „Hockende“ (express. Holzschnitte)

† *Hubert von Herkomer*, Londoner Maler bayr. Herkunft; bes. Damenporträts (* 1849)

K. Hofer: „Am Meeresstrand“ und „Die Fruchtschale“ (express. Gemälde)

O. Kaufmann: Volksbühne a. Bülowplatz, Bln. (Baubeg. 1913)

Kokoschka: „Tre Croci“, „Die Windsbraut“ (express. Gemälde), Lithographien zur *Bach*-Kantate „O Ewigkeit, Du Donnerwort“

Busoni: „Nocturne symphonique“ u. „Indianische Fantasie“ (Orchesterwerke)

Der ital. Tenor *Benjamino Gigli* (* 1890) beginnt bekannt zu werden (später populärer Tonfilmsänger)

Graener: „Don Juans letztes Abenteuer“ (Oper)

† *Richard Heuberger*, österr. Komponist; u. a. „Der Opernball“ (Operette 1898) (* 1850)

† *Sidney Jones*, engl. Komponist (* 1869)

John Meier (* 1864, † 1953) gründet „Deutsch. Volksliederarchiv“ in Freiburg/Br.

A. Schönberg: „Pierrot lunaire“ (Komposition für Sprechstimmen u. Kammermusik)

Albert Schweitzer: „Bachs Orgelwerke“ (seit 1912, zusammen mit *Widor*)

Chr. Sinding: „Der heilige Berg“ (norweg. Oper)

R. Strauss: „Josephslegende“ (Ballett)

Strawinsky: „Die Nachtigall“ (russ. Oper nach *Andersen*)

R. Vaughan Williams: „London Symphony“ (engl. Tondichtung)

Karl Michael Ziehrer (* 1843 † 1922): „Das dumme Herz“ (Wiener Operette)

Physik-*Nobel*preis an *M. v. Laue* (Dt.) für *Röntgen*strahlinterferenzen an Kristallen

Chemie-*Nobel*preis an *Th. W. Richards* (USA) für genaue Bestimmungen von Atomgewichten

Medizin-*Nobel*preis an *Robert Bárány* (Ung., * 1876, † 1936) für Arbeiten über den Bogengang-Apparat des Ohres

Emil Abderhalden gründet „Zeitschrift für Fermentforschung“

E. D. Adrian: „Das Alles- oder Nichtsprinzip im Nerven“

A. H. Blaauw: „Licht und Wachstum“ (Begründung der kausalanalytischen Reizphysiologie der Pflanzen)

Dauerflug von 24¼ Stunden von *Böhm*

Mondkarte von *Debes* (nach photograph. Aufnahmen seit 1896)

Franz M. Feldhaus (* 1874): „Die Technik der Vorzeit, der geschichtlichen Zeit und der Naturvölker“

James Franck (* 1882) und *Gustav Hertz* (* 1887) beweisen durch Elektronenstoß diskontinuierl. Energiestufen der Atome

Edward C. Kendall (* 1886): Reindarstellung des Schilddrüsen-Hormons Thyroxin

R. Kögel: „Die Palimpsest-Photographie“ (wichtiges Hilfsmittel zur Entzifferung alter, gelöschter und neu überschriebener Handschriften)

Kohlschütter und *Adams:* Entfernungsbestimmung von Fixsternen aus Merkmalen der Spektrallinien (Spektroskopische Parallaxen)

Nicholson entdeckt den rückläufigen 9. Jupitermond (1.—4. 1610, 5. 1892, 6. 1904, 7. 1905, 8. 1908, 10. und 11. 1938, 12. 1951)

Flughöhenrekord mit 8150 m von *Ölerich*

H. N. Russel: „Wahrscheinliche Entwicklung d. Sterne“ (auf Grund s. Diagramms; vgl. 1913)

Schütte-Lanz-Luftschiff SL 2

John B. Watson: „Behavior“ („Verhalten“, empiristische Tierpsychologie)

W. Rathenau organisiert Rohstoffabteilung im Kriegsministerium

Weitgehende Aufhebung des Arbeiterschutzes in d. kriegführenden Staaten

Kapitalien der Deutschen, Darmstädter, Dresdner Bank und Disconto-Gesellschaft betragen 910 Mill. M (1872 ca. 90 Mill.)

Dt. Auslandskapital etwa 24 Milliarden M (1893 etwa 12 Milliarden M)

Ergänzung der Antimonopol-Gesetzgebung in den USA, seit 1890

Stiftungen des amerikan. „Stahlkönigs“ *Andrew Carnegie* (* 1835, † 1919) betragen 157 Mill. Dollar (begann als Laufbursche)

Vergrößerter Kaiser-*Wilhelm*-Kanal zwischen Nord- und Ostsee wieder eröffnet

Schiffahrtsweg Berlin—Stettin

Dt. Postscheckgesetz

Welt-Reisernte ca. 190 Mill. t. Verbrauch in Deutschland ca. 4 kg pro Kopf

Erstmalig Sommerzeit in England (von 1916 bis 1918 auch in Deutschland)

Knötel: „Uniformkunde“ (18 Bände seit 1890)

(1914)

Spionagegesetz in Deutschland

Großbritannien entsendet Expeditionskorps nach Frankreich

96000 Russen geraten durch die Schlacht bei Tannenberg in dt. Gefangenschaft

Vordringen dt. Truppen auf Paris durch Marneschlacht aufgehalten. Übergang zum Stellungskrieg in West und Ost

Ausgehend von *Karl Liebknecht* wachsender sozialist. Widerstand im Reichstag gegen Kriegskredite

Poln. Legionen unter *Pilsudski* kämpfen zunächst auf österr. Seite gegen Rußland

U 9 unter *Otto Weddigen* (* 1882, † 1915) versenkt drei brit. Kreuzer

Seeschlacht bei den Falklandinseln: Brit. Schlachtschiffe vernichten dt. Kreuzergeschwader. Ende des dt. Kreuzerkrieges auf den Weltmeeren

Japan erobert dt. Pachtgebiet Tsingtau. Dt. Kolonialbesitz in Afrika und Ozeanien geht verloren. (Längerer Widerstand nur in Dt.-Ostafrika unter *Paul von Lettow-Vorbeck*)

† *Jean Jaurès* (durch Attentat unmittelbar vor Kriegsbeginn), frz. Sozialist und Pazifist (* 1859) (Attentäter *Villain* 1919 freigesprochen)

Antonio Salandra (* 1853, † 1931) ital. Ministerpräsident bis 1916; betreibt Annäherung an die Entente als „heiligen Egoismus"

Italien bleibt zunächst neutral. *Mussolini* drängt zum Kriegseintritt auf seiten der Entente

Ferdinand I. König von Rumänien bis 1927 (†, * 1865); heiratete 1893 engl. Prinzessin *Maria*. Rumänien erklärt sich neutral

König *Peter I.* von Serbien übergibt krankheitshalber Regierung an Kronprinz *Alexander (I.)*

Regierung der austral. Arbeiterpartei in Queensland (teilw. Verstaatlichung der Betriebe)

Gandhi, seit 1893 in Südafrika, kehrt nach Indien zurück

Th. Mann: „Tonio Kröger" (Novelle)

† *Frédéric Mistral*, frz. Dichter; *Nobel*preis 1904 (* 1830)

Chr. Morgenstern: „Wir fanden einen Pfad" (lyrische Gedichte)

† *Christian Morgenstern*, dt. Dichter (* 1871)

Erich Mühsam: „Wüste, Krater, Wolken" (gesammelte Gedichte seit 1904)

Vincent Muselli (* 1879): „Les Travaux et les Jeux" (frz. Lyrik)

Franz Nabl (* 1883): „Ödhof" (Roman, 2 Bände seit 1911)

Julius Petersen (* 1878, † 1941): „Literaturgeschichte als Wissenschaft"

E. Stadler: „Der Aufbruch" (express. Lyrik)

† *Ernst Stadler*, dt. express. Dichter (* 1883)

August Stramm (* 1874, † 1915): „Du" (express. Liebesgedichte)

Sudermann: „Die Lobgesänge des Claudian" (Schauspiel)

*Kleist*preis f. *F. v. Unruh*

Wedekind: „Simson" (Schauspiel)

Wenz gibt die isländ. Fridthiofs-Saga heraus (aus dem 14. Jahrhdt.)

Wildgans: „Armut" (Schauspiel)

Fedor von Zobeltitz (* 1857, † 1934): „Das Geschlecht der Schelme" (Roman)

Jahrbuch der dt. *Goethe*-Gesellschaft (bis 1936, 1880 bis 1913 *Goethe*-Jahrbuch, ab 1936 Viermonatsschr. „Goethe")

Volksbühne Berlin eröffnet

F. Müller-Lyer: „Soziologie der Leiden"

Hugo Münsterberg: „Grundzüge d. Psychotechnik" (grundlegend f. angew. Psychologie)

C. Pratt: „Unterricht vom Kinde her"

Söderblom: „Das Werden des Gottesglaubens" (schwed. evang. Religionsgeschichte); wird ev. Erzbisch. v. Upsala

O. Spann: „Gesellschaftslehre" (ideal. Soziologie)

Spranger: „Lebensformen" (geisteswissenschaftl. Psychologie, mit den Typen des praktischen, wirtschaftlichen, theoretischen, religiösen, ästhetischen, sozialen, politischen Menschen)

Carl Stange: „Christentum und moderne Weltanschauung" (evang. Theologie; seit 1911)

R. Steiner: „Die Rätsel der Philosophie" (als „Welt- und Lebensanschauungen im 19. Jahrhundert" 1901)

W. Stern: „Psychologie der frühen Kindheit"

† *Bertha von Suttner*, geb. Gräfin *Kinsky*, österr. Pazifistin; Friedens*nobel*preis 1905 (* 1843)

Johannes Volkelt (* 1848, † 1930): „System der Ästhetik" (seit 1905)

Friedrich von Wieser (* 1851, † 1926): „Theorie der gesellschaftlichen Wirtschaft" (systemat. Darstellung der Wirtschaftstheorie auf der Grundlage der Grenznutzenlehre mit soziologischem Einschlag)

J.-W.-Goethe-Universität in Frankfurt a. M.

Erste dt. Abendvolkshochschulen

Dt. Zentralstelle für volkstümliches Büchereiwesen in Leipzig

Hans Max Kühne (* 1874, † 1942): Schauspielhaus Dresden

Lehmbruck: „Große Sinnende" (neogot Plastik)

† *August Macke*, dt. expressionist. Maler (* 1887)

Marc: „Turm der blauen Pferde" (express. Gemälde)

Matisse: „Frauen am Meer" (frz. Gem.)

K. Moser: Universitätsgebäude Zürich (Baubeginn 1911)

Renoir: „Tilla Durieux" (frz. Gem.)

Paul Scheerbart (*1863, † 1915): „Glasarchitektur" (i. Sinne einer totalen „Glaskultur")

Schmidt-Rottluff: „Frau am Strand", „Katzen", „Die Tanne" (expr. Holzschn.)

Slevogt: 20 ägypt. Landschaften (Gem.)

† *Johann Sperl*, dt. Maler (* 1840)

Wilhelm Uhde (* 1874, † 1947): „Henri Rousseau" (Biographie, macht den Autodidakten *H. R.* bekannt)

Utrillo: „Vorstadtstraße" (frz. gegenständl.-impr. Gem.)

Staatsbibliothek Berlin (Baubeg. 1903)

Wiederherstellg. der Marienburg/Westpr. (seit 1882)

Internat. Ausstellg. für Buchgew. und Graphik in Leipzig

Kölner Werkbundausstellung

—

Durch d. Krieg entst. eine dt. Film-Wochenschau: „Eiko-Woche" (bish. vorwieg. frz. Wochenschauen)

In USA dringt der Jazz in die Tanzmusik ein (eine seiner Wurzeln ist Negerkapelle von *Bolden* in New Orleans 1886)

„Making a living" (erster von 35 weiteren Film. i. d. Jahr v. *Charlie Chaplin*)

„Die Zerstörung Karthagos" (ital. Film von *Mario Caserini*)

„Der kleine Engel" (dän. Film v. *U. Gad*)

„Max als Empfangschef", „Der 2. Aug. 1914" (frz. Filme von *M. Linder*)

„Das Haus ohne Türen und Fenster" (Film von *St. Rye*)

B. A. Wilkitzki gelingt die Nordöstliche Durchfahrt (Nordsibirischer Seeweg) erstmalig von Osten nach Westen (bis 1915, teilweise Eisdrift)

Richard Willstätter (* 1872, † 1942) synthetisiert Blütenfarbstoffe (Anthozyan)

Zahl der Veröffentlichungen über chemische Forschungen erreicht gegenüber 1889 255% (1938: 600% von 1889)

„Zeitschrift für angewandte Entomologie" (Insektenkunde)

Sechsrollen-Rotationsmaschine von *Koenig & Bauer* druckt stündlich 200000 8seitige Zeitungen

Eröffnung des Panamakanals (80 km lang, 6 Doppelschleusen, erbaut von den USA seit 1906, Kosten einschl. der Befestigungen 366 Mill. Dollar; erste Anfänge 1879—81 unter *F. de Lesseps*)

England entwickelt Panzerkampfwagen

Turmdrehkran (Hammerwippkran) für 250 t Tragkraft, 96 m hoch (gebaut von Demag für *Blohm & Voß*)

Demag-Schwimmkran für 250 t Tragkraft

Wassergekühlte Flugmotoren erreichen 250 PS (luftgekühlte 200 PS)

Erster Flug in der Arktis von *J. Nagurski* (Hilfe für die *Brussilow*-Expedition bei Nowa Semlja, seit 1912)

1915

Helfferich Staatssekretär des Reichsschatzamtes; betreibt Anleihepolitik zur Deckung der Kriegskosten

Winterschlacht in Masuren: Russ. Armee vernichtet (100000 Gefang.)

Brit.-frz. Angriff auf Dardanellen mißlingt; *Churchill* tritt zurück

Deutschland unternimmt ersten großen Gasangriff durch Abblasen von Chlorgas an der Westfront

Mittelmächte erobern Westrußland (Polen, Litauen, Kurland)

Verschärfter dt. U-Boot-Krieg: USA-Ozeandampfer „Lusitania" wird versenkt (1400 Fahrgäste ertrinken; hatte Munition an Bord; scharfer USA-Protest)

Zunächst frz.-brit. Luftüberlegenheit an der Westfront

Dt. Luftschiffe greifen London an

Erster dt. Luftangriff auf Paris

A. Briand frz. Ministerpräsident und Außenminister bis 1917

Italien erklärt Österreich-Ungarn den Krieg (1916 gleichzeitig mit Rumänien auch Deutschland)

Beginn der Isonzoschlachten (die zwölfte im Oktober 1917)

Bulgarien tritt an der Seite der Mittelmächte in den Krieg ein; ganz Serbien wird erobert

Brit.-frz. Front bei Saloniki. Griechenland protestiert gegen Neutralitätsverletzung

Antikriegskonferenz europ. intern. Sozialisten in Zimmerwald/Schweiz (1916 i. Kienthal, 1917 i. Stockholm)

„Die Internationale" (einzige Nummer einer Antikriegszeitschrift von *R. Luxemburg*, *F. Mehring*, *K. Liebknecht*) wird beschlagnahmt

Gegen den ursprüngl. Widerstand der 2. Kammer (Landsting) neue demokrat. Verfassung und Wahlrechtsreform in Dänemark

USA-Schutzherrschaft über Haiti

Jüan Schi-k'ai versucht die chin. Republik durch eine autorit. Monarchie zu beseitigen

Japan erhält v. China Sonderrechte i. Shantung, Mandschurei u. Mongolei

China anerkennt Selbstverwaltung der Äußeren Mongolei (steht faktisch unter russ. Protektorat)

Literatur-*Nobel*preis an *R. Rolland* (Frankr.)

Chesterton: „Gedichte" (engl. kathol. Lyrik)

Conrad: „Sieg" (engl. Roman)

Paul Ernst: „Preußengeist" (Schauspiel)

Bruno Frank (* 1887, † 1945): „Die Fürstin" (Roman)

Leonhard Frank: „Die Ursache" (Roman)

Hamsun: „Die Stadt Segelfoß" (norw. Rom.)

H. Hesse: „Musik des Einsamen" (Gedichte), „Knulp" (Roman)

Ric. Huch: „Wallenstein" (Charakterstudie)

Paul Keller: „Ferien vom Ich" (Roman)

Klabund: „Moreau" (Roman)

Meyrink: „Der Golem" (phant. Roman)

Wilhelm Schäfer (* 1868, † 1952): „Lebenstag eines Menschenfreundes" (*Pestalozzi*-Roman)

K. Schönherr: „Weibsteufel" (Drama)

Schnitzler: „Komödie der Worte" (3 Einakter)

Sudermann: „Die gut geschnittene Ecke" (Gesellschaftssatire)

Tagore: „Das Heim und die Welt" (ind. Roman)

Georg Trakl (* 1887, † 1914, Selbstmord): „Aufbruch" (österr. Gedichte, posthum)

Jakob Wassermann: „Das Gänsemännchen" (Roman)

Werfel: „Nicht der Mörder, der Ermordete ist schuldig" (Roman)

Virginia Woolf (* 1882, † 1941, Freitod): „Die Ausfahrt" (engl. Rom.)

Max Reinhardt leitet die Volksbühne am Bülowplatz, Berlin, bis 1918

---

† *Heinrich Brunner*, dt. Rechtshistoriker (* 1840)

J. Dewey: „Demokratie und Erziehung" (nordamerikan. Pädagogik)

Michael von Faulhaber (* 1869, † 1952): „Waffen des Lichtes" (kath. Kriegspredigten)

† *Hans Groß*, österr. Strafrechtslehrer; gründete in Graz erstes wissenschaftl. Kriminalmuseum (* 1847)

Felix Krueger (* 1874, † 1948): **„Über Entwicklungspsychologie, ihre sachliche und geschichtl. Notwendigkeit"**

Wlodimierz Halka von Ledochowski (* 1866, † 1942) General des Jesuitenordens

Hans Lietzmann: „Petrus und Paulus in Rom" (protest. Schrift)

Scheler: „Abhandlungen und Aufsätze" (phänomenologische Ethik, 2 Bände; 1919 unter dem Titel „Vom Umsturz der Werte") und „Der Genius des Krieges und der deutsche Krieg"

Schreibschrift von *Ludwig Sütterlin* in preuß. Schulen

† *Frederick Winslow Taylor*, nordamerikan. Begründer des Taylorismus (* 1856)

† *Wilhelm Windelband*, dt. Philosoph; Wert- und Kulturphilosophie (* 1848)

Zentralinstitut für Erziehung und Unterricht in Berlin

Internationale Frauenliga für Frieden und Freiheit in Genf

Zentralverband der katholischen Jungfrauenvereinigungen in Bochum (1923: 650000 Mitglieder)

Beckmann: „Selbstbildnis als Sanitäter" (Gemälde)

Chagall: „Der Geburtstag" (russ. express. Gemälde)

Arthur Kampf (* 1864, † 1950): „Fichte redet zur dt. Nation" (Wandgemälde in der Aula der Berliner Universität)

Krebs: „Chinesische Schattenspiele" (Darst. chin. Scherenschnittkunst)

Marc: „Kämpfende Kräfte" (abstraktes Gemälde)

† *Gabriel Max*, *Piloty*-Schüler, dt. Maler gespenstischer und grausiger Märtyrer-Bilder, (* 1840)

Schmidt-Rottluff entwickelt express. Stil

† *Anton von Werner*, dt. Historienmaler (* 1843)

Heinrich Wölfflin (* 1864, † 1945): „Kunstgeschichtliche Grundbegriffe" (dargelegt am Übergang Renaissance—Barock)

„Die Geburt einer Nation" (nordamerikan. Film über den amerik. Bürgerkrieg, mit besonders zusammengestellter Filmmusik; Regie: *D. W. Griffith;* gilt als Beginn des künstler. Films d. USA; Rekordeinnahme v. 48 Mill. Dollar)

„The Lamb" (nordamerikan. Film mit *Douglas Fairbanks*)

„Carmen" (nordam. Film v. *C. B. de Mille*)

„Das Feuer" (ital. Film von *Pastrone*)

Bartók: Sonatine für Klavier (ungar. Komposition)

Heinrich Berté (* 1857, † 1924): „Das Dreimäderlhaus" (Singspiel mit bedenkenloser Verwendung von *Schubert*-Musik)

de Falla: „Liebeszauber" (span. Ballett)

† *Karl Goldmark*, österr.-ungarischer Komponist; u. a. „Die Königin von Saba" (Oper, 1875) (* 1830)

Emmerich Kálmán (* 1882, † 1953): „Die Czardasfürstin" (ungar. Operette)

Reger: Mozart-Variationen (für Orchester)

* *Swjatoslaw Richter*, sowjetruss. Pianist dt. Abstammung

M. von Schillings: „Mona Lisa" (Oper)

† *Alexander N. Skrjabin*, russischer Komponist; schrieb mystische Musik; schuf Farbenmusik m. Farblichtklavier (* 1872)

† *Emile Waldteufel*, frz. Walzerkomponist (* 1837)

~ Blüte d. klassischen New Orleans-Jazzstils; durch weiße Musiker wandelte er sich zum „Dixieland"

Physik-*Nobel*preis an *W. H. Bragg* (Großbrit.) u. sein. Sohn *W. L. Bragg* (Großbrit.) für Kristallstruktur-Analyse mit *Röntgen*strahlen

Chemie-*Nobel*preis an *R. Willstätter* (Dt.) für Arbeiten über Chlorophyll und andere Pflanzenfarbstoffe

Edgar Dacqué (* 1878, † 1945): „Grundlagen und Methoden der Paläogeographie"

† *Paul Ehrlich*, dt. Mediziner; mit *Behring* Begründer der Serumbehdlg. und Immunitätstheorie; fand Salvarsan; *Nobel*preis 1908 (* 1854)

Einstein beginnt Allgemeine Relativitätstheorie zu entwickeln: setzt die Gleichwertigkeit aller physikalischen Bezugssysteme voraus, fordert Raumkrümmung durch Massen; erklärt Lichtablenkung und Erniedrigung der Spektralfrequenzen in Gravitationsfeldern sowie Perihelbewegung des Merkur

Adolf Engler: „Die natürlichen Pflanzenfamilien" (internationales Gemeinschaftswerk seit 1888)

Ch. Fraipont: „Experimentelle Paläontologie" (Experimente mit leb. Tieren z. Deut. fossil. Lebensspuren)

K. v. Frisch: „Der Farbensinn und Formensinn der Biene" (Tierpsychologie nach der Dressurmeth.)

Wolfgang Gaede: Quecksilber-Diffusionspumpe; begründet damit die moderne Hochvakuum-Technik

Ganzmetallflugzeug von *Junkers*

Georg Klingenberg (* 1870, † 1925): Dampfkraftwerk Golpa-Zschornewitz (b. Bitterfeld) je 16000 kW

Erich Marcks (* 1861, † 1938): „Otto von Bismarck, ein Lebensbild" (histor. Biographie)

Wolfgang Ostwald: „Die Welt der vernachlässigten Dimensionen" (Einführung in die Kolloidchemie)

Dt. *(Rumpler)* und frz. *(Caudron)* zweimotorige Kampfflugzeuge

W. Schottky: Schirmgitter-Verstärkerröhre

A. Wegener: „Die Entstehung der Kontinente und Ozeane" (mit Kontinentalverschiebungstheorie)

„Handwörterbuch der Naturwissenschaften" (10 Bände seit 1912)

Kaiser-*Wilhelm*-Inst. f. Hirnforschg.

Fr. Naumann: „Mitteleuropa" (wirtschaftspolit. Vorschläge)

† *Emil Rathenau*, dt. Großindustrieller; gründete 1883 Dt. *Edison*ges. (daraus 1887 AEG) (* 1838)

Hedin: „Ein Volk i. Waffen" (deutschfreundl. schwed. Kriegsbericht)

Vergnügungssteuer in Großbritannien (1916 in Frankreich)

Schleppversuchsanstalt für Schiffsmodelle in Hamburg

Schlauchloser Taucheranzug

1916	Schwere Kämpfe um Verdun (allein frz. Verluste Februar bis Juni 440000). *Henri Philippe Pétain* (* 1856, † 1951 in Haft) hält die Festung Die Somme-Schlacht mit Angriff von 104 frz. und brit. Divisionen, starker Artillerie- und Fliegerunterstützung bringt nur geringen Geländegewinn Anwendung des hochwirksamen Gelbkreuz-Gases (Senfgas, Lost) an den Fronten Der frz. Oberbefehlshaber *Joseph Joffre* tritt zurück, wird zum Marschall ernannt (gewann 1914 Marneschlacht) Dolomitengipfel Col di Lana nach Minensprengung von Italienern genommen (1917 von Österr. zurückerobert) Entente muß Gallipoli räumen Bildung dt. Flieger-Jagdstaffeln Bei der vermehrten Lufttätigkeit über der Westfront fallen u. a. die dt. Kampfflieger *Max Immelmann* (* 1891) und *Oswald Boelcke* (* 1890) Fliegerangriff auf Karlsruhe erfordert 257 Opfer Erfolgreiche russ. Offensive General *Brussilows* Der bisherige dt. Oberbefehlshaber im Osten *v. Hindenburg* wird an Stelle von *v. Falkenhayn* Chef des Generalstabes des Feldheeres. „Vaterländische Hilfsdienstpflicht“, „Hindenburgprogramm“ für die Industrie. *Ludendorff* wird Erster Generalquartiermeister Mittelmächte lassen die Proklamierung eines mit ihnen verbündeten Königsreichs Polen zu Rumänien tritt in den Krieg auf seiten der Entente ein (wird 1918 zum Frieden von Bukarest gezwungen) Mittelmächte besetzen Bukarest Deutschland erklärt Portugal den Krieg wegen Beschlagnahme dt. Schiffe Russ. u. brit. Truppen vereinigen sich in Persien gegen türk. und dt. Widerstand	Literatur-*Nobel*preis an *V. v. Heidenstam* (Schweden) *d'Annunzio:* „Notturno“ (ital. Roman) *Barbusse:* „Das Feuer“ („Le feu“, Tagebuch einer Korporalschaft, frz. Anti-Kriegsroman) *W. Bonsels:* „Indienfahrt“ *Max Brod* (* 1884, † 1968): „Tycho Brahes Weg zu Gott“ (Roman) *Couperus:* „Heliogabal“ (niederl. Roman) *Th. Däubler:* „Hymne an Italien“ (express. Lyrik) *Dauthendey:* „Die geflügelte Erde, ein Lied der Liebe und der Wunder um sieben Meere“ (Reisebeschreibung als Gedichtzyklus) *Alfred Döblin* (* 1878, † 1957): „Die drei Sprünge des Wang-lun“ (Roman) † *Marie von Ebner-Eschenbach*, geb. Gräfin *Dubsky*, mähr.-österr. Dichterin (* 1830) † *José Echegaray*, span. Dramendichter und Physiker; mehrfach Minister; *Nobel*preis für Literatur 1904 (* 1832) *A. Ehrenstein:* „Der Mensch schreit“ (express. Gedichte) *Otto Ernst:* „Asmus Semper“ (Romantrilogie seit 1904) *Gundolf:* „Goethe“ *Werner Jansen* (* 1890): „Das Buch Treue“ (Nibelungenroman) *F. Kafka:* „Die Verwandlung“ (österr. Nov.) *G. Kaiser:* „Von Morgens bis Mitternachts“ (Schauspiel) *Klabund:* „Dumpfe Trommel und berauschtes Gong“ (Nachdichtung chin. Lyrik)	*Martin Buber* (* 1878): „Vom Geist des Judentums“ (z. Förderung ein. modern. Judentums) *Bernhard Duhm* (* 1847, †): „Israels Propheten“ (maßgeb. protestant. Darstellung) *G. Kerschensteiner:* „Das einheitl. deutsche Schulsystem“ (schulreform.) † *Ernst Mach*, österr. Physiker u. positivist. Erkenntnistheoret. (* 1838) *Richard Müller-Freienfels* (* 1882, † 1949): „Lebenspsycholog.“ (2 Bde.) *Wilh. Ostwald:* „Monistische Sonntagspredigten“ (Vorträge seit 1911) *Max Picard* (* 1888, † 1965): „Das Ende des Impressionismus“ (Schweiz. Kunstphilos.) † *Charles Taze Russell*, Begründer der pazifist. „Ernsten Bibelforscher“ 1879, USA (* 1852) *Scheler:* „Der Formalismus in der Ethik und die materiale Wertethik“ (2 Bände seit 1913) *Leopold von Schroeder* (* 1851, † 1920): „Arische Religion“ (Indologie, 2 Bände seit 1914). *R. Steiner:* „Vom Menschenrätsel“ (anthroposophisch) *W. Stern* führt Intelligenzquotienten (Intelligenzalter: Lebensalter) als Maß kindlicher Intelligenz ein *Alfred Vierkandt* (* 1867, † 1953): „Machtverhältnis und Machtmoral“ (Soziologie) Studienanstalt für blinde Akademiker in Marburg Erster der kathol. Müttervereine in Paderborn Kaiserswerther Verband dt. Diakonissen-Mutterhäuser

Heckel: „Krüppel am Meer", „Irrer Soldat" (express. Lithographien)

Hodler: „Der Blick in die Unendlichkeit" (Schweiz. Wandmalerei i. Rathaus Zürich, s. 1915)

Kollwitz: „Mutter mit Kind auf dem Arm" (Radierung)

H. M. Kühne und *W. Lossow:* Hauptbahnhof Leipzig (Baubeginn 1905)

M. Liebermann: „Die Phantasie in der Malerei" (Kunstpsychologie)

Marc: Skizzenbuch aus dem Felde (das letzte v. 32 Skizzenbüchern)

† *Franz Marc* (gefallen), dt. Maler, bes. express. Tierbilder (* 1880)

Matisse: „Schwestern" (frz. Gemälde)

Ed. Munch: „Der Pflüger", „Erdarbeit" und „Arbeiter auf dem Heimweg" (norweg. express. Gemälde)

Pechstein: „Madonna" (Glasfenster)

F. L. Wright: Imperial-Hotel in Tokio (nordamerikan.)

In Zürich und Genf tritt die Richtung des „Dadaismus" auf (bis ~ 1922: ist an kindlichen Ausdrucksformen orientiert und will absolute Willkür in Kunst u. Literatur)

„Die Ehe der Luise Rohrbach" (Film mit *Henny Porten* u. *Emil Jannings*, * 1886, † 1950)

d'Albert: „Die toten Augen" (Oper)

Paul Bekker: „Das deutsche Musikleben" (gegen genießerische, für tätige Kunstauffassung)

Ralph Benatzky: „Liebe im Schnee" (Operette)

Julius Bittner (* 1874, † 1939): „Höllisch Gold" (Oper)

Busoni: Improvisation über *Bachs* Choral: „Wie wohl ist mir, o Freund der Seele" (für zwei Klaviere) u. „Entwurf einer neuen Ästhetik der Tonkunst"

Paul von Klenau (* 1883, † 1946): „Klein Idas Blumen" (dän.-dt. Tanzspiel)

Korngold: „Violanta" (Oper)

* *Yehudi Menuhin*, Violinvirtuose aus USA

† *Max Reger*, dt. Komponist (* 1873)

Weingartner: „Dame Kobold" (Oper)

Emil Abderhalden: „Die Grundlagen unserer Ernährung"

Karl Bosch und *Meißer:* Großerzeugung von Harnstoff mit Luftstickstoff (dient zur Düngung und Schlafmittelherstellung)

Ammoniakwerk Merseburg (Leuna) entsteht zur Verwertg. d. Luftstickstoffes im *Haber-Bosch*-Verfahren

Erich Brandenburg (* 1868, † 1946): „Die Reichsgründung" (dt. Gesch. des 19. Jahrh., 2 Bde.)

P. Debye und *P. Scherrer:* Röntgenstrahl-Interferenzen an Flüssigkeiten und Kristallen

† *Adolf Frank*, dt. Chemiker; Gründer der dt. Kaliindustrie; entdeckte mit *Caro* 1895 Herstellung von Kalkstickstoff aus Kalziumkarbid und Luftstickstoff (* 1834)

Archibald Vivian Hill (* 1886): „Die Beziehungen zwischen der Wärmebildung und den im Muskel stattfindenden chem. Prozessen"

Walter Kossel und *Lewis:* Verbindung der Atome zu Molekülen kommt durch die äußeren Elektronen der Atomhülle (Valenzelektronen) zustande

Theodor Lindner (* 1843, † 1919): „Weltgeschichte seit der Völkerwanderung" (9 Bände seit 1901)

† *Percival Lowell*, nordamerikan. Astronom; Planetenforscher (* 1855)

† *Ilja Metschnikow*, russ. Physiologe; *Nobel*preis 1908 gemeinsam mit *P. Ehrlich* (* 1845)

Adolf Miethe: „Photographie aus der Luft"

L. v. Post baut Pollenanalyse zur Erschließung der vorzeitlichen Pflanzenfolge entscheidend aus (begründet von *C. A. Weber* 1893)

† *William Ramsay*, engl. Chemiker; *Nobel*preis 1904 (* 1852)

Ferdinand Sauerbruch (* 1875, † 1951) konstruiert durch Gliedstumpfmuskeln bewegliche Prothesen

A. Stein grub auf drei Expeditionen in Zentralasien (seit 1913, 1906 bis 1908, 1900 bis 1901) die Ruinenfelder bei Choten/Ostturkestan aus (hellenistisch-buddhist. Mischkultur aus dem 3. bis 6. Jahrhdt.)

Lujo Brentano (* 1844, † 1931, ‚Kathedersozialist' und Freihandelsanhänger): „Die Anfänge d. modernen Kapitalismus"

Karl Diehl: „Theoretische Nationalökonomie" (4 Bände bis 1934)

Irving Fisher (* 1867, † 1947): „Die Illusion des Geldes" (nordamerikan. Währungstheorie)

Brit. Kodifizierung der Strafen für Eigentumsvergehen (Larceny Act)

Karl Bücher gründet das Institut für Zeitungskunde in Leipzig

Amurbahn fertiggestellt (Baubeginn 1908)

Fleischkarte in Deutschland (anfängl. noch 250 g wöchentlich)

Dt. Verband der Sozialbeamtinnen

„Sonntagsbund" zur Förderung der Sonntagsruhe

Gunther Plüschow (* 1886, † 1940): „Die Abenteuer d. Fliegers v. Tsingtau" (abenteuerl. Flucht 1914/15 v. Tsingtau nach Deutschland mit dem Flugzeug)

Otto Schmidt beg. mit d. Sieg i. Hamburg. Derby glanzvolle Jockei-Laufbahn

Expedition des dt. wissenschaftl. Vereins in Buenos Aires nach Patagonien

(1916)

Einführung der Gasmaske und des Stahlhelmes im dt. Heer

Seeschlacht vor dem Skagerrak: entscheidungslos nach schweren Verlusten auf brit. (115000 t) und auf dt. (60000 t) Seite

Erfolgreicher Handelskrieg des dt. Hilfskreuzers „Möwe" (seit 1915)

Friedensangebot Kaiser *Wilhelms II.* als völlig unzureichend vom Gegner abgelehnt

Karl Liebknecht aus der SPD ausgeschlossen und wegen seines Kampfes gegen den Krieg zu 2 Jahren Zuchthaus verurteilt

Spartakusbriefe beginnen zu erscheinen

R. Luxemburg: „Die Krise der Sozialdemokratie" („Junius-Broschüre", pseudonyme Kampfschrift gegen den Krieg, wird später zum Programm des Spartakusbundes)

Lenin: „Der Imperialismus als höchstes Stadium des Kapitalismus" (bolschewistisch)

† *Franz Joseph I.*, Kaiser von Österreich seit 1848 und König von Ungarn seit 1867 (* 1830)

Karl I., Großneffe von *Franz Joseph*, Kaiser von Österreich-Ungarn bis 1918 († 1922)

Friedrich Adler (* 1879, † 1960), Sohn von *Victor Adler*, österreich. Sozialdemokrat, erschießt Ministerpräsident *von Stürgkh*

Versuch, eine unabhängige irische Republik auszurufen, wird blutig unterdrückt (Osteraufstand)

Allgemeine Wehrpflicht in Großbritannien. *Lloyd George* brit. Ministerpräsident bis 1922, wird auch von den Konservativen unterstützt

Arthur J. Balfour (* 1848, † 1930) brit. Außenminister bis 1919

† *Herbert Kitchener*, brit. Kriegsminister seit 1914; sein Schiff auf dem Wege nach Rußland durch Mine versenkt (* 1850)

Thomas E. Lawrence (*1888, † 1935) organisiert Araberkleinkrieg gegen Türkei (schreibt „Die sieben Säulen der Weisheit"; vgl. 1926)

Königreich Hedschas mit Hauptstadt Mekka (bisher zur Türkei)

† *Grigori Jefimowitsch Rasputin*, russ. Mönch mit starkem Einfluß am Zarenhof seit 1907 (von russ. Adligen getötet, * 1871)

USA geben Philippinen umfassende Selbstverwaltung

Hipolito Irigoyen (* 1850, † 1933) Staatspräsident von Argentinien bis 1922 (wieder 1928 bis 1930)

Zusammenschluß des hinduist. Indischen Nationalkongresses und der Moslem Liga. Gemeinsame Politik gegenüber Großbritannien

Jüan Schi-k'ai (†) muß als „Kaiser von China" abdanken

Anette Kolb: „Briefe einer Deutschfranzösin" (f. Völkerverständigung)

Heinrich Lersch (Kesselschmied, * 1889, † 1936): „Herz, aufglühe dein Blut" (Kriegsgedichte); erhält *Kleist*preis, zusammen mit *A. Miegel*

† *Jack London,* USA-Dichter (* 1876)

J. Masefield: „Sonette und Gedichte" (engl. Dichtung)

Moeller van den Bruck: „Der preußische Stil"

Molo: „Schiller-Roman" (4 Teile seit 1912)

Alfons Petzold (* 1882, † 1923): „Der stählerne Schrei" (Arbeiterdichtung)

R. Presber u. *L. W. Stein:* „Die selige Exzellenz" (Lustspiel)

Karl Ludwig Schemann (* 1852, † 1938): „Gobineau" (2 Bände seit 1913)

† *Henryk Sienkiewicz,* poln. Dichter; *Nobel*preis 1905 (* 1846)

† *Natsume Soseki,* japan. Romandichter; schrieb „Ich bin eine Katze", „Graskopfkissen" u. a. (* 1867)

Felix Timmermans (* 1886, † 1947): „Pallieter" (fläm. Roman)

Unruh: „Opfergang" (Fronterlebnisse), „Ein Geschlecht" (symbol. Drama)

Wildgans: „Liebe" (Schauspiel)

Ernst Deutsch (* 1890, † 1969) spielt in Dresden den „Sohn" von *Hasenclever* (gilt als Erschließg. der Bühne f. d. Expression.)

Agnes Straub (* 1890, † 1941) kommt an das Dt. Theater, Berlin

Harry Piel beginnt durch seine Abenteuerfilme populär zu werden

„Die Lieblingsfrau des Maharadscha" (Film mit dem norweg. Schauspieler *Gunnar Tolnaes*)

„Intoleranz" (nordamerikan. Film; Regie: *D. W. Griffith;* gilt als sein Meisterwerk; zeigt mit 60000 Mitarbeitern in Überschneidung vier intolerante Interessenskämpfe aus den Zeiten Babylons bis zur Neuzeit)

„Zivilisation" (nordamerikan. Film von *Thoma Ince,* * 1880, † 1924)

„Auferstehung" (italien. Film von *M. Caserini)*

„Homunculus" (Film von *Robert Neuß* u. *Otto Rippert)*

Filmsatire auf „Carmen" von *Charlie Chaplin*

„Provincetown Players" (aus Mass./USA) fördern m. Hilfe *O'Neill's* künstl. Theater als I. Off-Broadway Theatre i. New York

1917	Friedens*nobel*preis an das Internationale Komitee vom Roten Kreuz in Genf Internationaler Gewerkschaftsbund fordert Friedensschluß Hungersnot in Deutschland („Kohlrübenwinter" 1916/1917). Propaganda für Beendigung des Krieges. Die Reichstagsminderheit d. Rechtsparteien schließt sich unter Großadmiral *von Tirpitz* zur „Deutschen Vaterlandspartei" zusammen, die mit *Ludendorffs* Unterstützung den „Siegfrieden" propagiert Dt. Truppen ziehen sich vor einem neuen Angriff des Gegners im Sommegebiet auf die befestigte Siegfriedstellung zurück Briten erstreben in der heftigen Frühjahrsschlacht bei Arras Durchbruch durch die dt. Linien; erreichen nur lokale Erfolge Meutereien im frz. Heer. *Pétain* wird Oberbefehlshaber USA erklärt Deutschland den Krieg (mobilisiert 1,7 Mill. Soldaten für Europa) In der sog. „Osterbotschaft" Kaiser *Wilhelms II.* wird das geheime und unmittelbare Wahlrecht für das preuß. Abgeordnetenhaus in Aussicht gestellt Bildung der USPD (war 1916 in der SPD als „Sozialdemokratische Arbeitsgemeinschaft" als linker Flügel entstanden) Linke Mehrheit des dt. Reichstages unter *Erzberger* beschließt Friedensresolution (Verständigungsfrieden ohne Annexionen und Kriegsentschädigungen) im Gegensatz zur Heeresleitung. Reichskanzler *von Bethmann-Hollweg* tritt zurück. *Michaelis* Reichskanzler, der diese Resolution bedingt zum Regierungsprogramm erklärt Italiener müssen sich von der Isonzo-Front auf die Piave zurückziehen Briten erreichen Durchbruch in der Tankschlacht bei Cambrai mit 300 Tanks Briten erobern Bagdad. Türken räumen Jerusalem, das von den Briten besetzt wird	Literatur-*Nobel*preis an *K. Gjellerup* (Dänem.) und *H. Pontoppidan* (Dänem.) *Gottfried Benn* (* 1886, † 1956): „Mann und Frau gehen durch die Krebsbaracke" (expr. Lyrik) *Alexander Block* (* 1880, † 1921): „Die Zwölf" (russ. Revolutionsgedichte) *Conrad*: „Die Schattenlinie. Ein Bekenntnis" (engl. Roman) *Dehmel:* „Menschenfreunde" (Schauspiel) *T. S. Eliot:* „Gedichte" (engl.) *Otto Flake* (* 1880, † 1963): „Das Logbuch" (Rom.) *Flex:* „Der Wanderer zwischen beiden Welten" (Ein Kriegserlebnis) † *Walter Flex*, dt. Dichter (* 1887) *Aron Freimann* (* 1871, † 1948): „Germania Judaica" (I. Band gemeinsam mit *Brann*, dt.-hebräische Bibliographie) *St. George:* „Der Krieg" (Dichtung) *Reinhard Goering* (* 1887, † 1936 Selbstmord) „Die Seeschlacht" (Drama) *Gorki:* „Unter fremden Leuten" (russ. Autobiographie) *Fernand Gregh:* (* 1873, † 1960): „Die Schmerzenskrone" (frz. Kriegsgedichte) *Hamsun:* „Segen der Erde" (norweg. Roman) *Thea v. Harbou* (* 1888, † 1954): „Das indische Grabmal" (Roman, 1937 verfilmt)	Papst *Benedikt XV* sendet eine Friedensnote an die kriegführenden Mächte (bleibt ohne Erfolg) *M. Dessoir:* „Vom Jenseits der Seele" (über abnorme, parapsychol. Erscheinungen) *Hans Driesch:* „Wirklichkeitslehre" (metaphysische Philosophie) *Michael von Faulhaber* wird Erzbischof von München (1921 Kardinal) *Freud:* „Vorlesungen zur Einführung in die Psychoanalyse" (allgemeinverständlich) *Walter Lionel George* (* 1882, † 1926): „Die Intelligenz der Frau" (engl. Schrift über die Frauenfrage) *Haeckel:* „Kristallseelen" (Monismus) *C. G. Jung:* „Das Unbewußte im normalen und kranken Seelenleben" (Schweiz. Psychoanalyse) *J. Kaftan:* „Philosophie des Protestantismus" (Positivismus) *L. Klages:* „Handschrift und Charakter" (Graphologie) *R. Liefmann*: „Grundsätze der Volkswirtschaftslehre" (theoret. System auf psycholog.-realistischer Grundlage, 3 Bände) *Hermann Lietz:* „Deutsche Landerziehungsheime" (vom Gründer dieser Heime seit 1898) *Mathilde Ludendorff* (* 1877, † 1966): „Das Weib und seine Bestimmung" (gegen moderne Frauenbewegung, nationalist. Tendenz)

Beckmann: „Selbstbildnis mit rotem Schal“ (Gemälde)

Paul Bonatz und *F. E. Scholer:* Stuttgarter Hauptbahnhof (Baubeginn 1913)

Braque: „Die Mandolinenspielerin“ (frz. kubist. Gem.)

Carlo Dalmazzo Carrà (* 1881, † 1966) u. *Giorgio de Chirico* (* 1888) gründen ital. „Metaphysische Malerei“

de Chirico: „Stillleben“ (griech.-ital. surrealist. Gemälde)

Corinth: „Blumenstrauß“ (impress. Gemälde)

† *Edgar Degas*, frz. impress. Maler; besonders Tänzerinnen in eigenwilligen Bildausschnitten (* 1834)

Naum Gabo (* 1890 in Rußland): „Kopf in einer Ecknische“ (abstr. Plastik aus Holzplatten)

G. Grosz: „Das Gesicht der herrschenden Klasse“ (gesellschaftskrit. Lithographien)

Childe Hassam (* 1859, † 1935): „Straßenbild aus der Fifth Avenue“ (nordamerik. impress. Gemälde)

Heckel: „Selbstbildnis“, „Kopf des Getöteten“, „Jüngling“ (express. Holzschnitte)

Rudolf Koch: Maximilian-Antiqua und Frühlingsfraktur (Drucktypen)

Kokoschka: „Selbstbildnis“

Lehmbruck: „Mutter und Kind“ (Plastik)

Busoni: „Turandot“ (Oper, Erneuerung der Comedia del arte)

Hans Huber (* 1852, † 1921): „Die schöne Bellinda“ (Schweizer Oper)

Léon Jessel (* 1871, † 1942): „Das Schwarzwaldmädel“ (Operette)

Walter Kollo: „Drei alte Schachteln“ (Operette)

Ernst Kurth (* 1886, † 1946): „Die Grundlagen des linearen Kontrapunktes“ (bahnbrechendes analytisches *Bach*-Werk)

Pfitzner: „Palestrina“ (Oper) und „Futuristengefahr“ (Kunstkritik)

Max Reinhardt, Hugo v. Hofmannsthal u. *Rich. Strauss* grd. Salzburger Musikfestspiele

Ottorino Respighi (* 1879, † 1936): „Le Fontane di Roma“ („Röm. Fontänen“, ital. symph. Dichtung)

Heinrich Schlusnus (* 1888) erster lyrischer Bariton der Staatsoper, Berlin

S. Wagner: „An allem ist Hütchen schuld“ (Märchenoper)

Institut für Musikforschung in Bükkeburg

Jazz-Zentrum verlagert sich v. New Orleans nach Chikago; im Chikago-Stil tritt der Solist stärker hervor

„Tiger Rag“ (Jazz)

Physik-*Nobel*preis an *Charles G. Barkla* (Großbrit., * 1877, † 1942) für Entdeckung der charakterist. *Röntgen*strahlen

† *Emil Behring*, dt. Mediziner; Begründer der Blutserumtherapie gegen Diphtherie und Tetanus; *Nobel*preis 1901 (* 1854)

Einstein und *de Sitter* diskutieren einen in sich gekrümmten bzw. einen gekrümmten, sich ausdehnenden Weltraum (vgl. 1921 u. 1928)

Einstein leitet die *Planck*sche Strahlungsformel aus statist. Betracht. ab

Franz Fischer (* 1877, † 1947): Urteer durch Kohlendestillation

d'Hérelle entdeckt die ultrafiltrierbaren Bakteriophagen

† *Theodor Kocher*, Schweizer Chirurg; bes. Kropfoper. und Schilddrüsenforschung; *Nobel*preis 1909 (* 1841)

W. Köhler: „Intelligenzprüfungen an Anthropoiden“ (über den Werkzeuggebrauch von Menschenaffen)

Robert Andrews Millikan (* 1868, † 1953) bestimmt Elektronenladung nach der Methode der schwebenden Öltröpfchen (seit 1913)

Harry Philby durchquert als engl. Agent Arabien vom Persischen Golf zum Roten Meer (bis 1918; schreibt 1922 „Das geheimnisvolle Arabien“)

Fritz Pregl (* 1869, † 1930): „Die quantitative organ. Mikroanalyse“ (entwick. seit 1912; *Lieben*preis 1914)

Wagner von Jauregg: Behandlung der syphilitischen Paralyse durch Malariafieber (Heilfieber)

E. C. Wente: Kondensator-Mikrophon

Wilhelm Winternitz (* 1834, † 1917): „Wasserkur u. natürl. Immunität“

† *Ferdinand* Graf *von Zeppelin*, dt. Luftschiffkonstrukteur (* 1838)

Normenausschuß der Dt. Industrie

Schiffs*diesel* mit 12000 PS von MAN

Erster Röhrensender im dt. Heer

Bahnbogenbrücke über den East-River, New York (Baubeginn 1912, Stützweite 298 m)

Bahnbrücke über den St. Lorenz-Strom bei Quebec/Kanada (Baubeginn 1910; Stützweite 549 m)

† *Gustav Schmoller* dt. Volkswirtschaftler; förderte die Sozialgesetzgebung (* 1838)

Peter Klöckner (* 1863, † 1940) gründet *Klöckner*-Werke (Bergbau, Hütten, Stahl- und Eisenverarbeitg.)

DIN (Dt. Normenausschuß) gegrdt.

Schwed. *Kreuger*-Welt-Zündholz-Trust (70% der Welterzeugung)

Vereinigte Aluminium-Werke AG, Berlin

Gründung des ersten Instituts für Wirtschaftsforschung an der Harvard-Universität

Ca. 3 Mill. t Salpeterverbrauch jährl. (in den Kriegen ~1800 ca. 15000 t)

Mit der Amurbahn Ruchlowo-Chabarowsk Transsibirische Eisenbahn Tscheljabinsk-Wladiwostok vollendet (ca. 7400 km, Teilstrecken seit 1891)

Manfred von Richthofen (* 1892, † 1918 abgesch.): „Der rote Kampfflieger“

Dt. Luftschiff unternimmt Afrikafahrt (Bulgarien—Chartum und zurück)

Italien gibt erste Luftpostwertzeichen heraus

Türkei führt *gregor*ianischen Kalender ein

(1917)

Erschießung der dt. Matrosen *Reichpietsch* und *Köbes* wegen Meuterei; Hunderte anderer zu Freiheitsstrafen verurteilt

R. Luxemburg und *F. Mehring* gründen „Die Internationale Zeitschrift für Praxis u. Theorie des Marxismus"

Uneingeschränkter dt. U-Bootkrieg (etwa 120 U-Boote versenken vom Februar bis November 8 008 000 BRT bei 49 Verlusten)

Dt. Fliegerangriffe gegen England, darunter London. Alliierte Luftüberlegenheit

Dt. Schutztruppe unter *Paul von Lettow-Vorbeck* in Dt.-Ostafrika weicht nach Portugies.-Ostafrika aus (Waffenstillstand 1918 in Brit. Rhodesien)

Geheime Friedensverhandlungen zwischen Österreich-Ungarn und der Entente durch *Sixtus von Bourbon-Parma*

Deklaration des brit. Außenministers *Balfour* verspricht Juden Nationale Heimstätte in Palästina (dagegen arabischer Widerstand)

Arabische Stammeskönige werden selbständig: *Hussein* König des Hedschas und von Jemen

Indien erhält gleichberechtigte Stimme in der Reichskriegskonferenz des brit. Weltreiches

Frankreich führt die lange von links geforderte, von rechts bekämpfte Einkommensteuer ein (schon 1914 beschlossen)

Georges Clémenceau frz. Ministerpräsident bis 1920; gilt als „Der Tiger" u. „Organisator des Sieges"

Erschießung der Tänzerin *Mata Hari (Margarete Zelle)* in Paris als dt. Spionin (* 1876)

Oberster Rat der alliierten kriegführenden Mächte gebildet (bis 1923)

Alliierte anerkennen verbündete tschechoslowak. Armee

Pilsudski geht auf die Seite der Entente über

Venizelos griech. Ministerpräsident; tritt auf die Seite der Entente. König *Konstantin I.* muß zugunsten *Alexanders* abdanken (1920 zurückgerufen)

Lenin und *Trotzki* kehren aus der Schweiz bzw. den USA nach Rußland zurück u. bereiten Revolution vor. *Lenin* wird Durchreise durch Deutschland gestattet

„Februar"-Revolution in Rußland stürzt Zarentum. Bildung einer republikanischen Regierung unter *Alexander Kerenski* (*1881, † 1970). „November"-Revolution in Rußland: *Lenin, Trotzki, Sinowjew* u. a. Bolschewisten errichten Sowjetrepublik. Enteignung der Betriebe, Verteilung von Grund und Boden, Schaffung einer „Roten Armee"

Finnland erklärt sich von Rußland unabhängig (wird 1918 nach dt. Intervention Republik)

Verfassungsänderung in den Niederlanden: Gleichstellung von Privat-(kirchlichem) und Staatsunterricht, allgemeines Wahlrecht für alle Parteien

Arthur Hoffmann (* 1857, † 1927), Bundespräsident der Schweiz seit 1914, muß wegen eigenmächtiger Friedensvermittlung zurücktreten

USA anerkennen das „besondere Interesse" Japans in China (bes. seit 1915 hat Japan durch weitgehende Verträge mit China die Vorherrschaft angestrebt)

Verkauf der dän.-westindischen Insel St. Thomas an die USA

Neue Verfassung in Mexiko: Trennung von Kirche und Staat, Enteignung des kirchlichen Grundbesitzes, Nationalisierung der Erdölquellen (Konzessionen für bisherige Eigentümer)

Südchin. Kuomintang-Regierung in Kanton bis 1926; *Sun Yat-sen* Generalissimus

Volksrat auf Java zur Mitwirkung der Eingeborenen an der Verwaltung

Gunnar Heiberg (* 1857, † 1920): „Gesammelte dramat. Werke" (norweg. Schauspiele, darunter „König Midas", 1890, gegen *Björnson*)

R. Herzog: „Die Stoltenkamps und ihre Frauen" (Roman)

Ric. Huch: „Der Fall Deruga" (Roman)

Norbert Jacques (* 1880): „Piraths Insel" (Roman)

Hanns Johst (* 1890): „Der Einsame" (*Grabbe*-Drama)

Kayssler: „Jan der Wunderbare" (Lustspiel)

H. Mann: „Die Armen" (sozialist. Roman)

L. Pirandello: „Die Wollust der Anständigkeit" (ital. Schauspiel)

J. Schaffner: „Der Dechant von Gottesbüren" (Roman)

Sinclair: „König Kohle" (nordamerikan. sozialist. Roman)

Sudermann: „Litauische Geschichten"

Sara Teasdale (* 1884): „Liebeslieder" (nordamerikan. Lyrik)

Hans Thoma: „Die zwischen Zeit und Ewigkeit unsicher flatternde Seele"

Timmermans: „Das Jesuskind in Flandern" (fläm. Roman)

Tristan Tzara erklärt zufällig gezogene Worte zu einem Gedicht (Anfänge aleatorischer Kunst)

de Unamuno: „Abel Sanchez" (span. Roman)

R. Voss: „Das Haus der Grimani" (Roman)

Wasow: „Neue Klänge" (bulgar. Gedichte)

Wedekind: „Herakles" (Schauspiel mit autobiograph. Symbolik)

Leonard Nelson (* 1882, † 1927): „Vorlesungen über die Grundlagen d. Ethik" (3 Bände bis 1932; psychol. Vernunftkritik des Begründers der Neu-*Fries*schen Schule)

Rudolf Otto (* 1869, † 1937): „Das Heilige" (protestant. Religionsphilosophie: Religion als das Empfinden für das „Numinose" = göttliches Walten)

Rudolf Pannwitz: „Die Krisis der europäischen Kultur" (Fortsetzung 1926: „Kosmos Atheos", 2 Bände)

Walter Rauschenbusch (* 1861, † 1918): „Die religiösen Grundlagen der sozialen Botschaft" (kollektivist. und aktivist. Sozialtheologie)

† *Adolf Reinach*, dt. Begründer einer phänomenologischen Rechtsphilosophie (* 1883)

Ernst Roloff (* 1867): „Lexikon der Pädagogik" (5 Bände seit 1913, weitere 2 1930/31, kathol. Standpunkt)

† *Rudolf Sohm*, dt. Rechtsgelehrter, bes. für röm. Recht (* 1841)

R. Steiner: „Von Seelenrätseln" (anthroposophisch)

Th. Ziehen: „Die Geisteskrankheiten des Kindesalters" (2 Teile seit 1915)

Dt. Philosophische Gesellschaft

Verbot des Jesuitenordens in Deutschland von 1872 vollständig aufgehoben

AFL-Gewerksch. grdt. Schulen f. Arbeiterbildung

~ *Modigliani* malt die wichtigst. s. Bilder (vorzugsw. Frauenakte)

Oskar Moll (* 1875, † 1947): „Winter im Grunewald" (express. Gem.)

Piet Mondrian veröff. i. d. niederl. Ztschr. „De Stijl" Aufsatz „Die neue Gestaltung in der Malerei" (Übergang zur geometr.-abstr. Malerei)

Pechstein: „Der Götze" (express. Gemälde, von seiner Reise zu den Palau-Inseln 1914)

Neoklassizist. Periode im Kunstschaffen *Pablo Picassos*

† *Auguste Rodin*, frz. Bildhauer (* 1840)

K. Scheffler: „Vom Geist der Gotik" (Kunstgeschichte)

Schultze - Naumburg: Schloß Cäcilienhof in Potsdam (Baubeginn 1913); „Kulturarbeiten" (9 Bände seit 1902)

Slevogt: Illustrationen zu „Cortez' Eroberung von Mexiko"

Ottomar Starke (* 1886): „Schippeliana" (Ein bürgerliches Bilderbuch)

† *Wilhelm Trübner*, dt. Maler (* 1851)

Rodin-Museum in Paris

„Proletkult" (russische revolutionäre Kulturorganisation; seine radikalen künstlerischen Tendenzen weichen in der *Stalin*-Ära einem „sozialist. Realismus")

Universum-Film AG (Ufa; gewinnt im *Hugenberg*-Konzern starken Einfluß auf die öffentl. Meinung in Deutschland)

„Die kleine Amerikanerin", „Die arme kleine Reiche" (nordamer. Filme mit *M. Pickford*)

„Mater dolorosa" (frz. Film v. *Abel Gance*, *1889)

Chaplins Jahresgage 1 Mill. Doll.

1918

USA-Präsident *Wilson* verkündet sein Friedensprogramm der „14 Punkte" mit Selbstbestimmungsrecht der Völker

Friedensvertrag von Brest-Litowsk zwischen Deutschl. u. Rußl. (nach Sturz der dt. Monarchie annulliert). Deutschl. besetzt Baltik. u. Ukraine

Rumänien schließt mit Mittelmächten den Frieden zu Bukarest (nach Kriegsende annulliert)

W. Rathenau für eine letzte Volkserhebung geg. militär. Niederlage (Heeresleitung lehnt ab)

Briten schlagen türk. und dt. Truppen in Palästina (seit 1517 türkisch). Araber auf brit. Seite

Militär. Zusammenbruch der Türkei

Frankreich besetzt Syrien

Österreich-Ungarns militär. Kraft bricht zusammen

Dt.-Österreich, Tschechoslowakei, Ungarn werden Republiken

Dt. Munitionsarbeiterstreik (durch *Ebert* und *Scheidemann* gemäßigt)

Nach dt. militärischen Erfolgen untern. frz. Marschall *Ferdinand Foch* (* 1851, † 1929) Gegenangriff bei Villers-Cotterêts; dadurch werden die dt. Truppen endgültig zurückgeschlagen. Oberste dt. Heeresleitung fordert sofortiges Friedensangebot

November-Revolution in Deutschland. Meuterei der Matrosen in Kiel, Revolutionskämpfe in Berlin u. München. Prinz *Max* von Baden verkündet als Reichskanzler und Nachf. v. Graf *Hertling* eigenmächtig Abdank. d. Kaisers. *Wilhelm II.* u. d. Kronprinz gehen nach Holland (Haus Hohenzollern herrschte seit 1417 in Brandenburg-Preußen)

Waffenstillstand von Compiègne. Linksrhein. Gebiet wird von dt. Truppen geräumt

Mittelmächte befanden sich mit 26 Staaten im Krieg

Karl Liebknecht ruft dt. Räterepublik aus, wird nach Kämpfen gestürzt

Philipp Scheidemann (SPD, * 1865, † 1939) ruft dt. Republik aus

Kongreß d. Arbeiter- u. Soldatenräte überträgt vollziehende Gewalt auf Volksbeauftragte unter *Friedr. Ebert*

P. Altenberg: „Vita ipsa" (Autobiographie)

† *Max Dauthendey* (auf Java), dt. Dichter (* 1867)

Artur Dinter (* 1876): „Die Sünde wider das Blut" (antisemit. Rom.)

Fleuron: „Meister Lampe" (dän. Tierroman)

A. France: „Der kleine Peter" (frz. Roman)

Hans Grimm (* 1875, † 1959): „Der Ölsucher von Duala" (Roman)

G. Hauptmann: „Der Ketzer von Soana" (Erzählung)

Hedin: „Bagdad, Babylon, Ninive" (schwed. Reisebericht)

Kurt Heynicke (* 1891): „Gottes Geigen" (express. Gedichte)

W. Jansen: „Das Buch Liebe. Gudrun-Roman"

G. Kaiser: „Die Koralle" (Bühnenstück)

E. A. Karlfeldt: „Flora und Bellona" (schwed. Dichtung)

Hermann Kasack (* 1896, † 1966): „Der Mensch" (Ged.)

Alfred Kerr: „Die Welt im Drama" (5 Bände Theaterkritik)

† *Timm Kröger*, dt. Dichter (* 1844)

Lagerlöf: „Das heilige Leben" (schwed. Rom.)

Majakowski: „Groteskes Mysterium" (russ. revolutionäres Festspiel)

H. Mann: „Der Untertan" (satir. Roman geg. d. preuß. Untertanengeist)

Th. Mann: „Betrachtungen eines Unpolitischen" (monarchist.)

Chr. Morgenstern: „Stufen. Aphorismen u. Tagebuchnotizen" (posthum)

Alfred Adler: „Praxis u. Theorie der Individualpsychologie" (österr., betont Bedeut. des Geltungstriebes u. „Minderwertigkeitskomplexes")

K. Bühler: „Die geistige Entwicklung d. Kindes"

Konrad Burdach (* 1859, † 1936): „Reformation, Renaissance, Humanismus" (german. Sprachgeschichte als Bildungs- und Geistesgeschichte)

H. St. Chamberlain: „Rasse u. Nation" (engl. völk. Rassenideologie)

C. H. Cooley (* 1864, † 1929): „Sozialer Prozeß" (nordamerikan. sozial-psycholog. Soziologie mit Unterscheidung der primären und sekundären Gruppen)

Georges Duhamel (* 1884, † 1966): „Zivilisation" (frz. Antikriegsschrift)

R. Eucken grdt. „Luthergesellschaft" (gibt ab 1919 Vierteljahrsschrift „Luther" und „Lutherjahrbuch" heraus)

Salomo Friedländer (* 1871, † 1945): „Schöpferische Indifferenz" (philosophische Abhandlung)

Romano Guardini (* 1885): „Vom Geist d. Liturgie" (kath. Religionsphilos.)

Harald Höffding (* 1843, † 1931): „Humor als Lebensgefühl" (dän. Lebensphilosophie)

Ellen Key: „Die Frauen im Weltkrieg" (schwed. Frauenbewegung)

Max Lenz (* 1850, † 1932): „Geschichte der Universität zu Berlin" (4 Bände seit 1910)

Joséphin Péladan („Le Sar", * 1859, † 1918): „Niedergang der lateinischen Rasse" (frz. kathol. mystisch-phantastische Romane seit 1886)

Corinth: „Korb mit Blumen“ (impress. Gemälde)

A. Endell, Direktor d. Kunst-Akademie Breslau (bis 1925)

Juan Gris (* 1887, † 1927): „Die Schottin“ (span. kubist. Gemälde)

† *Ferdinand Hodler,* Schweiz. Maler; bes. monumentale Wandmalerei (* 1853)

Klee: „Gartenplan“ (express.-kubist. Gemälde) und „Dogmatische Komposition“ (abstraktes Gemälde)

Kokoschka: „Freunde“, „Sächs. Landschaft“, „Die Heiden“ (express. Gemälde)

Lehmbruck: „Sitzender Jüngling“, „Der Denker“ u. „Betende“ (neogotische Plastiken)

Léger: „Maschinenräume“ (frz. kubist. Gemälde)

A. Modigliani: „Akt“ (ital.-frz. Gem.)

Ed. Munch: „Badender Mann“ (norweg. express. Gemälde)

Nash: „Wir bauen eine neue Welt“ (engl. Gemälde einer Kriegslandschaft)

Schmidt-Rottluff: „Christus-Mappe“ (9 express. Holzschnitte)

Ufa richtet Kultur- u. Lehrfilmabteilung ein

„Die Mumie Ma“ (Film mit *Pola Negri, E. Jannings, Harry Liedtke;* Regie: *Ernst Lubitsch* (* 1892, † 1947)

Busoni: „Arlecchino“ (Oper)

† *Claude Debussy,* frz. impress. Komponist; bes. symphon. Dichtungen (* 1862)

Pfitzner: Violinsonate in e-moll

Günther Ramin (* 1898) wird Organist an der Thomaskirche in Leipzig

Schreker: „Die Gezeichneten“ (erot.-symbol. Oper)

Karl Straube Thomaskantor in Leipzig bis 1929

Strawinsky: „Die Geschichte vom Soldaten“ (russ. Melodrama)

S. Wagner: „Schwarzschwanenreich“ und „Sonnenflammen“ (Opern)

Physik-*Nobel*preis an *M. Planck* (Dt.) für Entdeckung des Wirkungsquantums

Chemie-*Nobel*preis an *F. Haber* (Dt.) für Ammoniaksynthese bei hohem Druck

Beilsteins Handbuch der Organischen Chemie in 4. Auflage (bis 1949 59 Bände mit 4300 Seiten Generalregister)

† *Georg Cantor,* dt. Mathematiker; u. a. Mengenlehre (* 1845)

O. Hahn und *Lise Meitner* entdecken das radioaktive Element Protactinium

Beginn der Ausgrabungen des babylonischen Ur durch *Hall, Thompson, Woolley* und *Legrain*

Junkers meldet Tiefdecker-Flugzeug zum Patent an

Paul Langevin: Ultraschallsender und -empfänger mit Schwingquarz

Wilh. Ostwald: „Die Farbenlehre“ und „Der Farbatlas“ (Systematik und eindeutige Kennzeichnung von Farben)

Ludwig Prandtl: Tragflächentheorie (seit 1916)

Shapley entdeckt durch Untersuchung der kugelförmigen Sternenhaufen die wahre Ausdehnung der Milchstraße (etwa 100000 Lichtjahre/Durchmesser)

Expedition ins arktische Kanada unter *V. Stefansson* und *R. Anderson* (seit 1913; erforscht 3,5 Mill. qkm, erweist wirtschaftliche Nutzbarkeit der Tundren)

„Helvetica Chimica Acta“ (Schweiz. chemische Zeitschrift)

Funkstelle Nauen umspannt die Erde

Erster regelmäßiger Luftverkehr mit Flugzeugen zwischen New York und Washington (in Deutschland 1919 zwischen Berlin und Weimar)

Dt. Ferngeschütz mit 128 km Schußweite beschießt Paris

Mobilisierte Soldaten: Mittelmächte: 24,3 Mill. (Verluste 3,2 Mill., Verw. 7 Mill.); Entente: 43 Mill. (Verluste 5,5 Mill., Verw. 13,8 Mill.) (Zum Vergleich dt. Verluste 1870/71 43000)

18,7 Mill. BRT wurden seit 1914 durch dt. U-Boote und Minen versenkt; von 343 dt. U-Booten gingen 178 verloren

Seekriegsverluste der Entente (und der Mittelmächte) Schlachtschiffe 29 (8), Kreuzer 30 (29), Torpedoboote 113 (118), U-Boote 89 (199)

Während des Krieges gingen 52 dt. Luftschiffe verloren

Dt. Kriegskosten: 165 Milliarden M, frz.: 160 Milliard. Frs., engl.: 8,8 Milliarden Pfund, österr.: 65 Milliarden Kr. (Deckung in Deutschland: 54,6% Anleihen, 39,4% schwebende Staatsschuld, 6% Steuern; in Engl.: 80% Anleihen, 20% Steuern)

Gesamte Kriegskosten: ca. 730 Milliarden Goldmark direkte und ca. 610 Mrd. indirekte

Gustav Cassel (* 1866, † 1945): „Theoretische Sozialökonomie“ (schwedische neuliberalist. Volkswirtschaftslehre)

(1918)

Gründung der „Kommunist. Partei Deutschlands" (Spartakusbund)

Allgem. dt. Frauenstimmrecht

Hugo Preuß (* 1860, † 1925) entwirft die Weimarer Verfassung

Franz Seldte gründet monarchist. „Stahlhelm"-Bund (1933 der SA unterstellt)

F. Mehring: „Karl Marx"

Trotz konserv. Mehrh. bleibt *Lloyd George* brit. Ministerpräsid. bis 1922

Lord *William Beaverbrook* (* 1879, † 1964), brit. konservativer Zeitungsverleger (u. a. „Daily Express"), wird brit. Propagandaminister (1940—45 wieder Min. im Kabinett *Churchill*)

Wahlrechtsreform in Großbrit. gibt Frauen über 30 Jahre aktives und passives Wahlrecht

Nationalist. republikan. „Sinn Fein"-Partei erhält von 103 irischen Sitzen im brit. Parlament 75

Brit. Reformplan für Indien (führt zur Verfassung 1921)

Clémenceau läßt *Joseph Caillaux* verhaften, der im Kriege Verständigung mit Deutschland suchte

Regierung der rechten „Koalition" in den Niederlanden

Verhältniswahlrecht für Schweizer Nationalrat beseitigt absolute Mehrheit der Freisinnigen (bleiben bis 1935 stärkste Partei)

Island selbständiges Königreich in Personalunion mit Dänemark (seit 1380 bei Dänem.; 1920 Verfassung)

Zar *Ferdinand I.* von Bulgarien dankt ab zugunsten Kronprinz *Boris'*. Waffenstillstand mit Entente

Boris III. König von Bulgarien bis 1943 (†, * 1894)

„Königreich der Serben, Kroaten und Slowenen" (Jugoslawien) gegründet

Pilsudski 1. poln. Präsident bis 1922

Tomáš Masaryk 1. Staatspräsident d. Tschechoslowakei (1935 Rücktritt)

Benesch (linksbürgerl. National-sozialist. Partei) tschechoslowak. Außenminister bis 1935; Vertrag mit Frankreich

Ungar. Republik ausgerufen

† *Nikolaus II.* (mit seiner Familie von den Bolschewisten erschossen), russ. Zar von 1894 bis 1917 (* 1868)

RSFSR gegründet (Russisch-sozialist.-föderative Sowjetrepublik). Moskau wird Hauptstadt

7. Parteitag d. russ. Kommunisten (KPSU [B]) (bis 1925 jährl., dann 1927, 1930, 1934, 1939, 1952)

Leo Trotzki russ. Volkskommissar für Krieg und Marine bis 1925; baut die „Rote Armee" auf

Gründung der Republiken Litauen, Estland und Lettland

Bürgerkrieg in Rußland. Brit. u. frz. Truppen intervenieren in Nordrußl.

Japan dringt in Sibirien ein

Josef Ponten (* 1883, † 1940): „Der babylonische Turm“ (Roman)

Reymont: „Das Jahr 1794“ (poln. Romantrilogie seit 1913)

† *Peter Rosegger*, volkstüml. österr. Dichter (* 1843)

Albrecht Schaeffer (* 1885, † 1950): „Gudula“ (Roman)

Schnitzler: „Casanovas Heimfahrt“ (Novelle)

Ina Seidel: „Weltinnigkeit“ (Gedichte)

Stehr: „Der Heiligenhof“ (Roman)

Sinclair: „Religion und Profit“ (nordamerik. sozialistischer Roman)

Ed. Stucken: „Die weißen Götter“ (Roman um die Eroberung Mexikos, 3 Bände)

de Unamuno: „Essais“ (span., 7 Bände seit 1916)

† *Frank Wedekind*, dt. gesellschaftskrit. Schauspieldichter (* 1864)

Wildgans: „Dies irae“ (Schauspiel)

Stefan Zeromski (* 1864, † 1925): „Der Kampf mit dem Satan“ (poln. Romantrilogie seit 1916)

St. Zweig: „Jeremias“ (bibl. Tragödie)

Friedrich Kayssler Direktor der Berliner Volksbühne bis 1922

„Bühnenvolksbund“ (christl.-national)

Theaterzensur in Deutschland aufgehoben (bleibt für Film)

Richard Huelsenbeck (* 1892, Mitbegr. d. „Dada“ in Zürich 1916, bringt diese antibürgerliche Kunstrichtung n. Berlin (1919 kommt der Dadaismus nach Paris)

B. Russell: „Mystizismus und Logik“ (engl. Rationalismus)

M. Schlick: „Allgemeine Erkenntnislehre“ (Neopositivismus, Grundlage des Wiener Kreises)

G. Simmel: „Der Konflikt der modernen Kultur“

O. Spann: „Fundament der Volkswirtschaftslehre“ (an die ältere Romantik *A. Müllers* anknüpfende universalist. Volkswirtschaftslehre)

W. Stern: „Person und Sache“ (2. Band „Die menschliche Persönlichkeit“)

Ulrich Stutz (* 1868, † 1938): „Der Geist des Codex juris canonici“ (Schwz. Kirchenrecht)

Polen schafft Todesstrafe ab

„Akad. f. d. Wissensch. des Judentums“, Berlin

Institut zur physiolog.-psycholog. Erforschung der Industrie, London

Geistliche Schulaufsicht in Preußen aufgehoben

Erneuerung des Kirchenrechts im Codex juris canonici

Der protestant. „Fundamentalismus“ in den USA bekämpft die biologische Entwicklungslehre im Schulunterricht

Intelligenzuntersuchungen an 1,7 Mill. Heeresrekruten d. USA: Durchschnitts-Intelligenzalter ca. 14 Jahre. Ca. 50% „unterdurchschnittl. begabt“ („Intelligenzalter“ 12—13 Jahre), 13% „höher begabt“, 4,5% „hochbegabt“ (ähnliche Ergebnisse auch in anderen Ländern)

Zweite Moskauer Staatsuniversität (erste 1755)

Univers. Irkutsk/Sibir.

„Carmen“ (Film von *E. Lubitsch* mit *P. Negri* u. *H. Liedtke*)

„Veritas vincit“ (Film von *Joe May*)

„Ein Hundeleben“, „Charlie als Soldat“ (nordamerik. Filme von und mit *Charlie Chaplin*)

„Die zehnte Symphonie“ (franz. Film von *A. Gance*)

Frauenarbeit in Deutschl. erreichte im Kriege ca. 230% d. Friedensstandes

Gesetzlicher Achtstunden-Arbeitstag in Deutschland

Aufhebung d. Gesindeordnungen u. der landesrechtl. Ausnahmegesetze gegen Landarbeiter (enthielten Streik- und Koalitionsverbote)

Weltweite Grippeepidemie: bis 1920 20 000 000 Tote (in Deutschland 196 000)

Berlin erhält erstmalig Fernstrom

Mitteleuropäisch. Reisebüro (MER)

Staatsmonopol für Branntwein in Deutschland

Aarne: „Vergleichende Rätselforschungen“

1919	Friedens*nobel*preis an *W. Wilson* (USA) Generalstreik und Aufstand des kommunist. Spartakusbundes in Berlin *Gustav Noske* (Sozialdemokr., * 1868, † 1946) wird Oberbefehlshaber aller Truppen in Berlin und wirft Spartakus-Aufstand nieder; Reichswehrminister bis 1920 *R. Luxemburg:* „Briefe aus dem Gefängnis" † *Rosa Luxemburg* (* 1870) und *Karl Liebknecht* (* 1871) als führende Linkssozialisten von rechtsradikalen Offizieren ermordet Bayr. Ministerpräsident *Kurt Eisner* (USPD, * 1867) von Graf *Arco-Valley* erschossen. Münchener Räteregierung mit *Gustav Landauer* (ersch., * 1870), *Erich Mühsam, Ernst Toller, Ernst Niekisch*; wird durch Militär gestürzt. Kommunist. Regierung in München. Durch Reichswehr und SPD beseitigt Regierung der Volksbeauftragten legt ihre Macht in die Hände der neugewählten dt. Nationalversammlung, die in Weimar zusammentritt. *Friedrich Ebert* (Sozialdemokr.) wird erster Reichspräsident bis 1925 (†) Nationalversammlung in Weimar nimmt Verfassung des Deutschen Reiches an mit demokratisch-republikan. Regierungsform (Entwurf von *Hugo Preuß*) Reichsflagge Schwarz-Rot-Gold (Handels- u. Kriegsflagge Schwarz-Weiß-Rot mit schwarzrotgoldener Gösch) *Philipp Scheidemann* (Sozialdemokrat) dt. Reichsministerpräsident (tritt vor Unterzeichnung des Versailler Vertrages zurück; 1920 bis 1925 Oberbürgermeister von Kassel) Unterzeichnung des Friedensvertrages von Versailles zw. Siegermächten und Deutschland: Elsaß-Lothringen an Frankreich; Posen u. Westpreußen („Korridor") überwiegend an Polen; Danzig wird Freie Stadt; Memel erst selbst., dann (1923) an Litauen; Eupen-Malmedy (1920) an Belgien; Saargebiet erhält Völkerbundsverwaltung; Nord-	Literatur-*Nobel*preis an *C. Spitteler* (Schweiz) *R. G. Binding:* „Keuschheitslegende" *Vicente Blasco-Ibanez* (* 1867, † 1928): „Apokalyptische Reiter" (span. Kriegsroman) *Claudel:* „Der erniedrigte Vater" (frz. Schauspiel) *Gabrielle Colette* (* 1873, † 1954): „Mitsou" (frz. Roman) *Conrad:* „Der goldene Pfeil" (engl. Roman) *Ernst Robert Curtius* (* 1886): „Die literarischen Wegbereiter des neuen Frankreich" (Romanistik) *Dehmel:* „Zwischen Volk und Menschheit" (Kriegstagebuch) *Roland Dorgelès* (* 1886): „Die hölz. Kreuze" (frz. Kriegsroman; verfilmt) *A. Ehrenstein:* „Bericht aus einem Tollhaus" (groteske Erzählung) *Mikkjel Foenhus* (* 1894): „Die Wildnis braust" (norweg. Roman) *Leonhard Frank:* „Der Mensch ist gut" (pazif. Novellen) *Th. Hardy:* „Gesammelte Gedichte" (engl. pessimist. Lyrik) *H. Hesse:* „Demian" (Jugendroman, unter Pseudonym *Emil Sinclair*) *Hofmannsthal:* „Die Frau ohne Schatten" (Schauspiel, vert. v. *R. Strauß*) *G. Kaiser:* „Brand im Opernhaus" u. „Hölle, Weg, Erde" (Schausp.) *Klabund:* „Dreiklang" (Gedichte) *Oskar Kokoschka:* „Orpheus u. Eurydike" (express. Drama, vertont von *Ernst Křenek*, 1926)	*K. Barth:* „Der Römerbrief" (grundlegend für seine Dialektische Theologie; stark umgearb. 1922) *K. Binding:* „Die Normen u. ihre Übertretung. Eine Untersuchung über die rechtmäßige Handlung und über die Arten des Deliktes" (seit 1872) *Ernst Bloch* (* 1885): „Über das noch nicht bewußte Wissen" *Hans Blüher* (* 1888): „Die Rolle der Erotik in der männlichen Gesellschaft" (2 Bde. seit 1917, beeinfl. „Wandervogel") *E. Cassirer:* „Das Erkenntnisproblem in der Philosophie und Wissenschaft der neueren Zeit" (seit 1906; neukantian. Marburger Schule) und „Kants Leben und Lehre" *Gustaf Dalman* (* 1855, † 1941): „Orte und Wege Jesu" (*D.* war 1902 bis 1917 Direktor des „Deutschen ev. Instituts für Altertumswissenschaft des Heiligen Landes" in Jerusalem) † *Ernst Haeckel*, dt. Naturforscher; verbreitete monistische Weltauffassung (* 1834) *Ricarda Huch:* „Der Sinn der Heiligen Schrift" *Johan Huizinga* (* 1872, † 1945): „Herbst des Mittelalters" (niederl. Kulturgeschichte Burgunds im 15. Jahrhundert) *Jaspers:* „Psychologie der Weltanschauungen" *Hermann von Keyserling:* „Das Reisebuch eines Philosophen" (2 Bände) *Th. Lessing:* „Geschichte als Sinngebung des Sinnlosen"

Barlach: „Moses" (Holzplastik)

O. Bartning: „Vom neuen Kirchenbau" (über moderne protest. Architektur)

R. Belling: „Dreiklang" (abstrakte Plastik)

Corinth: „Walchenseelandschaft" (Gemälde)

P. Fechter: „Der Expressionismus" (Kunsthistorik)

F. Hodgkins: „Flüchtlingskinder" (engl. Gemälde)

W. Gropius, L. Feininger, J. Itten und *Gerhard Marcks* (* 1889) gründen das „Staatl. Bauhaus" in Weimar (wird zum Zentrum moderner Kunst; u. a. lehren an dieser Schule *Kandinsky* und *Klee*)

W. Gropius: Bauhaus Weimar (modernes Bauwerk)

K. Hofer: „Mädchen mit Blumenstrauß" (express. Gemälde)

Kandinsky: „Träumerische Improvisation" (abstraktes Gemälde) u. „Arabischer Friedhof" (express. Gemälde)

Klee: „Traumvögel" (express. Gemälde)

† *Carl Larsson*, schwedischer Maler (* 1853)

† *Wilhelm Lehmbruck* (Freitod), dt. express. Bildhauer (* 1881)

M. Liebermann: „Simson und Delila" (impress. Gemälde)

Hans Meid (* 1883): „20 Radierungen zur Bibel"

d'Albert: „Revolutionshochzeit" (Oper)

Adolf Busch (* 1891, † 1952) gründet Streichquartett

de Falla: „Der Dreispitz" (span. Ball.)

Fritz Jöde (* 1887, + 1970): „Musik und Erziehung" (Förder. d. Volks- u. Jugendmusik)

Kálmán: „Das Hollandweibchen" (Operette)

Hermann Kretzschmar: „Geschichte der Oper"

Eduard Künneke (* 1885, † 1953): „Das Dorf ohne Glocken" (Singspiel)

† *Ruggiero Leoncavallo*, ital. Opernkomponist (* 1858)

Sergej Rachmaninow, seit 1912 Kapellmeister in Petersburg, geht in die USA

Ture Rangström (* 1884, † 1947): „Die Kronbraut" (schwedische Oper nach *Strindberg*)

Hugo Riemann: „Analyse von Beethovens sämtlichen Klaviersonaten" (3 Bände seit 1905)

Othmar Schoeck (* 1886, † 1957): „Don Ranudo" (Schweiz. Oper nach *Holberg*)

O. Straus: „Der letzte Walzer" (Operette)

R. Strauss: „Die Frau ohne Schatten" (Oper)

Jazz kommt nach London

Physik-*Nobel*preis an *Joh. Stark* (Dt.) für Entdeckung der Aufspaltung von Spektrallinien im elektrischen Feld

Medizin-*Nobel*preis an *Jules Bordet* (Belg., * 1870) für serologische Diagnose durch Komplementbindungs-Reaktion

John Alcock und *Arthur Whitten-Brown* fliegen von Neufundland nach Irland (gewinnen „Daily-Mail"-Preis für ersten Ozeanflug)

F. W. Aston: Intensitätsstarker Massenspektrograph zur Bestimmung von Atommassen

Hans Bredow hält Experimentalvortrag in Berlin mit Übertragung von Sprache und Musik im Lautsprecher

Bruno H. Bürgel: „Vom Arbeiter zum Astronomen" (Autobiographie)

† *William Crookes*, engl. Physiker; entdeckte 1861 das Element Thallium; erfand 1874 Radiometer; untersuchte elektrische Entladungen in verdünnten Gasen (* 1832)

Adalbert Czerny (* 1863, † 1941) Professor für Kinderheilkunde in Berlin (schreibt: „Des Kindes Ernährung", „Der Arzt als Erzieher des Kindes")

Festsitzung d. Royal Society, London: Sonnenfinsternis-Expedition bestät. d. durch d. Allgem. Relativitätstheorie *Einsteins* vorhergesagte Lichtablenkung durch die Sonne

† *Emil Fischer*, dt. Chemiker; klärte Aufbau der Zucker und Eiweiße; fand Schlafmittel Veronal u. a.; *Nobel*preis 1902 (* 1852)

R. Hugershoff und *H. Cranz:* „Die Grundlagen der Photogrammetrie aus Luftfahrzeugen" (kennzeichnet die Anfänge einer extensiven Erdvermessung)

Huldschinsky entdeckt antirachit. D-Vitaminbildung durch Höhensonnenbestrahlung der Haut

H. Klemm: Leichtflugzeug

Motorroller von *Krupp*

Mellanby und *MacCollum* erzeugen im Tierversuch künstlich Rachitis durch Mangelernährung

E. Nordenskiöld: „Südamerika" (völkerkundliche Forschungs-

John Maynard Keynes (* 1883, † 1946): „Die wirtschaftl. Folgen d. Friedensvertrages" (für gemäßigte Reparationen)

Gründung des Internationalen Arbeitsamtes (IAA) in Genf

Internat. Gewerkschaftsbund veröffentlicht in Bern neues Arbeiterschutzprogramm

Internationale Arbeitskonferenz in Washington beschließt: 48-Stundenwoche, internationale Erwerbslosenstatistik, öffentliche statt privater Stellenvermittlung, 12-Wochen-Arbeitsverbot f. werdende Mütter und Wöchnerinnen, Nachtarbeitsverbot für Frauen u. Jugendliche, Schutz vor Giftwirkungen, Mindestalter für arbeitende Jugendliche, Gewerbeaufsichtsämter

Weimarer Verfassung gewährleistet Koalitionsrecht

Allgemeiner Dt. Gewerkschaftsbund (ADGB) (1925: 40 Verbände mit 4,2 Mill. Mitgliedern; Einnahmen: 147,5 Mill. M; Ausgaben: 125,9 Mill.); Zusammenarb. m. christl. Gewerksch.

„Technische Nothilfe"

Landarbeitsordnung für Deutschland

(1919)

schleswig (1920) an Dänemark; Oberschlesien (1921) teilw. an Polen; Kolonien werden Völkerbundsmandate. Internationalisierung der großen Flüsse. (Abgetreten außer Kolonien rund 71 000 qkm mit 6,5 Mill. Einwohnern.) Reparationszahlungen: 1921 erst auf 269, dann auf 132 Mrd. Goldmark festgesetzt; 1924 *Dawes*-, 1929 *Young*plan. Abrüstung 100000-Mann-Heer, Entmilitarisierung der Rheinufer. Umfangreiche Sachlieferungen

Gustav Bauer (SPD) dt. Reichskanzler bis 1920

Eugen Schiffer (* 1860, † 1954) dt. Reichsfinanzminister und Vizekanzler (Reichsminister bis 1921)

Danzig „Freie Stadt" mit Völkerbundskommissar (ab 1922 im poln. Zollgebiet)

Selbstversenkung der dt. internierten Kriegsflotte bei Scapa Flow (Verstoß gegen Waffenstillstandsbedingungen)

Sozialisierungsgesetz (Rahmengesetz) und Sozialisierungskommission in Deutschland (keine nennenswerten Ergebnisse)

R. Wissell und *W. von Moellendorff*: „Wirtschaftliche Selbstverwaltung" (Denkschrift über demokrat. Planwirtschaft, wird von Nationalversammlung abgelehnt)

Freie Arbeiterunion in Deutschland (syndikalistisch)

„Deutsche Arbeiterpartei" (dann NSDAP) gegründet, *Hitler* wird 7. Mitglied

Otto Meißner (* 1880): „Die Reichsverfassung"

† *Friedrich Naumann*, dt. christl.-sozialer Politiker (* 1860)

Sozialdemokrat. Partei stärkste Partei der österr. Nationalversammlung, stellt Bundeskanzler *Karl Renner* (* 1870, † 1951) und den Bundespräsidenten *Karl Seitz* (* 1869), beide bis 1920

Die Siegermächte schließen die Friedensverträge von St. Germain mit Österreich und von Neuilly mit Bulgarien

Südtirol mit Bozen und Meran kommt an Italien

Karl Kraus (* 1874, † 1936): „Die letzten Tage der Menschheit" (satir. Drama)

H. Mann: „Macht und Mensch" (demokrat. Betrachtungen)

Chr. Morgenstern: „Der Gingganz" (Gedichte, posthum)

V. Muselli: „Die Masken" (frz. „heroisch-komische" Sonette)

R. Presber: „Mein Bruder Benjamin" (Roman)

A. Schaeffer: „Elli oder die sieben Treppen" (Roman)

Schnitzler: „Die Schwestern" (Schauspiel)

Bruno Schönlank (* 1891): „Erlösung" (chorisches Weihespiel)

Sinclair: „Jimmy Higgins" (nordamerik. sozialist. Roman)

E. Strauß: „Der Spiegel" (Erzählung)

Hans Thoma: „Im Winter des Lebens" (Erinnerungen)

Walpole: „Jeremias" (engl. Knabenroman)

Jakob Wassermann: „Christian Wahnschaffe" (Roman in 2 Bänden)

Leo Weismantel (* 1888): „Die Reiter der Apokalypse" (symbol. Drama)

Werfel: „Der Gerichtstag" (Drama)

Ernst von Wolzogen: „Harte Worte" (gegen die Revolution)

Paul Zech (* 1881, † 1946): „Golgatha", „Das Terzett der Sterne" (express. Gedichte)

Fritz Kortner (* 1892, † 1970) präsent. in der Urauff. der „Wandlung" von *E. Toller* expressionist. Darstellungsstil

---

A. Liebert: „Vom Geist der Revolutionen" und „Wie ist kritische Philosophie überhaupt möglich?"

Walter Lietzmann: „Methodik des mathematischen Unterrichts"

Theodor Litt (* 1880): „Individuum und Gemeinschaft"

Dt. Kindergärten übernehmen *Montessori*- Methode

Paul Östreich (* 1878) gründet „Bund entschiedener Schulreformer" mit Organ „Die neue Erziehung"

Vilfredo Pareto (* 1848, † 1923): „Traktat über allgemeine Soziologie" (Schweiz. Soziologie; seit 1916)

Peter Petersen (* 1884): „Gemeinschaft und freies Menschentum, die Zielforderungen der neuen Schule" (demokr. Pädagogik)

R. Steiner: „Die Kernpunkte der sozialen Frage" (anthroposoph. Gesellschaftslehre mit Dreiteilung in Geistes-, Rechts- und Wirtschaftsleben)

1. Freie Waldorfschule, Stuttgart (anthroposophisch, Leiter: *Rudolf Steiner*)

Sigrid Undset: „Ein Frauenstandpunkt" (norweg. Schrift gegen sexuelle Ungebundenh.)

W. R. Valentiner: „Umgestaltung der Museen im Sinne der neuen Zeit"

J. B. Watson: „Psychologie vom Standpunkt eines Behavioristen" (nordamerikan. „Verhaltens"-Psychologie)

Max Weber: „Wissenschaft als Beruf" und „Politik als Beruf"

Frans Masereel (* 1889): „Mein Stundenbuch" (belg. pazifist. Holzschnittbuch)

Ed. Munch: „Der Mörder" (norweg. express. Gemälde)

Alfred Heinrich Pellegrini (* 1881): „Die neue Zeit" (Schweiz. Wandgemälde im Treppenh. d. Kunsthalle Basel)

H. Poelzig: Großes Schauspielhaus, Berlin (Baubeginn 1918)

Picasso: „Rast der Schnitter" u. „Pierrot" (span.-frz. neoklassizist. Gemälde); neoklassiz. Periode b. 1923

† *Pierre Auguste Renoir*, frz. Maler des Impressionismus (* 1841)

Schmidt-Rottluff: „Sommer am Meer" (express. Gemälde)

„Bund deutscher Gebrauchsgraphiker"

„Das Wunder des Schneeschuhs" (erster groß. Naturfilm von *Arnold Fanck*)

„Die Passepartouts des Teufels" (nordam. Film von *Erich von Stroheim*, * 1885)

„Der geheimnisvolle Mann" (nordamerik. Film von *George Tucker*)

„Madame Dubarry" (Film v. *E. Lubitsch* mit *P. Negri*, *H. Liedtke*, *E. Jannings*)

„Die Austernprinzessin" (Film von *E. Lubitsch* mit *A. Nielsen*)

„Die Spinnen" (Film v. *Fritz Lang*, * 1890)

Vaclav Nischinskij, russ. Tänzer, weltberühmt seit 1909, wird geisteskrank († 1950)

Mary Wigman (*1886, † 1973) bgrdt. eigenen Stil des Ausdruckstanzes (trennte sich 1918 von ihrem Lehrer *Rudolf Laban Varalya* (*1879, † 1958, grdt. 1920 in Dresden eigene Schule, die bis 1940 besteht)

berichte von eigenen Reisen seit 1899)

† *John William Rayleigh*, engl. Physiker; gab Theorie des blauen Himmelslichtes; entdeckte mit *W. Ramsay* Edelgas Argon; *Nobel*preis 1904 (* 1842)

Moritz Ritter: „Die Entwicklung der Geschichtswissenschaft an den führenden Werken betrachtet"

Rutherford gelingt mit radioaktiver Strahlung Umwandlung eines Stickstoff- in ein Sauerstoffatom als erste künstliche Elementumwandlung

Arnold Sommerfeld (* 1868, † 1951): „Atombau und Spektrallinien" (Standardwerk der theoret. Spektroskopie)

Céc. und *O. Vogt* (* 1870, † 1959): „Allgemeine Ergebnisse unserer Hirnforschung" (weisen lokalisierte Zentren nach)

† *Alfred Werner*, Schweiz. Chemiker; erforschte bes. Komplexverbindungen; *Nobel*preis 1913 (* 1866)

Beginn der dt. Luftpost auf der Strecke Berlin—Weimar

Erste Versuche mit Kurzwellen (unter 100 m)

Internat. Handelskammer (Deutschland tritt 1925 bei)

„Reichsverband der Dt. Industrie", enge Zusammenarbeit mit Unternehmerverbänden (1926: 1469 Einzel- und 977 korporative Mitgl.)

*Krupp*direktor *Kurt Oskar Sorge* (*1855, † 1928) Vorsitzender des „Reichs verbandes der Dt. Industrie" bis 1924

Mitteld. Braunkohlensyndikat GmbH

Glühlampenwerk „Osram"

Radio Corporation of America (mit Tochtergesellschaft National Broadcasting Co. größtes Rundfunkunternehmen der Erde)

Eugen Schmalenbach (* 1873): „Dynamische Bilanz" (Betriebswirtschaftslehre)

Erste dt. Verwaltungsakademie (in Berlin) (1930: 21 dt. V.A.)

Reichsarchiv in Potsdam

Dt. Heeresbücherei

Reichsamt f. Landesaufnahme (aus Königlich preuß. Landesaufnahme des Generalstabes, 1875 gegründet)

Selbsthilfebund d. Körperbehinderten von *Otto Perl* (* 1882) gegründet

† *Horace Fletcher*, nordamerikanisch. Ernährungsreformer (* 1886)

(1919)

Gabriele d'Annunzio besetzt mit einer Freischar Fiume für Italien

Benito Mussolini (bis zum Kriege Sozialdemokrat) gründet ersten faschistischen Kampfverband in Mailand

George Curzon brit. Außenminister bis 1924; ist gegen frz. Ruhrbesetzung (1923)

Bergarbeiterstreik in Großbritannien (bis 1921)

Revolutionäres irisches Parlament und Regierung (führt 1921 zum Irischen Freistaat mit Dominionstatus)

Jan Smuts Ministerpräsident der Südafrikan. Union bis 1924

Großbritannien anerkennt Unabhängigkeit Afghanistans

Indien erhält Verfassung (führt nicht zur Beruhigung der Unabhängigkeitsbestrebungen)

Schwere Unruhen in Bombay

Ind. antibrit. Demonstration bei Amritsar wird blutig unterdrückt (450 Tote, 1500 Verwundete)

Frauenstimmrecht und Achtstundentag in Schweden

Ignazy Paderewski poln. Staatspräsident bis 1921; dann Vertreter beim Völkerbund (warb während des Weltkrieges durch sein virtuoses Klavierspiel in den USA für ein selbständiges Polen)

Tusar (Sozialdemokrat), tschechoslow. Ministerpräsident bis 1920

Republik Finnland (seit 1917 von Rußland unabhängig, 1918 kurzzeitig Monarchie)

Dt. Truppen verteidigen Riga gegen Bolschewisten. Ihre Weigerung, nach Deutschland zurückzukehren, führt zu lettisch-dt. Spannung

Bolschewisten verlieren Baltikum

General *Denikin* Oberbefehlshaber der Weißen Armee in Südrußland, Admiral *Koltschak* in Sibirien. Brit. Interventionsarmee in Nordrußland

Kommunist. Internationale („Komintern") gegründet unter wachsender Vorherrschaft der KPSU, Leiter bis 1926 *Sinowjew* (löst sich 1943 auf)

Lenin: „Staat und Revolution" (bolschewist. Theorie der Revolution)

Vorübergehend ungar. Räterepublik unter *Béla Kun* (* 1886, † 1937, in der USSR liquidiert); wird von Admiral *Horthy* militär. beseitigt

Katalonien (Span.) verlangt Autonomie

Tagung der 2. Internationale in Bern (1920 in Genf)

† *Theodore Roosevelt* (Republik.), Präsident der USA von 1901 bis 1909; Friedens*nobel*preis 1906 (* 1858)

Japan erhält Kiautschou und Völkerbundsmandat über bisherigen dt. Kolonialbesitz auf den Südseeinseln (Karolinen, Marianen, Marshallinseln)

Aufstand auf Korea gegen Japan blutig unterworfen

Max Reinhardt eröffnet das umgebaute Gr. Schauspielhaus, Berlin, mit der „Orestie" von *Äschylos*

Aleksandr Tairow (* 1885): „Das entfesselte Theater" (russ. express. Theaterkunst)

Henry Louis Mencken (* 1880): „Die amerikanische Sprache" (nordamerik.)

„Amerikanischer Rat d. gelehrten Gesellschaften" zur Förderung d. Geisteswissenschaften gegrdt. (kennzeichnet wachsenden Vorrang d. Naturwissenschaften)

A. N. Whitehead: „Eine Untersuchung über die Prinzipien der Naturerkenntnis" (engl. Naturphilosophie)

Österreich schafft Todesstrafe ab

Stärkere weltanschauliche und politische Differenzierung der dt. Jugendbewegung

~ Ausbau des Volksbildungswesens in Deutschland (Abend- und Heimvolkshochschulen)

Universität Hamburg

Universität Köln (alte Universität bestand von 1389 bis 1798)

Universität Posen

Slowakische Universität Preßburg

Handelshochschule Prag

Dt. Studentenschaft (mit parlamentar. Aufbau)

Trennung von Staat und Kirche in Deutschland. Sicherung des Religionsunterrichts und der theolog. Fakultäten

„Arbeiterwohlfahrt" gegründet (sozialdemokratische Wohlfahrtspflege)

In den sächs. Volksschulen „Lebenskunde" statt Religionsunterricht; „Leipziger Thesen" für die weltl. Schule

„Die evang. Diaspora" (Organ des *Gustav-Adolf*-Vereins, gegründet 1832)

Gründung der „Bildstelle beim Zentralinstitut für Erziehung und Unterricht" (fördert Lehrfilm, bis 1940 42000 Schulfilmgeräte)

Zentralbildungsausschuß der kathol. Verbände Deutschlands

„Rose France" (frz. Film von *Marcel L'Herbier,* *1890), „J'accuse" (frz. Film von *A. Gance*)

„Hedda Gabler" (italien. Film von *Pastrone*)

schlug das „Fletschern" vor, d. h. jeden Bissen 5 Min. kauen (* 1849)

Alkoholverbot in den USA (Prohibition, bis 1933; führt zu verbrech. Schmugglerwesen)

Verband deutscher Faustkämpfer (Berufsboxer)

Aus Torball wird i. Dtl. das Handballspiel

O. Flint gew. geg. *Metz* erste offizielle dtsch. Schwergewichtsmeisterschaft i. Boxen

Dt. Reichsverband für Amateurboxen

Jack Dempsey wird Boxweltmeister gegen *Jess Willard*

1920

Friedens*nobel*preis an *Léon Bourgeois* (Frankr., * 1851, † 1925)

Ständiger Internationaler Gerichtshof im Haag gegründet

Betriebsrätegesetz (bringt keine wesentliche Mitbestimmung der Arbeiter) KPD und USPD demonstrieren vor dem Reichstag gegen dieses Gesetz (42 Tote)

Reichswirtschaftsrat gegr. (einflußlos)

Nordschleswig kommt durch Abstimmung an Dänemark

Wolfgang Kapp (* 1858, † 1922 in Untersuchungshaft), ostpreuß. Landschaftsdirektor, putscht gegen Reichsregierung. Diese flieht nach Stuttgart. Gewerkschaften schlagen Putsch durch Generalstreik nieder

Kommunistische Unruhen im Ruhrgebiet werden durch Reichswehr in teilweise harten Kämpfen niedergeschlagen

Hans von Seeckt (* 1866, † 1936) Chef der dt. Heeresleitung bis 1926; organisiert das 100000-Mann-Heer der Reichswehr

Auslieferung von 895 der Brechung internationalen Rechts verdächtigten Personen an die Entente findet nicht statt

Preußen gibt sich Verfassung als Freistaat

Paul Löbe (SPD, * 1875) Präsident des Dt. Reichstages

Hermann Müller (SPD, * 1876, † 1931) dt. Reichskanzler; danach *Fehrenbach* (Zentr.) bis 1921

Otto Braun (SPD) in Preußen Ministerpräsident bis 1932

Carl Severing (SPD, * 1875, † 1952) preuß. Innenminister bis 1921 (wieder 1921 bis 1926, 1930 bis 1932)

Otto Meißner Leiter des Büros des Reichspräsidenten (bleibt in dieser Stellg., ab 1923 als Staatssekretär u. ab 1937 als Staatsminister, bis 1945)

Volksabstimmung in Südostpreußen ergibt starke Mehrheit für Deutschland

Eupen und Malmedy kommen an Belgien

Memelgebiet vorläufig unter frz. Verwaltung

Literatur-*Nobel*preis an *K. Hamsun* (Norwegen)

Sherwood Anderson (* 1876, † 1941): "Poor white" (nordamerikan. Roman)

Ernst Barlach: „Die echten Sedemunds" (Drama)

Max Barthel (* 1893): „Arbeiterseele" (Ged. eines Fabrikarbeiters)

Joh. R. Becher: „Ewig im Aufruhr" (Gedichte)

Franz Blei (* 1871, † 1942): „Das große Bestiarium der deutschen Literatur" (satir. Literaturkritik, unter dem Pseudonym *Peregrinus Steinhövel*)

Rudolf Borchardt (* 1877, † 1945): „Die halbgerettete Seele" (epische Dichtung)

Arnolt Bronnen (* 1895, † 1959): „Vatermord" (Schauspiel)

Colette: „Chéri" (franz. Roman, 1922 Komödie)

† *Richard Dehmel*, dt. Dichter (* 1863)

Duhamel: „Elegien" (frz. Lyrik)

Kasimir Edschmid (* 1890): „Die achatnen Kugeln" (Roman) und „Die doppelköpfige Nymphe" (Literaturkritik)

† *Ludwig Ganghofer*, dt. Schriftsteller; schrieb Unterhaltungsromane mit Themen aus Oberbayern; Gesamm. Werke in 40 Bänden (* 1855)

Curt Goetz (* 1888): „Menagerie" (Einakterzykl.)

Gundolf: „George" (Würdig. *Stefan Georges*)

Jakob Haringer (* 1898, † 1948): „Abendbergwerk" (Lyrik; *Hauptmann*preis 1925)

W. Jansen: „Das Buch Leidenschaft. Amelungen-Roman"

Samuel Alexander (* 1859, † 1938): „Raum, Zeit und Gottheit" (engl. metaphysischer Realismus)

K. Binding u. *A. Hoche:* „Die Freigabe der Vernichtung lebensunwerten Lebens" (fordert Straflosigkeit d. Euthanasie)

† *Karl Binding*, dt. Jurist und Führer der klassischen Strafrechtsschule (* 1841)

„Lassalle's Reden und Schriften" (12 Bände, herausgegeben von *E. Bernstein*, seit 1919)

A. Dopsch: „Die wirtschaftlichen und sozialen Grundlagen der europäischen Kulturentwicklung von Cäsar bis auf Karl den Großen" (2 Bände)

Benno Erdmann (* 1851, † 1921): „Reproduktionspsychologie"

Albert Hauck (* 1845, † 1918): „Kirchengeschichte Deutschlands" (bis ins 15. Jahrhundert, 5 Bände seit 1887, teilweise mehrere Auflagen, protest.)

Hermann von Keyserling: „Philosophie als Kunst"; gründet in Darmstadt „Schule der Weisheit" (prakt. Kulturgestaltung im Sinne einer Lebensphilosophie)

W. Köhler: „Die physischen Gestalten in Ruhe und im stationären Zustand" (mit Einfluß auf die Gestaltpsychologie)

Lukasiewicz erweitert die klass. zweiwertige Logik („wahr" — „falsch") zu einer mehrwertigen (z. B. dreiwertig: „wahr" — „wahrscheinlich" — „falsch")

Barlach: „Die Kupplerin“ (Bronzeplast.)

Charles Burchfield (* 1893): „Tauwetter im Februar“ (nordamerik. Gemälde)

Robert Delaunay (* 1885, † 1941): „Eiffelturm“ (frz. futurist. Gemälde)

Feininger: „Kirche“ (kubist. Gemälde)

G. Grosz: „Kleine Groszmappe“ (gesellschaftskrit. graphische Blätter)

C. Gurlitt: „Handbuch des Städtebaus“

Hannah Höch (*1889): „Der Schnitt mit dem Kuchenmesser“ (dadaist. Photocollage)

† *Max Klinger*, dt. Maler, Bildhauer u. Graphiker (* 1857)

Kollwitz: „Nachdenkende Frau“

Léger: „Mann mit Stock“ (frz. abstraktes Gemälde)

Max Liebermann Präsident d. Preuß. Akademie d. Künste bis 1932

Matisse: „Die Odaliske“ (frz. Gemälde)

† *Amedeo Modigliani*, ital. Maler, seit 1907 in Paris (* 1884)

Johannes Molzahn (* 1892, † 1965): „Blühender Kelch“

P. Mondrian: „Komposition“ (niederl. geom.-abstr. Gem.)

William Nicholson: „Sonnenblumen“ (engl. nachimpress. Gemälde)

Kurt Schwitters (*1887, + 1948): „Das Sternbild“ (Assemblage aus Altmaterial einschl. Makulatur)

In Frankreich bildet sich die „Groupe des Six“: *Louis Durey* (*1888), *Darius Milhaud* (*1892), *Germaine Tailleferre* (*1892), *Arthur Honegger* (*1892, + 1955), *Georges Auric* (*1899) und *Francis Poulenc* (*1899, + 1963); erstrebt spezifisch frz. Stil ohne Romantik und Impressionismus; stark beeinflußt von *Eric Satie* (*1866, + 1925) u. *Jean Cocteau* (*1892, + 1963)

† *Max Bruch*, dt. Komponist (*1838)

Furtwängler dirigiert erstmalig in Berlin

Jean Gilbert: „Die Braut des Lucullus“ (Operette)

Graener: „Schirin und Gertraude“ (Oper)

Korngold: „Die tote Stadt“ (Oper)

Francesco Malipiero (* 1882): „Pantea“ und „L'Orfeide“ (ital. Opern im atonalen Stil)

Puccini: „Der Mantel“, „Gianni Schicchi“ und „Schwester Angelika“ (ital. Einakter-Opern)

Reznicek: „Ritter Blaubart“ (Oper)

Strawinsky: „Pulcinella“ (russ. Ballett nach *Pergolesi*). Beginn seiner klassizist. Schaffensepoche

Laban: „Die Welt des Tänzers“

Physik-*Nobel*preis an *Edouard Guillaume* (Schweiz, * 1861, † 1938) für Metallegierung „Invar“ mit geringer Wärmeausdehnung

Chemie-*Nobel*preis an *W. Nernst* (Dt.) für dritten Hauptsatz der Thermodynamik (Unerreichbarkeit des absoluten Nullpunktes)

Medizin-*Nobel*preis an *August Krogh* (Dänem., * 1874) für Entdeckung der kapillar-motorischen Regulation im Blutkreislauf

W. Baade entdeckt bisher sonnenfernsten kleinen Planeten „Hidalgo“ (erreicht 9,4fache Erdentfernung von der Sonne)

Hassane in Bey und *Rosita Forbes* dringen durch die Libysche Wüste zur Oase Kufra vor (Wiederaufnahme der Erforschung der Libyschen Wüste seit *G. Rohlfs* 1878)

Bilau: Windmotor mit Propeller-Flügeln

Arthur Stanley Eddington (* 1882, † 1944): „Raum, Zeit, Gravitation“ (ihre Zusammenhänge in der Relativitätstheorie)

H. M. Evans (*1883, + 1971) erzielt Riesenwuchs bei Tieren durch Hypophysenextrakt (Wirkung eines Hypophysenhormons)

Heinrich v. Ficker (* 1881) erkennt die Bedeutung der Stratosphäre für Wettervorgänge (vgl. 1936)

A. Flettner: Schiffsruder, das über Hilfsruder vom Wasserstrom eingestellt wird

E. Frey: Muskelkontraktion als Stoffwechselvorgang

Gardthausen: „Handbuch der wissenschaftlichen Bibliothekskunde“

Junkers Metalleindecker F 13 (195-PS-Motor, 175 km/St., 4 Passagiere)

Ph. Lenard greift Relativitätstheorie *Einsteins* an (kann internationale wissenschaftliche Anerkennung nicht erschüttern)

Michelson und *Pease* messen interferometrisch den Durchmesser des Sterns Beteigeuze zu 300 Sonnendurchmessern („Roter Riese“)

Eduard Norden: „Die germanische Urgeschichte in Tacitus' ‚Germania‘“

Das Reich übernimmt deutsche Eisenbahnen

Dt. Einkommensteuergesetz

Arbeitslosenversicherung in Großbritannien u. Österreich

Zentralausschuß dt. Unternehmerverbände

Streikversicherung der dt. Unternehmerverbände

Hugo Stinnes gründet Elektromontan-Trust *Siemens*-Rhein-Elbe-*Schuckert*-Union (1925 wegen finanzieller Schwierigkeiten aufgelöst)

Reichsheimstättengesetz u. ständiger Beirat für Heimstättenwesen unter *Ad. Damaschke*

„Industrie- und Handelszeitung“ (Berlin)

Groß-Berlin gebildet

Prager Mustermessen beginnen

Olympiade in Antwerpen (ohne Deutschland)

Erste Olympiasiege des finnischen Läufers *Paavo Nurmi* (* 1897) (Weitere Siege 1924 und 1928)

Segelflieger-Schule u. erster Segelflugwettbewerb auf der Rhön

Paddel- und Kanusport verbreit. sich

Hans Breitensträter dt. Boxmeister im Schwergewicht

(1920)	Dt. Kolonien werden Völkerbundsmandate *Otto Wels* (*1873, † 1939) Vorsitzender der SPD Zwei Drittel der USPD stimmen für Vereinigung mit KPD (1922 vereinigt sich der Rest mit SPD) *Artur Mahraun* gründet „Jungdeutschen Orden“ (vereinigt sich 1930 vorübergehend mit der Demokrat. Partei zur Dt. Staatspartei; 1933 aufgelöst) *Hitler* verkündet sein 25-Punkte-Programm im Münchener Hofbräuhaus *A. Einstein* setzt sich für den Zionismus ein *G. Escherich* gründet „Orgesch“ („Organisation Escherich“, bayr. Selbstschutzverband, aufgelöst 1921) *L. Quidde*: „Völkerbund und Demokratie“ und „Völkerbund und Friedensbewegung“ Christlich-soziale Partei gewinnt politische Führung in Österreich· *Michael Hainisch* (parteilos) Bundespräsident bis 1928; *Michael Mayr* (christl.-sozial, * 1864, † 1922) Bundeskanzler und Außenminister bis 1921. Aufnahme i. d. Völkerbund Durch Volksabstimmung bleibt Kärnten bei Österreich Gründung der „2½. Internationale“ unter Führung der österr. Sozialdemokratie (vereinigt sich 1923 in Hamburg mit der 2. Internationale) *Otto Bauer*: „Bolschewismus und Sozialdemokratie“ (theoret. Grundlage der österr. Sozialdemokratie, „Austromarxismus“) Malta erhält neue Verfassung mit örtl. Selbstverwaltung *Alexandre Millerand* (* 1859, † 1943) Präsident von Frankreich bis 1924 Parteitag der frz. Sozialisten bringt die Abspaltung der Kommunisten *Giuseppe Motta* (* 1871, † 1940) kathol.-konservativer Leiter des Schweiz. Polit. Departements (Auswärtiges) (Bundespräsident: 1915, 1920, 1927, 1932, 1937) Schweiz tritt in den Völkerbund ein	*F. Kafka*: „Ein Landarzt“ (österr. Roman) *Ernst Jünger* (* 1895): „In Stahlgewittern“ (Kriegsroman) *G. Kaiser*: „Gas“ (soziales Drama, 2 Teile seit 1918) *Lewis*: „Die Hauptstraße“ (nordamerikan. Roman) *Hugh Lofting*: „Dr. Dolittle und seine Tiere“ (engl. Zyklus von Kindergeschichten in mehreren Bänden) *Emil Ludwig*: „Goethe, Geschichte eines Menschen“ (Biographie) „Genie u. Charakter“ Nachlaß von *Stephane Mallarmé* (* 1842, † 1898) beginnt zu erscheinen; aus der frz. literarischen Symbolistenschule mit einem „L'art pour l'art“-Standpunkt *Th. Mann*: „Herr und Hund“ (Novelle) *Katharine Mansfield* (eig. *Cathleen Beauchamp*, * 1889, † 1923): „Bliss“ (engl. Erzählungen) *Eugene Gladstone O'Neill* (* 1888, † 1953): „Hinter dem Horizont“ (nordamerikan. Drama) *Pirandello*: „Sechs Personen suchen einen Autor“ (ital. Schauspiel) *C. Sandburg*: „Rauch u. Stahl“ (nordamerikan. Gedichte) *A. Schaeffer*: „Helianth“ (Roman, 3 Bände) und „Der göttliche Dulder“ (Odysseus-Epos) *Schmidtbonn*: „Der Geschlagene“ (Schauspiel) *Sinclair*: „100%. Die Geschichte eines Patrioten“ und „Der Sünde Lohn“ (nordamerikan. sozialist. Romane)	*Natorp*: „Sozialidealismus“ (Gesellschaftsphilosophie) *Eugenio Pacelli* Nuntius in Berlin bis 1929 *Rudolf Penzig* (* 1855, †): „Erziehungsbriefe an eine Sozialistin“ (schrieb 1897 „Ernste Antworten auf Kinderfragen“) *O. Pfister*: „Der Kampf um die Psychoanalyse“ „Essays über kritischen Realismus“ (nordamerikan. Sammelwerk von *Santayana*, *Drake* u. a.) *Söderblom*: „Einführung in die Religionsgeschichte“ (schwed., evang.) *Sombart*: „Der moderne Kapitalismus“ (2 Bände, kritisch) *Spengler*: „Preußentum und Sozialismus“ *W. Stern*: „Methodensammlung zur Intelligenzprüfung“ *K. Vorländer*: „Kant, Fichte, Hegel und der Sozialismus“ † *Max Weber*, dt. Soziologe (* 1864) *H. G. Wells*: „Die Grundlinien der Weltgeschichte“ (engl., kosmopolit. Standpunkt) *W. Wundt*: „Völkerpsychologie“ (10 Bände seit 1900, z. T. 2. Aufl.) † *Wilhelm Wundt*, dt. Psychologe; Begründer der experimentellen Psychologie (* 1832) *Leopold Ziegler* (* 1881): „Gestaltwandel der Götter“ (Religionsphilosophie, 2 Bände) Frankreich nimmt diplomatische Beziehungen zum Heiligen Stuhl wieder auf (wurden 1904 abgebrochen) Reichsschulkonferenz

Slevogt: „Die Prinzessin auf den Inseln Wak-Wak" (Lithographien)

Stanley Spencer (* 1892): „Christus trägt das Kreuz", „Abendmahl" (engl. Gemälde)

Walter Tiemann Direktor der Akademie für graphische Künste und Buchgewerbe in Leipzig

Georges Valmier (* 1885, † 1937): „Scherzo" (frz. abstraktes Gemälde)

† *Anders Zorn*, schwed. impression. Maler (* 1860)

Daniel-Henry Kahnweiler (*1884): „Der Weg zum Kubismus" (v. sein. frz. Förderer. Vgl. 1907)

~ „Neue Sachlichkeit" in der Malerei

Amundsen dreht auf der „Maud" ersten Expeditionsfilm

„Kabinett des Dr. Caligari" (express. Film mit *Lil Dagover*, *Conradt Veidt*, *W. Krauß;* Regie: *Robert Wiene*, * 1881, † 1938)

„Der Golem" (Film mit *P. Wegener*)

„Kohlhiesl's Töchter" (Film v. *E. Lubitsch* mit *H. Porten* in einer Doppelrolle)

„Das Grabmal des Hindu" (Film v. *J. May*); „Januskopf" (Film von *F. W. Murnau*, * 1889, † 1931, mit *C. Veidt*)

„Polyanna" (nordamerik. Film v. *Paul Powell* mit *M. Pickford)*

„Die Mutter" (russ. Film nach *Gorki* v. *Razoumny*)

Jazz kommt nach Deutschland (verbindet sich mehr und mehr mit der Tanzmusik)

Siegfried Passarge (* 1867): „Die Grundlagen der Landschaftskunde" (3 Bände seit 1919)

† *Robert E. Peary*, nordamerikan. Nordpolarforscher (* 1856)

M. Planck: „Die Entstehung und bisherige Entwicklung der Quantentheorie"

F. Sauerbruch: „Die Chirurgie der Brustorgane"

G. Schlesinger: „Psychotechnik und Betriebswissenschaft"

Notgemeinschaft der dt. Wissenschaft von *Friedrich Schmidt-Ott* (* 1860, † 1956) gegründet

Weltrekord im Höhenflug von *Schröder* mit 10093 m

J. von Üxküll: „Theoretische Biologie"

O. H. Warburg: „Theorie der Kohlensäureassimilation"

Keimdrüsenüberpflanzungen an Säugetieren zur Verjüngung

Reizkörperbehandlung (Eiweiß-Spritzen zur Erhöhung der Widerstandskraft des Organismus)

Chemisch-technische Reichsanstalt

Lehrstuhl für Naturheilkunde in Berlin

„Zeitschrift für Physik"

„Zeitschrift für technische Physik"

„Berichte über die gesamte Physiologie und experimentelle Pharmakologie" (Kurzberichte über die erscheinenden wissenschaftl. Arbeiten)

Schwerkraftdavits sichern selbsttätiges Aussetzen von Rettungsbooten

William Tatum Tilden (* 1893, † 1953) „Big Till" siegt erstmals in Wimbledon, gelangt an die Spitze der Tennis-Weltrangliste (wird 1930 Berufsspieler)

„1. F. C. Nürnberg" erstmals dt. Fußballmeister (wieder 1921, 1924, 1925, 1927, 1936, 1948)

Bergwacht zum Schutz gegen Gefahren des Alpinismus

Erdbeben in China (Kansu) fordert 200000 Opfer

11,9 Mill. Tiere in Deutschland an Maul- und Klauenseuche erkrankt, davon 6 Mill. Rinder (Schaden etwa 100 RM pro Rind)

(1920)

Hjalmar Branting (Sozialdemokrat) schwed. Ministerpräsident (wieder 1922, 1924 bis 1925 [†, * 1860])

Spitzbergen wird Norwegen zugesprochen; wirtschaftlich allen Staaten geöffnet

Ital. Kabinett mit *Giolitti* und *Croce* mit politisch- und sozialfortschrittlichem Programm

Unruhen in Italien wegen Teuerung und Arbeitslosigkeit (1921 Wahlerfolge der Faschisten)

Nikolaus von Horthy Reichsverweser von Ungarn bis 1944; Friedensvertrag von Trianon verkleinert Ungarn auf ein Drittel

Rumänien erhält Buchenland, Siebenbürgen, östl. Banat, Bessarabien (letzteres 1940 wieder an die Sowjetunion)

Rumänische Regierung *Averescu* bis 1921; beschließt Bodenreform

Bosnien und Dalmatien kommen an Jugoslawien

Wahlniederlage für *Venizelos* in Griechenland; König *Konstantin* zurückgerufen (herrscht bis 1922)

Polen gewinnt im Handstreich Wilna von Litauen

Pilsudski schlägt die russ.-bolschewist. Truppen vor den Toren Warschaus („Das Wunder an der Weichsel“)

† *Aleksandre Koltschak*, weißruss. Admiral, nach Vorstößen aus Sibirien über den Ural von den Bolschewisten besiegt und erschossen (* 1874)

Bolschewisten besiegen den weißruss. General *Denikin* in Kaukasien sowie ausländ. Intervention

Lenin entwickelt Elektrifizierungsplan für die Sowjetunion und schreibt: „Der Radikalismus, die Kinderkrankheit im Kommunismus“ (politische Schrift gegen „linke“ Fraktionsbildung)

Friedensvertrag von Sèvres (1923 revidiert) beschränkt Türkei auf Anatolien; Smyrna kommt an Griechenland

Palästina erhält Verfassung als brit. Mandat

Frauenwahlrecht in den USA

Kanadische Gesandtschaft in Washington errichtet

† *Venustiano Carranza* (ermordet), Präsident von Mexiko seit 1914 (* 1859). *Obregon* Präsident von Mexiko bis 1924; schließt Erdölabkommen mit den USA; Ende des Bürgerkrieges (seit 1911)

Präsident *Estrada Cabrera* von Guatemala (seit 1898) vom Kongreß wegen Willkürherrschaft abgesetzt

„Kommunist. Manifest“ als 1. marxist. Schrift ins Chinesische übersetzt

Nach vergeblichem Versuch, Tibet zu erobern, schließt China mit ihm Frieden

Allindischer Kongreß gibt sich neue Verfassung und nimmt ein Programm *Gandhis* an

Mahatma Gandhi beginnt seinen gewaltlosen Kampf um ein unabhängiges Indien

Fr. Thieß: „Der Tod von Falern" (Roman eines „expressiven Realismus")

Tucholsky: „Träumereien an preußischen Kaminen" (antinationalist. Satiren)

Fr. von Unruh und *R. Goering* erhalten *Schiller*preis

Valéry: „Oden" (frz. Lyrik)

Werfel: „Spiegelmensch, eine magische Trilogie" (symbol. Bühnenstück)

E. Wharton: „Amerikanische Romanze" („The age of innocence", nordamerikan. Roman)

Wildgans: „Kain" (Schauspiel)

St. Zweig: „Romain Rolland" (Würdigung)

Jürgen Fehling (* 1885, † 1968) inszen. „Komödie der Irrungen" a. d. Volksbühne Berlin (gilt als sein Durchbruch als Regisseur)

Weimarer *Goethe*-Ausgabe der Großherzogin *Sophie* (143 Bände seit 1887)

Wsewolod E. Meyerhold (* 1874, † 1940 in NKDW-Haft), russ. Regisseur, eröffnet eigenes Theater in Moskau

Theaterwissenschaft an dt. Universitäten

Verband der dt. Volksbühnenvereine (aus „Freie Volksbühne" von 1890)

~ Höhepunkt des expressionistischen Theaters in Deutschland

Hermann Paul (* 1846, † 1921): „Deutsche Grammatik" (5 Bände seit 1916)

Reichsgrundschulgesetz mit 4jähriger Grundschule (wird bald auf 3 Jahre herabgesetzt)

Arbeitsfreier Nachmittag für Schul-Spielturnen in Preußen

Verband dt. Hochschulen (45 Hochschulen), erster Hochschultag in Halle

Ernst Jaeckh grdt. Hochschule f. Politik in Berlin (*Theod. Heuss* Dozent b. 1933)

Universität Honolulu

Universität Rio de Janeiro (Brasilien)

Evang. Studentenseelsorge (Studentenpfarrer ab 1926)

Dt. evang. Volksbildungsausschuß

Zentralverband der Inneren Mission (evangelische Sozialhilfe)

Reichsverband der dt. *Windhorst*bünde (Vereinigung der Bünde zur Erziehung junger Zentrumsanhänger, seit 1895)

Katholischer Winfridbund (zur Rückgewinnung derer, die sich von der Kirche trennten)

Zentralverband katholischer Kinderhorte und Kleinkinderanstalten Deutschlands

Höhepunkt der dt. Kirchenaustrittsbewegung: 305245 (1913: 22000)

Kirchenaustrittsbeweg. durch dt. Gesetz geregelt

„Cesare Borgia" (ital. Film von *Guazzoni*)

Der frz. u. ital. Film verliert die Vorherrschaft zugunsten des nordamerikanischen

Dt. Lichtspielgesetz mit Filmzensur

1921

Friedens*nobel*preis an *H. Branting* (Schwed.) und *Christian Louis Lange* (Norweg., * 1869)

Joseph Wirth (Zentr., * 1879) dt. Reichskanzler bis 1922; seine „Erfüllungspolitik" gegenüber dem Versailler Vertrag stößt auf den Widerstand nationalist. Kreise

Reichstag nimmt Londoner Reparationsultimatum an

Auf Grund des Londoner Ultimatums finden Prozesse wegen Kriegsverbrechen vor dem Reichsgericht in Leipzig statt: keine erheblichen Strafen

Sozialist.-kommunist. Märzkämpfe im Mansfelder Revier; werden militär. niedergeschlagen

† *Mathias Erzberger* (ermordet), dt. Reichsfinanzminister seit 1919 (Zentr.), trat nach einem Prozeß gegen *Helfferich* 1920 zurück; setzte sich im Krieg für seine friedliche Beendigung ein (* 1875)

Ermordung von *Gareis* (bayr. Unabhäng.)

Kämpfe zwischen dt. Freikorps und Polen in Oberschlesien

Abstimmung in Oberschlesien und Teilung zwischen Polen u. Deutschland

Demokrat. Verfassung für Hamburg

Der Kölner Oberbürgermeister *Konrad Adenauer* (Zentr., * 1876) wird Präsident des Preuß. Staatsrates

Dt. Friedenskartell (pazifist. Organisation)

„Kommunistische Arbeitsgemeinschaft" unter *Paul Levi* (1922 zur USPD und SPD)

Wirtschaftspartei des dt. Mittelstandes (1928: 23 Reichstagssitze)

Erstes Auftreten der nationalsozialist. Sturmabteilung (SA) zur Terrorisierung politischer Gegner

Schober (parteilos) österr. Bundeskanzler bis 1922 (wieder von 1929 bis 1930)

Nach zwei vergebl. Rückkehrversuchen *Karls IV.* von Ungarn werden *Habsburger* entthront bei grundsätzl. Aufrechterhaltung der

Literatur-*Nobel*preis an *A. France* (Frankr.)

Johan Bojer (*1872, † 1959): „Die Lofotfischer" (norweg. Roman)

J. Bosshart: „Ein Rufer in der Wüste" (Schweiz. Zeitroman)

Deledda: „Das Geheimnis" (ital. Roman)

Bernhard Diebold (*1886, † 1945): „Anarchie im Drama" (Theaterkritik)

John Rodrigo Dos Passos (*1896, † 1970): „Drei Soldaten"

Bruno Frank: „Das Weib auf dem Tiere" (Drama)

Frenssen: „Der Pastor von Poggsee" (Roman)

St. George: „Drei Gesänge" (An die Toten, Der Dichter in Zeiten der Wirren, Einem jungen Führer i. Weltkrieg)

Gide: „Uns nährt die Erde" (frz. Roman)

C. Goetz: „Ingeborg" (Komödie)

Gorki emigriert bis 1930 aus der Sowjetunion

Paul Gurk (* 1880, † 1953): „Thomas Münzer" (Drama, Kleistpreis)

Jaroslav Hašek (* 1882, † 1923): „Die Abenteuer des braven Soldaten Schwejk während des Weltkrieges" (tschech. antimilitarist. Roman)

† *Carl Hauptmann*, Bruder von *G. Hauptmann*, dt. Dichter (* 1858)

G. Hauptmann: „Anna" (epische Idylle)

Franz Herwig (* 1880, † 1931): „Sankt Sebastian vom Wedding" (kathol. Großstadtroman)

Andreas Heusler (* 1865, † 1940): „Nibelungensage und Nibelungenlied" (maßgebend für Nibelungenforschung)

Max Brod: „Heidentum, Christentum, Judentum" (Bekenntnisbuch)

Charlotte Bühler (Gattin von *Karl Bühler*): „Das Seelenleben der Jugendlichen"

H. Dingler: „Physik und Hypothese" (konventionalist. „Anti-Empirismus", Gegner des Relativitäts-Prinzips)

Carl August Emge (* 1884, † 1934): „Ideen zur Begründung der Rechtsphilosophie nach logisch entfaltender Methode" (logiszist. Rechtsphilosophie)

K. Girgensohn: „Der seelische Aufbau des religiösen Erlebens" (Religionpsychologie)

Nic. Hartmann: „Grundzüge einer Metaphysik der Erkenntnis" (ontologisch)

von Hartungen: „Psychologie der Reklame"

Karl Holl (*1866, † 1926) begr. m. s. theolog. Aufsätzen *Luther*-Renaissance (Buchausg. 1923)

Ricarda Huch: „Entpersönlichung" (Kulturphilosophie)

C. G. Jung: „Psychologische Typen" (Schweiz. Psychoanalyse mit den Typen des Intro- u. Extravertierten und dem Begriff des allgem.-gemeinsam. Unbewußten)

K. Kautsky: „Vorläufer d. Sozialismus" (4 Bände seit 1909)

Ernst Kretschmer (* 1888, † 1964): „Körperbau u. Charakter" (Beziehungen zw. Körpergestalt und Verhalten: leptosomer, pyknischer und athletischer Typ)

Braque: „Stilleben mit Guitarre" (frz. express. Gemälde)

Carlo D. Carrà: „Pinie am Meer" (Malerei d. ital. sachlichen „Verismus")

I. J. Cobden-Sanderson (*1840, †1922): „Das ideale Buch" (vom engl. Begründer der modern. Buchbinderkunst, dt. Ausgabe)

Corinth: „Herbstastern" (impression. Gemälde)

† *Franz Defregger*, dt. Maler; 1878 bis 1910 Akademie-Professor in München (* 1835)

† *August Gaul*, dt. Bildhauer, bes. von Tierplastiken (*1869)

Kurt Hielscher (* 1881): „Das unbekannte Spanien" (künstler. Photos)

A. v. Hildebrand: Vater-Rhein-Brunnen in Köln

† *Adolf von Hildebrand*, dt. Bildhauer (* 1847)

Kokoschka: „Die Musik", „Dresdner Neustadt" (express. Gemälde) und „Die Bachkantate" (express. Lithographie)

Kollwitz: „Gefallen" (Lithographie)

Herb. Kühn (* 1895): „Die Malerei d. Eiszeit" (eine der frühesten Würdigung.)

Otto Kümmel (*1874, † 1952): „Die Kunst Ostasiens"

Masereel: „Passion eines Menschen" u. „Die Sonne" (fläm. Holzschnittfolgen)

Ed. Munch: „Der Kuß" und „Die Wogen" (norweg. express. Gemälde)

Benatzky: „Apachen" (Operette)

† *Enrico Caruso*, ital. Operntenor; wirkte seit 1891 in 1665 Opernvorstellungen mit (* 1873)

Paul Hindemith (* 1895): „Mörder, Hoffnung der Frauen" (Text von *Oskar Kokoschka*) und „Das Nusch-Nuschi" (Einakter-Opern des Konzertmeisters der Oper Frankf./M.)

Honegger: „König David" (schweizer.-frz. Psalm als Schauspielmusik)

† *Engelbert Humperdinck*, dt. Komponist (* 1854)

Kálmán: „Die Bajadere" (Operette)

Künneke: „Der Vetter aus Dingsda" (Operette)

Mascagni: „Der kleine Marat" (italienische Oper)

Pfitzner: „Von deutscher Seele" (Chorwerk)

Sergej Prokowjew: „Die Liebe zu den drei Orangen" (russ. Märchenoper)

† *Camille Saint-Saëns*, frz. Komponist (* 1835)

Arturo Toscanini Direktor und Dirigent (seit 1898) der Scala in Mailand bis 1929 (1907 bis 1954 Dirigent der Metropolitan-Opera, New York)

Mary Wigman: „Die 7 Tänze des Lebens"; grdt. in Dresden ihre Tanzschule

Physik-*Nobel*preis an *Albert Einstein* (Dt.) für Einführung der Lichtquanten u. seine Arbeiten auf dem Gebiete der theoret. Physik

Chemie-*Nobel*preis an *F. Soddy* (Großbrit.) für Erforschung der Radioaktivität

Armstrong: Überlagerungs-Rundfunk-Empfänger („Superhet")

Banting und *Best* gewinnen das Hormon der Bauchspeicheldrüse Insulin als Heilmittel gegen die Zuckerkrankheit

Erwin Baur, *Eugen Fischer* und *Fritz Lenz*: „Menschliche Erblichkeitslehre und Rassenhygiene" (2 Bände)

Fr. Bergius: Synthetisches Benzin aus Kohle („Kohleverflüssigung")

Brönstedt und *von Hevesy:* Trennung von chemisch gleichen Atomen verschiedenen Gewichts (Isotope) durch Destillation

† *Emile Catrailhac*, Gründer der frz. Vorgeschichtsforschung; Spezialgebiet: Höhlenmalerei (* 1845)

Dacqué: „Vergleichende biologische Formenkunde der fossilen niederen Tiere" (begründet die mehr biologische Forschungsrichtung der fossilen niederen Tiere)

F. Dahl: „Grundlagen einer ökologischen Tiergeographie"

Adolf Engler: „Die Pflanzenwelt Afrikas" (5 Bände seit 1908)

D. Fimmen: „Zeit und Dauer der kretisch-mykenisch. Kultur" (Frühgeschichte)

A. Hull: Magnetron-Elektronenröhre zur Erzeugung ultrakurzer Wellen

C. Kaßner: „Gerichtliche und Verwaltungs-Meteorologie"

M. v. Laue: „Das physikalische Weltbild"

O. Meyerhof: „Neue Versuche zur Thermodynamik der Muskelkontraktion" (Kohlehydrat-Milchsäurezykl., s. 1913 entd.)

Th. H. Morgan: „Die stofflichen Grundlagen der Vererbung" (Zusammenfassung der auf Chromosomenforschung beruhenden Genetik)

Karl Diehl: „Arbeitsintensität und Achtstundentag"

„Sozialwissenschaftliche Arbeitsgemeinschaft" (fast aller Hochschullehrer für Sozialwissenschaft)

„Soziale Berufsarbeit" (Zeitschrift der Arbeitsgemeinschaft der Berufsverbände d. Wohlfahrtspflegerinnen Deutschlands)

„Wirtschaft und Statistik" (Halbmonatsschrift des Statistisch. Reichsamtes)

Deutscher Reichslandbund (konservativer landwirtschaftl. Interessenverband)

Mühlenbauindustrie AG (Miag), Frankfurt/M.

Wintershall AG (Kali- und Erdölkonzern)

Reichskuratorium für Wirtschaftlichkeit in Industrie und Handwerk

Fridtjof Nansen bringt den Hungergebieten Rußlands Hilfe

Kommunist. Gewerkschaftsinternationale i. Moskau

Internationale Arbeiterhilfe in Berlin gegründet (kommunist. Wohltätigkeitsvereinig. anläßlich der Hungersnot in der Sowjetunion)

„Der Deutsche" (Tageszeitung der christlichen Gewerkschaften)

(**1921**)

monarchist. Staatsform. Graf *Bethlen* ungar. Ministerpräsident bis 1931; betreibt Restaurationspolitik

Freistaat Irland als brit. Dominion (Nordirland bleibt bei Großbritannien)

Lord *Reading* brit. Vizekönig in Indien bis 1926; regiert ohne Minister und Parlament; beruft gelegentlich ind. Fürstenrat (Fürstenregierungen in 563 Staaten)

Frz. Regierung *Briand* bis 1922; stützt sich auf Mehrheit des „Nationalen Blocks"

Belg.-luxemburg. Zollunion für 50 Jahre

Generalstreik in Norwegen

Kämpfe der Rifkabylen unter *Abd el Krim* gegen Frankreich und Spanien (bis 1926)

Frz.-poln. Bündnis und Handelsvertrag

Poln.-rumän. Bündnis

Polen gibt sich demokrat. Verfassung; erhält weißruss. und ukrainische Gebiete im Frieden von Riga mit der Sowjetunion

E. Benesch tschechoslow. Ministerpräsident bis 1922

„Kleine Entente" zwischen Tschechoslowakei, Jugoslawien (1920) und Rumänien

Alexander I. König von Jugoslawien bis 1934 (†, ermordet). Opposition der Bosnier (Mohammedaner), Montenegriner und Kroaten gegen serbisch-zentralist. Verfassung

Völkerbund spricht Finnland die Aalands-Inseln zu (dürfen nicht befestigt werden)

Unruhen gegen Sowjetregierung (u. a. Matrosenaufstand in Kronstadt)

X. Parteitag der russ. Kommunisten beschließt strenge ideologische „Einheit der Partei"

„Neue ökonomische Politik" (NEP) in Rußland mit Zulassung privatwirtschaftl. Betriebe

Nach Besiegung des weißruss. Generals *Wrangel* wird die Krim Sowjetrepublik

Hofmannsthal: „Der Schwierige" (Lustspiel)

N. Jacques: „Dr. Mabuse" (Roman)

Joh. V. Jensen: „Die lange Reise" (dän. Romanreihe seit 1909, schildert Entwicklungsgeschichte der „gotischen Rasse" seit der Eiszeit)

Klabund: „Das Blumenschiff" (Nachdichtung chin. Lyrik)

D. H. Lawrence: „Liebende Frauen" (engl. Roman)

Felix von Luckner (* 1881, † 1966): „Seeteufel, Abenteuer aus meinem Leben"

O'Neill: „Kaiser Jones" (nordamerikan. Bühnenstück)

Thass. v. Scheffer (* 1873, † 1951): „Die Schönheit Homers"

Carl Ludwig Schleich: „Besonnte Vergangenheit" (Autobiographie)

Shaw: „Zurück zu Methusalem" (engl. Schauspiel über den Entwicklungsgedanken)

Frank Thieß (* 1890): „Der Tod von Falern" (Roman)

† *Ludwig Thoma*, dt. Dichter u. Satiriker (* 1867)

Valéry: „Album alter Gedichte 1890 bis 1900" (frz. Lyrik)

† *Iwan Mintschow Wasow*, bulgar. Dichter (* 1850)

Jakob Wassermann: „Mein Weg als Deutscher und Jude" (Autobiographie)

Josef Winckler (* 1881, † 1966): „Der tolle Bomberg" (Schelmenroman)

„Der Querschnitt" (liter. Zeitschr. v. *A. Flechtheim* u. *O. Starke* gegrdt.)

J. Kretzschmar: „Das Ende der Philosophischen Pädagogik" (für Pädagogik als Realwissenschaft)

27. Auflage der „Massenpsychologie" von *G. LeBon* von 1895

John McTaggart (* 1866, † 1925): „Das Wesen der Existenz" (engl. Neuidealismus)

M. Maeterlinck: „Das große Rätsel" (belg. Philosophie)

Alex. Pfänder (* 1870): „Logik" (Übertragung der *Husserl*schen Phänomenologie)

Eugène N. Marais (* 1872, † 1936) veröffentlicht Artikel über das Leben der Termiten (in der Burensprache Afrikaans; vgl. 1937)

Herm. Rorschach (* 1884, † 1922): „Psychodiagnostik" (Schweiz. Test der Formdeutung von Klecksographien zur psychologischen Analyse der Persönlichkeit, 2 Bände)

E. Rubin: „Visuell wahrgenommene Figuren" (Gestaltpsych.)

B. Russell: „Analyse des Denkens" (engl. Rationalismus)

Scheler: „Vom Ewigen im Menschen" (kathol. phänomenolog. Religionsphilosophie) und „Religiöse Erneuerung"

Hermann Schneider (* 1874): „Metaphysik als exakte Wissenschaft" (Metaphysik als Lehre von der sich entwickelnden Bearbeitung der Erfahrung, 3 Bde. seit 1919)

Hermann Schwarz (* 1864): „Das Ungegebene" (mystische Religionsphilosophie)

Schweitzer: „Zwischen Wasser und Urwald"

Picasso: „Karneval" (span.-frz. abstrakt. Gemälde)

Oskar Schlemmer (* 1888, † 1943): „Triadisches Ballett" (kubist. Gem.)

† *Fried. von Thiersch,* deutscher Baumeister (* 1852)

Staatl. Bildstelle für Bau- und Kunstdenkmäler (aus der 1885 gegründeten Meßbildanstalt)

Urban Gad: „Der Film – seine Mittel – seine Ziele" (Stummfilm-Dramaturgie)

„Der müde Tod" (Film m. *L. Dagover;* Regie: *F. Lang;* stark architekton. betont)

„Die Abenteurerin von Monte Carlo" (Film, zu dem 11000 km Filmreisen notwendig waren)

„The Kid" (nordamerik. Film von u. mit *Ch. Chaplin* zusammen mit *Jackie Coogan*); „Traumstraße" (nordam. Film von *D. W. Griffith*)

„Anna Boleyn" (Film v. *E. Lubitsch*)

„Hunger! Hunger! Hunger!" (russ. Film)

R. Vaughan Williams: „Pastoral Symphony" (engl. Tondichtung unter starker Beeinflussung durch die Volksmusik)

Prätorius-Orgel in Freiburg/Br. und Wiederentdeckung der *Schnitger*-Orgel zu St. Jakobi in Hamburg fördern die Renaissance der Barock-Orgel

Erster Musiktag in Donaueschingen (zur Diskussion moderner Musik)

Ritchey: 2,58-m-Spiegel-Teleskop der Mt.-Wilson-Sternwarte (Brennweite 12,9 m, sichert der amerikan. Astronomie noch stärker ihre Vormachtstellung)

Rumpler: Tropfen-Auto in Stromlinienform

Mey Nad Saha: Physikalische Erklärung der Sternspektren (entscheidender Schritt zur Verschmelzung der Physik und Astronomie zur Astrophysik)

Hermann Stegemann (* 1870): „Geschichte des Krieges 1914–1918" (4 Bände seit 1918)

† *Nikolai Jegorowitsch Shukowskij,* russ. Begründer der Tragflächen-Wirbeltheorie (* 1847)

C. Wirtz entd. erste Anzeichen f. Spiralnebelflucht

Dt. Gesellschaft für Vererbungsforschung

„Zeitschrift für angewandte Mathematik und Mechanik"

Herstellung zellwollähnlicher Faser in Deutschland

Frz. Flugzeug mit 300-PS-Motor steigt 6000 m in 14 Min. (im 1. Weltkriege mit 160 PS 5000 m in 29 Min.)

Mißlungener brit. Versuch den Mt. Everest (8882 m) zu ersteigen (weitere erfolglose Versuche zunächst 1922 und 1924; Besteigung gelingt d. Neuseeländ. Imker *Hillary* u. d. Sherpa *Tensing* aus Nepal 1953)

Eröffnung der Avus-Autostraße Berlin–Wannsee

Venezuela beginnt Aufstieg als bedeutendes erdölförderndes Land m. Förderung von 220000 t (1929: 20,4 Mill. t, 1939: 30 Mill. t, 1948: 69,7 Mill. t, nach USA stärkste Förderung)

Unterhaltungsrundfunk in den USA (erster Sender Pittsburg)

Funkwirtschaftsdienst in Deutschland

39216 Ehescheidungen in Deutschland (1913: 17835)

M. O. Bircher-Benner (*1867, †1939): „Grundlagen unserer Ernährung" (tritt für Rohkost ein)

Bubikopf kommt auf

José Raoul Capablanca (Kuba) erringt von *Emanuel Lasker* (Deutschland) Schachweltmeistertitel (seit 1894 bei *Lasker*)

Russ. Versuch, das Schachspiel dreidimensional zu erweitern: „Raumschach"

(1921)

Bolschewisten schlagen zaristische Truppen in der Äußeren Mongolei und setzen Regierung ein

Span. Ministerpräsident *Dato e Jradier* in Madrid ermordet (* 1856); unterdrückte 1920 autonomist. Aufstand in Barcelona

Türk. Nationalversammlung unter *Kemal Pascha (Atatürk)* verkündet vorläufige Verfassung. Griechen werden bis 1922 aus Türk.-Westkleinasien vertrieben

Türkei anerkennt Sowjetunion

Frz. Truppen unterdrücken Unruhen in Syrien

Irak wird Königreich (1920 von Türkei abgetrennt; 1924 Verfassung); *Faisal* (* 1883, † 1933) wird König (unter engl. Einfluß, 1920 von den Franzosen als König von Syrien verdrängt); sein Bruder *Abdullah Ibn el Hussein* Emir von Transjordanien (ab 1949 König bis 1951 [†, ermordet, * 1882])

„Jungperser" bekämpfen mit sowjetruss. Hilfe brit. Einfluß in Persien

Pers. Kosakenoffizier *Risa Khan* (* 1878) erobert Teheran und übernimmt Regierung (wird 1925 Schah)

Harding (Republikan.) Präsident der USA bis 1923

Abrüstungskonferenz in Washington (bis 1922)

USA lehnen den Versailler Friedensvertrag ab und schließen mit Deutschland Sonderfrieden

Edward House (* 1858, † 1939): „Was wirklich in Paris geschah" (USA-Bericht von den Friedensverhandlungen)

Liberale Regierung in Kanada

Ablehnung des Frauenstimmrechts in Japan

Arbeiterunruhen in Japan infolge sinkenden Lebensstandards

Japan. Kronprinz und Regent *Hirohito* macht eine Weltreise nach Europa

Sun Yat-sen Präsident der „Regierung der Republik des Südens" in Kanton (unterliegt gegen General *Wu P'eifu*, der in Nordchina von Angloamerikanern unterstützt wird)

Grdg. d. Kommunistischen Partei Chinas

M. Reinhardt überträgt seine „Sommernachtstraum"-Inszenierung von 1905 i. d. Gr. Schauspielhaus Berlin

„BayrischeLandesbühne GmbH" (zur Pflege des Provinztheaters; 1922 „Preußische Landesbühne GmbH")

„Gesamtkatalog der Preuß. Bibliotheken" (2 Mill. Zettel seit 1903)

Rund 31000 selbständige Druckschriften (Bücher usw.) erscheinen in Deutschland; dazu rund 5050 Zeitschriften; über 13000 Buchhandlungen in Deutschland (USA etwa 8600, England etwa 11000, Japan etwa 13000 Bücher jährlich)

Anna Siemsen (* 1882, † 1951): „Erziehung im Gemeinschaftsgeist" (schulreformerisch)

E. Stern-Rubarth: „Die Propaganda als politisches Instrument"

Paul Tillich (* 1886, † 1965): „Ideen zu einer Theologie der Kultur"

Tischner: „Über Telepathie und Hellsehen" (Experimente zum Gedankenlesen)

Max Weber: „Gesammelte Aufsätze zur Religionssoziologie" (3 Bde. seit 1920; posthum)

Werner Weisbach: „Barock als Kunst d. Gegenreformation" (kennz. f. d. vom Expressionismus beeinfl. Blüte der Barockforschung)

Leopold v. Wiese (*1876): „Soziologie des Volksbildungswesens"

Joseph Weißenberg (*1855, † 1941) wirkt in Berlin als „Heilapostel", versucht in seiner Sekte Krankheiten durch Auflegen von weißem Käse zu heilen

„Akademie der Arbeit" in Frankfurt/M. (vermittelt in Zusammenarbeit mit der Univ. Volksbildung in der Sozialwissenschaft)

Internationaler Arbeitskreis für Erneuerung der Erziehung, Calais

National-Institut für industrielle Psychologie, London

Washingtoner Abkommen untersagt völkerrechtlich die Verwendung von Giftgas im Krieg

„Die Drei" (anthroposophische Monatsschrift)

Nordische Gesellschaft in Deutschland; pflegt kulturelle Verbindung mit Skandinavien

„Dt. Freidenkerbund" (gegr. 1881) und „Bund freireligiöser Gemeinden" (gegr. 1859) vereinigen sich z. „Volksbund f. Geistesfreiheit" (Mitglied der „Arbeitsgemeinschaft der freigeistigen Verbände der Dt. Republik)"

Heilsarmee (gegr. 1865) in 73 Ländern mit etwa 130000 Mitgliedern und Helfern; 83 Zeitschriften mit rd. 1,5 Mill. Aufl.; 1286 Sozialanstalten

Nur etwa 10% Nicht-Analphabeten in Indien; Religionen: 217 Mill. Hindu; 69 Mill. Mohammedaner; 12 Mill. Buddhisten; 5 Mill. Christen; 10 Mill. Heiden; 3 Mill. Sikh, 1 Mill. Dschaina; 0,1 Mill. Parsen

1922

Friedens*nobel*pr. a. *F. Nansen* (Norw.)

Nansen-Paß für staatenl. Flüchtlinge

Deutschland anerkennt USSR

Weltwirtschaftskonferenz in Genua, führt z. dt.-russ. Vertrag v. Rapallo zwischen *Wirth*, *Rathenau* u. *Krassin*

† *Walther Rathenau* (von Nationalisten ermordet), dt. Reichsaußenminister seit 1922 (* 1867)

376 Polit. Morde in Dt. seit 1919

Republikschutzgesetz in Deutschland. Reichskonflikt mit Bayern

Wilhelm Cuno (* 1876, † 1933) dt. Reichskanzler bis 1923; stützt sich auf bürgerliche Wirtschaftskreise

Reichstag verlängert Amtszeit des Reichspräsidenten *Ebert* bis 1925

„Deutschlandlied" Nationalhymne durch Verordnung d. Reichspräs.

Reichsbank von der Regierung unabhängig

Walter Simons (* 1861, † 1937) Präsid. d. Reichsgerichts bis 1929

Vereinigung von USPD mit SPD

Prälat *Ignaz Seipel* (christl.-sozial, * 1876, † 1932) österr. Bundeskanzler bis 1924 (wieder 1926 bis 1929); fördert Heimwehrbewegung

Internat. Kredit an Österreich unter Verzicht auf Anschluß an Deutschl., Völkerbundskontrolle (bis 1926)

Friedrich Adler ruft eine Konferenz der drei Internationalen (Sozialist., Kommun., Unabhäng. Sozial.) nach Berlin ein. Ohne Erfolg

Aufhebung d. brit. Schutzherrschaft über Ägypten (jedoch militär. Vorrechte am Suezkanal; Konflikt 1951)

Fuad I. König von Ägypten (seit 1917 Sultan unter brit. Schutzherrschaft) bis 1936 (†, *1868)

Brit. Wahlen: Konservative: 347, Labour: 147, Liberale: 120

Herbert Samuel brit. Hoher Kommissar in Palästina

Gesondertes brit. Mandat üb. Transjordanien unter Emir *Abdullah*

Irische Nationalisten (Sinn Fein) trennen sich in radikale Partei unter *Eamonn de Valera* und gemäßigte unter *Cumann nan Gaedheal*. Verfassg. für Irischen Freistaat; Nordirland (Ulster) bleibt bei Großbritannien

Literatur-*Nobel*preis an *J. Benavente* (Span.)

Andersen-Nexö: „Stine Menschenkind" (dän. sozialer Roman, 5 Bände seit 1917)

Ernst Barlach: „Der Findling" (Schauspiel)

Bert Brecht (* 1898, † 1956): „Trommeln in der Nacht" (Schauspiel); erhält *Kleist*preis

A. Bronnen: „Die Exzesse" (Drama)

Carossa: „Eine Kindheit" (Erzählung)

Willa Cather: (* 1876, † 1947): „One of ours" (nordamerikan. Roman)

T. S. Eliot: „The waste Land" (engl. Lyrik)

Galsworthy: „Die Forsyte-Saga" (engl. Bürgerroman seit 1906; „Eine moderne Komödie" 1924 bis 1928 als Fortsetzung)

Joh. V. Jensen: „Zug der Cimbern" (dän. Roman)

G. Hauptmann: „Phantom" (Roman)

H. Hesse: „Siddhartha" (ind. beeinfl. Dichtung)

Hofmannsthal: „Das Salzburger große Welttheater" (Mysterienspiel)

J. Joyce: „Ulysses" (engl. Roman, oft verboten)

Ernst Jünger: „Der Kampf als inneres Erlebnis"

Isolde Kurz: „Die Nächte von Fondi" (Roman)

Lewis: „Babbitt" (nordamerikan. satir. Roman über den Spießbürger)

Th. Mann: „Goethe und Tolstoi" (Essay)

Katherine Mansfield: „Das Gartenfest und andere Erzählungen" (engl. Kurzgeschichten)

André Maurois: (* 1885): „Die Gespräche des Dr. O'Grady" (frz. Roman)

Bischoff: „Die Religion der Freimaurer, ein Weg zum deutschen Aufbau" (Sammelwerk über Freimaurerei)

Rudolf Carnap (*1891, + 1970): „Der Raum" (erkenntnistheoretisch)

J. Dewey: „Die menschliche Natur" (nordamerikan. pragmatische Philosophie)

v. Ehrenfels: „Über Gestaltqualitäten"

A. Görland: „Religionsphilosophie"

Hans Günther (* 1891): „Rassenkunde des deutschen Volkes" (nationalsozialistisch)

Gustav Herbig: „Religion und Kultus der Etrusker"

Herbert Hoover: „Der amerikanische Individualismus"

G. Kafka: „Handbuch der vergleichenden Psychologie" (3 Bände)

Hermann von Keyserling: „Schöpferische Erkenntnis" und „Politik, Wirtschaft, Weisheit"

Übersetzung von *Kierkegaards* „Gesammelten Werken" ins Deutsche von *Christoph Schrempf* (* 1860, † 1944) (12 Bd. seit 1909; beeinfl. Existentialphilosophie)

L. Klages: „Vom kosmogonischen Eros"

Ernst Krieck (* 1882): „Philosophie der Erziehung"

Fürst *Peter Alexejewitsch Kropotkin* (* 1842, † 1921): „Worte eines Rebellen", „Anarchistische Moral" (russ. Sozialphilosophie)

O. Külpe: „Vorlesungen über Psychologie" (bes. experiment. Psycholog.)

v. Pestalozza: „Der Streit um die Koedukation"

Willi Baumeister (* 1889, † 1955): „Apoll" (abstrakt. Gemälde)

Beckmann: „Vor dem Maskenball" (express. Gemälde)

Erich Buchholz (*1891, † 1972): „Roter Kreis im Goldkreis" (konstruktivist. Gem.)

Chagall geht v. Rußl. n. Paris (1941–47 i. USA)

F. Hodgkins: „Doppelporträt" (engl. Gemälde)

K. Hofer: „Seefahrers Heimkehr" (express. Gemälde)

Klee: „Die Zwitschermaschine" (surrealist. Gem.)

Rudolf Koch: Antiqua (Drucktypen)

O. Kokoschka: „Maler mit Puppe" (Selbstporträt mit lebensechter weibl. Modellpuppe)

John Marin (* 1870): „Sonnenuntergang" (nordam. express. Gemälde)

Le Corbusier (* 1887, † 1965): Idealplan einer „Stadt der Gegenwart"

Mies van der Rohe: Glaswolkenkratzer (Architekturentwurf)

Ed. Munch: 12 Wandgemälde in einer Schokoladenfabrik, Oslo (norweg., seit 1921)

Pechstein: „Das Ruderboot" (Gemälde)

Frederic Poulsen: „Etruskische Grabbilder" (engl. Darstellung dieser sinnenfrohen Kunst)

Hans Prinzhorn (* 1886, † 1933): „Bildnerei der Geisteskranken"

Fritz Busch (*1890, † 1951) Dirigent a. d. Staatsoper Dresden bis 1933 (später New York)

Wilhelm Furtwängler übernimmt als Dirigent Gewandhauskonzerte in Leipzig (bis 1928) und Philharmonische Konzerte in Berlin (bis 1945)

Jean Gilbert: „Katja die Tänzerin" (Operette)

Leo Fall: „Madame Pompadour" (Operette)

Graener: „Byzanz" (Oper)

Hindemith: „Sankta Susanna" (Einakter-Oper)

Lehár: „Frasquita" (Operette)

Malipiero: „Impressionen" (ital. symphon. Komposition in 3 Teilen seit 1911)

† *Arthur Nikisch,* dt. Dirigent ungar. Herkunft; leitete seit 1895 Gewandhauskonzerte in Leipzig (* 1855)

† *Filippe Pedrell,* span. Komponist (* 1841)

Ravel: Duosonate für Violine und Cello (frz. Komposition)

Respighi: „Concerto Gregoriano" (ital. Violinkonzert)

Schoeck: „Venus" (Schweiz. Oper nach *Merimée*)

Arnold Schönberg findet die „Methode, mit zwölf Tönen zu komponieren"

Physik-*Nobel*preis an *N. Bohr* (Dänem.) für quantenphysikalisches Atommodell

Chemie-*Nobel*preis an *F. W. Aston* (Großbrit.) für Isotopenforschung mit Massenspektrographen

Medizin-*Nobel*preis an *A. V. Hill* (Großbrit.) und *O. Meyerhof* (Dt.) für physiologisch-chemische Muskeluntersuchungen

J. Bjerknes: Polarfront-Theorie der atmosphärischen Zirkulation (entscheidende Verbesserung der Wetterkunde)

Ludwig Borchardt: „Gegen die Zahlenmystik an der großen Pyramide bei Gizeh" (Widerlegung der zahlreichen Versuche, den Pyramidenerbauern unerklärliche Kenntnisse zuzuschreiben)

R. W. Boyle untersucht wissenschaftlich Ausbreitung und Eigenschaften des Ultraschalls

Howard Carter findet das Felsengrab des ägypt. Königs *Tut-ench-Amun* mit reichen Kunstschätzen (Ägyptologie wird dadurch populär)

Joe Engl, Joseph Massolle, Hans Vogt: Tonfilmtechnik „Triergon" (entwickelt seit 1919; setzt sich zunächst nicht durch, müssen Patente verkaufen)

Evans und *Burr* entdecken das Antisterilitätsvitamin E (seine Eigenschaften klären sich nur langsam)

H. Hahne: „22 Jahre Siedlungsarchäologie"

Hedin: „Südtibet" (Forschungsbericht, 9 Text- und 3 Atlas-Bände, seit 1917)

Element Hafnium mit Hilfe der *Röntgen*spektroskopie von *G. v. Hevesy* und *D. Coster* entdeckt

Heyrovsky: Elektrochemische Mikroanalyse (Polarographie)

Alfred Kühn (* 1885, † 1968): „Grundriß der allgemeinen Zoologie" (Standardwerk)

† *Charles Laveran,* frz. Arzt; *Nobel*preis 1907 (* 1845)

Julius Menadier (* 1854, † 1939): „Deutsche Münzen" (4 Bände seit 1891; Standardwerk der Münzkunde)

A. Hoffmann: „Die Konzentrationsbewegung in d. deutschen Industrie"

J. M. Keynes: „Revision d. Friedensvertrages" (engl.)

Alfred Möller (* 1860, † 1922): „Der Dauerwaldgedanke" (organ. Forsttheorie)

Salzdetfurth-Konzern (Kali, Steinsalz, Metalle, Braunkohle, Kapital etwa 150 Mill. RM)

Ernst-Heinkel-Flugzeugwerke in Warnemünde (*Heinkel* * 1880)

Rohrbach-Flugzeugbau, Berlin (entwickelt bes. Flugboote)

Durch Bankenfusion Darmstädter und Nationalbank gegründet (1931 von Dresdner Bank übernommen)

Preuß. Landespfandbriefanstalt (zur Vermittlung nichtlandwirtschaftl. Grundkredite für Wohnungsbau)

Reichsmietengesetz führt gesetzliche Miete ein

Lord *Rothermere* (*1868, † 1940) erbt von seinem Bruder Lord *Northcliffe* (*1865, †1922) die brit. konservative Tageszeitg. „Daily Mail" (gegründet 1896)

Segelflugrekorde auf der Rhön: *Martens* eine Stunde, *Hentzen* drei Stunden Flugdauer

(1922)

Nach Sturz *Briands* wird *Poincaré* frz. Ministerpräs. u. Außenmin. b. 1924

Syrien frz. Völkerbundsmandat

„Marsch auf Rom", faschist. Staatsstreich in Italien, König ernennt *Mussolini* zum Ministerpräsidenten. Im ital. Parlament stimmen 316 für *Mussolini*, 116 Sozialisten dagegen, 7 Enthaltungen (1924 erhalten Faschisten 65% d. Stimmen)

Schwehla (Republ. Partei) tschechoslow. Ministerpräsident bis 1929 (Koalitions-Regierung der 5 tschechischen Parteien)

Ungarn im Völkerbund

Polen erhält Wilna (bisher Litauen; seit 1920 von Polen besetzt)

„Baltische Entente": Polen, Lettland, Estland, Finnland gegen USSR

Griechenland muß nach verlorenem Krieg gegen die Türkei (seit 1921) Ostthrakien wieder abtreten, und König *Konstantin I.* muß abdanken; *Georg II.* König bis 1924 und 1935 bis 1947 (†, * 1890)

Sowjetstaaten bilden Union der Sozialistischen Sowjetrepubliken (USSR), Hauptstadt Moskau. GPU neue sowjetruss. politische Polizei (bisher Tscheka, ab 1934 NKWD). Ganz Sibirien zur USSR (11 Mill. qkm, 1939: 14 Mill. Einwohner)

Washingtoner Abrüstungskonferenz: Abkommen zw. USA, Großbrit., Japan, Frankreich, Italien über Flottenstärke 5 : 5 : 3 : 1,75 : 1,75

Viermächteabkommen USA, Großbritannien, Japan, Frankreich über Garantie d. Besitzstandes im Pazifik

Neunmächteabkommen über „Offene Tür" in China. Japan muß seine Truppen aus China abziehen

Millspaugh (USA) pers. Finanzberat.

Versuch, d. mittelamerikan. Staaten politisch zu vereinigen, scheitert

Alvear argent. Präsident bis 1928

Chitta Ranjan Das (* 1870, † 1925), Anhänger *Gandhis*, gründet Swaradsch-Partei, d. Unabhäng. Indiens auf parlamentar. Wege erstrebt

Gandhi: „Junges Indien" (polit. Aufsätze seit 1919); wird zu 6 Jahren Gefängnis verurteilt (1924 entlassen)

Gabriela Mistral (Lucila Godo y Alcayaga, * 1889): „Desolacion" (chilen. Gedichte)

Molo: „Ein Volk wacht auf" (Romantrilogie seit 1918)

† *Mori Ogai*, japan. Dichter und Faustübersetzer (* 1860)

O'Neill: „Anna Christie" (nordamerikan. Bühnenst.), „Der haarige Affe" (nordamerikan. Proletarierstück)

Pirandello: „Heinrich IV." (ital. Schauspiel)

Fr. Schnack: „Vogel Zeitvorbei" (Gedichte)

W. von Scholz: „Der Wettlauf mit dem Schatten" (Schauspiel)

Streuvels: „Prütske" (kinderpsycholog. Studie)

Sudermann: „Bilderbuch meiner Jugend" (Autobiographie)

Thieß: „Die Verdammten" (Roman)

E. Toller: „Die Maschinenstürmer" (Drama)

Undset: „Kristin Lavranstochter" (norweg. Roman, 3 Bde. seit 1920)

Walpole: „The cathedral" (engl. Roman)

Jakob Wassermann: „Wendekreis" (Roman in 2 Bänden seit 1920)

Maria Waser (* 1878, † 1939): „Wir Narren von gestern" (Schweiz. realist. Roman)

Wiechert: „Der Wald" (Roman)

Virginia Woolf: „Jacobs Zimmer" (engl. Roman)

Heinrich George (* 1893, † 1946) als Charakterspieler in Berlin

Mrs. *Dawson Scott* gründet i. London PEN-Club (erster Präs. *Galsworthy*; intern. Literaturkonfer.)

Pius XI. Papst bis 1939 (†, * 1857)

G. Radbruch: „Kulturlehre des Sozialismus"

Friedr. Rittelmeyer (* 1872, † 1938) grdt. „Die Christengemeinschaft" (deutet Christentum kosmisch)

Wilh. Schäfer: „Die dreizehn Bücher der deutschen Seele" (dt. Kulturentwicklung)

Spengler: „Der Untergang des Abendlandes. Umrisse einer Morphologie der Weltgeschichte" (2 Bände seit 1918; biologisierende Kulturgeschichte)

Spranger: „Der gegenwärt. Stand d. Geisteswissensch. u. d. Schule"

Eduard Stemplinger (* 1870): „Der antike Aberglaube in seinen mod. Ausstrahlungen"

Ferd. Tönniës: „Kritik der öffentl. Meinung"

E. Troeltsch: „Der Historismus und seine Probleme"

Vierkandt: „Gesellschaftslehre" (Soziolog.)

Max Weber: „Wissenschaftslehre" und „Wirtschaft und Gesellschaft" (beides posthum)

Ludwig Wittgenstein (* 1889, † 1951): „Tractatus logico-philosophicus" (Logistik der *Russell*-Schule)

Zentralisierung der heimatlichen kathol. Missionsvereine

Internationaler Verband für kulturelle Zusammenarbeit in Wien

Reichsjugendwohlfahrtsgesetz

Pädagogische Akademien zur Volksschullehrerausbild. in Preußen

Werkunterricht ab 5. Schuljahr in dt. Schulen

Slevogt: „Die Prinzessin auf den Inseln Wak-Wak" (Lithographien)

Russische Kunstausstellung i. d. Galerie *van Diemen* (macht russ.-revol. Kunst bekannt)

„Luise Millerin" (Film mit *W. Krauß* nach *Schillers* „Kabale und Liebe"; Regie: *Carl Froelich*)

„Lukrezia Borgia" (Film mit *Liane Haid* und *Albert Bassermann;* Regie: *Richard Oswald*)

„Dr. Mabuse, der Spieler" (Film von *F. Lang*)

„Das Weib des Pharao" (Film von *E. Lubitsch*)

„Omas Junge" (nordamerik. Film mit *Harold Loyd,* *1893, † 1971)

„Nosferatu", „Der brennende Acker" (Filme von *F. W. Murnau,* letzterer mit *Lya de Putti*)

„Zahltag" (nordamerik. Film von u. mit *Ch. Chaplin*); „Nanuk, d. Eskimo" (nordamerikan. Film v. *Robert J. Flaherty,* *1884, †1951); „Der Letzte d. Mohikan." (nordamerikan. Film v. *Maurice Tourneur,* * 1878, mit *Wallace Berry*)

„Das glorreiche Abenteuer" (engl. Farbfilm von *Stuart Blackton,* * 1875, † 1935)

Triergon-Tonfilm (vgl. Spalte W)

Leo Slezak: „Meine sämtlichen Werke" (humorist. Autobiographie, 1927: „Der Wortbruch", 1940: „Rückfall")

Strawinsky: „Mavra" (russ. Buffo-Oper)

R. V. Williams: „Pastorale" (engl. Sinfonie)

Zilcher: „Doktor Eisenbart" (Oper)

„Internat. Gesellschaft für Neue Musik" in Salzburg

Umfass. Ordnung des Berufsschulwesens in Berlin

„Reichselternbund", bekämpft weltliche und Gemeinschafts-Schulen

L. F. Richardson: „Wettervorhersage durch numerischen Prozeß" (engl. Grundleg. einer berechenbaren Prognose)

† *Heinrich Rubens,* dt. Physiker, bes. Ultrarotforscher (* 1865)

Bastian Schmid (*1870, †1944): „Die Sprache d. Tiere" (Tierpsychologie)

Georg Schweinfurth (*1836, † 1925): „Auf unbetretenen Wegen in Ägypten" (Berichte über Reisen seit 1863)

† *Ernest Henry Shakleton,* engl. Polarforscher, infolge Krankheit bei einem Versuch, die Antarktis zu umfahren (* 1874)

Otto Warburg (*1859, †): „Die Pflanzenwelt" (3 Bände seit 1913)

„Ergebnisse der exakten Naturwissenschaften" (Jahrbuch)

Großherstellung von Methylalkohol (Holzgeist) aus Wassergas (Kohlenoxyd und Wasserstoff) unter 200 Atmosphären Druck mit Katalysator (Reaktionsbeschleuniger)

BerlinerFernsprech-Selbstanschlußamt

Mercedes-*Daimler*-Rennwagen mit Kompressor

Farman-Goliath fliegt 34½ Stunden (Doppeldecker, zwei 260-PS-Motoren, 160 km/Stunden, Eigengewicht und Nutzlast je 2250 kg)

Fokker Hocheindecker (360-PS-Motor; mit 10 Fluggästen 1800 km in 10 Stunden)

Hochdruck-Dampfturbine (für 110 Atmosphären Druck, in Berlin)

Großgasmotor für 4000 kW (2 Zylinder von 1,5 m Durchmesser, Prinzip von *Oechelhäuser* 1893)

Fernheizwerk für 24 Gebäude in Hamburg

Auslandsabteilung des Dt. Normenausschusses

Gesellschaft für Heilpädagogik in München

Vulkan Aniakshak an der Küste Alaskas entdeckt (einer der größten der Erde)

Hannes Schneider (* 1890, † 1955) grdt. Skischule in St. Anton, Arlberg

„Klassischer" Stil in der Frauenmode (glatt fallende Gewänder)

Deutsche Gewerbeschau in München

Ballonreifen

Alfredo Codona gelingt dreifacher Salto von Trapez zu Trapez

„Raffke" als volkstüml. Bezeichnung für die Gestalt des Kriegsgewinnlers und Inflationsschiebers

1923

Ruhrbesetzung durch Frankreich

Große Koalition SPD bis Volkspartei unt. Reichskanzler *Stresemann*

Aufgabe des passiven Widerstandes gegen Ruhrbesetzung

† *Albert Leo Schlageter*, wegen Spionage v. d. frz. Besatzungsmacht standrechtl. erschossen (* 1894)

Versuch e. Separatisten-Regierung i. Rheinld. (scheitert 1924 endgültig)

Konflikt zwischen der Reichsregierung und dem bayr. Generalstaatskommissar *von Kahr*, der sich weigert, das Organ der NSDAP „Völkischer Beobachter" zu verbieten (*v. Kahr* tritt 1924 zurück)

Reichsregierung beseitigt sozialist. Reg. *Zeigner* in Sachsen durch militär. Gewalt. SPD verläßt Reichsreg.

Kommunist. Aufstand in Hamburg

Antidemokrat. *Hitler-Ludendorff*-Putsch in München. *Hitler* erhält Festungshaft (bis 1924)

Hjalmar Schacht (*1877, + 1970) Reichsbankpräsident (tritt 1930 wegen *Young*plan zurück)

Höhepunkt der Inflation in Deutschland. 1 Dollar = 4,2 Billionen M. Entschuldung der Sachwertbesitzer, Verarmung bes. des Mittelstandes. Währungsstabilisierung durch Einführung der Rentenmark

Wilhelm Marx (Zentr., * 1863, † 1946) dt. Reichskanzler bis 1924 (wieder 1926 und 1927 bis 1928)

Stresemann (Dt. Volkspartei) dt. Reichsaußenminister bis 1929 (†)

E. Marcks u. *Karl Alex. v. Müller:* „Meister d. Politik" (Biogr. s. 1922)

Richard Nikolaus von Coudenhove-Kalergi (österr.-ung./jap. Herkunft, * 1894) grdt. Pan-Europabewegung

Dt. Liga für Menschenrechte (Vorläufer seit 1914; für Sozialismus und Völkerversöhnung)

Fememorde d. illegal. „Schwarzen Reichswehr" auch nach ihrer Auflös.

Kronprinz *Wilhelm* (* 1882, † 1951) kehrt nach Verzicht auf Thronrechte nach Deutschland zurück

Brit. Empire-Konferenz gestattet Dominions eigene Außenpolitik; Kanada schließt selbständig Fischereivertrag mit den USA

Literatur-*Nobel*preis an *W. B. Yeats* (Großbrit.)

J.R.Becher: „Maschinenrhythmen", „Verklärung" (express. Lyrik)

Willa Cather: „Frau im Zwielicht" (nordamerikan. Roman)

Conrad: „Der Freibeuter" (engl. Roman)

Th. Däubler: „Sparta" (Prosa)

Olav Duun (* 1876, † 1939): „Die Juwikinger" (norweg. kulturgeschichtl. Roman in 6 Bänden seit 1918)

Edschmid: „Das Bücher-Dekameron. Eine Zehn-Nächte-Tour durch die europäische Gesellschaft und Literatur" (Literaturkritik)

Gide: „Dostojewsky" (Literaturkritik, frz.)

Hamsun: „Das letzte Kapitel" (norw. Rom.)

Hedin: „Mount Everest" (schwed. Reisebericht)

Hofmannsthal: „Der Unbestechliche" (Kom.)

Ric. Huch: „Michael Bakunin" (Biographie)

G. Kaiser: „Gilles und Jeanne" (Bühnenstück)

Rudolf Kayser (* 1889): „Die Zeit ohne Mythos" (Essays)

Klabund: „Das heiße Herz" (Gedichte) und „Pjotr" (Roman über *Peter den Großen*)

W. Mahrholz: „Literargeschichte und Literarwissenschaft" (Probleme und Methoden der Literaturforschung)

H. Mann: „Diktatur der Vernunft" (sozialist. Betrachtungen)

Th. Mann: „Bekenntnisse des Hochstaplers Felix Krull" (Romanfragment), „Von deutscher Republik" (Rede)

E. Barthel: „Lebensphilosophie" (gründet 1924 „Gesellschaft für Lebensphilosophie")

Baudouin: „Suggestion und Autosuggestion" (Darstellung der Methode von *Coué*)

M. Dessoir: „Vom Diesseits der Seele" (Briefe an eine Freundin über Psychologie)

E. Drahn: „Bibliographie des wissenschaftl. Sozialism. 1914—1922"

Freud: „Das Ich und das Es" (Tiefenpsychologie)

Hans Freyer (* 1887): „Prometheus, Ideen zur Philosophie der Kultur" (geisteswissenschaftl. Soziologie)

Fritz Graebner: „Das Weltbild d. Primitiven"

E. R. Jaensch: „Über den Aufbau der Wahrnehmungswelt und ihre Struktur im Jugendalter" (Forschungsergebnisse über Eidetik)

Georg Lukács (*1885, + 1971): „Geschichte und Klassenbewußtsein" (ungar. marxist. Philosophie)

Manfred Kyber: „Einführung in das Gesamtgebiet des Okkultismus"

Fritz Mauthner (* 1849, † 1923): „Der Atheismus und seine Geschichte im Abendlande" (4 Bände seit 1920)

Eduard Meyer: „Ursprung u. Anfänge des Christentums" (3 Bde. seit 1920)

Moeller van den Bruck: „Das dritte Reich"

Heinrich Pesch (* 1854, † 1926): „Lehrbuch der Nationalökonomie" (kathol. „Solidarismus", 5 Bände seit 1905)

Romain Rolland: „Mahatma Gandhi"

Karl Albiker (* 1878): „Weiblicher Torso" (Plastik)

Barlach: „Der Rächer" (expression. Bronzeplastik) und „Weinende Frau" (Holzplastik)

Beckmann: „Das Trapez" (express. Gemälde)

Chagall: „Liebesidylle" (russ. Gem.)

Corinth: „Baum am Walchensee" und „Früchteschalen" (impress. Gemälde)

R. Dufy: „An den Ufern der Marne" (frz. expr. Gem.)

Heckel: „Allgäu" (express. Gemälde)

† *Georg Hendrik Breitner*, niederländ. Maler; u. a. „Das weiße Pferd" (1884) (* 1857)

K. Hofer: „Lots Töchter" (express. Gemälde)

Fr. Höger: Chilehaus, Hamburg (Hochhaus, Baubeginn 1922)

Kandinsky: „Entstehende Verbindung", „Kreise im Kreis" (abstrakt. Gemälde)

G. Kolbe: „Adagio" und „Nacht" (Plastiken)

H. Kühn: „Die Kunst der Primitiven"

Fernand Léger: „Der große Schleppdampfer" (frz. kubist. Gem.)

G. Marcks: „Mann und Frau" (Plastik)

Nash: „Die Küste" (engl. express. Gem.)

† *Adolf Oberländer*, deutscher Karikaturist (* 1845)

Bartók: „Tanzsuite für Orchester" (ungar. Komposition anläßl. der 50-Jahrfeier der Vereinigung von Pest und Ofen zu Budapest)

de Falla: „Meister Pedros Puppenspiel" (span. Oper)

Jean Gilbert: „Das Weib im Purpur" (Operette)

Walther Hensel (Julius Janiczek, * 1887) leitet „Singwoche" in Finkenstein bei Mährisch-Trübau

Erich Kleiber, Gen.-Musikdirektor d. Staatsoper Berlin

Paul von Klenau: „Die Weise von Liebe und Tod des Cornets Christoph Rilke" (dän.-dt. Chorwerk)

Zoltán Kodaly (* 1882, † 1967): „Psalmus hungaricus" (ungarische Komp. für Soli, Chor u. Orchester)

Křenek: „Der Sprung über den Schatten" (komische Jazzoper)

Hans Mersmann: (* 1891, † 1971) „Musik d. Gegenwart"

Respighi: „La primavera" (ital. Chorwerk)

Reznicek: „Holofernes" (Oper)

Schoeck: „Elegie" (schweiz., 24 Lieder nach *Lenau* und *Eichendorff*)

Julius Weismann (* 1879): „Schwanenweiß" (Oper)

Egon Wellesz (* 1885): „Alkestis" (express. Oper)

Physik-*Nobel*preis an *R. A. Millikan* (USA) für Messung der Elektronenladung und des *Planck*schen Wirkungsquantums

Chemie-*Nobel*preis an *Fr. Pregl* (Österr.) für organische Mikroanalyse

Medizin-*Nobel*preis an *F. Banting* (Kanada) und *J. J. R. Macleod* (Kanada) für Entdeck. d. Insulins

J. L. Baird und *C. F. Jenkins:* Fernsehen mit Lochscheibe

Stereoplanigraph von *Bauersfeld* zur Luftbildvermessung

August Bier: „Regeneration beim Menschen" (klinische Abhandlung)

Hans Bredow ermöglicht erste Sendung des dt. Unterhaltungsrundfunks im Berliner Voxhaus (29. 10., 20 Uhr)

A. H. Compton weist nach, daß die Energiequanten der *Röntgen*strahlen wie korpuskulare Teilchen stoßend auf Elektronen wirken („Compton-Effekt")

P. Debye und *Hückel:* Theorie der starken Elektrolyte (vollendet die Ionentheorie von *Arrhenius* 1887)

H. v. Ficker verbessert Wettervorhersage und beginnt auf die wettersteuernde Bedeutung der Stratosphäre hinzuweisen

H. Ford: „Mein Leben und Werk"

A. Isaac: „Die Entwicklung der wissenschaftlichen Betriebswirtschaftslehre seit 1898" (25 Jahre Betriebswirtschaftslehre an der Handelshochschule Leipzig)

August Karolus (* 1893) konstruiert Zelle zur Umwandlung von elektr. Spannungsschwankungen in Lichtschwankungen (*Kerr*- oder *Karolus*-Zelle)

Wladimir Köppen (* 1846, † 1940): „Die Klimate der Erde"

A. Korn: Drahtlose Bildtelegraphie Italien—USA

Erf. d. Nitrierhärtung bei *Krupp*

„Handbuch der Zoologie" beginnt zu erscheinen (gegründet von *Willy Kükenthal*, * 1861, † 1927)

R. S. Lillie kann die Grunderscheinungen d. Nervenleitung m. einem

Dt. Kartellverordnung gegen Mißbrauch wirtschaftl. Macht: Kartellgericht beim Reichswirtschaftsgericht

Vereinigte Industrie - Unternehm. AG (VIAG) (Dachgesellsch. f. Reichsunternehmungen)

Preuß. Bergwerks- und Hütten - AG: Preußag (Zusammenfassung von Staatsbetrieben)

Messerschmitt-Flugzeugbau-Gesellschaft, Bamberg

Wirtschaftskrise in Polen

Zeitschrift für Betriebswirtschaft

J. M. Keynes: „Ein Traktat üb. Währungsref." (engl.)

Notgeldumlauf in Dt. ca. 500 Trill. Papiermark (= ½ Milliarde Goldm.)

Nach der Währungsreform entsteht i. Deutschld. im Winter 1923/24 Deflationskrise

Dt. überseeische Auswanderung: etwa 114000 (1913: etwa 20000; Hauptteil in die USA)

Internat. Mittelstandsbund i. Bern

Internat. Vereinigung v. Angestellten, Beamten und Lehrern in öffentl. Diensten in Wien

Invaliden- und Arbeitslosen-Versich. in Italien (1922: Unfallversicherung)

In Nevada u. Montana als erste Staaten d. USA Altersrenten (noch keine Sozialversich.)

(1923)

Stanley Baldwin brit. Ministerpräsident bis 1924 (konservat. Mehrheit seit 1918). Neuwahlen bringen Sieg der Labour-Party

Wahlsieg der antibrit. Wafd-Partei in Ägypten

Chaim Weizmann (* 1874, † 1952), von 1903 bis 1918 Professor der Biochemie in Manchester, Präsident der Zionistischen Weltorganisation (b. 1931 u. 1935–46)

Der Brit.-Südafrikanischen Gesellschaft (gegründet 1889 von *Cecil Rhodes)* wird die Verwaltung Rhodesiens entzogen. Nordrhodesien Kronkolonie, Südrhodesien erhält parlamentar. Regierung

*Ross*meer und Süd-*Victoria*land bis zum Südpol brit. Besitz

Litauer besetzen Memelgebiet (1924 im Memelabk. anerkannt, Memelstatut sichert Selbstverwaltung zu)

Poln. Handelsverträge mit Türkei, Finnland u. Großbrit. (1924 mit Dänem., Lettl. u. den Niederlanden)

Völkerbundanleihe für Ungarn

Rumän. Verfassung beseitigt Dreiklassenwahlrecht

Militär stürzt in Bulgarien radikales Regiment der Bauernpartei. Regierung *Zankow* versucht Restaurationspolitik

Kemal Pascha (Atatürk) erster Präsident der türk. Republik bis 1938 (†). Friede von Lausanne bestätigt den Besitzstand der Türkei. Hauptstadt Ankara. Griechen fliehen aus der Türkei

Durch das Lausanner Abkommen werden die Dardanellen entmilitarisiert und unter internationale Kontrolle gestellt (bis 1936)

Kalinin, Vorsitzender des Präsidiums des Obersten Rates der Sowjetunion (Staatspräsident) bis 1946 (†)

Miguel Primo de Rivera errichtet durch Staatsstreich Diktatur in Spanien (1930 vom König entlassen)

Risa Khan pers. Ministerpräsident

Abessinien im Völkerbund

Calvin Coolidge (Republ.) Präsident der USA bis 1929

General *Carlos Ibanez* diktatorischer Präsident in Chile (dankt 1931 ab)

Sun Yat-sen reorg. chin. Kuomintang

Max Mell (* 1882): „Das Apostelspiel", „Das Schutzengelspiel" (österr. religiös. Schauspiele)

Münchhausen: „Meisterballaden" (literarhistor. Beitrag zur Lehre von der Ballade)

Rilke: „Sonette an Orpheus" und „Duineser Elegien"

Ringelnatz: „Kuddel Daddeldu" (Gedichte) u. „Turngedichte"

Felix Salten (eig. *Salzmann*, * 1869, † 1945): „Bambi" (Tierroman f. Kinder)

Ina Seidel: „Sterne der Heimkehr" (Roman)

Italo Svevo (* 1861, † 1928): „Das Gewissen des Zeno" (ital. selbstanalyt. Roman)

Timmermans: „Der Pfarrer vom blühenden Weinberg" (fläm. Roman)

E. Toller: „Schwalbenbuch" (Lyrik)

Valéry: „Gedichte" (frz. Lyrik)

Werfel: „Verdi" (Roman der Oper)

Josef Winckler: „Der tolle Bomberg" (Schelmengeschichten)

St. Zweig: „Amok" (Novellen)

„Die schöne Literatur" (Zeitschrift, herausgegeben von *Will Vesper*; ab 1931 als „Die neue Literatur")

„Deutsche Vierteljahrsschrift für Literaturwissenschaft u. Geistesgeschichte"

Theaterwissenschaftlich. Institut d. Univ. Berlin

„Das Puppentheater" (Zeitschrift)

Wilh. Schäfer: „Der deutsche Gott" („dt. christl." Ablehnung von Kirche und Altem Testament)

Heinrich Scharrelmann (* 1871): „Herzhafter Unterricht" (2 Bände seit 1902)

Schweitzer: „Verfall und Wiederaufbau der Kultur" (Kulturphilosophie)

Söderblom: „Einigung d. Christenheit" (schwed. ev. Einigungsbestrebg.)

H. Sperber: „Einführg. in die Bedeutungslehre" (Untersuchung d. Wort- u. Zeichenbedeutungen = Semasiologie)

† *Ernst Troeltsch*, dt. protestant. Theologe und Philosoph (* 1865)

S. Webb: „Niedergang der kapitalist. Zivilisation" (engl. Fabian-Sozialismus)

Th. Ziehen: „Das Seelenleben der Jugendlichen"

Lutherischer Weltkonvent in Eisenach

Intern. Verband zur Verteidigung d. Protestantismus, Berlin

„Zeitschrift f. systemat. Theologie" (evang.)

Reichsjugendgerichtsgesetz (besondere Jugendgerichte und milde, erzieherische Strafen)

Weltbund der Erziehervereinig. in San Francisco (1925 in Edinburg)

Sächs. Volksschullehrerbildungsgesetz; Pädag. Institut in Dresden (1924 in Leipzig)

Grundsätze einer Neuordnung der preuß. Universitätsverfassung

Ital. faschistische Unterrichtsreform durch *Giovanni Gentile* (Minister von 1922 bis 1925)

Picasso: „Dame mit blauem Schleier" (neoklassizistisch), „Frauen" (surrealistisch) und „Schwermut" (express. span.-franz. Gemälde)

Richard Scheibe (* 1897, † 1964): Gefallenendenkmal der Höchster Farbwerke

O. Schlemmer: „Die Tischgesellschaft" (kubist.-expressionist. Gemälde)

Utrillo: „Das Rathaus von Yvry" (frz. impr. Gemälde)

Maurice de Vlaminck (* 1876): „Nordfranzösisches Dorf" (frz. Gemälde)

*Ballin*haus in Hamburg

R. Piper-Verlag (gegründet 1904) gibt farbige Reproduktionen von Gemälden heraus

„Gebrauchsgraphik" (Monatsschrift zur Förderung künstlerischer Reklame, herausgegeben von *H. K. Frenzel*)

Ende d. Dada-Bewegung

—

„Die Straße" (Film mit *Eugen Klöpfer*, * 1886, † 1950)

„Fridericus Rex" (mehrteil. Film seit 1921, m. *Otto Gebühr*)

„Nora" (Film nach *Ibsen*)

„Das Leben auf dem Dorfe" (erste öffentliche Vorführung eines Triergon-Tonfilms)

„Sylvester" (Film v. *Lupu Pick*, * 1886, † 1931, mit *E. Klöpfer*); „Das alte Gesetz" (Film von *E. A. Dupont*, * 1891, mit *H. Porten*, *E. Deutsch*); „INRI" (Film von *R. Wiene* mit *A. Nielsen*, *H. Porten*, *W. Krauß*)

„Robin Hood" (nordam. Film von *Allan Dwan* mit *D. Fairbanks*, *W. Berry*)

„Ausgerechnet Wolkenkratzer!" (nordamerik. Film m. *H. Lloyd*)

„Der Pilgrim", „Die öffentliche Meinung" (nordam. Filme von u. mit *Ch. Chaplin*)

„Don Juan u. Faust" (französ. Film von *L'Herbier*)

„Gösta Berling" (schwedischer Film von *Mauritz Stiller*, * 1883, † 1928, mit *G. Garbo*, *Lars Hanson*)

„Blätter für Menschenrecht" (Monatsschrift für straffreie Homosexualität; 2—4% Homosexuelle in Deutschl.)

Allg. Anthroposophische Gesellsch. gegr.

Eisendraht in Salpetersäure nachahmen (unterstützt elektrochem. Theorie der Nervenleitung)

Th. H. Morgan, *Sturtevant*, *C. B. Bridges* und *Hermann Joseph Muller* (* 1890, † 1967): „Der Mechanismus der Mendelschen Vererbung" (Chromosomen-Theorie der Vererbungslehre)

H. Oberth: „Die Rakete zu den Planetenräumen" (Anfänge einer wissenschaftlichen Theorie der Weltraumschiffahrt)

† *Wilhelm Röntgen*, dt. Physiker; entdeckte 1895 *Röntgen*strahlen (X-Strahlen); *Nobel*preis 1901 (* 1845)

Eduard Georg Seler (* 1849, † 1922): „Gesammelte Abhandlungen zur amerikanischen Sprach- und Altertumskunde" (erklärte die altmexikanischen Bilderhandschriften; 5 Bände seit 1902, Band 5 posthum)

Theodor Svedberg (* 1884, † 1971) beginnt die Entwicklung der Ultrazentrifuge (erreicht bis 1942 mit 200 Umdrehungen pro Sekunde das Millionenfache der Erdschwere, wichtig f. d. Erforsch. v. Makromolekülen)

† *Johannes Diderik van der Waals*, niederl. Phys.; *Nobel*pr. 1910 (* 1837)

Gustav Wolf: „Quellenkunde der deutschen Reformationsgeschichte" (3 Bde. seit 1915)

Max Wolf: Absorption u. Entfernung kosmischer Dunkelwolken (wichtig f. wahre Gestalt d. Milchstraße)

Bekämpfung der Schlafkrankheit durch Germanin („Bayer 505")

Ross-Institut zur Erforschung tropischer Krankheiten, London

Erste Professur für Vorgeschichte, in Königsberg/Pr.

Erstes dt. Selbstwähler-Fernamt (Netzgruppe Weilheim)

1,25-m-Spiegelteleskop für Sternwarte in Berlin-Babelsberg

„Columbus" (dt. Kolben-Ozeandampfer mit 39000 t Wasserverdrängung; erhält 1930 Turbinen)

Erste Polarstation der USSR

Erster Versuch, i. d. Luft v. Flugzeug zu Flugzeug zu tanken, i. USA

Erste *Diesel*-LKW

Der Gedanke des „Muttertages" kommt von USA nach Deutschland

In Dt. sterben 2 Mensch. an Pocken (vor Einführung des Impfzwanges [1874] jährl. mehrere tausend Todesfälle; 1870/2 üb. 129000 Todesfälle i. Preußen; 1916/7 547 Todesf. i. Dt.)

„Der Impfgegner" (Zeitschrift des dt. Reichsverb. zur Bekämpfung der Impfung; 1927 rd. 1 Mill. Mitglieder)

Emily Post „Etikette" (nordamer. Anstandsbuch)

P. Nurmi läuft die Meile (1609,3 m) in 4 Min. 10,4 Sek. (1945 *G. Hägg* in 4 Min. 01,4 Sek.; 1954 *R. G. Bannister* in 3 Min. 59,4 Sek.: „Traummeile")

Valentich: „Der moderne Sport" (Handbuch d. Leibesübungen; nach dem 1. Weltkrieg wird der Sport zur Massenbewegung)

Sowjetunion geht vom *julian*ischen z. *gregor*ianischen Kalender über

Erdbeben bei Tokio fordert 100000 Todesopfer, zerst. 650000 Gebäude

Beg. d. Dammbaus z. Trockenlegung d. Zuidersees (erste Pachtbetriebe 1934)

Tempelhofer Feld i. Berlin wird Flugplatz

1924

*Dawes*plan regelt die dt. Reparationen: ab 1928 2,5 Milliarden jährl., zeitlich nicht begrenzt; bis dahin jährl. zwischen 1,2 und 1,75 Milliarden Mark ansteigend (vgl. 1929)

† *Karl Helfferich*, dt. Finanzmann und deutschnationaler Politiker; Gegner *Erzbergers* u. *Rathenaus* (* 1872)

K. Kenkel: „Die politischen Parteien der Staaten des Erdballs“

Richard Müller: „Vom Kaiserreich zur Republik. Ein Beitrag zur Geschichte der revolutionären Arbeiterbewegung während des Weltkrieges“

Hitler aus der Festung Landsberg vorzeitig entlassen; schrieb während der Haft „Mein Kampf“ (Hauptschrift des Nationalsozialismus)

Fr. Otto Hörsing (* 1874, † 1937) gr. „Reichsbanner Schwarz-Rot-Gold“

„Zeitschrift für Geopolitik“ (mit *Karl Haushofer* [* 1869, † 1946, Selbstmord], ab 1933 alleiniger Herausgeber)

Durch Attentat wird der österr. Bundeskanzler *Ignaz Seipel* schwer verwundet

J. R. MacDonald erster brit. Labour-Ministerpräsident (muß sich auf Koalition mit Liberalen stützen)

Wahlsieg der Konservativen, *Stanley Baldwin* brit. Ministerpräsident bis 1929

Austen Chamberlain brit. konservat. Außenminister im Kabinett *Baldwin*

Nach Übertritt zu den Konservativen wird *Winston Churchill* (vorher Liberaler) Finanzminister im Kabinett *Baldwin*

Konflikt Großbritannien-Ägypten wegen Ermordung des brit. Oberkommandierenden in Ägypten. Rücktritt des Ministerpräsidenten *Saghlul Pascha*, der mit großer Mehrheit wiedergewählt wird. Ägypt. König löst Parlament auf

General *James Hertzog* (* 1866, † 1942) englandfeindlicher südafrikan. Ministerpräsident bis 1939 (bis 1933 von *Smuts* bekämpft)

Literatur-*Nobel*preis an *W. Reymont* (Polen)

Barlach erhält *Kleist*preis

Bengt Berg (* 1885): „Mit den Zugvögeln nach Afrika“ (schwed. Erz.)

Carossa: „Rumänisches Tagebuch“

† *Joseph Conrad* (*Korczeniowski*), poln.-engl. Dichter; war bis 1894 Handelsschiffskapitän (* 1857)

Döblin: „Berge, Meere u. Giganten“ (Zukunftsroman)

Fleuron: „Schnock“ (dän. Tierroman)

Irene Forbes-Mosse (* 1864, † 1946): „Gabriele Alweyden“ (Roman)

† *Anatole France*, frz. Dichter; *Nobel*preis 1921 (* 1844)

Galsworthy: „Der weiße Affe“ (engl. Roman)

Gundolf: „Cäsar. Geschichte seines Ruhms“

G. Hauptmann: „Die Insel der großen Mutter“ (Roman)

Hedin: „Von Peking nach Moskau“ (schwed. Reisebericht)

Hemingway: „In unserer Zeit“ (nordamerikan. Kurzgeschichten)

Arthur Holitscher (* 1869, † ~ 1939 im Exil): „Narrenbaedeker“ (sozialist. Reiseschilderung, von *Masereel* illustriert)

James Johnson: „Anthologie d. Negerdichtung“ (nordamerik.)

F. Kafka: „Ein Hungerkünstler“ (österr. Erzählung)

† *Franz Kafka*, österr. Dichter (* 1883). Sein Werk wird von *Max Brod* herausgegeben

G. Kaiser: „Kolportage“ (Tragikomödie)

Karl Adam (* 1876, † 1966): „Das Wesen d. Katholizismus“ (aus katholischer Sicht)

K. Barth: „Die Auferstehung der Toten“ (Auslegung des ersten Korintherbriefes) und „Das Wort Gottes und die Theologie“ (Gesammelte Vorträge über Dialektische Theologie: Erkenntnis des jenseitigen Gottes im ewigen Widerspruch)

Emil Brunner (* 1889, † 1966): „Die Mystik und das Wort“ (dialekt. Theologie; trennt sich *K. Barth*)

Georg Buschan (* 1863, † 1942): „Das Weib im Spiegel der Völkerkunde“

Dacqué: „Urwelt, Sage und Menschheit“

Freud: „Gesammelte Schriften“ (bis zu seinem Tode 1939: 12 Bände)

Gandhi fastet 21 Tage in Delhi als moralische Demonstration gegen politisch-religiös. Zwist der Hindus und Moslems in Indien

Nic. Hartmann: „Diesseits von Idealismus und Realismus“

Kurt Hiller (* 1885): „Verwirklichung des Geistes im Staat“ (gegen Machtpolitik)

Ellen Key: „Der Allsieger“ (schwed., 4 Bände seit 1920)

Felix Krueger: „Der Strukturbegriff in der Psychologie“ (Ganzheitspsychologie)

Hans Leisegang (* 1890, † 1951): „Die Gnosis“ (Religionsgeschichte)

Fr. Meinecke: „Idee der Staatsräson in der neueren Geschichte“

Beckmann: „Vesuv" (express. Gemälde)
P. Behrens: Verwaltungsgebäude der Höchster Farbwerke
Henri Berlewi (*1884, † 1967) begrdt. in Warschau u. Berlin konstruktivist. Malerei der „Mechanofaktur"
Bernhard Bleeker (* 1881): „Der tote Soldat" (Marmorbildwerk im Kriegerdenkmal München)
Paul Bonatz: Bürohaus Stumm Konzern, Düsseld. (beg. 1922)
C. Brancusi: „Weltenanfang" (rumän. „Skulptur f. Blinde")
Braque: „Zuckerdose" (frz. express. Gemälde)
Chagall: „Tochter Ida am Fenster" (frz.-russ. Gem.)
de Chirico: „Der große Metaphysiker" (ital. kubist. Plast.); kommt von Italien nach Paris und malt bis 1929 surrealist.
Corinth: „Walchenseelandschaft" (Gemälde)
Dehio: „Geschichte d. deutschen Kunst" (6 Bände seit 1919)
Expression. Künstlergruppe „Die Blauen Vier": *Feininger, v. Jawlensky, Kandinsky, Klee*
Heckel: Radierungen aus dem Artistenleben (express.)
Hielscher: „Deutschland" (künstlerisch. Photowerk)
† *Friedrich Kallmorgen*, dt. Maler; u. a. Hafenbilder (* 1856)
A. Kanoldt: „Bellegra" (Landschaftsbild i. Stil d. „Neuen Sachlichkeit")

Alban Berg: „Kammerkonzert" (zum 50. Geburtstag *A. Schönbergs*)
† *Ferruccio Busoni*, ital.-dt. Komponist und Klaviervirtuose; schrieb Werke für Orchester, Klavier, Opern, bearbeitete *Bach* (* 1866)
Gershwin: „Rhapsody in blue" (nordamerik. Jazzkomposition für Klavier und Orchester)
Walter Hensel gründet Finkensteiner Bund z. Pflege gemeins. Volksmusik
Honegger: „Pacific 231" (schweizer.-frz. Komposition; ahmt d. Geräusche einer Schnellzuglokomotive nach)
Kálmán: „Gräfin Mariza" (Operette)
Sergej Kussewitzky übern. Leitg. des Bostoner Symphonieorchesters (USA, gegr. 1880) bis 1949
Hans Joachim Moser (* 1889): „Geschichte der deutschen Musik" (3 Bände seit 1920)
Puccini: „Turandot" (ital. Oper)
† *Giacomo Puccini*, ital. Opernkomponist; Vertreter eines klangschönen Verismus (* 1858)
Respighi: „Die Pinien von Rom" (ital. symphon. Dichtung)
Schoeck: „Penthesilea" (Schweiz. Oper nach *Kleist*)
A. Schönberg: „Er-

„Dt. Glocke" für den Kölner Dom (mit 4500 kg die größte dt. Glocke)
Physik-*Nobel*preis an *Karl Manne Georg Siegbahn* (Schwed., * 1886) für *Röntgen*spektroskopie
Medizin-*Nobel*preis an *W. Einthoven* (Niederl.) für Untersuchung der Herzaktionsströme
Bailey, Morshead und *Ward* lösen das Tsangpo-Brahmaputra-Problem (Tsangpo ist der Brahmaputra-Oberlauf in Tibet)
K. H. Bauer: Mutationstheorie der Krebsgeschwulst-Entstehung
Prince *Louis de Broglie:* Theorie der Materiewellen (Welle-Teilchen-Dualismus, 1927 experimentell bewiesen)
Callizo erreicht 12066 m Flughöhe
de la Cierva fliegt im Hubschrauber über 12 km (erste Flüge 1918 mit elektrischem Motor und Stromzuführung durch erdverbundenes Kabel in Österreich-Ungarn)
Dessauer, Blau, Altenburger (1922) und *Crowther* führen das „Trefferprinzip" in die Biophysik ein (wonach z. B. ein Bakterium durch ein einziges Lichtquant getötet werden kann)
Hugo Eckener (* 1868, † 1954) führt Luftschiff Z. R. III als dt. Reparationsleistung von Friedrichshafen nach New York (Lakehurst)
Eddington: Gesetzm. Bezieh. zw. Masse u. Leuchtkraft eines Sternes
Rotorschiff „Buckau" von *A. Flettner* (Atlantiküberfahrt 1926)
Max Hartmann (* 1876): „Allgemeine Biologie" (Standardlehrbuch)
R. Hesse: „Tiergeographie auf ökologischer Grundlage"
Magnus Hirschfeld: „Geschlechtskunde"
Holzknecht: „Röntgentherapie" (Pionierarbeit für die Heilbehandlung mit *Röntgen*strahlen)
Hubble: Andromedanebel ist rund 1 Mill. Lichtjahre entfernt, also eine „Weltinsel" außerhalb der Milchstraße

Erste dt. Funkausstellung und erste Automobilausstellung in Berlin
Dt. Institut für Zeitungskunde in Berlin (Leitung ab 1928 *Emil Dovifat*, * 1890)
Karl d'Ester (* 1881, † 1960) erster dt. Ordinarius für Zeitungswissenschaften, in München
Weltwirtschafts-Institut d. Handelshochschule Leipzig
Ein Höhepunkt der Kolonisierung und der Kohlegewinnung auf Spitzbergen
Notenumlauf der Reichsbank nicht begrenzt (Deckung normal 40%, davon mindestens 75% Gold)
Dt. Rohstahlgemeinschaft (Kartell der Stahlindustrie)
J. R. Commons: „Rechtl. Grundlegung des Kapitalismus" (nordamerikan. sozialrechtl. Richtung)
Deutsche Reichsbahngesellsch. gegrdt. (übernimmt 11 Milliarden Mark Reparations-Schuldverschreibungen zu 5%)
Umschlag im Binnenhafen Duisburg: 46000 Lastkähne führen 4 Mill. t Güter ein und 15,7 Mill. t aus
Imperial Airways (brit. Luftverkehrsgesellschaft)

(1924)	Wahlsieg des „Kartells" der linkspolit. frz. Parteien. *Edouard Herriot* (Radikalsozialist, * 1872) frz. Ministerpräsident bis 1925 (noch einmal 1932) *Gaston Doumergue* (Radikalsozialist, * 1863, † 1937) frz. Staatspräsident bis 1931 Neuer frz.-tschechoslowak. Freundschafts- und Bündnisvertrag Internationale Vereinigung der demokrat. Parteien in Boulogne Sozialdemokrat. Regierung in Dänemark; Ministerpräsident *Stauning* bis 1926 und 1929 bis 1940 † *Giacomo Mateotti*, ital. Sozialist, von Faschisten ermordet (* 1885). Rücktritt der meisten nichtfaschistischen Abgeordneten Ministerpräsident *Venizelos* muß wegen monarchist. Politik Griechenland verlassen Griechenland wird Republik (bis 1935); *Konduriotis* Staatspräsident bis 1929 Bolschewist. Putsch in Reval niedergeworfen Finnland verhaftet kommunist. Parlamentarier Großbrit., Frankreich, Italien anerkennen USSR † *Wladimir Iljitsch Lenin* (*Uljanow*), russ. Staatsmann; Begründer des Bolschewismus und der Sowjetunion (* 1870); nach seinem Tode Kämpfe um die politische Führung, die *Stalin* gewinnt *Stalin* verbündet sich mit *Sinowjew* und *Kamenew* gegen *Trotzki* Volkskommissar für Heerwesen *Leo Trotzki* abgesetzt und in den Kaukasus verbannt *Alexei Iwanowitsch Rykow* Vorsitzender des Rates der Volkskommissare der USSR Aufstand in Georgien gegen Sowjetregierung niedergeschlagen Autonomer Rätefreistaat der Wolgadeutschen errichtet (1941 aufgelöst, Bevölkerung in Strafgebiete verbracht) Turkmenische SSR gegründet	*Margaret Kennedy* (* 1896): „Die treue Nymphe" (engl. Roman) *Kisch:* „Der rasende Reporter" (gesammelte Feuilletons) *Klabund:* „Der Kreidekreis" (Drama nach dem Chinesischen) *Elisabeth Langgässer* (* 1899, † 1950): „Wendekreis des Lammes" (Gedichte) *Gertrud von Le Fort* (* 1876): „Hymnen an die Kirche" (kathol. Dichtung) *Rudolf Leonhard* (* 1886): „Segel am Horizont" (kommunist. Drama) *H. Mann:* „Abrechnungen" (Novellen) *Th. Mann:* „Der Zauberberg" (Rom. 2 Bde.) *E. F. T. Marinetti:* „Futurismus und Faschismus" (ital. Programmschrift, erklärt Futurismus zum faschist. Kunststil) *J. Masefield:* „Sard Harker" (engl. Tropenrom.) *Münchhausen:* „Balladenbuch", „Liederbuch" *Reinhold Conrad Muschler* (* 1882): „Bianca Maria" (Roman) *O'Neill:* „Gier unter Ulmen" (nordamerikan. Bühnenstück) *Paul Raynal* (* 1885): „Das Grabmal d. unbekannten Soldaten" (frz. Kriegsheimkehrerrom.) *Hans J. Rehfisch* (* 1891): „Wer weint um Juckenack?" (Tragikomödie) *Ringelnatz:* „Geheimes Kinderspielbuch" (Gedichte) *Schnitzler:* „Fräulein Else" (Novelle) und „Komödie der Verführung" (Schauspiel)	† *Paul Natorp*, dt. Philosoph; Neukantianer (* 1854) *Peter Petersen:* „Allgemeine Erziehungslehre" (2 Bände; Grundlage von „Der Jenaplan einer freien allgemeinen Volksschule") *Rickert:* „Kant als Philosoph der modernen Kultur" † *Alois Riehl*, dt. Philosoph; Neukantianer (* 1844) *Scheler:* „Schriften zur Soziologie und Weltanschauungslehre" (3 Bände seit 1923) *Schweitzer:* „Kultur und Ethik" (Kulturphilosophie II) *Sombart:* „Die Ordnung des Wirtschaftslebens" („verstehende Nationalökonomie" auf histor.-soziologischer Grundlage) und „Der proletarische Sozialismus" (Neubearbeitung von „Sozialismus und soziale Bewegung" von 1897) *Spranger:* „Psychologie des Jugendalters" *W. Stern:* „Person und Sache" (3. Bd. „Wertphilosophie") *E. Troeltsch:* „Der Historismus und seine Überwindung" (Geschichtsverlauf unwiederholbar) (posthum) *Vaihinger:* „Pessimismus und Optimismus vom Kantschen Standpunkt aus" *Max Weber:* „Gesammelte Aufsätze zur Soziologie und Sozialpolitik" und „Gesammelte Aufsätze zur Sozial- u. Wirtschaftsgeschichte" (beides posthum) Konkordat mit Bayern (weitere: 1922 mit Lettland, 1925 mit Polen, 1927 mit Litauen)

E. L. Kirchner: „Paar vor den Menschen" (express. Gemälde)
Kokoschka: „Die Börse v. Bordeaux" und „Venedig" (express. Städtebilder)
Kollwitz: „Selbstbildnis" und „Brot" (Lithographien)
W. Kreis (*1873, † 1955): *Wilhelm-Marx*-Haus in Düsseldorf (eines der ersten deutschen Hochhäuser, Baubeginn 1922)
Masereel: „Gier" (fläm. expression. Zeichnung)
J. Miró geht von gegenständl. Malerei zur abstrakt-surrealistischen über
László Moholy-Nagy (* 1895, † 1946): „Theater der Totalität" (Vereinigung von Kunst, Technik, Wissenschaft, entstand im Bauhaus, Weimar)
Ed. Munch: „Ballsaal" (norweg. impress. Gemälde)
Otto Nagel (* 1894, † 1967): „Straße am Wedding" (Gem.)
Nash: „Die Schöpfung" (engl., 12 Holzschnitte)
Abstrakte Periode in der Malerei *Pablo Picassos* („Die Natur existiert, aber meine Bilder auch")
Picasso: „Großer Harlekin" (span.-frz. express. Gemälde)
Schmidt-Rottluff: „Arbeiterkopf" (express. Holzschnitt)
† *Franz Schwechten*, dt. Architekt; erbaute bis 1895 Kaiser-*Wilhelm*-Gedächtniskirche in Berlin (* 1841)

wartung" (musik. Monodrama)
Sibelius: Symphonie in C-dur (finn.)
† *Charles Stanford*, irischer Komponist (* 1852)
Urauff. d. unvoll. 10. Sinfonie von *G. Mahler* († 1911)
R. Strauss: „Intermezzo" (Oper) und „Schlagobers" (Ballett)
Strawinsky: Oktett für Bläser (russ. Komposition)
Hermann Suter (* 1870, † 1926): „Le Laudi" (Schweiz. Chorwerk über den Sonnenhymnus d. heiligen *Franz von Assisi*)
S. Wagner: „Der Schmied von Marienburg" (Oper)
Anton v. Webern (* 1883, † 1945): „Drei geistliche Lieder" (12-Ton-Technik)
Modetanz Jimmy
≈ Rundfunk schafft ein neues Verhältnis zur Musik

Bruno Taut: „Die neue Wohnung" (über modernes Wohnungswesen)
† *Hans Thoma*, dt. Maler u. Graphiker (* 1839)
Lesser Ury: Rheinlandschaften

Junkers Metall-Eindecker G 24 (ein 195-PS- und zwei 100-PS-Motoren, rd. 2000 kg Nutzlast, ca. 170 km/h)
Lepeschkin: „Kolloidchemie des Protoplasmas"
Bei dem Versuch, den Mt. Everest zu ersteigen, werden *George Leigh-Mallory* und *Andrew Irvine* etwa 250 m unter dem Hauptgipfel aufsteigend das letzte Mal gesehen. Vorher hatte *E. F. Norton* im Alleingang 8573 m erreicht
K. Rasmussen erforscht auf der bisher längsten arktischen Schlittenreise das Leben der amerikanischen Eskimos (seit 1921, galt 15 Mon. als verschollen)
H. Riegger: Elektrodynamischer Lautsprecher (elektrodynamisches Telephon von *W. v. Siemens* 1878) und Kondensator-Mikrophon (verbessert Klangqualität)
Manne Siegbahn: „Spektroskopie der Röntgenstrahlen" (grundlegende Untersuchungen der Upsala-Schule)
H. W. Siemens: „Zwillingspathologie" (Bedeutung, Methoden, Ergebnisse)
Eduard Sievers (* 1850, † 1932): „Ziele und Wege der Schallanalyse" (Nachweis von charakteristischen sprachl. „Personalkurven", auch zur Textkritik verwendet)
Otto Stern (* 1888, † 1969) und *W. Gerlach* (* 1889) beweisen durch Ablenkung von Atomstrahlen im Magnetfeld die magnetischen Eigenschaften des Elektrons
Hans Stille (* 1876, † 1966): „Grundfragen der vergleichenden Tektonik" (mit „Regeln" der Gebirgsbildungsprozesse, Schrumpfung der Erde als treibende Kraft; umstritten)
O. H. Warburg: „Stoffwechsel der Tumoren" (Physiologie der Geschwülste)
O. H. Warburg gelingt es, die Wirkgruppen („Cofermente") einiger Enzyme (Fermente) chemisch aufzuklären oder rein darzustellen
A. Wegener und *W. Köppen:* „Die Klimate der geologischen Vorzeit" (Begründung d. Paläoklimatologie unter Zuhilfenahme d. Kontinentalverschiebungs-Theorie, vgl. 1915)

Flugplatz Berlin-Tempelhof eröffnet
Bahnhof Berlin-Friedrichstr. (Neubau)
Berliner Verkehrspolizei
Internationales Abkommen üb. Kraftfahrzeugverkehr
Teilweise Reform der dt. Gerichtsverfassung und Strafrechtspflege (u. a. allgemeine Berufungsmöglichkeiten)
Ludwig Ebermayer (* 1858, † 1933): „Arzt und Patient in der Rechtsprechung"
Jährlich etwa 200000 illegale Abtreibungen in Deutschland vermutet
Reichsknappsch.-Gesetz (Bergarbeiterversicherung)
„Die Wohnungsbauprobleme Europas nach dem Krieg" (vom Internationalen Arbeitsamt)
In Deutschl. gehen durch Krankheiten etwa 13,4 Mill. Arbeitstage verloren
178000 Geisteskranke in dt. Anstalten (Neuzugang 26000 pro Jahr)
Auguste Forel: „Warum soll man den Alkohol meiden?" (Abstinenzschrift eines Schweiz. Nervenarztes)
Deutsche Einheitskurzschrift (seit 1906 angestrebt; ab 1936 Deutsche Kurzschrift)

(1924)

In der Äußeren Mongolei bildet sich Mongolische Volksrepublik mit Sowjetverfassung. USSR anerkennt (formal) Zugehörigkeit zu China

Wahhabitenherrscher *Ibn Saud* erobert zu seinem Stammland Nedsch das Hedschas (mit Mekka) hinzu

Schah *Ahmed* wird gezwungen, Persien zu verlassen

† *Woodrow Wilson*, Präsident der USA von 1913 bis 1921; Friedens*nobel*preis 1919 (* 1856)

USA-Einwanderungsgesetz(schließt Chinesen nud Japaner aus)

Plutarco Elias Calles (* 1877) Präsident von Mexiko bis 1928 (kämpft auch nach dieser Zeit gegen kathol. Kirche)

Aufstand im brasilian. Kaffeestaat Sao Paulo und Rio Grande do Sul; wird unterdrückt, veranlaßt aber Reformen

Sun Yat-sen: „Drei Grundsätze der Volksherrschaft" (chin. demokrat. Lehre)

Die politische Richtung deutscher Zeitungen:

rechtsstehend	444
Zentrum	284
demokratisch	166
sozialdemokratisch	142
kommunistisch	20

W. von Scholz: „Die gläserne Frau" (Schauspiel)

A. Serajemowitsch(* 1863, † 1949): „Der eiserne Strom" (russ. Roman)

Shaw: „Die heilige Johanna" (engl. Schausp.)

Spitteler: „Prometheus der Dulder" (Schweiz. Versepos, Bearbeitung des Prosaepos von 1881)

† *Carl Spitteler*, Schweiz. Dichter; *Nobel*preis 1919 (* 1845)

Konstantin Stanislavsky: „Mein Leben i. d. Kunst"

Thieß: „Der Leibhaftige" (Roman)

Timmermans: „Das Licht in der Laterne" (fläm. Erzählungen)

Mark Twain: „Autobiographie" (2 Bände, posthum)

Valéry: „Eupalinos oder der Architekt" (franz. kunstphilos. Prosadial.)

Werfel: „Juarez u. Maximilian" (dram. Hist.)

Wiechert: „Der Totenwolf" (Roman)

† *Eleonora Duse*, ital. Schauspielerin (* 1859)

Max Reinhardt übernimmt die Leitung des Theaters in der Josefstadt, Wien, und der Sommerfestspiele in Salzburg („Jedermann"-Inszenierung); in Berlin: Dt. Theater, Kammerspiele und Komödie

G. Witkowski: „Textkritik u. Editionstechnik neuerer Schriftwerke"

Kurt Robitschek gründet Kabarett der Komiker, Berlin

„Who's who in Literature" (angelsächsisches Schriftstellerlexikon)

Evang. Sozialpfarrer zur Pflege der sozialen Kirchenarbeit

Reichsarbeitsgemeinschaft der Kinderfreunde (sozial. Kinderfürsorge)

Arbeitsgemeinschaft dt. Bauern- und ländlicher Volkshochschulheime

Dän. Arbeiterbildungs-Vereinig.

Preuß. Richtlinien für die Kunsterziehung an höheren Schulen

Jahrbuch der Charakterologie

33557 Einäscherungen in Deutschland (~1900 etwa 800 jährlich)

Aufhebung des türkischen Kalifats (Sultanat seit 1922 aufgehoben)

„Die surrealistische Revolution" (frz. Zeitschr.)

Bildungsverband d. dt. Buchdrucker grd. „Büchergilde Gutenberg" (gewerkschaftl. orient., 1954: 250000 Mitgl.)

Erstes dt. Rundfunkhörspiel

Wilhelm Waetzold (* 1880): „Deutsche Kunsthistoriker" (2 Bände seit 1921)

Neuer oder Mariendom in Linz (Baubeginn 1862, 135 m hoher Turm)

—

„Der letzte Mann" (Film mit *E. Jannings*; Regie: *F. W. Murnau*)

„Nibelungen" (Film; Regie: *F. Lang*)

„Das Wachsfigurenkabinett" (Film von *Paul Leni*, * 1885, † 1929, mit *E. Jannings, C. Veidt, W. Krauß*)

„Berg d. Schicksals" (Film von *A. Fanck*, mit *Luis Trenker*, * 1892)

„Amerika" (nordamerikan. Film; Regie: *D. W. Griffith*; schildert in großen Schlachtszenen die amerikanische Revolution)

„Die zehn Gebote" (nordamerikan. Film von *C. B. de Mille*); „Der Dieb von Bagdad" (nordamerikan. Film v. *Raoul Walsh* mit *D. Fairbanks*); „Jazz" (nordamerik. Film v. *James Cruze*, * 1884, † 1942); „Der Steuermann" (nordamerikan. Film von *Donald Crisp* mit *Buster Keaton* [* 1895, † 1966])

„Zwischenakt" (frz. Film von *René Clair*)

„Mechanisches Ballett" (frz. Film von *Fernand Léger*)

Erste Funde des Australopithecus africanus in Südafrika: schimpansoide Formen mit menschenähnlichem Gebiß, frühe Kulturanzeichen (Kannibalismus wahrscheinlich). (Weitere Funde 1936/38, 1947/48.) Lebte vor 0,5 bis 1 Mill. Jahren

Zeitschrift für Geophysik

Königsberger Gelehrte Gesellschaft

Messung der Temperaturen auf dem Mars: zwischen + 15° und — 100° C, Jahresmittel — 15° C (Erde + 14° C)

Katalog mit Spektren von über 225000 Sternen („Henry Draper Catalogue" des Harvard Observatoriums seit 1918)

Zeiß-Projektions-Planetarium in Jena (i. d. Folgezeit 27 weitere für Europa, Amerika und Ostasien)

Weltkraftkonferenz in London (behandelt internationale Energieerzeugung und -verteilung; 1930 in Berlin)

Rundfunkverständigung zwischen England und USA sowie England und Australien (letzteres auf Kurzwelle)

Stärkere Verbreitung von Radioliteratur (bes. Bastelbücher)

Reihen-Rotationsmaschine zum Druck beliebig großer Zeitungen *(Koenig & Bauer)*

Flugzeugmotoren 2,4 kg Gewicht/PS Leistung und 190 g Brennstoffverbrauch pro PS-Stunde Arbeit (1914: 2 kg/PS und 225 g/PS-Std.; 1900: 25 kg/PS und 400 g/PS-Std.; 1939: 0,6 kg/PS und 165 g/PS-Std.)

Eisenbahnausstellung in Seddin (bei Berlin); u. a. Turbolokomotive von *Krupp* (vgl. 1908)

25% aller Seeschiffe verwenden Ölfeuerung (1921 16%)

160 m Tauchtiefe erreicht (Walchensee)

Einführung der Melkmaschine in der dt. Landwirtschaft (in USA, Australien, Schweden bereits verbreitet)

Verbesserte Torfpresse

10000000. Fordauto

Klein-Kraftwagen mit Heckmotor von Hanomag

Im dt. Rundfunk entw. sich typische Sendeformen: erstmalig Konzert- u. Opernübertragung, Hörspiel, Werbesendung etc.

Olympiade in Paris

Erste Olympische Winterspiele, in Chamonix

R. Seyffert: „Allg. Werbelehre" (Standardwerk)

Carl Diem (1913 bis 1933 Generalsekretär des dt. Reichsausschusses für Leibesübungen): „Persönlichkeit und Körpererziehung"

Dt. und österr. Alpenverein hat etwa 250000 Mitglieder in 405 Sektionen (gegründet in Österreich 1862, in Deutschland 1869, vereinigt 1874)

Kandahar-Skiclub in Mürren zur Förderung des Abfahrtrennens

Volkssportschule in Wünsdorf

Weltschachbund im Haag

Chin. Mah-Jongg-Spiel wird ein dt. Modespiel

Bubikopf wird vorherrschende weibl. Frisur (gelangte ~ 1920 von USA nach Europa)

Massenmörder *Haarmann* verhaftet; beging in Hannover 26 Morde an jungen Männern

1925	Friedens*nobel*preis an *A. Chamberlain* (Großbrit.) und *Ch. G. Dawes* (USA) Genfer Protokoll über das Verbot des chemischen und bakteriolog. Krieges *Hans Luther* (parteilos, * 1879) dt. Reichskanzler bis 1926. Koalitionsregierung vom Zentrum bis zu den Deutschnationalen † *Friedrich Ebert*, dt. Sozialdemokrat, Reichspräsident seit 1919 (* 1871) Im 1. Wahlgang der Reichspräsidentenwahl erhält *Jarres* (vereinigte Rechtsparteien) relative Mehrheit. Im 2. Wahlgang wird *von Hindenburg* (14,656 Mill. Stimmen) gegen *Marx* (13,752 Mill.) u. *Thälmann* (1,951 Mill.) zum Reichspräsidenten gewählt (bis 1934 [†]) *Theodor Lessing* schreibt gegen *Hindenburg* (verliert deswegen 1926 das Recht, in Hannover Vorlesungen zu halten) *E. Schiffer* Vorsitzender des Reichsrechtsausschusses der dt.-österr. Arbeitsgemeinschaft Beginn der Räumung der in Deutschland besetzten Gebiete (beendet 1930) *Jacob Gould Schurman* (* 1854, † 1942) USA-Botschafter in Deutschland bis 1930 (fördert Erweiterungsbau der Universität Heidelberg) „Heidelberger Programm" der SPD *Hitler* gründet die NSDAP neu. 27000 Mitglieder (1931: 806000) Nationalsozialistische „Schutzstaffel" (SS) aus der SA gebildet *Adolf Hitler:* „Mein Kampf" erscheint (wird zum Programm der NSDAP; 2. Band 1926) Zypern wird brit. Kronkolonie (1914 annektiert) Völkerbund spricht Erdölgebiet Mossul dem Königreich Irak zu (seit 1918 von Großbrit. besetzt). Brit. Irakmandat auf 25 Jahre verlängert Großbritannien schlägt Italien Aufteilung Abessiniens in Interessensphären vor (1926 wird das Ge-	Literatur-*Nobel*preis an *G. B. Shaw* (Großbrit.) *Bunin:* „Mitjas Liebe" (russ. Erzählungen) *Jo(hanna) van Ammers-Küller* (* 1884, † 1966): „Die Frauen der Coornvelts" (niederl. Romanfolge mit Fortsetzung: 1930 „Frauenkreuzzug", 1932 „Der Apfel und Eva") *Joh. R. Becher:* „Arbeiter, Bauern, Soldaten" (Drama) *Willa Cather:* „Das Haus des Professors" (nordamerikanischer Roman) *Warwick Deeping* (* 1877, † 1950): „Hauptmann Sorrell u. sein Sohn" (engl. Roman) *Dos Passos:* „Manhattan Transfer" (nordamerik. Roman) *Th. Dreiser:* „Amerikanische Tragödie" (nordamerikan. Roman) *F. H. Ehmcke:* „Schrift, ihre Gestaltung und Entwicklung" (buchkünstlerisch) *John Erskine* (*1879, + 1951): „Das Privatleben der schönen Helena" (nordamerikan. Roman) *Lion Feuchtwanger* (*1884, + 1954): „Jud Süß" (Roman, 1917 als Drama) *F. Scott Fitzgerald:* „The great Gatsby" (nordamerikan. Roman) *Wolfgang Goetz* (* 1885, † 1955): „Neidhart v. Gneisenau" (Drama) *Gorki:* „Das Werk der Artamonows" (russ.) *Hofmannsthal:* „Der Turm" (Schauspiel) *Arno Holz:* „Das Werk" (vorläufige Gesamtausgabe in 10 Bänden) *Aldous Huxley* (*1894, + 1963): „Parallelen der Liebe" (engl. gesellschaftskrit. Roman)	*F. Alverdes* (* 1889, † 1952): „Tiersoziologie" *Walter Benjamin* (*1892, + 1940 Freitod): „Ursprung des dt. Trauerspiels" (sozialist. Ästhetik, als Habilitationsschrift abgelehnt) *Buber:* „Die Schrift" (Übersetzung d. Alten Test. [b. 1938], jüd. Religionswissenschaft) *Artur Buchenau:* „Sozialpädagogik" (nach *Natorp-Pestalozzi*) *Dessoir:* „Der Okkultismus in Urkunden" (ablehnende Kritik des Okkultismus; vgl. 1926) *Philipp Fauth* (* 1867, † 1941): „Hörbigers Glazialkosmogonie" (Darstellung der Welteislehre) *Frobenius* gründet Forschungsinstitut für Kulturmorphologie in Frankfurt/M. *Etienne Gilson* (* 1884): „Saint Thomas Aquin" (frz. neuscholastische Philosophie) *R. v. Haas:* Bilderatlas zur Religionsgeschichte *Max Hartmann:* „Biologie und Philosophie" (kausalistische, antivitalistische Naturphilosophie) *Nic. Hartmann:* „Ethik" (bejaht an sich bestehende ethische Werte) *Werner Jaeger* (*1888, + 1961): „Antike und Humanismus"; gründet Zeitschrift „Die Antike" *E. R. Jaensch:* „Die Eidetik und die typologische Forschungsmethode" (Typenpsychologie) *Erwin G. Kolbenheyer:* „Die Bauhütte. Elemente einer Metaphysik der Gegenwart"

O. Bartning: Rotes-Kreuz-Verwaltungsgebäude, Berlin

André Breton: „Surrealistisches Manifest" („Traum und Wirklichkeit bilden zusammen eine Art absoluten Realismus, sozusagen einen Surrealismus")

Chagall: „Trinkendes grünes Schwein"

Corinth: „Ecce Homo" (Gemälde)

† *Lovis Corinth*, dt. Maler eines teils impress., teils express. Stils (* 1858)

A. Derain: „Cathérine Hessling" (frz. Bildnis)

O. Dix: „Tänzerin Anita Berber" (Gemälde)

Feininger: „Torturm" (express. Gemälde)

Grant: „Nymphe u. Satyr" (engl. Gem.)

Hoernes u. *Menghin:* „Urgeschichte d. bild. Kunst in Europa"

Marcel Gromaire (*1892, † 1971): „Der Krieg" (frz. pazifist. Gem.)

K. Hofer: „Paar am Fenster" (Gemälde)

Willy Jaeckel (*1888): „Liegender Frauenakt" (express. Gem.)

Klee: „Pädagogisches Skizzenbuch", „Der goldene Fisch" (Gem.)

Fritz Koch-Gotha (* 1877, † 1956): „Die Hasenschule"

Kokoschka: „Tower bridge in London" u. „Verkündigung" (express. Gemälde)

Kollwitz: „Gefangene hören Musik" (Lithographie)

Masereel: „Die Stadt" (fläm. Holzschnitte)

Georges Balanchine (*1904) Choreograph i. Paris beim „Ballets Russes" des *Sergej Diaghilew* (gegr. 1909)

Alban Berg: „Wozzek" (Uraufführg. in Berlin. Oper nach *Büchner* im Zwölftonstil)

Aaron Copland (* 1900): 1. Symphonie (nordamerikan. Komp.)

Alfred Einstein: „Neues Musik-Lexikon"

† *Leo Fall*, österreich. Operettenkomponist (* 1873)

E. Goossens: „Judith" (engl. Oper)

„NegroSpirituals" (Samml. rel. Lieder der Neger v. *James Johnson*)

A. László: „Die Farblichtmusik" (Unterstützung d. Musik durch Farben; konstr. auch Farblichtklavier)

Lehár: „Paganini" (Operette)

NellieMelba (* 1865, † 1931, australische Koloratursopranistin): „Melodien u. Erinnerungen" (Autobiographie)

Pfitzner: Violinkonzert in h-moll

Orgel im Passauer Dom von *Steinmeyer* (gilt als größte der Welt)

Kurt Thomas (* 1904): „Messe in a-moll" (A-cappella-Messe)

Bruno Walter Gen.-Musikdirektor an der Staatsoper Berlin

Physik-*Nobel*preis an *J. Franck* (Dt.) und *G. Hertz* (Dt.) für Erforschung von Quantensprüngen durch Elektronenstoß

Chemie-*Nobel*preis an *R. Zsigmondy* (Dt.) für grundlegende Arbeiten über Kolloidchemie

Edward V. Appleton (* 1892, † 1965) u. *M. A. F. Barnett* weisen durch Funkechos die *Heaviside*-Schicht nach (vgl. 1902; leitende Luftschichten in über 100 km Höhe: Ionosphäre)

Erstes Modell der „Leica" von *Oskar Barnack* fördert entscheidend die Kleinbildphotographie auf Normalfilm

A. Bethe, G. v. Bergmann, Embden, Ellinger: „Handbuch der normalen und pathologischen Physiologie" (erscheint in der Folgezeit in 17 Abteilungen mit je mehreren Bänden)

† *Ernst Bumm*, dt. Frauenarzt; wies bakterielle Erreger vieler Frauenkrankheiten nach (* 1858)

Couvé: „Die Psychotechnik im Dienst der deutschen Reichsbahn"

Danner: Ziehmaschine für Glasröhren

Dt. atlantische Expedition des Forschungsschiffes „Meteor" (bis 1927, erweitert entscheidend ozeanographisches Wissen; *Albert Defant* veröffentlicht die Ergebnisse ab 1932 in 16 Bänden)

Arthur Dix: „Geoökonomie, Einführung in die erdhaften Wirtschaftsbetrachtungen"; beginnt Monatsschrift „Weltpolitik und Weltwirtschaft" herauszugeben

Drouhin und *Landry* fliegen 4400 km in 45 Stunden 12 Min.

Karl Engler und *v. Höfer:* „Das Erdöl, seine Physik, Chemie, Geologie, Technologie und sein Wirtschaftsbetrieb" (6 Bände seit 1909, Standardwerk, kennzeichnet steigende Bedeutung des Erdöls)

Franz Fischer und *H. Tropsch* entwickeln die nach ihnen benannte Benzinerzeugung durch Kohleverflüssigung (kommt ohne hohe Drucke aus)

Esau erzeugt Kurzwellen im Wellenlängenbereich 3 bis 8 m

Dt. Volks-, Berufs- und Betriebszählung

7676 dt. Krankenkassen m. 18,3 Mill. Mitgl. und 1375 Mill. M Ausgaben

Rentenzahlungen in Deutschland: 1529097 Invalid.-, 597694 Waisen-, 233404 Witwen-, 89462 Alters-, 29481 Kranken-Renten

Ernst Wagemann (* 1884) gründet und leitet „Institut für Konjunkturforschung" (von 1923 bis 1933 Leiter des Statistischen Reichsamts; ab 1926 „Vierteljahrshefte zur Konjunkturforschg.")

K. Haushofer: „Geopolitik des Pazifisch. Ozeans"

Walter Jellinek (* 1885): „Verfassg. und Verwaltung des Reiches und der Länder" (Verwaltungsrecht)

Hugo Sinzheimer (* 1875, † 1945): „Grundzüge des Arbeitsrechts"

Friedrich-List-Gesellschaft

Haager Abkommen gewährt internationalen Schutz auf 15 Jahre für hinterlegte Muster und regelt internationales Konkursrecht

Weltrundfunkverein

Mittlerer Sonnentag von Greenwich als „Weltzeit" allgemein eingeführt (1883/4 festgesetzt)

(1925) heimabkommen von Frankreich angegriffen und daraufhin teilweise dementiert)

Briand frz. Außenminister bis 1932; bis 1926 Ministerpräsident

Konferenz von Locarno zwischen *Luther*, *Stresemann*, *Briand*, *Chamberlain*, *Vandervelde* (Belg.), *Mussolini*, *Skrzynski* (Pol.), *Benesch* führt zu Abmachungen im Interesse der Friedenssicherung und Stabilisierung des Nachkriegseuropas

Zollunion Frankreich—Saargebiet

Pétain beginnt Neuordnung des frz. Heerwesens; führt die Kämpfe in Marokko

Aufstand in Syrien (Franzosen beschießen 1926 Damaskus und werfen Aufstand nieder)

Verschärfung der faschist. Diktatur in Italien

Dopolavoro (ital. staatl.-faschist. „Freizeitgestaltung")

Hauptstadt Norwegens Kristiana (seit 1624) in Oslo umgenannt

Republ. Partei (agrarisch) überflügelt die sozialdemokrat. in der Tschechoslowakei

Albanien Freistaat unter *Achmed Zogu* (macht sich 1928 zum König *Zogu I.*)

Bombenanschlag auf die Sophien-Kathedrale in Sofia: 200 Tote. Belagerungszustand in Bulgarien. Verbot der kommunist. Partei

Der Führer der oppositionellen Kroaten *Stefan Radic* anerkennt jugoslaw. Verfassung und übernimmt Kultusministerium (tritt 1926 zurück)

Stalin fordert „Sozialismus in einem Land" entgegen *Trotzkis* bolschewistischer „Weltrevolution"

Kliment J. Woroschilow (* 1881) Kriegsminister der USSR

Charkow Hauptstadt der Sowjet-Ukraine

Nichtangriffspakt USSR — Türkei (1945 von der USSR gekündigt)

Japan anerkennt USSR und gibt ihr Nordsachalin gegen Konzession zurück

Sowjettruppen räumen die Äußere Mongolei

F. Kafka: „Der Prozeß" (österr. Rom., posthum)

Kolbenheyer: „Paracelsus" (Romantrilogie seit 1907)

Isolde Kurz: „Der Despot" (Roman)

Lagerlöf: „Charlotte Löwensköld" (schwed. Roman)

Lewis: „Dr. med. Arrowsmith" (nordamerikan. Roman)

Emil Ludwig: „Napoleon" u. „Wilhelm II." (Biographien)

H. Mann: „Der Kopf" (sozialkrit. Roman, 3. Band der Trilogie „Das Kaiserreich", 1. Bd. 1917 „Die Armen" und 2. Bd. 1918 „Der Untertan")

Maugham: „Der bunte Schleier" (engl. Roman)

Karin Michaelis: „Das Mädchen mit den Scherben" (dän.-dt. Frauenroman, 5 Bände)

† *Arthur Moeller van den Bruck* (Selbstmord), dt. konservativer Schriftsteller (* 1876)

Alfred Neumann (* 1895, † 1952): „Der Patriot" (Roman; Drama 1926)

Marta Ostenso (* 1900): „Der Ruf der Wildgänse" (nordamerikan. Roman)

† *Teuvo Pakkala*, finn. Dichter (* 1862)

Alfred Polgar: „An den Rand geschrieben" (gesammelte Feuilletons)

Ponten: „Architektur, die nicht gebaut wurde" (Versuch einer künstlerischen Geographie)

Charles Ferdinand Ramuz (* 1878, † 1947): „Das große Grauen in den Bergen" (Schweiz. Roman)

Alain Locke: „Der neue Neger" (nordamerikan. Schrift für Gleichberechtigung)

H. de Man (* 1885, † 1953): „Zur Psychologie d. Sozialismus"

José Ortega y Gasset (* 1883, † 1955): „Die Aufgabe unserer Zeit" (span.)

J. Rehmke: „Grundlegung der Ethik als Wissenschaft"

Géza Róheim: „Der australische Totemismus" (engl. psychoanalyt. Deutung)

R. Seeberg: „Christliche Dogmatik" (evang. Theologie)

Weltkirchenkonferenz i. Stockholm auf Veranlassung von *Söderblom* (zwischenkirchl. Einigungsbewegung)

Erich Stange (* 1888): „Vom Weltprotestantismus der Gegenwart"

† *Rudolf Steiner*, Begründer der Anthroposophie (* 1861); *Albert Steffen* (* 1884) wird Leiter des „Goetheanums"

E. Vatter: „Der australische Totemismus"

Joh. Volkelt: „Phänomenologie und Metaphysik der Zeit"

K. Vorländer: „Von Machiavelli bis Lenin"

Alfred Weber: „Die Krise des modernen Staatsgedankens in Europa"

M. Wertheimer: „Über Gestalttheorie" (Gestaltpsychologie)

Josef Wittig (* 1879, † 1949): „Leben Jesu in Palästina, Schlesien und anderswo" (führt zu seinem Ausschluß aus der kathol. Kirche)

Joan Miro (* 1893): „Der Katalane“ (frz.-span. surreal. Gem.)

Pinder: „Der Naumburger Dom u. seine Bildwerke“ (m. *Hege*)

H. Poelzig: Lichtspielhaus Capitol am Zoo, Berlin (Baubeginn 1924) u. Konzerthaus in Breslau

† *John Singer Sargent*, nordamerikan. Maler (* 1856)

Bruno Taut (* 1880, † 1938): Hufeisensiedlung Bln.-Britz

Henry van de Velde: „Der neue Stil in Frankreich“ (belg. Architektur)

E. R. Weiß: „Renée Sintenis“ (Bildnis seiner Gattin)

v. Zur Westen: „Reklamekunst aus zwei Jahrtausenden“

Staatl. Bauhaus in Weimar siedelt nach Dessau um

„Die Wohnung“ (Zeitschrift für moderne Wohnkultur)

Stahlrohrmöbel

Internation. Kunstgewerbeausstellung. in Paris und Monza („Europäisches Kunstgewerbe“ in Leipzig 1927)

Westfalenhalle in Dortmund

„Jahrbuch für prähistorische und ethnographische Kunst“ („Ipek“, herausg. v. *H. Kühn*)

„Götz von Berlichingen“ (Film mit *E. Klöpfer*)

„Die Verrufenen“ (Film; Regie: *G. Lamprecht*)

„Wege zu Kraft und Schönheit“ (Film

Föppl: „Vorlesungen über technische Mechanik“ (Standardwerk)

Fritz Giese: „Handbuch psychotechnischer Eignungsprüfungen“ und „Theorie der Psychotechnik“

Max Hartmann: „Untersuchungen über relative Sexualität“ (grundlegende experiment. Untersuchungen an Algen)

Werner Heisenberg (* 1901), *M. Born* und *P. Jordan* entwickeln die Quantenmechanik für Atome (Erweiterung der klassischen Mechanik durch Einbeziehung des *Planck*schen Wirkungsquantums)

† *Felix Klein*, dt. Mathematiker; u. a. mathem. Pädagogik und Geometrie (* 1849)

Weltrekord im Streckenflug von *Lemaitre* und *Arachart* mit 3166 km

Neubau des „Dt. Museums“ in München durch *Oskar von Miller* eröffnet (vorbildliche anschauliche Darstellungen aus Technik und Naturwissenschaft; gesamter Materialwert von Gebäuden, Installationen und Sammlungen ca. 28 Mill. Mark)

Das chemische Element 75, Rhenium, durch sein *Röntgen*spektrum von *W. Noddack* und *J. Tacke-Noddack* entdeckt

Wolfgang Pauli (* 1900) erklärt das Periodische System der chemischen Elemente durch „Verbot“ zustandsgleicher Elektronen

Erich Stern: „Die Psyche d. Lungenkranken“ (psychosomatische Medizin)

Staudinger: Anf. ein. Chemie der synthetischen Fasern

W. Schmidt († 1924): Hochdrucklokomotive für 60 at

G. E. Uhlenbeck und *S. Goudsmit* führen die Vorstellung des kreiselnden Elektrons ein (Elektronen-Spin)

N. Vavilov: Genzentrentheorie (Kulturpflanzen stammen aus wenigen gemeinsamen Mannigfaltigkeitszentren)

Serge Voronoff (* 1866, † 1951): „Organüberpflanzung und ihre praktische Verwertung beim Haus-

Gründung des I.G. Farbenkonzerns (erster Zusammenschluß 1904; 1916 „Anilinkonzern“; Aktienkapital 1926: 1100 Mill. RM)

Carl Duisberg wird Vorsitzender des Aufsichtsrats, des Verwaltungsrats d. I. G. Farben und des „Reichsverbandes der Dt. Industrie“

Firma für landwirtschaftliche Maschinen *Heinrich Lanz* (* 1838, † 1905) wird AG (gegründet 1859)

Walter P. Chrysler (* 1875, † 1940), nordamerikanisch. Autokonstrukteur, gründet *Chrysler* Corporation (liegt 1927 mit 192000 Verkäufen an 5. Stelle)

Deutsche *Ford*-gesellschaft

Japan hat seine Maschinenerzeugung gegenüber 1913 auf 304 % gesteigert (Weltdurchschnitt 108 %

Max von Böhn: „Die Mode. Menschen und Moden vom Untergang der Alten Welt bis zum Beginn des 20. Jahrhunderts“ (8 Bände seit 1923)

Taillenlose Frauenkleidung, kniefreie Röcke, Topfhüte, Bubikopf

Versuchsstelle für Hauswirtschaft des Dt. Frauenwerks (verl. Gütezeichen)

„Das Reformhaus. Monatsschrift für gesunde Lebensführung“

Dr. *Ritter* wandert mit seiner Lebensgefährtin nach den Galapagosinseln aus, um dort fern von der Zivilisation ein *Robinson*leben zu führen

Jagdgesetz in Sachsen (gilt als bes. sachgerecht)

Letzte wilde Wisentherde im Kaukasus ausgestorben

Anwachsende Verbreitung d. Kreuzworträtsels und anderer „Denksport“-Aufgaben

~ Sport- u. and. Reportagen im Rundfunk (bilden bis zum Fernsehen ein Gegengewicht zur Bevorzugung des Bildes)

Rhönrad von *Otto Feick*

Dt. Tischtennisbund

Skandal um die Brüder *Barmat* wegen Schädigung des Reiches durch Lebensmittellieferungen (seit 1919)

Intern. Konvention geg. Rauschgiftunwesen

Louis Armstrong (*1900, † 1971), „King of Jazz“, grdt. seine Combo „Hot Five“

Stark atonaler Jazzstil in Chicago

„Charleston“-Gesellschaftstanz

(1925)	*Kadscharen*-Dynastie in Persien durch das Parlament abgesetzt (seit 1786) *Risa Khan* als erblicher pers. Schah *Risa* Schah *Pählewi* eingesetzt (regiert bis 1941). Moderne Entwicklung des Landes beginnt Afghanistan wird Königreich. *Amanullah* König bis 1929 (abgesetzt; seit 1919 Emir); beginnt Modernisierung † *Sun Yat-sen*, chin. Republikaner und Demokrat; seine Kuomintang stürzte 1911 chin. Kaisertum (* 1866); sein Nachfolger wird *Tschiang Kai-schek*, der bis 1928 ganz Nordchina erobert Antibrit. Bewegung in China Allgem. Wahlrecht für Männer zum japan. Parlament (1920 war Steuermindestleistung für das Wahlrecht von 10 auf 3 Yen ermäßigt worden) *Rama VII. Prajadhibok* König von Siam (dankt 1935 ab) Pachtvertrag Liberia — Firestone-Gummigesellschaft (USA) gegen Anleihe (Zinszahlungen ruinieren die Finanzen des Landes und werden 1932 eingestellt) *Surendranath Banerjee:* „Eine Nation im Werden" (ind.-nationale Darstellung)	† *Wladyslaw Reymont*, poln. Dichter; *Nobel*preis 1924 (* 1868) *A. Soergel:* „Dichtung und Dichter der Zeit" (2. Band „Im Bann des Expressionismus") *Virginia Woolf:* „Mrs. Dalloway" (engl. Rom.) *Hasse Zetterström* (* 1877): „Schwedenpunsch" (schwed. Humoresken) *Carl Zuckmayer* (* 1896): „Der fröhliche Weinberg" (Bühnenstück, *Kleist*preis) *St. Zweig:* „Die Augen des ewigen Bruders" (Erzählung), „Der Kampf mit dem Dämon" (Essays über *Hölderlin*, *Kleist* und *Nietzsche*) Teatro d'Arte unter *Pirandello* in Rom „Die Schule am Meer" auf der Insel Juist (pflegt Jugend- und Laienspiel) *Karl Voßler:* „Geist und Kultur in der Sprache" (Romanistik) 1. Band des Gesamtkatalogs der Wiegendrucke	mit Betonung naturnaher Körperkultur) „Der Flug um d. Erdball" (Film mit Originalaufnahmen aus aller Welt) „Ein Walzertraum" (Film) „Die freudlose Gasse" (Film von *G. W. Pabst* [*1895, †1967], mit *W. Krauß, A. Nielsen, G. Garbo)*; „Varieté" (Film von *E. A. Dupont* mit *E. Jannings, L. de Putti)*; „Tartüff" (Film von *F. W. Murnau* m. *W. Krauß, L. Dagover, E. Jannings)*; „Die Elendsviertel von Berlin" (Film von *G. Lamprecht)* „Das Gespenst von Moulin Rouge" (frz. Film von *R. Clair*) „Die Abenteuer des braven Soldaten Schwejk" (tschechoslow. Film v. *Karel Lamac)* „Goldrausch" (nordam. Film von u. mit *Ch. Chaplin)*; „Lady Windermeres Fächer" (nordam. Film v. *E. Lubitsch)*; „Der Sportstudent" (nordam. Film von *F. Newmayr* mit *H. Lloyd)*; „Die große Parade" (nordam. Film von *King Vidor*, * 1894, mit *John Gilbert)*

G. Wobbermin: „Systematische Theologie nach religionspsychologischer Methode" (3 Bde. seit 1913)

Lutherischer Weltkonvent in Oslo

Evang.-sozialer Kongreß (Präsident *Walter Simons*)

Verband evang. Theologinnen Deutschlands

Etwa 40000 Blinde in Deutschland, davon 4000 Kriegsblinde

Päpstl. Einsetzung des Festes des Königtums Christi und Ausdehnung des röm. Jubiläums auf den kathol. Erdkreis

Konflikt Tschechoslowakei—Vatikan wegen *Huß*feier

Kathol. Mission: 88000 (weiße) Missionsarbeiter auf 66400 Stationen (13 Mill. Getaufte). Evang. Mission: 30000 Missionsarbeiter auf 4596 Stationen und 46500 Schulen (2 Mill. Schüler)

Zahl der Jesuiten 18718 in 32 „Provinzen" zu 6 Assistenzen

Die Bibel kostete im 14. Jahrhundert (Handschrift): bis 20000 M; 1455 *(Gutenberg)*: 4000 M; 1462 *(Fust)*: 1600 M; 1483 *(Koberger)*: 400 M; 1522 *(Luthers* N. T.): 60 M; 17. Jhdt.: 65 M; 18. Jhdt.: 12 bis 25 M; 1925 (Bibelgesellsch.) 3 M

Bibelgesellschaft in London setzt 10,5 Mill. Bibeln in 566 Sprachen und Dialekten ab

Einweihung der hebräischen Universität in Jerusalem

Rund 15 Mill. Juden (ca. 9,5 Mill. in Europa, 4 Mill. in USA)

Internationales Institut für Geistige Zusammenarbeit (Organ des Völkerbundes, Sitz Paris)

Internationale Pädagogische Konferenz in Heidelberg

„Psychologie und Medizin" (Zeitschrift für psychosomat. Medizin)

„Arzt und Seelsorger" (Schriftenreihe)

H. Richert: Richtlinien f. d. höheren Schulen Preußens

Dt. Oberschule verbreitet sich als neuer Schultyp

„Zeitschrift für Völkerpsychologie und Soziologie" (ab 1932 „Sociologus")

„Zeitschrift für Menschenkunde"

„Deutsche Kultur im Leben der Völker" (Zeitschrift)

„Deutscher Gelehrtenkalender" (Abzweigung von *Kürschners* Literaturkalender, seit 1878)

1. Intern. Radiologenkongreß in London (Strahlenforschung)

tier" (Versuche der Haustierverjüngung durch Keimdrüsenübertragung)

R. Wagner untersucht biologische Regelung (frühe Anwendung des Regelung-Begriffs in der Biologie)

John B. Watson: „Der Behaviorismus" (Tierpsychologie im Sinne einer Analyse des äußeren „Verhaltens")

Mumie des ägypt. Pharao *Tut-ench-Amun* (≈ —1358) gefunden (vgl. 1922)

Fluggeschwindigkeitsrekord 486 km/St. von *Williams* (1922: 300 km/St., 1923: über 400 km/St., 1924: 450 km/St., 1939: 755 km/St.)

„Einsteinturm" der Sternwarte Potsdam (Turmteleskop für spektroskopische Sonnenforschung mit Objektiv von 600 mm Durchmesser und 14,4 m Brennweite)

Zeiß-Planetarium für „Dt. Museum" in München (1926 für Berlin; bis 1939 25 weitere, davon 15 für das Ausland)

Beginn der dt. Fernseh-Entwicklung mit *Nipkow*-Scheibe und *Karolus*- (*Kerr*-) Zelle (erste öffentliche Vorführung auf Ausstellungen in Deutschland ab 1928)

Niagara-Kraftwerke leisten etwa 700000 kW (erstes Kraftwerk dort 1896)

Walchensee-Kraftwerk (Baubeginn 1918; 122000 kW Leistung)

Reiß-Mikrophon von Telefunken

Ca. 600000 km Unterseekabel

Ca. 750000 Elektromotoren mit 2500000 kW Leistung und ca. 480000 Pferdegöpel in der dt. Landwirtschaft

DIN-Passungen mit Toleranzen für Bohrungen und Wellen erleichtern Austauschbau (1939 werden internationale ISA-Passungen von DIN aufgenommen)

Reichsamt für Landesaufnahme beginnt Vermessungswerk der Topographischen Grundkarte 1 : 5000

Akademie zur wissenschaftlichen Erforschung und Pflege des Deutschtums, in München

1926

Friedens*nobel*preis an *A. Briand* (Frankr.) und *G. Stresemann* (Dt.)

Erster Pan-Europakongreß unter dem Ehrenvorsitz *A. Briands*

Strupp: „Wörterbuch des Völkerrechts" (3 Bände seit 1922)

Luther erneut dt. Reichskanzler mit Minderheitskabinett der Mitte; Rücktritt *Luthers* wegen Flaggenfrage. *Wilhelm Marx* (Zentr.) dt. Reichskanzler bis 1928

SPD wendet sich gg. Reichswehr

Rücktritt des Chefs der Heeresleitung *von Seeckt* w. Teilnahme eines *Hohenzollern*prinzen an Manövern. Nachfolger *Heye* (* 1869, † 1946) bis 1930

Volksentscheid auf entschädigungslose Enteignung der dt. Fürsten erhält nur 14,5 Mill. Stimmen (20 Mill. notwendig)

Deutschland mit ständigem Ratssitz im Völkerbund (tritt 1933 aus)

Freundschafts- und Neutralitätsvertrag Deutschland—USSR

Der bisherige Berliner Polizeipräsident *Grzesinski* ersetzt den preuß. Innenminister *Carl Severing*

Josef Goebbels wird nationalsozialistischer Gauleiter von Berlin (führt zur Radikalisierung des politischen Kampfes, 1932 ist KPD stärkste Berliner Partei)

*Hitler*jugend gegründet (wird 1933 „Staatsjugend")

Völkerbund beschließt, Finanzkontrolle in Österreich aufzuheben (seit 1922)

Seipel (christl.-sozial) österr. Bundeskanzler bis 1929

Ergebnislose Seeabrüstungskonferenz zwischen Großbrit., USA und Japan in Genf

Generalstreik in Großbrit., endet mit Niederlage der Arbeiter

12\. Tagung der Interparlamentarischen Union in London (gegr. 1888 mit d. Ziel der Völkerverständig.)

Brit. Reichskonferenz erklärt Gleichberechtigung der Dominions in der freien Vereinigung des Britischen Empire; Südafrika lehnt Beteiligung ab und beansprucht volle Entscheidungsfreiheit

Literatur-*Nobel*preis an *G. Deledda* (Ital.)

Fritz von Unruh, *H. Burte* und *Franz Werfel* erhalten *Schiller*preis

Bengt Berg: „Abu Markúb" (schwed. Tierdarstellung)

E. Barlach: „Der blaue Boll" (Schauspiel)

Georges Bernanos (*1888, †1948): „Die Sonne Satans" (frz. Roman)

Louis Bromfield: „Früher Herbst" (nordamerikan. Roman)

†*Otto Ernst* (eig. *Schmidt*), dt. Dichter u. Volksschullehrer (* 1862)

Concha Espina de la Serna (* 1877, † 1955): „Altar mayor" (span. Roman)

Bruno Frank: „Trenck" (Roman)

Galsworthy: „Der silberne Löffel" (engl. Roman)

Fjodor Wasiljewitsch Gladkow (* 1883): „Zement" (russ. Roman)

Gide: „Die Falschmünzer" (frz. Roman)

C. Goetz: „Die tote Tante" (Einakter-Lustspiel)

Sigmund Graff (* 1898): „Die endlose Straße" (Schauspiel, gemeinsam mit *Carl Ernst Hintze*)

Hans Grimm: „Volk ohne Raum" (Roman im Geist des Imperialismus)

G. Hauptmann: „Dorothea Angermann" (Schauspiel)

Hemingway: „Fiesta" (nordamerik. Roman)

Ric. Huch: „Der wiederkehrende Christus" (Roman)

† *Siegfried Jacobsohn*, dt. politischer Journalist; Begründer der „Weltbühne" (* 1881)

F. Kafka: „Das Schloß" (österr. Rom., posthum)

Rudolf K. Bultmann (*1889): ‚Jesus' (ev. Theologie, mit d. These, J. habe sich nicht f. d. Messias gehalten)

M. Ernst: „Maria verhaut den Menschensohn" (hat in Paris schockierende Wirkung)

† *Rudolf Eucken*, dt. Philosoph einer idealist. Lebensphilosophie; *Nobel*preis für Literatur 1908 (* 1846)

F. Giese: „Reklame" (im Handwörterbuch d. Sexualwissenschaften)

F. Giovanoli: „Zur Soziologie des Parteiwesens" (Schweiz. politische Soziologie)

Hartmann Grisar (*1845, † 1932): „Martin Luthers Leben u. sein Werk, zusammenfassend dargestellt" (katholische *Luther*forschung)

Friedrich Heiler (* 1892, 1920 vom Kathol. zum Protest. übergetreten): „Evangelische Katholizität" (mit hochkirchlicher Tendenz)

Kurt R. Grossmann (*1897, + 1972): Generalsekr. der Dt. Liga f. Menschenrechte (bis 1933)

Kerschensteiner: „Theorie der Bildung" (im Sinne moderner Schulreform)

† *Ellen Key*, schwed. Pädagogin (* 1849)

Hermann von Keyserling: „Die neu entstehende Welt"

L. Klages: „Die psychologischen Errungenschaften Nietzsches"

König: „Reklamepsychologie"

† *Emil Kraepelin*, dt. Psychiater; unterschied den schizoiden und manisch-depressiven Formenkreis der Geisteskrankheiten (* 1856)

Barlach: „Die Begegnung von Christus u. Thomas" (express. Holzplastik)

Beckmann: „Stilleben mit Zigarrenkiste" (express. Gemälde)

Hubert Ermisch restauriert Dresdner Zwinger (bis 1936 u. von 1945—1951 [†])

W. Gropius: Bauhaus Dessau (modernes Bauwerk)

Hoetger baut für *Ludw. Roselius* (*1874, †1943, Gründer der ‚Kaffee-Hag'-Firma) Böttcherstr. Bremen

K. Hofer: „Angelica" (express. Gemälde)

Max Kaus (* 1891): „Amaryllis" (Aq.)

„Blaue Vier" (Künstlergruppe der abstrakten Malerei mit *Paul Klee*)

Kokoschka: „Terrasse in Richmond" (expressionist. Landschaftsgemälde)

G. Kolbe: „Sitzende Frau" (Bronzeplast.)

W. Kreis: Düsseldorfer Ausstellungsgebäude a. Rheinufer

Le Corbusier (eigtl. *Charles E. Janneret*, * 1887, † 1965): „Kommende Baukunst" (frz.-schweizer.); vertritt konstr. Eisenbetonbau

W. Lübbert: „Rationeller Wohnungsbau"

†*Claude Monet*, frz. Maler d. Impressionismus (* 1840)

Georg Muche (*1895): „Schwarze Maske" (Gem. aus dem Bauhaus; wechselt seit 1921 von der abstr. zur figurativen Malerei)

Ed. Munch „Das rote Haus" (norweg. express. Gemälde)

Orlik „Neue 95 Köpfe" (Porträtzeichn. von Zeitgenossen)

Alban Berg: „Lyrische Suite" (mit abschließend. Tristan-Zitat; Kammermusik i. Zwölftonstil)

Hindemith: „Cardillac" (Oper)

Honegger: „Judith" (schweiz.-frz. Oper)

Křenek: „Orpheus und Eurydike" (Oper, Text von *Oskar Kokoschka*)

Milhaud: „Der arme Matrose" (frz. Oper)

H. J. Moser: „Die evang. Kirchenmusik"

Puccini: „Turandot" (ital. Oper, Urauff. posthum in Mailand)

R. Strauss: „Briefwechsel mit Hugo v. Hofmannsthal"

Hermann Unger (* 1886): „Richmodis von Aducht" (Oper)

S. Wagner: „Der Friedensengel" (Oper)

P. Whiteman u. *M. M. McBride:* „Jazz" (nordamerik.)

Laban: „Choreographie", „Tanz und Gymnastik", „Des Kindes Tanz und Gymnastik"

Physik-*Nobel*pr. a. *J. Perrin* (Frankr.) f. Entdeckung des Sedimentationsgleichgewichtes von Kolloiden

Chemie-*Nobel*preis an *Th. Svedberg* (Schwed.) für Erforschung der Kolloide mit Ultrazentrifuge

Medizin-*Nobel*preis an *Johannes Fibiger* (Dänem., * 1867, † 1928) für Entd. des Spiroptera-Karzinoms

Abel: Reindarstellung kristallisierten Insulins (Bauchspeicheldrüsen-Hormon); teilw. Aufklärung des chemischen Baus

Amundsen und *Nobile:* Erfolgreicher Flug Spitzbergen—Nordpol —Alaska mit Luftschiff „Norge"

M. Born gibt statistische Deutung der atomaren Wellenmechanik

Breit und *Tuve:* Erste Echolotung der Ionosphäre (in üb. 100 km Höhe)

Busch entdeckt die linsenartige Abbildungswirkung von Magnetfeldern auf Elektronenstrahlen (führt zur Elektronenoptik, z. B. im Elektronenmikroskop)

Richard E. Byrd (* 1888, † 1957) fliegt mit Flugzeug von Spitzbergen z. Nordpol und zurück

A. C. Downing, *R. W. Gerard* und *A. V. Hill* stellen Wärmeerzeugung in erregten Nerven fest (Hinweis auf Stoffwechsel)

A. S. Eddington: „Der innere Aufbau der Sterne" (wegweisendes astrophysikalisches Werk)

Fermi: Elektronenstatistik (bedingt z. B. hohe Energie der Elektronen i. einem Metall auch beim absoluten Nullpunkt der Temperatur)

W. Filchner: Expedition nach Tibet bes. für erdmagnetische Messungen (bis 1928; Fortsetzung 1934 bis 1938; schreibt 1929 „Om mani padme hum" und 1940 „Bismillah")

Otfried Förster: Reizphysiologische Karte des Gehirns (weist den Gehirnfunktionen bestimmte Gehirngebiete zu)

Edmund Germer: Prinzip d. Leuchtstofflampen

Hale beweist Zusammenhang zwischen Sonnenprotuberanzen und Störungen des irdischen Magnetfeldes 26 Stunden später

Niederrhein.-westfäl. Inst. für Zeitungforschung, Dortmund

„Zeitungswissenschaft" (Zeitschr.)

„Arbeitsschutz" erscheint als Teil III des Reichsarbeitsblattes

„Der dt. Volkswirt" (Zeitschrift)

J. M. Keynes: „Das Ende des Laissez-Faire" (engl. antiliberalist. Volkswirtschaftslehre

Dt. Arbeitsgerichtsgesetz

Reichsknappschaftsgesetz

Starke technische Rationalisierung in Deutschland

Intern. Rohstahlgemeinschaft (Kartell mit Produktionsbegrenzung zw. Deutschland, Frankreich, Belgien, Luxemburg)

† *August Thyssen*, dt. Unternehmer (* 1842)

Verein. Stahlwerke AG, Düsseldorf, (Dachkonzern der *Stinnes*-, *Thyssen*-, Phönix-Gruppe u. der Rhein. Stahlwerke; 1930 800 Mill. RM Aktienkapital)

Hamburg-Amer.-Linie übernimmt *Stinnes*linie

Mitteldt. Stahlwerke AG

Imperial Chemical Industries (brit. chem. Industriekonzern als Gegengewicht zur I. G. Farben, 1936 Aktienkapital 95 Mill. £

(1926)	Lord *Halifax* (Lord *Irwin*, * 1881) brit. Vizekönig in Indien bis 1931 Singapur wird brit. Flottenstation erster Klasse *de Valera* gründet irische Partei „Fianna Fail" (für völlige irische Selbständigkeit) Großer Aufstand *Abd el Krims* und seiner Rifkabylen von den Franzosen und Spaniern in Marokko niedergeworfen (begann 1921) *Raymond Poincaré* frz. Ministerpräsident und Finanzminister bis 1929 (stabilisiert den Franken); stützt sich auf „Nationale Union" der bürgerl. Parteien; *Briand* bleibt Außenminister *Emile Vandervelde* (* 1866, † 1938; belg. sozialist. Außenmin. 1925 bis 1927): Rede über Belgiens Außenpolitik Belg. Finanzkrise. Abwertung und Stabilisierung Aufhebung des kollegialischen Kabinetts und der parlamentar. Verantwortlichkeit in Italien. Aufhebung der Wahlen in Provinzen und Gemeinden. Streikverbot. *Mussolini* „Duce del Fascismo". Freundschaftsvertrag Italien—Spanien Italien erlangt durch Militärkonvention von Tirana starken Einfluß in Albanien; Freundschaftsvertrag mit Rumänien (1927 Anerkennung Bessarabiens als rumän. Gebiet) Ein von der ital. Regierung eingesetzter Governatore verwaltet die Stadt Rom Staatsstreich *Josef Pilsudskis* in Polen; als Kriegsminister und zeitweiliger Ministerpräsident (1926 bis 1928, 1930 bis 1931) übt er diktatorische Herrschaft in Polen aus bis 1935 (†) *Ignaz Moscicki* (* 1867, † 1946) poln. Staatspräsident (geht 1939 ins Ausland) Austritt Spaniens aus dem Völkerbund (Wiedereintritt 1928) General *Carmona* erricht. Militärdikt. in Portugal (wird 1928 Präsident) Bis 1932 liberale und konservative Regierungen in Schweden Freundschaftspakt zwischen Litauen und der USSR. Nationalistische Diktatur in Litauen unter Staatspräsident *Smetona*	*G. Kaiser:* „Zweimal Oliver" (Bühnenstück) *Klabund:* „Cromwell" (Drama) *Th. E. Lawrence:* „Die sieben Säulen der Weisheit" (engl. Bericht vom Araberaufstand 1916/18) *Emil Ludwig:* „Bismarck" (Biographie) *Majakowski:* „Wie ich Amerika entdeckte" (russ. Erzählung) *Th. Mann:* „Unordnung u. frühes Leid" (Novelle), „Lübeck als geistige Lebensform" (Rede) *Miegel:* „Geschichten aus Altpreußen" *Henri de Montherlant* (* 1896): „Die Tiermenschen" (frz. Roman) *A. Neumann:* „Der Teufel" (historisch. Roman, *Kleist*preis) *Sean O'Casey* (* 1884, † 1964): „The plough and the stars" („Der Pflug und die Sterne", irisches Drama) *Pirandello:* „Einer, Keiner, Hunderttausend" (ital. Roman) *A. Polgar:* „Orchester von oben" (Skizzen) und „Ja und Nein" (Kritiken) † *Rainer Maria Rilke*, dt. Dichter (* 1875) *Schnitzler:* „Der Gang z. Weiher" (Schauspiel) *W. von Scholz:* „Perpetua" (Roman) *Lulu v. Strauß und Torney* (eig. *Luise Diederichs*, * 1873): Gesamtausgabe der Balladen und Lieder *Sudermann:* „Der tolle Professor" (Zeitroman) *Thieß:* „Das Tor zur Welt" (Erziehungsrom.) *B(ernhard) Traven* (eig. *Traven Torsvan*, * 1890, † 1969): „Das Totenschiff", Die Baumwollpflücker" (Romane)	*Felix Krueger:* „Über psychische Ganzheit" *Th. Litt:* „Möglichkeit und Grenzen der Pädagogik" *Marbe:* „Praktische Psychologie der Unfälle und Betriebsschäden" (behauptet die Existenz von zu Unfällen neigenden Personen) *Herman Menge:* Übersetz. des Alten Testam. (Neues Testament 1906) *Messer:* „Pädagogik der Gegenwart" (Zusammenfassung) Stigmatisierung von *Therese Neumann* in Konnersreuth (* 1898) (Ca. 322 Fälle von Stigmatisierung seit *Franz von Assisi* bekannt) *Pichl* und *Rosenstock:* „Im Kampf um die Erwachsenenbildung" *Erich Rothacker* (* 1888, † 1965): „Logik u. Systematik der Geisteswissenschaften" *Scheler:* „Die Wissensformen und die Gesellschaft" (phänomenologische Soziologie des Wissens) *M. Schlick:* „Erleben, Erkennen, Metaphysik" (Positivismus) *Wilhelm Schmidt:* „Die Sprachfamil. u. Sprachkreise der Erde" (kathol. Kulturkreislehre mit Atlas) *Walther Schücking* (* 1875, † 1935) wird Direktor des Instituts für internationales Recht in Kiel (fördert Völkerbundspolitik) *W. Stern:* „Jugendliche Zeugen in Sittlichkeitsprozessen" (Zeugenpsychologie) *Ferd. Tönniës:* „Fortschritt und soziale Entwicklung"

Pechstein: „Kornpuppen“ (expressionist. Gemälde)

Fr. Schumacher: Finanzgebäude in Hamburg

St. Spencer: „Auferstehung“ (engl. surrealist. Gemälde)

Lesser Ury: Bilder aus London

„Das ideale Heim“ (Zeitschrift für Innenarchitektur)

---

† *Rudolf Valentino*, italienisch - nordam. Filmschauspieler; Hunderttausende bei s. Beisetzung (*1895)

Filmreg. *Ernst Lubitsch* geht nach USA

„Geheimnisse einer Seele“ (psychoanalytisch. Film von *Pabst* mit *W. Krauß*)

„Metropolis“ (utopischer Film, Buch von *Thea von Harbou*, mit *Brigitte Helm*, *Gustav Fröhlich*, *H. George*, *Alfred Abel*; Regie: *F. Lang*)

„Faust“ (Film von *F. W. Murnau* mit *E. Jannings*, *Camilla Horn*, *Yvette Gilbert*)

„Die Unehelichen“ (Film; Regie: *G. Lamprecht*)

„Panzerkreuzer Potemkin“ (sowjetr. avantgard. Film; Regie: *Serge Michailowitsch Eisenstein*, * 1898, † 1948)

„Ein Sechstel der Erde“ (Russ. Film von *Dziga Vertow*, * 1897); „Die Mutter“ (russ. Film nach *Gorki* von *Wsewolod Pudowkin*, * 1893)

W. Homann: „Die Erreichbarkeit der Himmelskörper“ (Technik der Raumschiffahrt)

Hubble erkennt in den Spiralnebeln einzelne Sterne (erweisen sich dadurch als ferne milchstraßenähnliche Weltinseln)

Jaederholm: „Psychotechnik des Verkaufs“

Jansen und *Donath* gelingt die Reindarstellung kristallisierten Vitamins B_1 (Aneurin)

G. Jobst: Pentode (5-Pol-Verstärker-Röhre)

L. W. H. Keesom bringt das Edelgas Helium in den festen Aggregatzustand (bei —271° C)

Klingenberg-Kraftwerk in Berlin-Rummelsburg mit Dampfturbinen für 270000 kW Leistung

Paul de Kruif (* 1890): „Mikrobenjäger“ (vorbildlich populäre Darstellung der Bakteriologie)

H. Lassen: Theorie der Ionosphäre (Leitfähigkeit durch ultraviolettes Sonnenlicht)

Lorenzen: Gleichdruck-Gasturbine

Leberdiät gegen perniziöse Anämie von *George Richards Minot* (* 1885) und *William Perry Murphy* (* 1892)

P. Moede: „Lehrbuch der industriellen Psychotechnik“ (2 Teile)

Myers: „Industrielle Psychologie in Großbritannien“

Hermann Oncken: „Die Rheinpolitik Napoleons III. 1863—70 und der Ursprung des Krieges 1870“ (2 Bände)

Pawlow: „Die höchste Nerventätigkeit (das Verhalten) von Tieren“ (Physiologie der „bedingten Reflexe“)

Michail Rostovtzeff (* 1870, † 1952): „Die soziale und ökonomische Geschichte des Römischen Reiches“

E. Schrödinger entwickelt quantenphysikalische Wellenmechanik

Staeding: „Psychotechnik in der Landwirtschaft“

Carl Stumpf: „Die Sprachlaute“ (physiologische Akustik)

James Batcheller Sumner (* 1887): Reindarstellung des Enzyms (Ferments) Urease in kristall. Form

Dt. Benzin- und Petroleum GmbH (Olex)

Dt. *Woolworth*-Ges. in Berlin (Einheitspreisgeschäfte)

Zeiß-Ikon AG, Dresden, gegr. (Zusammenschluß optischer Werke)

Zusammenschluß der deutschen Linoleum-Industrie

Deutsche Lufthansa gegründet (aus Aero Lloyd und *Junkers* Luftverkehr AG)

Dornier-Wal startet zum Südam.-Flug von Spanien aus

Handwerk in Deutschl. vertr. durch Reichsverband des dt. Handwerks (1919) m. 67 Handwerks- u. Gewerbekammern, 59 Innungs- und Fachverbänden, 6 Fachverbands-Kartellen u. a. Organisationen (Handwerk steht teilweise im harten Konkurrenzkampf zur Industrie)

Volkstrauertag in Deutschland eingeführt

Reichsmuseum für Gesellschafts- und Wirtschaftskunde in Düsseldorf (mit Material der Ausstellung für Gesundheitspflege, soziale Fürsorge und Leibesübungen, Gesolei)

In Deutschl. 1,35 l Trinkbranntwein pro Kopf (1905: 3,8 l pro Kopf)

(1926)

Augustinas Voldemaras (* 1883) litau. Ministerpräsid. u. Außenminister bis 1929 (gestürzt; nach Militärputsch 1934 zu Kerker verurteilt)

Litauen verhängt Belagerungszustand über das Memelgebiet

Dt. Minister in der tschechoslowakischen Regierung

Ungar. Oberhaus mit Vertretern des Großgrundbesitzes

Kroatenführer *Stefan Radic* (seit 1925 jugoslaw. Erziehungsminister) scheidet aus dem Kabinett aus. Vertrag mit Griechenland über jugoslaw. Freihafenzone in Saloniki. Freundschaftsvertrag Jugoslawien—Polen

† *Nicola Paschitsch*, jugoslaw. Ministerpräsident seit 1921 (* 1846)

Ljaptschew bulgar. . Ministerpräsident (Mazedonier) bis 1931; schaltet Bauernpartei weiterhin aus

Bündnis- u. Freundschaftsvertr. Rumäniens m. Polen, Frankr. u. Italien

Vorübergehende Diktatur von General *Pangalos* in Griechenland

Türkei verzichtet auf Erdölgebiet von Mossul zugunsten Iraks

Türk. Zivilgesetzbuch (nach dem Schweizer von 1907)

Persisch-türkischer Freundschaftsvertrag

Liberaler Wahlsieg in Kanada über Konservative. Erster kanad. Gesandter in USA

Nationalisierung der Bodenschätze in Mexiko

Brasilien tritt a. d. Völkerbund aus

Kantonarmee unter *Tschiang Kaischek* beginnt Feldzug zur Einigung Chinas (1928 Einnahme Pekings)

Hirohito Kaiser von Japan (seit 1921 Prinzregent für seinen geisteskranken Vater *Yoshihito* [†])

Aufstand in Niederländ.-Java (1927 n. harten Kämpf. niedergeschlagen)

Unruh: „Bonaparte" (Drama)

Ramon del Valle-Inclán (* 1870, † 1936): „Tyrann Banderas" (span. Roman)

Edgar Wallace (* 1875, † 1932): „Der Hexer" (engl. Kriminalroman)

Wells: „Die Welt William Clissolds" (engl. gesellschaftskrit. Rom.)

Wiechert: „Der Knecht Gottes Andreas Nyland" (Roman)

Thornton Niven Wilder (* 1897): „Die Cabala" (nordamerikan. Roman)

Wildgans: „Wiener Gedichte"

E. Zahn: „Frau Sixta" (Schweiz. Roman)

St. Zweig: „Verwirrung der Gefühle" (Erzählgn.)

Kartell d. „Großen Vier" f. d. Erneuerung d. frz. Theaters: *Baty*, *Dullin*, *Jouvet*, *Pitoëff* (bekämpfen d. rein kommerzielle Theater)

Abteilung Dichtung der Preuß. Akademie gegr.

Adolf Erman u. *Hermann Grapow*: „Wörterbuch d. ägypt. Sprache" (1. Bd.; 4 weitere b. 1952)

„Die physikalischen Phänomene der großen Medien" (den Okkultismus verteidigende Erwiderung auf Teil II des „Okkultismus in Urkunden" von 1925: „Siebenmännerbuch", da 7 Autoren)

Paul Valéry: „Vorschlag z. Vernunft" (frz.)

„Jahrbuch für Soziologie" erscheint

Der Papst verurteilt die nationalist. kathol. Action française i. Frankr.

Konkordat mit Polen

„Scholastik" (Zeitschr. für kathol. Philosophie)

Ring kathol. dt. Burschenschaften (farbentragend)

28 162 Freimaurerlogen mit 4,2 Mill. Mitgliedern (davon Nordamerika 3,3 Mill.)

In Deutschland (vergleichsweise 1899) 559 (212) Niederlassungen männlicher religiöser Orden mit 10458 (4250) Mitgliedern und 6619 (2661) Niederlassungen weiblicher Orden mit 73880 (32381) Mitgliedern

Erste preuß. Pädagogische Akademie für Volksschullehrer in Bonn (kath.) und Elbing (evang.)

Reichsausschuß für hygien. Volksbelehrung

Reichsausschuß der Jugendverbände umfaßt 3,5 Mill. Jugendliche

Gesetz zur Bewahrung der Jugend vor Schmutz- und Schundschriften

„Zeitschrift für psychoanalyt. Pädagogik"

Koloniale Frauenschule in Rendsburg gegründet

Türk. Schulwesen wird nach westl. Vorbild reformiert und verstaatlicht (seit 1924)

„Zeitschrift für Okkultismus und Grenzfragen des Seelenlebens"

„Ben Hur" (nordam. Film von *Fred Niblo* mit *Ramon Novarro*); „Don Juan" (nordamerik. Film mit synchron. Musik von *Alan Crossland* mit *John Barrymore*)

„Nana" (frz. Film v. *Jean Renoir* * 1894) mit *W. Krauß*

„Die letzten Tage von Pompeji" (ital. Film)

Der Ufa-Filmkonzern leiht Geld von USA-Filmgesellschaften (Verleihanstalt „Parufamet")

Fr. v. Wettstein: Es gibt Erbfaktoren i. Plasma

„Ergebnisse d. Biologie" (Jahrbuch)

Archiv für Polarforschung in Kiel

Entwicklung d. überseeischen Kurzwellen-Verkehrs (bes. durch USA-Amateure seit 1924 vorbereitet, erster zusammenfassender Bericht *Rukop* 1925)

Erste Ansätze einer mathematisch. Wettervorhersage in Großbritan. (wird nach dem 2. Weltkrieg durch elektron. Rechenmaschinen entscheidend verbessert)

Einführung des Begriffs „Großwetterlage" zur Kennzeichnung der weiträumigen Druckverteilung

Elektrische Schallplattentechnik („Electrola")

16-mm-Schmalfilm von Kodak (begünstigt Amateurfilm; 1928 Agfa-Schmalfilm)

Zugspitz-Schwebebahn v. Ehrwald (Österr.)

Berliner Funkturm eröffnet (120 m hoch, Baubeginn 1925)

Zugfunk-Telefon auf der Strecke Hamburg–Berlin

Netzanoden für Rundfunkgeräte

Fernleit. f. Ströme bis 380000 Volt

Freiluft-Schaltanlage f. 100000 Volt Hochspannung (Böhlen bei Leipzig)

Diamanthartes Widia-Hartmetall (*Krupp*); führt zu Höchstleistungsmaschinen für Metallbearbeitung (Schnittgeschwindigkeiten bei Aluminium bis 1000 m/Minute)

Zweckmäßige *Maier*-Form des Schiffsbugs wird verwendet (nach unten zurückweichend)

In Deutschland etwa 600 homöopath. Ärzte (Homöopathie sehr umstritten.)

Volkswirtschaftl. Schäden durch Geschlechtskrankheiten in Deutschland ca. 6—7 Mill. Mark

H. L. Mencken: „Demokratenspiegel" (nordam. Kritik am öffentlichen Leben)

33 Lynchmorde in USA (1950 nur noch vereinzelte Fälle; seit 1889 insgesamt 3592; Antilynchgesetz 1922 abgelehnt)

Völkerbundsabkommen über Abschaff. d. Sklaverei

Türk. Eherecht reformiert (Abschaffung der Polygamie; besteht weiter in den anderen mohammedanischen Staaten)

Türkei verbietet Fes (Türkenmütze)

Reichsverband für Körperkultur

Antonio Buzzacchino (* 1889, † 1958): Dauerwelle

C. J. Luther: „Schule d. Schneelaufs" (Arlbergschule, bewirkt stark. Aufschwung des Skilaufs)

Kegel unternimmt ersten Gewitterflug im Segelflugzeug

Erste dt. Kanaldurchschwimmg. von *Gertrud Ederle*

Gene Tunney schlägt *Jack Dempsey* nach Punkten und wird Boxweltmeister (Rekordeinnahme: 2,6 Mill. Dollar)

Internation. Tischtennisverband

Erste „Grüne Woche" in Berlin

Genfer Rundfunkwellenplan in Kraft

Einw. d. Berliner Funkturms

1927

Friedens*nobel*preis an *Ferdinand Buisson* (Frankr., * 1841, † 1932) und *L. Quidde* (Dt.)

Jahrbuch des Völkerbundes (frz.)

Deutschnationale in der Regierung *Marx* bis 1928; keine Unterstützung mehr durch SPD

Dt.-frz. Handelsvertrag

Deutschland tritt dem Internationalen Schiedsgerichtshof i. Haag bei

In Sachsen spaltet sich „Alte Sozialdemokratische Partei" unter *Heldt* als rechter Flügel ab

Nationaldenkmal Tannenberg eingeweiht

Albrecht Mendelssohn-Bartholdy und *Thimme:* „Die große Politik der europäischen Kabinette 1871 bis 1914" (40 Bände aus den Akten des dt. Auswärtigen Amtes seit 1922)

Gottfried Feder (* 1883): „Das Programm der NSDAP" (mit „Brechung der Zinsknechtschaft"; dieses Programm spielt nach 1933 keine wesentliche Rolle)

K. Haushofer: „Grenzen" (Geopolitik)

Erich Ludendorff: „Die überstaatlichen Mächte im letzten Jahre des Weltkrieges" und „Vernichtung der Freimaurerei durch Enthüllung ihrer Geheimnisse" (Kampfschriften gegen internationale Organisation.; „Dolchstoß"-Legende)

Arbeiterunruhen in Wien, Brand des Justizpalastes

Abbruch der diplomat. Beziehungen Großbrit. zur USSR

Brit. Gewerkschaftsgesetz schränkt Arbeiterbewegung ein

Brit. Vertrag mit Irak, erkennt ihn als unabhängigen Staat an. Brit. Mandat bleibt erhalten

Brit. Kommission zum Studium ind. Verfassungsfragen

Südafrikan. Union schafft eigenes Außenministerium und Frauenwahlrecht

Autonomiebewegung in Elsaß-Lothringen (1928 scharf bekämpft)

Freundschaftsvertrag Jugoslawien–Frankreich

Literatur-*Nobel*preis an *Henri Bergson* (Frankr.)

Benn: Gesammelte Gedichte

F. Blei: „Glanz u. Elend berühmter Frauen"

Bonsels: „Mario und die Tiere" (Erzählung)

† *Georg Brandes (Cohen)*, dän. Literaturkritiker u. Schriftsteller; Wegbereiter des Naturalismus (* 1842)

Brecht: „Hauspostille" (Gedichte)

Willa Cather: „Der Tod kommt zum Erzbischof" (nordamerik. Roman)

Jean Cocteau (* 1892, † 1963): „Ödipus rex" (frz. Schausp., vertont v. *Igor Strawinsky*) u. „Orpheus" (frz. Schauspiel)

Duun: „Olsoy-Burschen" (norweg. Rom.)

Erskine: „Adam und Eva" (nordam. Roman)

Alexander A. Fadjejew (* 1901): „Vernichtung" (russ. Novelle)

Bruno Frank: „Zwölftausend" (Schauspiel)

Leonhard Frank: „Karl und Anna" (Erzählung)

Friedrich von Gagern (* 1882, † 1947): „Das Grenzerbuch" (Geschichte der nordamerikan. Indianergrenze)

Gide: „Tagebuch der Falschmünzer" (franz. Roman)

Jean Giraudoux (* 1882, † 1944): „Eglantine" (frz. Roman)

Oskar Maria Graf (* 1894, † 1967): „Wir sind Gefangene" (Autobiographie)

Friedrich Griese (* 1890): „Winter" (Roman)

† *Maximilian Harden*, dt. Schriftsteller; Herausgeber der „Zukunft"

Léon Brunschvicg (* 1869, † 1944): „Der Fortschritt des Wissens in d. abendl. Philosophie" (frz. Rationalismus)

† *Houston Stewart Chamberlain*, engl.-dt. Philosoph, Schwiegersohn *Richard Wagners*; gilt als Vorläufer der nationalsozialist. Rassenideologen (* 1855)

A. Deißmann: „Die Stockholmer Bewegung" (protest.)

Freud: „Die Zukunft einer Illusion" (Religionspsychologie)

Th. Haecker: „Christentum und Kultur" (kathol. Kulturphilosophie)

Harnack: „Die Entstehung der christlichen Theologie und des kirchlichen Dogmas" (protestant.)

Heidegger: „Sein und Zeit" (Begründung einer weltlichen Existential-Philosophie)

L. Klages: „Persönlichkeit"

E. Krieck: „Bildungssysteme d. Kulturvölker"

Lucien Lévy-Brühl (* 1857, † 1939): „Die geistige Welt d. Primitiven" (frz. Ethnologie)

M. Maeterlinck: „Das Leben der Termiten" (belg. philosoph. Naturbeschreibung)

Müller-Freienfels: „Geheimnisse der Seele"

F. Oppenheimer: „System der Soziologie" (3 Bände seit 1922)

Peter Petersen entwickelt auf der IV. internationalen Konferenz für Erneuerung der Erziehung in Locarno seinen „Jenaplan": Für Schule mit lebendigem Gruppenunterricht. Gegen „Lern- u. Lehrschulen"

Ernst Benkard (* 1884, † 1946): „Das ewige Antlitz" (Sammlung von Totenmasken)

Braque: „Glas und Früchte" (frz. express. Gemälde)

Edward Burra (* 1905): „Terrasse" (engl. express. Gemälde)

Chagall: Illustr. z. „Die Toten Seelen" v. *Gogol*, (s. 1923)

Le Corbusier: Haus der Weißenhofsiedlung, Stuttgart (Architektur d. Neuen Sachlichkeit)

Charles Demuth (* 1883, † 1935): „Ägyptische Impression" (nordam. kubist. Gemälde)

K. Hofer: „Jazzband", „Stilleben" und „Knabe mit Ball" (express. Gem.)

Edward Hopper (* 1882): „An der Manhattan-Brücke" (nordamerikan. Gemälde in neusachlichem Stil)

A. Kanoldt: „Stillleben" (sachlicher Stil)

Kokoschka: „Courmajeur 1927" (alpines Landschaftsbild)

Fritz Koelle: „Der Bergmann" (Bronzeplastik)

Kollwitz: „Arbeiterfrau mit schlafendem Jungen" (Lithogr.)

Mies van der Rohe: Wohnbauten Afrikan. Str., Berlin

G. A. Munzer: Marineehrenmal bei Laboe (bis 1936)

Pechstein: „Lupowmündung" (Gem.)

d'Albert: „Der Golem" (Oper)

Bachs „Kunst der Fuge" in der Einrichtung von *Wolfgang Gräser* (* 1906, † 1928, Selbstmord) unter Thomaskantor *Karl Straube* uraufgeführt

Graener: „Hanneles Himmelfahrt" (Oper)

Alois Hába (* 1893, Tschech.): „Neue Harmonielehre des diatonischen chromatischen Viertel-, Drittel-, Sechstel- und Zwölfteltonsystems" (deutsche Übersetzung)

† *Friedrich Hegar*, Schweizer Komponist; u. a. Männerchöre (* 1841)

Hindemith: „Felix der Kater" (Filmmusik für mechanische Orgel)

Honegger: „Antigone" (schweiz.-frz. Oper, Text von *J. Cocteau*)

Křenek: „Jonny spielt auf" (Jazzoper), „Der Diktator" („tragische" Oper), „Das geheime Königreich" (Märchenoper) u. „Schwergewicht oder die Ehre der Nation" (burleske Operette)

Lehár: „Der Zarewitsch" (Operette)

Malipiero: „Philomela und ihr Narr" (ital. Oper)

Milhaud: „3 Opéras minutes" (frz. Oper)

Ravel: Violinsonate (frz. Komposition)

Physik-*Nobel*preis an *A. H. Compton* (USA) für Erforschung des Stoßes zwischen *Röntgen*quant und Elektron und an *C. T. Wilson* (Großbrit.) für Sichtbarmachung atomarer Teilchen in der Nebelkammer

Chemie-*Nobel*preis an *Hch. Wieland* (Dt.) für Konstitutionsaufklärung der Gallensäuren

Medizin-*Nobel*preis an *J. Wagner von Jauregg* (Österr.) für Malariatherapie der Paralyse (Heilfieber)

† *Svante Arrhenius*, schwed. Naturforscher; *Nobel*preis 1903 (* 1859)

Adolf Bach: „Die Siedlungsnamen des Taunusgebietes" (philologische Geschichtsforschung nach *Wilhelm Arnold)*

Bilau: „Die Windkraft in Theorie und Praxis"

Davidson Black: Ausgrabungen von Resten der altsteinzeitl. Peking-Affenmenschen („Sinanthropus", erste Funde 1920)

Theodor Brugsch (* 1878): „Spezielle Pathologie und Therapie innerer Erkrankungen" (2 Bände seit 1914)

C. J. Davisson und *L. H. Germer* sowie unabhängig *Georg Paget Thomson* (* 1892) weisen durch Interferenzversuche die Materiewellen der Elektronen und damit ihren Teilchen-Welle-Dualismus nach

Otto Diels (* 1876) und *Kurt Alder* (* 1902, † 1958) finden chemische Diën-Synthese zur Erzeugung wichtiger organischer Stoffe

W. Dörpfeld: „Alt-Ithaka" (Bericht über eigene Ausgrabungen, 2 Bände)

Artur Fürst (* 1880, † 1926): „Das Weltreich der Technik" (gemeinverständlich, 4 Bände seit 1923)

R. Geiger: „Das Klima der bodennahen Luftschichten" (Mikroklimatologie)

R. Goldschmidt: „Physiologische Theorie der Vererbung"

Sven Hedin beginnt seine schwedisch-dt.-chin. Innerasien-Expedition (bis 1935, errichtet u. a. ständige meteorologische Stationen)

Weltwirtschaftskonferenz in Genf, empfiehlt Liberalisierung der Weltwirtschaft

Weltbevölkerungskongreß in Genf

Welthilfsverband (Großkatastrophendienst des Völkerbundes)

Welt-Funkkonferenz z. Washington

Mit 5475 Schiffen (28 Mill. t) Jahresleistung erreicht der Panamakanal die Grenze seiner Leistungsfähigkeit (führt zur Erwägung eines Nikaraguakanals)

5422 Schiffe mit 337741 Passagieren passieren den Suezkanal

Bau von *Diesel*motorschiffen übertrifft mit 1,6 Mill. BRT erstmalig den von Dampfschiffen (1,5 Mill.).

Pflichtversicherung gegen Arbeitslosigkeit in Deutschland

Reichsarbeitsgericht beim Reichsgericht

Arbeits- u. Kündigungsschutzgesetz für werdende und stillende Mütter in Deutschland

Dt. Lebensmittelgesetz (1936 geändert)

Reichsgesetz zur Bekämpfung der Geschlechtskrankheiten

Preußische Elektrizitäts-AG (Zusammenfassung staatlicher Unternehmen)

(1927)

Faschist. Arbeitsrecht in Italien („Carta del lavoro")

Zwangskorporationen als berufsständische Körperschaften in Italien

Freundschaftsvertrag Ungarn—Italien

Attentate auf *Mussolini* und den ital. König. Wiedereinführung der Todesstrafe

Tschechoslowakische Verwaltungsreform schafft böhmische, slowakische und karpatoruss. Landesvertretungen (ab 1929)

Auflösung des poln. Parlaments und Verhaftung zahlreicher oppositioneller Abgeordneter

USA-Anleihe für Polen

Poln. Grenzzonenverordnung erschwert die Lage der nationalen Minderheiten

† *Ferdinand I.*, König von Rumänien seit 1914 (* 1865). *Michael* (unmündig) König von Rumänien bis 1930 (und ab 1940); sein Vater *Carol (II.)* mußte wegen Eheskandals mit Mme. *Lupescu* 1926 auf den Thron verzichten, regiert aber ab 1930

† *Jonel Bratianu*, liberaler rumän. Politiker; war seit 1909 5mal Ministerpräsident (* 1864). Ende des maßgebenden liberalen Einflusses

Codreanu gründet rumän.-faschist. „Legion Erzengel Michael" (1931 „Eiserne Garde", 1933 verboten)

Sinowjew und *Trotzki* als Oppositionsführer aus der kommunist. Partei ausgeschlossen (1926 war *Sinowjew* als Leiter der 3. Internationale abgesetzt worden); *Trotzki* wird nach Turkestan verbannt

Erster Fünfjahresplan und Kollektivierung der Landwirtschaft in der USSR vom kommunist. Parteitag beschlossen

Kemal Atatürk: „Die neue Türkei" (große programmat. Rede des Staatspräsidenten)

Persien schließt Freundschaftsverträge mit Afghanistan und USSR und führt Gesetzbuch nach frz. Muster ein

von 1892 bis 1923; kämpfte gegen Hofkamarilla i. Berlin (* 1861)

W. Hasenclever: „Ein besserer Herr" (satir. Komödie)

Hemingway: „Männer ohne Frauen" (nordamerikan. Roman)

H. Hesse: „Der Steppenwolf" (Roman)

Rudolf Huch: „Spiel am Ufer" (Roman)

† *Jerome K. Jerome*, engl. humorist. Dichter (* 1859)

F. Kafka: „Amerika" (österr. Rom, posthum)

Hermann Kesten (* 1900): „Josef sucht die Freiheit" (Roman)

Kisch: „Zaren, Popen, Bolschewiken" (journal. Reisebericht aus Rußl.)

Kolbenheyer: „Das Lächeln der Penaten" (Roman)

Th. E. Lawrence: „Aufstand i. d. Wüste" (engl.)

Lewis: „Elmer Gantry" (nordamerikan. Roman)

H. Mann: „Mutter Maria" (Roman)

Francois Mauriac (* 1885): „Thérèse Desqueyroux" (frz. Roman)

Miegel: „Spiele" (dramatische Dichtungen)

Ralph Hale Mottram (* 1883): „Der spanische Pachthof" (Romantrilogie seit 1924)

Robert Neumann (* 1897): „Mit fremden Federn" (Parodien)

Ponten: „Die Studenten von Lyon" (Roman)

Marcel Proust (* 1871, † 1922): „Auf der Suche nach der verlorenen Zeit" (frz. Romanzyklus seit 1913)

Ringelnatz: „Reisebriefe eines Artisten" (Gedichte)

Ranade u. *Belvalkar:* „Geschichte d. ind. Philosophie" (1. Band)

B. Russell: „Analyse der Materie" (engl. empirist. Naturphilosophie)

R. Steiner: „Eurhythmie als sichtbare Sprache. Eurhythmie als sichtbarer Gesang" (anthroposophische Ausdruckskunst; posthum)

Alfred Weber: „Ideen der Staats- und Kultursoziologie"

Konferenz für Glaube und Kirchenverfassung (kirchl. Einigungsbestrebung)

Museum für Mission und Völkerkunde (Lateran, Rom)

Siebenjähriger Seminarkursus für sächs. Volksschullehrer

„Das Landschulheim" (Zeitschrift)

„Handbuch der Arbeitswissenschaft"

„Handwörterbuch des deutschen Aberglaubens" (herausgegeben von *Bächtold-Stäubli*)

Pinder: „Das Problem der Generation“ (betrachtet kunstgeschichtl. Ablauf nach Generationen)

Emil Preetorius, Professor an der Staatsschule für angewandte Kunst in München

Walter F. Schubert: „Die deutsche Werbegraphik“

Slevogt: Illustrationen zum „Faust“ (seit 1922)

Bruno Taut: „Ein Wohnhaus“ (Beschreibung eines modernen Einfamilienhauses mit direktem Sonnenlicht für jeden Raum und hausarbeitssparendem Zuschnitt)

Zille: „Das große Zille-Album“ Zeichnungen aus den Arbeitervierteln Berlins)

Geradlinige Möbel ohne Ornamente

„Der Jazzsänger“ (erster erfolgreicher USA-Tonfilm von *A. Crossland* mit *Al Jolson*, † 1950)

„Unterwelt“ (nordamer. Film von *Josef v. Sternberg*); „Liebe“ (nordamer. Film mit *G. Garbo* und *J. Gilbert* n. „Anna Karenina“); „Hochzeitsmarsch“ (nordamer. Film von *Stroheim*); „Das Fleisch und der Teufel“ (nordam. Film von *Clarence Brown* mit *G. Garbo, J. Gilbert*); „Der König der Könige“ (nordam. Christus-

Respighi: „Die versunkene Glocke“ (ital. Oper nach *Gerhart Hauptmann*)

Reznicek: „Satuala“ (Oper)

A. Schönberg: „Die glückliche Hand“ (Drama mit Musik in express. Stil)

Dimitri Schostakowitsch (* 1906): 1. Symphonie (russische Komposition)

Strawinsky: „Ödipus rex“ (russ. szenisches Oratorium)

Kurt Thomas: „Markuspassion“ (Kirchenmusik)

Weill: „Der Protagonist“ und „Royal Palace“ (Jazzopern)

Jaromir Weinberger (* 1896, † 1967): „Schwanda d. Dudelsackpfeifer“ (tschech. Oper)

Wolf-Ferrari: „Sly“, „Das Himmelskleid“ (Opern)

Internationale Gesellschaft für Musikwissensch., Basel

Welt-Musik- und Sanges-Bund, Wien

Jörg Mager: Sphärophon (elektr. Musikinstrument)

Leo Theremin: Ätherwellenmusik (elektroakustisches Musikinstrument)

Erfolge der Negertänzerin *Josephine Baker* in Paris

„Showboat“ (US-Musical, gilt als 1. d. typ. Form) mit dem Song „Ol' man River“

W. Heitler u. *Fritz London* erklären chemische Bindungskräfte durch quantenphysikalische Wechselwirkung elektrisch geladener Teilchen und führen damit im Prinzip die Chemie auf die Physik zurück

Alfred Hettner (* 1859, † 1941): „Die Geographie, ihre Geschichte, ihr Wesen und ihre Methoden“ (vom Herausgeber der „Geographischen Zeitschrift“ seit 1895)

M. Hirmer: „Handbuch der Paläobotanik“ (Zusammenfassung der vorzeitlichen Pflanzenkunde)

H. J. Muller findet Erbänderungen der Taufliege durch *Röntgen*strahlen (Begründung der Strahlengenetik)

O. Naegeli: „Allgemeine Konstitutionslehre“ (moderner medizinischer Zentralbegriff)

Nikolai K. Koltzoff (* 1870, † 1940): „Die physikochemischen Grundlagen der Morphologie“ (Aufbau d. Zelle aus Molekülen u. Mizellen)

Oort: Rotation d. Milchstraße

Ramon entwickelt aktive Schutzimpfung gegen Wundstarrkrampf (1936 beim frz. Heer eingeführt, 1944 für frz. Kinder)

Ferdinand Sauerbruch Professor für Chirurgie in Berlin

v. Sengbusch: Auffindung der Süßlupine durch Schnellbestimmungsmethode der Bitterstoffe (führt zur systemat. Züchtung u. Anwendung)

Johannes Weigelt: „Rezente Wirbeltierleichen und ihre paläobiologische Bedeutung“ (sog. „Aktuopaläontologie“)

R. Wideröe u. *M. Steenbeck:* Prinzip d. Betatrons (Elektronenschleuder)

R. W. Wood und *A. L. Loomis* untersuchen physikalische und biologische Effekte des Ultraschalls

L. Woolley findet in Ur (Babylonien) „Königsgräber von Ur“ aus dem —4. Jtsd. mit Menschenopfern, „Mosaik-Standarte“, reichem Kopfschmuck

„Jahresberichte für deutsche Geschichte“

Gesellschaftstanz Slowfox

Vickers-Armstrong Ltd., London (britische Maschinen-, Schiffs- und Rüstungsindustrie)

W. Schmidt und *G. Heise:* „Welthandelsatlas“

W. Vershofen: „Die Grenzen der Rationalisierung“

E. Dovifat: „Der amerikan. Journalismus“ (Zeitungswissenschaft)

„Handwörterbuch des Kaufmanns“ (5 Bände seit 1925)

Deutsche Einzelhandelsumsätze 34 Mrd. RM = rd. 50% des Volkseinkommens

„Auslese“ (Monatsschrift mit Auszügen aus Zeitschriften vieler Länder)

Charles A. Lindbergh (* 1902) überfliegt Nordatlantik in West-Ost-Richtung (etwa 6000 km in 26 Stunden), wird begeistert gefeiert und zum Nationalhelden der USA

Walter Mittelholzer (* 1894, † 1937): „Afrikaflug“

Ferdinand Schulz unternimmt Segelflug in der Rhön von 4 Stunden Dauer

Einführung des Motorschlepps für Segelflugzeuge in Deutschland

Eröffnung des Nürburgringes (Autorennrundstrecke in der Eifel, 28 km, 170 Kurven, 300 m Höhenunterschied)

(1927)

Bötzke (Dt.) Finanzberater der pers. Regierung

Nahas Pascha übernimmt Führung der ägypt. Wafd-Partei

USA unterstützen den konservativen Präsidenten *Diaz* von Nikaragua, Mexiko den liberalen Gegenpräsidenten. Protest der ABC-Staaten gegen Besetzung Nikaraguas durch USA-Truppen

Sacco und *Vanzetti* in Mass./USA hinger. (1921 wegen angebl. Raubmordes verurteilt; starke Reaktion in der ganzen Welt auf diesen Justizskandal)

Brit. Kapitalgruppen erwägen Konkurrenzbau zum Panamakanal. Kolumbien lehnt Konzession ab

Diktatur des Generals *Ibanez* in Chile bis 1931 (wird durch soziale Unruhen während der Weltwirtschaftskrise beendet)

Neue australische Hauptstadt Canberra eingeweiht (gegründet 1913)

Nanking-Regierung unter *Tschiang Kai-schek*. Ausschluß der Kommunisten aus der Kuomintang. Sowjetische Berater verlassen China

Kommunist. Regierungen in den chin. Provinzen Kiangsi und Fukien unter *Mao Tse-tung* und *Tschu-Te* (1934 von *Tschiang Kai-schek* beseitigt)

Bankkrise und Depression in Japan. General *Tanaka* japan. Ministerpräsident bis 1929 († 1930); leitet expansive Mandschurei- und Mongolei-Politik ein

Japan besetzt Shantung. Offener Konflikt mit China

A. Schaeffer: „Odyssee" (Nachdichtung)

Schnitzler: „Spiel im Morgengrauen" (Novellen)

Sinclair: ‚Petroleum" (nordamerikan. sozialist. Roman)

Thieß: „Abschied vom Paradies", „Frauenraub" (Romane)

E. Toller: „Hoppla, wir leben!" (Bühnenstück)

Br. Traven: „Der Schatz der Sierra Madre" (Roman)

Undset: „Olav Audunssohn" (norweg. Roman, 4 Bände seit 1925)

E. Utitz: „Überwindung des Expressionismus" (Progr. d. „Neuen Sachlichkeit" i. d. Literatur)

Georg von der Vring (* 1889): „Soldat Suhren" (Roman)

Th. N. Wilder: „Die Brücke von San Luis Rey" (nordamerikan. Erzählung)

Wildgans: „Kirbisch" (Hexameter-Epos)

Friedrich Wolf (* 1888): „Kolonne Hund" (gesellschaftskrit. Schauspiel)

Virginia Woolf: „Die Fahrt zum Leuchtturm" (engl. Roman)

E. Zahn: „Die Hochzeit des Gaudenz Orell" (Schweiz. Roman)

Zuckmayer: „Schinderhannes" (Drama)

A. Zweig: „Der Streit um den Sergeanten Grischa" (Weltkriegsromantrilogie)

St. Zweig: „Volpone" (Komödie nach *Ben Jonson*)

Frankfurt/M. stiftet *Goethe*preis von jährlich 10000 Mark (Preisträger: *Stefan George*, *Albert Schweitzer*, *Ricarda Huch*, *Gerhart Hauptmann*, *Hermann Stehr*, *Hans Pfitzner*, *Hermann Stegemann*, *Georg Kolbe*, *E. G. Kolbenheyer*, *Hans Carossa*, *Thomas Mann* u. a.)

„The Cambridge History of English Literature" (engl. Literaturgeschichte, 15 Bände seit 1907)

Der prozentuale Anteil der einzelnen bibliographischen Gebiete an der Gesamtbücherproduktion in dt. Sprache (zum Vergl. 1749): Allgemeines 1,95% (5,33), Theologie 8,27 (37,54), Rechts- und Staatswissenschaften 11,90 (14,22), Heilkunde 3,76 (6,65), Naturwissenschaft, Mathematik 3,87 (3,34), Philosophie 1,85 (3,59), Erziehung, Jugendschriften 19,21 (1,63), Sprach- und Literaturwissenschaft 2,84 (3,14), Geschichte 4,81 (9,55), Erdkunde 2,63 (1,89); Kriegswissenschaften 0,68, Handel, Verkehr, Gewerbe, Bau- und Ingenieurwissenschaften 9,20, Haus-, Land- und Forstwissenschaft 2,94, zus. 12,82 (1,09); Schöne Literatur 16,32 (7,84), Kunst 4,99 (0,96), Verschiedenes 4,78 (3,23)

film von *C. B. de Mille)* „Berlin, Symphonie einer Großstadt" (Film von *Walter Ruttmann*, * 1888 † 1942)		Institut zur Erforschung und Bekämpfung der Maul- und Klauenseuche auf der Insel Riems vor Greifswald (Herstellung des *Löffler*-Serums) Deutsche Gesellschaft für Rheumabekämpfung Erster öffentlicher Bildtelegraph Berlin—Wien Überseeische Funksprechverbindungen Rundfunkgeräte mit vollem Netzanschluß Mehrfachtelegraphie auf Einfachleitung durch hochfrequent abgestimmte Sender und Empfänger Leunabenzin aus Braunkohle nach *Bergin*verfahren Dt. Kohlenstaublokomotive und Hochdrucklokomotive (60 at) *Diesel*motor für 10000 kW Leistung (MAN für *Blohm & Voss*) Rotations-Schnellpresse druckt in einer Stunde 100000 12-seitige Zeitungen *Hindenburg*damm zur Insel Sylt (11 km) Expeditionen in China nur unter chinesischer Aufsicht gestattet „Psychotechnische Zeitschrift" T. H. Berlin eröffn. Studienweg d. „Wirtschaftingenieurs"	*Johnny Weißmüller* (USA) schwimmt Freistilweltrekord über 100 Yards in 51,0 Sekunden *Suzanne Lenglen:* „Tennis" *E. Matthias:* „Tennis" (Standardwerk) *Alexander Aljechin* (Rußland, * 1892, † 1946) erringt Schachweltmeisterschaft gegen *Capablanca* (Weltmeister bis 1935 und ab 1937) Ausstellung „Das Wochenende" in Berlin (belebt die dt. Wochenendbewegung) „Werkstoffschau" in Berlin Intern. Blumenversand „Fleurop" gegrdt. Seit 1908 wurden i. d. USA 15070033 Ford-Autos Modell T gebaut (meistgebautes Auto d. Welt. 1972 überschreitet die Volkswagenproduktion diese Zahl)

1928

Der USA-Außenminister *Frank Kellogg* erreicht einen Kriegsächtungspakt: „Kellogg-Pakt"; unterschrieben von USA, Frankreich, Großbritannien, Deutschland, Belgien, Italien, Japan, Polen, Tschechoslowakei, brit. Dominions (b. Ende 1929 unterschr. 54 Staaten)

Länderinteressen setzen sich in Deutschland gegen vereinheitlichende Reichsreform durch

Nach Rücktritt von *O. Geßler* wird *Groener* dt. Reichswehrminister

Große Regierungskoalition SPD bis Volkspartei bis 1930

Hermann Müller (SPD) dt. Reichskanzler bis 1930; nimmt Bau des Panzerkreuzers A in Angriff

Wilhelm Leuschner (* 1890, † 1944, hingerichtet) hessischer Innenminister (seit 1926 Bezirksvorsitzender der Gewerkschaften)

Alfred Hugenberg (* 1865, † 1951), Vorsitzender der Deutschnational. Volkspartei; bedeutet scharf nationalist. Oppositionspolitik (*H.* war von 1909 bis 1918 Vorsitzender des *Krupp*-Direktoriums, grdte. s. d. Krieg Nachrichten/Film-Konzern)

L. Kaas (* 1881, † 1952) Zentrums-Vors. bis 1933 (nach *W. Marx*)

Hans von Seeckt: „Gedanken eines Soldaten"

Reichs-Osthilfe für verschuldeten Landbesitz in Ostpreußen (führt zu heftigen polit. Auseinandersetzungen über d. Verw. der Gelder)

Wilhelm Miklas (christl.-sozial) österr. Bundespräsident bis 1938

Völkerbund anerkennt bedingungslose Neutralität der Schweiz

Wahlsieg der Regierung *R. Poincaré.* Abwertung und Stabilisierung des frz. Franken

Frz. nationalist. Feuerkreuz-Verband (1936 aufgelöst)

Wahlalter der Frauen in Großbritannien von 30 auf 21 Jahre herabgesetzt

Agypten lehnt brit. Vertragsentwurf für den Status des Landes ab. Entsendung brit. Kriegsschiffe. Wafd-Führer *Nahas Pascha* wird Ministerpräsident und muß wieder

Literatur-*Nobel*preis an *S. Undset* (Norweg.)

Ernst Barlach: „Ein selbsterzähltes Leben" (Autobiographie)

Benn: Gesammelte Prosa

R. G. Binding: „Erlebtes Leben" Autobiograph.)

Hans Friedrich Blunck (* 1888): „Urvätersaga" (Romantrilogie)

G. A. E. Bogeng: „Geschichte der Buchdrukkerkunst" (1. Band bis 1500; 2. Band 1941: ab 1500)

André Breton (*1896, † 1966): „Nadja" (frz. Erz. eines „klassischen" Surrealismus)

Colette: „Tagesanbruch" (frz. Roman)

Antoon Coolen: „Brabanter Volk" (niederl. Rom.)

Th. Däubler: „L'Africana" (Roman)

Tilla Durieux (Schauspielerin): „Eine Tür fällt ins Schloß" (Schauspielerroman)

Paul Eipper (* 1891): „Tiere sehen dich an"

Paul Ernst: „Das Kaiserbuch" (Versepos seit 1923)

Galsworthy: „Schwanengesang" (engl. Roman)

Frederico Garcia Lorca (* 1899, † 1936, von Faschisten ermordet): „Zigeunerromanzen" (span. Lyrik, seit 1924)

Horst Wolfram Geißler: „Gestaltungen des Faust, die bedeutendsten Werke der Faustdichtung seit 1587" (3 Bände)

St. George: „Das neue Reich" (Gedichte)

Ernst Glaeser (* 1902): „Jahrgang 1902" (Rom.)

Alex. von Gleichen-Rußwurm: „Weltgeschichte in Anekdoten"

Ludwig Binswanger (* 1881, † 1966): „Wandlungen i. d. Auffassung und der Deutung des Traumes von den Griechen bis zur Gegenwart"

R. Carnap: „Scheinprobleme in der Philosophie. Das Fremdpsychologische und der Realismusstreit" (Neopositivismus im Sinne eines logischen Empirismus) und „Der logische Aufbau der Welt" (angewandte Logistik)

Friedrich Gogarten (* 1887): „Die Schuld der Kirche gegen die Welt" (a. d. Schule der Dialektischen Theolog.)

Groethuysen: „Philosoph. Anthropologie"

Karl Joël (*1864, † 1934): „Wandlungen der Weltanschauung" (Philosoph. ein. organ. Weltauffassg.)

C. G. Jung: „Die Beziehungen zw. dem Ich und dem Unbewußten" (Schweiz. Psychoanal.)

Hermann von Keyserling: „Das Spektrum Europas"

Wilhelm Lange-Eichbaum: „Genie, Irrsinn und Ruhm"

Hans Leisegang: „Denkformen" (Darstellung verschiedener Logiken)

Lindsey: „Die Kameradschaftsehe" (für Auflockerung der Eheform)

E. Ludwig: „Der Menschensohn" (Jesusbiogr.)

Salvador de Madariaga (* 1885): „Engländer, Franzosen, Spanier" (span. Völkerpsychol.)

Richard v. Mises (* 1883, † 1953): „Wahrscheinlichkeit, Statistik und Wahrheit" (erkenntnistheoret. Schrift)

Barlach: „Der Geisteskämpfer" (oder „Sieg d. Wahrheit"), „Singender Mann" (Bronzeplastik)

Beckmann: „Blick aufs blaue Meer", „Schwarze Lilien", „Damen am Fenster" (express. Gemälde)

Braque: „Stilleben mit Krug" (frz. kubist. Gemälde)

Wilhelm Büning (* 1881): „Bauanatomie" (moderne Architektur)

Chagall: „Hochzeiterin"

Otto Dix (* 1891, † 1969): „Großstadt" (Triptychon)

Martin Elsaesser (* 1884): Großmarkthalle i. Frankf./M. (1927)

K. Hofer: „Selbstbildnis" (Gemälde)

† *Leopold von Kalckreuth*, dt. naturalist. Maler (* 1855)

Hugo Lederer: „Läufergruppe" (Bronzeplastik)

Ed. Munch: „Mädchen, auf dem Sofa sitzend" (norweg. express. Gemälde)

Georgia O'Keeffe (* 1887): „Nachtwoge" (nordamer. abstraktes Gemälde)

Pinder: „Deutsche Plastik vom Ausgange des Mittelalters bis zum Ende der Renaissance" (2 Bände seit 1914)

Schultze-Naumburg: „Kunst und Rasse"

† *Franz von Stuck*, dt. Maler und Gebrauchsgraphiker (* 1863)

d'Albert: „Die schwarze Orchidee" (Oper)

„Musikalisch. Opfer" von *J. S. Bach* von Thomaskantor *Straube* uraufgeführt

Gershwin: „Ein Amerikaner in Paris" (nordamerik. symph. Dichtung im Jazzstil)

Tatjana Gsovsky (*1901) leitet Ballett-Schule in Berlin

Honegger: „Rugby" (schweizer.-frz. symph. Dichtung)

Clemens Krauß (* 1893, † 1954), österr. Kapellmeister, wird Direktor der Staatsoper in Wien (1934 in Berlin, 1936 in München)

Josef Lechthaler (* 1891): „Stabat mater" (für Einzelstimmen, Chor, Orgel und Orchester; österr. kathol. Kirchenmusik)

Lehár: „Friederike" (Singspiel)

Ravel: „Boléro" (frz. Komposition)

Albert Roussel: Klavierkonzert (frz. Komposition)

Fedor I. Schaljapin (* 1873, † 1938, russischer Bassist): „Mein Werden" (Autobiographie)

R. Strauss: „Die ägyptische Helena" (Oper mit Text von *Hugo von Hofmannsthal*)

Physik-*Nobel*preis an *O. Richardson* (USA) für Gesetz für Elektronenaustritt aus erhitzten Metallen (Glühemission)

Chemie-*Nobel*preis an *Adolf Windaus* (Dt., * 1876); besonders Vitamin-D-Forschung

Medizin-*Nobel*preis an *Ch. Nicolle* (Frankr.) für Typhusforschung

† *Roald Amundsen*, norweg. Polarforscher, auf einem Rettungsflug für die Besatzung des verunglückten Luftschiffes „Italia", das auf einer Polfahrt unter *Nobile* verunglückte (* 1872)

E. Bäcklin aus dem Institut von *Siegbahn* macht Präzisionsmessungen von *Röntgen*wellenlängen (gestattet genaue Bestimmung atomarer Konstanten)

E. Baur und *Max Hartmann:* „Handbuch der Vererbungswissenschaft" beginnt zu erscheinen

Niels Bohr löst den Welle-Teilchen-Widerspruch der Quantenphysik durch Einführung des „Komplementaritäts"-Begriffes

Boykow: Autopilot (automatische Flugzeugsteuerung, in Deutschland 1934 angewandt)

J. Braun-Blanquet: „Pflanzensoziologie"

Hans Delbrück: „Weltgeschichte" (5 Bände seit 1924)

Paul A. M. Dirac (* 1902) erweitert quantenphysikalische Wellenmechanik unter Berücksichtigung der Relativitätstheorie: erklärt Drehimpuls und magnetisches Moment des Elektrons

Hans Fischer (* 1881, † 1945): Aufklärung des chemischen Baus vom roten Blutfarbstoff (Hämoglobin)

Alexander Fleming (* 1881, † 1955) entdeckt das Bakteriengift Penicillin in einem Schimmelpilz (ausgedehnte Verwendung vom 2. Weltkrieg ab, wirks. gg. Gonokokken)

Gamow kann die statistischen Grundgesetze des radioaktiven Zerfalls aus der Quantentheorie ableiten

Harington und *Barger:* Klärung des chemischen Aufbaus u. Synthese d. Schilddrüsen-Hormons Thyroxin

K. Haushofer, Obst, Lautensach, Maull: „Bausteine zur Geopolitik"

Ernst Wagemann: „Konjunkturlehre"

Adolf Weber: „Allgemeine Volkswirtschaftslehre" (liberaler Standpunkt)

Köhl, Fitzmaurice und *von Hühnefeld* überqueren i. einem *Junkers*-Flugzeug erstmalig d. Atlantik von Ost nach West: 6750 km in 35,5 Stunden

Die ersten Funkzeichen der verunglückten „Italia"-Mannschaft werden von Kurzwellen-Amateuren aufgenommen; 16 Schiffe, 21 Flugzeuge und mehrere Schlittenabteilungen (insges. 1500 Mann) versuchen verunglückte „Italia"-Mannschaft in d. Arktis zu retten. Die Rettg. gelingt vor allem dem Eisbrecher „Krassin" und dem Flieger *Tschuchnowski*, nachdem *Nobile* sich als erster von d. Flieger *Lundborg* hatte retten lassen

Erster Fünfjahresplan in der USSR

„Großeinkaufsgesellschaft dt. Konsumvereine" 444 Mill. RM Umsatz (1913: 154 Mill.)

Bau-u. Wohnungsgenossenschaften haben seit ihrem Bestehen etwa 380000 Wohnungen gebaut

(1928)

entlassen werden. Auflösung des ägypt. Parlaments und Aufhebung der Presse- und Versammlungsfreiheit für 3 Jahre

Kanada ernennt eigene diplomat. Vertreter in Japan und Frankreich

Großbritannien anerkennt chin. Nankingregierung unter *Tschiang Kai-schek*

Undemokrat. Wahlgesetz in Italien; ital. Freundschaftsverträge mit Türkei, Griechenland und Abessinien

Tanger-Abkommen gibt Spanien verstärkten Einfluß

Aufstand span. Offiziere (und Studenten 1929) gegen Militärdiktatur wird unterdrückt

Carmona Präsident von Portugal bis 1951 (+). *Antonio de Oliveira Salazar* (*1889, + 1970) portug. Finanzminister; ordnet zerrüttete Finanzen (bildet 1932 diktatorische Regierung)

Achmed Zogu nimmt Königstitel an als *Zogu I.* von Albanien

† *Stefan Radic* (von serb. Radikalen ermordet), Kroatenführer (* 1871); Kroaten verlassen jugoslaw. Parlament und eröffnen separatist. Landtag in Agram

I. Maniu (Nationale Bauernpartei) stürzt liberale rumän. Regierung (mit Unterbrechung seit 1922), wird Ministerpräsident bis 1930

Venizelos wird nach Rückkehr griech. Ministerpräsident bis 1932

Erstmalig konservative Bauernbundregierung in Lettland

Syrische Nationalversammlung gebildet

Wirtschaftl. und kulturelle Reformen in Persien. Aufhebung der Ausländer-Vorrechte

König *Amanullah* von Afghanistan unternimmt Europareise (u. a. Berlin); während seiner Abwesenheit Aufstand der konservativen Fürsten und Geistlichen gegen seine Reformen

Alle ind. Parteien fordern auf einer Konferenz Dominion-Status

Nur etwa 2% der Inder haben Wahlrecht

Kristmann Gudmundsson (* 1902): „Der Morgen des Lebens" (isl.-norw. Roman)

Gundolf: „Shakespeare" (2 Bände)

Marguerite R. Hall: „Quell der Einsamkeit" (engl. Roman)

G. Hauptmann: „Till Eulenspiegel" (Epos) und „Der weiße Heiland" (Schauspiel)

Heinrich Hauser (* 1901): „Brackwasser" (Roman)

Manfred Hausmann (* 1898): „Lampioon küßt Mädchen und junge Birken" (Roman)

A. Huxley: „Kontrapunkt des Lebens" (engl. gesellschaftskrit. Rom.)

Josef Kallinikow (* 1890): „Reliquien" unter dem dt. Titel: „Frauen und Mönche" (russ. Roman, 1. vollst. Ausgabe nach dem russ. Manuskript)

Erich Kästner (* 1899): „Herz auf Taille" (Ged.)

Klabund: „Borgia" (Roman)

† *Klabund* (* 1890, *Alfred Henschke*), dt. Dichter

Lagerlöf: „Anna das Mädchen aus Dalarne" (schwed. Roman)

D. H. Lawrence: „Lady Chatterley's Liebhaber" (engl. Roman)

G. von Le Fort: „Das Schweißtuch der Veronika" (kathol. Roman)

Antonio Machado (* 1875, † 1939): „Poesias completas" (span. Lyriksammlung)

Mauriac: „Schicksale" (frz. Roman)

Molnar: „Spiel i. Schloß" (Komöd.)

Joseph Nadler: „Literaturgeschichte der deutschen Stämme und Landschaften" (4 Bände seit 1912)

Müller-Freienfels: „Metaphysik des Irrationalen"

† *Emmeline Pankhurst*, Führerin der engl. Suffragettenbewegung von 1906 bis 1913; trat mehrmals in den Hungerstreik im Kampf um das Frauenwahlrecht (* 1856)

Ludwig Pastor von Campersfelden (* 1854, † 1928): „Geschichte der Päpste seit dem Ausgang des Mittelalters" (bis 1800; 16 Bände seit 1886)

Papst *Pius XI.* lehnt in der Enzyklika „Mortalium animos" die gesamt-christl. ökumenische Bewegung ab

Hans Reichenbach (* 1891, † 1953): „Philosophie der Raum-Zeitlehre" (Philosophie der Relativitätstheorie im Sinne eines logischen Empirismus)

B. Russell: „Skeptische Essays" (engl. Rationalismus)

Scheler: „Die Stellung des Menschen im Kosmos" (philosoph. Anthropologie mit Stufen der Existenz des Lebendigen)

† *Max Scheler*, dt. Philosoph; verwandte phänomenologische Methode auf Religionsphilosophie, Wertphilosophie, Wissenssoziologie (* 1874)

Albert Schweitzer erhält *Goethe*preis der Stadt Frankfurt/M.

R. Seeberg: „Die Geschichte und Gott" (protestant.)

G. B. Shaw: „Wegweiser für die intelligente Frau zum Sozialismus und Kapitalismus" (engl. Fabian-Sozialismus)

Josef Thorak (*1889, † 1952): „Penthesilea" (Großplastik) und *Kleist*denkmal, Berlin

W. Tiemann: Kleist-Fraktur (Drucktyp.)

Hochhäuser in Berlin-Siemensstadt (u. a. Schaltwerk der *Siemens-Schuckert*-Werke)

Fr. Winter (* 1905): „Mädchen in Blumen" (Gem.)

Tagblatt-Turmbau, Stuttgart

Kugelhaus auf der Ausstellung „Die technische Stadt", Dresden

—

Walt Disney (* 1901, † 1966): Erste Micky-Mouse-Stummfilme (nordamerikan. Zeichentrickfilme)

„Der singende Narr" (USA-Tonfilm mit *Al Jolson*; damit hat sich der Tonfilm durchgesetzt)

„Zirkus" (nordam. Film von u. mit *Ch. Chaplin*); „Der Patriot" (nordamerik. Film von *E. Lubitsch* mit *E. Jannings*)

90% aller Filme stammen aus den USA (dieser starke amerikanische Einfluß wird durch den Tonfilm gemildert)

„Sturm über Asien" (russ. Film von *Pudowkin*); „Oktober" (russ. Film von *Eisenstein* u. *Alexandrow*); „Das elfte Jahr" (russ. Film v. *D. Vertow*)

„Die Frau im Mond" (Film von *F. Lang*)

Strawinsky: „Apollon musagète" (russisches Ballett) und „Capriccio für Orchester" (russ. Komposition)

Ernst Toch (*1887): „Egon u. Emilie" (Kurzoper nach *Chr. Morgenstern*)

Weill: „Dreigroschenoper" (Neugestaltung d. engl. „Bettleroper" im Jazzsongstil, Text von *Bert Brecht*) und „Der Zar läßt sich photographieren" (groteske Jazzoper nach *Georg Kaiser*)

Weingartner: „Ratschläge für Aufführungen klassischer Symphonien" (3 Bände seit 1906)

Harald Kreutzberg (* 1902, † 1968) tanzt in „Turandot" bei den Salzburger Festspielen und wird dadurch bekannt

Elektroakustischer Neo-*Bechstein*-Flügel von *Walther Nernst*

In vier Wochen werden 12 Mill. Schallplatten mit dem *Al-Jolson*-Tonfilmschlager „Sonny Boy" verkauft

Curt Oertel: „Die steinernen Wunder von Naumburg" (Kulturfilm)

Jährlich mehr als 12 *Harry-Liedtke*-Filme

Dt. Tonbild Syndikat AG (Tobis, Berlin)

Hedin: „Mein Leben als Entdecker" (autobiographisch)

Heisenberg stellt quantenphysikalische Unbestimmtheitsbeziehung auf, wonach sich z. B. Ort und Geschwindigkeit eines atomaren Teilchens nicht gleichzeitig beliebig genau bestimmen lassen (s. a. *Bohr*)

D. Hilbert und *W. Ackermann:* „Grundzüge der theoretischen Logik" (Logik in mathematischer Form)

Polizeibildfunk (nach *A. Korn*)

Gustav Kossinna (* 1858, † 1931): „Ursprung und Verbreitung der Germanen in vorgeschichtlicher Zeit" (Archäologie)

† *Hendrik Antoon Lorentz*, niederl. Physiker; *Nobel*preis 1902 (* 1853)

Th. H. Morgan: „Die Theorie des Gens" (nach den Ergebnissen seiner Schule an der Columbia-Universität, USA; siedelt an das Kalifornische Institut für Technologie um)

Th. H. Morgan und seine Schüler: Chromosomen-Karten der Taufliege (lineare Anordnung u. Lokalisierung d. Gene als Erbfaktoren, ein Höhepunkt der experimentellen Genetik; entw. seit 1919)

J. v. Neumann: Anfänge einer Spieltheorie (vgl. 1944)

Chandraschara Venkata Raman (*1888, + 1970) entdeckt die von *Smekal* vorhergesagte charakteristische Lichtstreuung an Molekülen (dieser „Raman-Effekt" wird wichtig zur Strukturbest. von Molekülen)

R. Richter: „Psychische Reaktionen fossiler Tiere" (Versuch einer physiologischen Paläopsychologie)

P. Schmidt: „Das überwundene Alter. Wege zu Verjüngung und Leistungssteigerung"

A. Sommerfeld: Quantenphysikalische Elektronentheorie d. Metalle

H. Sörgel: Atlantropa-Projekt (Senkung des Mittelmeerspiegels durch Gibraltar-Damm)

Thoms: „Handbuch der wissenschaftlichen und praktischen Pharmazie" (seit 1924)

Voronoff: „Die Eroberung des Lebens" (Verjüngung durch Drüsenübertragung)

In Deutschld. entstehen zahlreiche mod. u. hygien. Kleinwohnungsbauten (Reihensiedlungen, Wohnblocks)

In Deutschl. fehl. 550000 Wohnungen, 300000 sind abbruchreif

General Motors übernimmt *Opel*-werke als AG

Intern. Föderation d. Nationalen Normen-Vereinigungen (ISA) gegrdt.

Stier-Somlo und *A. Elster:* „Handwörterbuch der Rechtswissenschaft" (6 Bände seit 1926)

„Handwörterbuch der Betriebswirtschaft" (5 Bände seit 1926)

„Die Ernährung", Ausstellung in Bln.

„Ila" in Berlin (internationale Luftfahrtausstellung)

Presseausstellung „Pressa" in Köln

Neue Arbeiten zur Trockenlegung d. Pontinisch. Sümpfe (Anfänge 1899)

Olympiade in Amsterdam

„die neue linie" (Modezeitschrift)

„Garçon"-Stil in der Frauenmode

„Denken u. Raten" (Rätsel- u. Denksport-Zeitschrift)

Neue dt. Skatordnung für den Einheitsskat

Sonja Henie (Norw.) Weltmeisterin im Eiskunstlauf (ununterbrochen bis 1936)

(1928)

Pan-Amerikanischer Kongreß in Havana. Nichtangriffs-Resolution

Moncada, Gegner des von den USA unterstützten *Diaz*, Präsident von Nikaragua

Der Wunsch Boliviens nach einem Zugang zum Meer über den Paraguay-Fluß führt zum Chacokonflikt mit Paraguay (Chacokrieg von 1932 bis 1935)

Nichtabsetzbare Kaffeeproduktion führt zum wirtschaftl. Zusammenbruch Brasiliens

Tschiang Kai-schek einigt unter Kuomintang-Partei nach langem Bürgerkrieg China. Einzug in Peking. Nanking Hauptstadt

Japan entsendet Truppen nach Tsingtau (zieht sie 1929 zurück)

O'Casey: „The silver Tassie" (irisches pazifist. Schauspiel)

O'Neill: „Seltsames Zwischenspiel" (nordamerikan. Bühnenstück)

Eugen Ortner (* 1890, † 1947): „Meier Helmbrecht" (sozialesDrama)

A. Polgar: „Ich bin Zeuge" (Essays)

Ludwig Renn (eig. *A. F. Vieht von Golssenau*, * 1889): „Krieg" (Weltkriegstagebuch)

Ringelnatz: „Allerdings" (Gedichte) und „Als Mariner im Krieg" (Kriegserinnerungen)

C. Sandburg: „Guten Morgen, Amerika" (nordamerik. Gedichte)

Friedr. Schnack (* 1888): „Das Leben der Schmetterlinge" (Naturdichtg.)

Anna Seghers (eig. *Netty Radvanyi*, * 1900): „Aufstand der Fischer von St. Barbara" (Erzählung, *Kleist*preis)

Wilhelm Speyer (* 1887, † 1952): „Der Kampf der Tertia" (Schülerroman)

Sinclair: „Boston" (nordamerikan. sozialist. Roman in 2 Bdn. gegen das Todesurteil für *Sacco* und *Vanzetti*)

† *Hermann Sudermann*, dt. Dichter (* 1857)

Tucholsky: „Mit fünf PS" (politische Satiren mit Selbstgesprächen des Spießers „Wendriner")

Jakob Wassermann: „Der Fall Mauritius" und „Der Moloch" (Romane)

Günther Weisenborn (* 1902, † 1969): „U-Boot S 4" (Drama)

Werfel: „Der Abiturienttogether" (Roman)

Wildgans: „Gedichte um Pan"

Virginia Woolf: „Orlando" (engl. Roman)

A. Zweig: „Pont und Anna" (Roman)

St. Zweig: „Sternstunden der Menschheit" (hist. Miniaturen)

W. v. Warburg: „Französisches etymologisches Wörterbuch" (seit 1922)

Russ.-jüd. Theater „Habima" siedelt von Moskau nach Tel Aviv um (wird 1948 Israel. Nationaltheater)

„The New English Dictionary" (10 Bände seit 1888)

Karl-May-Museum in Radebeul

1776 „Esperanto"-Sprachgruppen in der Welt

O. Spann: „Gesellschaftsphilosophie" („universalistische" Soziologie eines christl. Ständestaates)
Spranger: „Das deutsche Bildungsideal der Gegenwart in geschichtsphilosophischer Beleuchtung" (kulturphil. Pädagogik)

Theodoor Hendrik van de Velde: „Die vollkommene Ehe" (niederl.)

Joh. Volkelt: „Das Problem der Individualität"

Richard Wilhelm (* 1873, † 1930): „Geschichte der chinesischen Kultur"

Agnes von Zahn-Harnack: „Die Frauenbewegung"

Th. Ziehen: „Die Grundlagen der Religionspsychologie" (Gottheit als Summe der Gesetze der Natur und des Geistes; 8 Rundfunkvorträge)

„Encyclopaedia Judaica" beginnt zu erscheinen (soll „Jewish Encyclopedia", von 1901 bis 1906, ersetzen)

Abkommen Tschechoslowakei—Vatikan

Vorbereitende Konferenzen (auch 1929) für eine „Allgemein-religiöse Friedenskonferenz"

Internationaler Missionsrat tagt in Jerusalem

Weltbund für Sexualreform

Preuß. Prüfungsordnung für Volksschullehrer-Hochschulstudium

Engl. Arbeiterbildungs-Vereinigung (WEA) zählt 2896 Körperschaften, 400 Gewerkschaften und 23880 Einzelmitglieder

Erster dt. Volkshochschultag in Dresden

„Krise der Psychoanalyse" (Sammelwerk zur Kritik der Psychoanalyse)

Amtliche Einführung der Lateinschrift in der Türkei

Afghanische Akademie in Kabul. Afghanisch wird statt Persisch Schriftsprache

Hannes Schneider grdt. Arlberg-Kandahar-Skirennen

O. H. Warburg: „Katalytische Wirkungen der lebendigen Substanz"
F. von Wettstein: „Über plasmatische Vererbung und das Zusammenwirken von Genen und Plasma" (Problem der „mütterlichen Vererbung" auf Grund von Versuchen an Moosen seit 1924)
† *Wilhelm Wien*, dt. Physiker; *Nobel*preis 1911 (* 1864)
Transarktischer Flug von *H. Wilkins* (Alaska-Nordgrönland-Spitzbergen); im selben Jahr unternimmt er 1. Flug im Südpolargebiet
Kaiser-*Wilhelm*-Institut für Züchtungsforschung, Müncheberg

Historische Reichskommission zur Erforschung der Reichsgeschichte seit 1858

„Arbeitsphysiologie" (Zeitschrift)

„Hippokrates" (Zeitschrift für Naturheilkunde)

Coolidge-Talsperre in USA (Arizona) 76 m hoch, 1610 Mill. cbm Inhalt (Baubeginn 1927)

„Romar"-Flugboot der *Rohrbach*-Flugzeugbau (20 t Tragkraft, 3 × 720 PS)

Regelmäßige Funksprechverbindung Berlin—Buenos Aires
Leistungsendröhren f. Rundfunkgeräte
Erfindung des Fernschreibers (Übertragung von Schreibmaschinenschrift durch Draht)
Luftschiffhalle Friedrichshafen
Dampfmaschine erreicht eine größte Leistung von 230000 kW (1780: 40 kW, 1875: 1500 kW, 1900: ca. 75000 kW), Verbrauch 2250 Kalorien pro kWh = 26% Nutzeffekt (1800: 42000 Kalorien pro kWh, 1850: 18000 Kalorien pro kWh, 1900: 5000 Kalorien pro kWh)
Fritz v. Opel (*1899, † 1971) erprobt Raketenrennwagen mit 228 km/Stunde
Panzertaucher (bis 200 m Tiefe)

Fachausschuß Staubtechnik b. VDI

Vorführ. v. drahtlosem Fernsehen auf d. Berliner Funkausstellung durch *Denes von Mihály* (mit *Nipkow*scheibe)
Amerikaner entd. Bambusbär in China (1938/9 erste lebende B. in Europa)

1929

Friedens*nobel*pr. a. *F. Kellogg* (USA)

Blutige Zusammenstöße zwischen Demonstranten und Polizei am 1. Mai in Berlin

† *Gustav Stresemann*, dt. Außenminister seit 1923; verfolgte Politik d. Verständig. mit Frankr. (* 1878)

*Dawes*plan wird durch den *Young*plan für dt. Reparationszahlungen ersetzt: bis 1988 sind von Deutschland 105 Mrd. Mark zu zahlen, davon bis 1966 jährl. 1,7 bis 2,1 Mrd. Mark. Gründung der Bank für Internationalen Zahlungsausgl. (BIZ, Basel)

Volksentscheid d. Deutschnat. u. Nationalsoz. geg. *Young*plan erfolgl.

Reichskassendefizit 1,7 Mrd. Mark. Rücktr. Reichsfinanzmin. *Hilferdings*

A. Stegerwald Vorsitzender d. Zentrumsfraktion im Reichstag

Erwin Bumke (* 1874, † 1945) Reichsgerichtspräsident

Heinrich Himmler (*1900, †1945, Giftselbstmord) wird „Reichsführer" der SS

Bauernunruhen i. Schleswig-Holst.

Gdingen beginnt Danzig als Hafen Konkurrenz zu machen

Schober (parteilos) österr. Bundeskanzler bis 1930

Österr. Heimwehren erreichen Verfassungsänderung zugunsten des Einflusses des Bundespräsidenten

Brit. Labour-Party gewinnt 289 von 615 Unterhaussitzen

MacDonald (Labour-Party) brit. Ministerpräsident bis 1935

Arthur Henderson brit. Außenminister bis 1931. Wiederaufnahme der diplomat. Beziehung. zur USSR

Australien widerruft Wehrpflichtgesetz von 1909

R. Poincaré tritt zurück. Es folgen bis 1932 Regierungen unter *Briand* und *Tardieu*

† *Georges Clémenceau* („Der Tiger"), frz. Staatsmann; Ministerpräsident von 1906 bis 1909 u. v. 1917 bis 1920; schrieb „Größe und Tragik eines Sieges" (* 1841)

Nationaler Rat der Korporationen in Italien gebildet

Literatur-*Nobel*preis an *Th. Mann* (Dt.)

Paul Alverdes (*1897): „Die Pfeiferstube" (Kriegserzählung)

Vicky Baum (*1888, † 1960): „Menschen im Hotel" (Roman)

Werner Beumelburg (*1899, † 1963): „Sperrfeuer um Deutschland" (Roman)

A. Bronnen: „O. S." (Oberschlesien-Roman)

Ferd. Bruckner: „Krankheit der Jugend" und „Die Verbrecher" (Dramen)

Claudel: „Der seidene Schuh" (frz. Schauspiel)

Cocteau: „Les enfants terribles" (frz. Drama)

Döblin: „Berlin Alexanderplatz" (Roman)

Eipper: „Tierkinder", „Menschenkinder"

Gide: „Die Schule der Frauen" (mit Fortsetzung „Robert" 1930 und „Geneviève" 1936 frz. Romantrilogie)

Jean Giono (*1895, † 1970) „Der Hügel" (frz. Roman)

JulienGreen(*1900): „Leviathan" (frz. Roman)

Carl Haensel (*1889, † 1968): „Kampf ums Matterhorn" (Tatsachenroman)

G. Hauptmann: „Das Buch der Leidenschaft" (Roman, 2 Bände)

Hedin: „Auf großer Fahrt" (Reisebericht)

Alfred Hein (*1894, † 1945): „Eine Kompanie Soldaten" (Verdun-Roman)

Hemingway: „In einem and. Land" (Kriegsrom.)

W. Herzog u. *H. J. Rehfisch:* „Affaire Dreyfus" (Drama)

Max René Hesse (* 1885, † 1952): „Partenau" (Rom. a. d. Offiziersleb.)

E. Cassirer: „Philosophie der symbolischen Formen" (3 Bde. s. 1923, neukantian. Philosophie)

Heidegger: „Was ist Metaphysik?", „Kant und das Problem der Metaphysik"

Theodor Heuss: „Das Wesen der Demokratie". (*H.* ist seit 1920 Dozent an der Dt. Hochschule für Politik)

E. R. Jaensch: „Grundformen des menschlichen Seins" (mit den Typen d. „Integrierten" u. „Desintegrierten")

E. R. Jaensch und *Grünbut:* „Über Gestalt und Gestalttheorie"

Ernst Kretschmer: „Geniale Menschen"

Osw. Kroh: „Entwicklungspsychologie des Grundschulkindes"

Fritz Künkel (*1889, † 1956): „Charakter, Krisis und Weltanschauung" (Individualpsych.)

A. Liebert: „Geist und Welt der Dialektik" (Bd. 1, Neuheglianismus)

Karl Mannheim (* 1894, † 1947): „Ideologie und Utopie" (Soziologie, betont Standortgebundenheit allen Denkens)

E. Pacelli Kardin. i. Rom

Will Erich Peuckert (*1895, † 1969): „Zwei Lichte in der Welt" (schles. myst. Erzählung)

Erich Przywara (*1889): „Das Geheimnis Kierkegaards" (kathol.)

B. Russell: „Ehe u. Moral" (engl.)

Schweitzer: „Selbstdarstellung"

Erich Stange: „Die Religionswissenschaft der Gegenwart in Selbstdarstellungen" (5 B. s. 1925)

R. Urbantschitsch: „Die Probeehe" (Sexualref.)

† *Wilhelm von Bode*, dt. Kunsthistoriker und Museumsleiter (* 1845)

Burra: „Wahrsagerinnen" (engl. surrealist. Gemälde)

Massimo Campigli (* 1895): „Entwurf für ein Fresko" (ital. surrealist. Gemälde)

Chagall: „Liebesidyll" (frz.-russ. Gemälde)

Otto Dix: „Spielende Kinder" (Gemälde)

Feininger: „Segelboote" (kubist. Gemälde)

Fritz Höger, Hans und *Oskar Gerson:* Sprinkenhof in Hamburg

A. Kanoldt: „Clivia" (Gemälde in sachlichem Stil)

Rudolf Koch: „Blumenbuch" (3 Bände, 1932 als Inselbändchen)

G. Kolbe: „Große Sitzende", „Junge Frau", „Junges Mädchen" (Plastiken)

Kollwitz: „Maria u. Elisabeth" (Holzschnitt)

Otto Kümmel: „Die Kunst Chinas, Japans und Koreas" (Kunstgeschichte)

Le Corbusier: „Städtebau" (frz. Planung)

László Moholy-Nagy (* 1895, † 1947): Dekorationen f. abstrakte Filme in Berlin (ungar.) angewandte Kunst im Bauhausstil

Hans Mühlestein: „Die Kunst der Etrusker"

Nash: „März" (engl. Gemälde)

G. Anschütz: „Das Farbe-Ton-Problem" (veranstaltet von 1927 bis 1931 Kongresse über dieses Thema)

Hindemith: „Neues vom Tage" (heitere Oper, Text v. *Marcellus Schiffer*)

Hindemith-Weill: „Lindbergh-Flug"

Křenek: „Reisebuch aus den österreichischen Alpen" (Zykl. v. 20 Lied.)

Lehár: „Das Land des Lächelns" (Operette)

Pfitzner: „Werk u. Wiedergabe" (über Dirigierkunst)

Respighi: „Römische Feste" (ital. symphon. Dichtung)

Riemann-Einstein: „Musiklexikon" (Standardwerk)

Hermann Scherchen: „Lehrbuch des Dirigierens"

A. Schönberg: „Von Heute auf Morgen" (Opernkomödie im Zwölftonstil) und Variationen für Orchester (Zwölftontechnik)

Der Dirigent *Arturo Toscanini* geht, vom ital. Faschismus vertrieben, nach USA

Weill: „Mahagonny" (Jazzoper)

Wassilij de Basil (* 1888, † 1951) gründet in Monte Carlo russ. Emigranten-Ballett

† *Sergej P. Diaghilew*, Begründer des modernen russ. Balletts (* 1872)

Physik-*Nobel*preis an *L. de Broglie* (Frankr.) für Wellentheorie der Materie

Chemie-*Nobel*preis an *A. Harden* (Großbrit.) und *H. v. Euler-Chelpin* (Dt.-Schwed.) für Enzym- und Fermentforschung

Medizin-*Nobel*preis an *Christiaan Eijkman* (Niederl., * 1858, † 1930) und *F. G. Hopkins* (Großbrit.) für Vitaminforschung

H. Berger: Das Elektrenkephalogramm d. Menschen (Forschungen seit 1924 über elektrische Spannungsschwankungen im Gehirn)

R. Byrd überfliegt Südpol

Hans Cloos (* 1885): Künstliche Gebirge (Anfänge einer experimentellen Gebirgsforschung)

M. Czerny (* 1896): Langwellige Ultrarot-Photographie auf dünnen Ölschichten (Evaporographie)

Dam entdeckt Vitamin K (wichtig für Blutgerinnung)

† *Hans Delbrück*, dt. Geschichtsforscher und Politiker (* 1848)

Doisy und *Butenandt:* Reindarstellung des Follikel-Hormons (weibl. Sexualhormon)

v. Economo: „Großhirnrinde" (zusammenfassende Darstellung der Leistung der höheren Zentren)

T. Edinger: „Die fossilen Gehirne" (Anfänge einer Paläoneurologie)

Einstein: Allgemeine Feldtheorie (Versuch einer einheitlichen Behandlung der Gravitations- und elektrischen Felder)

Esau u. *E. Schliephake:* Diathermie (Hochfrequenzerwärmung f. Heilzwecke)

A. Fleming: Erster Bericht über Penicillin-Forschung

W. Forssmann Erst. Herzkatheter

Frobenius: „Erlebte Erdteile" (7 Bde. st. 1925; Naturvölkerkunde)

Geiger und *Scheel:* „Handbuch der Physik" (24 Bände seit 1926)

Heisenberg kann den starken Magnetismus des Eisens (Ferromagnetismus) durch die Quantentheorie erklären

~ *Hubble:* Spiralnebel sind Sternsysteme ähnlich unserer Milchstraße. Die mit der Entfernung zunehmende Rotverschiebung ihrer

Vom 21. b. 29. Okt. 15 Mrd. Doll. nordamerikan. Börsen-Verluste

Eingemeindung Duisburg-Hamborn (verbreitete Eingemeindungsbestrebg. westdt. Großstädte)

Stier und *Somlo:* „Handbuch des Völkerrechts" (6 Bände seit 1912)

„Schiffssicherheitsvertrag" von London z. Schutz von Menschenleben

Internat. Luftprivatrechtsabkommen von Warschau

Weltpostkongreß in London

Erster Postflug v. d. „Bremen" mit Schleuderstart

Washingtoner Radiowellenplan

Fusion Dt. Bank mit Disconto Ges.

Vereinigte Elektrizitäts- u. Bergwerke-AG, Berlin

Unilever-Konzern (Sunlicht-Seife, Margarine u. a.)

Burgdörfer: „D. Geburtenrückgang u. s. Bekämpfung"

„Wunderdoktor" *Valentin Zeileis* „behandelt" stündlich mehr. Hundert

Abendkleider vorn kurz, hinten lang; Herrenschnitt

Wolfr. Hirth siegt i. Sportflugzeugwettb. üb. 4000 km (Böblingen - Paris - Mailand - Rom - Böblingen)

Massenmörder *Peter Kürten* beunruhigt Düsseldorf

(1929)

Tschechisch-dt. bürgerliche Koalition weicht einer agrar.-sozialen

Staatsstreich König *Alexanders* von Jugoslawien. Serbische Militärdiktatur unter General *Schiwkowitsch*. Staatsname „Jugoslawien". Kroatenführer *Matschek* verhaftet (1930 freigesprochen)

Zaïmis griech. Staatspräs. bis 1935

Voldemaras gestürzt; es folgt Regierung *Tubelis* in Litauen

Leo Trotzki aus der USSR nach der Türkei ausgewiesen

XV. Parteitag der KPSU verurteilt „Rechte Abweichung" von *Rykow* und *Bucharin* (werden ausgeschlossen). Aufruf zum „Sozialistischen Wettbewerb". Parteisekr. *Stalin* praktisch Alleinherrscher

Kollektivierung in der USSR stößt auf großen Widerstand der Bauern

Konflikt USSR—China um Mandschurei u. mandschur. Eisenbahn. Nach Einmarsch sowjet. Truppen Wiederherstellung des Status quo

Herbert Hoover (Republik.) Präsident der USA bis 1933

Kursstürze (29. 10. u. 13. 11.) an der New Yorker Börse lösen tiefe Weltwirtschaftskrise u. pol. Folgen aus (dauert bis etwa 1933)

Mißgl. Revolution in Mexiko. *Ortiz Rubio* Präsident bis 1932; vorübergehender Frieden zw. Staat und Kirche

Peru erhält Tacna von Chile zurück (ging mit anderen Salpeterprovinzen 1883 verloren)

Jewish Agency als Gesamtvertret. d. zionist. und nichtzionist. Juden

König *Amanullah* von Afghanistan wird nach seiner Europareise wegen Reformen gestürzt; *Nahir Chan* König von Afghanistan bis 1933 (†)

Blutige Zusammenstöße zw. Hindus u. Mohammedanern in Bombay. Ind. Nationalkongreß in Lahore fordert Trennung vom Brit. Reich

Zahl der eingeborenen Abgeordneten im Volksrat auf Niederl.-Java von 25% auf 50% erhöht

Nilwasser-Vertrag Ägypt.-Sudan

† *Hugo von Hofmannsthal*, österr. Dichter (* 1874)

† *Arno Holz*, dt. Dichter des Naturalismus (* 1863)

N. Jacques: „Die Limburger Flöte" (Roman)

Mirko Jelusich (*1886, † 1969): „Caesar" (österr. histor. Roman)

Ernst Jünger: „Das abenteuerliche Herz"

E. Kästner: „Emil und die Detektive" (Kinderroman)

H. Kesten: „Ein ausschweifender Mensch" (Roman)

Kolbenheyer: „Heroische Leidenschaften" u. „Die Brücke" (Schauspiele)

Peter Martin Lampel (* 1894, † 1965): „Revolte im Erziehungshaus" (sozialkrit. Bühnenstück)

Lewis: „Sam Dodsworth" (nordamerikan. Roman)

Charles Morgan (*1894, † 1954): „Das Bildnis" (engl. Roman)

Axel Munthe: „Das Buch von San Michele" (schwed. Lebenserinnerungen, wird in 41 Sprachen übersetzt)

Erwin Piscator (* 1893, † 1966): „Das politische Theater"

Theodor Plievier (*1892, † 1955): „Des Kaisers Kulis" (Roman, später Drama)

A. Polgar: „Schwarz auf Weiß" (Essays)

John Cowper Powys (* 1872): „Wolf Solent" (engl. Roman)

Erich Maria Remarque (*1898, † 1970): „Im Westen nichts Neues" (pazifist. Kriegsroman)

Elmer Rice (* 1892, † 1967): „Street Scene" (nordamer. Schauspiel, musikal. Fassung 1947 mit *K. Weil*)

Wilh. Schäfer: „Gesammelte Anekdoten" (erste Sammlung 1908)

Shaw: „Der Kaiser von Amerika" (engl. Schauspiel)

Robert Cedric Sherriff (* 1896): „Die andere Seite" (engl. Kriegsschauspiel)

Friedrich Sieburg (* 1893, † 1964): „Gott in Frankreich?" (kulturgesch.)

Sinclair: „So macht man Dollars" (nordamerikan. sozialistischer Roman)

Stehr: „Nathanael Maechler" (Roman)

Tucholsky: „Deutschland, Deutschland über alles" (antinationalist. Satiren)

Undset: „Gymnadenia" (norweg. Roman vom kathol. Standpunkt aus)

Viebig: „Die mit den tausend Kindern" (Roman)

Werfel: „Barbara oder d. Frömmigkeit" (Roman)

Wiechert: „Die kleine Passion" (Roman)

Friedrich Wolf: „Cyankali" (gesellschaftskrit. Schausp. um den § 218)

Th. Wolfe: „Schau heimwärts, Engel" (nordamerikanischer Roman)

Zuckmayer: „Katharina Knie" (Drama)

St. Zweig: „Fouché" (Biographie)

„Katakombe" (Berliner Kabarett mit *Werner Finck, Hans Deppe* u. a. bis 1935)

Staatstheatermuseum in Berlin

A. N. Whitehead: „Geschehen u. Wirklichkeit. Ein kosmologischer Essay" (engl. Naturphilosophie)

L. v. Wiese: „Allgem. Soziologie" (2 Teile seit 1924)

Lateranverträge u. Konkordat des Vatikans mit dem ital.-faschist. Staat. Papst verzichtet auf Rom und Kirchenstaat. Verfassung d. Vatikanstadt: Papst oberste gesetzgebende, vollziehende und richterliche Gewalt

Konkordat mit Preußen

Lutherischer Weltkonvent in Kopenhagen

„Zeitschrift für Christentum und Sozialismus"

In Schottland schließt sich die United Free Church (seit 1900) mit der Staatskirche zur Church of Scotland zusammen

„Deutsche Christen" bilden sich in der evang. Kirche (treten für „artgemäßes" Christentum ein)

Genfer Konvention zwischen 47 Staaten über die menschliche Behandlung von Kriegsgefangenen

„Wiener Kreis" entsteht aus dem „Verein Ernst Mach" mit *R. Carnap, Ph. Frank, H. Hahn, O. Neurath, M. Schlick* u. a., vertritt eine antimetaphysische, wissenschaftliche Philosophie und Erkenntnislehre: „Logischer Empirismus"

„Universität und Volkshochschule" (Tagung in Heidelberg)

Es bestehen 60 dt. Volkshochschulheime

Paracelsus-Gesellschaft

Türkei verbietet Unterricht in arabischer Schrift

Georgia O'Keeffe: „Schwarze Stockrosen und blauer Rittersporn" (überdimensionales Blumenbild; die Malerin geht nach Neu-Mexiko)

Pechstein: „Der Cellospieler" (express. Gemälde)

Sintenis: „Grasendes Fohlen", „Polospieler"

St. Spencer: „Landmädchen" (engl. Gemälde)

† *Heinrich Zille*, dt. satirischer Zeichner, besonders des Berliner Arbeiter-Milieus (* 1858)

Werkbundausstellung „Wohnung u. Werkraum" in Breslau

Westfalen-Hochhaus in Dortmund

Veitsdom in Prag vollendet (Baubeginn 1344, Abschlußarbeiten seit 1873)

Ausst. „Chinesische Kunst" in Berlin unter *O. Kümmel*

Museum of modern art, New York, gegründet. Eröffnet mit Ausstellung von *Cézanne, Gauguin, Seurat, van Gogh*

Der Tonfilm setzt sich allgemein durch

„Die Königsloge" (erster dt.-sprachiger Spieltonfilm, in USA gedreht mit *A. Moissi* u. *C. Horn*)

„Melodie des Herzens" (erster vollständiger dt. Tonfilm, mit *Willy Fritsch*)

„Dich hab' ich geliebt" (Spieltonfilm mit *Mady Christians* und *Walter Jankuhn*)

„Pamir, das Dach der Welt" (Expeditionsfilm)

„Silberkondor über Feuerland" (Naturfilm von *Gunther Plüschow*)

„Hallelujah!" (nordam. Negerfilm von *K. Vidor*); „Liebesparade" (nordam. Film von *E. Lubitsch* mit *Maurice Chevalier* und *Jeanette Mac Donald*); „Das gottlose Mädchen" (nordamerik. Film v. *C. B. de Mille*); „Brodway-Melodie" (nordam. Revuefilm)

Erster Micky-Maus-Tonfilm von *Walt Disney* (nordam. Zeichentrickfilm)

„Die Büchse der Pandora" (Film von *Pabst* mit *B. Helm*); „Die weiße Hölle v. Piz Palü" (Film von *A. Fanck*); „Menschen am Sonntag" (Film von *Robert Siodmak*)

„Das weiße Geheimnis" (russ. Film von d. Fahrt d. russ. Eisbrechers „Krassin" zur Rettung der *Nobile*-Expedition)

„Die Generallinie" (russischer Film von *Eisenstein*)

„Turksib", „Der blaue Express" (russ. Filme)

Elektrifizierung der Berliner Stadtbahn

Müllverbrennungsanlage in Zürich (300 t Müll in 24 Stunden)

Spektrallinien deutet auf eine sich ausdehnende Welt

Diesel-(Schweröl-)Flugzeugmotor von *Junkers*

B. Malinowski: „Das Sexualleben von Naturvölkern"

W. A. Marrison: Quarzuhr (in den folgenden Jahren von *Scheibe* und *Adelsberger* verbessert; tägl. Fehler $^1/_{1000}$ Sek.; gestattet, Erdumdrehung zu kontrollieren)

Hans Mühlestein: „Die Herkunft der Etrusker"

H. Oberth: „Wege zur Raumschiffahrt" (maßgeb. Raketentheorie)

Christoph Schröder (* 1871): „Handbuch der Entomologie" (Insektenlehre, 40 Lieferungen seit 1912)

Weltumfahrt des Luftschiffes „Graf Zeppelin" (49000 km) unter *Eckener*

Flugboot Do X für 169 Personen

„Bremen" (dt. Turbinen-Ozeandampfer mit 54000 t Wasserverdrängung, 125000 PS und 53 km/St.; gewinnt „Blaues Band")

„Meteor"-Expedition in der Arktis und im Nordatlantik (weitere Fahrten 1930, 1933, 1937, 1938)

„Forschungsinstitut für langfristige Witterungsvorhersage" in Bad Homburg v. d. H. (arbeitet nach statistischen Verfahren über die Großwetterlage)

Erste Gesellsch. f. Fließkunde (Rheologie) i. USA gegrdt.

„Künstl. Gebirge" exper. erzeugt i. Geolog. Inst. Bonn

Versuche mit jarovisiertem Saatgut in der USSR (erstes Stadium der Entwicklung außerhalb des Bodens)

16-mm-Umkehr-Farbenfilm „Kodakcolor" (1932 d. entspr. „Agfacolor")

Erste Fernsehsendung in Berlin

Beendigung des Cascade-Basis-Tunnels in Nordamerika (12500 m, Baubeginn 1926)

Straßenbrücke über die Ammer bei Eschelsbach (Stahlbetonbogenbrücke mit 130 m Stützweite)

Rhein-Straßenbrücke Köln-Mühlheim (315 m weit gespannte Hängebrücke)

1930

Friedens*nobel*preis an *N. Söderblom* (Schwed.)

Reichsbankpräsident *Schacht* tritt wegen *Young*plans zurück. Nachfolger *Luther*. Reichstag stürzt Regierung *Müller*. Ende der großen Koalition

Heinrich Brüning (Zentrum, * 1885, † 1970) dt. Reichskanzler bis 1932

Rheinlandräumung

Reichspräsident erläßt auf Grund Art. 48 Notverordnung zur Sicherung von Wirtschaft und Finanzen; Reichstag nach ihrer Aufhebung aufgelöst. Nationalsozialisten und Kommunisten gewinnen in den Reichstagswahlen. *Brüning* führt weiterhin, gestützt allein auf das Vertrauen des Reichspräsidenten, Minderheitenregierung. Notverordnung mit Kürzung von Beamtengehältern und Erhöhung der Arbeitslosenversicherung. 4,4 Mill. Arbeitslose

Umbenennung der Dt. Demokrat. Partei in Dt. Staatspartei (verliert weiter an Bedeutung)

Wilhelm Frick (* 1877, † 1946, hingerichtet) als Minister für Inneres und Volksbildung in Thüringen erster nationalsozialist. Minister

Hitler schwört im Reichswehrprozeß vor dem Reichsgericht in Leipzig, die Weimarer Verfassung einzuhalten

Freundschaftsvertrag Österreich-Italien. Österr. erlangt auf der Haager Konferenz fast völlige Aufhebung seiner Reparationsverpflichtungen

Schober (parteilos) österr. Vizekanzler und Außenminister der Regierung *Ender* bis 1932

Kathol.-faschist. Heimwehren in Österreich unter Fürst *Ernst Rüdiger von Starhemberg* (* 1899)

Londoner Seeabrüstungskonferenz: USA, Großbritannien und Japan vereinbaren Höchststärken und Einschränkung des U-Boot-Handelskrieges. Gleichberechtigung nur für USA und Großbrit.

Brit.-ägypt. Konferenz in London scheitert an der Sudanfrage. Autoritäre Regierung durch ägypt.

Literatur-*Nobel*preis an *S. Lewis* (USA)

Bengt Berg: „Die Liebesgeschichte einer Wildgans" (schwed. Tierschilderung)

Beumelburg: „Gruppe Bosemüller" (Kriegsroman)

Karl Friedrich Boree (*1886, † 1964): „Dor und der September" (Liebesroman)

Ferd. Bruckner: „Elisabeth von England" und „Die Kreatur" (Dramen)

Bunin: „Im Anbruch der Tage" (autobiographischer Roman aus der russ. Emigration)

† *Arthur Conan Doyle*, engl. Schriftsteller und Arzt; schrieb seit 1891 die Sherlock-Holmes-Detektiv-Rom. (* 1859)

Duhamel: „Spiegel der Zukunft" (frz. Amerikabuch)

T. S. Eliot: „Aschermittwoch" (engl. Gedicht aus wiedergewonnenem religiösem Glauben)

Arthur Eloesser (*1870, † 1938): „Literaturgeschichte" (vom Barock zur Gegenwart)

Paul Ernst: „Jugenderinnerungen"

Fallada: „Bauern, Bonzen, Bomben" (gesellschaftskrit. Roman)

Feuchtwanger: „Erfolg" (Roman)

O. Flake: „Romane um Ruland" (Romanreihe seit 1922)

Bruno Frank: „Sturm im Wasserglas" (Schauspiel)

Giono: „Die Geburt der Odyssee" (frz. Roman)

Giraudoux: „Amphitryon 38" (frz. Lustspiel)

Alfred Adler: „Technik der Individualpsychologie" (österr. Psychoanalyse: bei Störung des Geltungsbewußtseins entstehen „Minderwertigkeitskomplexe")

Max Adler: „Lehrbuch der materialistischen Geschichtsauffassung" (positivist. - empirischer Standpunkt im Gegensatz zu *Lenin*)

Freud: „Das Unbehagen in der Kultur" (psychoanalytische Kulturphilosophie; Konflikt zwischen Ich und Kultur-Über-Ich)

W. Frick führt nationalist. Gebete („Fricksche Gebete") in den Thüringer Schulen ein

I. Frischeisen-Köhler: „Untersuchungen an Schulzeugnissen von Zwillingen" (Untersuchung der erbbiologischen Grundlagen der Leistung)

† *Adolf von Harnack*, dt. protest. Kirchenhistoriker (* 1851)

Max Horkheimer (*1895, † 1973) begründet mit *Th. W. Adorno* an der Univ. Frankf./M. Soziologieschule der „Kritischen Theorie"

Ricarda Huch: „Alte und neue Götter" (kulturphilosophisch)

E. R. Jaensch: „Über den Aufbau des Bewußtseins"

Ch. S. Johnson: „Der Neger in der amerikanischen Zivilisation" (nordamerikan.)

William Kellogg (* 1860, † 1951) ruft „Kellogg-Stiftung" (ca. 47 Mill. Dollar) f. Kinder- und Jugendwohlfahrt ins Leben

Beckmann: „Der Löwenbändiger", „Selbstbildnis mit Saxophon", „Winterbild" (express. Gemälde)

O. Bartning: Rundkirche in Essen (protestant. Kirche in modernem Stil)

Robert Bednorz: Porträtkopf des Malers *Oskar Moll* (Plastik aus der Kunstakad. Breslau)

Wilh. Büning: „Weiße Stadt" (Siedlung in Berlin-Reinickendorf mit Fernheizung, Wäscherei usw.)

G. Grosz: „Kaltes Buffet" (gesellschaftskrit. karikaturist. Gemälde)

Heckel: „Tanzende Matrosen" u. „Zirkus" (farbige express. Holzschnitte)

K. Hofer. „Frauen mit Lautenspieler" (express. Gemälde)

G. Kolbe: „Große Pieta" (Frauenakt, Plastik)

Leo von König (*1871, † 1943): „Ernst Barlach" (impress. Bildnis)

W. Kreis: Dt. Hygiene - Museum, Dresden

† *Otto Müller*, express. Maler (*1874)

H. Poelzig: Haus des Rundfunks, Berlin (Baubeginn 1929, ein Höhepunkt d. techn. und künstlerischen Entfaltung des Funks; Einweihung mit „Faust" I u. II)

† *Ilja Repin*, russ. naturalist. Maler (* 1844)

George Antheil (* 1900): „Transatlantic" (nordamerikan. surrealist. Oper)

Bartók: „Cantata profana" (ungar. Komposition für 2 Männerstimmen, Chor, Orchester)

Ralph Benatzky: „Im weißen Rößl" (Operetten-Revue im Gr. Schauspielhaus, Berlin)

Hindemith: Konzert f. Solobratsche und größeres Kammerorchester

Honegger: „Abenteuer des Königs Pausole" (schweiz. frz. Operette) u. „Sinfonie" (schweiz.-franz. Kompos. im klass. Stil)

Křenek: „Das Leben des Orest" (Oper)

Milhaud: „Christoph Columbus" (frz. Oper)

Pfitzner: „Das dunkle Reich" (Chorw. m. Orch.)

Reznicek: „Spiel oder Ernst" (Oper)

Schoeck: „Vom Fischer und syner Fru" (Schweiz. Oper nach *Grimm*)

A. Schönberg: „Begleitmusik zu einer Lichtspielszene" (Filmmusik)

William Grant Still: „Afrika", „Afro-Amerikanische Symphonie" (nordamerikan. Musik eines Negerkomponisten)

Strawinsky: „Der Kuß der Fee" (russ. Ballett)

Physik-*Nobel*preis an *Ch. V. Raman* (Ind.) für Molekülspektroskopie

Chemie-*Nobel*preis an *Hans Fischer* (Dt.) für Blut- und Blattfarbstoff-Forschung

Medizin-*Nobel*preis an *K. Landsteiner* (Österr.) für Hauptgruppen des Blutes

Auf Vitö bei Spitzbergen werden die Reste der *Andrée*-Polar-Exdedition im Ballon von 1897 gefunden (Tagebücher, entwickelbare Photos)

J. L. Baird: Großbild-Fernsehen mit Viellampenschirm

Fr. Bergius: Chemisches Verfahren der Holzverzuckerung zur Futtermittelgewinnung

Dirac sagt auf Grund der von ihm erweiterten Quantentheorie das „Positron" (positives Elektron) voraus (entdeckt 1932)

Franz M. Feldhaus: Umfangreiches Arch. z. Geschichte d. Technik (etwa 134000 Karteikarten u. 8500 Bände)

Franz Kruckenberg (* 1882): „Schienenzeppelin" (Luftschraubenantrieb für Eisenbahntriebwagen, erreicht 1931 230 km/h)

E. H. Land: Polarisationsfilter aus Herapathit (gestatten verbreitete Anwendung polarisierten Lichtes)

B. Lange und *W. Schottky:* Sperrschicht-Photoelement (findet als Lichtmeßgerät weite Verbreitung)

Ernest Lawrence (*1901): Zyklotron (erstes Modell; magnetischer Resonanz-Beschleuniger zur Herstellung energiereicher atomarer Teilchen zur Atomkernumwandlung; ersetzt Spannungen bis z. vielen Mill. Volt)

B. Lyot: Koronograph (Fernrohr zur Sichtbarmachung der Sonnenkorona durch „künstliche Sonnenfinsternis" auf dem Pic du Midi)

J. H. Northrop: Reindarstellung der Enzyme (Fermente) Pepsin und Trypsin in kristallisierter Form

~ *Walter Reppe* beg. moderne Acetylenchemie zu entwickeln (führt zu vielen Kunststoffen)

Schmidt-Rohr (Verpuffungsstrahltriebwerk (im 2. Weltkrieg in der Fernwaffe V 1 verwendet)

B. Schmidt erf. astron. „Schmidt-Spiegel" (entsch. Fortschritt)

E. Kahn und *F. Naphtali:* „Wie liest man den Handelsteil einer Tageszeitung"

J.M. Keynes: „Vom Gelde" (brit. Währungstheorie, für manipulierte Währung)

Normung (DIN) erreicht wesentliche Kosten- und Preissenkungen

„Gesellschaft und Wirtschaft" (bildstatistisches Elementarwerk nach der Wiener Methode)

Verordg. üb. Devisenbewirtschaftg. in Deutschland

S. Wyatt: „Das Problem der Monotonie und Langeweile bei der Industriearbeit"

Etwa 2100 dt. Kartelle (1922 etwa 1000)

Hochofenanlage der Gutenhoffnungshütte (Oberhausen/Rheinland)

Dt. Gesellschaft für öffentliche Arbeiten (Öffa) (verwaltet Reichsdarlehen für Arbeitsbeschaffung)

Zusammenschluß der dt. landwirtschaftl. Genossenschaften zum *Raiffeisen*-Verband

Bau von Magnitogorsk (östl. Ural) entwickelt sich gemeinsam mit dem 2230 km entfernten Kusnezk zum Eisen-Kohle-Kombinat (1. Hochofen 1932)

(1930)	König (dauert unter inneren Unruhen bis 1935) Brit. Weltkonferenz in London zur Stärkung des Empirehandels durch Vorzugszölle Symbol. Meersalzgewinnung *Gandhis* gegen das brit. Salzmonopol. Unruhen. Verhaftung *Gandhis* Erste Round-Table-Konferenz in London; ind. Nationalkongreß lehnt Teilnahme ab (weitere 1931 und 1932). Vizekönig empfängt *Gandhi* Vertrag Großbritannien—Irak löst brit. Mandat ab (1932 Aufnahme Iraks in den Völkerbund) *Beaverbrook* und *Rothermere* gründen brit. Weltreichspartei (antisowjet., konservative Kolonialpolitik) Pan-Europa-Denkschrift von *Briand* Frankreich baut militär. *Maginot*-Linie gegen einen etwaigen Angriff Deutschlands Ital. Flottenbauprogramm; führt zu Spannungen mit Frankreich Italien dehnt seine Macht von der Küste in das Innere Libyens gegen die Eingeborenen aus † *Miguel Primo de Rivera*, nach Entlassung als diktatorischer span. Ministerpräsident (* 1870). Antimonarchist. Unruhen Gründung der portugies. faschist. Partei „Nationale Union" Unfreie Parlamentswahlen bringen Sieg *Pilsudskis*, der zugunsten von Oberst *Slavek* als poln. Ministerpräsident zurücktritt Kundgebungen in Ungarn gegen Trianon-Vertrag von 1920/21 Zar *Boris III.* von Bulgarien vermählt sich mit Prinzessin *Giovanna* von Italien *Carol II.* an Stelle seines unmündigen Sohnes *Michael* König von Rumänien bis 1940; Ministerpräsident *Maniu* tritt zurück Freundschaftsvertrag Türkei—Griechenland *Kviesis* (Bauernbund) lett. Staatspräsident bis 1936 Marsch der finn. antibolschewist. Lappobewegung auf Helsinki	*Maxim Gorki* kehrt in die USSR zurück; veröffentl. kein weiteres Werk (lebte seit 1921 in Sorrent) *Hans Grimm:* „Der Richter in der Karu" (Roman) *H. Hesse:* „Narziß und Goldmund" (Roman) *M. Hausmann:* „Kleine Liebe zu Amerika" (Reisebericht) *Joseph Hergesheimer* (*1880, + 1954): „Das Pariser Abendkleid" (nordamerik. Roman) *August Hinrichs* (*1879, + 1956): „Swienskomödi" (als „Krach um Jolanthe" später verfilmt) *Kisch:* „Paradies Amerika" (sozialist. Reisebericht aus den USA) *John Knittel* (*1891, + 1970): „Abd-el-Kader" (Roman) *G. von Le Fort:* „Der Papst aus dem Ghetto" (Novelle) † (Selbstmord) *Wladimir Majakowski*, russ. Dichter; Werke in 6 Bdn. s. 1927 (* 1893) *Th. Mann:* „Die Forderung des Tages" (Essays) *Robert Musil* (* 1880, † 1942): „Der Mann ohne Eigenschaften" (österr. Romantrilogie, 3. Band 1943, posthum) *Ernst Penzoldt* (*1892, + 1955): „Die Powenzbande" (heiterer Roman) *John Boynton Priestley* (* 1894): „Engelgasse" (engl. Roman) *Renn:* „Nach-Krieg" (sozialist. Roman) *Romains:* „Die guten Willens sind" (frz. Romanfolge in 27 Bänden bis 1946)	† *Helene Lange*, Führerin der dt. Frauenbewegung (* 1848) *M. Maeterlinck:* „Das Leben der Ameisen" (belg. philosophische Naturbeschreibung) *W. v. Moellendorff:* „Konservativer Sozialismus" *Cesare Orsenigo* (* 1873, + 1946) päpstl. Nuntius in Berlin *Ortega y Gasset:* „Der Aufstand der Massen" (span. Philosophie eines Individualismus) *Eugenio Pacelli* Kardinalstaatssekretär in Rom (ab 1939 Papst *Pius XII.*) *Marianne Raschig:* „Hand und Persönlichkeit" (Handdeutungslehre) *Alfred Rosenberg* (* 1893, † 1946, hingerichtet): „Der Mythos des 20. Jahrhunderts" (nationalsozial. Weltanschauung) *H. Rost:* „Der Protestantismus als Prinzip des Individualismus" (kathol. Darstellung) *M. Schlick:* „Fragen der Ethik" (Moralphilosophie aus dem positivist. Wiener Kreis) *Schweitzer:* „Die Mystik des Apostels Paulus" *Sombart:* „Die drei Nationalökonomien. Geschichte und System der Lehre von der Wirtschaft" (Methodenlehre einer „verstehenden" Nationalökonomie) *Carl Stange:* „Das Ende aller Dinge" (evang. Theologie) *J. v. Üxküll:* „Lebenslehre" *Adrian Wettach* (Musik-Clown „Grock", *1880): „Ich lebe gern" (Selbstbiogr.; zieht sich 1954 zurück; erhält d. Dr. h. c. der Philosophie)

L. Serlins: Etagen-Großgarage, Berlin (mit vollständiger Glasfront)

Edward Wadsworth (* 1889): „Komposition“ (engl. kubist.-abstraktes Gemälde)

Th. Whittemore beginnt die byzantinischen Mosaike in der Hagia Sophia vom Mörtelbewurf zu befreien

Pergamon-Museum mit Pergamonaltar in Berlin neu eröffnet

Petri-Nikolai-Kirche in Dortmund (Eisenbetonbau)

Chrysler - Hochhaus in New York (65 Stockwerke, 306 m hoch, Baubeginn 1929)

—

„Der blaue Engel“ (Tonfilm nach „Professor Unrat“ von *Heinrich Mann*, mit *Marlene Dietrich* u. *E. Jannings*. Regie: *J. v. Sternberg* [* 1894, † 1969])

„Im Westen nichts Neues“ (nordamer.-dt. Film; Regie: *Lewis Milestone*, nach *Remarque)*

„Die drei von der Tankstelle“ (Tonfilmoperette mit *Lilian Harvey*, *W. Fritsch*, *Heinz Rühmann*; wird typisch für diese Gattung)

„Westfront 1918“ (Film v. *Pabst* mit *H. Porten)*; „Melodie der Welt“ (Film von *Ruttmann)*; „Wochenende“ („Tonfilm ohne Bilder“ [Tonband] von *Ruttmann)*

† *Cosima Wagner*, Gattin *Rich. Wagners* seit 1870; leitete 1883 bis 1908 Bayreuther Festsp. (* 1837; Tochter *Franz Liszts*)

† *Siegfried Wagner*, Sohn *Richard Wagners*, dt. Opernkomponist; leitete seit 1908 Bayreuther Festspiele (* 1869); seine Frau *Winifred* geb. *Williams* übernimmt Festspielleitung (* 1897)

Weill: „Der Jasager“ (Schuloper)

F. Trautwein baut elektroakustisches Trautonium

Symphonie - Orch. British-Broadcasting Co. (BBC) gegründet (spielt u.a. unt. *Toscanini*)

Jacques Thibaud (Violine), *Alfred Cortot* (Klavier) u. *Pablo Casals* (Cello) bilden ein Trio (bis 1935)

Max Theiler (* 1899) gelingt Serum-Schutzimpfung gegen Gelbfiebervirus (*Nobel*preis 1951)

B. Thomas durchquert die Große Wüste Arabiens (bis 1931, dadurch wird Arabien im wesentl. erforscht)

Clyde Tombaugh entdeckt Planeten Pluto (von *Lowell* vorausberechnet aus Störungen des Planeten Neptun)

R. J. Trümpler weist lichtabsorbierende Materie zwischen den Sternen der Milchstraße nach (diese interstellare Materie kann astronomische Helligkeits- und Entfernungsmessungen verfälschen)

B. L. van der Waerden: „Moderne Algebra“ (Zusammenfassung der axiomatischen Algebra)

† *Alfred Wegener*, dt. Geophysiker, auf dem Grönlandeis, nachdem er dort Forschungsstation „Eismitte“ angelegt hat (* 1880)

Theodor Wiegand (* 1864, † 1936): „Pergamon“ (Ausgrabungsbericht vom Schöpfer des Berliner Pergamon-Museums)

Dt. Hygiene-Museum in Dresden eröffnet (besonders bekannt wird der „Gläserne Mensch“)

Schnelldampfer „Europa“ d. Norddt. Lloyd gew. „Blaues Band“

Ost-West-Ozeanflug des *Dornier-Wal*

Beendigung des Appenin-Tunnels (18508 m, Baubeginn 1923)

Schiffshebewerk Niederfinow (Hub 36 m für 1000-t-Kähne; Baubeginn 1927)

Erste drahtlose Fernsehübertragung

Kurzwellen-Richtstrahl-Antenne in Zeesen

Elektrodynam. Lautsprecher. Lautsprecher werden in Empfangsgerät eingebaut

Öllose Hochspannungs-Schalter (sicherer als Ölschalter)

Größte Dampfturbine leistet 280000 PS oder 208000 kW (USA)

2 t Kohle liefern durchschnittlich 1 Kilowattjahr zu 2500 Arbeitsstunden (Nutzeffekt der Kohle 15% gegenüber 5% 1870)

1 PS Dampfmaschinenleistung kostet etwa nur noch 1/10 des

Eröffnung der Turkestanisch-sibirischen Eisenbahn (Turksib)

O. Heller: „Sibirien, ein anderes Amerika“ (kennzeichnet rasche wirtschaftliche Erschließung)

Ledigensteuer in Deutschland

„Blondie“-Serie beginnt in den USA zu erscheinen (primitive, gezeichnete Bildergeschichte in Zeitungsfortsetz.)

~ *Hearst* (USA) bes. 33 Zeitungen mit rd. 11 Mill. Auflage

International. Skikongreß in Oslo, gibt Regeln für Abfahrts-u. Slalomkonkurrenzen

Max Schmeling (Dt.) durch Disqualifikation *Jack Sharkeys* Boxweltmeister (erster nichtamerikanisch. Boxweltmeister)

Bridgespiel auch in Deutschland sehr verbreitet

Dauerwellen in der Friseurtechnik

Modernisiertes Strandbad Berlin-Wannsee eröffnet (faßt mehr als 60000 Besucher)

Arbeitsleistg. eines Industriearbeiters pro Arbeitsstunde i. d. USA: 80 Cent (1900: 50 Cent, 1950: 130 Cent unter Berücksichtigung der Preisänderungen)

(1930)	*Leo Trotzki:* „Mein Leben" (Autobiographie) *Maksim Maksimowitsch Litwinow* (* 1876, † 1951) sowjetruss. Volkskommissar des Äußeren bis 1939; befürwortet kollektive Sicherheit im Rahmen des Völkerbundes *Wjatscheslaw Molotow* (* 1890) Vorsitzender des Rates der Volkskommissare der USSR bis 1941 Kanad. Zollerhöhungen gegen Einfuhr aus USA USA bricht wegen Sklaverei in Liberia seine Beziehungen zu diesem ab Durch Erdölexport kann Venezuela Staatsschuld tilgen (vgl. 1921) *Augusto B. Leguia,* Präsident von Peru seit 1924, gestürzt Wirtschaftskrise löst in Brasilien Unruhen aus; *Getulio Vargas* wird Präsident bis 1945 (wieder ab 1950); gibt dem Land 1934 und 1937 autoritäre Verfassung, unterdrückt nationalist. Integralismus 1938 Verstärkter Nationalismus in Japan. Jap. Ministerpräsident *Hamagutschi* durch Attentat schwer verwundet *Haile-Selassie* (* 1890) Kaiser von Abessinien (1936 bis 1941 wegen ital. Besetzung des Landes im Ausland)	*Josef Roth* (* 1894, † 1939): „Hiob" (Rom.) *Ernst von Salomon* (*1902, † 1972): „Die Geächteten" (autobiograph. Roman über den Mord an *W. Rathenau*) *Wilh. Schäfer:* „Der Hauptmann von Köpenick" (sozialer Roman) *J. Schaffner:* „Die Jünglingszeit des Johannes Schattenhold" (Roman) *R. A. Schröder:* „Mitte des Lebens" (Dichtungen) *Ina Seidel:* „Das Wunschkind" (Roman) *Karl Heinrich Waggerl* (* 1897): „Brot" (Roman) *Jakob Wassermann:* „Hofmannsthal der Freund" (Nachruf) *Josef Magnus Wehner* (* 1891): „Sieben vor Verdun" (Roman) *Friedrich Wolf:* „Die Matrosen von Cattaro" (Schauspiel) *Petzet* und *Glauning:* „Deutsche Schrifttafeln des 9. bis 16. Jahrhunderts" (paläographische Sammlung, 5 Bände seit 1910) *Paula Wessely* (* 1908) am Theater in der Josefstadt, Wien, und bei den Salzburger Festspielen	*Th. Ziehen:* „Die Grundlagen der Charakterologie" Papst gestattet Geburtenregelung nur durch Beachtung d. empfängnisfreien Tage d. Frau i. d. Enzyklika „Casti connubii" Bistum Berlin gegründet; *Christian Schreiber* (* 1872, † 1933) erster Bischof Breslau und Paderborn werden Erzbistümer „Handwörterbuch der Soziologie" *Meyers* Lexikon (12 Bände seit 1924, danach 3 Nachtragsbände)

„Das große Haus" (nordam. Film von *George Hill* mit *W. Berry*); „Abraham Lincoln" (nordam. Film, letzter von *D. W. Griffith*); „Anna Christie" (nordam. Film von *Clarence Brown* mit *G. Garbo, Mary Dreßler*, † 1934) „Min und Bill" (nordam. Film von *George Hill* mit *M. Dreßler, W. Berry*) „Unter den Dächern von Paris" (frz. Film von *R. Clair*) „Pariser Abkommen" der dt. und nordamerikan. Tonfilmgesellschaften: Abgrenzung der Interessensphären, Patentaustausch Wöchentlich 250 Mill. Kinobesucher in der Welt (davon 115 Mill. in den USA)		Preises von 1800. Dampfmaschinenanlagen kosten pro 1 PS 200 bis 500 Mark In USA entsteht die „Technokratie"-Bewegung zur Beseitigung von Wirtschaftskrisen durch planmäßigen Einsatz der Technik durch Techniker Beginn einer systematischen Lärmbekämpfung Kautschuk-Pflanze Tau-Ssagis in Westturkestan entdeckt „Der Vogelflug" (Zeitschrift) Hafenbrücke v. Sydney/Australien (Bogenbrücke mit 503 m Stützweite) Bayrische Zugspitzbahn u. Schneefernerhaus	In der USSR Industrieproduktion 53%, landwirtsch. Produktion 47% (damit wird die Sowjetunion Industriestaat)

1931

Friedens*nobel*preis an *Jane Addams* (USA, * 1860, † 1935) und *Nicholas Murray Butler* (USA, * 1862, † 1947)

„Wiener Protokoll“ zwischen den Außenministern *Curtius* (Dt.) und *Schober* (Österr.) üb. eine dt.-österr. Zollunion (Frankreich protestiert)

Haager Gerichtshof verkündet mit 8 zu 7 Stimmen Unzulässigkeit einer dt.-österr. Zollunion

Albert Einstein unterstützt die Internationale der Kriegsdienstverweigerer (ist nach 1933 für Verteidigung der Demokratie)

Nach einer Ansprache *Hitlers* vor dt. Industriellen beschließen diese, ihn zu unterstützen (Subventionen von Eisen Nordwest, Rhein.-Westf. Kohlensyndikat, *Kirdorf*, *Thyssen*, *Schröder*)

Harzburger Front zwischen *Hitler* (NSDAP), *Hugenberg* (DNVP), *Seldte* (Stahlhelm). (Als Reichskanzler beseitigt *Hitler* ab 1933 den Einfluß der anderen Gruppen)

Antifaschistische „Eiserne Front“ zwischen SPD, „Reichsbanner Schwarz-Rot-Gold“ und Gewerkschaftsbund

Goerdeler, Oberbürgermeister von Leipzig, Reichskommissar für Preisüberwachung

Osthilfegesetz (Siedlungsprogramm stößt auf Widerstand des Großgrundbesitzes)

Heimwehrputsch in der Steiermark scheitert

Frankreich vers. i. *Tardieu*plan Donauraum m. Österreich zu ordnen

Karl Renner (Sozialdem.), Präsident des österr. Nationalrates bis 1933

Julius Karolyi ungar. Ministerpräsident bis 1932

Rücktritt der brit. Labour-Regierung unter *MacDonald*. *MacDonald* leitet Koalitionsregierungen einschl. der Konservativen, deshalb Konflikt mit Mehrheit der Labour-Party unter *Henderson*

Großbritannien gibt Goldparität der Währung auf (viele Länder folgen)

Liberale Partei Großbritanniens in drei kleine Gruppen gespalten

Literatur-*Nobel*preis an *Erik Axel Karlfeldt* (Schwed., †)

Andersen-Nexö: „See-Novellen“ (dän.)

Jacques Bainville: „Napoleon“ (frz. Biographie)

Hermann Broch (* 1886, † 1951): „Die Schlafwandler“ (Romantrilogie über die Zeit 1888 bis 1918, seit 1928)

P. S. Buck: „Die gute Erde“ (nordamerikan. Chinaroman)

Carossa: „Der Arzt Gion“ (Erzählung)

Edschmid: „Glanz und Elend Südamerikas“ (literar. Reisebericht)

William Faulkner (*1897) „Die Freistatt“ (nordamerikan. Roman)

Werner Finck: „Neue Herzlichkeit“ (Gedichte)

Leonhard Frank: „Von drei Millionen drei“ (Arbeitslosenroman)

Giono: „Die große Herde“ (frz. Roman)

K. Gudmundsson: „Die blaue Küste“ (isl.-norweg. Roman)

† *Friedrich Gundolf*, dt. Literarhistoriker (*1880)

† *Hsü Tschi Mo*, chin. Lyriker (* 1895)

Ernst Jünger: „Die totale Mobilmachung“

† *Erik Axel Karlfeldt*, schwed. Dichter; *Nobel*preis 1931 (* 1864)

E. Kästner: „Fabian. Die Geschichte eines Moralisten“ (Großstadt-Roman)

Herm. Kesten (* 1900): „Glückliche Menschen“ (Berlin-Roman)

Knickerbocker: „Der rote Handel droht“, „Der rote Handel lockt“ (nordamerikan. Untersuchung der USSR)

A. S. Eddington: „Das Weltbild der Physik“ (dt. Übersetzung des engl. naturphilosophischen Werkes)

Th. Haecker: „Vergil, Vater des Abendlandes“ (Kulturphilosophie)

Roman Ingarden (*1893,): „Das literarische Kunstwerk“ (poln. Literaturwiss.)

Hermann Glockner (* 1896): „Hegel“ (2. Bd. 1940)

Jaspers: „Die geistige Situation der Zeit“ (fragt, ob der Mensch frei sein kann; Band 1000 der Sammlung *Göschen*)

C. G. Jung: „Seelenprobleme der Gegenwart“ (Schweiz. Psychoanalyse)

W. Künneth: „Das Wunder als apologetisch-theologisches Problem“ (evang.)

Emile Meyerson: „Der Weg des Denkens“ (frz. philosoph. Geschichte der Naturwissenschaften)

Otto Neurath: „Empirische Soziologie“ (antimetaphysische Gesellschaftslehre aus dem Wiener Kreis) und „Soziologie im Physikalismus“ (zur Begründung einer Einheitswissenschaft)

Papst *Pius XI.* entwickelt in der Enzyklika „Quadragesimo anno“ die kathol. Soziallehre

M. Planck: „Positivismus und reale Außenwelt“ (kritischer Realismus)

Ernst Rothe: „Psychogymnastik“ (2 Bände seit 1929)

Scheler: „Die Idee des Friedens und der Pazifismus“ (posthum)

Schweitzer: „Aus meinem Leben und Denken“

Beckmann: „Stilleben mit Atelierfenster" (express. Gemälde)
Chagall beg. Illustr. z. Bibel (bis 1955); „Inneres d. Synagoge Jerusalem", „Die Kunstreiter" (frz.-russ. Gemälde)
Otto Dix: „Junges Mädchen" (naturalist. Gemälde aus d. Großstadtmilieu)
Feininger: „Marktkirche in Halle" (Gem.)
E. Hopper: „Route 6, Eastham" (nordamerikan. Gemälde im neusachl. Stil)
Klee: „Das Gespenst verschwindet" (surrealist. Gemälde)
G. Marcks: „Tänzerin mit gekreuzten Beinen" (Plastik)
Nash: „Kinetik" (engl. abstrakt. Gem.)
H. Poelzig: Verwaltungsgebäude d. I.G.-Farben-Werke i. Frankfurt/M. (Baubeginn 1928)
Kurt Seligmann: „Einäugige Kreatur" (symbolist. Gemäld.)
H. Tessenow: Umgestaltung von *Schinkels* Neuer Wache z. Gefallenenehrenmal
E. R. Weiß: Antiqua (Drucktyp., seit 1926)
Glaspalast in München brennt ab (für Kunstausstellungen 1854 erbaut)
Bauausstellung in Berlin (mit Bauform. aus Stahl, Eisenbeton und Glas)
Empire-State-Hochhaus in New York (381 m hoch, höchst. Bauwerk der Erde)
„Die Brüder Schellenberg" (Film m. *C. Veidt*)
„Bunte Tierwelt" (erster dt. Farbfilm)

Edwin Fischer (* 1886) leitet Klavier-Klasse an der Musikhochschule Berlin
Graener: „Friedemann Bach" (Oper)
Hindemith: „Das Unaufhörliche" (oratorisches Chorwerk, gilt als Abkehr vom rein Konstruktiven)
Leo Kestenberg: „Jahrbuch d. deutschen Musikorganisation" (Musiksoziologie)
Malipiero: „Triumph der Liebe" (ital. atonale Oper)
Pfitzner: „Das Herz" (Oper)
Strawinsky: „Psalmensymphonie" (russ. Chorwerk)
„Encyclopédie de la musique" (frz., 11 Bände seit 1920)
† *Anna Pawlowa*, russ. Tänzerin; berühmt bes. durch den Tanz „Der sterbende Schwan" (* 1885)
E. Varèse (* 1885, † 1965): „Ionisation" (Komposition für 41 Schlaginstrumente)

Chemie-*Nobel*preis an *K. Bosch* (Dt.) und *Fr. Bergius* (Dt.) für Kohleverflüssigung
Medizin-*Nobel*preis an *O. H. Warburg* (Dt.) für Erforschung des Atmungsfermentes
Beginn der Entwicklung des Elektronen-Übermikroskopes durch *B. v. Borries*, *Brüche*, *Knoll*, *Mahl*, *Ruska* u. a. (nach verschiedenen Prinzipien an verschiedenen Stellen; führt ~ 1940 zu technisch reifen Geräten)
P. W. Bridgman (* 1882): „Physik hoher Drucke" (erreicht 1933 über 50000 at)
† *David Bruce*, engl. Tropenarzt; erforschte Schlafkrankheit (* 1855)
Butenandt: Reindarstellung des männlichen Sexualhormons Androsteron
„Quellenkunde zur deutschen Geschichte" (9. Auflage des „Dahlmann-Waitz", besorgt von 42 Fachgelehrten)
† *Thomas Alva Edison*, nordamerik. Erfinder: Mikrophon, Sprechmaschine, Glühlampe, Dampfdynamo, Elektrizitätswerk, Zementbau, Eisen-Nickel-Akkumulator u. a.
Karl Escherich: „Forstinsekten Mitteleuropas" (3 Bände seit 1914)
Kurt Gödel (* 1906): Unvollständigkeitstheorem (vollständ. Beweis d. Widerspruchsfreiheit d. Mathematik ist nicht möglich)
R. Goldschmidt: „Die sexuellen Zwischenstufen"
Oskar (* 1871, † 1945) und *Magdalena Heinroth:* „Die Vögel Mitteleuropas" (4 Bände seit 1924)
E. P. Hubble und *M. L. Humason* leiten aus d. beobachteten Spiralnebelflucht Expansionsalter der Welt zu ca. 2 Mrd. Jahren ab (heute auf ca. 13 Mrd. Jahre verbessert)
Präzisionsmessungen von *G. Joos* ergeben die von der Speziellen Relativitätstheorie behauptete Konstanz der Lichtgeschwindigkeit (kein „Ätherwind", Wiederholung des *Michelson*-Versuches)
Paul Karrer, *v. Euler-Chelpin* und *Richard Kuhn:* Chemischer Aufbau des Wachstumvitamins A (stammt vom gelben Möhrenfarbstoff Carotin)

Zusammenbruch der Österr. Creditanstalt und der Darmstädter und Nationalbank in Deutschland. Zeitweilige Schließung der Banken
F. v. Gottl-Ottilienfeld (* 1868): „Wirtschaft und Wissenschaft" (engere Verbindung von Wirtschaft u. tägl. Leben)
W. Jellinek: „Grenzen d. Verfassungsgesetzgebung"
Jürgen Kuczynski (* 1904): „Die Lage des deutschen Industriearbeiters" (marxist. Darstellung)
Ernst Wagemann: „Struktur und Rhythmus der Weltwirtschaft"
Bata-Schuhwerke werden AG (*Thomas Bata* * 1876, † 1932; 1928: 12000 Personen produzierten tägl. 75000 Paar Schuhe)
Intern. Kolonialausstellung Paris
Rechtliche Regelung des Rundfunkwesens in Deutschland
Einführung eines Welttierschutztages
Wolfram Hirth überfliegt mit Segelflugzeug New York
Franz und *Toni Schmid* ersteigen erstmal. Nordwand d. Matterhorns
See- und Erdbebenkatastrophe an der Ostküste Neuseelands (Napier zerstört)

(1931) Australische Arbeiterregierung tritt zurück

Pierre Laval (* 1883, † 1945, erschossen) erstmalig frz. Ministerpräsident bis 1932 (wieder 1935 bis 1936; 1940 Vizepräsident der Regierung *Pétain*)

Paul Doumer frz. Staatspräsident bis 1932 (ermordet, * 1857)

André François-Poncet frz. Botschafter in Deutschland bis 1938

Durch Eroberung der Oase Kufra (Libyen) vernichten die Italiener die Macht der Senussi (mohammed. Orden)

Wahlsieg der verbündeten span. Linksparteien. König *Alfons XIII.* (seit 1885) dankt ab. Spanien Republik. Ministerpräsident *Manuel Azana* bis 1933. Präsident *Alcala Zamora* bis 1936. In Barcelona Autonomie Kataloniens verkündet

Niederl. faschist. Gruppe unter *Mussert*

Norwegen besetzt Ostgrönland (1933 vom Völkerbund Dänemark zugesprochen)

Pehr Evind Svinhufvud (* 1861, † 1944) finn. Staatspräsident bis 1937

Diktatur in Rumänien durch neue Verfassung formal aufgehoben

Zar beruft bauernparteifreundliche Regierung in Bulgarien

Stalin betont Industrialisierung sowie Rolle der Technik und der Techniker

Kanada erhält durch Statut von Westminster volle Autonomie

Hoover-Moratorium für internationale Zahlungen

Lord *Willingdon* brit. Vizekönig in Indien bis 1936

Gandhi auf erfolgloser Londoner Konferenz (als Zwischendeckpassagier, Audienz im Lendenschurz beim König)

Gegenregierung gegen *Tschiang Kai-schek* in Kanton. Japanische Eroberung der Mandschurei führt zur Einigung Nord- und Süd-chinas unter *Tschiang Kai-schek* als militärischem Führer

Verfassung und Verwaltungsreform in Abessinien

Kolbenheyer: „Jagt ihn — ein Mensch" und „Das Gesetz in dir" (Schauspiele)

Isolde Kurz: „Vanadis" (Roman)

G. von Le Fort: „Die Letzte am Schafott" (Novelle)

Alexander Lernet-Holenia (* 1897): „Die Abenteuer eines jungen Herrn i. Polen" (österr. Roman)

v. d. Leyen und *Zaunert:* „Märchen der Weltliteratur" (35 Bde. seit 1912)

Molo: „Ein Deutscher ohne Deutschland" (*Friedrich-List*-Roman)

Benito Mussolini und *G. Forzano:* „100 Tage" („Camp di Maggio", ital. *Napoleon*spiel)

O'Neill: „Trauer muß Elektra tragen" (nordamerikan. Schauspieltrilogie)

Alja Rachmanowa (eig. *Galina von Hoyer*, * 1898): „Studenten, Liebe, Tscheka und Tod" (russ. Roman)

Erik Reger (eig. *Hermann Dannenberger*, * 1893, † 1954): „Union der festen Hand" (Roman der westdt. Industrie; *Kleist*preis)

Remarque: „Der Weg zurück" (Roman)

Josef Roth (* 1894): „Radetzkymarsch" (Roman)

Saint-Exupéry: „Nachtflug" (frz.)

René Schickele (* 1883, † 1940): „Das Erbe am Rhein" (Romantrilogie über das Elsaß seit 1925)

† *Arthur Schnitzler*, österr. Dichter (* 1862)

R. A. Schroeder: „Der Wanderer und die Heimat" (Gedichte)

Frans Eemil Sillanpää (* 1888, † 1964): „Silja die Magd" (finn. Rom.)

Sinclair. „Alkohol" (nordamerikan. Roman)

E. Strauß: „Der Schleier" (Novellensammlung"

Thieß: „Der Zentaur" (Roman seit 1926)

Tucholsky: „Schloß Gripsholm" (iron. Liebesgeschichte)

Will Vesper: „Das harte Geschlecht", „Sam in Schnabelweide" (Romane)

Jakob Wassermann: „Etzel Andergast" (Roman)

Werfel: „Die Geschwister von Neapel" (Roman)

Zuckmayer: „Der Hauptmann von Köpenick" (Drama)

A. Zweig: „Junge Frau von 1914" (Roman)

F. Garcia Lorca, aus USA zurückgekehrt, leitet span. Studententheater „La Barraca" (spielt in vielen Provinzen Spaniens *Calderon*, *Cervantes*, *Lope de Vega*)

Verein der *Raabe*-Stiftung in München

„Deutsche Nationalbibliographie", herausgegeben vom Börsenverein d. dt. Buchhändler

† *Nathan Söderblom*, schwed. evang. Erzbischof von Upsala seit 1914; Friedens*nobel*preis 1930 (* 1866)

O. Spann: „Fluch und Segen der Wirtschaft"

Spengler: „Der Mensch und die Technik" (Kritik der Technik)

Spranger: „Der Kampf gegen den Idealismus"

Rich. Thurnwald (* 1869, † 1954): „Die menschliche Gesellschaft" (Soziologie)

Paul Valéry: „Betrachtungen über die gegenwärtige Welt" (frz. Gegenwartsphilosophie)

Vierkandt: „Handbuch der Soziologie"

J. Wach: „Einführung in die Religionssoziologie"

Kirchenfeindliche Aktionen in Spanien (Kirche hat bedeutenden Grundbesitz)

Carl-Schurz-Gebäude der Heidelberger Universität (USA-Stiftung, Baubeginn 1929)

Volkshochschultagung des Reichsausschusses für sozialistische Bildungsarbeit in Bad Grund/Harz

NS-Studentenbund erlangt Mehrheit in der Dt. Studentenschaft (bedeutet Abkehr vom parlamentar. Aufbau)

„Intern. Gesellsch. f. Ökonometrie" i. Chikago gegrdt. (verbindet Statistik mit Wirtschaftstheorie)

„Der Hauptmann v. Köpenick" (Film v. *R. Oswald* mit *Max Adalbert*)

„Die Dreigroschenoper" (Film v. *Pabst* mit *Rudolf Forster*); „Mädchen in Uniform" (Film v. *Léontine Sagan* u. *C. Froelich* mit *Dorothea Wieck, Hertha Thiele*); „Emil u. die Detektive" (Film von *G. Lamprecht*); „Berlin Alexanderplatz" (Film v. *Peter Jutzi*); „Der Kongreß tanzt" (Operettenfilm von *Eric Charell* mit *L. Harvey, W. Fritsch*)

„Wir schalten um auf Hollywood" (dt.-amerikan. Film mit großer Starparade)

„Blumen u. Bäume" (erster Farbentrickfilm v. *Walt Disney*)

„Lichter der Großstadt" (nordam. Film von u. mit *Ch. Chaplin*); „Tabu" (nordam. Südseefilm von *F. W. Murnau*); „Frankenstein" (nordam. Film von *James Whale* mit *Boris Karloff*)

Clark Gable (* 1901) beginnt seine Filmkarriere in Hollywood (verdient bis 1951 mit 46 Filmen 17,5 Mill. Dollar)

„Die Million" (frz. Film v. *R. Clair* mit *Annabella, P. Ollivier*)

Insgesamt 1000 Tonfilme von 2,5 Mill. m Länge (Dt.: 142 Tonfilme)

Keesom erreicht durch Verdampfen flüssigen Heliums 0,7° über dem absoluten Nullpunkt bei —273,2° C

† *Albert Michelson*, nordamerikan. Physiker; machte grundlegende Experimente üb. Lichtausbreitung; *Nobel*preis 1907 (* 1852)

E. Schüz und *H. Weigold:* „Atlas des Vogelflugs"

In USA und USSR findet man Bakterien im Erdöl (Befund wird von *W. Schwartz* und *A. Müller* in Deutschland sichergestellt u. beeinflußt Theorie der Erdölentstehung)

Johannes Weigelt: Ausgrabungen von Wirbeltieren aus der Braunkohle im Geiseltal b. Halle (Anwendung seiner Biostratonomie von 1927, d. h. Berücksichtigung der postmortalen Veränderungen am Fossil)

Hermann Weil: „Gruppentheorie und Quantenmechanik" (Anwendung mod. mathematischer Hilfsmittel auf die Atomphysik)

W. Wien und *Harms:* „Handbuch der Experimentalphysik" (25 Bände seit 1926)

H. Wilkins erreicht mit dem U-Boot „Nautilus" den Packeisrand bei 82° nördlicher Breite (Tauchfahrt zum Pol gelingt nicht, jedoch wichtige meereskundliche Ergebnisse)

J. L. Wilser: „Lichtreaktionen in der fossilen Tierwelt. Versuch einer Paläophotobiologie"

A. Windaus: Das antirachitische Vitamin D entsteht durch Ultraviolettbestrahlung von Ergosterin als „Provitamin"

Kreuzung von Weizen und Queckengras (führt ~ 1936 in USA und USSR zur Züchtung mehrjährigen Weizens)

„Kunststofftechnik und Kunststoffanwendung" (Monatsschrift; kennzeichnet großen Aufschwung dieses Gebietes)

Arktisfahrt des Luftschiffes „Graf Zeppelin" (mit russ. Hilfe und Beteiligung)

Forschungsstation Jungfraujoch (3500 m) eröffnet

Gesamtleistung auf der Erde: Autos (36 Mill.) 1200 Mill. PS, Lokomotiven 170 Mill. PS, Elektrizitätswerke 135 Mill. PS

1932

Ergebnislose Abrüstungskonferenz in Genf: Deutschland verlangt allgemeine Abrüstung, Frankreich zuvor Sicherheiten

Verbot von SA und SS. Landtagswahl in Preußen mit Gewinnen der NSDAP erschüttert Stellung der Regierung *Braun-Severing*

Wiederwahl *Hindenburgs* im 2. Wahlgang zum dt. Reichspräsidenten gegen *Hitler* und *Thälmann*

Letzte dt. Verfassungsfeiern im Zeichen des *Goethe*jahres

Regierung *Brüning* tritt zurück, nachdem der Reichspräsident auf Betreiben des Reichswehrministers *von Schleicher* ihr seine Unterstützung entzog. *Franz von Papen* (rechtes Zentr., * 1879, † 1969) bildet „Kabinett der nationalen Konzentration". Reichstagsauflösung. SA- und SS-Verbot aufgehoben

von Papen setzt als Reichskommissar für Preußen die verfassungsmäßige preuß. sozialdemokrat. Regierung *Braun-Severing* ohne Widerstand ab

Bracht, Oberbürgermeister von Essen, Stellvertreter *von Papens* als Reichskommissar in Preußen

Johannes Popitz, preuß. Finanzminister bis 1944 (†, hingerichtet, * 1884)

Kürzung der Arbeitslosen-, Krisen- und Wohlfahrtsunterstützung in Deutschl. Über 6 Mill. Arbeitslose

Reparationskonferenz von Lausanne setzt *Young*plan außer Kraft: praktisches Ende der Reparationszahlungen; Deutschland beziffert seine gesamten Leistungen auf 53 Mrd. Mark, Gutschriften der Reparations-Kommission seit Kriegsende 21,4 Milliarden Goldmark (Forderungen 1920: 269 Milliarden)

Reichstagswahl: NSDAP erhält 37,8% Sitze. *Hitler* lehnt Vizekanzlerposten ab. Auflösung des Reichstages wegen Aufhebung einer Notverordnung. Reichstagswahl mit Rückgang der NSDAP und Gewinn der KPD. *Gregor Strasser* verläßt NSDAP. Regierung *Papen* tritt zurück. *v. Schleicher* dt. Reichskanzler; kommt als gewerkschaftsfreundlicher „sozialer General" in

Literatur-*Nobel*preis an *J. Galsworthy* (Großbrit.)

Internationale Feier des 100. Sterbetages *Goethes*

Stiftung der *Goethe*-Medaille für Wissenschaft und Kunst

Jean Anouilh (* 1910): „Hermelin" (frz. Drama)

R. G. Binding: „Moselfahrt aus Liebeskummer" (Novelle)

Bert Brecht: „Heilige Johanna der Schlachthöfe" (Drama)

Georg Britting (* 1891, † 1964): „Lebenslauf eines dicken Mannes, der Hamlet hieß" (surreal. Roman)

Duhamel: „Salavins Leben und Abenteuer" (franz. psychologische Romanreihe seit 1920)

Edwin Erich Dwinger (* 1898): „Deutsche Passion" (antibolschew. Romantrilogie: „Die Armee hinter Stacheldraht" [1929], „Zwischen Weiß und Rot" [1930], „Wir rufen Deutschland" [1932])

Edschmid: „Deutsches Schicksal" (Roman)

Fallada: „Kleiner Mann — was nun?" (Roman aus der Zeit der Arbeitslosigkeit; auch als Hörspiel und Film)

Faulkner: „Licht im August" (nordamerikan. Roman)

Giono: „Der Träumer" (frz. Roman)

C. Goetz: „Dr. med. Hiob Prätorius" (Komödie)

J. Green: „Treibgut" (frz. Roman)

G. Hauptmann: „Vor Sonnenuntergang" (Schauspiel); seine gesammelten dramatischen Werke (6 Bände) erscheinen

K. Barth: „Kirchliche Dogmatik" (1. Tl. prot. Dialektische Theologie)

R. Carnap: „Die physikalische Sprache als Universalsprache der Wissenschaft" (zur Begründung einer physikalist. Einheitswissenschaft auf raumzeitlicher Begriffsbasis)

Hans Driesch: „Parapsychologie" (abnorme Erscheinungen des Seelenlebens wie Gedankenübertragung u. ä.)

Philipp Frank: „Das Kausalgesetz und seine Grenzen" (naturphilosophische Untersuchung im Sinne eines logischen Empirismus)

Etienne Gilson: „Der Geist der mittelalterlichen Philosophie" (2 Bände, frz. Neuthomismus)

Wilhelm Hartnacke (* 1878, † 1952): „Bildungswahn—Volkstod" (geg. Berechtigungswesen auf Grund massenstatistischer Begabungsanalysen)

Günther Jacoby: Ontologie (seit 1925)

Jaspers: „Philosophie" (3 Bände, existentialist.)

† *Georg Kerschensteiner*, dt. Pädagoge; förderte Arbeits- und Berufsschule (* 1854)

Hermann von Keyserling: „Südamerikanische Meditationen"

L. Klages: „Der Geist als Widersacher der Seele" (antirationalist. Lebensphilosophie, 3 Bände seit 1929) und „Graphologie" (Handschrift als Ausdruck des Charakters)

v. Martin: „Die Soziologie der Renaissance"

Burra: „Das Café" (engl. express. Gemälde)

† *Georg Dehio*, dt. Kunstgelehrter; förderte Kunstdenkmalspflege (* 1850)

George Grosz siedelt in die USA über. (In Zukunft wendet sich seine Malerei von scharfer Sozialkritik in eine mehr romantische Richtung)

K. Hofer: „Maskentanz" (Gemälde)

Kollwitz: „Mutter" (Lithographie)

Gerhard Kreische (* 1905): „Große Sommerlandschaft" (Bleistiftzeichnung)

M. Liebermann: „Professor Sauerbruch" (Bildnis)

Mies van der Rohe: Haus Lemcke, Berlin-Wannsee

Ed. Munch: „Frau Thomas Olsen" (norweg. express. Bildnis)

W. Nicholson: „Schwarze Schwäne" (engl. Gemälde)

O. Schlemmer: „Bauhaustreppe" (Gem.)

Ben Shahn (* 1906 in Kowno, † 1969): „Sacco u. Vanzetti" (nordam. Gemälde)

Slevogt: „Kreuzigung" (Fresko in der Friedenskirche zu Ludwigshafen)

† *Max Slevogt*, dt. Maler und Graphiker (* 1868)

Bibliotheksbau des Dt. Museums in München (Baubeginn 1928)

Reichsbankneubau Frankfurt/M

Internationale Architekturausstellung im Museum of modern art, New York

† *Eugen d'Albert*, dt. Pianist und Komponist frz. Herkunft (* 1864)

Thomas Beecham gründet das Londoner Philharmonische Orchester

Wilhelm Kempff (* 1895): „König Midas" (Oper)

Milhaud: „Maximilian" (frz. Oper)

Pfitzner: Symphonie cis-moll

Prokowjew: 5. Klavierkonzert (russ.), spielt i. d. Berl. Urauff.

Ravel: Concerto in G-dur und Klavierkonzert G-dur (frz. Kompositionen; Nervenleiden beendet sein Schaffen)

Hermann Reutter (* 1900): „Der große Kalender" (Oratorium)

Der Tenor *Josef Schmidt* († 1942) erlebt den Höhepunkt seiner Popularität durch Rundfunk u. Schallplatte

A. Schönberg: „Moses und Aron" (Oper im Zwölftonstil)

Schreker: „Der Schmied von Gent" (erot.-symbol. Oper)

Strawinsky: „Violinkonzert" (russ. Komposition; Uraufführung im Berliner Rundfunk)

Einführung eines „Tages der Hausmusik" in Deutschland

Joos (*Laban*-Schüler): „Der grüne Tisch" (freier Tanz

Physik-*Nobel*preis an *W. Heisenberg* (Dt.) für Quantenmechanik

Chemie-*Nobel*preis an *I. Langmuir* (USA) für Katalysator-Forschung

Medizin-*Nobel*preis an *Charles Scott Sherrington* (Großbrit., * 1861, † 1952) und *Edgar D. Adrian* (Großbrit., * 1889) für Neuronenforschung

Aitken: Doppelstern-Katalog mit 17180 Paaren

F. Alverdes: „Die Tierpsychologie in ihren Beziehungen zur Psychologie des Menschen"

Carl David Anderson (* 1905) entdeckt das Positron (positiv geladenes Elektron)

Gustav v. Bergmann (* 1878): „Die funktionelle Pathologie" (Standardwerk dieser medizin. Denkrichtung)

Blegen verlegt das *homer*ische Troja nach neuen Grabungen in die Schicht ≈ —1200 (nach *Schliemann* ≈ —2200)

Bourdillon und *Windaus:* Reindarstellung des antirachitischen Vitamins D_2 in kristallisierter Form

Wernher v. Braun (* 1912) beg. Flüssigkeitsrakete zu entwickeln (führt über d. V-2-Waffe zur Saturn-Rakete d. USA)

O. Bumke: „Handbuch der Geisteskrankheiten" (11 Bände seit 1928)

James Chadwick (* 1891) entdeckt das Neutron (physikal. Elementarteilchen)

J. D. Cockroft und *E. T. S. Walton* erreichen erstmals durch Beschießung mit künstlich beschleunigten Teilchen (Wasserstoffkerne mit 150000 Volt) Atomkernumwandlung (dafür *Nobel*preis 1951)

Gerhard Domagk entwickelt Sulfonamide als chemische Heilmittel (vgl. 1935)

Ebert: „Reallexikon der Vorgeschichte" (15 Bände seit 1924)

Roberto Galeazzi erreicht mit Tauchgerät 210 m Tiefe

Karl Hampe: „Das Hochmittelalter"

Heisenberg: Atomkern besteht aus positiv geladenen Protonen und neutralen Neutronen

Höhepunkt der Weltwirtschaftskrise; Weltarbeitslosigkeit etwa 30 Mill. (geht i. d. folg. Jahr. nicht zul. d. Staatseingriffe zurück)

E. Schneider: „Theor. monopolistischer Wirtschaftsformen"

Zusammenbruch des Zündholzkonzerns v. *Ivar Kreuger* (†, Selbstmord, * 1880, Schwede)

Beginn japanischer Exportvorstöße durch Preisunterbietung auf dem Weltmarkt

„Marktanalyse und Marktbeobachtung" (v. Institut für Wirtschaftsbeobachtung)

In Brasilien werden große Mengen Kaffee wegen Absatzschwierigkeiten vernichtet

In Deutschland seit 1919 57500 Siedlerstellen mit 602000 ha geschaffen

Von 77 in Deutschland gefällten Todesurteilen wird keines vollstreckt (1933: 75%)

Deut. Margarineverbrauch etwa 500000 t (1913 etwa 200000 t)

52% des dt. Fettbedarfs durch Einfuhr gedeckt

Südamerikadienst mit dt. Luftschiff

Weltflug von *Elly Beinhorn* (* 1907), seit 1931

(1932)

Gegensatz zu Großindustrie und Großgrundbesitz; wird 1933 entl.

Kommunist.-nationalsozialist. Verkehrsstreik in Berlin

Kommunistische Partei erhält 100 Sitze im Reichstag (1949 noch 15, 1953 keinen Sitz im Bundestag)

Emil Julius Gumbel (Statistiker, * 1891) als Professor in Heidelberg amtsenthoben (1933 ausgebürgert)

Hitler erhält durch Ernennung zum braunschweig. Regierungsrat dt. Staatsangehörigkeit

Krise in der NSDAP, Unruhen in der Berliner SA; Fememorde d. SA

K. Haushofer: „Wehr-Geopolitik"

Knickerbocker: „Deutschland so oder so?" (nordamerikan. journal. Analyse Deutschlands zw. Nationalsozialism. u. Kommunism.)

Engelbert Dollfuß (christl.-sozial) österr. Bundeskanzler bis 1934 (†). Völkerbundsanleihe unter Verzicht des Anschlusses an Deutschland bis 1952

Karl Seitz (Sozialdemokrat) Oberbürgermeister von Wien bis 1934

Gyula Gömbös (rechtsradikal) ungar. Ministerpräsident bis 1936 (†, * 1886); verfolgt faschistische Politik

Brit. Weltreichs-Konferenz in Ottawa beschließt System von Vorzugszöllen. Von den Liberalen bleibt nur Außenminister *John Simon* in der brit. Regierung

Durch Wahlsieg der irisch-nationalist. „Sinn-Fein"-Partei wird *de Valera* irischer Ministerpräsident (erreicht 1937 Selbständigkeit Irlands). Zollkrieg mit England

Albert Lebrun (* 1871, † 1950) frz. Staatspräsident (wieder 1939 bis 1940)

Frz. Außenminister *Briand* tritt zurück

† *Aristide Briand*, frz. Staatsmann; seit 1909 sechsmal Ministerpräsident; wirkte für frz.-dt. Verständigung; schrieb: „Frankreich und Deutschland"; Friedens*nobel*preis 1926 (* 1862)

Radikalsoziale und Sozialisten siegen bei den frz. Kammerwahlen

---

M. Hausmann: „Abel mit der Mundharmonika" (Roman)

Hedin: „Rätsel der Gobi" und „Jehol, die Kaiserstadt" (schwed. Reiseberichte)

Hemingway: „Tod am Nachmittag" (nordamerikan. Roman)

Hofmannsthal: „Andreas oder die Vereinigten" (Roman, posthum)

A. Huxley: „Wackere neue Welt" (brit. satir. Utopie)

Ernst Jünger: „Der Arbeiter, Herrschaft und Gestalt"

Ferenc Körmendi: „Versuchung in Budapest" (ungar. Roman)

E. Ludwig: „Gespräche m. Mussolini"

Rose Macauley (*1881, † 1958): „They were defeated" (engl. histor. Roman)

Th. Mann: „Goethe als Repräsentant des bürgerlichen Zeitalters" (Rede zum *Goethe*jahr)

Maugham: „Menschen der Südsee" (engl. Erzählungen)

Mauriac: „Das Otterngezücht" (frz. Roman)

Maurois: „Im Kreis der Familie" (frz. Roman)

Max Mell: „Die Sieben gegen Theben" (österr. Schauspiel)

Moissi: „Der Gefangene" (*Napoleon*-Drama)

Charles Morgan: „Der Quell" (engl. Roman)

Plievier: „Der Kaiser ging, die Generäle blieben" (Roman)

A. Rachmanowa: „Ehen im roten Sturm" (russ. antibolschewist. Roman)

Erik Reger: „Das wachsame Hähnchen" (Roman)

Emmanuel Mounier gründet „Esprit" (frz. Zeitschrift für kathol. Sozialismus)

Rudolf Olden (* 1885, † 1940, torpediert auf dem Weg nach USA): „Das Wunderbare oder die Verzauberten" (über Sekten und „Wundertäter")

Anna Siemsen, Professor für Pädagogik in Jena seit 1923, wegen Eintretens für Prof. *Gumbel* amtsenthoben

Victor v. Weizsäcker (* 1886, † 1957): „Körpergeschehen und Neurose" (Psychiatrie)

Universität Seoul (Korea)

Kunstakademie Breslau aufgrund d. finanziellen Notverordnung geschlossen

Rudolf Arnheim: „Film als Kunst" (kritische Ästhetik des Films)

Shirley Temple beginnt als „Wunderkind" mit 4 Jahren zu filmen

127 dt. Spielfilme (alles Tonfilme, 1929 waren es nur 8 von 183)

„Kuhle Wampe" („Wem gehört die Welt", Film von *S. Th. Dudow* mit *H. Thiele, Ernst Busch,* nach *Brecht* u. *Weill,* wird verboten)

„Der träumende Mund" (dt.-frz. Film mit *Elisabeth Bergner* u. *R. Forster;* Regie: *Paul Czinner*)

„M" (Film von *F. Lang*)

„Das blaue Licht" (Film von *A. Fanck* mit *Leni Riefenstahl)*

„Für uns die Freiheit" (frz. Film von *R. Clair);* „La Maternelle" (frz. Film von *Benoît-Lévy)*

„Reise ohne Wiederkehr" (nordam. Film von *Tay Garnett* mit *William Powell, Kay Francis);* „Menschen im Hotel" (nordam. Film nach *Vicky Baum* mit *Joan Crawford, W. Berry, Lionel Barrymore);* „Shanghai-Express" (nordam. Film von *J. von Sternberg* mit *M. Dietrich);* „Farewell to arms" (nordam. Film nach *Hemingways* gleichnam. Roman „In einem anderen Land" v. *Frank Borzage,* * 1893, mit *Gary Cooper, Adolphe Menjou);* „Das Zeichen des Kreuzes"

gemischt mit klass. Ballett-Technik) u. „Großstadt" (Ballett), beide in Essen aufgeführt

K. G. Jansky (* 1905, † 1950) beobachtet Radiokurzwellenstrahlung aus der Milchstraße (führt ab 1939 zur „Radio-Astronomie")

Heinrich Kayser (* 1853, † 1940); „Handbuch der Spektroskopie" (8 Bände seit 1900)

F. Kögl isoliert das Wachstumshormon der Hefe Biotin oder Vitamin H (entdeckt 1901)

† *Wilhelm Ostwald,* dt. Chemiker und Philosoph; *Nobel*preis 1909 (* 1853)

Piccard: Ballonaufstieg in die Stratosphäre (s. 1931) bis 16940 m Höhe

† *Ronald Ross,* engl. Tropenarzt; *Nobel*preis 1902 (* 1857)

Unter *O. Schmidt* und *W. Wiese* gelingt dem Eisbrecher „Sibirjakow" die Fahrt von Archangelsk zum Stillen Ozean erstmalig ohne Überwinterung (1934 gelingt es dem Eisbrecher „Lütke" in umgekehrter Richtung)

Hermann Staudinger (* 1881, † 1965): „Die hochmolekularen organischen Verbindungen Kautschuk u. Zellulose" (Zusammenfassung über die für Kunststofftechnik und Biologie wichtigen Riesenmoleküle)

Albert v. Szent-Györgyi (* 1893): Antiskorbut-Vitamin C ist chemisch identisch mit der Ascorbinsäure

Harald C. Urey entdeckt den schweren Wasserstoff (daraus wird „schweres Wasser" gewonnen)

Hans Weinert (* 1887, † 1967): „Ursprung der Menschheit" (Ergebnisse der Abstammungsforschung; 1. Bd. einer „Trilogie" bis 1940)

Wildt entdeckt Ammoniak- und Methan-Spektrum der Atmosphäre der äußeren Planeten

A. H. Wilson u. and. beg. Theorie d. Halbleiter zu entwickeln (daraus entw. sich später techn. wichtige Anwendungen wie Transistoren)

F. Zernike: Prinzip d. Phasenkontrast-Mikroskops (gestattet u. a. das Studium lebender, ungefärbter Zellen); *Nobel*preis 1953)

Lufthansakapitän *Wende* erreicht 1000000 Flugkilometer

Autobahn Köln—Bonn

Weltnachrichtenvertrag (regelt u. a. internationalen Funkverkehr)

Olympiade in Los Angeles

Max Schmeling verliert Boxweltmeistertitel wieder an *Jack Sharkey*

Bracht verbietet „unmoralische" Badekleidung („Zwickel-Erlaß")

Untergang des dt. Segelschulschiffes „Niobe" mit 70 Mann

Lindbergh-Baby in USA von Erpressern geraubt; wird tot aufgefunden

(1932)

Regierung *Herriot* (radikalsozial, zugleich Außenminister) in Frankreich; muß zurücktreten, weil sie Schuldenrate an USA zahlen will

Belgien, Niederlande und Luxemburg beschließen schrittweisen Abbau der Zollschranken

P. A. Hansson (Sozialdemokrat) schwed. Ministerpräsident mit kurzen Unterbrechungen bis 1946(†)

Stadt Littoria in den pontinischen Sümpfen gegründet

Kommunistische Unruhen und Militärputsche in Spanien. Entschädigungslose Enteignung des span. Großgrundbesitzes

Salazar portug. Ministerpräsident (seit 1928 Finanzminister); begründet faschist. korporativen Staat

3jähriges Ermächtigungsgesetz für poln. Regierung

Beck poln. Außenminister (betreibt Annäherung an das nationalsozialist. Deutschland)

Titulescu rumän. Außenminister bis 1936; Anlehnung an Frankreich, Kl. Entente und USSR

Rücktritt des griech. Ministerpräsidenten *Venizelos*. *Tsaldaris*, Führer d. monarchist. Volkspartei, griech. Ministerpräsident bis 1936

Litwinow (USSR) vertritt im Völkerbund die Politik der kollektiven Sicherheit

USSR schließt Nichtangriffspakte mit Finnland, Polen, Lettland, Estland, Frankreich

Schwere Hungersnot in der USSR

Persien widerruft Ölkonzession an die Anglo-Persian Oil Co. (1933 Kompromiß über neue Konzession mit Großbritannien; neuer Konflikt 1951)

Ibn Saud benennt sein arabisches Herrschaftsgebiet (Nedsch und Hedschas) „Saudisch-arabisches Königreich" (1,5 Mill. qkm mit 5,3 Mill. Einwohnern)

Hoovers Abrüstungsbotschaft

Bürgermeister von New York *Jimmy Walker* tritt zurück, weil *F. D. Roosevelt* ihn der Mißwirtschaft überführte

General *Rodriguez* Präsident von Mexiko bis 1935

Brasilianisch-faschistische Integralisten-Bewegung („Grünhemden")

Militär unterdrückt sozialist. Revolution in Chile

Chacokrieg zwischen Bolivien und Paraguay (bis 1935)

Grenzkonflikt Kolumbien — Peru (1934 durch Völkerbund beigelegt)

Gandhi, seine Frau und andere führende Mitglieder des Allindischen Kongresses erneut vorübergehend verhaftet

Siam durch Militärputsch konstitutionelle Monarchie; Verwaltungsreform

Jap. Offiziere ermorden japan. Ministerpräsidenten *Inukai*

Nach Besetzung der Mandschurei (1931) bildet Japan den Staat Mandschukuo

Japan beschießt Chinesenstadt von Shanghai wegen chin. Boykotts jap. Waren

Der letzte Herrscher der *Mandschu*-Dynastie in China (1909—1912) *Kang Teh (Pu-i)* wird Präsident des japan. Protektorates Mandschukuo (1934 Kaiser)

Lytton-Bericht für den Völkerbund, wonach Japans Vorgehen in der Mandschurei unrechtmäßig ist. Schlägt Mandschurei als autonomes Gebiet Chinas unter japan. Kontrolle vor (wird 1933 vom Völkerbund angenommen)

Ruth Schaumann (* 1899); „Amei. Eine Kindheit"

Sillanpää: „Eines Mannes Weg" (finn. Roman)

Sinclair: „Auf Vorposten" (nordamerikan. sozialist. Roman)

Timmermans: „Franziskus" (fläm. Roman)

Undset: „Ida Elisabeth" (norweg. Roman)

H. Wahl und *A. Kippenberg:* „Goethe und seine Welt" (mit 580 Abb.)

Ernst Weiss: „Der Gefängnisarzt" (Roman)

Wiechert: „Jedermann" (Kriegsroman) und „Die Magd des Jürgen Doskocil" (Roman)

† *Anton Wildgans*, österr. Dichter (* 1881)

Heinz Hilpert (* 1890, † 1967) Direktor der Volksbühne Berlin

A. Walde und *J. Pokorny:* „Vergleichendes Wörterbuch der indogermanischen Sprachen" (3 Bände seit 1927)

S. Wininger: „Große jüdische National-Biographie" (6 Bände seit 1921)

Basic English (Grundenglisch mit nur 850 Wörtern) als Vorschlag einer Umgangsweltsprache für praktische Zwecke

(nordam. Film von *C. B. de Mille* mit *Claudette Colbert*); „Morning Glory" (nordam. Film mit *Katharine Hepburn*)

Bekannte Tierart. (i. Tsd., vgl. 1758)

1932	1025	1848	107
1925	720	1833	88
1911	525	1788	19
1886	276	1767	6
1859	130	1758	4

Münchener Zoo versucht durch Rückkreuzung Züchtung des ausgestorbenen Auerochsen

Zeitschrift für Vitaminforschung

Cordoba-Katalog für 613 993 Sterne des südl. Sternhimmels (seit 1892)

Brauchbare Gasentladungslampen (Natrium- und Quecksilberhochdrucklampen mit hoher Lichtausbeute)

2. Internationales Polarjahr mit planmäßigen Beobachtungen auf 75 Stationen bis 1933 (1. Polarjahr 1882/83)

Saaletalsperre (Bleiloch) (65 m größte Höhe, 215 Mill. cbm Inhalt)

George-Washington-Brücke über den Hudson mit 1067 m Spannweite (Baubeginn 1929)

„Rex" (ital. Turbinen-Ozeandampfer mit 45 000 t Wasserverdrängung, 120000 PS und 53,5 km/st.; gew. 1933 „Blaues Band")

Groß-Kraftwerk am Dnjepr in der USSR (Baubeginn 1927)

Durch Umgehungsschleusen der Stromschnellen beim Dnjepr-Kraftwerk entsteht eine durchgehende Wasserstraße vom und zum Schwarzen Meer

8-mm-Schmalstfilm von Kodak. 16-mm-Agfacolor-Farbenfilm

1933

Friedens*nobel*preis an *Ralph Norman Angell (Lane)* (Großbrit., * 1874)

Gespräche zwischen *v. Papen, Hitler* u. Bankier *v. Schröder* in Köln leiten Ernenn. *Hitlers* z. Reichskanzler ein

Durch Einsatz aller Geld- u. Machtmittel erlangt NSDAP Wahlsieg im Lande Lippe (dient zur Begründung von *Hitlers* Reichskanzlerschaft)

Kommunisten: Erst *Hitler*, dann wir

Reichspräsident *von Hindenburg* beruft *Hitler* zum Reichskanzler; *von Papen* Vizekanzler und Reichskommissar in Preußen; *Hugenberg* Wirtschaftsminister; *Seldte* Arbeitsminister; *von Blomberg* Reichswehrminister; *von Neurath* Außenminister; *Schwerin von Krosigk* Finanzminister; *Gürtner* Justizminister; *von Eltz-Rübenach* Verkehrsminister; *Frick* Innenminister; *Göring* Min. o. Geschäftsbereich (bald für Luftfahrt u. preuß. Innenmin.)

Hindenburg erhält von der nationalsoz. preuß. Reg. Domäne Langenau und den Preußenwald als Geschenk

Brandstiftung im Reichstag leitet terrorist. Ausschaltung der polit. Gegner der NSDAP ein; sie erhält 44% der Reichstagssitze

Nationalsoz. Konzentrationslager errichtet (Zahl der Häftlinge bis 1945 wird auf mindestens 8—10 Mill. geschätzt, davon kommt mehr als die Hälfte um)

Wahlergebnisse zum Dt. Reichstag:

	1919[1]	1924[2]	1928	1932[3]	1933[4]
KPD[5]	22	45	54	100	81
SPD	165	131	153	121	120
Zentrum	71	69	61	70	73
BVP	18	19	17	19	19
DDP (DStP)	74	32	25	2	5
DVP	22	51	45	11	2
DNVP	42	111	78	54	53
NSDAP	—	14	12	196	288
andere	9	21	46	10	6

[1] Nationalversammlung; [2] Dezemberwahl; [3] Novemberwahl; [4] f. d. antifaschist. Parteien unter dem Terror nach dem Reichstagsbrand; [5] f. 1919 USPD

Wels (SPD) hält die letzte Oppositionsrede im Dt. Reichstag

Literatur-*Nobel*preis an *I. Bunin* (Rußl.)

Hervey Allen: „Antonio Adverso" (nordam. Rom.)

Bruno Brehm (* 1892): „Apis und Este" (1931), „Das war das Ende" (1932), „Weder Kaiser noch König" (1933) (Romantrilogie über Österreich-Ungarn)

H. Broch: „Die unbekannte Größe" (Roman)

Hermann Eris Busse (* 1891): „Bauernadel" (Schwarzwälder Romantrilogie)

Colette: „Die Katze"

Edschmid: „Das Südreich" (Roman über die Germanenzüge)

Frenssen: „Meino, der Prahler" (Roman)

Galsworthy: „Die Cherrellchronik" (engl. Roman seit 1931)

† *John Galsworthy*, engl. Dichter; schilderte in Romanen das engl. Bürgertum; *Nobel*preis 1932 (* 1867)

F. Garcia Lorca: „Die Bluthochzeit" (span. Schauspiel)

† *Stefan George*, dt. Dichter einer formstrengen Wortkunst (* 1868)

Trygve Gulbranssen (* 1894): „Und ewig singen die Wälder" (norweg. Roman, mit Fortsetzung „Das Erbe von Björndal" 1935)

Hamsun: „Nach Jahr und Tag" (norw. Rom., Schlußband der Romantrilogie mit „Landstreicher" 1927 u. „August Weltumsegler" 1930)

M. R. Hesse: „Morath schlägt sich durch", „Morath verwirklicht einen Traum" (Romane)

Ch. Bühler: „Der menschliche Lebenslauf als psycholog. Problem" (find. berufl. Höchstl. vorzugsw. i. mittl. u. höher. Alter)

W. Dubislaw: „Naturphilosophie" (log. Empirismus)

„Warum Krieg?" (Antwortbrief *Freuds* an *Albert Einstein*; „Alles, was die Kulturentwicklung fördert, arbeitet auch gegen den Krieg")

Kardinal *von Faulhaber:* „Judentum — Christentum — Germanentum" (kathol., antinationalsozialist. Standpunkt)

Frobenius: „Kulturgeschichte Afrikas. Prolegomena zu einer historischen Gestaltlehre"

R. Guardini: „Der Mensch und der Glaube" (kath. Religionsphilosophie)

Th. Haecker: „Was ist der Mensch?" (kathol. Kulturphilosophie)

Nic. Hartmann: „Das Problem d. geist. Seins"

O. Koehler: „Das Ganzheitsprobl. i. d. Biologie"

Erich und *Mathilde Ludendorff:* „Am heilig. Quell dt. Kraft" (Zeitschrift für antichristl. dt. Gotterkenntnis)

Ortega y Gasset: „Über die Liebe" und „Buch des Betrachters" (span. Philosophie, dt. Ausg.)

M. Planck: „Wege zu physikalischer Erkenntnis" (naturphilosophischer Realismus)

W. Reich: „Charakteranalyse" (Ausbau der Psychoanalyse *Freuds*)

G. Santayana: „Der letzte Puritaner" (span. Selbstbiogr.)

† *Hans Vaihinger*, dt. Philosoph (* 1852)

Barlach: „Lesende" (Plastik)

Heckel: „Rummelplatz" (expressionist. Aquarell)

Rudolf Koch: Claudius-Fraktur (Drucktypen, vollendet 1937)

Matisse: „Der Tanz" (frz. express. Gem.)

Pinder: „Deutsche Barockplastik"

Völkerbundspalast in Genf (Baubeginn 1929)
Die bildende Kunst in Deutschland unterliegt einer zunehmenden „Ausrichtung" durch den nationalsozialist. Staat (im Sinne eines oberflächlichen Realismus)

„Am Horst der wilden Adler" (Kulturfilm v. *Walter Hege*)

„Das Testament des Dr. Mabuse" (Film von *F. Lang*, in Dt. verboten)

„Brennendes Geheimnis" (Film von *R. Siodmak* mit *Willy Forst*, * 1903, und *Hilde Wagner*)

„Reifende Jugend" (Film v. *G. Froelich*, mit *H. George*, *H. Thiele*)

„S. O. S. Eisberg" (Film von *A. Fanck*)

„Hitlerjunge Quex" (Film); „Der Rebell" (Film von und mit *L. Trenker*)

„Heinrich VIII." (engl. Film von *Alexander Korda* mit *Charles Laughton*)

„Freitagabend um 8" (nordam. Film von

Der dt. Geiger *Adolf Busch* geht mit seinem Bruder, dem Dirigenten *Fritz Busch*, nach USA

Roy Harris (*1898): Symphonie (nordamerikan. Komposition)

Hindemith: „Plöner Musiktag" (Musik zum Singen und Spielen)

Paul von Klenau: „Michael Kohlhaas" (dän.-dt. Oper nach *Kleist*)

Křenek: „Karl V." (Bühnenspiel mit Musik)

† *Arnold Mendelssohn*, dt. Komponist und Förderer protestant. Kirchenmusik (*1855)

Prokowjew kehrt in die Sowjetunion zurück (hatte Rußland 1918 verlassen)

† *Max von Schillings*, dt. Komponist (* 1868)

R. Strauss: „Arabella" (Oper, Text v. *Hofmannsthal*)

Strawinsky: „Persephone" (russ. melodram. Oper)

Bruno Walter geht von Deutschland nach Wien

George Balanchine und *Lincoln Kirstein* gründen „School of American Ballett"

Physik-*Nobel*preis an *E. Schrödinger* (Österr.) und *P. A. M. Dirac* (Großbrit.) für Wellenmechanik und Anwendung auf das Elektron

Medizin-*Nobel*preis an *Th. H. Morgan* (USA) für Aufbau der modernen Genetik

Berckhemer findet und beschreibt den Schädel von Steinheim (Weiterentwicklung des Affenmenschen zu reineren menschlichen Formen)

Ludwig v. Bertalanffy: „Theoretische Biologie" (Anwendung mathematisch-physikalischer Methoden auf Lebenserscheinungen; 2. Bd. 1942)

R. E. Byrds zweite Südpolar-Expedition (bis 1936): durch mehrere Flüge 500000 qkm Neuland aufgenommen und das Südpolargebiet als einheitliches Festland vermutet

† *Albert L. Ch. Calmette*, frz. Arzt, seit 1917 Abteilungsleiter im *Pasteur*-Institut; entwickelte BCG-Tuberkulose-Schutzimpfung (* 1863)

Auto-Geschwindigkeitsrekord mit 437,91 km/St. von *Malcolm Campbell* (* 1885, † 1949)

Irène Curie (* 1897, † 1956) und *Frédéric Joliot* (* 1900, † 1958): Materialisation von Energie durch Umwandlung radioaktiver Wellenstrahlung in ein Elektron-Positron-Paar (*Thibaud* u. *Joliot* entdecken 1934 Umkehrung dieses Prozesses: Materiezerstrahlung)

K. Daeves: „Praktische Großzahlforschung" (statistische Untersuchungsmethoden in Industrie und Wirtschaft)

A. S. Eddington: „Dehnt sich das Weltall aus?" (dt. Übersetzung; verbreitet das astronomische Weltbild einer in sich gekrümmten, expandierenden Welt)

Ph. Farnsworth und *Vladimir Zworykin:* Rein elektronisches Fernsehen ohne mechanisch bewegte Apparateteile

C. Filatow begründet „Gewebetherapie" durch Entdeckung der stimulierenden Wirkung konservierter Transplantate

Höhepkt. d. Weltwirtschaftskrise wird überschritten (vgl. 1932)

Reichsbank erhält das Recht, gegen Wertpapiere Noten abzugeben (dient dem Geldbedarf d. einsetzenden Rüstungskonjunktur)

Gustav Cassel: „Die Krise im Weltgeldsystem" (schwed. neuliberalist. Währungstheorie)

Ed. Chamberlin: „Theorie des monopolistischen Wettbewerbs" (nordamerikan. nationalökonom. Monopoltheorie)

† *Carl Fürstenberg*, Berliner Bankier; Leiter der Berliner Handelsgesellsch. seit 1883 (* 1850)

Martin Wolff: „Internationales Privatrecht" (geht 1938 nach Großbritannien)

Internat. Rohstahlexportgemeinsch. (Kartell der dt., belg., brit., frz., luxemburg. Stahlindustrie, Sitz Luxemburg)

Durch künstl. Dünger Ernteerträge der dt. Landwirtschaft gegenüber 1880 rund verdoppelt

Sowjetruss. Viehbestand seit Beginn der Kollektivierung 1928 auf etwa die Hälfte gesunken

(1933)

Alle Parteien im Dt. Reichstag außer der SPD stimmen dem Ermächtigungsgesetz für *Hitler*-Regierung zu (Kommunist. und Teile der SPD-Fraktion durch Verhaftungen und Terror am Erscheinen verhindert). Ende der Weimarer Republik (durch Schwäche d. liberalen Bürgertums u. d. Arbeiterbewegung)

Josef Goebbels Reichsminister für Volksaufklärung und Propaganda

„Tag von Potsdam" mit Festakt in der Garnisonkirche am Grabe *Friedrichs II.* (Versuch der Versöhnung konservativer Kreise mit dem nationalsozialist. Umsturz)

Antijüd. Ausschreit. in Deutschland

Der 1. Mai zum Staatsfeiertag in Deutschland erklärt. Sturm auf d. Gewerkschaftshäuser. Auflösung d. Gewerkschaften. Gesetz zur „Wiederherstellung des Berufsbeamtentums" schließt „Nichtarier" aus. Auflösung und Selbstauflösung aller dt. Parteien außer der NSDAP

Hermann Göring preuß. Ministerpräsident. Beseitigung des Landtages. Vereinigung der Staatsministerien mit den Reichsministerien (außer Finanzen)

Reichsbankgesetz hebt Autonomie der Reichsbank auf (seit 1922). *Schacht* finanziert als Reichsbankpräsident (bis 1938) Arbeitsbeschaffung und Aufrüstung

Hugenberg scheidet aus dem Kabinett aus, bleibt Reichstagsabgeordneter

Reichsminister für Ernährung und Landwirtschaft *Darré* organisiert „Reichsnährstand" und erläßt Erbhofgesetz

Deutschland verläßt Völkerbund und 2. Abrüstungskonf., die ihm 200000-Mann-Heer zugestehen will

Kombinierte Volksabstimmung und „Reichstagswahl" ergibt 92% für Einheitsliste der NSDAP

Dt. Gesellschaft für Wehrpolitik und Wehrwissenschaften, Berlin

Nationalsozialist. Regierung unter Senatspräs. *Rauschning* in Danzig

Bundeskanzler *Dollfuß* schaltet österr. Nationalrat aus; stützt sich

H. Johst: „Schlageter" (Drama)

Mascha Kaléko: „Lyrisches Stenogrammheft" (Großstadt-Lyrik)

Lernet-Holenia: „Ich war Jack Mortimer" (österr. Roman)

Lewis: „Ann Vickers" (nordamerikan. Roman zur Frauenfrage)

André Malraux (* 1901): „So lebt der Mensch" (frz. Roman aus dem chin. Bürgerkrieg)

Masefield: „The Bird of Dawning" (engl. Roman)

Miegel: „Die Fahrt der sieben Ordensbrüder" (Erzählung)

Muschler: „Die Unbekannte" (Roman)

O'Neill: „O Wildnis!" (nordamerikan. Bühnenstück)

A. Rachmanowa: „Milchfrau in Ottakring" (russ. Roman)

Rolland: „Verzauberte Seele" (frz. Romantetralogie seit 1922)

Ernst von Salomon: „Die Kadetten" (autobiograph. Roman)

Ulrich Sander (* 1892): „Pioniere" (Roman)

Margarete Schiestl-Bentlage (zur Bentlage, * 1891): „Unter den Eichen" (Erzählungen)

Ina Seidel: „Der Weg ohne Wahl" (Roman)

Shaw: „Auf den Felsen" (engl. Schauspiel)

Silone: „Fontamara" (ital. antifaschist. Roman)

Heinrich Spoerl (* 1887, † 1955): „Die Feuerzangenbowle" (humor. Schülerroman; wird verfilmt)

Stehr: „Die Nachkommen" (Roman)

A. N. Whitehead: „Abenteuer d. Denkens" (engl. Naturphilosophie)

Konkordat m. Deutschl.

Reichskulturkammergesetz in Deutschland

Bekenntnisfront der dt. evang. Christen gegen „Dt. Christen" u. Reichskirchenreg., wählt *Friedr. v. Bodelschwingh* z. Reichsbischof; tritt zurück. Wehrkreispfarrer *Ludwig Müller* (* 1883) „Reichsbischof" der dt. evang. Kirche (hat ab 1935 keine Befugnisse mehr)

† 13. Dalai Lama von Tibet (14. folgt 1940)

Dt. Tierschutzgesetz (1945 anerkannt)

Gesetzl. Schulpflicht i. Ägypt. (aus sozialen Gründen wenig effektiv)

George Cukor mit *Joan Harlow*, † 1937, *M. Dreßler, W. Berry)*; „Cavalcade“ (nordam. Film von *Frank Lloyd)*; „King-Kong“ (nordam. Film eines Riesenaffen); „Drei kleine Schweinchen“ (*Walt-Disney*-Farb-Zeichenfilm); „Königin Christine“ (nordam. Film mit *G. Garbo)*; „Fährboot-Annie“ (nordamerik. Film mit *M. Dreßler, W. Berry)*

„14. Juli“ (frz. Film v. *R. Clair* mit *Annabella)*

Zahl d. großen Spielfilme in USA 547, Dt. (1932) 127, Gr. Brit. 169, Frankr. 158, USSR 44, Italien 33

Siemens-Hell-Schreiber zur drahtlosen Übertragung von Schreibmaschinenschrift

~ Überlagerungsempfänger (Superheterodyn) setzt sich allgemein durch

R. Frisch untersucht „volkswirtschaftliche Regelkreise“ (frühe Anwendung des „Regelung“-Begriffes auf Wirtschaftsprobleme)

R. J. van der Graaff (* 1901, † 1967): Bandgenerator (Influenzmaschine zur Erzeugung hoher elektrischer Spannungen von mehr als 1 Mill. Volt für die Atomkernumwandlung)

Giauque u. *McDongall* err. durch magnetischen Effekt Temperatur von — 272,7° C (*de Haas* nähert s. 1935 auf 0,0044° C d. absol. Nullp.)

O. Haas erhält Versuchstiere durch künstl. Durchblutung des Gehirns bei Unterbrechung des übrigen Blutkreislaufes am Leben (wichtig für Herzoperationen)

E. Heitz, H. Bauer und *T. S. Painter* entdecken die Riesenchromosomen in den Speicheldrüsen von Zweiflüglern (fördert entscheidend Chromosomenforschung)

W. N. und *L. A. Kellog*: „Der Affe und das Kind“ (Vergleich des Verhaltens von Kindern und jungen Schimpansen)

F. Kögl und *F. A. F. C. Went* untersuchen Chemie und Wirkung des Pflanzenwuchsstoffes Auxin (Pflanzenhormon)

R. Kuhn, Szent-Györgyi und *Wagner von Jauregg*: Reindarstellung des kristallisierten Vitamins B_2 (Lactoflavin als Fermentvorstufe; wichtig für Stoffwechsel; chemischer Bau und Synthese von *P. Karrer* und *R. Kuhn* 1935)

Hermann Oncken: „Das Deutsche Reich und die Vorgeschichte des Weltkrieges“

Umfliegung der Erde in 121 Stunden durch *Willy Post* (1931: 142 St.)

Scheibe und *Adelsberger* konstruieren genaugehende Quarzuhr (gestattet, ungleichmäßige Drehung der Erde nachzuweisen; erste „Kristalluhr“ 1929 von *W. A. Marrison)*

Brit. Flieger überfliegen den Mt. Everest (8882 m)

Bau von Autobahnen besonders in Deutschland und den USA (bis 1939 in Deutschland über 3000 km fertiggestellt)

Aufhebung der Prohibition in USA (seit 1919)

Elly Beinhorn umfliegt Afrika (erster Afrikaflug 1931)

Starke Emigration aus Deutschland setzt ein (insges. bis 1939 etwa 60000, oft führende Künstler, Ingenieure, Wissenschaftler, Politiker)

„Gesetz zur Verhütung erbkranken Nachwuchses“ in Deutschland (führt zur Verletzung der Menschenrechte)

Eugen Hadamovsky (* 1904): „Propaganda und nationale Macht“ und „Der Rundfunk als politisches Führungsmittel“ (kennzeichnet Beginn der Politisierung des dt. Rundfunks)

Südatlantische Postbeförderung mit *Dornier-Wal* über schwimmenden Flugstützpunkt „Westfalen“

~ Mittlere Wintertemperatur auf Spitzbergen (1931 bis 1935) —8,6° C zeigt eine merkliche Erwärmg. d. Arktis (—17,6° C im Zeitraum 1900—1915; noch umstritten, ob Klimaschwankung oder Klimaänderung)

Tierwelt breitet s. polwärts aus; Gletscherrückg. i. allen Erdteilen

(1933)

auf austrofaschist. Heimwehr. Verbot der Nationalsozialist. Partei Österreichs

Sir *Oswald Mosley* (* 1896) gründet brit. faschist. „Schwarzhemden"-Bewegung

Syrien lehnt frz. Vertragsentwurf ab, der weiterhin Mandatsstatus vorsieht

Südafrikan. Koalitionsreg. *Hertzog-Smuts* (bekämpften sich seit 1924)

Edouard Daladier (*1884, † 1970, Radikalsozialist) erstmals frz. Min.-Präs. (letztmals 1940)

Viererpakt Italien, Deutschland, Großbritannien und Frankreich

Nichtangriffspakt u. Freundschaftsvertrag Italien—USSR

Balbo ital. Statthalter in Libyen bis 1940

Anarchist. und syndikalist. Unruhen in Spanien. Nationalisierung des kirchlichen Großgrundbesitzes. Rechtsregierungen bis 1936 mit umfangr. polit. u. soz. Unruhen

José Antonio Primo de Rivera (* 1903, † 1936 im Bürgerkrieg) gründet span.-faschist. Falangisten-Beweg.

Erneuerung der Kl. Entente zwischen Tschechoslowakei, Jugoslawien und Rumänien

Der Verbandsturnwart *Konrad Henlein* (* 1898, † 1945, hingerichtet) gründet die später staatsfeindliche nationalsozialist. sudetendt. Partei in der Tschechoslowakei

Codreanu gründet in Rumänien „Eiserne Garde"; wird aufgelöst; Ermordung des altliberalen Ministerpräsidenten *Duca*

Nasjonal Samling (norweg. faschist. Partei) von *Vidkun Quisling* (* 1887, † 1945, hingerichtet)

Sozialdemokrat. Partei wird stärkste Partei in Finnland

Handelskonflikt Großbritannien—USSR wegen Verurteilung brit. Ingenieure (werden begnadigt)

F. D. Roosevelt (Demokrat) Präsident der USA bis 1945 (†) (Wiederwahl 1936, 1940, 1944); startet „New Deal" (staatl. Wirtschaftsplanung), NIRA und TVA (Gesetze über neuen Industrieaufbau und Kraftwerke im Tennessee-Tal)

Cordell Hull (Demokrat, * 1871, † 1955) Außenminister der USA bis 1944

Sumner Welles (* 1892) USA-Unterstaatssekretär für Äußeres

USA-Truppen verlassen Nikaragua

Machado de Morales, Präsident von Kuba seit 1925, gestürzt. Oberst *Batista* Oberbefehlshaber und Machthaber

Ghasi I. König von Irak bis 1939

Mohammed Sahir Schah König von Afghanistan

Japan verläßt den Völkerbund. Behält die Mandate. Besetzt chin. Provinz Dschehol

† 13. Dalai Lama i. Tibet

Thieß: „Johanna und Esther“ (Roman) *Walpole:* „Herries Chronicle“ (engl. hist. Roman in 4 Bänden seit 1930) *Felix Weingartner:* „Terra, ein Symbol“ (dramat. Dichtung) *Wells:* „Bulpington von Blup“ (engl. gesellschaftskritischer Roman) *Werfel:* „Die vierzig Tage des Musa Dagh“ (Roman in 2 Bänden) *Virginia Woolf:* „Flush“ (engl. Roman) Öffentliche Verbrennung von Büchern unerwünschter Autoren in Berlin (bedeutet Ende eines freien dt. Schrifttums) Reichsschrifttumskammer i. Deutschland (führt zunehmend „Gleichschaltung“ der dt. Literatur durch) Präsident *H. F. Blunck* (bis 1935)		Projektor für 16-mm-Tonfilm „Technokratie“ (Zeitschrift) „Econometrica“ (Zeitschr. für Ökonometrie, Leitartikel von *A. Schumpeter)* ~ Die Wissenschaft in Dtl. wird durch nationalsozialistischen Einfluß zunehmend behindert und entscheidend geschwächt	Ital. Geschwader-Ozeanflug unter *Balbo* *Emilio Comici* und 2 Seilgefährten bezwingen in 3 Tagen und 2 Nächten die Große Zinne/Dolomiten (1938 Winterbesteigung der Nordwand der Großen Zinne)

1934	Friedens*nobel*preis an *A. Henderson* (Großbrit.) Deutsch-poln. Nichtangriffspakt zwischen *Hitler* und *Pilsudski* Dt. Reich übernimmt Hoheitsrechte der Länder *Schacht* Reichswirtschaftsminister bis 1937 *Himmler* Chef der Geheimen Staatspolizei (Gestapo) in Preußen *Hitler* und *Mussolini* treffen sich in Venedig, Gegensätze um Österr. Marburger Rede *von Papens* (verfaßt von *Edgar Jung*, stellt den nationalsozialist. Anschauungen mehr konservative gegenüber) In SA-Kreisen fordert man eine „zweite“, soziale Revolution Wegen angebl. geplanter SA-Revolte werden ihr Stabschef *Ernst Röhm* und andere hohe SA-Führer auf Befehl *Hitlers* erschossen; außerdem weitere politische Gegner wie General *Schleicher* und Frau, *Gregor Strasser*, *Dr. Klausener* (Kathol. Aktion), *Edgar Jung* (Mitarbeiter *Papens*). Entmachtung der SA. *Hitler* stützt sich auf SS und Reichswehr *v. Papen* dt. Gesandter in Wien † *Paul von Beneckendorff und von Hindenburg*, dt. Generalfeldmarschall; Reichspräsident seit 1925 (* 1847). Nationalsozialisten fälschen sein Testament *Hitler* macht sich zum Diktator. „Führer und Reichskanzler“ (Volksabstimmung ergibt angebl. 90% Zustimmung) „Heimtückegesetz“ (Terrorgesetz zum Schutz der nationalsozial. Diktatur). Volksgerichtshof zur Durchführung gegründet *Gertrud Scholtz-Klink* (* 1902) dt. Reichsfrauenführerin Österr. Arbeiter im „Republikan. Schutzbund“ unterliegen in blutigen Kämpfen dem klerikalen Austrofaschismus. Absetzung der sozialdemokr. Wiener Stadtverwaltung Autoritäre klerikal-ständische Verfassung in Österr. Erbitterter Kampf zw. Austro- und großdt. Faschismus	Literatur-*Nobel*preis an *L. Pirandello* (Ital.) *Anouilh:* „Die Wilde“ (frz. Schauspiel) *Louis Aragon* (* 1897): „Die Glocken von Basel“ (frz. kommunist. Roman) † *Hermann Bahr*, österr. Dichter (* 1863) *M. Böttcher* (* 1872): „Krach im Hinterhaus“ (volkstüml. Lustspiel) *P. S. Buck:* „Die Mutter“ (nordamerikan. Roman) *K. Čapek:* „Daschenka oder das Leben eines jungen Hundes“ (tschech.) † *Theodor Däubler*, dt. express. Dichter (* 1876) *Fallada:* „Wer einmal aus dem Blechnapf frißt“ (Gefängnisroman) *Francis Scott Fitzgerald* (* 1896, † 1940) „Zärtlich ist die Nacht“ (nordam. Roman) *Helmut von Gerlach* (* 1866, † 1935): „Von rechts nach links“ (Autobiographie des dt. Pazifisten in der Emigration) *Giono:* „Lied der Welt“ (frz. Roman) *J. Green:* „Der Geisterseher“ (frz. Roman) *G. Hauptmann:* „Hamlet in Wittenberg“ (Schauspiel) und „Das Meerwunder“ (Erzählung) *Ric. Huch:* „Im alten Reich“ (histor., 3 Bände seit 1927) und „Röm. Reich Dt. Nation“ *Ernst Jünger:* „Blätter und Steine“ (Essays) *Mervyn Brian Kennicott:* (eig. *Gertrud Hamer*): „Das Herz ist wach“ (Roman) *Knittel:* „Via mala“ (Roman) *Kolbenheyer:* „Gregor und Heinrich“ (Dram.)	Der Prof. für protestant. Theologie in Bonn *Karl Barth* wird wegen Verweigerung des Beamteneides amtsenthoben (erhält 1935 Ruf nach Basel) *A. Baeumler:* „Männerbund und Wissenschaft“ (nationalsozialist. Erziehungslehre) *Ruth Benedict:* „Patterns of Culture“ („Kulturformen“, gilt als Begründung einer Wissenschaft vom Nationalcharakter) *Evangeline Booth* General der Heilsarmee bis 1939 (Tochter des Gründers) *Buber:* „Erzählungen von Engeln, Geistern und Dämonen“ *R. Carnap:* „Logische Syntax der Sprache“ („Überwindung der Metaphysik durch logische Analyse der Sprache“) Kardinal *von Faulhaber* in München hält und veröffentlicht stark beachtete Predigten gegen die nationalsozialistische Weltanschauung (vgl. 1933) † *Pietro Gaspari*, vatikan. Staatsmann; von 1914 bis 1930 päpstl. Staatssekretär; beteiligte sich an der Neufassung des kanonischen Rechts „Codex juris canonici“ (* 1852) *Laz. Goldschmidt:* Dt. Übersetzung des babylonischen Talmud (12 Bände seit 1893) † *Hedwig Heyl*, dt. Hauswirtschaftslehrerin und -förderin: schrieb „ABC der Küche“ (* 1850) *Werner Jaeger* (ab 1936 in Chicago): „Paideia, die Formung des griechischen Menschen“

O. Bartning: Gustav-Adolf-Kirche, Bln.

† *Hendrik Petrus Berlage*, niederl. Baumeister (* 1856)

Dali: „Wilh. Tell" (span. surrealistisch. Gemälde)

K. Hofer: „Die schwarzen Zimmer" (express. Gemälde)

Le Corbusier: Palast der Sowjets in Moskau (Baubeg. 1928; gilt als letzter moderner Bau der Stalinära)

G. Marcks: „Tanzende Schwestern" (Bronzeplast. s. 1933)

John Piper (* 1903): „Rye Harbour" (engl. Gemälde)

Alfred Roller (* 1864, † 1935): Bühnenbild zu „Parsifal" in Bayreuth

---

Kulturfilmpflicht f. dt. Lichtspielhäuser

„Die verlorene Patrouille" (nordamerikan. Film ohne Frauen; Regie: *John Ford)*

„Es geschah in einer Nacht. New York-Miami" (nordamer. Film v. *Frank Capra* mit *C. Colbert, C. Gable)*; „Die lustige Witwe" (nordamer. Operettenfilm von *E. Lubitsch* m. *J. Mac Donald* [* 1907, † 1965] und *M. Chevalier)*

„Das große Spiel" (frz. Film v. *J. Feyder*, * 1888); „Der letzte Millionär" (frz. Film v. *R. Clair)*

„Maskerade" (österreich. Film von *W. Forst* m. *P. Wessely)*

Alban Berg: „Requiem für Manon" (Violinkonzert im Zwölftonstil)

E. Bücken: „Handbuch der Musikwissenschaft" (13 Bände seit 1927)

† *Frederick Delius*, dt.-engl. Komponist (* 1863)

† *Edward Elgar*, engl. Komponist (* 1857)

Hindemith: „Mathis der Maler" (Symphonie als Vorarbeit zu einer Oper um *Matthias Grünewald*)

Frederick Jacobi (* 1891): Konzert (nordamerik., mit Jazz- und indianischen Motiven)

Lehár: „Giuditta" (Operette)

Eugen Jochum Generalmusikdirektor in Hamburg

Hans Mersmann: „Deutsche Musikgeschichte"

Ernst Pepping (* 1901): „Stilwende der Musik" (kirchenmusikal., Anknüpfung an Barockmusik)

Schostakowitsch: „Lady Macbeth in Minsk" (russ. Op.)

Musikfest der „Internationalen Gesellschaft für Neue Musik" in Florenz (u. a. wird *B. Britten* durch sein Quartett für Oboe und Streicher bekannt)

„Oxford History of Music" (engl. Musikgeschichte, 7 Bände seit 1929)

Chemie-*Nobel*preis an *H. C. Urey* (* 1893, USA) für Entdeckung des schweren Wasserstoffes

Medizin-*Nobel*preis an *G. R. Minot* (USA), *W. P. Murphy* (USA) und *G. Whipple* (USA) für Heilverfahren gegen perniziöse Anämie

W. Beebe (* 1877) erreicht mit Taucherkugel bei den Bermudainseln eine Meerestiefe v. 923 m u. fördert damit entscheidend die Tiefseeforschung (1953 *A.* u. *J. Piccard:* 3150 m)

Butenandt: Reindarstellung d. Gelbkörperhormons (2. weibl. Sexualhormon). Die anschl. an die Reindarstellungen (seit 1929) erfolgende Aufklärung des chemischen Baues der männl. u. weibl. Sexualhormone erweist ihre nahe chemische Verwandtschaft als Sterine

Das Ehepaar *I. Curie* und *F. Joliot* entdeckt künstliche Radioaktivität (entwickelt sich zu einem umfassenden Forschungsgebiet)

† *Marie Curie* (geb. *Sklodowska*), poln.-frz. Chemikerin und Physikerin; entdeckte u. a. das radioaktive Radium und Polonium; *Nobel*preise 1903 und 1911 (* 1867)

Enrico Fermi (* 1901, † 1954) führt in d. Atomkernphysik d. Neutrino-Teilchen ein, um d. Energieerhaltungssatz zu wahren; beg. Kernumwandlung durch Neutronenbeschuß

Bierens de Haan: „Die tierpsychologische Forschung"

† *Fritz Haber*, dt. Chemiker; Mitbegründer des *Haber-Bosch*-Verfahrens zur Ammoniaksynthese aus Luftstickstoff; *Nobel*preis 1918; 1911 bis 1933 Leiter des Kaiser-*Wilhelm*-Instituts für physikalische Chemie (* 1868)

J. Hämmerling (* 1901): Bestimmender Einfluß des Zellkerns auf die Formvererbung von Schirmalgen (der Einfl. d. Zellplasmas auf die Vererbung weiter umstritten)

G. Holst und *G. H. de Boer* erzielen erste brauchbare Bilder mit einem Bildwandler (verwandelt Ultrarot-Abbildung in sichtbare)

W. Eucken: „Kapitaltheoretische Untersuchungen"

Sombart: „Deutsch. Sozialismus" (unterstützt nationalsozialist. Volkswirtschaftslehre)

Nationalsozialist. Arbeitsordnungsgesetz (beendet durch Einführung des „Führerprinzips" die Bestrebungen zur Gleichberechtigung der Sozialpartner)

„Dt. Arbeitsfront" unter *Robert Ley* (* 1890, † 1945, Selbstmord)

Durch Zusammenlegung von *Cunard* (1840) und White Star Line entsteht die brit. *Cunard* White Star Line

In den USA beginnt schärfster Kampf gegen das organisierte Gangsterunwesen. Das FBI unter *J. Edgar Hoover* bringt den „Staatsfeind Nr. 1" *John Dillinger* zur Strecke

Ein einziger Staubsturm verweht 300 Mill. t Ackererde in den USA (Versteppungsgefahr)

Blitzstreckenluftverkehr m. *Heinkel*-Flugzeug He 70

Kanadische Fünflinge der Familie *Dionne* geboren

Knöchellange Kleider in Deutschland

„Schalke 04" erstmals dt. Fußballmeister (wieder 1935, 1937, 1939, 1940, 1942)

(1934)

† *Engelbert Dollfuß* (von Nationalsozialisten ermordet), österr. christl.-sozialer Bundeskanzler seit 1932 (* 1892)

Kurt Schuschnigg (* 1897) österr. Bundeskanzler bis 1938; versucht, Nationalsozialismus durch „Vaterländische Front" und Legitimismus auszuschalten

Starhemberg österr. Vizekanzler und Leiter der „Vaterländischen Front" (geht 1938 ins Ausland)

Politischer Korruptionsskandal um *Stavisky* (†, Selbstmord, * 1886): nach blutigen Unruhen in Paris kommt es zur Bildung eines Ministeriums der „Nationalen Union" unter *Doumergue;* nach Rücktritt bildet sich „Regierung des Burgfriedens" *Pierre-Etienne Flandin* (* 1889, † 1958)

† *Alexander I.*, König von Jugoslawien seit 1921 (* 1888), und *Louis Barthou*, frz. Außenminister seit 1934 (* 1862), durch Attentat in Marseille während eines Staatsbesuches (verhind. „Ost-Locarno")

Prinz *Paul* Regent in Jugoslawien bis 1941 für unmündigen König *Peter II.*

Erste frz. Kolonialkonferenz

† *Raymond Poincaré*, frz. Staatsmann; Staatspräsident von 1913 bis 1920 (* 1860)

Leopold III. König der Belgier (muß 1951 auf seinen Thron verzichten)

Römische Wirtschaftsprotokolle zwischen Italien, Österreich und Ungarn gegen frz. Donaupolitik

Span. Bergarbeiter-Aufstand in Asturien niedergeschlagen. Versuch, Kataloniens Unabhängigkeit zu proklamieren, scheitert

Unterdrückung republikan. Unruhen in Portugal

Balkanbund zwischen Rumänien, Griechenland, Türkei und Jugoslawien zur Sicherung ihrer Balkangrenzen

Autoritäre Regierung des Bauernführers *Ulmanis* in Lettland (wird 1936 Staatspräsident)

Konstantin Paets (Landwirtepartei) schlägt in Estland durch Staatsstreich autoritäre „Freiheitskämpferbewegung" (wird 1937 Staatspräsident)

Finnland beteiligt sich am skandinavischen Ministertreffen. Neubefestigung der Aaland-Inseln

Veröffentlich. d. 2. Fünfjahrespl. i. d. USSR. GPU i. NKWD überführt. USSR im Völkerbund (bis 1939)

Ermordung *Kirows* in Leningrad (Mord wird der *Stalin*opposition zugeschrieben)

Abwertung des USA-Dollars auf 59%

USA nimmt diplomat. Beziehungen zur USSR auf, wegen Japans Ostasienpolitik

USA geben Rechte auf Kuba (seit 1902) und Schutzherrschaft über Haiti (seit 1915) auf. Versprechen Philippinen in 10 Jahren volle Unabhängigkeit

Streik der Baumwollarbeiter in USA

Korporative Verfassung in Brasilien

In Uruguay wird liberal-demokrat. Verfassung von 1919 durch autoritäre ersetzt; Frauenstimmrecht

Lázaro Cardenas Präsident von Mexiko bis 1940; führt sozialist. Politik

Tschiang Kai-schek besiegt bis 1936 die kommunist. Heere in Südchina

Japan kündigt Flottenabkommen von Washington (1922), um seine Flotte zu verstärken

Lewis: „Das Kunstwerk" (US-Roman um das Hotelwesen)

A. Makarenko (* 1888, † 1939): „Der Weg ins Leben" (russ. pädagog. Poem, seit 1933)

Maurois: „Instinkt für das Glück" (frz. Roman)

H. Miller (* 1891): „Wendekreis des Krebses", „Schwarzer Frühling" (nordamer. sexuell betonte Romane)

† *Erich Mühsam* (im KZ), dt. sozialist. Dichter und Politiker (* 1878)

O'Neill: „Tage ohne Ende" (nordamerikan. Bühnenstück)

Jan Petersen (* 1906): „Unsere Straße" (illegaler antifaschistischer Roman)

Mazo de la Roche: „Die Leute auf Jalna" (nordamerikan. Roman)

J. B. Priestley: „Englische Reise"

† *Joachim Ringelnatz (Hans Bötticher)*, dt. Dichter und Kabarettist (* 1883)

William Saroyan (* 1908): „Der tollkühne Jüngling auf dem fliegenden Trapez" (nordamerikan. Kurzgeschichten)

W. v. Scholz: „Gedichte" und „Erzählungen" (Gesamtausgaben)

A. Soergel: „Dichtung und Dichter der Zeit" (III. „Dichter aus dt. Volkstum")

E. Strauß: „Das Riesenspielzeug" (Roman)

Alexej N. Tolstoi: (* 1883, † 1945): „Peter d. Große" (russ. hist. Roman seit 1930)

Ludwig Tugel: (*1889): „Sankt Blehk oder die große Veränderung" (Roman)

Oswald Kroh (* 1887) „Experimentelle Beiträge zur Typenkunde" (experim. Pädagogik, 3 Bände seit 1929)

Max Picard: „Die Flucht vor Gott" (Schweiz. christl. Philosophie)

B. Russell: „Freiheit und Organisation 1814 bis 1914" (engl. histor. Gesellschaftsphilosophie)

O. Spann: „Gesellschaftslehre und Philosophie" (Soziologie)

Spranger: „Die Urschichten des Wirklichkeitsbewußtseins"

B. u. S. Webb: „Der sowj. Kommunismus — eine neue Zivilisation" (engl. Reisebericht, ersch. 1936)

„Barmer Synode" der dt. „Bekennenden ev. Kirche" wendet sich gegen nationalsozialist. Kirchenpolitik

† *Jakob Wassermann*, dt. Dichter (* 1873)

Wiechert: „Die Majorin" (Roman)

Friedr. Wolf: „Professor Mamlock" (Drama)

Heinz Hilpert Direktor d. Dt. Theaters in Berlin

Louis Jouvet (* 1888, † 1952), frz. Schauspieler u. Regisseur übernimmt Théâtre de l'Athène in Paris

Festspiele auf dem Heidelberger Schloßhof

Franz Dornseiff: „Der deutsche Wortschatz nach Sachgruppen" (systemat. Wörterbuch)

Erster Sowjetischer Schriftstellerkongreß in Moskau unter *Gorki*

Hermann Knaus (*1892, + 1970): „Die Physiologie d. Zeugung des Menschen" (m. d. seit 1929 gewonn. Erkenntnis der empfängnisfreien Tage der Frau; zugl. m. d. Japaner *K. Ogino* (* 1882,)

F. Kögl: Chemischer Bau des Pflanzen-Zellstreckwachstum-Hormons Auxin

† *Oskar von Miller*, dt. Energie-Ingenieur; Gründer des Dt. Museums, München (* 1855)

Isidor Isaac Rabi (* 1898) und Mitarbeiter bestimmen Eigenschaften von Atomkernen mit der Atomstrahlmethode

Tadeus Reichstein (* 1897) stellt Vitamin C künstlich her

A. D. Speranskij: „Grundlagen der Theorie der Medizin" (betont auf Grund von Experimenten ausschlaggebende Rolle des Nervensystems für Krankheiten und ihre Heilung)

Thibaud und *Joliot:* Zerstrahlung von Materie (Beobachtung der Umwandlung eines Elektron-Positron-Paares in ultrakurze *Röntgen*-Strahlung)

Voronoff berichtet von 12jährigen Erfahrungen über die operative Verpflanzung von Keimdrüsen, wodurch er bemerkenswerte Verjüngungserscheinungen bei seinen Patienten erhielt

Erster Kongreß für die „Einheit der Wissenschaft" (maßgebend der Wiener Kreis; vgl. 1929; weitere Kongresse 1935, 1936, 1938, 1939 in USA)

Spezialkrankenhaus in Dresden zur Prüfung von Naturheilmethoden

Bei Ausgrabungen des Heiligtums des Fruchtbarkeitsgottes Abu auf dem Tell Asman werden 12 Alabasterstatuetten gefunden (sumerische „Beter" von ≈—2600)

Erste dt. Nanga-Parbat-Expedition (weitere 1937 und 1938)

Erst. Diesel-PKW

Großglockner-Hochalpenstraße (Straßentunnel 2508 m ü. NN)

Beginn von Versuchen der unterirdischen Kohlevergasung in der USSR

Nordsee-Eismeer-Kanal i. d. USSR eröffnet

1935

Friedens*nobel*preis (1936 verliehen f. 1935) an *Carl von Ossietzky* (Dt., * 1889, † 1938 nach KZ-Haft); *Hitler* verbietet für Deutsche Annahme d. *Nobel*preises

Saarland durch Abstimmung zum Dt. Reich (91% dafür)

Arbeitsdienstpflicht in Deutschland

Allgem. Wehrpflicht in Deutschland

Hitler fordert zweiseitige Nichtangriffsverträge an Stelle von kollektiver Sicherheit

Dt.-brit. Seeabkommen gestattet Deutschland 35% der brit. Flottenstärke. Prot. Frankreichs

Sog. „Blutschutzgesetz" (antisemit. „Nürnberger Gesetze") in Deutschland

Hakenkreuzflagge wird zur alleinigen Reichsflagge erklärt

Erich Ludendorff: „Der totale Krieg" (fordert Einbeziehung der Zivilbevölkerung in den Krieg)

Sozialdemokraten stärkste Schweiz. Partei (im Bundesrat bleibt bürgerliche Mehrheit)

Stanley Baldwin brit. Ministerpräs. der „Nationalregierung" bis 1937

Brit. Parlament beschließt neue Verfass. für Indien (1937 in Kraft)

Anthony Eden (Konserv., * 1897) brit. Außenminister bis 1938

† *Arthur Henderson*, brit. Politiker der Labour-Party; leitete wiederholt seit 1908 seine Fraktion im Unterhaus; war Innen- u. Außenmin.; Friedens*nobel*pr. 1934 (* 1863)

Pierre Laval, frz. Außenmin. 1934 bis 1936, verständigt sich m. Italien

Frz. Linksparteien bilden durch kommunist. Initiative „Volksfront"

Zeeland bildet Regierung der „Nationalen Konzentr." in Belgien

Léon Degrelle gründet belg.-faschist. Rex-Bewegung

Italien überfällt Abessinien. Unwirksame Völkerbunds-Sanktionen

Sozialdemokratische Arbeiterpartei bildet Regierung in Norwegen

Neue Verfassung in Polen festigt die seit 1926 diktator. Herrschaft

† *Josef Pilsudski*, poln. Marschall und Staatsmann; militär. Diktator seit 1926 (* 1867)

† *Henri Barbusse*, frz. Dichter und Pazifist (* 1873)

Henry Benrath (eig. *Albert H. Rausch*, * 1882, † 1950): „Die Kaiserin Konstanze" (hist. Rom.)

Werner Bergengruen (* 1892, † 1964): „Der Großtyrann und das Gericht" (Roman)

Bernanos: „Ein Verbrechen" (frz. Roman)

R. G. Binding: „Wir fordern Reims zur Übergabe auf" (Kriegsnov.)

† *Paul Bourget*, frz. katholisch-konservativ. Erzähler (* 1852)

P. S. Buck: „Das geteilte Haus" (nordam. Roman)

Archibald Joseph Cronin (* 1896): „Die Sterne blicken herab" (engl. sozialer Roman)

T. S. Eliot: „Mord im Dom" (engl. Versdrama)

Giraudoux: „Der trojanische Krieg findet nicht statt" (frz. iron. Schauspiel)

K. Gudmundsson: „Kinder der Erde" (isl.-norweg. Roman)

Sacha Guitry (* 1885, † 1957): „Roman eines Schwindlers" (frz. satir. Rom.)

Hedin: „Die Flucht des groß. Pferdes" (schwed. Reisebericht)

Ödön von Horváth (* 1901, † 1938): „Hin und Her" (österr. politische Komödie)

Lewis: „Es kann nicht hier geschehen" (nordamerikan. polit. Roman)

Heinr. Mann: „Henri Quatre" (2 Bde. bis 1938)

Th. Mann: „Leiden an Deutschland" (Tagebuchblätter)

K. Barth: „Credo" (Dialektische Theologie mit Betonung der Bibelgläubigkeit)

Maurice Blondel (* 1861, † 1949): „Das Denken" (frz. relig. Philosophie d. „Modernismus")

Dacqué: „Organische Morphologie und Paläontologie" (antidarwinistische Entwicklungslehre)

Albert Ehrhard: „Urkirche und Frühkatholizismus" (vom kathol. Standpunkt aus)

Gandhi schweigt 14 Tage zum Protest gegen Tötung von 40 Moslems b. engl.-ind. Zusammenstößen in Karatschi

Max Hartmann: „Analyse, Synthese und Ganzheit in der Biologie" (Naturphilosophie)

Nic. Hartmann: „Zur Grundlegung der Ontologie" (lehrt Schichtenaufbau des Seienden)

Hans Heyse (* 1891): „Idee und Existenz" („Existenz als Wirklichkeit des Ganzen")

Emanuel Hirsch (* 1888): „Christlicher Glaube und politische Bindung" (vom Standpunkt der „Deutschen Christen")

Jaspers: „Vernunft und Existenz" (Existential-Philosophie)

Kerrl dt. Reichsminister für kirchliche Angelegenheiten (es gelingt ihm nicht, die evang. Kirche gleichzuschalten)

H. Maier: „Philosophie der Wirklichkeit" (3 Bände seit 1926)

K. Mannheim (seit 1933 an der London School of Economics): „Mensch und Gesellschaft im Zeitalter des Umbaus" (Soziologie)

† *Hans Baluschek*, dt. Maler (* 1870)

Beckmann: „Tulpenstilleben" (express. Gemälde)

H. B. Burardo (* 1901): „Dies- und Jenseits" (abstraktes Gemälde)

Chagall: „Verwundeter Vogel" (frz.-russ. Gemälde)

Hermann Gießler: (* 1898): Ordensburg Sonthofen/Allgäu (*G.* wird 1938 „Generalbaurat" für München)

F. Hodgkins: „Straße nach Barcelona" (engl. express. Gem.)

Heckel: „Erzgebirge" (express. Gem.)

K. Hofer: „In der Mansarde" (express. Gemälde)

G. Kolbe: „Zehnkampfmann", „Ruhender Athlet", „Sportsmann", „Aufsteigende Frau"

† *Max Liebermann*, deutscher impress. Maler (* 1847)

G. Marcks: „Mädchen mit Bademantel", „Der Philosoph" u. „Trauernder Eros" (Bronzeplastiken)

Ed. Munch: „Der moderne Faust" (norweg. express. Bildfolge seit 1934)

Nash: „Landschaft der Megalithe" (engl. surrealist. Gemälde)

W. Nicholson: „Mädchen im roten Ballkleid" (engl. Gemälde)

† *Paul Signac*, frz. Maler (* 1863)

St. Spencer: „Handwerker im Haus"

† *Alban Berg* (* 1885): Violinkonzert; hinterläßt „Lulu" (unvollendete atonale Oper n. *Wedekind*)

† *Paul Dukas*, französischer impressionistisch. Komponist (* 1865)

Egk: „Die Zaubergeige" (heitere Oper)

Gershwin: „Porgy und Bess" (volkstüml. nordamerikan. Oper)

Hindemith: Violin-Sonate in E-dur und „Der Schwanendreher" (Konzert nach alten Weisen für Bratsche und kl. Orchester)

Honegger: „Johanna auf dem Scheiterhaufen" (schweiz.-französ. Opern-Oratorium, Text von *Paul Claudel*)

† *Erich M. von Hornbostel*, österr. Musikgelehrter; schuf Archiv für exotische Musik und förderte entscheidend vergleichende Musikwissensch. (* 1877)

Walter Kollo: „Berlin, wie es weint und lacht" (Operette)

Olivier Messiaen: „Das Leben d. Herrn" (9 frz. Orgel-Meditationen)

Pfitzner: Cello-Konzert in G-dur

R. Strauss: „Die schweigsam. Frau" (Oper, Text von *Stefan Zweig*)

Physik-*Nobel*preis an *J. Chadwick* (Großbrit.) für Entd. des Neutrons

Chemie-*Nobel*preis an *F. Joliot* und *I. Curie* (Frankr.) für künstliche Radioaktivität

Medizin-*Nobel*preis an *H. Spemann* (Dt.) f. biolog. Entwickl.-Mechanik

Stratosphärenballon - Höhenrekord 22066 m Höhe von *Orvil Anderson* und *Albert Steven*

Otto H. F. Buchinger (* 1875, † 1966): „Das Heilfasten und seine Hilfsmethoden" (wendet das System in seinem Sanatorium in Pyrmont an)

de Burthe d'Annelet erforscht frz. Sahara- und Sudan-Gebiete (seit 1932; 1. Reise 1928 bis 1931)

Malcolm Campbell: Autogeschwindigkeitsrekord mit 485,175 km/St. (über 1 km mit fliegendem Start)

Domagk führt Prontosil als erstes Sulfonamid in die Therapie ein

W. Dörpfeld: „Alt-Olympia" (Altertumskunde)

L. Ellsworth überfliegt die Westantarktis v. *Weddell*- zum *Ross*meer

Georg Henning: Herstellung d. Adenylsäure (erweist sich als entscheidend für Muskelkontraktion)

E. C. Kendall u. *T. Reichstein* entd. unabh. voneinander Nebennierenrindenhormon (Corticosteron)

O. Koehler erweist d. Erlernen unbenannter Anzahlen (bis „6") b. Tauben

Laqueur: Reindarstellung des eigentlichen männlichen Sexualhormons Testosteron aus Stierhoden (aus 100 kg Hoden 10 mg Hormon)

F. London: Theorie d. Supraleitung (wird von *v. Laue* verbessert)

B. Lyot: Zeitrafferfilme von Sonnenprotuberanzen a. d. Pic du Midi

Egas Moniz und *Almeida Lima* begründen durch Lobotomie Psychochirurgie (Heilung von Geisteskrankheiten durch Durchschneidung bestimmter Hirnnerven)

† *Iwan Mitschurin*, russ. Pflanzenzüchter (* 1855)

Sakel: Insulinschock gegen Schizophrenie

Schliephake: Ultraschall-Therapie

S. Sokoloff wendet den Ultraschall zur zerstörungsfreien Werkstoffprüfung an (erste Versuche 1929)

5,5% der dt. Industriebetriebe vereinigen 76,1% des gesamten Jahresumsatzes auf sich; 3,4% der dt. Großhandelsfirm. 60,8% des Umsatzes

Ernst Wagemann: „Narrenspiegel der Statistik" (Fehler u. ihre Vermeidg.)

Rheinmetall übernimmt *Borsig* (Rheinmetall-*Borsig* AG, 50 Mill. RM Grundkapital, 1939 Kapitalmehrh. an die Reichswerke „Hermann Göring")

Wagner Act garantiert in USA volles Koalitionsrecht d. Arbeiter und verbiet. „unfaire Praktiken" der Arbeitgeber

Gründung der CIO-Gewerkschaft in den USA (bedeutet mit dem Prinzip der Organisierung aller Arbeiter eines Industriezweiges den Beginn einer nordamerikan. gewerkschaftlich. Massenbeweg. (vgl. 1946)

Verteilung d. USA Kraftwagenproduktion: General Motors: 38,4%; Ford: 30,2%; Chrysler: 22,9%

Gallup-Institut zur Erforschung der öffentlichen Meinung in den USA

Ackerbaugrenze in Sibirien bis z. 65. Breitengrad vorgeschoben (1916 am 60., 1950 am 75., bes. durch neue Pflanzenzüchtgn.)

(1935)

Edward Rydz-Smigly (* 1886) Generalinspekteur der poln. Armee mit entscheid. polit. Einfluß

Die nationalsozialist. Sudetendt. Partei *Konrad Henleins* wird bei den tschechoslowak. Parlamentswahlen die stärkste Partei (gegründet 1933)

Hodscha (slowak. Republ. Partei) tschechoslow. Ministerpräs. bis 1938

Nach Rücktritt *T. Masaryks* wird *Benesch* tschechoslow. Staatspräsident (geht 1938 nach USA)

Stojadinowitsch jugoslaw. Ministerpräsident; verstärkt profaschist. Kurs (muß 1939 zurücktreten)

Vertrag über gegenseitige militärische Hilfe zwischen USSR und Frankreich sowie Tschechoslowakei

Weltkongreß der Komintern in Moskau für Bündnis mit den bürgerl. Demokratien geg. Faschismus

Stachanow fährt Kohlenschicht mit „1300%". Beginn der „Stachanow-Bewegung" mit Erhöhung der Arbeitsnormen in der USSR

Beginn der gr. politischen Schauprozesse in Moskau (bedeuten prakt. Liquid. d. leninist.-bolschew. „Alten Garde" durch *Stalin)*

USSR verkauft ostchin. Eisenbahn an Mandschukuo

Monarchie in Griechenland, Rückrufung König *Georgs II.*

Griechenland nimmt den amtlichen Namen „Hellas" an

Der Oberste Gerichtshof der USA erklärt Industriebelebungsgesetz v. 1933 für verfassungswidrig

Neutralitätsgesetz und Waffenausfuhrverbot der USA, nehmen Bezieh. zu Liberia wieder auf

Handelsvertrag USA—USSR

Mackenzie King (Liberal.) zum drittenmal kanad. Ministerpräsident bis 1948 († 1950)

Ende des Chacokrieges (seit 1932). Bolivien erhält Zugang zum Meer, Paraguay Chacogebiet

Persien wählt amtl. Namen „Iran"

Rama VIII. Ananda Mahidon König von Siam bis 1946 (†, ermordet)

Japanische militärische Vorstöße in Nordchina. Kommunist. Ablösungsbestr. nordchin. Provinzen

Pirandello: „Man weiß nicht wie" (ital. Schausp.)

A. Rachmanowa: „Die Fabrik des neuen Menschen" (russ. antibolschewist. Roman)

Erwin H. Rainalter (* 1892): „Der Sandwirt" (österr. Roman)

Eugen Roth (* 1895): „Ein Mensch" (heiter-besinnliche Gedichte)

Ruth Schaumann: „Der Major" (Roman)

Schmidtbonn: „Der dreieckige Marktplatz" (Roman)

B. Schönlank: „Fiebernde Zeit" (Sprechchöre)

Ina Seidel: „Meine Kindheit und Jugend"

Shaw: „Die Insel der Überraschungen" (engl. Schauspiel)

Sinclair: „Ende der Armut" (nordamer. Rom.)

† *Kurt Tucholsky* (Selbstmord in der Emigration), dt. sozialistischer Schriftsteller mit den Pseudonymen *Peter Panter*, *Ignaz Wrobel*, *Kaspar Hauser*, *Theobald Tiger* (* 1890)

Th. N. Wilder: „Dem Himmel bin ich auserkoren" (nordam. Roman)

Th. Wolfe: „Von Zeit u. Strom" (nordam. Rom.)

† *Alexander Moissi*, dt. Schauspieler (* 1880)

Gust. Ehrismann (* 1855, † 1941): „Geschichte der dt. Literatur bis zum Ausgang des Mittelalters" (2 Teile seit 1918)

Weltschriftstellerkongr. „Zur Verteidigung der Kultur" in Paris

Dt. Sprachatlas beginnt zu erscheinen

Dt. PEN-Club verboten

Hanns Johst Präs. der Reichsschrifttumsk.

Margaret Mead: „Geschlecht und Temperament in drei primitiven Gesellschaften" (nordamerik. vergl. Sexualforschung auf Neuguinea s. 1931, erweist Relativität „männlicher" und „weiblicher" Charakterzüge)

Konrad von Preysing kathol. Bischof von Berlin

H. Reichenbach: „Wahrscheinlichkeitslehre" (logist. Wahrscheinlichkeitstheorie)

Wilhelm Schmidt (*1868, †1954): „Der Ursprung der Gottesidee" (6 Bde seit 1912, kathol.)

† *Reinhold Seeberg*, evang. Theologe (* 1859)

W. Stern: „Allgemeine Psychologie auf personalistischer Grundlage"

Dt. Evangel. Wochen von *Reinhold Thadden-Trieglaff* (* 1891, v. d. Bekenn. Kirch.) begründet

A. Tarski: „Wahrscheinlichkeitslehre und mehrwertige Logik" u. „Der Wahrheitsbegriff in den formalisiert. Sprachen"

Alfred Weber: „Kulturgeschichte als Kultursoziologie"

Heiligsprechung von *Thomas More* († 1535)

„Encyclopaedia Britannica" (14. Auflage in 29 Bänden seit 1929)

Enzyklika „Mit brennender Sorge"

Erste iranische Universität (in Teheran)

Auflösung der dt. Studentenverbindungen, dafür Kameradschaften des NSDStB und NS-Altherrenbundes

„Der Große Brockhaus, Handbuch des Wissens" (21 Bände seit 1928)

Walter Tiemann: Fichte-Fraktur (Drucktypen)

Museum of Modern Art, New York, bezieht Photographie und Film mit ein

„Ich war Jack Mortimer" (Film mit *E. Klöpfer)*

„Mazurka" (österr. Film mit *P. Negri;* Regie: *W. Forst;* Musik: *Peter Kreuder)*

„Pygmalion" (Film nach *G. B. Shaw* mit *Jenny Jugo, Gustaf Gründgens,* * 1899, † 1963; Regie: *Erich Engel,* * 1891, † 1966)

„Die ewige Maske" (österr. Film mit *Mathias Wieman* u. *Peter Petersen;* Regie: *Werner Hochbaum)*

„Anna Karenina" (nordam. Film v. *Cl. Brown* mit *G. Garbo)*; „Becky Sharp" (nordam. Farbfilm von *Rouben Mamoulian);* „David Copperfield" (nordam. Film v. *David Selznick)*; „Meuterei auf d. Bounty" (nordam. Film v. *F. Lloyd* mit *Ch. Laughton, C. Gable)*; „Louis Pasteur" (nordam. Film von *William Dieterle)*

„Toni" (frz. Film v *J. Renoir)*

„Die Bauern" (russ Film v. *Ermler)*

R. Vaughan Williams: 4. Symphonie F-dur (gilt als Beginn einer engl. symph. Schule)

Laban kommt nach England (macht dort während des Krieges Bewegungsstud. zwecks Erleichterung der industriellen Arbeit)

„Hammond-Orgel" mit rein elektrischer Tonerzeugung wird i. USA entwickelt

Modetanz Rumba

Spielzeugeisenbahn kleiner. Spur

Boulder-Talsperre (USA): 223 m hoch, 37850 cbm Inhalt

Wendell Meredith Stanley (* 1904): Das rapid vermehrungsfähige Virus der Tabakmosaikkrankheit ist ein kristallisierbarer Molekülkomplex (die zunehmende Strukturanalyse solcher Viren liefert wesentliche Einsichten in die Lebensvorgänge)

M. Steenbeck: Elektronenschleuder (Betatron, von *D. W. Kerst* 1941 entscheidend verbessert)

F. Trendelenburg, E. Freystedt: Elektroakustisch. Klanganalyse (für Sprach- und Instrumentenforsch.)

† *Hugo de Vries,* niederl. Botaniker u. Genetiker (* 1848)

Williams und *Windaus:* Aufklärung des chem. Aufbaus von Vitamin B_1 (Aneurin; Synthese v. *Grewe* 1936)

H. Yukawa sagt das Meson (schweres Elektron) voraus (in der Höhenstrahlung 1937 gefunden)

~ Die Hypophyse (Hirnanhang) m. ihren zahlreichen Hormonen (bis 1944 28 beschrieben) wird immer mehr als ein steuerndes Zentrum der hormonalen Aktivität erkannt

Seit 1890 1,25 Mill. USA-Patente (USA-Patente doppelt so zahlreich wie in Großbrit. oder Frankr.; viermal so zahlreich wie i. Deutschland)

„Normandie" (frz. turboelektr. Ozeandampfer mit 67500 t Wasserverdrängung, 170000 PS, 55 km/st.)

Dampflokomotiven mit Stromlinienverkleidung erreichen 183 Stundenkilometer

Regelm. Fernsehprogr. in Berlin

Erste öffentl. Fernsehstelle in Berlin

Erste Ganzmetall-Rundfunkröhre in den USA (1936 auch in Deutschl.)

Magnetophonband-Verfahren zur Tonaufzeichnung (Prinzip 1900)

16-mm-Farbfilm „Kodachrom" (Handhabung wie gewöhnlicher Film ohne Umkehrverfahren)

Die Bedeutung der Stratosphäre für das Wetter wird stärker erkannt, führt zu regelmäßigen Höhenaufstiegen

Hamburger Seewarte veröffentlicht regelmäßig Höhenwetterkarten

Erste Linie der Moskauer U-Bahn (bes. repräsentativ gebaut)

Arbeitsdienstgesetz, Luftschutzgesetz, Naturschutzgesetz in Deutschland

Arbeitsbuch in Deutschland gesetzlich eingeführt

Plan staatl. Arbeitsbeschaff. in USA neues Sozialprogramm mit Einführung v. Altersrenten

Kanadische Sozialgesetzgebung (1936/37 v. Obersten Gerichtshof u. v. Londoner Kabinettsrat für ungesetzlich erklärt)

Hermann Göring „Reichsjägermeister"

Max Euwe (Niederlande) erringt von *Alexander Aljechin* Schachweltmeistertitel

Tazio Nuvolari (* 1893, † 1953) siegt auf d. Nürburgring vor *v. Brauchitsch, Caracciola* u. *Stuck*

Atlantikrennen (Hochseeregatta)

Internat. Bridgeregeln (fördern Verbreitung dieses Kartenspiels)

Längere Haare in der weibl. Haarmode („Rolle")

Erstes Skiflugspringen auf der Riesenschanze in Planica/Jugoslawien (Theorie von *Straumann* 1927)

1936

Friedens*nobel*preis an *C. Saavedra Lamas* (Argentinien)

Dt.-schweiz. Spannungen wegen Ermordung des Landesgruppenleiters der NSDAP, *Wilhelm Gustloff*, in der Schweiz

Einmarsch dt. Truppen in die entmilitarisierte Zone des Rheinlandes (nur schwache Proteste des Auslandes)

Abstimmung über Remilitarisierung des Rheinlandes ergibt angeblich 99% Ja-Stimmen

Zweijährige Dienstpflicht in Deutschland

Vierjahresplan unter *Göring* (dient der intensiven Aufrüstung)

Antikominternpakt zw. Deutschland und Japan (1937 auch mit Italien, 1939 Ungarn, Mandschukuo, Spanien)

Reichsbankpräsident *Schacht* besucht den Schah von Iran

Verein für Sozialpolitik aufgelöst (gegründet 1872, vertrat „Kathedersozialismus", veröffentlichte 187 Bände)

Korfes: „Grundsätze der Wehrwirtschaftslehre"

Allgemeine Wehrpflicht in Österreich

Stärkung des Nationalsozialismus in Österreich durch dt.-österr. Abkommen; Auflösung der Heimwehr

† *Marianne Hainisch*, führend in der österr. Frauenbewegung, Mutter d. ersten Bundespräsidenten (*1839)

† *Georg V.*, König von Großbritannien seit 1910 (* 1865)

Eduard VIII. (*1894, + 1972) König von Großbritannien; dankt ab und heiratet als Herzog *von Windsor* Mrs. *Simpson*

Georg VI. (Bruder *Eduards VIII.*) König v. Großbritannien b. 1952 (+)

Brit.-irischer Handelsvertrag beendet Zollkrieg (seit 1932)

Auf der Londoner Seeabrüstungskonferenz beschränken Großbritannien, Frankreich und USA ihre Seerüstungen (1938 aufgehoben). Japan verläßt die Konferenz wegen Verweigerung der Gleichberechtigung

---

Literatur-*Nobel*preis an *E. G. O'Neill* (USA)

Bernanos: „Tagebuch eines Landpfarrers" (frz. Roman)

Friedrich Bischoff (*1896): „Die goldenen Schlösser" (Roman)

Carossa: „Geheimnisse d. reifen Lebens" (Erz.)

† *Gilbert Chesterton*, engl. Dichter (*1874)

Benedetto Croce: „Die Poesie" (ital. Kritik u. Gesch. d. Literatur)

† *Grazia Deledda*, ital. Dichterin; *Nobel*preis 1926 (*1875)

Wilhelm Ehmer: „Um den Gipfel der Welt" (Roman der engl. Himalaja-Expedition)

Faulkner: „Absalom, Absalom!" (nordamerik. Roman)

Feuchtwanger: „Der falsche Nero" (Roman)

Cecil Scott Forester: „Der General" (engl. Roman)

F. Garcia Lorca: „Bernarda Albas Haus" (span. gesellschaftskritische Frauentragödie)

† *Federico Garcia Lorca* (v. d. Faschist. ersch.), span. Bühnendichter (* 1899)

Gide: „Geneviève" (Abschluß einer frz. Romantrilogie, vgl. 1929)

† *Maxim Gorki* (eigentlich *Peschkow*), russ. sozialist. Dichter (*1868)

Graham Greene (*1904): „Eine Waffe zu verkaufen" (engl. Roman)

Hamsun: „Der Ring schließt sich" (norweg. Roman)

G. Hauptmann: „Im Wirbel der Berufung" (Roman)

Hedin: „Die Seidenstraße" (schwed. Reisebericht)

Ödön von Horváth: „Jugend ohne Gott" (österr. Roman)

E. Stuart Bates: „Inside out" (engl., Probleme der Autobiographie)

E. Fromm: „Autorität und Familie" (tiefenpsycholog. Soziologie)

Jaspers: „Nietzsche"

C. G. Jung: „Wotan" (als „Archetyp" d. Nationalsozialism.; Schweiz. Psychoanalyse)

F. Kaufmann: „Methodenlehre der Sozialwissenschaft" (wissenschaftstheoret. Analyse)

Hermann von Keyserling: „Das Buch vom persönlichen Leben"

L. Klages: „Grundlegung der Wissenschaft vom Ausdruck" (Umarbeit. ein. Werk. v. 1913)

Mathilde Ludendorff: „Der Seele Wirken und Gestalten" (antihumanistische Glaubenslehre)

M. Maeterlinck: „Die Sanduhr" (belg. Philos.)

Fr. Meinecke: „Die Entstehung d. Historismus"

Müller-Freienfels: „Psychologie d. Wissensch."

† *Heinrich Rickert*, dt. Philosoph; Neukantianer (* 1863)

Sombart: „Soziologie"

† *Oswald Spengler*, dt. Kulturphilosoph (*1880)

† *Carl Stumpf*, dt. Philos. u. Psychol. (* 1848)

H. Teske: „Vormilitärische Schulerziehung"

† *Miguel de Unamuno*, span. Philosoph und Dichter (* 1864)

Vierkandt: „Familie, Volk, Staat" (Soziologie)

Päpstl. Enzyklika über die Lichtspiele

KPdSU (B) gegen „Reformpädagogik" (strebt auf Disziplin beruhende) „Sowjetpädagogik" an)

Beckmann: „Waldweg im Schwarzwald", „Selbstbildnis mit Glaskugel" (express. Gemälde)

Edw. Bowden (*1903): „Februar 2 Uhr nachmittags" (engl. Gemälde)

Burra: „Harlem", „Todeskampf i. Garten" (Gethsemane, engl. expression. Gemälde)

Lyonel Feininger kehrt aus Deutschland in seine Geburtsstadt New York zurück

Werner March: Olympia-Stadion Berlin (Baubeginn 1934)

G. Marcks: „Reiter" (Bronzeplastik)

Pechstein: „Welliges Land" (express. Gemälde)

J. Piper: „Abstrakte Malerei" (engl. Gemälde)

† *Hans Poelzig*, dt. Baumeister (* 1869)

P. L. Troost: „Haus der deutschen Kunst" in München (neoklassizistischer Stil)

E. R. Weiss: Gotische Schrift (Drucktypen)

F. L. Wright: Haus „Fallendes Wasser" (nordamerik. Wohnhaus in konstruktiv. Formen über einem Wasserfall) und Verwaltungsgebäude in Wisconsin (Ziegelwände mit horizontalen Glasröhren für Tages- und künstl. Licht, nordamerik. Bauwerk)

Hieronymus - Bosch - Ausstellung in Rotterdam (vereinigt erstmalig alle Hauptwerke)

Egk: „Olympische Festmusik"

Ottmar Gerster (* 1897): „Enoch Arden" (Oper)

Paul von Klenau: „Rembrandt van Rijn" (dänisch-deutsche Oper mit Text von *Klenau*)

Musikalisches Manifest der französ. Komponistengruppe „Jeune France": *Olivier Messiaen* (* 1908), *Yves Baudrier* (*1906), *André Jolivet* (* 1905), *Daniel Lesur* (* 1908); richtet sich gegen Neoklassizismus

† *Ottorino Respighi*, ital. Komponist (* 1879)

H. Reutter: „Dr. Johannes Faust" (Oper)

A. Schönberg: Violinkonzert (Zwölftonstil)

Schostakowitsch: 4. Symphonie (russ. Komposition)

Norbert Schulze (* 1911): „Schwarzer Peter" (Oper)

Strawinsky: Autobiographie (russ.)

Wolf-Ferrari: „Il Campiello" (Oper)

„Die Volksmusik" (nationalsozialist. Musikzeitschrift)

Karl Foerster (*1874, + 1970): „Der Steingarten"

Physik-*Nobel*preis an *C. D. Anderson* (USA) für Entdeckung des Positrons und *V. F. Hess* (Österr.) für Erforschg. der Höhenstrahlung

Chemie-*Nobel*preis an *Petrus Debye* (Niederl., * 1884, † 1966) für Erforschung des Molekülaufbaues

Medizin-*Nobel*preis an *H. H. Dale* (Großbrit.) und *O. Loewi* (Dt.) für Chemismus der Nervenleitung

T. Casparsson: Mikroskopische Ultraviolettanalyse v. Zellen (weist Nukleinsäuren im Kern nach)

Philipp Fauth: „Unser Mond" (Ergebnisse umfassender und sorgfältiger Beobachtungen)

G. Gentzen beweist die Widerspruchsfreiheit der reinen Zahlentheorie

Heinroth und *Koch:* „Gefiederte Meistersänger, das tönende Lehr- und Hilfsbuch" (mit Schallplatten)

Karl G. Hohmann (*1880, + 1970): „Orthopädische Technik" (grundl. Werk)

Erich Marcks: „Der Aufstieg des Reiches. Deutsche Geschichte von 1807 bis 1871/78" (2 Bände)

Meduna: Cardiazol-Schock gegen manisch-depressives Irresein

† *Charles Nicolle*, frz. Mediziner; *Nobel*preis 1928 (* 1866)

† *Iwan Pawlow*, russ. Physiologe; *Nobel*preis 1904 (* 1849)

R. Rompe und *W. Thouret:* Quecksilber-Höchstdrucklampen (Lichtquellen höchster Leuchtdichte)

H. Spemann: „Experimentelle Beiträge zu einer Theorie der Entwicklung" (Zusammenfassung der Arbeiten seiner Schule durch Überpflanzung von Keimgewebe, um die Embryonalentwicklung zu verfolgen)

O. Voegeli: „Unsere Zähne in Gefahr" (Gefahren der verbreiteten Zahnkrankheiten)

E. Voigt: Lackfilmmethode zur Präparierung paläontologischer Funde

C. F. v. Weizsäcker: Energieerzeugung in den Sternen erfolgt durch Kernreaktionen bei hohen Temperaturen (Millionen Grad)

Konrad Zuse entwickelt Großrechenmaschine mit 2200 elektrischen Relais (bis 1941)

Gustav Cassel: „Der Zusammenbruch der Goldwährg." (schwed.)

J. M. Keynes: „Allgemeine Theorie d. Beschäftigung, des Zins. u. d. Geldes" (brit. Wirtschaftstheorie, fordert Staatseingriffe)

Alb. Vögler (*1877) Vorsitzender des Vorstands d. Vereinigt. Stahlwerke AG bis 1935

Preisstopp in Dt.

Planmäßige Versuchsflüge der Dt. Lufthansa über dem Nordatlantik

Erste Flugzeugfabrik in Australien

Oberleitungs-Omnibus-Netz entsteht in Moskau

Gesetz gegen Schwangerschaftsunterbrechung in der USSR

Reichsführer SS *Himmler* gründet „Lebensborn" zur Aufzucht unehelicher SS-Kinder

Olymp. Spiele Berlin: Meiste Med. an Dtl. Zehnkampf-Weltrek. m. 7900 Punkten v. *Morris* (USA). Olympiarekord im Marathonlauf mit 2:29:19,2 v. *Son* (Japan). *Jesse Owens* 100-m-Weltrek. i. 10,2 Sek.

Bernd Rosemeyer († 1938 durch Unglücksfall) gewinnt 9. Großen Preis v. Deutschland auf dem Nürburgring

M. Schmeling schl. *Joe Louis* k.o.

(1936)

Londoner Protokoll über Regeln des U-Boot-Krieges

Bündnis Großbrit.-Ägypten, wodurch Ägypten weitgehend unabhängig wird

Faruk (* 1920, † 1965) König von Ägypten (1952 v. Gen. *Nagib* gestürzt; 1953 Äg. Republ.)

Beschränktes Wahlrecht für die Farbigen in Südafrika und beratender Eingeborenenrat

Lord *Linlithgow* (* 1887, † 1952) Vizekönig von Indien bis 1943

Australisch-japan. Handelsabkommen

KP Frankreichs kann ihre Sitze im Parlament von 10 auf 72 erhöhen

Léon Blum (Sozialist) frz. Ministerpräsident, Volksfront-Regierung, bildet Gesetze über 40-Stunden-Woche, Verstaatlichung der Bank von Frankreich und der Munitionsindustrie

Edouard Herriot frz. radikal-sozialer Kammerpräsident bis 1940

Frz.-syrischer Vertrag über Umwandlung d. Mandats in ein Bündnis

Frankreich tritt den Sandschak von Alexandrette (Syrien) a. d. Türkei ab

André Gide: „Zurück aus der USSR" (enttäuschter Reisebericht über die Sowjetunion)

Belgien kündigt Militärbündnis mit Frankreich

Mussolini verkündet ital. Imperium

Nach der Eroberung Abessiniens durch Italien nimmt König *Viktor Emanuel* den Titel „Kaiser von Äthiopien" an; Vizekönig Marschall *Rodolfo Graziani* (* 1882)

Dt.-ital. Vertrag; *Mussolini* spricht von der „Achse Berlin-Rom"

Galeazzo Ciano ital. Außenminister bis 1943

Volksfrontsieg in Spanien. *Manuel Azana* Präsident. Kataloniens Autonomie wiederhergestellt

Militärrevolte in Spanisch-Marokko unter General *Francisco Franco* (* 1892) leitet span. Bürgerkrieg ein. Italien und Deutschland unterstützen militär. faschistische Gegenregierung in Burgos, USSR Volksfront-Regierung in Madrid (später Valencia). Demokratische Staaten bleiben weitgehend neutral („Nichteinmischung"; 1939 Sieg *Francos*)

Tschechoslow.-österr. Annäherung

Daranyi ungar. Ministerpräsident bis 1938, treibt antinationalsozialistische Politik

Rumän. Außenminister *Titulescu* (seit 1932) entlassen; Nachfolger *Tatarescu*

Republikanischer Aufstand in Griechenland. Auflösung des Parlaments. Diktatorische Regierung unter General *Metaxas* bis 1941 (†)

† *Eleutherios Venizelos*, griech. Republik.; Ministerpräsident von 1910 bis 1915, 1917 bis 1920, 1928 bis 1932, 1933 (* 1864)

Vertrag von Montreux zw. Türkei und Großmächten gibt der Türkei Wehrhoheit im Dardanellengebiet (Durchfahrtsverbot f. Kriegsschiffe kriegführender Mächte; freie Durchfahrt für Handelsschiffe)

„Stalinsche Verfassung" tritt in der USSR in Kraft mit dem Anspruch, eine „Demokratie höheren Typs" zu begründen (praktisch bleibt die Diktatur einer Schicht führender Funktionäre erhalten)

Trotzki erhält Aufenthaltserlaubnis in Mexiko

Afghanistan schließt Nichtangriffsverträge mit USSR, Türkei, Iran und Irak

Roosevelts „Quarantänerede" gegen Japan

Trotz starken Widerstandes konservativer Kreise wird *Roosevelt* mit großer Mehrheit als USA-Präsident wiedergewählt

Interamerikanische Friedenskonferenz in Buenos Aires

Guatemala verläßt den Völkerbund

Eguiguren (Sozialist) Präsid. v. Peru

Gefangennahme *Tschiang Kai-scheks* in Sian, um ihn zu einer stärkeren Politik gegen Japan zu zwingen. Annäherung der Nanking-Regierung an die kommunist. Regierung in Nordwestchina (Ye-nan)

Militärrevolte in Tokio. Ermordung mehrerer Minister; Versuch der Militärdiktatur mißglückt

Ernst Jünger: „Afrikanische Spiele" (Roman)

† *Rudyard Kipling*, engl. Dichter; *Nobel*preis 1907 (* 1865)

Knittel: „El Hakim" (Roman)

Th. Mann: „Leiden und Größe d. Meister" (Aufsätze). *Th. M.* wird ausgebürgert; geht n. USA

Margaret Mitchell (* 1900, † 1949): „Vom Winde verweht" (nordam. Rom.

Thyde Monnier (* 1887, † 1967): „Die kurze Straße" (frz. Roman)

Muschler: „Nofretete" (Roman)

Eckart von Naso (* 1888): „Moltke. Mensch und Feldherr" (Roman)

† *Luigi Pirandello*, ital. Dichter; *Nobel*preis 1934 (* 1867)

C. Sandburg: „The people, yes" (nordamerikanische Gedichte)

Karl Aloys Schenzinger (* 1886): „Anilin" (technischer Roman über die chemische Industrie)

Anton Schnack (* 1892): „Die Flaschenpost" (Gedichte), „Zugvögel der Liebe" (Roman)

Silone: „Brot und Wein" (ital. Roman)

Sinclair: „Co-op" (nordamerik. sozialist. Rom.)

Stehr: „Das Stundenglas" (Tagebuch)

Thieß: „Tsushima" (Roman einer Seeschlacht)

Timmermans: „Bauernpsalm" (fläm. Roman)

Wiechert: „Wälder und Menschen" (Erinner.)

Th. Wolfe: „Vom Tod zum Morgen" (nordamerikanischer Roman)

Waldbühne (*Dietrich-Eckart*-Bühne), Berlin

„Dt. Künstlerbund" verboten (wird 1950 neu gegründet)

Dt. Reichspropagandamin. verb. Kunstkritik, läßt n. positive „Kunstberichte" zu

---

„Der Kaiser von Kalifornien" (*Trenker*-Film)

„Das Schönheitsfleckchen" (erster dt. Farbspielfilm, Schmalfilm)

„Traumulus" (Film mit *E. Jannings, Harald Paulsen, Ernst Waldow;* Regie: *C. Froelich)*

„Allotria", „Burgtheater" (Filme von *W. Forst*)

„Broadway-Melody" (USA - Revuefilm, wird Vorbild für diese Gattung)

„Moderne Zeiten" (nordam. Film von u. mit *Ch. Chaplin*); „Der Roman d. Marguerite Gauthier" (nordam. Film von *Cukor); „Furie"* (nordam. Film von *F. Lang)*; „San Francisco" (nordamerik. Film von *W. S. van Dyke* mit *C. Gable, J. Mac Donald, Spencer Tracy,* * 1900, † 1967)

„Der Roman eines Schwindlers" (frz. Film von und mit *Sacha Guitry)*

„Die Matrosen von Kronstadt" (russ. Film von *Dzigan)*

„Gespenst zu verkaufen" (engl. Film von *R. Clair)*; „Sabotage" (engl. Film von *Alfred Hitchcock,* * 1899)

„Intermezzo" (schwed. Film von *Molander* mit *Ingrid Bergman*)

Weitere wichtige Schädelfunde bei Sterkfontein (Transvaal): Schimpansoide Formen, menschliches Gebiß (Australopithecus africanus)

Katalog der Hamburger Sternwarte mit Eigenbewegungen für etwa 95000 Sterne

Ein Jahrgang der „Physikalischen Berichte" referiert über etwa 12500 Veröffentlichungen auf dem Gebiete der Physik und Grenzgebieten (Beispiel für den Umfang wissenschaftlicher Forschung)

Künstliche Darstellung des Anti-Beriberi-Vitamins B_1

„Queen Mary" (brit. Turbinen-Ozeandampfer, mit 66000 t Wasserverdräng., 180000 PS, 53 km/st., 297 m lang, 36 m breit) gewinnt das „Blaue Band" mit Ozeanüberquerung in 3 Tagen, 23 Stund., 57 Minuten

Junkers Flugzeug*diesel*motor Jumo 205 (600/750 PS, 1 kg/PS, Treibstoffverbrauch 165 g/PS-Stunde)

Dt. Akademie der Luftfahrtforschung (zur wissenschaftl. Förderung der dt. Luftrüstung)

BBC eröffnet offiziellen Fernsehdienst (Versuche seit 1932)

Vorführung plastisch-wirkender Probefilme unter Verwendung von Polarisationsbrillen in Dresden

Künstlicher Kautschuk der I. G. Farben („Buna", Entwicklung seit 1925, teilweise Naturgummi überlegen)

Künstlicher Maschsee bei Hannover (80 ha)

Rheinbrücke bei Krefeld (860 m)

Institut zur Erforschung der Supernova-Sterne auf dem Palomar Mountain (USA)

1937

Friedens*nobel*preis an *Cecil of Chelwood* (Großbrit.)

C. J. Burckhardt Völkerbundskommissar in Danzig (bis 1939)

Dt. Kriegsschiffe beschießen Almeria (Span.) n. Bombard. d. Flieger der Republik Spanien. Demokraten u. Kommunist. aller Länder kämpfen in der Internationalen Brigade geg. den span., ital. u. dt. Faschismus

Staatsbesuch *Mussolinis* in Deutschland (1938 von *Hitler* erwidert)

Lord *Halifax* besucht *Hitler* zur Aussprache über dt.-brit. Politik

Schacht als Reichswirtschaftsminister entlassen (bleibt zunächst Reichsbankpräsident); Nachfolger *Göring* (1938 *Walter Funk*, * 1890, 1946 zu Freiheitsstrafe verurteilt)

† *Erich Ludendorff*, dt. General und rechtsradikaler Politiker (* 1865)

Th. Heuß: „Friedrich Naumann"

Habsburger Restaurationsbestrebungen in Österreich. *Mussolini* lehnt *Schuschnigg* Hilfe gegen Nationalsozialismus ab

Brit.-ital. Abkommen über Status quo im Mittelmeer

Baldwin tritt zurück; *Neville Chamberlain* brit. Ministerpräsid. bis 1940

† *Austen Chamberlain*, brit. Staatsmann; Friedens*nobel*preis mit *Dawes* 1925 (* 1863)

† *James Ramsey MacDonald*, brit. Ministerpräsident 1924 und von 1929 bis 1935 (* 1866)

Verfassung für Irland (bisher Irischer Freistaat)

† *Tomáš Masaryk*, tschech. Philosoph u. Soziologe; tschechoslow. Staatspräsident von 1918 bis 1935 (* 1850)

Abschaffung der europäischen Kapitulationen in Ägypten. Ägypten Mitglied des Völkerbundes

Peel-Report (Teilung Palästinas zw. Juden und Arabern) wird abgelehnt

389000 Juden in Palästina (1919: 60000), Araber etwa 891000

Streiks und Widerstand in Indien gegen neue Verfassung, die Burma von Indien trennt

Australien ernennt Botschaftsrat in Washington als erste eigene diplomatische Vertretung

Chautemps (Radikalsozialist) bildet neue frz. Volksfrontregierung

Literatur-*Nobel*preis an *Roger Martin du Gard* (Frankr., * 1881)

Gertrud Bäumer: „Adelheid. Mutter d. Königreiche" (histor. Roman)

Benrath: „Die Kaiserin Galla Placidia" (histor. Roman)

Bengt Berg: „Verlorenes Paradies" (schwed. Tierschilderung)

A. J. Cronin: „Die Zitadelle" (engl. sozialer Roman)

Catherine Drinker Bowen: „Geliebte Freundin" (nordamerikan. *Tschaikowskij*-Biographie)

Ferd. Bruckner: „Napoleon" (Schauspiel)

Edschmid: „Italien" (literar. Reisebericht) und „Der Liebesengel" (Roman)

Fallada: „Wolf unter Wölfen" (realist. Roman)

Giraudoux: „Elektra" (frz. Schauspiel)

Olav Gullvaag (* 1885, † 1961): „Es begann in einer Mitsommernacht" (norweg. Roman)

G. Hauptmann: „Das Abenteuer meiner Jugend" (Autobiographie, 2 Bände); „Finsternisse" (Requiem f. s. jüd. Freund *Max Pinkus*, † 1934)

Hemingway: „Haben u. Nichthaben" (nordamerikanischer Roman)

Jochen Klepper (* 1903, † 1942 Freitod): „Der Vater." Der Roman des Soldatenkönigs

E. Ludwig: „Franklin D. Roosevelt" (Biogr.)

† *Alfred Adler*, österr. Arzt und Begründer der „Individualpsychologie" (* 1870)

E. Cassirer: „Determinismus und Indeterminismus in der Physik. Historische und systematische Studien zum Kausalproblem" (Neukantianismus)

† *Adolf Deißmann*, evang. Theologe; erforschte Urchristentum (* 1866)

A. Görland: „Ästhetik. Kritische Philosophie des Stils"

Max Hartmann: „Philosophie der Naturwissenschaften" (an *Kant* und Biologie orientiert, kritisch gegenüber „Ganzheit")

Max Hartmann und *W. Gerlach:* „Naturwissenschaftliche Erkenntnis und ihre Methoden" (naturphilosophische Erkenntnistheorie eines Biologen und eines Physikers)

K. Horney: „Die neurotische Persönlichkeit unserer Zeit" (nordamerikan. Psychoanalyse)

Ricarda Huch: „Zeitalter der Glaubensspaltung" (historisches Werk)

Jaspers: „Descartes und die Philosophie" (*J's* Werke werden in Deutschland verboten)

Samuel S. Leibowitz (* 1893) erreicht Niederschlagung der Notzuchtanklage gegen 5 der 9 jungen Neger in Alabama USA. (Die übrigen 4 werden nach und nach freigelassen. Alle waren seit 1931 wiederholt zum Tode verurteilt worden)

Beckmann: „Geburt“, „Tod“, „Hölle der Vögel“ (express. Gemälde)

Burra: „Landschaft mit Rädern“ (engl. express. Gemälde)

Raoul Dufy (* 1877, † 1953) „Gesch. der Elektrizität“ (frz. monum. Wandbild)

Heckel: „Phlox“ (express. Aquarell)

Klee: „Revolution d. Viaduktes“ (surrealist. Gemälde)

Kollwitz: „Selbstbildnis“ (Radierung)

G. Marcks: „Grasende Stute“ (Bronzeplastik)

Joan Miro: „Stilleben mit altem Schuh“ (span. Gemälde)

Nash: „Traumlandschaft“ (engl. surrealist. Gemälde)

Victor Pasmore (* 1908): „Pariser Leben“ (engl. Gem.)

Picasso: „Guernica“ (span.-frz. Gemälde aus Anlaß der Bombardierung dieser span. Stadt durch die Faschisten)

O. Schlemmer: „Waldbilder“ (abstrakte Bildserie)

David Alfaro Siqueiros: „Geburtsschrei einer neuen Zeit“ (mexik. expr. Gem.)

Albert Speer (* 1905) Generalbauinspektor für Berlin

J. Thorak, Prof. an der Akademie für bildende Künste in München (repräsentativ-monumentaler Stil)

Josef Wackerle: Neptunsbrunnen (alter Botanischer Garten,

Benj. Britten (* 1913): Variationen f. Streichorchester üb. ein Thema v. *F. Bridge*

Alfredo Casella: „Il deserto tentato“ (ital. Oper)

† *George Gershwin*, nordamerik. Komponist symphonischer Jazzmusik (* 1898)

Hindemith: „Unterweisung im Tonsatz“ (Prinzipien einer erweiterten Tonalität)

Jos. Haas (* 1879): „Tobias Wunderlich“ (Oper)

† *Errki Melartin*, finn. Komponist; schrieb 6 Symphonien und andere Werke (* 1875)

Gian-Carlo Menotti (* 1911): „Amelia geht zum Ball“ (nordamerik. musikal. Lustspiel)

Carl Orff (* 1895): „Carmina Burana“ (szenische Kantate nach mittelalterl. lat. Gedichten)

† *Maurice Ravel* (nach einer Hirnoperation), frz. impressionist. Komponist (* 1875)

† *Albert Roussel*, frz. Komponist: schrieb 4 Symphonien, Konzerte u.a. (* 1869)

Schoeck: „Massimilka Doni“ (Schweiz. Oper n. *Balzac*)

Schostakowitsch: 5. Symphonie (russ. Komp.)

Swingstil im Modetanz

Physik-*Nobel*preis an *C. J. Davisson* (USA, *1881, + 1958) und *G. P. Thomson* (Gr.-Brit., *1892,) für experimentellen Nachweis der Elektronenwellen

Chemie-*Nobel*preis an *W. Haworth* (Gr.-Brit., *1883, + 1950) und *P. Karrer* (Schweiz, *1889, + 1971) f. Strukturaufklärung a. Vitaminen

Medizin-*Nobel*preis an *A. v. Szent-Györgyi* (Ungarn) für Ferment-Vitaminforschung

C. D. Anderson entdeckt das my-Meson („schweres Elektron“) in d. Höhenstrahlung (1935 von *Yukawa* vorausgesagt)

A. Bernatzik erforscht das Mongoloid-Volk Phi tong luang im nördl. Siam, eines der primitivsten noch lebenden mit Horden-Bambus-Kultur; aussterbend

M. Blau und *H. Wambacher:* Einführ. d. photograph. Platte in die Erforsch. d. kosmisch. Höhenstrahlung

A. L. Hodgkin weist elektr. Grundvorgänge der Nervenleitung nach

Erich v. Holst: „Vom Wesen der Ordnung im Zentralnervensystem“ (geordnete Bewegung von Fischflossen durch rhythmische, vom Nervenzentrum gesteuerte Impulse)

von Königswald findet auf Java frühеiszeitlichen Affenmenschenschädel (Pithecanthropus) mit 800 ccm Schädelinhalt (weitere Funde bis 1941)

Walter Lorch: Nachweis von vorgeschichtlichen Siedlungen durch Bestimmung des Phosphatgehaltes im Boden

Konrad Lorenz (* 1905): „Über den Begriff der Instinkthandlung“ (Verschärfung des Begriffes zum „erbkonstanten, auslösbaren, relativ fixierten Bewegungsablauf“)

O. Loewi: „Die chemische Übertragung der Nervenwirkung“ (Nerven reizen stofflich. Muskeln)

T. D. Lyssenko: Pflanzen lassen sich erblich in gewünschter Richtung beeinflussen. (Diese „Sowjetbiologie“ wird unter scharfen Angriffen auf die Genetik in den USA mit politischen Mitteln in der USSR durchgesetzt)

Weltausstellung in Paris

† *John Davison Rockefeller*, nordamerikan. Unternehmer, „Petroleumkönig“; Höhepunkt seines Vermögens etwa 6 Mrd. Mark bei 300 Mill. Jahreseinkommen (* 1839)

Arbeitslosenversicherung (nicht allgemein) und Sozialversich. in USA

Dt. Beamtengesetz

Aktiengesetz in Deutschland

Ausstellung „700 Jahre Berlin“

Reichswerke „Hermann Göring“ (Industriekonzern, bes. b. Salzgitter und Linz)

Schering AG (Chemie-Konzern)

Rüstungsbetriebe des frz. *Schneider-Creusot*-Konzerns verstaatlicht (gegr. 1836)

Dritter Fünfjahresplan in der USSR (durch den 2. Weltkrieg unterbrochen). Amtl. industrieller Produktionsindex:

1913 =	100,0
1920	13,8
1925	75,5
1927	123,7
1931	314,0
1934	468,0
1937	846,1
1940	1200,0
1950	2075,0

93% aller Bauernhöfe in Kollektivwirtschaften

(1937)

Prinz *Bernhard von Lippe-Biesterfeld* heiratet Kronprinzessin *Juliana* der Niederlande

Volksrat von Niederländisch-Ostindien verlangt Dominionstatus innerhalb von 10 Jahren

Austritt Italiens a. d. Völkerbund

Jugoslawien schließt Freundschaftsvertrag mit Bulgarien, Nichtangriffspakt mit Italien

Salazar betont die tradit. Freundschaft Portugals mit Großbritannien

Kallio (Agrarpartei) Präsident von Finnland bis 1940; sozialist.-agrarische Koalitionsregierung

Höhepunkt der *stalin*istischen Säuberung der KPSU: Ausschaltung und Liquidierung zahlreicher Kommunisten und Sozialisten

Hinrichtung des sowjetruss. Marschalls *Tuchatschewski* und anderer höchster Offiziere der USSR

† *Grigory Ordschonikidse* (Selbstmord?), seit 1930 Vorsitzender des Obersten Volkswirtschaftsrats der USSR (*1886)

Ostpakt zwischen Türkei, Iran, Irak und Afghanistan

Blutige Streikunruhen in USA

† *Frank Kellogg*, nordamer. Staatsm., Friedens*nobel*preis 1929 (* 1856)

Kommunist.-sozialist. Wahlsieg in Venezuela; radikale sozialist. Bewegung wird unterdrückt

Getulio Vargas erläßt neue brasilian. Verfassung auf korporativ-totalitärer Grundlage

Japan. Truppen aus Peking stoßen bei einer Nachtübung an der *Marco-Polo*-Brücke mit chin. Truppen zusammen. Beginn des japan.-chin. Krieges (mündet 1941 in den 2. Weltkrieg ein). Japaner erobern Peking, Tientsin, Shanghai, Nanking und dringen südlich bis Tsinan vor. Japan. Blockade der chin. Küste

Innere Mongolei unter japan. Einfl.

Nichtangriffspakt zw. China u. USSR

Tschiang Kai-schek verlegt nationalchin. Regierungssitz von Nanking nach Tschunking

Fürst *Fumimaro Konoye* (* 1891) japan. Ministerpräsident bis 1939 (wieder ab 1940 bis 1945); treibt aggressive Kriegspolitik

John. P. Marquand: „The late George Apley" (nordamerikan. Roman)

Gerhart Pohl (* 1902, † 1966): „Der verrückte Ferdinand" (Roman)

Friedrich Reck-Malleczewen (* 1884, † 1945 im KZ): „Bockelson" (Roman eines Massenwahns)

Kenneth Lewis Roberts: „Nord - West - Passage" (englischer Roman)

A. Schaeffer: „Ruhland" (Roman)

Anna Seghers: „Die Rettung" (Roman)

Sinclair: „Der Autokönig" (nordamerikan. sozialist. Roman) und „Drei Freiwillige" (nordamerikan. sozialist. Roman aus dem span. Bürgerkrieg)

John Steinbeck (* 1902, † 1968): „Von Mäusen und Menschen" (nordamer. Drama)

Hermann Hirt (* 1865, † 1936): „Indogermanische Grammatik" (7 Bände seit 1921)

G. Gründgens Generalintendant der Preuß. Staatstheater in Berlin

† *Adele Sandrock*, dt. Schauspielerin (* 1864)

„Peter d. Gr." (russ. Film von *Petrow*)

„Die gute Erde" (nordam. Film v. *Sidney Franklin* mit *Luise Rainer* nach *Pearl S. Buck*); „Das Leben Zolas" (nordam. Film v. *W. Dieterle* mit *Paul Muni*

„Serenade" (österr. Film v. *W. Forst*)

Mathilde Ludendorffs „Dt. Gotterkenntnis" als „religiöses Bekenntnis" amtlich anerkannt

Eugène N. Marais (Bure): „Die Seele der weißen Ameise" (1. Buchausgabe, engl.; Naturphilosophie über den Termitenstaat)

Otto Neurath: „Die Unterteilung der Einheitlichen Wissenschaft" (neopositivist. Wissenschaftssystematik)

Martin Niemöller (* 1892), Pfarrer in Berlin-Dahlem, Mitglied des Bruderrats der Bekennenden Kirche, im KZ bis 1945 trotz gerichtlichen Freispruchs

Ortega y Gasset: „Stern und Unstern. Gedanken über Spaniens Landschaft und Geschichte" (span. Geschichtsphilosophie)

Institut und Zeitschrift für Parapsychologie in den USA (aus diesem Kreis *I. B. Rhine*: „Neuland der Seele", dt. 1938)

Spranger: „Probleme der Kulturphilosophie"

Leopold Ziegler: „Apollons letzte Epiphanie" (Religionsphilosophie)

„Revidierte Standard-Ausg. d. Bibel"; nordam. Übers. mit Textkritik v. 91 Gelehrten (1952 abgeschl.)

StGB der Schweiz sieht keine Todesstrafe vor

Angeblich 28 Mill. Schüler der Grund- und Mittelschulen u. 542000 Hochschul-Studenten in der USSR (1914: 8 Mill. bzw. 112000)

München; 7 m hohe Monumentalplastik)

Großes Dessauer Theater (fertiggestellt 1949)

„Haus der Dt. Kunst", München (mit gleichgeschalteter Ausst.)

„Entartete Kunst" (nationalsozialist. Ausstellung z. Diffamierung der mod. Kunst; z. T. werden diese Bilder vom Staat im Ausland verkauft)

„Kampf um den Himalaja" (Expeditionsfilm)

„Der Tiger v. Eschnapur" und „Das indische Grabmal" werden in Indien gedreht (Filme mit *La Jana;* Regie: *Richard Eichberg*)

„Der Mann, d. Sherlock Holmes war" (Lustspielfilm mit *Hans Albers* u. *H. Rühmann;* Regie: *Karl Hartl*)

„Die Kreutzersonate" (Film nach *Tolstoi* mit *L. Dagover, P. Petersen;* Regie: *Veit Harlan)*

„Versprich mir nichts" (Film mit *Victor de Kowa, Luise Ullrich;* Regie: *Wolfgang Liebeneiner*)

„Der zerbrochene Krug" (Film n. *Kleist* mit *E. Jannings;* Regie: *Gustav Ucicky*)

„Elephanten-Boy" (engl. Film von *Flaherty u. Zoltan Korda)*

„Die Ballkarte" (frz. Film von *Julien Duvivier,* * 1896); „Die große Illusion" (frz. Film von *J. Renoir*)

† *Guglielmo Marconi,* ital. Physiker; erreichte erste drahtlose Verbindung über größere Entfernung; *Nobel*preis 1909 (* 1874)

G. Perrier und *E. Segré* entdecken Element 43, Technetium („künstliches" Element, da durch Eigen-Radioaktivität „ausgestorben")

† *Ernest Rutherford,* engl. Physiker; *Nobel*preis 1908 (* 1871)

Franz Schnabel (* 1887, † 1966): „Dt. Geschichte im 19. Jahrh." (4 Bd. seit 1929)

P. P. Schirschow (Hydrobiologe), *E. Fedorow* (Geophysiker), *E. Krenkel* (Funker) beginnen ihre 274tägige Drift auf einer Eisscholle vom Nordpol bis Ostküste Grönlands (2000 km Driftweg; 1938 v. Eisbrechern aufgenommen)

R. Schottenloher erforscht Südabessinien (bis 1938)

N. W. Timoféeff-Ressovsky: „Experimentelle Mutationsforschung in der Vererbungslehre" (Biophysik)

V. Tschkalow fliegt von Moskau über den Nordpol nach Portland (USA) mit einmotorigem Flugzeug (10000 km i. 63 Stunden 25 Minuten)

H. Wilkins sucht *S. Lewanewski,* der auf dem Fluge Moskau—Pol—San Francisco verscholl, erforscht dabei große Teile d. Polargebietes

Ralph Wyckoff bestimmt die Größe des Tabakmosaikvirus: Eiweißriesenmolekül, etwa 50millionenfaches Gewicht des Wasserstoffatoms

Fernsehsender mit regelmäßigem Studio-Programm in Berlin (441 Zeilen mit 260000 Bildpunkten)

Stahlröhren f. Rundfunkempfänger

Vereinigung wissenschaftlicher Arbeiter in Großbritannien gegründet zur Überwachung der gesellschaftlichen Konsequenzen wissenschaftl. Forschung (1938 folgen die USA)

Festkörper-Tagung, Zürich (kennzeichnet die noch offenen Probleme des festen Aggregatzustandes)

Heilung der Geschlechtskrankheit Gonorrhöe durch Sulfonamide (aber auch Züchtung widerstandsfähiger Bakterienstämme durch Auslese)

„Zeitschrift für Tierpsychologie"

Hamburger Univ.-Klinik verw. Insulinschock i. d. Psychotherapie

Deutscher Fremdenverkehr: 27,2 Mill. Fremde mit 104,5 Mill. Übernachtungen, davon 2,4 Mill. Ausländer mit 6,7 Mill. Übernachtungen

Luftpoststrecke Berlin—Kabul (Afghanistan)

~Flugzeit.: Berlin – London 4 Std. 40 Min., New York – San Francisco 20 Std., Paris – Dakar 1,5 Tage, London – Kapstadt 6 Tage, Bangkok – Sydney 10,5 Tage

18,8 Mill. Flugkilometer, 323101 Fluggäste, 8721 t Luftfracht in Deutschland

Moskau-Moskwa-Kanal eröffnet

Verzehnfachung d. dt. Treiböleinfuhr seit 1925 kennzeichnet wachs. Bedeut. des *Diesel*motors

*Diesel*motoren wiegen pro Leistungseinheit etwa 30 kg PS (1910 etwa 150 kg/PS)

Luftschiff LZ 129 bei der Landung in Lakehurst durch Feuer zerstört, unter d. Toten Flugkapitän *Lehmann* (bedeutet das Ende der regelmäßigen Luftschiff-Personenbeförderung seit 1932)

16,6% aller Todesfälle in Deutschld. durch Krebs (z. T. infolge höheren mittleren Lebensalters und verbesserter Diagnose)

„Normandie" (Frankreich) gewinnt das „Blaue Band" mit 3 Tagen 23 Stunden 2 Min.

Erster Internationaler Rhönsegelflug-Wettbewerb

Segelflugrekorde: 652,3 km von *Rastorgoneff;* 40 Stunden, 55 Minuten von *Jachtmann*

Aljechin (*1892, + 1946) Schachweltmeister durch Sieg über *Euwe* bis 1946

Rudolf Caracciola fährt auf dem Nürburgring im 10. Großen Preis von Deutschland über 502 km Bahnrekord mit einem Durchschnitt von 133,2 km/st. (28-km-Rundenrek.; 1939 *Hermann Lang* mit 138,3 km/st.)

Rekord an 149547 Zuschauern beim Fußballspiel England-Schottland (jährlich seit 1872)

Joe Louis wird durch K.o.-Sieg über *Braddock* Boxweltmeister (gibt den Titel 1948 ungeschlagen ab)

Focke-Hubschrauber FW 61 (fliegt 1938 Entfernungsrekord v. 230 km)

Goldene-Tor-Brükke, San Francisco (Hängebrücke, 1280 m Stützweite)

1938

Friedens*nobel*preis an *Nansen*-Hilfskomitee (Schweiz)
Feierlicher Besuch *Hitlers* in Rom
Hitler gestaltet Staats- und Wehrmachtsführung für die nationalsozialistischen Ziele um: Kriegsminister *v. Blomberg* muß gehen; an Stelle *v. Fritschs* wird *v. Brauchitsch* Oberbefehlshaber d. Heeres b. 1941
Wilhelm Keitel (* 1882, † 1946, hingerichtet)Chef des Oberkommandos der Wehrmacht (erweist sich als willfähriges Werkzeug *Hitlers*)
Heinz Guderian (* 1889, † 1954): „Die Panzertruppe" (2. Aufl.); *G.* wird kommandierender General der Panzertruppen (1944 Chef des Generalstabes)
Joachim von Ribbentrop (* 1893, † 1946, hingerichtet) dt. Reichsaußenminister bis 1945
Hitler erklärt in einer Sportpalastrede die Abtretung des Sudetengeb. als letzte Revisionsforderung
Hitler veranlaßt Besuch *Schuschniggs* in Berchtesgaden; erzwingt Berufung *Seyß-Inquarts* zum österr. Innenminister
Unter dem Druck der nationalsozialist. Wehrmacht erfolgt der Anschluß Österreichs an Deutschland. Abstimmung ergibt starke Mehrheit für den Anschluß
Arthur Seyß-Inquart (* 1892, † 1946, hingerichtet) österr. Bundeskanzler, dann Reichsstatthalter bis 1939
Nichtangriffspakt Deutschland-Estland (1939 Deutschland-Lettland)
Generaloberst *Ludwig Beck* (* 1880, † 1944, Selbstmord) tritt als Chef des Generalstabes des Heeres zurück. Nachfolger General *Franz Halder* (* 1884)
Der brit. Ministerpräsident *Chamberlain* versucht durch persönliche Verhandlungen mit *Hitler* in Berchtesgaden und Godesberg den Frieden zu bewahren
USSR unterstützt tschechoslow. Politik gegen *Hitler*, ihr Eingreifen wird d. brit.-frz. Einlenken verh.
Im Münchener Abkommen stimmen Großbritannien, Frankreich und Italien der Abtrennung der Sudetengebiete von der Tschechoslowakei und ihrer Angliederung an Deutschland zu

Literatur-*Nobel*preis an *Pearl S. Buck* (USA)
† *Gabriele d' Annunzio*, ital. Dichter und Politiker; Freund der *Duse* (* 1863)
Bernanos: „Die großen Friedhöfe unter dem Mond" (franz. kathol. Dichtung)
† *Rudolf G. Binding*, dt. Dichter (* 1867)
Bert Brecht: „Furcht und Elend des Dritten Reiches" (Szenenfolge)
L. Bromfield: „Der große Regen" (nordamerikan. Roman)
† *Karel Čapek*, tschech. Journalist und Schriftsteller, bes. humoristische Feuilletons (* 1890)
Duun: „Der Mensch u. die Mächte" (norweg. Roman)
Dos Passos: „USA-Trilogie" (nordamerikan. Romanzyklus: „Der 42. Breitengrad" 1930, „Auf den Trümmern" 1932, „Das große Geschäft")
Werner Finck: „Das Kautschbrevier"
G. Greene: „Brighton Rock" (nordam. Rom.)
Sacha Guitry: „Die Straße der Liebe" (franz. humorist. Geschichte d. Champs Elysées)
Konr Haemmerling (* 1888, † 1957): „Der Mann, der Shakespeare hieß" (Roman)
Ric. Huch: „Frühling in der Schweiz. Jugenderinnerungen"
G. Kaiser: „Der Gärtner von Toulouse" (Schauspiel)
Kurt Kluge (* 1886, † 1940): „Der Herr Kortüm" (Roman)
Kolbenheyer: „Das gottgelobte Herz" (Roman aus der dt. Mystik)

Hans Freyer: „Machiavelli" (nationalistische Staatsphilosophie)
† *Leo Frobenius*, dt. Ethnologe; begr. „Kulturkreis-Lehre" (* 1873)
Gundolf: „Anfänge deutscher Geschichtsschreibung" (posthum)
Nic. Hartmann: „Möglichkeit und Wirklichkeit" (Ontologie)
† *Edmund Husserl*, dt. Philosoph; Begründer der Phänomenologischen Schule (* 1859)
E. R. Jaensch: „Der Gegentypus" (stellt dem „integrierten I-Typus" den „desintegrierten S-Typus" gegenüber)
Jaspers: „Existenzphilosophie"
Alwin Mittasch (* 1869, † 1953): „Katalyse und Determinismus. Ein Beitrag zur Philosophie der Chemie"
H. Murray (* 1893): „Themat. Aperzeptionstest" (nordamerik., charakterologisch)
Rothacker: „Die Schichten der Persönlichkeit"
Schweitzer: „Afrikanische Geschichten"
Hugo Sinzheimer: „Jüd. Klassiker d. Dt. Rechtswissenschaft" (erscheint in Amsterdam)
Sombart: „Vom Menschen" (Anthropologie)
L.L. Thurstone: „Menschliche Fähigkeiten" (nordamerik. mathemat. Analyse d. intellig. Verhalt.)
J. v. Üxküll: „Der unsterbliche Geist in der Natur" (Naturphilos.)
„Lexikon für Theologie und Kirche" (10 Bde. seit 1929, kath. Einstellung)
Nationalsoz. Schulreform; Dt. Oberschule als Hauptform, Gymnasium als Nebenform

† *Ernst Barlach*, dt. express. Holzschnitzer, Graphiker und Dichter (* 1870)

Dufy: „Regatta" (frz. Gemälde)

Grant: „Figur unter Glasglocke" (engl. Gemälde)

G. Grosz: „Ein Teil meiner Welt" (express. Gemälde)

K. Hofer: „Stehende mit Tuch" (express. Gemälde)

Kaus: „Liegende Frau am Meer" und „Pferde in der Schwemme" (express. Gemälde)

† *Ernst Ludwig Kirchner* (Freitod), dt. express. Maler (* 1880)

Klimsch: „Olympia" (Bronzeakt)

Oskar Kokoschka geht n. Großbritannien (erwirbt brit. Staatsangehörigkeit)

W. Nicholson: „Glaskrug und Früchte" (engl. express. Gem.)

Picasso: „Dame im Armstuhl" (kubist. Gemälde)

† *Christian Rohlfs*, dt. impress., später express. Maler, bes. Soester Kirchen (* 1849)

Ausstellung „Drei Jahrhunderte amerikanischer Kunst" in Paris

---

Dokumentarfilm von der Berliner Olympiade 1936

„Tanz auf dem Vulkan" (Film mit *G. Gründgens;* Regie: *Hans Steinhoff)*

„Pygmalion" (engl. Film von *A. Asquith* und *Leslie Howard);*

Die Negersängerin (Alt) *Marian Anderson* (USA, * 1908) wird Ehrendoktor der Harvard - Universität

Bartók: Violinkonzert (ungar. Komposition)

A. Copland: „Billy, the Kid" (nordamerikan. volkstüml. musikalische Schau)

Egk: „Peer Gynt" (Oper)

Hindemith: „Nobilissima Visione" (Ballettmusik); „Mathis der Maler" (Oper um d. Maler *Grünewald)*

Honegger: „Totentanz" (schweiz.-franz. szenisches Oratorium, Text von *Paul Claudel)*

† *Fedor Schaljapin*, russ. Sänger (Baß) in Moskau u. New York (* 1873)

R. Strauss: „Friedenstag" u. „Daphne" (Opern)

Modetanz Lambeth-Walk

~ Höhepunkt des Jazz-Swingstils unter *Benny Goodman*

Physik-*Nobel*preis an *E. Fermi* (Ital.) für Atomkernreaktionen mit Neutronen

Chemie-*Nobel*preis an *R. Kuhn* (Österr.) für Vitaminforschung

Medizin-*Nobel*preis an *C. Heymanns* (Belg.) für Atmungsforschung

Cerletti und *Bini:* Elektroschock (elektrische Stoßbelastung des Gehirns zur Besserung gewisser Neurosen). Daneben entwickelt sich in Frankreich eine Beeinflussung neurotischer Zustände durch Narkotisierung während der Anfälle

K. Clusius und *G. Dickel:* Trennrohrverfahren für Isotopentrennung (erhält große Bedeutung für Atomphysik)

A. P. Dustin: Untersuchungen von Colchicin als Mitosegift (erzeugt Riesenzellen und -wachstum durch Zellteilungshemmung)

Einstein und *Leopold Infeld:* „Die Entwicklung der Physik"

R. Goldschmidt: „Physiologische Genetik"

O. Hahn und *Straßmann* entd. die Spaltbarkeit des Urankerns durch Neutronen (die darauf beruhende Kettenreaktion führt z. technischen Ausnutzung der Atomenergie)

W. R. Heß: „Das Zwischenhirn und die Regulation von Kreislauf und Atmung" (Zwischenhirn als lebenswichtiges Regulationszentrum)

H. I. Ives bestätigt durch Beobachtung der Spektrallinien bewegter Atome die von der Speziellen Relativitätstheorie vorausgesagte Gangverlangsamung bewegter „Uhren"

P. Jordan begründet Verstärkertheorie der Biophysik, wonach grundlegende Lebenserscheinungen auf Verstärkung ursprünglich quantenphysikalisch-molekularer Prozesse beruhen (bedeutet Vorstoß der Atomphysik in die Biologie)

P. Karrer synthetisiert das Antisterilitäts-Vitamin E

L. W. H. Keesom u. *G. E. McWood* entdecken Superflüssigkeit des Heliums (II) bei tiefen Temperaturen (unter —271° C)

6094 dt. Aktiengesellschaften m. 18,7 Mrd. RM (1902: 5186 AGs mit 12 Mrd. RM)

Interessengemeinschaft *Humboldt-Deutz*motoren AG und *Klöckner*-Werke AG

Pflichtversicherung für Handwerker i. Deutschl.

Emil Lederer: „Technischer Fortschritt u. Arbeitslosigkeit" (Studien u. Berichte d. Internat. Arbeitsamtes

Deutsche Lebensversicherungen: Privat 25,5 Mill. Verträge über 20,4 Milliard. M; öffentlich 1,8 Mill. Versicherte über 3,6 Milliarden M

Dt. Kleinempfänger (35 RM) zur stärkeren politischen Beeinflussung der Bevölkerung geschaffen

„Ehrenkreuz der deutschen Mutter" (nationalsozialist. Auszeichnung zur Hebung der Geburtenfreudigkeit für Mütter mit mehr als 3 Kindern; für mehr als 7 Kinder „i. Gold")

Kennkartenpflicht in Deutschland

Gesetz zur Kontrolle der Geschlechtskrankheiten in den USA (sieht zur Bekämpfung jährl. 12,5 Mill. Dollar vor)

40-Std.-Woche in USA

(1938)

Einmarsch dt. Truppen in das Sudetenland; *Konrad Henlein* Gauleiter

Tschechoslow. Staatspräsident *Benesch* tritt zurück (geht nach d. USA)

Durch *Hitlers* außenpolitische Erfolge wird eine Erhebung hoher dt. Offiziere vereitelt

Emil Hacha (* 1872, † 1945 im Gefängnis) tschechoslow. Staatspräsident bis 1939

Slowakei autonomer Staat unter Ministerpräsident *Josef Tiso* (* 1887, † 1945, erschossen)

Karpato-Ukraine autonomer Staat

Teschener Land von der Tschechoslowakei an Polen

Dt.-ital. 1. „Wiener Schiedsspruch" (u. a. erhält Ungarn Gebietsteile der Slowakei, 1939 das ganze Karpatenland)

Dt.-brit. und dt.-frz. Nichtangriffserklärungen

Staatlich organisiert. Judenpogrom in Deutschland („Kristallnacht"); Niederbrennung der Synagogen

Rücktritt *Edens*, dafür Lord *Halifax* brit. Außenminister bis 1940 (dann Botschafter in USA)

Brit.-ital. Abkommen; Großbritannien anerkennt Annexion Abessiniens

Nordirland schließt freundschaftlichen Vertrag mit Großbritannien

Douglas Hyde irischer Staatspräsident bis 1945; Wahlsieg der Regierung *de Valeras*

Australien erläßt gegen Japan gerichtete Ausfuhrsperre für Eisen- und Manganerze

Daladier Ministerpräsident (vor d. Münchener Abkommen) einer frz. bürgerlichen Regierung bis 1940. Bruch mit der Volksfront wegen des Münchener Abkommens mit *Hitler*

Der ital. Faschismus übernimmt vom Nationalsozialismus die vorher abgelehnte Rassenideologie

Ital. Deputiertenkammer durch Kammer der Fasci und Korporationen ersetzt

Ungar. Regierung unter *Bela Imredy* (tritt 1939 zurück); Reichsverweser *v. Horthy* macht Staatsbesuch in Deutschland

König *Carol II.* von Rumänien errichtet totalitäre Herrschaft; verfolgt faschistische „Eiserne Garde", ihr Führer *Codreanu* erschossen. Kabinett der „Konzentration" unter dem Patriarchen *Miron Christea* bis 1939

Polen erlangt durch Ultimatum von Litauen Anerkennung der Wilnagrenze

Japan.-sowjetruss. militärische Zwischenfälle

Hinrichtung von *Bucharin*, *Rykow*, *Jagoda* u. a. nach Schauprozessen in der USSR

L. P. Berija (* 1899) Volkskomm. d. NKWD (1953 erschossen)

„Geschichte der Kommunistischen Partei der Sowjetunion (Bolschewiki). Kurzer Lehrgang" (anonym, weitgehend von *Stalin* verfaßt; wird zum „Katechismus" der KP)

† *Kemal Atatürk*, türk. Staatspräsident seit 1923; Begründer der modernen Türkei (* 1881)

Ismet Inönü (* 1884) türk. Staatspräsident

Wahlsieg der liberalen Regierungspartei in Ägypten (Wafd durch Besserung der ägypt. Beziehungen zu Großbritannien politisch geschwächt)

10,4 Mill. Arbeitslose in den USA (Höhepunkt)

Nach dem Münchener Abkommen beginnt USA intensiv aufzurüsten

8. Pan-Amerikanische Konferenz in Lima: Amerikanische „Solidarität" erklärt

Mexiko enteignet brit. und nordamerikan. Erdölgesellschaften

Sieg der politischen Linken bei der Präsidentschaftswahl in Chile; soziale Reformgesetze

Japan. Mobilisierungsgesetz; gibt im Kriegsfall der Regierung weitgehende Vollmachten

Japaner besetzen in China Tsingtau, K'aifeng, Hankou; erreichen Hoangho. USA und Großbritannien protestieren gegen Verletzung des Neunmächteabkommens von 1922

Marschall *Phibul Songkhram* übernimmt Regierung in Siam (kämpft im 2. Weltkrieg auf japan. Seite)

Lewis: „Die verlorenen Eltern“ (nordamerik. Roman)

Georg Lukacs (*1885, + 1971): „Essays über Realismus“ (ungar. Essays für den „sozialist. Realismus“ in der Literatur)

A. Malraux: „Die Hoffnung“ (frz. Roman)

Th. Mann: „Achtung, Europa“ (Aufsätze), „Der kommende Sieg der Demokratie“, „Dieser Friede“ (Reden)

Mauriac: „Asmodée“ (frz. Schauspiel)

H. Miller: „Wendekreis des Steinbocks“ (nordamer. sexuell betonter Roman)

Molo: „Geschichte einer Seele“ (Roman)

Monnier: „Liebe — Brot der Armen“ (frz. Romanzyklus)

Jean Paul Sartre (* 1905): „Der Ekel“ (frz. Bühnenstück)

Margarete Schiestl-Bentlage: „Die Verlobten“ (westfäl. Heimatroman)

Michail A. Scholochow (* 1905): „Der stille Don“ (russ. Roman in 4 Bänden seit 1928)

Ina Seidel: „Lennacker“ (Roman)

Shaw: „Geneva“ (engl. Schauspiel)

„Schlaf schneller, Genosse“ (dt. Ausgabe russ. satir. Erzählungen von *Michael Sostschenko,* * 1895, *Valentin Katajew* u. a.)

Th. N. Wilder: „Unsere kleine Stadt“ (nordamerikan. Schauspiel)

Th. Wolfe: „Das Geweb aus Erde“ (nordamerikan. Roman)

† *Thomas Wolfe,* nordam. Dichter (* 1900)

„Bankfeiertag“ (engl. Film v. *Carol Reed,* * 1906); „Die Zitadelle“ (englisch. Film von *K. Vidor* nach *Cronin)*

„Das Tier im Menschen“ (franz. Film v. *J. Renoir* m. *Simone Simon)*; „Fahrendes Volk“ (frz. Fim von *Feyder)*; „Artisten“ (frz. Film von *Marc Allégret)*

„AlexanderNewski“ (russ. Film v. *Eisenstein)*; „Gorkis Jugend“ (russ. Film v. *Donskoi)*; „Professor Mamlock“ (russ. Film v. *Minkine* und *Rapoport)*; „Sieg“ (russ. Film v. *Pudowkin)*

„Schneewittchen u. die sieben Zwerge“ (nordamerik. abendfüllender Zeichenfarbfilm von *Walt Disney)*

† *Konstantin Stanislavskij,* russ. Schauspieler und Regisseur; begründete das „Moskauer Künstlerische Theater“ (1898) u. pflegte realistischen Stil (* 1863)

† *Ludwig Wüllner,* dt. Schauspieler, Rezitator und Sänger (* 1858)

Willi Schaeffers (* 1884, † 1962) leitet Kabarett der Komiker in Berlin

Kellett, Gething, Gaine: Weltrekord im Streckenflug mit 11526 km

R. Kuhn: Chemischer Bau und Synthese von Vitamin B_6 (Adermin, heilt mit B_2 Hauterkrankungen der Ratte)

R. Kuhn und *Moewus:* Aufklärung des chemischen Baus der Befruchtungsstoffe von Algen (Beitrag zur Theorie der Sexualität)

W. Paulcke: „Praktische Schnee- und Lawinenkunde“

Mario Pezzi: Weltrekord im Höhenflug mit 17074 m

Nicolas Rashevsky: „Mathemat. Biophysik“ (nordamer. mathem. Behandlung von Zellwachstum und -teilung v. physikal. Standp. aus)

Bernhard de Rudder (* 1894): „Meteorobiologie des Menschen“

B. de Rudder, L. Weickmann u. a.: „Klima - Wetter - Mensch“

Nachweis eines unsichtbaren planetenartigen Begleiters von doppelter Jupitermasse beim nächsten Fixstern (Proxima Centauri)

Fernsehsendungen in New York mit 20000 Empfängern

Erfindung des Kunststoffes „Nylon“

Dt. Rundfunk führt Magnetband-Sendungen ein (1941 über 50% der Sendung, 1950 über 90%)

Flugboot-Langstreckenrekord mit 8500 km (*Dornier*)

Focke-Wulf FW 200 „Condor“: Berlin-New York-Berlin (vier 580/880-PS-Motoren mit 0,57 kg/PS); Berlin-New York in Rekordzeit von 24 Std. 56 Min. (1951 fliegt „Canberra“-Düsenbomber 3336 km von Irland nach Neufundland 4 Std. 18 Min. 29,4 Sek.; 1951 mit Propellerflugzeug New York-London 7 Std. 48 Min.)

Fernflug Berlin—Tokio (13650 km in 46 Std. 37 Min.)

Fisch mit gestielten Flossen gefangen (Crossopterygier, „lebendes Fossil“)

Autobahnbrücke über das Teufelstal bei Jena (Stahlbetonbrücke mit 138 m Stützweite)

Transiranische Bahn Kaspisches Meer—Teheran—Persischer Meerbusen (1400 km, Baubeginn 1927)

Höchstleistungen für Zivilflugzeuge: Nutzlast: 6290 kg; Flugweite: 5300 km; Gipfelhöhe: 8500 m; Steigzeit: 1000 m in 2,2 Min.; Reisegeschwindigkeit: 390 km/st (Höchstgeschwindigk.: 430 km/st); einzelne Motorleistung: 600 PS (Spitzenleistung: 880 PS).

101,5 Mill. Fluggastkilometer und 2,4 Mill. Luftposttonnen-Kilometer der Deutschen Lufthansa

Segelflugweltrekorde: 390 km Zielstreckenflug. 305,6 km Zielflug mit Rückkehr. 50 St. 26 Min. Dauerflug. 6840 m Höhe über Start

Erstersteigung der Eigernordwand

Malcolm Campbell stellt Geschwindigkeitsrekord für Motorboot mit 210,7 km/st auf (1939: 228,11 km/st)

Weltmeister *Joe Louis* schlägt *Max Schmeling* in der ersten Runde k.o.

Orson Welles' (* 1915) Hörspielsendung einer utopischen Marsinvasion („Der Krieg der Welten“ von *H. G. Wells*) ruft eine Massenpanik in den USA hervor

Arabische Sendungen des ital. und danach d. brit. Rundfunks (entscheid. Ausweitung des Ätherkrieges)

1939

Reichswirtschaftsminister *Walter Funk* wird an Stelle *Hjalmar Schachts* Reichsbankpräsident; Reichsbank völlig d. Reichsregierung unterstellt

Hitler zerstört die Souveränität der Tschechoslowakei durch Gründung des „Protektorates Böhmen und Mähren“ und Bildung einer abhängigen Slowakei unter militär. Druck

von Neurath Reichsprotektor von Böhmen-Mähren bis 1941

† *Otto Wels*, sozialdemokr. Politiker (* 1873)

Tiso Staatspräsident eines von Deutschland abhängigen slowakischen Staates bis 1944

Italien besetzt Albanien und vereinigt es mit der ital. Krone

Faschisten gewinnen mit dt. und ital. Hilfe span. Bürgerkrieg. *Franco* diktatorischer span. Staats- und Regierungschef. Spanien verläßt Völkerbund. Großbritannien und Frankr. anerkennen *Franco*-Regier.

Deutschland besetzt das Memelgebiet und gliedert es ein (seit 1924 unter litauischer Staatshoheit)

Brit.-frz. Garantieerklärungen für Polen, Rumänien und Griechenland

Nichtangriffspakt Deutschland-Dänemark; Schweden, Norwegen und Finnland lehnen Nichtangriffsvertrag mit Deutschland ab

Während seiner militärischen Aktionen verlangt Deutschland Danzig und Korridor nach Ostpreußen. Polen lehnt ab

Molotow löst als Volkskommissar des Äußeren der USSR *Litwinow* ab

Beistandspakte der Türkei mit Großbritannien und Frankreich, letzteres erhält Sandschak Alexandrette zurück

Militärbündnis Deutschland-Italien (Italien erweist sich beim Ausbruch des 2. Weltkrieges als noch nicht kriegsbereit und bleibt zunächst „nichtkriegführend“)

Zwischen Großbritannien, Frankreich und USSR laufen stockende ergebnislose Verhandlungen über gegenseitige militärische Hilfe. Polen verweigert Durchmarschrecht

Hitler lehnt *Roosevelt*botschaft ab; kündigt dt.-brit. Flottenabkommen und dt.-poln. Nichtangriffspakt

Literatur-*Nobel*preis an *F. E. Sillanpää* (Finn.)

Stefan Andres (* 1906, † 1970) „Der Mann von Asteri“ (Roman)

Bergengruen: „Tod von Reval“ („Sammlung kurioser Geschichten um den Tod“)

Eipper: „Das Haustierbuch“

T. S. Eliot: „Der Familientag“ (engl. existentialist. Orest-Drama)

Fr. von Gagern: „Schwerter u. Spindeln“ (Ahnen des Abendlandes)

Gide: „Das Tagebuch André Gides 1889 bis 1939“ (frz.)

G. Greene: „Der Geheimagent“ (engl. Rom.)

G. Hauptmann: „Die Tochter der Kathedrale“ (Schauspiel) und „Ulrich von Lichtenstein“ (Lustspiel)

N. Jacques: „Leidenschaft“ (*Schiller*roman)

J. Joyce: „Finnegans Wake“ (engl. psychologist. Roman)

Ernst Jünger: „Auf den Marmorklippen“ (symbol. polit. Roman)

H. Kesten: „Die Kinder von Guernica“ (Roman)

Isolde Kurz: „Das Haus des Atreus“ (Gedichte)

Th. Mann: „Lotte in Weimar“ (Rom. um *Goethe*)

Monnier: „Annonciata“ (frz. Roman)

Ernst Moritz Mungenast (* 1898): „Der Zauberer Muzot“ (Lothringer Roman)

Mussolini: „Cavour“ (ital. Schauspiel)

Naso: „Preußische Legende“ (Novelle)

Saint-Exupéry: „Wind, Sand und Sterne“ (frz. Fliegererlebnisse)

Gertrud Bäumer: „Gestalt und Wandel. Frauenbildnisse“

August Bier: „Die Seele“ (Gedank. e. Arzt.)

Frank Buchman (* 1878, USA) gründet Bewegung „Moralische Aufrüstung“ f. christl.-ethische Erneuerung (findet sein Zentrum in Caux)

F. N. Freeman: „Intelligenztests, ihre Geschichte, Grundsätze u. Anwendungen.“ (engl.)

† *Siegmund Freud*, österr. Nervenarzt; Begr. der Psychoanalyse (* 1856)

Johannes Haller: „Das Papsttum“ (3 Teil. s. 1934)

Willy Hellpach: „Mensch u. Volk d. Großstadt“ (Sozialpsychologie)

Johan Huizinga: „Homo ludens“ (niederl. Kulturphilosophie)

Hewlett Johnson (* 1874, † 1966; „roter Dekan“ von Canterbury): „Ein Sechstel d. Erde“ (engl., prosowjetisch)

B. Malinowski: „Die Gruppe u. d. Individuum i. funktionaler Analyse“ (engl. Soziologie m. Berücksichtigung der biolog., psycholog. u. Umweltfaktoren mit ihren Wechselwirkungen)

Pius XII. (bisher *Eugenio Pacelli*) Papst; gilt als „polit.“ Papst

A. Sartorius von Waltershausen: „Gesellschaft u. Wirtschaft vor- u. frühgeschichtlicher Völker“

Arnold J. Toynbee (* 1889): „Studie zur Weltgesch.“ (engl. Geschichtsphilos. betont Bedeutung d. Religionsgesch.; 6 Bde. seit 1933; Bd. 7–10 1954)

M. W. Urban: „Sprache und Wirklichkeit“ (nordamerikan. Philosophie)

Curth Georg Becker (* 1904): „Provenzalischer Kirchplatz" (express. Gemälde)

Arno Breker: „Bereitschaft" (Monumentalplastik)

Burra: „Der Aufstand" (engl. surrealist. Gemälde)

M. Chagall: „Brautpaar mit Eiffelturm" (russ.-frz. Gem.)

Feininger: „San Francisco" (Aquarell)

Heckel: „Lesende Frau" (expr. Aquarell)

Joseph Hirsch (* 1910): „Bildnis eines alten Mannes" (nordamer. realist. Gem.)

Kandinsky: „Nachbarschaft" (russ. abstraktes Gemälde)

† *Alexander Kanoldt*, dt. Maler; wechselte vom Expressionismus zur „Neuen Sachlichkeit" (*1881)

Kaus: „Frau mit Anthuriumblüte" (express. Aquarell)

Henry Moore (*1898): „Landschaft mit Figuren" (engl. express. Gemälde)

W. Nicholson: „Schnee im Bretton Park" (engl. Gem.)

Pasmore: „Das gestreifte Kleid" (engl. Gemälde)

J. Piper: „Hamsey Church" (engl. Gemälde, Kircheninn.)

Kurt Seligmann: „Sabbath Phantome" (Schweiz. surrealist. Gemälde)

Shahn: „Ballspieler" (nordam. Gemälde)

St. Spencer: „Christus in der Wildnis mit Füchsen", „Christus i.d. Wildnis mit Skorpionen" (engl. Gem.)

Albert Speer: Neue Reichskanzlei, Berlin

Bartók: 6. Streichquartett (ungar. Komposition)

Egk: „Joan von Zarissa" (dramatische Tanzdichtung)

Hindemith: Konzert für Violine, Violinsonate in C-dur und Bratschensonate

Orff: „Der Mond" („Das kleine Welttheater", Oper)

Schostakowitsch: 6. Symphonie (russ. Komp.)

Heinrich Sutermeister (* 1910): „Romeo und Julia" (Schweiz. Oper)

Rudolf Wagner-Régeny (* 1903, † 1969): „Die Bürger von Calais" (Oper um die Plastik von *Rodin*)

Julius Weismann: „Die pfiffige Magd" (Oper)

Im dt. Rundfunk beginnt ein zielbewußter Einsatz musikalisch. Mittel zur Hebung der Kriegsbegeisterg. (u. a. „Wir fahren gegen Engeland", „Frankreichlied", „Panzer rollen in Afrika vor", „Bomben auf Engeland", „Von Finnland bis zum Schwarzen Meer", Fanfaren aus „Les Préludes" v. *Liszt;* Wunschkonzerte)

Physik-*Nobel*preis an *E. Lawrence* (USA) für Zyklotron

Chemie-*Nobel*preis *A. F. Butenandt* (Dt.) f. Forsch. über Sexualhormone

Medizin-*Nobel*preis an *G. Domagk* (Dt.) für Sulfonamide und *L. Ruzicka* (Jugoslaw.-Schweiz) für Synthese von Polyterpenen.

Beadle, Bonner, Tatum: Erforschung des Stoffwechsels vom roten Brotschimmel und seiner erblichen Änderungen (Methode d. biochem. Mutanten auf spez. Nährböden)

R. E. Byrds dritte Südpolar-Expedition (bis 1941)

H. Caspers: Einfluß der Mondphasenperiode a. d. Fortpflanzungsrhythmus einer Meeresmücke (exakte Tatsachenforschung, Kausalkette noch unbekannt)

R. Doerr und *C. Hallauer:* „Handbuch der Virusforschung" (2 Bände seit 1938, 2 Ergänzbde. bis 1950)

Archiv für die gesamte Virusforschung (Zeitschr. v. *Doerr*)

S. Flügge: „Kann der Energieinhalt der Atomkerne praktisch nutzbar gemacht werden?" (vorläuf. Bejahung)

Gibbons ersetzt Herz und Lunge von Katzen f. 20 Minuten d. Blutdurchströmungsapparat: „Künstliches Herz" (Tiere überleben)

E. Gildemeister und *E. Hagen:* „Handbuch der Viruskrankheiten"

Walter Grotrian (* 1890, † 1954) identifiziert Sonnenkoronalinien als die Spektrallinien hocherhitzter (ca. 1 000 000°) Eisenatome

Max Hartmann: „Geschlecht und Geschlechtsbestimmung im Tier- und Pflanzenreich" (Sexualtheorie auf biochemischer Grundlage)

Robert Henseling: „Umstrittenes Weltbild" (geg. Verzerrung des Weltbildes durch Astrologie, Welteislehre, Hohlwelttheorie u. a.)

R. Houwink: „Chemie und Technologie d. Kunststoffe" (kennzeichnet stürm. Entwicklung: mehr als 150 Kunststoffarten bekannt)

P. Karrer isoliert das Vitamin K (Blutgerinnung)

Lise Meitner (* 1878) und *O. R. Frisch* erklären die von *Hahn* und *Straßmann* gefundene Urankern-

Ad. Weber: „Geld, Banken, Börse"

Fluglinie Berlin—Bangkok (10500 km in 5 Tagen)

Regelmäßigkeit d. deutschen Luftverkehrs im Winter 1938/39: 91% (30/31: 69,5%); Sicherheit: 0,2 Notlandungen auf 1 Mill. km (1931: 8,8)

3065 km Autobahn in Deutschland (1849 km im Bau)

Erweit. des Kaiser-*Wilhelm*-Kanals

Leistung pro Arbeitsstunde in USA (Großbrit. = 100): Bergbau 425, Auto- und Radioindustrie 310, Maschinenbau 280, Eisen und Stahl 173, Textilindustrie 160, Baugewerbe 115, Gesamtindustrie 215

Massenherstellung von Metallgegenständen im Schnitt- u. Stanzenbau vermag Preise auf ca. 20% gegenüber 1900 zu senken

Lt. Gesetz erlöschen dt. Fideikommisse (in Preußen schon 1920)

Dt. Heilpraktikergesetz

1 bis 1,5 Mill. Schwachsinnige in Deutschland (15 bis 35% kriminell)

Harbig (Dt.) läuft Weltrekord über 800 m mit 1:46,6

Etwa 2 Mill. Briefmarkensammler in Deutschland; ca. 20 Mill. in d. USA

Erdbeben in Anatolien, 45 000 Opfer

(1939)

Brit.-poln. Beistandspakt

Deutschland anerkennt baltische Staaten, Finnland, Ostpolen und Bessarabien als Interessengebiete der USSR

Hitler beginnt 2. Weltkrieg mit Überfall auf Polen. Vergeblicher Versuch *Mussolinis*, in letzter Minute zu vermitteln

Großbritannien und Frankreich erklären Deutschland den Krieg

Brit. Dominions einschl. Indien erklären Deutschland den Krieg

Schwere dt. Luftangriffe a. Warschau

Polen bleibt gegen dt. Angriff ohne effektive Hilfe und unterliegt militärisch vollständig

† *Werner von Fritsch* (suchte Tod vor Warschau), dt. Generaloberst; 1938 durch Verleumdungen als Oberbefehlshaber des Heeres abgesetzt (* 1880)

Hitler versucht in einer Reichstagsrede vergeblich, Großbritannien und Frankreich zu einer Anerkennung der dt. Ostpolitik durch Friedensschluß zu bringen

Hans Frank (* 1900, † 1946, hingerichtet) Generalgouverneur im besetzten Polen

Ernst Udet (* 1896, † 1941, Selbstmord) dt. Generalluftzeugmeister

Brit. Passagierdampfer „Athenia" wird von dt. U-Boot versenkt. Brit. Kreuzer vernichten Panzerschiff „Admiral Graf Spee" in der La-Plata-Mündung

Günther Prien (* 1908, † 1941) versenkt mit seinem U-Boot das brit. Schlachtschiff „Royal Oak" bei Scapa Flow

Sicherheitsdienst der SS bildet Sicherheitshauptamt (Zentrale für die Verfolgung politischer Gegner)

Arbeitsdienstpflicht der weiblichen Jugend in Deutschland

Über 500000 Umsiedlungen Auslandsdeutscher aus Baltikum, Rußland und Balkan nach Deutschland (bis 1940)

Südtiroler werden nach Deutschland umgesiedelt

Mißglückt. Bombenattentat a. *Hitler* im Münchener Bürgerbräukeller

Dt.-sowjetruss. Nichtangriffspakt

K. Haushofer: „Deutsche Kulturpolitik im indopazifischen Raum" (Beispiel imperialistischer Ideologie)

Allgem. Wehrpflicht in Großbrit.

Brit. Kriegskabinett gebildet. Großbritannien verhängt Seeblockade gegen Deutschland

General *Gort* führt brit. Expeditionskorps nach Frankreich

Brit.-frz. Wirtschaftsrat gebildet

Winston Churchill zum zweitenmal brit. Marineminister

Großbritannien sperrt jüdische Einwanderung in Palästina

Jan Smuts südafrikan. Ministerpräsident bis 1948; erklärt Deutschland den Krieg

Graf *Téleki* ungar. Ministerpräsident bis 1939 (†, Selbstm.)

Allgemeine Wehrpflicht in Ungarn. Ungarn tritt Antikominternpakt bei, besetzt Karpato-Ukraine und tritt aus dem Völkerbund aus

Rücktritt der jugoslaw. Regierung *Stojadinowitsch*; Regierung *Zwetkowitsch* m. 5 kroat. Ministern bis 1941

„Eiserne Garde" ermordet rumän. Ministerpräsidenten *Calinescu*; danach Kabinett *Tatarescu*

USSR greift Finnland an und wird aus dem Völkerbund ausgeschlossen

Neutralität der skandinavischen Staaten im Finnlandkrieg

USSR lehnt RK-Konvention ab

Franz von Papen Botschafter in Ankara (Türkei)

Faisal II. (unmündig) König von Irak. Abbruch der diplomatischen Beziehungen zu Deutschland

USA liefert Waffen gegen Barzahlung und Transport auf Schiffen der Käufer (Cash and Carry)

Integralisten-Aufstand in Brasilien niedergeschlagen

Burmastraße von Lashio (Bahnanschluß nach Rangun) bis Tschunking (China) (3350 km, schwierigstes Terrain. Baubeginn 1937)

Erstarrung der Fronten im chin.-japan. Krieg; Partisanenkrieg

Mandschukuo tritt Antikominternpakt bei

Siam nennt sich nun Thailand

Saroyan: „Die Zeit deines Lebens" (nordamerikan. Erzählungen)

J. Schaffner: „Kampf und Reife" (Roman)

K. A. Schenzinger: „Metall" (techn. Roman)

R. Schickele: „Die Heimkehr" (elsäss. Roman)

Anna Seghers: „Das siebte Kreuz" (KZ-Roman)

Shaw: „Karl II." (engl. Schauspiel)

Sinclair: „Marie Antoinette" (nordamerikan. Drama)

J. Steinbeck: „Früchte des Zorns" (nordam. gesellschaftskrit. Roman)

† *Ernst Toller* (Freitod), dt. Dichter (* 1893)

Josef Weinheber (* 1892, †1945, Freitod): „Kammermusik" (österr. Gedichte)

Wiechert: „Das einfache Leben" (Roman)

† *William Butler Yeats*, irischer Dichter; Mitbegründer der irisch-keltischen Renaissance; *Nobel*preis 1923 (* 1865)

E. Zahn: „Die tausendjährg. Straße" (Schweiz. Roman)

Rund 350 Theater in Deutschland

Blegen findet 600 Täfelchen mit kretischer Schrift auf Burg Pylos (Peloponnes, thyrrhenisch-etruskisch, 1951 von *E.L.Bennet* entziff.)

18257 deutschsprachige Zeitschriften erscheinen

(monumental. klassizist. Bau)

Versteigerung moderner Malerei aus dt.Museen in Luzern. (Dadurch gehen allein 15 Hauptwerke v. *Corinth* u. 7 v. *Barlach* für Dt. verloren)

—

„Ninotschka" (nordamer. antisowj. Film v. *E. Lubitsch* mit *G. Garbo* u. *F. Bressart*)

„Männer u. Mäuse" (nordam. Film nach *Steinbeck*); „Vom Winde verweht" (nordam. Film nach *Mitchell* von *Fleming* mit *Vivien Leigh*, *C. Gable*, Kosten 3,85 Mill. Dollar)

„Die Spielregel" (frz. Film von *J. Renoir*); „Tagesanfang" (frz. Film v. *Marcel Carné*, * 1900); „Der Tag endet" (frz. Film v. *Duvivier*)

„Robert Koch" (Film v. *H. Steinhoff* m. *E. Jannings*, *W. Krauß*); „Bel ami" Film von und mit *W. Forst*, mit *Ilse Werner*, *Olga Tschechowa*, *Lizzy Waldmüller*)

„Es war eine rauschende Ballnacht" (*Tschaikowskij*-Film mit *Zarah Leander*; Regie: *C. Froelich*); „Der Schritt vom Wege" (Film n. *Fontanes* „Effie Briest" mit *Marianne Hoppe*, *Karl Ludwig Diehl*, *Paul Hartmann*; Regie: *G. Gründgens*); „Opernball" (Film mit *Heli Finkenzeller*, *Hans Moser*, *Theo Lingen*; Regie: *Géza v. Bolvary*)

Jährl. ca. 650 Mill. m Filme (Weltprodkt.)

spaltung (*L. M.* mußte 1938 aus polit. Gründen Dtl. verlassen)

I. Mitschurin: „Die Anwendungen von Mentoren bei der Erzielung hybrider Sämlinge" (posthum)

Paul Müller (*1899, + 1965) synthetisiert und prüft das hochwirksame Kontakt-Insektengift DDT (ab 1942 Produktion in USA u. Deutschl.)

Reber empfängt Kurzwellen aus der Milchstraße. Beginn der Radio-Astronomie (Vorläufer *Jansky* 1932)

Heinrich Schade, C. Häbler: „Physiko-chemische Medizin"

Bastian Schmid: „Zur Psychologie unserer Haustiere"

Paul A. Smith: „Atlantische untermeerische Täler der USA" (über Echolotungen m. Höhenlinienkarte)

A. Thienemann: „Grundzüge einer allgemeinen Ökologie" (biolog. Umweltforschung)

Wendel erreicht mit Flugzeug Me 109 (*Messerschmitt*) 755 km/St.

Etwa 300 wissenschaftliche Sternwarten auf der Erde (davon 50, die modernsten, in USA)

Ausdehnung des größten bekannten Riesensterns (VV Cephei) mit 1220fach. Sonnendurchm. bestimmt

250 Mill. Dollar in USA für wissenschaftliche Untersuchungen jährlich aufgewendet, davon 10% für reine Forschung

1890 Seiten Formelregister im Chemischen Zentralblatt für die Zeit von 1935 bis 1939

Sichtbarmachung der ersten Riesenmoleküle (Pflanzen-Viren) im Elektronen-Übermikroskop

Rasche Entwicklung von Radar

8-mm-Farbenfilm

Nickelkombinat in der sibirischen Taiga mit Zentrum Norilsk (erreicht etwa 10000 t Nickel jährlich)

Entdeck. eines angelsächs. Schiffsgrabes b. Sutton Hoo (East Suffolk)

Erster Passagier-Atlantikflug der PAA (b. 1952 über 40000 Atl.-Fl.)

2500 Museen i. USA (1914: 600)

1940	Dt. Hilfsschiff „Altmark“ mit brit. Gefangenen in norweg. Gewässern von brit. Kriegsschiffen angegriffen Deutschland besetzt durch militär. Überfall die neutralen Länder Dänemark und Norwegen (letzteres gegen brit.-norw. Widerstand); schwerer Kreuzer „Blücher“ u. zwei leichte Kreuzer gehen verloren König *Haakon VII.* von Norwegen geht nach England *Josef Terboven* (* 1898 † 1945, Selbstmord) Reichskommissar in Norwegen, arbeitet mit *Quisling* zusammen USSR billigt dt. Angriff auf Norwegen Unter Verletzung der Neutralität Belgiens, Luxemburgs und der Niederlande (schwere Luftangriffe auf Rotterdam) schlägt Deutschland Frankreich militärisch und zwingt es zum Waffenstillstand Frankreich lehnt brit.-frz. Union ab Dt.-frz. Waffenstillstand in Compiègne, demonstrativ in demselben Salonwagen wie 1918 Belg., niederl. und luxemburg. Exilregierungen in London Eupen-Malmedy kommt wieder an Deutschland *Seyß-Inquart* Reichskommissar in den Niederlanden; *von Falkenhausen* Militärgouverneur in Belgien bis 1944 (dann von Dt. verhaftet); *O. von Stülpnagel* Militärgouverneur im besetzten Frankreich bis 1942 (* 1878, † 1948 Freitod) *Hermann Göring* wird „Reichsmarschall des Großdeutschen Reiches“ (1939 von *Hitler* als sein Nachfolger bezeichnet; 1945 von *Hitler* wegen „Verrats“ abgesetzt) 2. dt.-ital. „Wiener Schiedsspruch“ (u. a. Nord- und Ostsiebenbürgen von Rumänien an Ungarn; 1941 Teile Jugoslawiens an Ungarn) Dreimächtepakt zwischen Deutschland, Italien und Japan (nachträgl. Beitritt von Ungarn, Rumänien und Slowakei); Beitritt für USSR wird offengehalten *Fritz Todt* (* 1891, † 1942) Reichsminister f. Bewaffnung u. Munition	*Benrath:* „Die Kaiserin Theophano“ (Roman) *Bergengruen:* „Am Himmel und auf Erden“ (Roman um Kurfürst *Joachim II.* von Brandenburg) *Brecht:* „Das Verhör d. Lucullus“ (lehrhaftes Hörspiel; 1951 Oper v. *Paul Dessau*) *G. Greene:* „Die Kraft und die Herrlichkeit“ (engl. Roman; wird v. *John Ford* verfilmt) † *Walter Hasenclever*, dt. express. Dichter (Freitod) (* 1890) † *Verner v. Heidenstam*, schwed. Dichter; Vertreter des „Neuidealismus“; *Nobel*preis 1916; u. a. „Hans Alienus“ (faustischer Entwicklungsrom., 1892) (* 1859) *Hemingway:* „Wem die Stunde schlägt“ (Rom.) *Jelusich:* „Der Traum v. Reich“ (österr. Roman) † *Selma Lagerlöf*, schwed. Dichterin (* 1858) *Th. Mann:* „Die vertauschten Köpfe“ (Legende n. ind. Motiven) *R. Martin du Gard:* „Epilogue“ (frz. Romanzyklus „Les Thibaults“ in 8 Bänden seit 1922) *Saroyan:* „Höhepunkt des Lebens“ (nordamerikan. Schauspiel) *Sinclair:* „Zwischen zwei Welten“ u. „Weltende“ (nordamer. Romane) † *Hermann Stehr*, dt. Dichter (* 1864) *Undset:* „Madame Dorothee“ (norweg. Roman) *Th. Wolfe:* „Es führt kein Weg zurück“ (nordamerikanischer Roman, posthum) *Karl Vossler:* „Poesie der Einsamkeit in Spanien“ (Romanistik)	*James Burnham:* „Die Revolution der Manager“ (Bedeutung des Systems der Wirtschafts-Direktoren für eine neue Gesellschaft) *M. Dessoir:* „Die Kunst der Rede“ *Alfred Döblin* tritt als Emigrant in Frankreich zum Katholizismus über *Nic. Hartmann:* „Der Aufbau der realen Welt“ (Schichtung des „Gesamtphänomens Welt“ in 1. physische, 2. organische, 3. seelische, 4. geistige Schicht) † *Erich Rudolf Jaensch*, deutscher Psychologe; erforschte besonders Eidetik (* 1883) *Arthur Koestler* (* 1905): „Sonnenfinsternis“ (Kritik a. d. bolschewist. Schauprozessen) *R. v. Mises:* „Kleines Lehrbuch des Positivismus. Einführung in die empiristische Wissenschaftsauffassung“ *S. L. Rubinstein:* „Die Grundlagen einer allgemeinen Psychologie“ (sowjetruss.) *Santayana:* „Das Reich des Seins“ (nordamerikan.-span. Philosophie seit 1927); *S.* wird Hospitant in einem kathol. Konvent in Rom *H. Schultz-Henke:* „Der gehemmte Mensch“ (Psychoanalyse) *J. v. Üxküll:* „Bedeutungslehre“ (Philosophie der biologischen Erkenntnis mit Betonung finaler Erklärungsweis.) 5500 Soziologiekurse in 600 Colleges in den USA (von 1942 bis 1946 steigt die Mitgliederzahl der Amerikan. Soziologischen Gesellschaft von ca. 1000 auf 2250)

Beckmann: „Der Zirkuswagen" (Gem.)
† *Peter Behrens*, dt. Baumeister (* 1868)
Hyman Bloom (*1913 i. Litauen): „Synagoge" (nordam. Gem.)
Brancusi: „Aufsteigender Vogel" (rumän.-frz. Plastik)
Chagall: „Das Martyrium"
Heckel: „Kresse", „Berge in Kärnten" (express. Aquarelle)
Kaus: „Frauen am Meer" (expr. Gem.)
† *Paul Klee*, schweiz.-dt. Maler und Graphiker, Lehrer am Bauhaus; seit 1933 i. Ausland (* 1879)
Yasuo Kuniyoshi (* 1893 i. Japan): „Der Milchzug" (nordam. realistisch. Gemälde)
† *Hugo Lederer*, dt. Bildhauer (* 1871)
P. Mondrian: „Broadway Boogie-Woogie" (Gem.)
H. Moore: „Die Braut" (engl. Plastik aus Blei und Kupferdrähten), „Zwei sitzende Frauen" (engl. express. Gem.)
W. Nicholson: „Lord und Lady Strafford" (engl. Bildnis)
Nolde: „Nachmittagswolken, Friesland" (expr. Gem.)
R. Scheibe: „Die Flehende" (Plastik)
Schmidt-Rottluff: „Rittersporn" (express. Gemälde)
St. Spencer: „Im Wollladen" (engl. surrealistisches Gemälde)
F. L. Wright: Southern College in. Lakeland-Florida (nordamerikan. konstruktivist. Bauwerk)

Marcel Cuvelier gründet „Jeunesse Musicales" (intern. Jugendorganisation zur Erneuer. d. Musiklebens)
Hindemith: Konzert für Violincello
† *Walter Kollo*, Berliner Operettenkomponist (* 1883)
Milhaud: „Médéa" (frz. Oper)
Pfitzner: „Über musikalische Inspiration"
Günther Ramin Thomaskantor in Leipzig
Schostakowitsch: Klavier-Quintett (russ. Komp.)
R. Strauss: „Liebe der Danae" (Oper)
Strawinsky: „Symphonie in C-dur"
Seit 1930 siedelten folgende europäische Komponisten in die USA um: *Igor Strawinskij*, *Arnold Schönberg*, *Béla Bartók*, *Paul Hindemith*, *Darius Milhaud*, *Bohuslav Martinu* (* 1890), *Ernst Křenek*, *Kurt Weill*, *Ernst Toch*, *Alexander Tansman* (* 1897)
„Rodeo" (nordamerikan. Ballett mit volkstüml. Wildwestromant., Choreographie v. *Agnes de Mille*)
O. Sala entwickelt Konzert-Trautonium (*H. Genzmer* schreibt Konzert m. Orchester für dies. elektroakust. Instrument)

Manfred von Ardenne: „Elektronen-Übermikroskopie. Physik. Technik" (kennzeich. erreichte techn. Reife)
Hermann Baumann, Richard Thurnwald, Diedrich Westermann: „Völkerkunde von Afrika. Mit besond. Berücksichtig. d. kolon. Aufgabe"
Ludwig von Bertalanffy: „Vom Molekül zur Organismenwelt" (biophysikalische Lebenslehre: Der lebende Organismus wird mehr und mehr als ein offenes System aufgefaßt, in dem durch Biokatalysatoren gesteuerte Stoffwechselvorgänge eine nur langsam veränderliche äußere Form im Quasi-Gleichgewicht aufrechterhalten)
† *Karl Bosch*, dt. Chemiker und Industrieller; *Nobel*pr. 1931 (* 1874)
A. E. Douglass: Baumjahresring-Chronologie von 150—1934 (als Hilfsmittel der Klimatologie und Frühgeschichtsforschung)
H. Fischer: Aufklärung des chemischen Baus des grünen Blattfarbstoffes Chlorophyll (begonnen v. *R. Willstätter* u. *A. Stoll* 1913, ist dem roten Blutfarbstoff ähnlich)
W. Goetsch: „Vergleichende Biologie der Insektenstaaten"
Bierens de Haan: „Die tierischen Instinkte und ihr Umbau durch Erfahrungen" (Tierpsychologie)
Erich von Holst: „Neue Anschauungen über die Tätigkeit des Zentralnervensystems" (relative Koordination von Bewegungsabläufen durch zentrale Rhythmen); baut Flugmodelle mit weitgehender Nachahmung des Tierfluges (Vogel, Libelle)
K. Landsteiner und *A. S. Wiegner:* Rhesus-Faktor des menschlichen Blutes (rh-negative Mutter kann ihre rh-positive Frucht schädigen)
Edwin M. McMillan u. *Abelson* weisen erstes transuran. Element nach (Element [93] Neptunium, v. *O. Hahn* seit 1936 vermutet; 1951 Chemie-*Nobel*preis für Transuranchemie an *McMillan* u. *Glenn Th. Seaborg*, USA)
M. Richter: „Grundriß der Farbenlehre der Gegenwart" (Zusammenfassung unter bes. Berücksichtigung der Farbmessung)

J. M. Keynes: „Wie finanziert man den Krieg?" (brit. Volkswirtschaftstheorie)
Der engl. Karikaturist *David Low* erzielt mit seinen politischen Bildern gegen *Hitler* große Wirkungen
Ernst Reuter: „Einführg. in die Kommunalwissensch." (erscheint in Ankara)
Ernst Wagemann: „Wo kommt das viele Geld her?"
„Winterhilfswerk" (seit 1933) bringt 916 Mill. RM (nimmt mehr und mehr den Charakter einer Sondersteuer an)
Vernichtung von Geisteskranken in Deutschland ohne Zustimmung oder Kenntnis ihrer Angehörigen
Die ersten Nylon-Strümpfe (Nylon entwickelt sich zu einem vielseitigen Werkstoff)
~Platzersparnis f. Bibliotheken, Karteien usw. durch Mikrophotographie beträgt etwa 95 bis 99%
Prozentualer Anteil verschiedener Lebensalter an der Gesamtbevölkerung (vergleichsweise vorausberechnet für 1970, ohne Kriegsfolgen): 0—29 Jahre: Engl. 44 (31), Dt. 46 (35), USA 52 (47), USSR 64 (54); 50—79 J.: Engl. 26 (37), Dt. 23 (33), USA 19 (26), USSR 12 (20)

(1940)

Baldur von Schirach (* 1907) Gauleiter und Reichsstatthalter in Wien; *Axmann* Reichsjugendführer

Starker dt. Luftangriff auf engl. Stadt Coventry

Beginn heftiger dt. Luftangriffe auf London und Malta

† *Michael Hainisch*, österr. Bundespräsident von 1920 b. 1928 (* 1858)

Island von den Alliierten besetzt (später wichtiger Stützpunkt der USA-Streitkräfte)

Winston Churchill (Konserv.) bildet brit. Koalitionsregierung (bis 1945); stellvertretender Ministerpräsident *Clemens Richard Attlee* (Labour; * 1883); Kriegsminister *Eden*. *Churchill* stellt „Blut, Mühsal, Tränen und Schweiß" in Aussicht

Stafford Cripps (* 1889, † 1952) brit. Botsch. in Moskau, bis 1942

Brit. Niederlage bei Dünkirchen; der brit. Expeditionsarmee gelingt Einschiffung n. Engl. unter Zurücklassung der schweren Ausrüstung

Brit. Luftwaffe und Luftverteidigungskräfte zerschlagen in der entscheidenden „Schlacht um England" dt. Luftoffensive; führt zur Aufgabe des dt. Invasionsplanes „Seelöwe"

† *Neville Chamberlain*, brit. Premier 1937—40 (* 1869)

Poln. Exilregierung i. London unter General *Sikorski;* General *Anders* befehligt nahöstl. poln. Armee

Großbritannien anerkennt provisor. tschechoslow. Exilregierung unter *Benesch*

Anthony Eden nach Lord *Halifax* brit. Außenminister bis 1945

Samuel Hoare (* 1880) brit. Botschafter in Madrid (ihm gelingt, Spanien außerh. d. Krieges zu halten)

Irland lehnt militär. Stützpunkt für Alliierte ab

Paul Reynaud (* 1878, † 1966) frz. Minister-Präs. bis zur militär. Niederlage (unter *Pétain* verhaftet)

Marschall *Pétain* frz. Staatschef des unbesetzten Frankreichs in Vichy bis 1944; arbeitet mit der dt. Besatzungsmacht zusammen; daneben Widerstandsbewegung („Résistance") umfaßt Kommunisten, Sozialisten und Bürgerliche

Das frz. provisorische Nationalkomitee unter *Charles de Gaulle* (* 1890) wird von Großbritannien anerkannt; es bekämpft *Pétain*-Regierung und erlangt Regierungsgewalt im frz. Kolonialgebiet

Briten vernichten frz. Flottengeschwader vor Oran, um es dt. Zugriff zu entziehen

Pétain setzt seinen Stellvertreter *Laval* ab und läßt ihn verhaften; wird von dt. Behörden befreit

Italien greift von Albanien aus Griechenland an; erfolgreicher Widerstand der Griechen

Kurz vor dem frz. militär. Zusammenbruch tritt Italien auf dt. Seite in den Krieg ein

Balbo wird als Generalgouverneur Libyens durch *Graziani* abgelöst

Italien erobert Brit.- und Frz.-Somaliland; ital. Vorstoß nach Ägypten löst siegreichen brit. Vormarsch in die Cyrenaika aus

† *Italo Balbo*, ital. Marschall, von eigenen Flugzeugen über Nordafrika abgeschossen (* 1896)

Bei einem brit. Luftangriff auf Tarent 3 ital. Schlachtschiffe und 2 Kreuzer schwer beschädigt

Spanien nennt sich „nicht kriegführend", lehnt Eingreifen in den Krieg ab und besetzt internat. Zone in Tanger (1945 wieder freigegeben)

Franco fordert Gibraltar für Spanien

Rumänien muß Bessarabien und nördl. Buchenland an Sowjetunion, nördl. und östl. Siebenbürgen an Ungarn, südl. Dobrudscha an Bulgarien abtreten

König *Carol II.* von Rumänien (seit 1930, * 1893) wird durch General *Antonescu* gezwungen, zugunsten seines Sohnes und Thronfolgers *Michael* abzudanken. *Antonescu* schaltet die faschist. „Eiserne Garde" nach einer blutigen Revolte endgültig aus

Wirtschaftsabkommen zwischen Deutschland und USSR

Finnland muß nach starkem Widerstand an die USSR Karelische Landenge, Teile von Ostkarelien abtreten und Hangö verpachten

Die Sektionen der kommunistischen Internationale unterstützen im Zeichen des dt.-sowjet. Paktes den Angriffskrieg *Hitlers* bis zu seinem Überfall auf die USSR

USSR liefert oppositionelle dt. Kommunisten an *Hitler* aus

Umbildung der Roten Armee durch Aufhebung von Neuerungen seit der Revolution (Wiedereinführung deutlicher Rangabzeichen, neue Disziplinarordnung, Abschaffung d. polit. Kommissare)

Andrej Wyschinski (* 1883, † 1954) stellvert. Außenkommissar d. USSR

USSR gliedert mit Duldung des Dt. Reiches baltische Staaten ein (1941 bis 1944 von dt. Truppen besetzt)

† *Leo Trotzki* (in Mexiko ermordet), russ. bolschewist. Politiker; Gründer der Roten Armee; Gegner *Stalins* (* 1879)

Staatsbesuch *Molotows* bei *Hitler* ergibt Gegensatz der Interessen

Achsenfreundliche Regierung in Syrien gestürzt. Brit. Truppen marschieren in Bagdad ein

USA kündigen Handelsvertrag mit Japan von 1911

USA-Marineprogramm für 150 Schiffe (2,5 Milliarden Dollar)

USA-Unterstaatssekretär *Sumner Welles* untersucht Friedensmöglichkeiten in Europa

Teilweise Wehrpflicht in den USA; 16,4 Mill. Mann werden gemustert

Grönland unter USA-Verwaltung

USA pachten von Großbritannien für 99 Jahre Neufundland, Bermudainseln, Bahamainseln, Jamaika, Antigua, Santa Lucia, Trinidad und Brit.-Guayana; liefern dafür 50 Zerstörer an brit. Marine

F. D. Roosevelt z. drittenmal Präs. der USA bis 1945 (†); „Nationaler Verteidigungsrat" gebildet

Autoritäre Regierung in Japan unter Fürst *Konoye*

Japaner setzen Regierung *Wang Tsching-wei* in Nanking ein. Trotz der japan. Bedrohung Konflikte zw. Kuomintang u. Kommunisten

Japan besetzt nördl. Teil von Frz.-Indochina

„Friedrich Schiller" (Film mit *Horst Caspar*, *E. Klöpfer* und *H. George*)

„Operette" (Film v. u. mit *W. Forst*)

„Der Postmeister" (Film nach *Puschkin* mit *H. George* und *Hilde Krahl*; Regie: *G. Ucicky*)

„Bismarck" (Film v. *W. Liebeneiner* mit *P. Hartmann*)

„Michelangelo" (Kulturfilm von *Curt Oertel* (* 1890, † 1959)

„Jud Süß" (Film v. *V. Harlan* mit *Ferd. Marian*, *W. Krauß*, *Kristina Söderbaum*)

„Die Früchte des Zorns" (nordamerikan. Film nach dem Roman *Steinbecks*; Regie: *J. Ford*; Solo-Akkordeon mit wiederkehrendem Volksliedthema als neuartige Filmmusik)

„Der Diktator" (nordam. *Hitler*persiflage von u. mit *Ch. Chaplin*); „Rebecca" (nordamerik. Film nach *du Maurier* von *A. Hitchcock*); „Fantasia" (nordam. farb. Zeichenfilm v. *Walt Disney* nach klassisch. Musik wie „Nußknackersuite", „Pastorale" u. a.); „Die lange Heimreise" (nordam. Film nach *O'Neill* von *J. Ford*)

„Ein Tag in der neuen Welt" (russ. Film von *Karmen*)

„Gaslicht" (engl. Film von *Thorold Dickinson*); „Das stolze Tal" (engl. Film v. *Pen Tennyson*)

Ruben: Klärung des Verbleibs der Kohlensäure im Assimilationsvorgang mit der Indikator-Methode (Verwend. radioakt. Isotope, deren Verbleib verfolgt werden kann)

Hermann Schmidt plant in Berlin Institut für Regelungstechnik (Anfänge der Kybernetik in Dtl., vgl. 1948)

H. Stille: „Einführung in den Bau Amerikas" (geologische Analyse der zeitlichen Entwicklung)

G. v. Studnitz weist drei Farbsubstanzen in den Zapfen der Netzhaut als stoffliche Grundlage des Farbensehens nach

Timoféeff-Ressovsky: „Eine biophysikalische Analyse des Mutationsvorganges" (Deutung der Erbänderungen durch Strahlen)

† *Julius Wagner von Jauregg*, österr. Nervenarzt; *Nobel*pr. 1927 (* 1857)

Waksman und *Woodruff* entd. das Antibioticum Actinomycin A

Hans Weinert: „Der geistige Aufstieg der Menschheit" (aus der Sicht d. Abstammungslehre; 3. Bd. der Trilogie seit 1932)

Bahnen von 1513 kleinen Planeten bekannt (seit 1910 über 700 ausgemessen; erster 1801 entdeckt). 4000 weitere wenigst. einmal beob.

Entdeckung der steinzeitl. Höhlenmalereien bei Lascaux (Südfrankr.)

Anwendung und Entwicklung der plastischen Chirurgie bei Gesichtsverletzungen im Kriege

In Kanada wird Fichtenblattwespe als Schädling durch künstlich hervorg. Seuche erfolgreich bekämpft

Technisch brauchbare Gasentladungs - Leuchtstofflampen mit hoher Lichtausbeute u. vielen Farbtönungen (diese „kalten" Lichtquellen konkurrieren mit den Glühfadenlampen geringerer Lichtausbeute)

USA ersetzt das 441- durch das 525-Zeilen-Fernsehbild

~ Ersatz v. Dampf- durch *Diesel*lokomotiven i. USA (1953 ca. 50%)

Starker Ausbau des Wasserstraßensystems in der USSR (Ostsee-Wolga-Kanal, Dnjepr-Bug-Kanal, Moskwa-Wolga-Kanal, Seekanal Schwarzes — Kaspisches Meer)

~ Radioaktiver Phosphor in der Medizin

1941

† *Ludwig Quidde*, dt. Historiker und Politiker; Friedens*nobel*preis 1927 (* 1858)

General *Rommel* schlägt mit dem dt. Afrikakorps die Briten in Nordafrika zurück. Tobruk wird eingeschlossen. Gegenstoß der Briten

Brit. Truppen besetzen Somaliland, Eritrea und Abessinien; Ende des ital. Imperiums

Rodolfo Graziani, Marschall von Italien, tritt von allen Ämtern zurück (Generalstabschef des Heeres, Generalgouverneur in Libyen, Oberbefehlshaber in Nordafrika)

Leih- und Pacht-Gesetz in den USA zur sofortigen und wirksamen Unterstützung der Gegner *Hitlers*

Der dt.-freundliche Prinzregent *Paul* von Jugoslawien muß nach dem Beitritt zum Dreimächtepakt für König *Peter II.* abdanken. Freundschaftspakt USSR — Jugoslawien. Deutschland greift Jugoslawien an. Schwere Luftangriffe auf Belgrad

Dt. Truppen marschieren von Bulgarien aus in Griechenland ein. Dt. und ital. Truppen besetzen ganz Griechenland. Brit. Truppen ziehen sich nach Kreta zurück. Ungarn, Bulgarien, Italien und Deutschland erhalten von Jugoslawien und Griechenland Gebietsteile

Dt. Fallschirmjägertruppen erobern Kreta

Ante Pavelitsch leitet in dt.-ital. Abhängigkeit den neugegründeten Staat Kroatien; stützt sich auf terrorist. „Ustascha"-Bewegung

Besuch des japan. Außenministers *Matsuoka* in Berlin, Rom und Moskau (in Moskau Abschluß eines Neutralitätspaktes)

Reichsminister *Rudolf Heß* springt mit Fallschirm über Großbritannien ab, um durch persönl. Verhandlungen die Front der Gegner zu schwächen. (Reichsregierung erklärt ihn für geisteskrank, brit. Regierung setzt ihn gefangen)

† *Wilhelm II.* (in Doorn), dt. Kaiser von 1888 bis 1918 (* 1859)

Josef Martin Bauer (* 1901): „Das Mädchen auf Stachet" (Roman)

Brecht: „Mutter Courage und ihre Kinder" (eine Chronik aus dem Dreißigjährigen Krieg, Bühnenstück)

Camus grdt. „Le Combat" (frz. Zeitung des Widerstandes)

Carossa: „Das Jahr der schönen Täuschungen" (Roman, Fortsetzung v. „Verwandlungen einer Jugend" 1928)

A. J. Cronin: „Schlüssel zum Königreich" (engl. Roman)

Ilja Ehrenburg (*1891, + 1967): „Der Fall von Paris" (russ. Roman)

G. Hauptmann: „Iphigenie" (Schauspieltrilogie, letzt. Teil 1948 posthum)

Fritz Hochwälder (* 1911): „Das heilige Experiment" (österr.-schweiz. Schauspiel)

† *James Joyce*, engl. Dichter irischer Abkunft (* 1882)

† *Dimitrij Mereschkowskij*, russ. Dichter (* 1865)

Pablo Picasso: „Der Wunsch beim Schwanz ergriffen" (sein einziges Bühnenstück)

Charles Plisnier: „Meurtres" (frz. Romanzyklus in 5 Bänden seit 1939)

† *Johannes Schlaf*, dt. natural. Dichter (* 1862)

W. E. Süskind: „Vom ABC zum Sprachkunstwerk" (philolog. Essays)

† *Rabindranath Tagore*, ind. Dichter; *Nobel*preis 1913 (* 1861)

Thieß: „Das Reich der Dämonen" (Roman)

Alexej N. Tolstoi: „Der Leidensweg" (russ. Romantrilogie seit 1920)

Werfel: „Das Lied von Bernadette" (Roman um den Wallfahrtsort Lourdes, seit 1940)

Th. Wolfe: „Strom des Lebens" (nordam. Roman, posthum)

F. Ahlers-Hestermann: „Stilwende" (entscheid. Würdigung d. Jugendstils um 1900)

† *Henri Bergson*, frz. Philosoph und Psychologe; *Nobel*preis für Literatur 1927 (* 1859)

Lucien Cuénot (* 1866): „Zweckgebundenheit u. Erfindung in der Biologie" (frz.)

E. B. Greene: „Die Messung menschlichen Verhaltens" (kennzeichnend für den hohen Stand des Intelligenzprüfwesens in den USA)

C. G. Jung: „Einführung in das Wesen der Mythologie" (Schweiz. psychoanalyt. Deutung)

Herbert Marcuse (* 1898): „Vernunft und Revolution" (dt.-amer. gesellschaftskrit. Philosophie)

† *Werner Sombart*, dt. Soziologe und Nationalökonom; urspr. Marxist, später Antimarxist (* 1863)

Spranger: „Weltfrömmigkeit"

Ralph Turner: „Die großen kulturellen Traditionen" (nordamerik. Soziologie)

V. v. Weizsäcker: „Arzt und Kranker"

58 dän. Volkshochschulen (alle auf dem Lande) (schon 1870 bestanden ca. 50 VHS)

Beckmann: „Perseus" (express. Triptych.)

Bowden: „Kathol. Kirche in Addis Abeba" (engl. Gem.)

† *Robert Delaunay*, frz. Maler (* 1885)

Heckel: „Königskerze", „Wolken vor Bergen", „Winterlandschaft" (express. Aquarelle)

F. Hodgkins: „Mauern, Dächer und Blumen" (engl. express. Gemälde)

† *Alexej von Jawlensky*, express. Maler russ. Herkunft (* 1864)

J. Lipchitz flieht von Paris (dort seit 1909) nach den USA

Matisse: „Die beiden Freundinnen" (frz. Gemälde)

† *George Minne*, belg. Bildhauer (* 1866)

H. Moore: Schlafende Menschen in den Londoner U-Bahnschächten während der Luftangriffe (engl. Zeichn.)

Nash: „Bomber üb. Berlin" (engl. Gem.)

Pasmore: „Lampenlicht" (engl. Gem.)

Picasso: „Natura morte" (frz.-span. Stilleben im kubist.-abstrakten Stil)

St. Spencer: „Schiffsbau" (engl. Gem.)

Graham Sutherland (* 1903): „Verbranntes Papier" (engl. Gemälde)

Egk: „Columbus" (oratorische Oper)

Hindemith: „Danses Concertantes" („Konzertante Tänze") und „Sinfonie in Es-dur"

† *Wilhelm Kienzl*, dt. Opernkomponist (* 1857)

Křenek: „Tarquin" (Oper um den heiligen Aufstand gegen einen Diktator)

Gian-Carlo Menotti: „Die alte Jungfer und der Dieb" (nordamerikan. komische Oper; 1938 als Funkspiel)

† *Christian Sinding*, norweg. Komponist; schrieb drei Symphonien, Violinkonzerte, Lieder u. a. (* 1856)

Aufkommen populärer Soldatenlieder: Dt. Soldatensender i. Belgrad macht d. Platte „Lili Marleen", ges. v. *Lale Andersen* (*1912, + 1972), Text 1915 v. *Hans Leip*, bekannt; „Wir hängen unsere Wäsche an der Siegfriedlinie auf" (engl.) u. a.

G. H. Faget beginnt in Carville Lepra erfolgreich mit Promin und anderen Sulfonen zu behandeln

Hans Hass: „Unter Korallen und Haien" (neuartige Unterwasserforschung mit Schwimmflossen und Kamera)

A. Kühn: Analyse einer stofflichen Wirkkette vom Gen zum Merkmal am Augenpigment der Mehlmotte: Phänogenetik

Kuhn und *Rittmann* vermuten sonnenähnliche, wasserstoffreiche Materie im Erdkern (dagegen steht weiterhin Eisenhypothese)

L. D. Landau: Theorie des superflüssigen Heliums bei tiefsten Temperaturen

Loos: Phasenkontrast-Mikroskop nach *Zernike* (vgl. 1932)

M. Milankovitch: „Kanon der Erdbestrahlung und seine Anwendung auf das Eiszeitenproblem" (Ableitung des Eiszeitenverlaufes aus den langfristigen Änderungen der Erdlage zur Sonne)

† *Walther Nernst*, dt. Physikochemiker; *Nobel*preis 1920 (* 1864)

† *Hans Spemann*, dt. Entwicklungsphysiologe; *Nobel*preis 1935 (* 1869)

Albert Vögler Vorsitzender der Kaiser-*Wilhelm*-Gesellschaft für Wissenschaften

„Vitamine und Hormone" (Zeitschrift für Wirkstofforschung)

Elektronen-Übermikroskop erlangt nach etwa 10jähriger Entwicklung technische Reife für den praktischen Gebrauch (übertrifft die etwa 2000fache Maximalvergrößerg. des Lichtmikroskopes um das 50fache)

Sichtbarmachung von Viren (Krankheitserreger), Phagen (Bakterienfresser) und anderen Riesenmolekülen

~ Rasche Entwicklung der Dezimeterwellen-Technik (Grundl. der Radar-Ortung)

Etwa 1 Mill. Tierarten bekannt (dav. ca. 75% Insekten) u. 200000 Pflanzenarten (50 Mill. ausgestorb. Tierarten geschätzt)

S. Kuznet: „Nationaleinkommen u. ihre Zusammensetzung" (engl. Wirtschaftsstatist., kennzeichnend für wachsendes Interesse an dieser Fragestellung)

„Eisernes Sparen" (Spareinlagen steigen während des Krieges von 301 auf 940 RM/Kopf der Bevölkerung; Guthaben dienen der Kriegsfinanzierung und werden durch die Währungsreform 1948 auf 5% entwertet)

Auflösung der dt. Verbrauchergenossenschaften (seit 1933 zunehmend eingeschränkt)

Die brit. Presse übernimmt die Aktien der *Reuter*-Nachrichtenagentur

75% der *Ford*-Arbeiter stimmen für die CIO-Gewerkschaft (bedeutet das Ende des „Fordismus"; *Fords* Marktanteil war von 50% 1925 auf 20% 1940 zurückgegangen)

USSR verlagert in 3 Monaten 1360 Großbetriebe aus den kriegsbedrohten Gebieten nach Sibirien und baut weitere 2250 dort auf

Weltrekord im Hochsprung mit 2,11 m von *Steers* (USA)

(1941)

Botschafter *von Papen* schließt dt.-türkischen Freundschaftsvertrag auf 10 Jahre ab

Brit. und frei-frz. Truppen besetzen Syrien (frz. Einflußgebiet)

Verbot der kommunist. Partei in der Schweiz (1945 Parteiorgan wieder zugelassen)

Hitler greift die USSR an und hat große Anfangserfolge. Sowjetarmee bringt in der Winterschlacht vor Moskau die vordringende dt. Panzerarmee zum Stehen

Stalin (bisher formal nur Generalsekretär der KPSU) Vorsitzender des Rates der Volkskommissare (Rang eines Ministerpräsidenten)

Belagerungszustand in Moskau; Reorganisierung der sowjet. Verteidigungskraft unter den Generälen *G. K. Schukow* (* 1895), *Timoschenko*, *Woroschilow*, *Budjenny*

Auflösung der Wolgadeutschen Republik (galt als Mustergebiet), Verbannung der dt. Einwohner nach sibir. Strafgebieten

„Atlantic Charta" von *Roosevelt* und *Churchill* auf einem Schlachtschiff verkündet (wiederholt die 4 Freiheiten: Freiheit der Meinung und Religion, Freiheit von Not und Furcht)

Iran von brit. und sowjetruss. Truppen besetzt. Ausbau einer Nachschubstraße

Risa Pählewi, Schah von Iran seit 1925, zur Abdankung gezwungen; es folgt sein Sohn *Mohammed Risa Pählewi* (* 1919)

Hitler übernimmt an Stelle *von Brauchitschs* Oberbefehl über das Ostheer. Schwere Winterkrise des Ostheeres. Beginn heftiger Partisanenkämpfe

Alfred Rosenberg Reichsminister für die besetzten Ostgebiete; behandelt die slawische Bevölkerung nach der „Untermenschen"-Parole

Heydrich (SS) Reichsprotektor in Böhmen-Mähren; unterdrückt Unruhen

Großbritannien schränkt irische Ausfuhr durch Navycerts ein

Admiral *Darlan* frz. Regierungschef

Aktivität der frz. Widerstandsbewegung; *Hitler* läßt 50 Geiseln erschießen. „Nacht-und-Nebel-Erlaß" ordnet Verschleppung politischer Gegner ins Ungewisse an

Finnland beteiligt sich unter Oberbefehl Marschall *Mannerheims* am Krieg gegen die USSR; tritt Antikominternpakt bei

von Bardossy ungar. Ministerpräsident bis 1942 († 1945, hingerichtet); ungar. Truppen beteiligen sich am Einmarsch in Jugoslawien und in die USSR

Rumänien erobert unter *Antonescu* Bessarabien zurück, tritt Antikominternpakt bei

Poln. Exilregierung schließt mit der USSR Freundschafts- und Hilfspakt

† *Ignazy Paderewski*, poln. Ministerpräsident von 1919 bis 1921 und Klaviervirtuose (* 1860)

Franco-Spanien stellt „Blaue Division" gegen Sowjetunion

Fehlschlag von Verhandlungen Japan—USA. Regierung *Konoye* tritt zurück. Militärkabinett unter General *Tojo*

Regierungskonflikt mit den USA-Bergarbeitergewerkschaften unter *John L. Lewis*

Japan. Luftangriff auf USA-Flottenstützpunkt Pearl Harbour zieht die USA in den 2. Weltkrieg. Deutschland und Italien erklären den USA den Krieg

USA erhalten von Ekuador Stützpunkte auf den Galapagosinseln im Stillen Ozean

Erste Konferenz zwischen *Roosevelt* und *Churchill* in Washington

Thailand tritt auf japan. Seite in den Krieg und erwirbt an Frz.-Indochina abgetretene Gebiete zurück

Japaner erobern Hongkong

† *Virginia Woolf*, (Freitod), engl. Dichterin (* 1882): „Zwischen den Akten" (engl. Roman) *E. Piscator* übernimmt Studio-Theater d. Neuen Schule für soziale Forschungen in New York	„Frauen sind doch bessere Diplomaten" (erster dt. Farbspielfilm im Normalformat, mit *Marika Rökk, W. Fritsch*) „Das andere Ich" (Film mit *H. Krahl* [Doppelrolle] und *Matthias Wiemann*, * 1902, † 1969; Regie: *W. Liebeneiner)* „Friedemann Bach" (Film mit *G. Gründgens, E. Klöpfer;* Regie: *Traugott Müller)* „Auf Wiedersehen Franziska" (Film mit *M. Hoppe* u. *Hans Söhnker;* Regie: *Helmut Käutner)* „Ohm Krüger" (Film v. *H. Steinhoff)* „Citizen Kane" (nordam. Film von *O. Welles)*; „So grün war mein Tal" (nordamerik. Film nach *Richard Llewellyn* von *J. Ford)*; „Verdacht" (nordamer. Film von *A. Hitchcock)*; „Sergeant York" (nordamer. Film mit *G. Cooper, Joan Leslie)* „Maskerade" (russ. Film) „Kipps" (engl. Film von *C. Reed)* „Nous les Gosses" (frz. Film v. *Daquin)*	Deutsche Perlon-Kunstseide (Gegenstück zu der amerik. Nylon-Kunstseide) Entgiftungsmittel gegen Schwermetalle BAL (British Anti-Lewisit) Erstes brit. Düsenflugzeug Brit. Kampfflugzeug „Mosquito" (DH 98, schnell und vielseitig) Gasturbinenlokomotive (in der Schweiz)	

1942

Militärbündnis Deutschland, Italien und Japan

Panama, Luxemburg (Exilregierung), Mexiko, Brasilien und Abessinien geraten mit Deutschland in Kriegszustand

Hitler entläßt Generalstabschef Generaloberst *Franz Halder*

Dt. Truppen erreichen den Kaukasus und die Wolga bei Stalingrad; 6. Armee unter General *Paulus* bei Stalingrad eingeschlossen

General *Wlassow* ruft aus der dt. Gefangenschaft die Völker der Sowjetunion zum Sturz des bolschewist. Systems auf; wird später entlassen, erhält aber bis 1944 keine militär. Befehlsgewalt

Albert Speer Reichsminister für Bewaffnung und Munition, Generalinspektor für Straßen, Wasser und Energie (wird 1946 zu Gefängnis verurteilt)

Fritz Sauckel Generalbevollmächtigter für Arbeitseinsatz; unter ihm werden Millionen von Arbeitern aus den besetzten Gebieten nach Deutschland gebracht

Attentat auf den Reichsprotektor von Böhmen-Mähren *Reinhard Heydrich* (†): als Vergeltung wird das Dorf Lidice dem Erdboden gleichgemacht, seine Männer getötet, Frauen und Kinder verschleppt

Beginn der Ermordung von Millionen Juden in den Gaskammern der Vernichtungslager Auschwitz, Maidanek u. a.

Illegale Organisation „Die rote Kapelle" mit Verbindungen zur USSR in Deutschland aufgedeckt; Hunderte werden hingerichtet

Cripps brit. Min. f. Flugzeugprod.

Molotow unterzeichnet in London brit.-sowj. Vertrag über Zusammenarbeit für 20 Jahre

Heinrich v. Stülpnagel Militärbefehlshaber von Frankreich bis 1944 (hingerichtet im Zusammenhang mit dem 20. Juli)

Alliierte Probelandung bei Dieppe

USA- und brit. Truppen unter *Eisenhower* landen in Marokko und Algerien. Schwacher Widerstand

Anouilh: „Colombe" (frz. Bühnenstück; aufgeführt 1950)

B. Brecht: „Galileo Galilei" (Drama)

A. Camus: „Der Fremdling" (frz. Roman)

Paul Eluard: „Poesie und Wahrheit" (franz. Lyrik)

Ernst Jünger: „Gärten u. Straßen" (Tagebuch v. Frankreichfeldzug)

Astrid Lindgren: „Pippi Langstrumpf" (mod. schwed. Jungmädchenbuch)

Klaus Mann (* 1906, † 1949, Selbstm.): „Der Wendepunkt" (Autobiogr.)

Monnier: „Nans, der Hirt" (frz. Roman)

Ponten: „Volk auf dem Wege" (Romanreihe über Auslandsdeutschtum in 6 Bd. seit 1933)

Katherine Anne Porter: „Der schiefe Turm und andere Erzählungen" (nordamerikan. realistische Kurzgeschichten)

Saroyan: „Menschliche Komödie" (nordamerik. Roman)

Sinclair: „Drachenzähne" (nordamerikan. Roman)

Vercors (Jean Bouller, * 1902): „Das Schweigen des Meeres" (frz. Novelle)

Th. N. Wilder: „Wir sind noch einmal davongekommen" (nordamerikan. surrealist. Schauspiel)

† *Stefan Zweig* (Freitod in Brasilien), dt. Dichter; hinterläßt unvollendete *Balzac*-Biographie (* 1881)

R. Carnap: „Einführung in die Semantik" (Erkenntnis als Abbildung der Welt durch Zeichen nach festgelegten Regeln)

H. Reichenbach: „Philosophische Grundlagen der Quantenmechanik" (empirisch-logische Naturphilosophie; drückt die Anomalien d. Quantenphysik durch dreiwertige Logik aus)

Wilhelm Röpke (* 1899, † 1966): „Gesellschaftskrise der Gegenwart" (neoliberal)

Schweiz schafft Todesstrafe ab

Widerstand der norweg. Geistlichkeit gegen *Quislings* Erziehungsprogramm; zahlreiche Verhaftungen

Bei ihrem 75jährigen Bestehen umfaßt *Reclams* Universalbibliothek 7500 Nummern (bis Kriegsende 275 Mill. Bände gedruckt)

Beckmann: „Prometheus" (express. Gemälde)

† *German Bestelmeyer*, dt. Baumeister, bes. in München (* 1874)

Braque: „Toilettentisch am Fenster" und „Patience" (frz. kubist. Gemälde)

Burra: „Soldaten" (engl. surreal. Gem.)

Max Ernst (* 1891): „Antipapa" (dt.-frz. surrealist. Gemälde)

Grant: „Blumen" (engl. Gem.)

Kaus: „Mädchen am Ufer" (express. Aquarell)

G. Marcks: „Rafaello" (Bronzeplastik)

Matisse: „Die rumänische Bluse" (frz. express. Gemälde)

H. Moore: „Rote Felsen und liegende Figur" (engl. surreal. Gem.)

Ed. Munch: „Selbstbildnis" (norweg.)

Picasso: „Stilleben mit Stierschädel" (span.-frz. kubist. Gemälde)

J. Piper: „Windsor Castle", „Akt" (engl. Gem.)

Shahn: Wandbilder für Sozialversicherungs-Gebäude Washington (seit 1940)

Graham Sutherland: „Rote Landschaft" (engl. express. Gemälde)

„Diesel" (Film mit *Willy Birgel*; Regie: *G. Lamprecht*)

„Rembrandt" (Film mit *Ewald Balser*; Regie: *H. Steinhoff*)

B. Britten: 1. Streichquartett (engl. Komposition)

† *Hugo Distler* (Freitod), dt. Komponist u. Kantor in Lübeck; erneuert lutherische Kirchenmus. (* 1908)

H. Reutter: „Odysseus" (Oper)

Schostakowitsch: 7. Symphonie (russ. Komposition, verherrlicht den Widerstand des belagerten Leningrad; sofort. Aufführungen in Rußland, Großbritann. und USA)

R. Strauss: „Capriccio" (Oper)

Hch. Sutermeister: „Die Zauberinsel" (Schweiz. Oper nach *Shakespeares* „Sturm")

† *Felix Weingartner*, dt. Komponist u. Dirigent, bes. in Deutschland, Österreich und der Schweiz (* 1863)

„Musik bei der Arbeit" zur Hebung der Arbeitsfreude in engl. Fabriken (wird zum regelm. Rundfunkprogr.)

† *Franz Boas*, dt-nordamerik. Ethnologe u. Anthropologe; gründete erfolgreiche Schule für Kulturforschung (* 1858)

† *William Henry Bragg*, engl. Physiker; *Nobel*preis 1915 (* 1862)

E. Fermi gelingt erste fortlaufende Erzeugung von Atomenergie durch Kettenreaktion der Uranspaltung. Gilt als „Beginn des Atomzeitalters" am 2. 12. 1942, 15.30 Uhr Chicagoer Zeit. „Manhattan"-Projekt in den USA zur Entwicklung der Atombombe (führt mit 150000 Menschen, davon 14000 Wissenschaftler u. Ingenieure, und Kosten von etwa 2 Milliarden Dollar 1945 zum Erfolg)

Florey entwickelt das schon 1928 von *A. Fleming* entdeckte bakterientötende Penicillin zu einem wirksamen Heilmittel

F. Kögl klärt Aufbau des Hefehormons Biotin (Vitamin H)

G. P. Kuiper findet Anzeichen einer Atmosphäre beim Saturnmond Titan

Mauchly und *Eckert* entwickeln elektronische Großrechenmaschine ENIAC (18000 Röhren, 500000 Lötstellen, Raumbedarf 135 qm; 300 Multiplikationen in einer Sek.; eröffnet neue Epoche d. Rechenmöglichkeiten; Inbetr.nahme 1946)

Heinrich Mitteis (* 1889, † 1952): „Der Staat des hohen Mittelalters"

Oskar Pareth: „Die Pfahlbauten" (erweist sie am Bodensee als überflutete ursprüngl. Landsiedlungen)

† *August von Parseval*, dt. Erfinder des unstarren Luftschiffes und Fesselballons (* 1861)

N. Sinizyn: Überpflanzung eines zweiten Herzens in den Blutkreislauf von Kalt- und Warmblütlern

Der planetarische Krabben-Nebel wird als Folge des Supernova-Ausbruches vom Jahre 1054 erkannt

Die Temperatur der Sonnenkorona wird zu etwa eine Million Grad bestimmt (Sonnenoberfläche 6000°)

Brit. Radarstationen entdecken Kurzwellenstrahlung der Sonne (ab 1946 setzt intensive Radio-Sonnenforschung ein)

W. Beveridge, engl. liber. Nationalökonom (* 1879): Plan für engl. Sozialreform (beeinflußt d. brit. Sozialpolitik ab 1945)

Colin Clark: „Die Wirtsch. v. 1960" (engl. statist. Wirtschaftsprognose)

„Studien über mathematische Ökonomie u. Ökonometrie" (nordam. Sammelwerk)

Steueraufkommen in Deutschland: 42684 Mill. RM (1933: 6882 Mill. Reichsmark)

Mieterschutzgesetz in Deutschland

Produktions - Beratungsausschüsse zwischen Gewerkschaften und Fabrikleitungen in Großbritannien

Einheitl. schweizerisches Strafgesetzbuch tritt in Kraft (1938 gebilligt)

Bau der Alaskastraße (Kanada—Alaska, rund 2500 km)

Sportliche Kleidung mit kurzen Röcken

Hochgekämmte Frauenfrisuren („Entwarnungsfrisur")

Weltrekord im Stabhochsprung mit 4,77 m von *Warmerdam* (USA)

(1942) von Vichy-Truppen. Dt. Truppen besetzen Tunis. Einmarsch dt. Truppen in den bisher unbesetzten Teil Frankreichs. Selbstversenkung der franz. Kriegsschiffe in Toulon

Rommels Panzerarmee geht auf die Grenze der Cyrenaika zurück

General *Giraud* (nach Flucht aus dt. Gefangenschaft) und Admiral *Darlan* gehen auf die alliierte Seite über. *Pétain* enthebt *Darlan* seiner Ämter. *Darlan* erklärt sich zum Staatschef in Nordafrika und wird ermordet

In Griechenland sind eine monarchist. und eine kommunist. Widerstandsbewegung aktiv, die sich untereinander und die Exilregierung bekämpfen

Aufhebung der Trennung zwischen militär. und politischer Kommandogewalt in der USSR (seit 1940)

Washington-Pakt zwischen 26 Staaten gegen Sonderfrieden

Pan-Amerikanische Konferenz in Rio de Janeiro zur Verteidigung der westl. Hemisphäre

Preiskontrollgesetz und „Sieben-Punkte-Programm" gegen Inflationsgefahr in den USA

Gandhi fordert Großbritannien auf, Indien zu verlassen: wird verhaftet, seine Frau folgt ihm ins Gefängnis. Großbrit. bietet Indien Dominionstatus an, der abgelehnt wird

Hitler unterstützt den antibrit. Inder *Subhas Chandra Bose*

Japan erobert Singapur und dringt in Burma ein; Burmastraße nach China wird abgeschnitten

Japan besetzt Philippinen, Celebes, Amboina, Timor, Java, Guam, Wake, *Bismarck*-Archipel, Salomonen, landet auf den Aleuten. Japan. Luftangriffe gegen Australien. Japaner beherrschen 450 Mill. Menschen, kontrollieren 95% der Weltgummiproduktion und 70% der Zinn- und Reisproduktion

MacArthur erhält Oberbefehl im Fernen Osten. Japan. Niederlage in der Seeschlacht bei den Midway-Inseln bedeutet Wendepunkt des Krieges im Fernen Osten

Japaner unterliegen in der Seeschlacht bei den Salomonen. Beginn der alliierten Großoffensive im Südpazifik

„Die goldene Stadt“ (Farbfilm mit *K. Söderbaum;* Regie: *V. Harlan)*

„Paracelsus“ (dt. Film v. *Pabst)*

„Mrs. Minniver“ (nordam. Film von *William Wyler* mit *GreerGarson)*; „Warum wir kämpfen“ (nordam. Film von *Capra)*; „Sein oder Nichtsein“ (nordam. Film von *E. Lubitsch)*; „Meine Frau die Hexe“ (nordam. Film von *R. Clair)*; „Bambi“ (nordam. Zeichenfarbfilm von *Walt Disney)*

„Die phantastische Nacht“ (frz. Film v. *L'Herbier)*; „Liebesbriefe“ (frz. Film von *Claude Autant Lara*, *1903); „Die abendlichen Besucher“ (frz. Film v. *Carné)*

„Die deutsche Niederlage vor Moskau“ (russ. Film)

Dauernd besetzte brit. Forschungsstation im südpolaren *Ross*meer

Weißgliedriger Satansaffe auf Fernando Poo entdeckt

Internat. Entwicklungsstand der Flugabwehr: Verwendung automatisch rechnender Kommandogeräte und elektrischer Übertragung der Werte an die Geschütze, Verwendung von Funkmeßgeräten (Radar) zur Ortung, ausgedehnte Flugwarnnetze. Technische Entwicklung der Flugwaffe verurteilt diesen gewaltigen Aufwand zu relativ geringen Erfolgen. Große Bedeutung der Flakgeschütze für den direkten Panzerbeschuß

Junkers und BMW entwickeln Turbinen-Strahltriebwerke (für Jagdflugzeuge); parallele Entwicklung besonders in Großbritannien

Durch fast 8 Mill. Impfdosen erkrankt kein USA-Soldat an Gelbfieber

Feuergeschwindigkeit des Maschinengewehres wird auf etwa 1000 Schuß pro Minute gesteigert

1943

Die unter General *Paulus* in Stalingrad eingeschlossene dt. 6. Armee vernichtet oder gefangen (ca. 146000 Gefallene und 90000 Gefangene; bedeutet Wendepunkt des Krieges)

General *Paulus* und andere dt. Kriegsgefangene sowie kommunist. Emigranten bilden in Moskau das „Nationalkomitee Freies Deutschland“ zur antifaschist. Propaganda in der dt. Wehrmacht

Casablanca-Konferenz zwischen *Roosevelt* und *Churchill:* Forderung der bedingungslosen Übergabe Deutschlands; wird vom Nationalsozialismus propagandistisch gegen die wachsende Kriegsmüdigkeit ausgenutzt

Sowjet. Truppen öffnen Zugang zum seit 17 Monaten belagerten Leningrad. Charkow wechselt dreimal den Besitzer. Sowjets erobern Ukraine zurück und dringen bis Kiew vor

Hitler befiehlt Politik d. „Verbrannten Erde“ beim Rückzug aus der USSR (sowj. Schätzung der gesamten Kriegsschäden: 679 Mrd. Rubel)

Rücktritt der dän. Regierung. Dt. Militärbefehlshab. übernimmt vollziehende Gewalt. Ausnahmezustd.

Die für die Erzeugung von Atomenergie wichtige Produktion schweren Wassers in Norwegen durch brit.-norweg. Sonderkommandos und Bombenangriffe lahmgelegt

Irak, Bolivien, Iran, Italien (*Badoglio*-Regierung), Kolumbien geraten mit Deutschland in Kriegszustand

Hamburger Außenbezirke d. brit. Luftangriffe weitgehend zerstört. Beginn fortgesetzter schwerer Luftangriffe auf Berlin

Zunehmender Einsatz von Schulkindern, Frauen, Gefangenen bei der deutschen Heimatflak

Die Geschwister *Sophie* (*1921) u. *Hans* (*1918) *Scholl* verbreiten in der Münchener Univ. antifaschist. Flugblätter „Weiße Rose“ (werden, wie Prof. *Kurt Huber* [* 1892], der einen Teil der Flugblätter verfaßte, hingerichtet)

St. Andres: „Wir sind Utopia“ (Novelle)

David Gascoyne (*1916): „Poems 1937—1942“ (engl. Gedichtsammlung)

G. Greene: „Das Ministerium des Schreckens“ (engl. Rom.; w. verfilmt)

† *Rudolf Herzog*, dt. Romanschriftst. (* 1869)

H. Hesse: „Das Glasperlenspiel“ (Roman einer pädagogischen Provinz)

Kasack: „Dies ewige Dasein“ (Gedichtsammlung)

E. Lasker-Schüler: „Mein blaues Klavier“ (letzte Ged., in Jerusalem)

H. Mann: „Lidice“ (Roman)

Th. Mann: „Josef und seine Brüder“ (Romantetralogie seit 1933)

† *Hendrik von Pontoppidan*, dän. Dichter; *Nobel*preis 1917 (* 1857)

A. Polgar: „Geschichten ohne Moral“

J. B. Priestley: „Die ferne Stadt“ (engl. Drama)

J. P. Sartre: „Die Fliegen“ (existentialistisch. Schauspiel aus der frz. Résistance)

Werfel: „Jacobowsky u. der Oberst“ (Drama)

† *Max Reinhardt (Goldmann)*, dt. Regisseur; leitete von 1905 bis 1933 das Dt. Theater in Berlin (* 1873)

Ludwig Binswanger: „Grundformen und Erkenntnis menschlichen Daseins“ (schweizer. „Daseinsanalyse“)

R. Carnap: „Formalisierung der Logik“ (Logistik)

H. C. Dent: „Erziehung im Übergang. Eine soziologische Analyse des Kriegseinfl. auf die engl. Erziehung 1939-1943“ (engl.)

Walter Lippmann: „Die Gesellschaft freier Menschen“ (angelsächs. demokrat. Gesellschaftsphilosophie)

B. Russell: „Philosophie des Abendlandes. Ihr Zusammenhang mit der politischen und sozialen Entwicklung“ (engl. Philosophiegeschichte)

J. B. Sartre: „L'Etre et le Néant“ („Sein und Nichts“, frz. Existentialphilosophie)

Sergius zum Patriarchen von Moskau gewählt, bedeutet Änderung der sowjet. Kirchenpolitik zur Stärkung d. Heimatfront im „Großen vaterländischen Krieg“

Der engl. Erzbischof von York besucht Moskau

44 Nationen gründen in Washington d. UNRRA zur Hilfeleistung für die ehemals besetzten Gebiete (bis 1947)

Luftkrieg desorganisiert zunehmend deutsches Erziehungswesen

Michael Ayrton (* 1921): „Fliegender Schläfer" (engl. surrealist. Gemälde)

Ludwig v. Baldass: „Hieronymos Bosch" (kunstgeschichtliche Biographie)

Beckmann: „Junge Männer am Meer", „Odysseus und Kalypso" (expr. Gem.)

Chagall: „Kreuzigung i. Gelb", „Zwischen Dunkelheit u. Licht", „Der Krieg" (russ.-frz. Gem.)

† *Otto Freundlich* (im KZ), dt. abstrakter Maler (* 1878)

Karl Otto Goetz (* 1914): „Komposition" (abstrakt. Gemälde)

Morris Graves (* 1910): „Vogelgeist" (nordam. Gemälde)

Heckel: „Herbsttag", „Landschaft im Herbst", „Mühle in der Landschaft" (express. Aquarelle)

K. Hofer: „Der Trinker", „Im grünen Kleid" u. „Früchtekorb" (expr. Gem.)

Kokoschka: „Wofür wir kämpfen", „Wildentenjagd", „Capriccio" (expr. Gemälde) u. „Iwan Maiski' (Bildnis des sowj. Botschafters in London)

G. Marcks: „Ver sacrum", „Ecce homo" u. „Große Maya" (Plastiken)

Mies van der Rohe: Metallforschungs-institut IIT, Chikago

Picasso: „Der Schaukelstuhl" (span.-frz. Gemälde)

Blacher: „Romeo und Julia" (Kammeroper nach *Shakespeare*)

Georg Henschel: Musik zum Farbfilm „Münchhausen"

Oscar Hammerstein (* 1905, † 1960): „Oklahoma" (nordamer. Musical)

Hindemith: Streichquartett Es-dur (in USA entstanden)

Milhaud: „Bolivar" (frz. Oper)

Orff: „Catulli Carmina" (szenisches Spiel nach Gedichten *Catulls*); „Die Kluge" (Oper)

† *Sergej Rachmaninow*, russ. Komponist u. Pianist; schrieb u. a. Klavierkonzerte und Symphonien (* 1873)

Hermann Scherchen: „Vom Wesen der Musik"

Schoeck: „Das Schloß Dürande" (Schweiz. Oper nach *Eichendorff*)

Schönberg: Variationen i. g-moll

R. Vaughan Williams: 5. Symphonie (engl. Musik mit ländlich. Charakter)

Physik-*Nobel*preis an *O. Stern* (Dt.) für Messung magnetischer Eigenschaften von Atomen

Chemie-*Nobel*preis an *G. v. Hevesy* (Ung., * 1885, † 1966) für Entwicklung der Methode radioaktiver Indikatoren

Medizin-*Nobel*preis an *H. Dam* (Dänem.) und *E. A. Doisy* (USA) für Entdeckung und Erforschung des K-Vitamins

W. Baade: Sichtbarmachung von Einzelsternen im Kern d. Andromeda-Spiralnebels unter letzter Ausnutzung des 2,5-m-Spiegels auf dem Mt. Wilson

Charlot: Chemische qualitative Schnellanalyse (1—2 statt 8 Stunden)

G. Erdtman: „Eine Einführung in die Pollenanalyse" (berücksichtigt rd. 1500 pollenanalyt. Arbeiten)

Ossip K. Flechtheim (* 1909) prägt für wiss. Behandlung v. Zukunftsfragen den Begriff der „Futurologie"

† *David Hilbert*, dt. Mathematiker; bes. Grundlagenforschung, theoret. Logik (* 1862)

Henry Kaiser baut „Liberty"-Schiffe in den USA nach dem Serienmontage - Prinzip (Rekord: ein Hochseeschiff in 4,5 Tagen)

von Muralt ordnet Aktionssubstanzen der Nerven (ergänzen die elektr. Vorgänge bei der Nervenleitung)

G. N. Papanicolaou: Frühdiagnose des Gebärmutterkrebses durch Zellabstrichmethode (gestattet vorbeugende Reihenuntersuchungen)

Arne W. K. Tiselius (*1902, + 1971) macht im Elektronenmikroskop Virus der Kinderlähmung sichtbar

O. H. Warburg: Das vom Blattfarbstoff Chlorophyll absorbierte Licht spaltet Wasser in Wasserstoff und Sauerstoff. Der Wasserstoff baut mit der Kohlensäure der Luft Kohlenhydrate auf (vgl. 1940)

C. F. von Weizsäcker: Theorie der Entstehung des Planetensystems aus Wirbelringen in einer gasförmigen Sonnenumgebung (steht neben mehreren weiteren Theorien der Planetenentstehung)

F. E. Zeuner versucht eine „Paläontologie ohne Fossilien": Rekonstruktion der vorzeitlichen Tierwelt aus Körperbau und geographischer Verteilung der lebenden Tiere

E. Tangye Lean: „Stimmen in der Dunkelheit — Die Geschichte des europäischen Radiokrieges" (engl.)

Verstärkte Luftoffensive gegen Deutschland und seine Verbündet. (insgesamt wirft während d. Krieges die anglo-amerikanische Luftwaffe 2,7 Mill. t Bomb. ab u. verliert dabei 40000 Flugz. und 160000 Mann; i. Deutschland selbst werden durch 1,3 Mill. t Bomben etwa 450000 Menschen getötet u. 7,5 Mill. obdachlos)

Hungersnot i. Bengalen verursacht üb. 1 Million Tote (die im Frieden 5,5 Mill. t betragende Reisausfuhr aus Burma, Thailand, Indochina kommt im Krieg zum Erliegen)

Stapellauf v. insgesamt 14 Mill. BRT Schiffsraum (Höchstzahl; 1939: etwa 2,5 Mill. BRT)

Verbot d. „Frankfurter Zeitung" (gegr. 1856) als letzte, nicht streng gleichgeschaltete dt. Zeitung

Neuer Vulkan entsteht in Mexiko

(1943)

Höhepunkt des dt. U-Boot-Krieges mit Versenkung von 851000 BRT im März (1942: 6,3 Mill. BRT, 1943: 2,6 Mill. BRT, 1944: 0,8 Mill. BRT). 237 U-Boote gehen verloren (1942: 85, 1944: 241). Alliierte Radartechnik schaltet dt. U-Boote weitgehend aus. Im Verlauf des Krieges fallen von 39000 U-Boot-Leuten 33000

Von Tunis aus verlassen letzte dt. und ital. Soldaten Afrika

Landung der Alliierten auf Sizilien und in Italien. Zusammenbruch des ital. Faschismus. *Mussolini* wird verhaftet und von dt. Fallschirmjägern befreit; bildet einflußlose Gegenregierung. Italien kapituliert und erklärt Deutschland den Krieg

Der ital. König beauftragt Marschall *Badoglio* mit der Regierungsbildung. Dt. Wehrmacht entwaffnet die ital. Truppen in ihrem Machtbereich und nimmt sie gefangen

Poln. Exilregierung in London fordert Untersuchung der Massengräber von 10000 poln. Offizieren bei Katyn (nach d. 2. Weltkr. wird eine Schuld der USSR internat. offen diskutiert). USSR stellt Lubliner Nationalrat auf und anerkennt ihn als provisorische poln. Regierung. *Mikolaiczyk* wird Nachfolger *Sikorskis* in der poln. Exilregierung in London. USSR bricht Beziehung zu letzterer ab

Aufstand im Warschauer Ghetto gegen die Nationalsozialisten. Fast alle (etwa 40000) Einwohner werden getötet

Teheran - Konferenz zwischen *Roosevelt*, *Churchill* und *Stalin:* der USSR wird die *Curzon*-Linie von 1920 als Westgrenze zugestanden. (*Churchill* verspricht 1944, Polen durch dt. Gebiet zu entschädigen)

Besprechungen von *Cordell Hull* und *Anthony Eden* in Moskau führen u. a. zum Beschluß der Wiedererrichtung der Republik Österreich und ihrer Behandlung als „befreites Land"

Der Leiter der tschechosl. Exilregierung, *Benesch*, schließt Freundschafts- und Beistandspakt mit der USSR

Großbritannien läßt den monarchistischen Führer der jugoslaw. Partisanen, *Mihailowitsch*, fallen und unterstützt den Kommunisten *Tito*

Ryti zum finn. Staatspräsidenten gewählt

Stalin wird Marschall

Auflösung der Kommunistischen Internationale („Komintern", gegr. 1919 als 3. Internationale)

Litwinow stellvertr. Außenminister der USSR bis 1946

USA-Truppen landen auf Neuguinea, auf Bougainville, auf den *Gilbert*-Inseln

Totale wirtschaftl. Mobilmachung in Japan

Staatsbesuch Präsident *Roosevelts* in Mexiko. (Mexiko erklärt sich 1944 bereit, die 1938 enteigneten US-Ölgesellschaften mit 24 Mill. Dollar zu entschädigen)

Bergarbeiterstreik in USA; militär. Besetzung der Eisenbahnen gegen Streikgefahr. Antistreikgesetz. Amt für wirtschaftl. Kriegshilfe

† *Oskar Schlemmer,* dt. Maler, 1920—25 am Bauhaus (* 1888) *Shahn:* „Die Schweißer“ (nordam. Gem.) „Kinder sehen dich an“ (italien. Film; Regie: *Vittorio de Sica,* * 1902) „Unsere Träume“ (ital. Film; Regie: *Vittorio Cottafavi)* „Münchhausen“ (Farbfilm mit *H. Albers, F. Marian;* Regie: *Josef v. Baky)* „Romanze in Moll“ (Film mit *M. Hoppe, Paul Dahlke, Siegfried Breuer;* Regie: *H. Käutner)* „Sieg in der Wüste“ (engl. Film v. *Roy Boulting*); „Die Welt im Überfluß“ (engl. F. v. *Rötha)* „Es ist alles Wahrheit“ (nordam. Farbfilm von *O. Welles);* „Der Schatten eines Zweifels“ (nordam. Film v. *A. Hitchcock);* „Die Kinder Hitlers“ (nordam. Film v. *Dmytryk)* „Licht des Sommers“ (frz. Film v. *Grémillon,* * 1902); „Der Rabe“ (frz. Film von *H. G. Clouzot);* „Die ewige Wiederkehr“ (frz. Film v. *Delannoy* und *Cocteau)* „Stalingrad“ (russ. Film v. *Varlanow);* „Im Namen des Vaterlandes“ (russ. Film)		Ca. 10000 veränderliche Sterne bekannt (1930: 4581) Fabrikatorische Herstellung von Silikon - Kunstharzen (bes. vielseitige, temperaturunempfindliche Werkstoffe) Wirksame Entwicklung der Papierchromatographie zur Trennung organischer Substanzen in England (Prinzip 1881 entdeckt)	

1944	Friedens*nobel*preis an Internationales Komitee vom Roten Kreuz (Schweiz) Ungar. Reichsverweser *von Horthy* muß dt. Besetzung und Regierungsumbildung zustimmen König *Michael* von Rumänien läßt *Antonescu* verhaften (erschossen 1946); Verfassung von 1923 wieder in Kraft; Waffenstillstand mit Sowjetunion, Kriegserklärung an Deutschland Sowjettruppen besetzen Krim und dringen bis zur Weichsel und nach Warschau vor; besetzen Rumänien, Bulgarien und Ungarn; Budapest wird eingeschlossen. *Tito* besetzt Belgrad In Italien stoßen die Alliierten über Monte Cassino, Rom (wird zur „Offenen Stadt" erklärt), Florenz, Ravenna in die Lombardei vor Alliierte Luftlandung bei Arnheim und Nimwegen führt zur Eroberung Antwerpens. Aachen und Straßburg werden erobert. Überraschende dt. Ardennenoffensive bringt alliierte Truppen vorübergehend in schwierige Lagen, bis Wetterbesserung ihre Luftüberlegenheit zur Wirkung kommen läßt (bedeutet Schwächung der dt. Ostfront) Mißglückter Versuch dt. Offiziere und Politiker, *Hitler* durch Attentat zu beseitigen und seine Diktatur zu stürzen („20. Juli", *v. Stauffenberg, Goerdeler, v. Witzleben, v. Helldorf, Leuschner, Erwin Planck* u. a. werden hingerichtet) *Himmler* an Stelle *Fromms* (†), der am 20. Juli eine schwankende Haltung zeigt, zum Oberbefehlshaber des Ersatzheeres ernannt u. Reichsinnenminister Im Zusammenhang mit dem 20. Juli finden über 5000 Menschen, darunter etwa 700 Offiziere den Tod † *Erwin Rommel*, dt. Generalfeldmarschall (zum Selbstmord gezwungen, erhält Staatsbegräbnis) (* 1891); weitere Selbstmorde: Generalfeldmarschall *von Kluge*, Generaloberst *Beck*, die Generale *Wagner* und *von Treskow* † *Rudolf Breitscheid* (SPD), (* 1874) u. *Ernst Thälmann* (KPD), (* 1886), im KZ Buchenwald ermordet	Literatur-*Nobel*preis an *J. V. Jensen* (Dänem.) *V. Baum:* „Hotel in Berlin" (Roman) *Camus:* „Caligula" (frz. Drama) *Giraudoux:* „Die Irre von Chaillot" (franz. Schauspiel) † *Jean Giraudoux*, frz. Dichter und Diplomat (* 1882) † *Max Halbe*, dt. Dichter (* 1865) *Ernst Jünger:* „Über den Frieden" (illegale politische Schrift) † *Isolde Kurz*, dt. Dichterin (* 1853) *Pär Fabian Lagerkvist* (* 1891): „Der Zwerg" (schwed. Roman) *Th. Mann:* „Das Gesetz" (Erzählung zur Entstehung der 10 Gebote) *A. Neumann:* „Es waren ihrer sechs" ("Six of them", Roman über die Münchener Studentenrevolte 1943) † *Romain Rolland*, frz. Dichter (* 1866) † *Antoine de Saint-Exupéry* (abgeschossen) franz. Flieger und Dichter (* 1900) *J. P. Sartre:* „Hinter verschlossenen Türen" (frz. Schauspiel) *Sinclair:* „Presidential agent" (nordamerikan. sozialist. Roman) *St. Zweig:* „Die Welt von gestern" (Erinnerungen, posthum) Theater, Literatur u. das übrige kulturelle Leben kommen in Dtl. vollkommen zum Erliegen (Neuanfänge schon kurz nach Kriegsende)	*S. Glueck:* „Kriegsverbrecher, ihre Verfolgung und Bestrafung" (nordamerikan. völkerrechtl. Untersuchung) *W. E. Hocking:* „Wissenschaft und die Idee von Gott" (nordamerik. idealist. Philosophie) *C. G. Jung:* „Psychologie und Alchimie", „Psychologie und Religion" (Schweiz. Psychoanalyse) *Harold Laski:* „Religion, Vernunft und neuer Glauben" (engl. sozialist. Sozialphilosophie) Schweizer Aufruf zum Bau eines Kinderdorfes für Waisen (Baubeginn des *Pestalozzi*-Dorfes 1946) Erziehungsgesetz (*Butler*-Act) in Großbritannien verbessert und demokratisiert brit. Schulwesen (wird ab 1945 schrittw. durchgeführt)

Beckmann: „Stilleben m. grünen Gläsern", „Felsen bei Cap Martin" (expression. Gemälde)

Bowden: „Kamelmarkt in Saudi-Arabien" (englisch. Gemälde)

Braque: „Ofen" (frz. Gemälde)

Feininger: „Flußdampfer auf dem Yakon" u. „Hafen" (Aquarelle)

K. Hofer: „Auf dem St. Gotthard", „Morgenstunde", „Frau i. Bademantel", „Der Redner", „Grammophon" u. „Aufziehendes Gewitter" (express. Gemälde)

† *Wassily Kandinsky*, russ. abstrakt. Maler, seit 1921 i. Ausland (* 1866)

G. Kolbe: „Die Flehende" (Plastik)

† *Aristide Maillol*, frz. Bildhauer und Graphiker (* 1861)

G. Marcks: „Mädchen im Hemd" und „Kämmende" (Plastiken)

Matisse: „Das weiße Kleid", „Der blaue Hut" (frz. Gem.)

† *Piet Mondrian*, ndl. abstrakt. Maler, zuletzt in USA (* 1872)

† *Edvard Munch*, norweg. frühexpression. Maler u. Graphiker (* 1863)

Pasmore: „Ein Wintermorgen", „Die Woge" (engl. Gem.)

Picasso: „Stilleben mit Kerze" (Gem.)

Josef Scharl (* 1896): „Albert Einstein" (express. Gemälde)

Leonard Bernstein (* 1918): „Fancy Free" („Drei Matrosen a. Urlaub", nordamerikanisch. Tanzrevue)

Luigi Dallapiccola: „Der Gefangene" (ital. Oper in 12-Ton-Technik. 1940: „Nachtflug", ital. Oper n. *Saint-Exupéry)*

† *Paul Graener*, dt. Komponist; schr. Opern, Orchester- u. Kammermusik, Lieder (z. B. nach *Morgenstern)* (* 1872)

Hindemith: „Herodiade" (für Bläser- u. Klavierquintett)

R. Strauss: „Danae" (Oper; Uraufl. 1952)

Debüt von *Renata Tebaldi* (* 1922), lyr. Sopran

Physik-*Nobel*preis an *I. I. Rabi* (USA) für Atomkernforschung mit Atomstrahlen

Chemie-*Nobel*preis an *O. Hahn* (Dt.) für Uranspaltung durch Neutronen

Medizin-*Nobel*preis an *J. Erlanger* (USA) und *H. S. Gasser* (USA) für Arbeiten über Nervenleitung

Avery, MacLeod, McCarty: Übertragung von Erbfaktoren bei Bakterien vermittels Zellextrakten („Transformation" durch Nukleinsäure als Erbsubstanz)

W. Baade unterscheidet Sternpopulation II (Riesensterne im Nebelkern u. Kugelhaufen) und I („normale" Sterne in den Spiralarmen und Sonnenumgebung)

Erste Operation eines „blauen Babys" (Erstickungsgefahr) durch *Alfred Blalock* nach 80 Hundeversuchen

J. Brachet: „Chemische Embryologie" (biochemische Entwicklungslehre)

V. Bush beginnt systematisch die Entwicklung moderner Blindengeräte zu untersuchen (führt zu Mustern von Ultraschall- und elektrooptischen Lesegeräten)

P. Jordan entwickelt eine neue Stern- u. Weltentstehungshypothese: Das Weltall entstand vor etwa 2 Milliarden Jahren aus Atomkerndimensionen und dehnt sich seitdem unter ständiger Entstehung neuer Sterne (Supernovae) mit Lichtgeschwindigkeit aus

K. Michel: Zeitrafferfilm von einer Zellteilung mit dem Phasenkontrast-Mikroskop

John v. Neumann und *Oskar Morgenstern:* „Spieltheorie und wirtschaftliches Verhalten" (nordamer. Begründung der Spieltheorie; vgl. 1928)

Negovski wendet sein Verfahren der Wiederbelebung „klinisch Gestorbener" auf lebensgefährlich verletzte russ. Soldaten an

E. Schrödinger: „Was ist Leben?" (Erörterung der biologischen Grundprobleme vom physikalischen Standpunkt aus)

Verzár: Genaue Analyse der chemischen Wirkungsweise des Nebennierenrindenhormons im Reagenzglas

W. Beveridge: „Vollbeschäftigung in einer freien Gesellschaft" (engl. Wirtschaftsplan f. eine „Sozialisierung d. Nachfrage")

„Theorie der Vollbeschäftigung" (englisch. Gemeinschaftsarbeit aus Oxford)

Trygve Haavelmo: „Der Wahrscheinlichkeitsgedanke i. der Ökonometrie" (nordamerikan.)

A. P. Lerner: „Kontrollierte Wirtschaft" (nordam. System einer gemischt kapitalist.-sozialist. Wirtschaft)

85% der nordamerikan. Tarifverträge enthalten bezahlten Urlaub (1940 25%)

100 Jahre Konsumgenossenschaften (1844 Rochdale/England): USSR: 35 Mill. Mitglieder (nicht freiwillig); Großbritann.: 10 Mill. Mitglieder; USA: 5 Mill. Mitglieder; Schweden: 800000 Mitgl.; 37 Länder gehören z. International Cooperative Alliance (gegr. 1895)

„Plan für ein größeres London" (Verlagerung der Industrie in die Außenbezirke)

Infolge der Luftangriffe geht die kriegswichtige dt. Treibstoffproduktion stark zurück (bis auf 20% und weniger)

(1944) Am 1. August 524277 In- und Ausländer in den nationalsozialist. KZ-Lagern (gegen Kriegsende entstehen dort besonders grauenhafte Verhältnisse, die vielen das Leben kosten)

Erfolgreiche Invasion der Anglo-Amerikaner und ihrer Verbündeten an der Küste der Normandie mit bisher einmaligem technischem Aufwand („Schwimmende Häfen", Unterwasser-Ölleitung, Spezialfahrzeuge). Befreiung Frankreichs. Einzug *de Gaulles* in das unzerstörte Paris

Einsatz der V 1- und V 2-Raketenwaffen gegen England ohne wesentlichen Erfolg

Griechenland und Finnland werden von dt. Truppen geräumt

Finnland schließt Waffenstillstand in Moskau

Antidt. Aufstand der poln. Untergrundbewegung in Warschau bleibt ohne Unterstützung der sowjet. Truppen am anderen Weichselufer und wird niedergeschlagen

Liberia, Rumänien, Bulgarien, San Marino, Ungarn geraten mit Deutschland in Kriegszustand

„Dt. Volkssturm" aufgerufen und mangelhaft bewaffnet unter *Himmler* und *Bormann* eingesetzt

de Gaulle bildet provisorische frz. Regierung mit *Bidault* als Außenminister

Antidt. Sabotageakte in Dänemark, Generalstreik in Kopenhagen, Entwaffnung der dän. Polizei

Proklamierung der Republik Island; *Sveinn Björnsson* Staatspräsident

Ital. „Komitee der nationalen Befreiung" gebildet (stark kommunist.). Ital. Koalitionsregierung unter Ministerpräsident *Bonomi* mit *Togliatti* (Kommunist) als Stellvertreter

Spanien stellt Wolframlieferungen nach Deutschland ein; erhält Treibstoff von den Alliierten

Ukraine und Weißrußland erhalten eigene Außenminister (somit später eigene Vertreter in der UN)

Syrien erlangt Unabhängigkeit (wurde schon 1941 erklärt)

Bretton-Woods-Konferenz empfiehlt nach Vorschlägen von *Keynes* und *Morgenthau* Internationale Bank für Wiederaufbau mit 10 Milliarden Dollar Fonds (1945 gegründet)

Roosevelt widerruft den „Morgenthau-Plan", Deutschland zu verkleinern und zu einem Agrarstaat zu machen

MacArthur beginnt Philippinen wiederzuerobern

CIO-Gewerksch. grdt. polit. Kommitee zur Wahlunterstützung *Roosevelts* (verläßt damit polit. Neutralität; AFL folgt 1952)

Roosevelt zum 4. Mal zum Präsidenten der USA gewählt; Vizepräsident *Harry S. Truman* (* 1884)

Präsident von Argentinien *Ramirez* gestürzt. General *Farrell* Präsident, Vizepräsident *Juan Perón*

Keine Einigung zwischen chin. Nationalregierung und kommunist. unter *Mao Tse-tung*; USA berufen General *Stillwell* aus Tschunking ab

In Japan tritt Regierung *Tojo* zurück

Erster Staatshaushalt i. Abessinien

Verschiedene Attentate auf Hitler (bes. von militärischer Seite) mißlingen

Graham Sutherland: „Sonnenuntergang" (engl. Gemälde)

Mark Tobey (* 1890): „Widerspruchsvolle Welt" (nordamerik. abstraktes Tempera-gemälde)

Ausstellung „Konkrete Kunst" in Basel mit Werken von *Arp, Baumeister, Bill, Calder, Domela, Gabo, Kandinsky, Klee, Moholy-Nagy, Mondrian, H. Moore, Vantongerloo* u. a. („konkret" i. Sinne von „nicht von der Natur abstrahiert", d. h. völlig absolut)

„Amerikanisches Bauen 1932—44" im Museum of Modern Art, New York (Ausstellg. erweist starke Entwicklg. d. nordamerikanischen Architektur)

„Große Freiheit Nr. 7" (Farbfilm mit *H. Albers, I. Werner;* Regie: *H. Käutner)*

„Lifeboat" (nordam. Film von *A. Hitchcock);* „Es geschah morgen" (nordam. Film von *R. Clair);* „Murder my Sweet" (nordam. Film von *Dmytryk)*

„Zola" (russ. Film v. *Arnstam);* „Das befreite Frankreich" (russ. Film v. *Jutkewitsch)*

„Heinrich V." (engl. Film v. *Laurence Olivier)*

„Der Himmel gehört dir" (frz. Film von *Grémillon)*

„Das Himmelstor" (ital. Film v. *de Sica)*

Selman A. Waksman (* 1888, *Nobelpr.* 1952) und *A. Schatz* entdecken Streptomycin als hochwirksames antibiotisches Heilmittel (ähnlich Penicillin)

Modell - Uranbrenner in Berlin-Dahlem erreicht eine bescheidene Neutronenvervielfachung (weitere Erfolge der dt. Versuche, Atomenergie zu erzeugen, werden durch den Kriegsverlauf verhindert. Damit gewinnen die USA den Wettlauf um die Atomwaffe mit großem Vorsprung)

Bildfunkübertragung von Zeitungsdruckplatten von New York nach San Francisco. Gleichzeitig Versuche (seit 1928) zur draht- und drucklosen Bildfunkübertragung v. Zeitungen

Relais-Rechenmaschine Mark I in den USA (vgl. 1942)

Kanad. Schiff durchfährt die Nordwestliche Durchfahrt (Atlantik-Eismeer-Pazifik) erstmalig in einem Sommer (bisherige Gesamtdurchfahrten 1903 bis 1906, und 1940 bis 1942)

Brit. Strahlantrieb-Flugzeug überschreitet 800 km/Stunde

V 1 hat Verpuffungsstrahlrohr als Strahlantrieb (wird vom Turbostrahlantrieb übertroffen)

Dt. V-2-Rakete erreicht 175 km Höhe

„Panzerfaust" und „Panzerschreck" werden als tragbare, einfache Panzerabwehrwaffen im dt. Heer eingesetzt (können den Mangel an schweren panzerbrechenden Waffen nicht aufwiegen)

Der bisher nur fossil bekannte Metasequoia-Nadelbaum in China lebend entdeckt

An der Westfront stehen 209 dt. Bomber u. 2473 dt. Jäger 2682 anglo - amerikan. Bombern u. 4573 anglo - amerikan. Jägern gegenüber

Weltrekord im 10000-m-Lauf mit 29:35,4 von *Heino* (Finnland)

1945 Friedens*nobel*preis an *C. Hull* (USA)

Konferenz von Jalta zwischen *Roosevelt*, *Churchill* und *Stalin*; Aufteilung Deutschlands in Besatzungszonen

† *Roland Freisler* (durch Fliegerangriff), berüchtigt durch seine Terrorurteile im „Volksgerichtshof" (* 1893)

Türkei und Argentinien erklären Deutschland den Krieg. *Perón* muß vorübergehend zurücktreten

Zweifacher nächtlicher Luftangriff auf Dresden zerstört die Stadt und fordert große Opfer (Angriff dient der Unterstützung des sowjet. Vormarsches)

Würzburg, Paderborn, Hildesheim, Münster, Potsdam durch Luftangriffe zerstört

Die Eroberung der dt. Ostgebiete durch sowjet. Truppen löst eine — oft zu späte — Massenflucht aus. Viele Menschen, besond. Kinder, erfrieren. Die Eroberer begehen zahlreiche Greueltaten

Der russ. Marschall *Schukow* führt den siegreichen Vorstoß nach Berlin, nachdem er bei Moskau (1941/42), Stalingrad (1942), Leningrad (1943) erfolgreich eingegriffen hatte. Deutschland wird von Westen und Osten her vollständig besetzt; Amerikaner und Briten bleiben an der Elbe stehen

Die Verteidigung Berlins erfordert große Opfer unter Soldaten und Zivilbevölkerung

Truppen der USA und USSR treffen sich bei Torgau an der Elbe. Die nationalsozialist. Propaganda verbreitet Gerüchte über einen unmittelbar bevorstehenden Konflikt zwischen diesen beiden Großmächten

Himmler versucht Friedensverhandlungen mit den Westmächten

Hitler läßt *Göring* in Süddeutschland wegen „Verrats" verhaften

Hitler gibt den Befehl „Verbrannte Erde": Zerstörung aller lebenswichtigen Einrichtungen in Deutschland (wird nur teilweise befolgt, *Speer* stellt sich dagegen)

Sowjets erobern in heftigen Kämpfen Budapest und Wien

Zusammenbruch der oberital. Front; Waffenstillstand

Hamburg kampflos übergeben

† *Benito Mussolini* (von Italienern zusammen mit seiner Geliebten *Petacci* erschossen), ital. Faschistenführer; seit 1922 nach dem „Marsch auf Rom" Ministerpräsident und „Duce" (* 1883)

† *Adolf Hitler* (Selbstmord im Bunker der Reichskanzlei, Berlin, zusammen mit *Eva Braun* nach Eheschließung), Begründer des Nationalsozialismus; seit 1933 dt. Reichskanzler, seit 1934 auch Staatsoberhaupt; („Führer"); beseitigte Demokratie; begann 1939 2. Weltkrieg (* 1889)

† *Josef Goebbels*, dt. Reichspropagandaminister, begeht nach Tötung der 6 Kinder mit seiner Frau Selbstmord im Bunker der Reichskanzlei (* 1897). Weitere Selbstmorde *Heinrich Himmler* (* 1900), *Robert Ley* (* 1890)

Antidt. Aufstand in Prag wird von der *Wlassow*-Armee unterstützt. Sowjet. Truppen besetzen Tschechoslowakei

Am 9. 5. 00.01 Uhr tritt dt. Gesamtkapitulation in Kraft. *Dönitz*-Regierung wird in Schleswig-Holstein gefangengenommen

Von 9,6 Mill. europäischen Juden wurden ca. 5,7 Mill. von den Nationalsozialisten ausgerottet

Etwa 10 Mill. Menschen kamen seit 1933 in die nationalsozialist. Konzentrationslager (allein in Auschwitz etwa 4 Mill. Tote)

Neben einer dt. Staatsschuld von rd. 400 Milliarden RM steht ein geschätzter Verlust des Volksvermögens von etwa 300 Milliarden RM (etwa 50 %). Demnach kostete der Krieg Deutschland pro Kopf der Bevölkerung ca. 10000 RM

Potsdamer Konferenz zwischen *Truman*, *Churchill* (später *Attlee*) u. *Stalin* beschließt die Politik in Deutschland nach der Kapitulation: Alliierter Kontrollrat, Reparationen, Demontagen; Polen erhält die Verwaltung von Ostdeutschland bis zur Oder-Neiße-Linie, USSR die von Königsberg (Kaliningrad) und benachbartes Ostpreußen. Einteilung Deutschlands in 4 Besatzungszonen und Berlins in 4 Sektoren

Alliierter Kontrollrat wird in Deutschland aufgestellt und erläßt „Aufhebung von Nazigesetzen", „Grundsätze für die Umgestaltung der Rechtspflege", „Kriegsverbrechergesetz", „Wohnungsgesetz"

Saargebiet wird frz. Protektorat

Gründung der UN (United Nations) in San Francisco, besteht aus Vollversammlung, Sicherheitsrat, Internationalem Gerichtshof, Rat für wirtschaftl. und soziale Angelegenheiten, Sekretariat, Rat für Treuhandschaft, Generalstabsausschuß. Sonderrechte der „Großen Fünf": USA, USSR, Großbritannien, Frankreich, China. 50 Nationen unterschreiben Gründungsurkunde

Nach Eroberung der Philippinen landen USA-Truppen in unmittelbarer Nähe der japan. Hauptinsel. Beginn schwerster Luftangriffe (Superfestungen). USA-Atombombe auf Hiroshima

USSR erklärt Japan den Krieg

USA-Atombombe auf Nagasaki. Japan kapituliert. Ende der Kampfhandlungen des 2. Weltkrieges. (Durch beide Atombomben insgesamt 110000 Tote und 110000 Verwundete auf 17 qkm zerstörter Fläche)

Menschenverluste im 2. Weltkrieg: Soldaten: 24,4 Mill. (USSR 13,6; Deutschl. 3,25; China 3,5; Japan 1,7; Gr.-Brit. 0,37; Ital. 0,33; Jugoslawien 0,3; Frankreich 0,25; USA 0,22; Österr. 0,23) Zivilpersonen: 25 Mill. (China 10,0; USSR 6,0; Deutschl. 3,64; Polen 2,5; Jugoslawien 1,3; Frankr. 0,27). Ermordete Juden: 5,98 Mill. (Polen 2,8; Rumänien 0,43; Tschechoslow. 0,26; Ungarn 0,2; Deutschl. 0,17). Insgesamt forderte der 2. Weltkrieg ca. 55,3 Mill. Tote

Im 2. Weltkrieg blieben neutral: Afghanistan, Irland, Portugal, Schweden, Schweiz und Spanien. Island war nicht im Kriegszustand

Durch den 2. Weltkrieg verschwinden als europäische Staaten: Danzig, Estland, Lettland, Litauen, Kroatien, Serbien, Montenegro, Karpato-Ukraine; wieder entstehen: Österreich, Polen, Jugoslawien, Tschechoslowakei; neu entstehen: Island, Triest

„Weltbund der Demokratischen Jugend" (kommunist. beeinflußt) und „Internationale Demokratische Frauenföderation"

Helgoland von der Bevölkerung geräumt (dient dann der brit. Luftwaffe als Zielübungsgelände; Wiederaufbau ab 1952)

Wilhelm Pieck (* 1876) kehrt aus Moskau, wo er im „Nationalkomitee Freies Deutschland" arbeitete, nach Deutschland zurück und reorganisiert KPD

Sowjet. Besatzungsmacht läßt Uranvorkommen im Erzgebirge (Aue) ausbeuten

Alliierter Kontrollrat in Österreich. Viermächtebesetzung in Wien (abwechselnd Kommandogewalt im Stadtzentrum). *Karl Renner* österr. Bundespräsident bis 1951 (†); Koalitionsregierung unter *Leopold Figl* (Volkspartei); im Parlament Volkspartei 85 Sitze, Sozialdemokr. 76, Kommunisten 4

Labour-Mehrheit in Großbritan.; *Attlee* (Sozialist) brit. Ministerpräsid., *Churchill* Führer d. Opposit.

Ernest Bevin (* 1881, † 1951) brit. Außenminister; Gewerkschaftler, ehemals Dockarbeiter

Außenhandels- u. Stahlerzeugungsplan in Großbritan.; Sozialisierungsprogramm: Bank von England, Zivilluftfahrt, Rundfunk (es folgen Transport, Elektrizität, Kohle, Eisen und Stahl)

Interims-Nationalregierung in Delhi mit *Pandit Nehru* als ind. Vizepräsidenten

Pétain und *Laval* von frz. Gerichten zum Tode verurteilt; *Flandin* freigesprochen (*de Gaulle* begnadigt *Pétain* zu lebenslängl. Festungshaft)

Aus den Wahlen zur verfassunggebenden Versammlung in Frankreich gehen die Kommunisten als stärkste Partei hervor, fast gleich stark: Sozialisten und MRP. *De Gaulle* zum Regierungschef gewählt (tritt 1946 zurück)

Reparationskonferenz in Paris;

(1945)

spricht der USSR außer Reparationen aus der eigenen dt. Zone 26% der aus den 3 Westzonen zu *Alcide de Gasperi* (* 1881, † 1954; Christl. Demokr.) ital. Ministerpräsident bis 1953

Westl. Teil v. Triest v. westalliiert. Truppen besetzt, östl. von jugoslaw.

Franco verspricht Errichtung der Monarchie nach seinem Tode. Grundgesetz garantiert bürgerl. Rechte. Wiederherstellung der internationalen Verwaltung in Tanger

† *David Lloyd George*, brit. Ministerpräs. 1916 bis 1922; Finanzminister von 1908 bis 1915 (* 1863)

Sozialdemokr. Regierungen in Dänemark, Norwegen und Schweden (versuchen zunächst eine mehr neutrale Politik im entstehenden Ost-West-Konflikt)

Léon Jouhaux (* 1878, † 1954) wieder Generalsekretär der frz. CGT-Gewerkschaften (erhält 1951 Friedens*nobel*preis)

Wahlen in Finnland: Demokr. Volksfront (komm.) 49 Sitze, Sozialdemokraten 50, Bauernpartei 49, konservat. Sammlungspartei 28, schwed. Volkspartei 15, Liberale Fortschrittspartei 9; Ministerpräsident *Juho Kusti Pasikivi* sucht Einvernehmen mit der USSR; Bodenreform löst Flüchtlingsfrage

Rückkehr der tschechoslow. Exilregierung unter *Benesch* nach Prag; Außenmin. *Jan Masaryk;* Anlehng. an USSR. *Henlein* beg. Selbstmord; *K. H. Frank*, *Tiso* u. a. hingerichtet. Beginn d. Austreibung d. Sudetendeutschen mit großen Verlusten an Menschenleben und Besitz. Weitgehende Verstaatlichung von Betrieben; Abtretung der Karpato-Ukraine an die USSR

Polen muß seine Ostgebiete an die USSR abtreten. Erlangt dafür Verwaltung der dt. Gebiete östl. der Oder-Neiße-Linie (vorbehaltl. endgültiger Regelung in einem Friedensvertrag), weist die dt. Bevölkerung nach Deutschland aus

Beistandspakt USSR-Polen auf 30 J. Poln. Regierung mit Mitgliedern der Londoner Exilregierung (Vizepräsident *Mikolaiczyk).* Verstaatlichung der Grundindustrie

Literatur-*Nobel*preis an *G. Mistral* (Chile)

† *Theodore Dreiser*, nordamerikan. Romanschriftsteller (* 1871)

Al. Fadejew: „Die junge Garde" (russ. Rom. aus d. 2. Weltkrieg)

† *Gustav Frenssen*, dt. Dichter und Pfarrer (* 1863)

Die von seiner profaschist. Haltung enttäuschten Leser *Knut Hamsuns* bringen seine Bücher zurück

Albrecht Haushofer: „Moabiter Sonette" (80 Gedichte in politischer Haft. *H.* wird kurz vor dem Fall Berlins von der Gestapo ermordet)

† *Georg Kaiser*, dt. Dramatiker (* 1878)

† *Else Lasker-Schüler*, dt. Lyrikerin, zuletzt in Jerusalem (* 1876)

Carlo Levi: „Christus kam bis Eboli" (ital. Roman)

Lewis: „Cass Timberlane" (nordam. Roman)

Th. Mann: „Adel des Geistes" (Essays), „Deutschland und die Deutschen" (Rede) und „Deutsche Hörer" (antifaschist. Radiosendungen seit 1940)

Maugham: „Auf des Messers Schneide" (englischer Roman)

Sinclair: „Eine Welt ist zu gewinnen" (nordamerikan. sozialist. Roman)

J. Steinbeck: „Die Straße der Ölsardinen" (nordamerikanischer Roman)

† *Paul Valéry*, frz. Dichter (* 1871)

G. Weisenborn: „Die Illegalen" (Schauspiel)

† *Franz Werfel*, österr. Dichter (* 1890)

Georgij A. Alexandrow: „Geschichte der westeuropäischen Philosophie" (sowjetrussisch, später scharf kritisiert)

Hans Barth (* 1904, † 1965): „Wahrheit und Ideologie"

† *Ernst Cassirer*, dt. Philosoph aus der Marburger Schule, seit 1940 in den USA (* 1874)

Erich Fromm: „Die Furcht vor der Freiheit" (über die Antriebe zur Aufgabe der Freiheit in totalitären Staaten)

A. Kardiner: „Die psychologischen Grenzen der Gesellschaft" (nordamerikan. vergleichende psychoanalyt. Soziolog.)

Arthur Koestler: „Der Yogi und der Kommissar" (Vergleich politischer Typen)

Ernst Kretschmer: „Medizinische Psychologie"

Max Picard: „Hitler in uns selbst" (Schweiz. Philosophie)

Paul Tillich: „Die christliche Antwort" (Religionsphilosophie)

H. G. Wells: „Geist am Ende seiner Möglichkeiten" (engl.)

E. Wiechert: „Rede an die dtsch. Jugend 1945"

„Die Wandlung" (kulturelle Zeitschrift)

„Die Gegenwart" (dt. kulturellpol. Zeitschrift)

Die UN gründen die UNESCO (Organ der Vereinten Nationen für Erziehung, Wissensch. und Kultur)

Gründung des „Nansen-Bundes" in Bern zur Erziehung der kriegsgeschädigten Jugend

Polen löst Konkordat

Wiederaufleben der freien Volksbildungsarbeit in Deutschland

Beckmann: „Selbstbildnis vor d. Staffelei" „Messingstadt" (express. Gemälde), „Blinde Kuh" (express. Triptychon)

H. Bloom: „Der verborgene Schatz" (nordamerikan. symbolist. Gemälde)

Stuart Davis (* 1894): „Nur für internen Gebrauch" (nordamerikan. abstraktes Gemälde)

Heckel: „Teichrosenblüte" (expression. Aquarell)

K. Hofer wird Direktor der Berliner Akademie; malt „Alarm", „Männer im Walde" u. „Blumenstilleben" (express. Gemälde)

Kaus: „Verdorrte Sonnenblumen" (2 express. Gemälde)

G. Kolbe: „Der Befreite" (Plastik)

† *Käthe Kollwitz*, dt. Graphikerin, bes. Bilder aus dem Arbeiterleben (* 1867)

Hans Kuhn (* 1905): „Stilleben" (express. Gemälde)

J. Lipchitz: „Mutter und Kind" II (lit.-nordamer. Plastik, seit 1941)

O. Nagel: „Berliner Ruinenstraße"

Nash: „Finsternis d. Sonnenblume" (englisch. surrealist. Gemälde)

Ernst Wilhelm Nay (* 1902): „Komposition" (abstraktes Gemälde)

Heinz Trökes (* 1913): Skizzenbuch (surrealistische Zeichnungen)

B. Britten: „Peter Grimes" (englisch. Oper)

Honegger: „Symphonie liturgique" (schweiz.-frz.-Komposition)

† *Pietro Mascagni*, ital. Opernkomponist (* 1863)

Prokowjew: „Ode auf d. Ende d. Krieges" (russ. Komposit.), „Aschenbrödel" (russisch. Ballett)

R. Strauss: „Metamorphosen. Studie f. 23 Solostreich." (Variationen, enden mit ein. Motiv aus dem Eroica-Trauermarsch)

Strawinsky: „Symphonie i. 3 Sätzen" (russ. Komposition)

† *Anton v. Webern*, österr. Komponist der Zwölftontechnik, Schüler *Schönbergs* (* 1883)

„Zwischenspiel" (nordamerikan. abstraktes Ballett, Choreographie v. *Jerome Robbins*)

~ „Be-bop"-Stil der Jazzmusik

† *Francis William Aston*, engl. Physiker; *Nobel*pr. 1919 (* 1877)

Physik-*Nobel*preis an *W. Pauli* (Österr.) für Atomforschung

Chemie-*Nobel*preis an *Artturi Ilmari Virtanen* (Finnl., * 1895) für Vitamin- und Futtermittelforschung

Medizin-*Nobel*preis an *A. Fleming, F. Florey, E. B. Chain* (alle Großbrit.) für Penicillin

A. Carrel züchtet seit 33 Jahren embryonale Herzzellen eines Huhns (Kultur geht in diesem Jahr durch Unglücksfall zugrunde)

W. Goetsch entdeckt wachstumsförderndes Vitamin T (bedingt bei den Termiten die „Soldatenformen")

† *Arthur Korn*, dt. Physiker u. Erf. der Bildtelegraphie, zuletzt in den USA (* 1870)

E. M. McMillan und *V. Veksler:* Synchrotonprinzip zur Erzeugung höhenstrahlartiger Teilchen (bis 1951 in der USA 3 Milliarden Volt effekt. Beschleunigungsspannung)

† *Th. H. Morgan*, nordamer. Vererbungsforscher (* 1866)

Sonneborn stellt bei Pantoffeltierchen Übertragung von Merkmalen durch das Zellplasma fest („Plasmatische Vererbung")

J. Stebbins und *A. E. Whitford* weisen das optisch unsichtbare Zentrum der Milchstraße durch seine Ultrarotstrahlung nach

Etwa 300000 organische u. 30000 anorganische chemische Verbindungen bekannt

100 - Millionen - Volt - Elektronenschleuder in den USA (Betatron)

Mikro-(mm-)Wellen-Spektroskopie entsteht (besonders in den USA auf den Grundlagen der Radartechnik)

USA erforschen Nordpolargebiet mit Flugzeugen

Rasche Erforschung und Erschließung Alaskas und Nordkanadas (1941 im nördl. Drittel Kanadas nur 14000 Menschen)

24 - zylindrige Rotationspresse druckt 1200000 achtseitige Zeitungen in einer Stunde

Verluste i. 2. Weltkrieg etwa: je 25 Mill. getöteter Soldaten u. Zivilisten; direkte Kosten: 1 Bill. Dollar, indirekte Kosten: 2 Bill. Dollar

Dt. Verluste im 2. Weltkrieg: ca. 3 Mill. gefallene Soldaten und 3,6 Mill. getötete Zivilisten, 0,45 Mill. durch Luftangriff getötete Zivilpersonen, 2 Mill. Kriegsbeschädigte (6295 Kriegsblinde), 1 bis 2 Mill. in Flüchtlingstrecks Verstorbene oder nach dem Osten Verschleppte. Pro Tag des Krieges 2500 Deutsche getötet oder verwundet

Europ. Flüchtling. od. Heimatvertriebene: 1937—1945 nach Deutschland verbracht 1,3 Mill., vor den Russen nach Deutschland geflohen 4,3 Mill., aus den Ostgebiet. ausgewiesen 5,85 Mill., aus Polen nach Rußland umgesied. 4,25 Mill., aus d. Tschechoslowakei ausgewiesene Deutsche 2,6 Mill., aus der Slowakei nach Ungarn ausgewiesen 0,75 Mill., aus Ungarn in die Slowakei ausgewies. 0,15 Mill., aus Rumänien ausgewiesene Deutsche 0,15 Millionen, Exilspanier in Frankreich 0,35 Mill., Exilpolen in England 0,05 Mill.; insgesamt heimat-

(1945)

Bodenreform in Ungarn

Josip Broz-Tito Regierungschef in der „Föderativen Volksrepublik" Jugoslawien; wird von den Westmächten anerkannt; Bodenreform

Regierung *Petru Groza* („Ackermannsfront") unter sowjet. Einfluß in Rumänien; Bodenreform

„Vaterländ. Front" (kommunist.-sozialist.) mit *Georgii Dimitrow* (* 1882, † 1949) in Bulgarien; Bodenreform

Griech. Bürgerkrieg zwischen Monarchisten (von Großbrit. und den USA unterstützt) und Kommunisten (von der USSR unterstützt) bis 1949 (Niederlage d. Kommnist.)

Stalin zum Generalissimus ernannt

USSR kündigt Nichtangriffspakt mit der Türkei von 1925

Freundschaftspakt USSR-Nationalchina

USSR erlangt vorherrschenden Einfluß in der Mandschurei

Außenministerrat in Moskau sieht allgemeine Friedenskonferenz vor und empfiehlt UN-Kommission zur Atomenergiekontrolle

Türkei tritt der UN bei

Spannung zw. Iran u. USSR (USSR zieht erst 1946 Truppen zurück)

† *Franklin Delano Roosevelt* (12. 4.), Präsident der USA seit 1933 (* 1882)

Truman (Dem.) Präsident d. USA

Interamerikanische Konferenz in Mexiko City

Vargas, Diktator in Brasilien seit 1930, gestürzt (1950 wiedergewählt)

Ägypt. Ministerpräsident *Achmed Maher Pascha* von einem ägypt. Faschisten ermordet

Bildung der Arab. Liga in Kairo: Irak, Ägypten, Syrien, Libanon, Transjordanien, Saudi-Arab., Jemen

Ho Chi-minh (* 1890, † 1969) wird nach Abdankung des Kaisers *Bao Dai* Präsident der Republik Viet-minh: Tonking, Annam, Kotchinchina mit Hanoi als Hauptstadt (unterstützt kommunist. Bewegung in diesem Teil Frz.-Indochinas)

Nach der Niederlage Japans setzt der Bürgerkrieg zwischen den Kuomintang-Truppen (von den USA unterstützt) und kommunist. Truppen (von der USSR unterstützt) in China ein

Der 38. Breitengrad auf Korea wird zur Grenze zwischen nördl. sowjet. und südl. nordamerikan. Besatzungszone

Volksrepublik Korea (in Nordkorea) ausgerufen

Boleslaw Barlog Intendt. u. Regisseur des Schloßparktheaters, Berlin (vgl. 1951)

† *Friedrich Kayssler* (von sowjet. Soldaten umgebracht), dt. Schauspieler und Dichter (* 1874)

In den USA seit 1943 über 1 Milliarde „Comic"-Hefte verkauft (primitive Bildergeschichten)

Gegenwartskunde in dt. Schulen; Geschichtsunterricht zunächst untersagt

In Dtl. entstehen Institute zur Erfassung der öffentlichen Meinung

Staatsbürgerkunde als Schulfach in den frz. Schulen

Der Synod der russ.-orthodoxen Kirche wählt den Metropoliten von Leningrad zum Patriarchen von Moskau und Rußland (angebl. 20000 Gemeinden mit 30000 Priestern)

Papyrusfunde i. Ägypt. enthalten u. a. Thomas-Evangelium mit 114 Logien (Jesusworte), das $\approx$ 170 entstanden ist

Fast vollständige Vernichtung des hochentwickelten Berliner Museumswesens durch Krieg und Kriegsfolgen

Karl R. Popper (* 1902) „Die offene Gesellschaft und ihre Feinde" (engl. positivist. Philosophie a. d. „Wiener Kreis" betont d. Bedeutung d. Falsifikation f. d. Wissenschaftlichkeit v. Theorien

Max Weber (* 1881 i. Rußland): „Blasorchester" (nordamerikanisch. expression. Gemälde)

Erfolgreicher *Vermeer*-Fälscher *Han van Meegeren* (* 1888, † 1947) erhebt Selbstanklage

„Kolberg" (Film m. *H. George, K. Söderbaum;* Regie: *V. Harlan;* kurz vor Kriegsende mit „Durchhalte"-Tendenz)

„Rhapsody in blue" (nordam. Film von *Gershwin* mit *Al Jolson*); „Das verlorene Wochenende" (nordamerik. Film v. *Billy Wilder*); „Der Mann aus dem Süden" (nordam. Film von *J. Renoir*); „Die Geschichte des Soldaten Joe" (nordam. Film v. *Wellmann*); „Der wahre Ruhm" (nordamerik. Film von *Garson Kanin* und *C. Reed*)

„Die Kinder des Olymp" (frz. Film v. *Carné* mit *Jean-Louis Barrault*); „Falbalas" (frz. Film von *Jacques Becker*)

„Der Weg zu den Sternen" (engl. Film von *A. Asquith*); „Kurze Begegnung" (engl. Film v. *David Lean*)

„Rom offene Stadt" (ital. Film v. *Roberto Rossellini*, * 1906)

„Die letzte Chance" (Schweizer Film von *Lindtberg*)

„Maria Candelaria" (mexikan. Film von *Emilio Fernandez*)

„Der Sieg von Berlin" (russ. Film)

„Iwan der Schreckliche" (russ., letzter Film von *Eisenstein*)

Beginn der Bekämpfung der Malaria-Mücke durch DDT in Griechenland (führt in den nächsten Jahren zur weitgehenden Beseitigung des Malaria-Fiebers)

entwurzelte Europäer 19,75 Mill.

Victor Gollancz gründet d. Wohltätigkeitsbewegung „Rettet Europa" unter Einschluß der Bevölkerung der bisher Großbritannien feindlichen Staaten

In Westdeutschland zerstört: 2,25 Mill. Wohnungen, 4752 Brücken, 4304 km Eisenbahnschienen, 2356 Stellwerke, 95% des Handelsschiffsraumes

Starke Demontagen, bes. in Ostdeutschland und Berlin: z.B. *Siemens* (Berlin) verliert v. 17000 Werkzeugmaschinen alle bis auf 138 minderwertige (Verlust insges. 450 Mill. Mark)

Neun Fernsehprogramme i. d. USA

Das Volksvermögen Großbrit. ist während d. Krieges um etwa 7,5 Milliarden Pfund (etwa 100 Milliarden DM) gesunken

Bank von Frankreich verstaatlicht

Erst. Weltgewerkschaftskongreß in London

USSR schuld. USA 11 Milliard. Dollar aus Pacht- u. Leihlieferungen

Hans Böckler (SPD, reorganisiert westdt. Gewerkschaftsbewegung

„Freier Dt. Gewerkschaftsb." (FDGB) i. Berlin gegrdt. (1948 Spaltung weg. kommunist. Tendenz)

~ Strenge Rationierungen in Dtschl. u. anderen Ländern. Trotz weitgehender ausländ. Hilfe schwerer Mangel an all. Bedarfsgütern. „Schwarze Märkte"; starkes Ansteigen d. Kriminalität u. Unmoral

Pressestimmen:

„Ein geradezu unwahrscheinlich vollständiges Kompendium aller Ereignisse seit Bestehen der Menschheit."
Welt am Sonntag

„.... gehört zwischen Volkslexikon und Duden"
Deutscher Studienkreis

„Das Buch läßt nicht mehr los."
Frankfurter Allgemeine Zeitung

„Das Lexikon ersetzt ein solches Werk nicht, das die Fülle der Ereignisse sinnfällig bündelt, die wir immer weniger in der Hand haben."
Die Welt

„Das trotz der Stoffülle erstaunlich übersichtliche Buch ist faszinierend und reizt zum Schmökern."
Brigitte

„Was hier geboten wird, ist nicht weniger als, wenn das hohe Wort gestattet ist, die Annalen der Menschheit von der Entstehung der Erde an bis heute."
Die Barke

„Der Kulturfahrplan ist auf seine Weise so nützlich wie Büchmanns ›Geflügelte Worte‹."
Basler Nachrichten

Weltauflage des Standardwerkes eine halbe Million
1640 Seiten
durchgehend zweifarbig

„Man muß ihn einfach haben"